jetzt lerne ich

Visual Basic

PETER MONADJEMI

Markt+Technik

Bibliografische Information Der Deutschen Bibliothek
Die Deutsche Bibliothek verzeichnet diese Publikation in der Deutschen Nationalbibliografie; detaillierte bibliografische Daten sind im Internet über <http://dnb.ddb.de> abrufbar.

Umwelthinweis:
Dieses Buch wurde auf chlorfrei gebleichtem Papier gedruckt.

10 9 8 7 6 5 4 3 2 1

05 04 03

ISBN 3-8272-6678-5

Lektorat: Erik Franz, efranz@pearson.de
Herstellung: Kunigunde Huber, khuber@pearson.de
Coverkonzept: independent Medien-Design, Widenmayerstraße 16, 80538 München
Coverlayout: Sabine Krohberger
Titelillustration: Karin Drexler
Satz: text&form GbR, Fürstenfeldbruck
Druck und Verarbeitung: Media-Print, Paderborn
Printed in Germany

Übersicht

jetzt lerne ich

Inhaltsverzeichnis

Vorwort

Software ist ein fester Bestandteil unseres Alltags geworden. Software (dieser aus dem amerikanischen stammende Begriff hat sich fest in unseren Sprachgebrauch eingefügt, eine deutsche Übersetzung gibt es nicht) ist jener unsichtbare »Stoff«, der dafür sorgt, dass Computer in die Lage versetzt werden, irgendwelche Aufgaben zu verrichten. Der Einsatz von Software beschränkt sich längst nicht mehr auf den typischen Computer, wie er in Gestalt des Personalcomputers (PC) bei mehreren Millionen Menschen in aller Welt auf (oder unter) dem Schreibtisch steht. Es gibt kaum noch elektronische Geräte, vom Autoradio bis zur Waschmaschine, in der nicht Software in irgendeiner Form ihren Dienst verrichtet. Man kann also ohne maßlose Übertreibung feststellen, dass Software zu einem der wichtigsten Bausteine unserer Industriegesellschaft geworden ist. Ein Baustein, der sich an jedem Ort, zu jeder Zeit und in beliebigem Umfang produzieren lässt. Theoretisch jedenfalls. Wer Software erstellen will, muss zunächst einmal programmieren können. Programmieren bedeutet, dem Computer Befehle zu geben, die dieser auf Aufforderung ausführt. Grundvoraussetzung, um programmieren zu können, ist eine Programmiersprache, die eine bestimmte Anzahl an Befehlen bereitstellt. Mit den Befehlen der Programmiersprache wird das Programm zusammengestellt. Programmiersprachen gibt es übrigens schon seit »ein paar Jahren«. Die ersten Programmiersprachen waren COBOL und FORTRAN, die bereits in den 50er Jahren entstanden sind, als Computer noch die Größe einer Einbauküche hatten. In diesem Buch lernen Sie allerdings weder COBOL noch FORTRAN, sondern mit Visual Basic des 21. Jahrhunderts, mit der sich relativ einfach Software entwickeln lässt. Visual Basic vereinigt drei Vorteile, die es für jemand, der das Programmieren erlernen möchte (oder muss), so attraktiv macht: 1. Es ist einfach zu erlernen, das heißt, der Einstieg ist nicht besonders schwer. Das wiederum bedeutet, dass Sie sich innerhalb kürzester Zeit in die Grundlagen einarbeiten können und keinerlei Voraussetzungen mitbringen müssen. Visual Basic ist nicht zuletzt deshalb die ideale Programmiersprache für Einsteiger. 2. Es ist sehr leistungsfähig und kennt praktisch keine Grenzen. Das bedeutet, dass Sie, nachdem Sie Visual Basic gelernt haben, nicht auf eine andere Programmiersprache umsteigen müssen, um »richtige« Programme schreiben zu können. 3. Es ist zumindest in Form des Ablaufmodells auf dieser Buch-CD sogar kostenlos erhältlich. Das bedeutet, dass es eigentlich keinen Grund mehr geben sollte, länger zu warten.

Warum soll man überhaupt Programmieren lernen, denn es gibt doch wohl Software für alle möglichen und unmöglichen Aufgaben fertig zu kaufen, zum kostenlosen Ausprobieren im Internet oder »installationsfertig« auf ungezählten CD-Sammlungen? Auf diese berechtigte Frage gibt es gleich mehrere Antworten. Software muss in vielen Fällen individuellen Ansprüchen genügen. Ein fertiges Programm ist dazu nur selten in der Lage. Zudem bedeutet der Umstand, dass es ein Programm für einen bestimmten Zweck bereits gibt, nicht automatisch, dass sich das Programm nicht besser machen ließe. Wer sich mit Software-Entwicklung auskennt, tut etwas für seine beruflichen Möglichkeiten. Die Software-Industrie ist nach wie vor eine Branche mit guten bis sehr guten Zukunftsaussichten. In einer Zeit, in der es längst keine Garantie mehr dafür gibt, nach Abschluss einer Ausbildung den erlernten Beruf auch ausüben zu können, der Abbau von Arbeitsplätzen im großen Stil nach wie vor an der Tagesordnung ist und es trotz des erkennbaren Willens führender Politiker vermutlich keine Hoffnung auf eine baldige Besserung zu geben scheint, können Programmierkenntnisse ein wichtiger Baustein in der beruflichen Qualifikation sein.

Doch es gibt noch einen weiteren Grund, der nichts mit wirtschaftlichen oder streng rationellen Dingen zu tun hat. Programmieren kann eine Menge Spaß machen und zu einer interessanten und abwechslungsreichen Freizeitbeschäftigung werden. Dabei lassen sich Hobby und Beruf wunderbar kombinieren. Wer weiß, vielleicht ergibt sich aus einer spontanen Idee der nächste Verkaufshit in der Software-Branche.

Viel Spaß beim Lernen von Visual Basic und dem Kennenlernen einer wirklich faszinierenden (Neben-)Beschäftigung

wünscht Ihnen

Peter Monadjemi (E-Mail: peterm@activetraining.de)

Starnberg, Januar 2003

Einleitung

In diesem Buch geht es um das Entwicklungsprogramm Visual Basic. Visual Basic ist eine Programmiersprache, die zwei wichtige Dinge vereinigt: Sie ist sehr leistungsfähig und dennoch einfach zu lernen. Das gilt prinzipiell auch für andere Programmiersprachen, wie C++, Delphi oder Java. Die Schwierigkeit beim Erlernen einer Programmiersprache liegt weniger in der Sprache, sondern in der dahinter stehenden Programmierlogik. Für Visual Basic gilt aber noch etwas anderes, denn hier ist es wirklich einfach, den Einstieg zu schaffen. Wie Sie am ersten (richtigen) Beispielprogramm in Kapitel 3 noch erleben werden, muss man tatsächlich im Prinzip nur ein paar Mal mit der Maus an der »richtigen Stelle« klicken und ein paar einfache Befehle eintippen und fertig ist das Programm. Natürlich gilt das nur für die ersten Mini-Programmchen, richtige Programmierung ist in Visual Basic genauso aufwendig wie in jeder anderen Sprache auch. Aber wie gesagt, der Einstieg ist deutlich leichter als bei anderen Programmiersprachen.

Visual Basic ist übrigens alles andere als neu. Es kam bereits 1991 auf den Markt und blickt auf eine langjährige und überaus erfolgreiche Geschichte zurück. Irgendwann (vor vielen, vielen Jahren) fing alles mit Microsoft Basic an, das für viele Computertypen (darunter war auch der legendäre Heimcomputer C64 – einige werden sich vielleicht noch erinnern) erhältlich war. Dieses Microsoft Basic ging auf jenes legendäre Basic zurück, das Bill Gates und sein Kumpel Paul Allen für den allerersten Heimcomputer, den noch legendäreren Altair 8080 geschrieben haben. Bill und Paul gründeten übrigens später Microsoft – den Rest kennt sicher jeder (beide sind heute übrigens Multimilliardäre – ein weiterer Grund, der dafür spricht, sich intensiver mit Basic zu beschäftigen). Visual Basic blickt damit indirekt auf eine bewegte Vergangenheit zurück. Zwei Dinge können Sie aber als sicher voraussetzen:

- Beim Start von Visual Basic rieselt kein Staub aus dem Monitorgehäuse. Mit anderen Worten, Visual Basic ist eine absolut moderne Programmiersprache, die von seinem »Urahn« BASIC nur die elementaren Grundbefehle übernommen hat.

Mit Visual Basic wird man nicht über Nacht zum Multimilliardär. Man wird allerdings in absehbarer Zeit zu einem guten Windows-Programmierer. Und das ist auch schon mal etwas.

- Und da wir gerade im Geschichtsunterricht sind: Die Programmiersprache Basic wurde übrigens nicht von Microsoft oder von irgendeiner anderen Firma im Silicon Valley erfunden, sondern bereits 1964 (als es noch keine PCs gab) von zwei Professoren an einer amerikanischen Uni (Darmouth College). Damals hieß es noch BASIC, was für »Beginners All Purpose Symbolic Instruction Set« (zu Deutsch »Allgemeiner Symbolbefehlssatz für Anfänger«) stand. Heutzutage hat dieses »wahre Basic« aber keine Bedeutung mehr, was ein weiterer Indikator für die Hypothese ist, dass es sich in der Software-Industrie nur selten auszahlt, als Erster eine gute Idee zu haben.

HINWEIS

Wer sich für die Geschichte von BASIC interessiert, findet zum Beispiel unter *www.fys.ruu.nl/~bergmann/history.html* weitere Informationen.

Visual Basic gehört, neben Delphi, zu den wenigen weltweit eingesetzten Programmiersprachen, die von einer einzigen Firma stammen, der Firma Microsoft (der wir zum Beispiel auch Windows verdanken). Die meisten der populären Sprachen wie C, C++, Cobol, Java oder Pascal wurden von »irgendjemand« erst einmal erfunden, von einem Gremium standardisiert und dann von verschiedenen Firmen aufgegriffen und vermarktet. Visual Basic ist in dieser Beziehung also eine gewisse Ausnahme. Wenn es Kritik zu üben gilt, dann gilt diese immer den »Microsoft-Entwicklern«. Damit sind jene Leute gemeint, die (vermutlich) Tag und Nacht im Gebäude Nr. 2 auf dem Microsoft-Campus in Redmond (einem Örtchen in der Nähe der Metropole Seattle im Nordwesten der USA – nahe der Grenze zu Kanada) an der nächsten Version von Visual Basic arbeiten. Übrigens können Sie jederzeit Verbesserungsvorschläge, Kritik oder Fehler direkt an die Microsoft-Entwickler loswerden. Schicken Sie dazu einfach eine formlose E-Mail (am besten auf Englisch) an die Adresse *vbwish@microsoft.com* und beschreiben Sie darin (bitte schön sachlich) Ihren Verbesserungsvorschlag oder Ihre Kritik. Zwar erhalten Sie nur eine automatisch erstellte Standardantwort, doch Sie können davon ausgehen, dass alle Verbesserungsvorschläge durchgesehen und vielleicht beim nächsten »Design«-Meeting vorgeschlagen und eventuell sogar in die nächste Visual-Basic-Version einfließen.

Wie liest man denn dieses Buch?

Nun, man schlägt die erste Seite auf und fängt an zu lesen (am besten von links nach rechts). Klar, dass die Frage so nicht gemeint war. Unter Leseanleitung verstehe ich eher eine kurze Übersicht über den Inhalt des Buches. Das beste ist, Sie lesen das Buch von vorne bis hinten durch. Dieser Ratschlag ist ausnahmsweise einmal ernst gemeint, denn bei vielen Computerbüchern sucht man sich die Themen heraus, die einen interessieren. Dieses Buch ist so aufgebaut, dass einzelne Lektionen aufeinander aufbauen.

Ich gehe davon aus, dass Sie weder Visual Basic noch irgendeine andere Programmiersprache können. Daher fängt Kapitel 1 auch ganz am Anfang an. Wer von der ersten Seite an mit dabei ist, lernt so alle wichtigen Details kennen und kommt beinahe von alleine zu funktionierenden und spannenden Programmen.

Und noch eine Kleinigkeit, bevor es (endlich) losgeht. Programmieren ist im allgemeinen ziemlich interessant (jugendliche Leser und solche, die jung geblieben sind, setzen hier bitte das Adjektiv »cool« oder ein vergleichbares Attribut ein). Doch man muss etwas dafür tun, bevor es richtig Spaß macht. Mit anderen Worten, erwarten Sie am Anfang noch nicht zuviel. Ich habe mir zwar Mühe gegeben, die Beispielprogramme so interessant wie möglich zu gestalten, doch »fetzige« Sound- und Videoeffekte gibt es leider auch nicht. Visual Basic ist eine richtige, »ernste« Programmiersprache, mit der man große Programme erstellen kann, und kein Ersatz für die Playstation, die vielleicht der eine oder andere einmal unter dem Weihnachtsbaum gefunden hat. Dennoch ist Visual Basic für alle da, auch tolle Spiele lassen sich (Stichwort: DirectX) in Visual Basic programmieren. In dieser Beziehung hat sich in der Software-Welt viel geändert. Vor vielen Jahren waren Programmierer relativ humorlose Menschen (zum Teil jedenfalls), die weiße Kittel trugen und streng darüber wachten, dass sich niemand ihrem »Allerheiligsten« näherte. Das ist heutzutage zum Glück vorbei. Programmieren kann, nicht zuletzt dank Visual Basic, Delphi oder Java, im Prinzip jeder. Doch selbst hinter jenen kleinen Programmen, wie Sie sie zu Hunderten auf den Beilage-CDs der großen PC-Zeitschriften finden, steckt eine Menge Arbeit. Daher bitte nicht gleich frustriert sein, wenn es am Anfang nicht sofort klappt oder Sie sich das Ganze etwas anders vorgestellt haben. Programmieren zu können, wird in Zukunft immer wichtiger werden, für die Uni, für den Job oder einfach weil es Spaß macht (wenngleich es natürlich eine Menge anderer sinnvoller Tätigkeiten gibt).

Die Idee des Buches

Dieses Buch ist ein wenig anders als andere Programmiersprachenbücher. Um von diesem Buch möglichst maximal zu profitieren, ist es wichtig, seine Idee zu verstehen. Sonst kommen Ihnen einige Dinge in diesem Buch vielleicht etwas merkwürdig vor. Zunächst vorweg, Programmieren lernt man weder in einer Stunde, an einem Nachmittag, an einem Wochenende oder in 20 Tagen, auch wenn dies andere Buchtitel (natürlich unbeabsichtigt) suggerieren mögen. Man kann sich die Grundkonzepte einer Programmiersprache an einem Nachmittag durchlesen, die Feinheiten der Programmierung lernt man aber nicht so schnell. Man kann in einem fünftägigen Workshop alles über eine Programmiersprache hören und mit Übungen das erlernte Wissen unter Beweis stellen, doch wenn man am Tag nach der Schulung zum ersten Mal vor dem leeren Bildschirm sitzt, sieht alles wieder ein wenig anders aus. Man kann sich jahrelang mit einer Programmiersprache beschäftigen, doch wenn es an die Fertigstellung eines auslieferungsfähigen Produktes geht, sich wie ein Anfänger vorkommen. Ich kann mich selber noch recht gut an mein allererstes Programm erinnern (natürlich war es ein Basic-Programm, wenngleich es kein Microsoft-Basic war). Ich hatte es noch nicht einmal selber geschrieben, sondern es mir von einem hilfsbereiten Mitschüler schreiben lassen. Ich kann mich vage erinnern, dass es um eine simple Programmschleife ging, die einen rechteckigen Punkt über den Bildschirm bewegen sollte (also eine Art Mini-Pong – Pong war das erste Video-Game überhaupt, das Anfang der siebziger Jahre von Nolan Bushnell – der später die Firma Atari gründete – programmiert wurde). Ich weiß nur, dass ich damals Wochen gebraucht hatte, um das Prinzip zu verstehen. Sicher habe ich mich nicht jeden Tag mit dem Programm beschäftigt und sicherlich war ich damals noch ein wenig zu jung/unerfahren/naiv, um systematisch an die Sache heranzugehen. Doch rückblickend kann ich recht gut beurteilen, dass man das Prinzip des Programmierens nicht auf die Schnelle lernt.

Diesem Umstand möchte das Buch Rechnung tragen, indem es den Leser sehr behutsam in die Thematik einführt. Es werden keinerlei Vorkenntnisse vorausgesetzt. Lediglich eine gewisse Erfahrung im Umgang mit Windows, die Fähigkeit, ein abstraktes Problem auf eine einfache Logik reduzieren zu können (das hört sich komplizierter an, als es in Wirklichkeit ist), die Bereitschaft etwas Neues lernen zu wollen und vor allem eine große Portion Neugierde. Wer diese Dinge mitbringt, ist für den Einstieg in die Programmierung bestens ausgerüstet (einen PC brauchen Sie natürlich auch, davon gleich mehr).

Da in diesem Buch die Einführung in die Programmierung im Vordergrund steht, werden wir (ich erlaube mir an einigen Stellen die Vereinnahmung des Lesers zu einem »wir«) auch keine allzu großen Sprünge machen. Spezielle Themen, wie Datenbankprogrammierung, der Umgang mit Klassen oder der

Zugriff auf die Windows-API, werden nur sehr elementar behandelt. Niemand muss sich jedoch unterfordert fühlen. Zum einen enthält jedes Kapitel sehr interessante Übungsaufgaben (deren Lösung im Web zu finden sind), zum anderen kann es auch sehr spannend sein, sich mit scheinbar trivialen Dingen ausführlich zu beschäftigen.

Windows-Kenntnisse müssen leider sein, denn Visual Basic ist eine typische Windows-Anwendung. Ganz früher war alles ein wenig einfacher, da genügte es, den Computer einzuschalten, und man konnte sofort den ersten Befehl eintippen. Auch GW-Basic (alias BasicA auf den Original-IBM-PCs), der Urahn von Visual Basic, war extrem einfach zu bedienen. Man rief GW-Basic durch Eingabe des Namens auf und konnte sofort loslegen und Befehle eintippen. Heute muss man sich quasi erst zum »Windows-Experten« ausbilden lassen, um ein kleines Programm eingeben zu können (ganz so schlimm ist es natürlich nicht). Hier eine kleine Checkliste für das, was Sie an Windows-Kenntnissen mitbringen sollten:

- Sie wissen, wie man einen PC einschaltet und Windows startet (Letzteres geht ja inzwischen fast von alleine).
- Sie können unter Windows 95/98/Me/2000/XP ein Programm durch Aufruf des Setup-Programms installieren.
- Sie können ein Programm über das Startmenü starten und wissen auch, was ein Ordnerfenster ist und wie man ein bestimmtes Ordnerfenster öffnet.
- Sie können mit der Maus umgehen, Objekte bei gedrückter Maustaste über den Bildschirm ziehen und an einer bestimmten Stelle ablegen.
- Sie kennen die Bedeutung von Menüs, können Menüs öffnen und aus Menüs einzelne Einträge auswählen.
- Sie wissen, welche Bedeutung ein Dialogfeld spielt, wie es geöffnet wird, warum ein Dialogfeld in Registerkarten unterteilt ist (aus Gründen der besseren Übersichtlichkeit), wie man zwischen Registerkarten umschaltet und dass man ein Dialogfeld mit OK bestätigen muss, damit die getroffenen Einstellungen wirksam werden.
- Sie wissen, dass auch die rechte Maustaste eine Rolle spielt und dass man mit ihr auch Kontextmenüs öffnen kann.
- Sie wissen, wie man Windows 95 (bzw. Windows 98/2000/XP) neu startet, nachdem es wieder einmal abgestürzt ist (das kommt bei Visual Basic zum Glück sehr selten vor).
- Können Sie alle Fragen (oder zumindestens die meisten) mit einem mehr oder weniger klaren Ja beantworten, sind Sie fit für dieses Buch. Wenn nicht, müssen Sie sich leider noch ein wenig mit Windows 95 (oder Win-

dows 98) beschäftigen oder aber beim Programmieren öfter mal in einem Windows-Buch nachschlagen, denn diese Dinge werden im Weiteren vorausgesetzt.

Warum gerade Visual Basic?

Visual Basic ist jenes Entwicklungswerkzeug, das ich den meisten Leuten mit gutem Gewissen für den Einstieg empfehle. Visual Basic hat viele positive Seiten, doch wie jedes Werkzeug besitzt es auch ein paar »Besonderheiten« (ich möchte sie nicht unbedingt als Nachteile bezeichnen). Zu den wichtigsten Vorteilen gehören:

- Visual Basic ist einfach zu erlernen und ist interaktiv, das heißt Eingaben werden unmittelbar verarbeitet.
- Für die Programmierung mit Visual Basic werden keine Kenntnisse über den internen Aufbau von Windows benötigt. Sie müssen, anders als z.B. bei der Programmierung mit Visual C++, sich nicht mehr sehr mit der umfangreichen Windows-API auskennen (wenngleich der Aufruf von API-Funktionen kein Problem ist).
- Visual Basic ist inzwischen in der Windows-Welt recht weit verbreitet. Es ist nicht nur in Visual Basic, sondern zum Beispiel auch in Microsoft Office (ab Version '97) als VBA (Visual Basic für Applikationen) zu finden.
- Visual Basic ist sehr gut erweiterbar. Fehlende Funktionen werden über ActiveX-Komponenten (Zusatzsteuerelemente), Add-Ins oder Automations-Klassen hinzugefügt.
- Visual Basic bietet eine sehr komfortable Entwicklungsumgebung, die sowohl Einsteigern als auch Profis das Leben und den Umgang mit Visual Basic leichter macht.
- Visual Basic besitzt einen echten Compiler, der ausführbaren Maschinencode erzeugt. Das »Geschwindigkeitsargument«, das bei früheren Versionen einige Entwickler davon abhielt, Visual Basic einzusetzen, zählt nicht mehr oder nur noch stark eingeschränkt.

Diese Liste ließe sich noch fortsetzen. Allerdings besitzt Visual Basic auch ein paar Eigenheiten, für die das Wort »Nachteil« wahrscheinlich zu hart wäre. Dazu gehören:

- Visual Basic kennt keine Zeiger, dabei handelt es sich um einen Datentyp, der in C++ eine zentrale Rolle spielt. Das ist, wenn überhaupt, aber nur für professionelle Entwickler ein Nachteil.
- Visual Basic (VB) ist in erster Linie ein Entwicklungssystem für sogenannte Client/ Server-Anwendungen. Das sind Programme, deren Bestandteile

auf verschiedenen PCs in einem Netzwerk arbeiten und bei denen in der Regel eine große Datenbank im Hintergrund steht. Wer etwa Spiele oder »Multimedia-Anwendungen« entwickeln möchte, findet in Visual Basic unter Umständen nicht das beste Werkzeug. Das heißt natürlich nicht, dass man in Visual Basic keine Spiele programmieren kann. Doch da es keine direkte Verbindung zu DirectX, der Multimedia-Erweiterung von Windows gibt, lassen sich bei weitem nicht alle Möglichkeiten, die Windows bereithält, von einem Visual-Basic-Programm aus nutzen.

- Die Sprachelemente von Visual Basic sind teilweise nicht sehr konsequent durchdacht. So besitzt Visual Basic objektorientierte Ansätze, die aber nur teilweise umgesetzt wurden. Außerdem bietet Visual Basic noch keine Vererbung, sodass es keine vollständige Objektsprache ist.
- Visual Basic kommt von einer einzelnen Firma, nämlich Microsoft. Anders als viele andere Programmiersprachen, wie zum Beispiel C++ oder Java, wird sein Befehlsumfang nicht in öffentlichen Gremien (etwa einem ANSI-Standardkomitee) festgelegt. Dieser Umstand besitzt Vor- und Nachteile. Ein Vorteil ist, dass Visual Basic sich schnell an aktuelle Entwicklungen anpassen kann. Ein Nachteil ist sicherlich, dass Microsoft Visual Basic strategischen Überlegungen unterordnet und bestimmte Features deswegen nicht einbaut, da sie nicht in die aktuelle Strategie passen würden.

Beurteilen Sie selbst, wie wichtig Ihnen die einzelnen Vor- und Nachteile sind. Unter dem Strich bietet Visual Basic eine einzigartige Kombination aus leichter Bedienbarkeit und Leistungsfähigkeit. Auf einer Notenskala der Programmierwerkzeuge, bei der eine 10 für das optimale Werkzeug stehen würde (das es meiner Meinung nach aber nicht gibt), erhält Visual Basic von mir eine Note zwischen 7 und 8.

Ein Wort zur Installation

Die Installation von Visual Basic ist völlig problemlos. Sie legen die CD in das Laufwerk, starten das Setup-Programm *SETUP.EXE* und legen den Verzeichnisnamen und den Namen der Programmgruppe im Startmenü fest. Weitere Angaben sind nicht erforderlich. Folgende Soft- und Hardware-Voraussetzungen gelten für Visual Basic 6.0:

Windows 95, Windows 98, Windows ME oder Windows NT ab Version 4.0 mit Service Pack Nr. 3 oder Windows 2000/XP.

- 16 bzw. 32 Mbyte RAM (dies ist die übliche Empfehlung)
- Mindestens ca. 100 Mbyte auf der Festplatte. Durch Weglassen verschiedener Komponenten lässt sich der Platzbedarf natürlich auch reduzieren, wobei 100 Mbyte bereits von einer Minimalinstallation ausgeht.

Grundsätzlich gelten für Visual Basic die gleichen Hardware-Voraussetzungen, wie für alle etwas größeren Windows-Anwendungen. 8 Mbyte sind das absolute Minimum, 16 Mbyte ausreichend, 32 Mbyte gut und ab 64 Mbyte optimal. Außerdem werden Sie feststellen, dass die Visual-Basic-Entwicklungsumgebung auf einem 15"-Monitor etwas unübersichtlich wirkt und ein 17"-Monitor mit einer Auflösung von 1024x768 das Arbeiten enorm erleichtert. Dies sind aber Dinge, die nur dann eine Rolle spielen, wenn Sie regelmäßig mit Visual Basic arbeiten möchten.

Welche Rolle spielt das World Wide Web?

Das *World Wide Web*, kurz Web, stellt viele Gewohnheiten auf den Kopf. War der Autor eines Computerbuches früher eine mehr oder weniger anonyme Person, über die man so gut wie nichts wusste, die alt oder jung, hübsch oder hässlich, nett oder unsympathisch sein konnte, ist man dank des Web mit dem Autor eines Buches sehr viel enger verbunden. Man kann die Webseite des Autors besuchen (fast alle Autoren betreiben inzwischen eine eigene Webseite), man kann unter Umständen mehr über den Menschen erfahren und man kann ihm in der Regel dank E-Mail direkt »auf die Nerven gehen«. Im Grunde könnte es so aussehen: Man liest das Buch, stolpert über eine Stelle, kommt mit einem Beispielprogramm nicht klar oder ärgert sich über etwas. Anstatt alleine damit zu »kämpfen«, schreibt man eine kleine E-Mail, schickt diese ab und kann davon ausgehen, dass sie Minuten später im Postfach des Autors landet. Idealerweise liest der Autor sie sofort, fühlt sich wegen des überschwenglichen Lobes (tollstes Buch, was ich je gelesen habe, Sie sind ein Genie usw.) gebauchpinselt und ist natürlich extrem bemüht, die E-Mail sofort zu beantworten. So vergehen lediglich ein paar weitere Minuten und der Leser erhält einen Kommentar vom Autor des Buches höchstpersönlich. Rein theoretisch kann ein solcher Gedankenaustausch in wenigen Minuten über die Bühne gehen und man kann dadurch das Gefühl haben, dass einem der Autor ständig mit Tat und Rat zur Seite steht. Das ist zwar ein mögliches Szenario, in der Praxis ist es jedoch noch sehr selten. Zum einen ist nicht jeder Leser so mitteilungsfreudig, hat vielleicht gewisse Hemmungen oder keinen E-Mail-Anschluss (das dürfte inzwischen aber keine Ausrede mehr sein). Der Autor wiederum ist nicht bereit, auf jede Anfrage zu antworten, schreibt vielleicht gerade an einem anderen Buch oder ist mit den reichlichen Tantiemen von seinem letzten Buch auf Weltreise.

Eine andere Möglichkeit wäre, sich mit seinen Lesern jede Woche für eine Stunde in einem Chat-Raum zu treffen. Alle Leser können Fragen und Kritik loswerden, der Autor kann ein paar Anekdoten zum besten geben und Unbeteiligte können sich zwanglos am Plausch beteiligen.

Alles das ist möglich, alles das ist bestimmt auch wünschenswert, doch alles das wird es so schnell nicht geben. Technisch ist das alles kein Problem (es kostet auch nichts zusätzlich), doch erfahrungsgemäß müssen sich Autor und Leser erst an das neue Medium gewöhnen. Und das dauert seine Zeit. Außerdem gibt es keine »synchronisierte Gleichzeitigkeit«. Ein Leser kauft das Buch bereits nach seinem Erscheinen, der andere leiht es erst ein halbes Jahr später aus der Leihbücherei aus, ein Dritter kauft es Jahre später auf einem Flohmarkt oder findet es im Altpapier. Ein Buch ist nun einmal ein festes Medium, das nur sehr schwer eine Aktualität vermitteln kann. Das gilt insbesondere für Programmiersprachenbücher, die idealerweise zeitlos sein sollten. Ich habe mich daher zu folgendem »Service-Programm« für die Leser dieses Buches entschlossen:

- Jedes Kapitel enthält am Ende ein paar Aufgaben, anhand derer Sie Ihr bisher erlerntes Wissen überprüfen und jede Menge praktische Erfahrungen sammeln können. Der Schwierigkeitsgrad der Übungen ist unterschiedlich. Einige sind leicht, andere eine echte Herausforderung. Aus Platzgründen finden Sie die Lösungsvorschläge nicht in diesem Buch. Sie können sie sich aber im Web unter der Adresse *www.activetraining.de/JetztLerneIchVB.htm* herunterladen.
- Zum Kennenlernen von Visual Basic finden Sie in den Kapiteln so genannte »Laboratorien«. Ein Labor ist ein kleines Beispielprogramm, mit dem Sie in Ruhe einen bestimmten Aspekt der Programmierung ausprobieren können. Wie im Deutschen Museum in München können Sie nach Herzenslust auf einzelne »Knöpfe« drücken und sich anschauen, was passiert. Da es weniger um das gesamte Programm, sondern um ein einzelnes Thema geht, wird der Programmcode eines Labors nicht abgedruckt. Sie finden alle Laboratorien, sowohl als Programm- als auch als Projektdatei, ebenfalls im Web.
- Schließlich möchte ich auf den Webseiten Leserbriefe veröffentlichen. Dabei kann es sich um Kritik handeln, es können aber auch Lösungsvorschläge oder eigene Beispiele sein. Anhand dieser Beispiele können andere etwas lernen. Auch wer nicht weiter weiß, etwa mit einem eigenen Projekt, kann andere um Rat fragen (bei den Fragen soll es in erster Linie um Einsteigerfragen und nicht um einen Ersatz für die Microsoft-Hotline gehen). Das Ganze kann natürlich nur zeitversetzt stattfinden, das heißt, in der Regel bekommt man auf eine Frage erst »ein paar Tage später« eine Antwort. Da ich die Fragen »archiviere«, kann man sich auch ein Jahr später noch Fragen von anderen Lesern aufrufen.

HINWEIS

Die Adresse der Webseite des Buches lautet:
www.activetraining.de/JetztLerneIchVB.htm oder allgemein unter *www.activetraining.de* und dann den Menüpunkt »Bücher« wählen.

Die Lösungen zu den Übungen und Laboratorien des vorliegenden Buches finden Sie natürlich auch auf der beiliegenden Buch-CD. Ein Besuch der oben angegebenen Webseite lohnt sich aber immer.

Was lesen Sie in diesem Buch?

Kein Buch sollte mehr als zwölf Kapitel enthalten, sonst wird es zu unübersichtlich (es sind in dieser Auflage aber doch ein paar mehr geworden). Die Kunst liegt in der Reduktion und dem Weglassen jener Dinge, die für den Einstieg nicht unmittelbar benötigt werden. Es ist sehr viel einfacher, das weiß ich inzwischen aus eigener Erfahrung, ein Visual-Basic-Buch mit 1200 Seiten zu schreiben als ein Buch mit etwa 400 Seiten, das dennoch alle wichtigen Dinge enthält. Hier eine kurze Übersicht über die einzelnen Kapitel des Buches:

Kapitel	**Was steht drin?**
Kapitel 1	In diesem Kapitel wird die wichtige Frage beantwortet, was es konkret bedeutet, einen Computer zu programmieren. Dieses Kapitel ist für jene Leserinnen und Leser gedacht, die noch nie ein Programm geschrieben haben und sich stattdessen immer schon gewundert haben, wie ein Computer seine kleinen und großen »Wunder« vollbringt.
Kapitel 2	In diesem Kapitel wird Visual Basic vorgestellt. Sie lernen die Visual-Basic-Entwicklungsumgebung kennen, erfahren etwas über den allgemeinen Aufbau eines Visual-Basic-Programms und setzen Ihr erstes Visual-Basic-Programm um.
Kapitel 3	In diesem Kapitel unternehmen Sie die ersten Schritte mit Visual Basic und lernen Steuerelemente, Ereignisse und einfache Ein- und Ausgaben kennen. Eine besonders wichtige Rolle spielen die Ereignisse, die als »Motor« eines Visual-Basic-Programms dafür sorgen, dass eine Benutzeraktion den Aufruf einer Ereignisprozedur zur Folge hat.
Kapitel 4	Computer sind nicht nur dumm, sie sind sogar ziemlich dumm. Alles, was ein Prozessor, der das »Gehirn« eines Computers darstellt, kann, ist, Zahlen zu addieren, zu vergleichen oder einen Programmbefehl in Abhängigkeit eines Vergleichs durchzuführen. Dass sich mit einer Programmiersprache dennoch »alles« machen lässt, liegt einfach daran, dass es Entscheidungen und Programmschleifen gibt, die einem Computer einen Hauch von »Intelligenz« verleihen.
Kapitel 5	Funktionen können auch definiert werden. Eine Funktion ist nichts anderes als eine Gruppe von Befehlen, die unter einem Namen zusammengefasst werden und die einen Wert zurückgeben. Gibt eine »Funktion« keinen Wert zurück, spricht man von einer Prozedur. Eine Programmiersprache muss nicht nur Befehle, sondern auch Funktionen zur Verfügung stellen. In diesem Kapitel werden die »eingebauten« VB-Funktionen vorgestellt.

Kapitel	Was steht drin?
Kapitel 6	Bei der Visual-Basic-Programmierung dreht sich fast alles um Benutzeroberflächen. In diesem Kapitel wird eine kleine Benutzeroberfläche Schritt für Schritt erstellt.
Kapitel 7	In den Kapiteln 1 bis 6 wurden die einfachen Grundkonzepte der Programmiersprache Visual Basic vorgestellt. VB-Programmierung bedeutet jedoch noch einiges mehr. Zu diesem »Mehr« gehören unter anderem Datentypen und Gültigkeitsbereiche von Variablen und Feldern. Dieses Kapitel ist sicherlich das »anspruchsvollste« Kapitel in diesem Buch, da es fortgeschrittenere Programmiertechniken vorstellt.
Kapitel 8	Fehler sollten beim Programmieren möglichst vermieden werden. Es gibt aber eine Sorte von Fehlern, gegen die der genialste Programmierer machtlos ist, da sie durch eine Aktion des Benutzers ausgelöst werden. Diese Laufzeitfehler müssen abgefangen werden, damit sie nicht zu einem Programmabbruch führen. Wie das geht, verrät Ihnen das Kapitel »Die Fehlersuche in einem VB-Programm«.
Kapitel 9	Möchte ein Programm etwas abspeichern, muss es dies (zurzeit noch) in einer Datei tun. Eine Datei ist nichts anderes als ein Name, der für eine beliebige Anzahl von Zuordnungseinheiten auf einem Laufwerk steht. Wie Daten in Dateien gespeichert werden, ist Gegenstand dieses Kapitels.
Kapitel 10	Windows steht für Grafik, denn bei Windows ist alles Grafik (auch Text). Wie einfache Grafikausgaben zum Zeichnen durchgeführt werden, wird in diesem Kapitel gezeigt.
Kapitel 11	Programmieren soll natürlich auch Spaß machen (im Grunde sollte der Spaß sogar an erster Stelle stehen). Dass dies gerade in Visual Basic kein Problem ist, soll das letzte Kapitel des Buches unter Beweis stellen.
Kapitel 12	Mit diesem Kapitel beginnt die fortgeschrittenere Visual-Basic-Programmierung. Sie lernen, wie Sie in einem Visual-Basic-Programm die Funktionen der Windows-API aufrufen.
Kapitel 13	In diesem Kapitel lernen Sie die Klassen kennen, mit denen sich Objekte definieren lassen.
Kapitel 14	In diesem Kapitel wird ein einfaches ActiveX-Steuerelement Schritt für Schritt umgesetzt.
Kapitel 15	Das sehr wichtige Thema Datenbankprogrammierung steht in diesem Kapitel auf dem Programm. Anhand des ADO-Datensteuerelements wird gezeigt, wie sich der Inhalt einer Datenbank in einem Formular darstellen und einfache Datenbankabfragen per SQL durchführen lassen.

Einige Themen werden in diesem Buch aus Platzgründen (und weil eine Einführung in die Grundlagen der Programmierung nicht mit Themen überfrachtet werden soll) nur angesprochen, aber nicht genauer erklärt. Diese Themen werden auf einen (bislang nur »imaginären«) Fortsetzungsband verschoben. Ich weiß, dass man als Autor dem Leser eigentlich keine Antworten schuldig bleiben sollte. Auf die Andeutungen ganz zu verzichten, würde dem Leser aber die Gelegenheit nehmen, sich in der Visual-Basic-Hilfe (oder in anderen Quellen) informieren zu können. Aus diesem Grund finden Sie an einigen Stellen Hinweise, die nicht im Detail erklärt werden. Und wer weiß, vielleicht gibt es den Fortsetzungsband zu »Jetzt lerne ich Visual Basic« eines Tages wirklich, in dem diese Themen dann ausführlich und mit Beispielen erklärt werden.

Was haben die Symbole zu bedeuten?

Als ein modernes Lehrbuch bedient sich auch dieses Buch verschiedener Symbole, die beim Lesen als Orientierung dienen sollen. Im Einzelnen handelt es sich um:

Symbol	**Bedeutung**
	Hier erhalten Sie ein kleines Beispiel, das den Sachverhalt veranschaulichen soll. Um es ausprobieren zu können, wird in der Regel ein kleines Programmgerüst benötigt.
	Hier werden Dinge behandelt, die für einen reinen Einsteiger noch eine Nummer »zu hoch« oder zu speziell sein können.
	Hier erhalten Sie einen allgemeinen Hinweis, der ein Thema etwas vertieft, der aber für das Verständnis der folgenden Abschnitte nicht erforderlich ist. Oder Sie finden hier einen (hoffentlich) nützlichen Tipp.
	Hier müssen Sie spontan Ihr Wissen unter Beweis stellen. Eine Auflösung der Quizfragen finden Sie auf der Webseite zum Buch: *www.activetraining.de/JetztLerneIchVB.htm*
	Hier wird ein Aspekt der Programmierung behandelt, den man kennen sollte, um Programmfehler zu vermeiden, oder der bei Visual Basic nicht optimal gelöst wurde.

Zusätzlich finden Sie über das ganze Buch Merksätze, die Ihnen alles Wesentliche an der VB-Programmierung Schritt für Schritt verinnerlichen sollen.

Wie soll ich Visual Basic am besten lernen?

Vielleicht haben Sie irgendwo schon gelesen, dass Visual Basic total einfach ist, man es auf Anhieb kapiert und man sozusagen über Nacht zum Programmierer wird. Vergessen Sie es. Es gibt leider keine total einfachen Programmiersprachen. Und sollte es sie geben, wären sie nicht sonderlich beliebt. Stellen Sie sich vor, eine Programiersprache wäre wirklich so einfach und würde zum Beispiel nur aus zehn ganz einfachen Befehlen bestehen. Diese Befehle könnte man in der Tat wahrscheinlich an einem Wochenende lernen. Und was dann? Dann möchten Sie richtige Programme schreiben und ärgern sich auf Schritt und Tritt über die unglaublichen Einschränkungen der vermeintlich so einfachen Sprache. Es ist daher immer das Gleiche. Jedes Entwicklungssystem, das sich an eine große Zielgruppe richtet, muss einen Kompromiss aus einfacher Handhabbarkeit und Leistungsfähigkeit finden. An einer Programmiersprache, die so einfach ist, dass man sie in rekordverdächtiger Zeit in- und auswendig lernt, hat niemand Freude, weil sie kaum etwas kann. Visual Basic bietet einen vernünftigen Kompromiss. Es ist einfach zu erlernen, da es die normale Komplexität der Windows- und COM-Programmierung beim Zugriff auf die »Windows-Internas« stark reduziert. In dieser Beziehung gilt das Attribut »einfach«. Geht es jedoch um die herkömmliche Programmierung, ist Visual Basic genauso einfach und schwierig wie die meisten anderen Programmiersprachen auch. Es ist vielleicht eine Idee einfacher, da es relativ wenig Formalismen gibt und man Syntaxfehler sofort nach der Eingabe angezeigt bekommt (bei anderen Programmiersprachen muss man das Programm im Allgemeinen erst einmal komplett übersetzen und kann die verschiedenen Programmierfehler der Reihe nach durchgehen und beseitigen). Dennoch, und das ist auf lange Sicht wichtiger, ist Visual Basic eine Sprache, die trotz der »Einfachheit« nur sehr wenige Kompromisse bezüglich der Leistungsfähigkeit macht. Sie lernen mit Visual Basic ein Entwicklungssystem, das mit Ihren Fähigkeiten »wächst«. Oder andersherum, es dauert relativ lange, bis Sie an einen Punkt kommen, an dem es mit Visual Basic nicht mehr weitergeht (und selbst dann gibt es in vielen Fällen eine Lösung).

Bild 0.1: Die MSDN-Hilfe enthält eine ausführliche Beschreibung aller Befehle und Funktionen

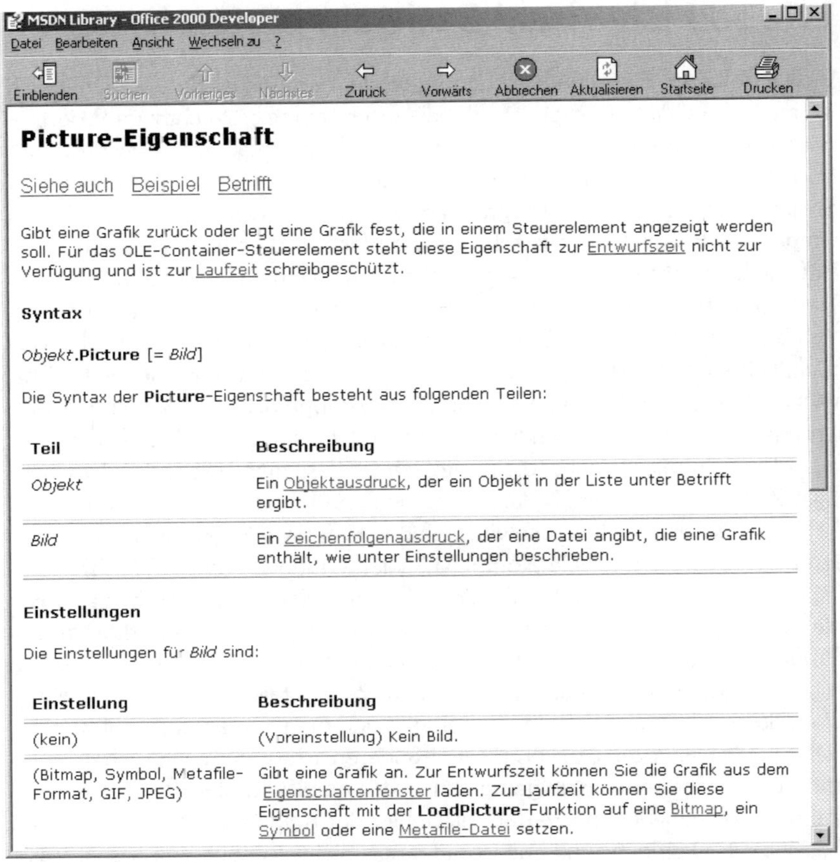
MSDN Library - Office 2000 Developer

Datei Bearbeiten Ansicht Wechseln zu ?

Einblenden Suchen Vorheriges Nächstes Zurück Vorwärts Abbrechen Aktualisieren Startseite Drucken

Picture-Eigenschaft

Siehe auch Beispiel Betrifft

Gibt eine Grafik zurück oder legt eine Grafik fest, die in einem Steuerelement angezeigt werden soll. Für das OLE-Container-Steuerelement steht diese Eigenschaft zur Entwurfszeit nicht zur Verfügung und ist zur Laufzeit schreibgeschützt.

Syntax

Objekt.**Picture** [= *Bild*]

Die Syntax der **Picture**-Eigenschaft besteht aus folgenden Teilen:

Teil	Beschreibung
Objekt	Ein Objektausdruck, der ein Objekt in der Liste unter Betrifft ergibt.
Bild	Ein Zeichenfolgenausdruck, der eine Datei angibt, die eine Grafik enthält, wie unter Einstellungen beschrieben.

Einstellungen

Die Einstellungen für *Bild* sind:

Einstellung	Beschreibung
(kein)	(Voreinstellung) Kein Bild.
(Bitmap, Symbol, Metafile-Format, GIF, JPEG)	Gibt eine Grafik an. Zur Entwurfszeit können Sie die Grafik aus dem Eigenschaftenfenster laden. Zur Laufzeit können Sie diese Eigenschaft mit der **LoadPicture**-Funktion auf eine Bitmap, ein Symbol oder eine Metafile-Datei setzen.

HINWEIS: Das Ablaufmodell auf der Buch-CD enthält leider keine Hilfe.

Hier noch ein Tipp für alle diejenigen, die angesichts des beeindruckenden Umfangs der MSDN-Hilfe (so wird seit der Version 6.0 die allgemeine Hilfe genannt, die auch die Visual-Basic-Hilfe umfasst) das Gefühl nicht loswerden, dass man dazu wohl Jahre benötigt, um alles zu verstehen. Zwar enthält die MSDN-Hilfe tatsächlich mehrere tausend Einträge, zwar enthält die Werkzeugsammlung mehr als zwei Dutzend Steuerelemente, die insgesamt über 100 verschiedene Eigenschaften, Methoden und Ereignisse anbieten, doch Visual Basic lernen besteht nicht darin, diese Dinge auswendig zu lernen. Sehr viel wichtiger ist es, das Prinzip zu verstehen. Nach dem Motto »Kennt man einen, kennt man alle« müssen Sie das Prinzip verstanden haben, nach dem Steuerelemente im Speziellen und Komponenten im Allgemeinen angesprochen werden. Alles andere können Sie jederzeit in der MSDN-Hilfe nachschlagen, die übrigens auch in Buchform über den Buchhandel vertrieben wird (es handelt sich um mehrere orangefarbene Bücher). Sie benötigen diese Bücher (die leider nicht ganz billig sind) nur dann, wenn Ihnen die MSDN-Hilfe am Bildschirm ein wenig zu unhandlich ist.

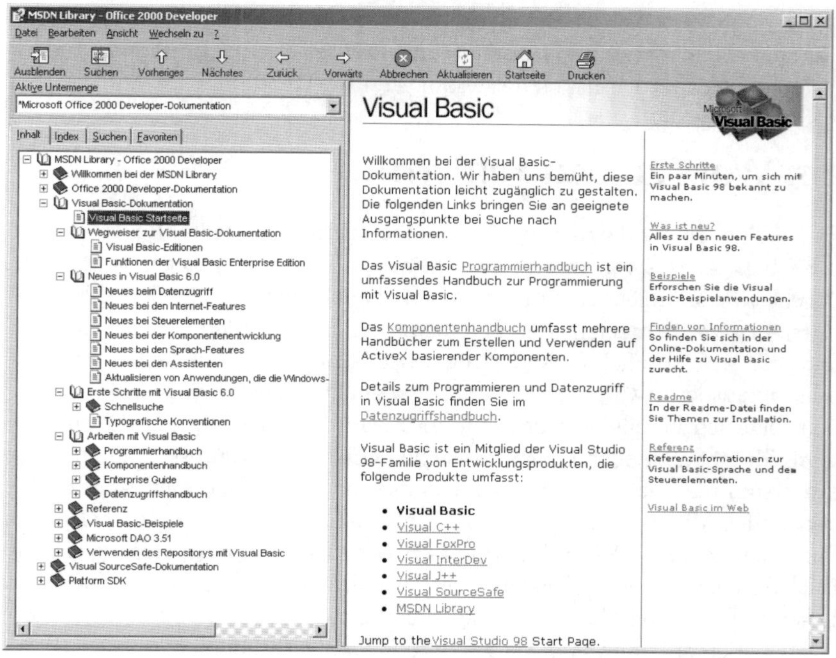

Bild 0.2: Die MSDN-Hilfe enthält die Visual-Basic-Handbücher, die wie Webseiten organisiert sind

Wenn es drei Dinge gibt, die Ihnen dieses Buch beibringen soll, dann sind es folgende:

1. Die Logik des Programmierens.
2. Die wichtigsten Befehle der Programmiersprache Visual Basic.
3. Das Prinzip der Objekte.

Können Sie von diesen drei Themen behaupten, sie verstanden zu haben, dürfen Sie sich bereits als Kenner von Visual Basic bezeichnen. Die Frage, warum ein Textfeld eine *Text*-Eigenschaft und keine *Caption*-Eigenschaft besitzt (dies ist letztendlich eine von den Microsoft-Programmierern willkürlich getroffene Unterscheidung), können Sie jederzeit in der Hilfe nachschlagen. Oder, und das ist das Schöne beim Lernen einer neuen Programmiersprache, Sie werden feststellen, dass Sie diese Dinge mit zunehmender Erfahrung von alleine beantworten können und dazu die Hilfe nicht mehr benötigen.

Beziehen Sie beim Lernen von Visual Basic von Anfang an die Hilfe mit ein, die Sie jederzeit über die [F1]-Taste oder kontextbezogen über [⇧][F1] aufrufen können (Sie erhalten aber nicht zu jedem Stichwort eine Hilfe). Schauen Sie sich daher den Aufbau der Hilfe in Ruhe an und lernen Sie, mit der Hilfe zu arbeiten. Dieses Buch geht davon aus, dass Sie mit der Hilfe arbeiten und enthält daher zum Beispiel keine ausführliche Befehlsreferenz (lediglich eine Zusammenstellung der wichtigsten VB-Funktionen im Anhang).

Ein Wort zu den Fehlern

Fehler sind Dinge, die man im Allgemeinen vermeiden sollte. Leider ist das, die Praxis zeigt es immer wieder, nicht möglich. In diesem Buch wurden alle üblichen Anstrengungen unternommen, Druckfehler und andere Flüchtigkeitsfehler zu vermeiden. Alle Beispielprogramme wurden von mir getestet und sollten daher auch funktionieren. Sollten Ihnen dennoch Fehler auffallen oder sich wider Erwarten in einem Listing ein Druckfehler eingeschlichen haben, bitte ich bereits jetzt um Pardon (meine E-Mail-Adresse steht im Vorwort). Es gibt aber auch Fehler, die keine Fehler sind. Wenn sich jemand zum allerersten Mal mit einer Programmiersprache beschäftigt, gibt es viele Fragen und Unsicherheiten. Wo muss ich ein Leerzeichen setzen, wo einen Punkt oder ein Komma und was hat es zu bedeuten, wenn eine Listingzeile im Buch einfach in der nächsten Zeile weitergeht? Aufgrund verschiedener Leserbriefe, die mir über Schwierigkeiten beim Ausprobieren der ersten Beispiele berichtet hatten, möchte ich dazu Folgendes anmerken:

Geben Sie eine Zeile erst einmal ein und betätigen Sie die [↵]-Taste. Da Visual Basic eine automatische Überprüfung vornimmt (es sei denn, diese Option wurde deaktiviert), werden Syntaxfehler (so werden Schreibfehler genannt) gleich angezeigt. Ist eine Programmzeile rot, enthält sie noch (mindestens) einen Fehler und das Programm kann nicht eher ausgeführt werden, bis der Fehler beseitigt wurde.

- Trat ein Fehler auf, schauen Sie sich die Zeile in Ruhe an und vergleichen Sie sie mit der Zeile aus dem Buch. In der Regel fallen Ihnen dabei schon Unterschiede auf.
- Die Groß- und Kleinschreibung spielt bei der Eingabe keine Rolle. Es ist also egal, ob Sie goto, GOTO oder GoTo schreiben (die Schreibweise in diesem Buch ist in dieser Beziehung nicht einheitlich, da manchmal Listings nachträglich eingefügt und dabei nicht mehr angepasst wurden). Sie werden feststellen, dass Visual Basic die Schreibweise von Befehlen stets korrigiert.
- Setzen Sie nach jedem Befehl ein Leerzeichen. Es ist allerdings kein Problem, wenn Sie mehr als ein Leerzeichen eingeben. In den Listings des

Buches ist die Anzahl der Leerzeichen aus drucktechnischen Gründen nicht immer klar zu erkennen, doch da zu viele Leerzeichen nicht schaden können, spielt das keine Rolle.

- Nun zu einem »heiklen« Punkt: Einige Programmzeilen müssen in den Listings dieses Buches aus Platzgründen (die Seiten sind leider nicht breit genug) auf mehrere Zeilen verteilt werden. Solche Zeilen werden am Ende mit einem besonderen Pfeilsymbol gekennzeichnet (wir haben uns bemüht, diese Programmzeilen durchgängig zu kennzeichnen). Dieses Pfeilsymbol können Sie nicht eingeben. Sie müssen es auch gar nicht eingeben, weil Sie die Programmzeile ruhig komplett in einer Bildschirmzeile eingeben können. Möchten Sie eine Programmzeile dennoch unterbrechen, geben Sie am Ende der Zeile ein Leerzeichen und dann einen Unterstrich, den sog. Zeilenfortführungsoperator ([⇧]-Taste und Bindestrich gleichzeitig drücken) ein. Sie können die Zeile nun in der nächsten Bildschirmzeile fortsetzen (diese Trennung ist aber nicht in Zeichenketten erlaubt, weil der Unterstrich hier als normales Zeichen interpretiert wird).
- Und noch ein Hinweis zum Schluss: Geben Sie Ereignisprozeduren nie direkt ein, auch wenn diese in einem Listing erscheinen (z.B. Sub Form_Load oder Sub cmdStart_Click). Sie können es machen, doch passieren dabei viele Fehler. Die Eingabe erfolgt vielmehr dadurch, dass Sie den Prozedurrahmen aus dem Codefenster auswählen (wie das geht, wird an geeigneter Stelle noch beschrieben).
- Und zu allerletzt: Immer schön fröhlich bleiben. Ärgern Sie sich nicht, wenn etwas nicht auf Anhieb funktioniert. Geben Sie unter keinen Umständen auf. Zum einen erhalten Sie dann nicht das Gefühl der Genugtuung, wenn es endlich funktioniert. Zum anderen lernt man gerade aus Fehlern am meisten. Wenn Sie jetzt noch berücksichtigen, dass erfahrene Programmierprofis in der Industrie 40% ihrer Zeit mit der Fehlersuche in Programmen verbringen, sind Sie in bester Gesellschaft.

Kapitel 1

jetzt lerne ich

Was heißt eigentlich Programmieren?

Dieses Kapitel versucht, eine zentrale Frage zu beantworten, die in vielen anderen Programmiersprachenbüchern zwangsläufig ein wenig zu kurz kommt. Was heißt es eigentlich zu programmieren? Wie ist ein Programm aufgebaut, und wie kommt es, dass ein PC gerade »Visual Basic« versteht? Beantwortet werden diese Fragen zunächst ganz allgemein und dann natürlich am Beispiel. Sie sollten dieses Kapitel auch dann durcharbeiten, wenn Sie bereits mit einer Programmiersprache vertraut sind, da Sie in diesem Kapitel gleichzeitig die Grundelemente von Visual Basic, der Programmiersprache von Visual Basic, kennen lernen.

Sie lernen in diesem Kapitel etwas über:

- Die Idee des Programmierens
- Die Aufgabe einer Programmiersprache
- Variablen und Konstanten
- Ausdrücke und Operatoren
- Einfache Befehle
- Objekte
- Die Umsetzung eines Programms
- Die Rolle des Compilers

1.1 Die Idee des Programmierens

Programmieren bedeutet, einem Computer Anweisungen zu geben. Sobald mehrere Anweisungen zusammengefasst werden, die der Computer nacheinander ausführen soll, spricht man von einem *Programm* oder, wenn es sich um sehr kleine Programme mit einem beschränkten Einsatzgebiet handelt, einem *Skript*. Zum Erstellen von Programmen gibt es Programmiersprachen. Eine Programmiersprache stellt einen Satz an Befehlen zur Verfügung, den der Programmierer (und die Programmiererin natürlich auch) für das Erstellen eines Programms verwenden kann. Zu den bekannten Programmiersprachen gehören C++, Cobol, Java und Visual Basic. Neben diesen Vielzwecksprachen existiert eine kaum überschaubare Vielfalt an Sprachen, die ganz spezielle Aufgaben erfüllen sollen.

Programmiersprachen sind also dazu da, die Lösung eines »Problems« sehr viel einfacher und der menschlichen Denkweise (und Bequemlichkeit) sehr viel besser entsprechend zu ermöglichen. Beispiele aus dem täglichen Leben für diese spezielle Denkweise sind schnell gefunden. Nehmen wir einmal an, Sie hätten die Aufgabe, einen Geldautomaten zu programmieren. Bei diesen elektronischen Dienstleistern handelt es sich um nichts anderes als um Computer in einer besonderen »Verkleidung«. Wie es bei Geldautomaten so üblich ist, gibt es Bares nur dann, wenn die Karte gültig ist, die Geheimnummer stimmt und das Bankkonto nicht völlig überzogen ist. Die Aufgabe des dem Geldautomaten innewohnenden Computers ist es also, diese drei Bedingungen zu prüfen. Damit der elektronische Geldspeicher flexibel einsetzbar ist, wird diese »Logik« nicht fest verdrahtet (was prinzipiell auch möglich wäre), sondern durch ein Programm realisiert. Wer noch nie mit einer Programmiersprache zu tun hatte, dürfte wahrscheinlich annehmen, dass dazu Anweisungen erforderlich sind, die man zum Beispiel wie folgt formulieren könnte:

Anweisung 1 Bitte prüfe die eingeschobene Karte auf ihre Gültigkeit. Wenn sie nicht gültig ist, gib die Karte wieder aus und weise den Kunden darauf hin, mit seinem Kundenberater zu sprechen.

Anweisung 2 Bitte stelle fest, ob die Geheimnummer stimmt und das Konto des Kunden nicht überzogen ist.

Anweisung 3 Sollten die obigen beiden Bedingungen nicht zutreffen, verweigere die Geldauszahlung und weise den Kunden möglichst freundlich darauf hin, dass seine Karte eingezogen wird. Ansonsten gib die Karte wieder aus und zahle den Geldbetrag aus, sobald der Kunde die Karte entfernt hat.

Anweisung 4 Vermerke die durchgeführte Transaktion und gib sie über den Protokolldrucker aus.

Wünsche dem Kunden je nach Tageszeit einen schönen Tag oder einen schönen Abend. *Anweisung 5*

Warte auf den nächsten Kunden. *Anweisung 6*

Mag sein, dass man eines Tages Computer auf diese Weise programmieren kann, im Moment ist dies jedoch zum Teil reine Utopie. Die Befehle einer Programmiersprache kennen keine zweideutigen Formulierungen oder sprachlich geschliffene Umschreibungen für durchzuführende Aufgaben. Sie erwarten, dass die Anweisungen kurz, knapp und basierend auf einer einfachen binären Logik, die nur die Zustände »Ja« und »Nein« kennt, erteilt werden. Schöngeister und Ästheten haben also (zurzeit) keine Chance, Programmierer zu werden. Müssten Sie das »Bankautomatenproblem« etwa in Visual Basic lösen, könnte eine Teillösung als kleines VB-Programm wie folgt aussehen:

```
If KarteInOrdnung = True And ⏎
   GeheimNummerPrüfen(GeheimNummer) = True Then
   FunktionsAuswahl
Else
   Ausgabe ("Auszahlung leider nicht möglich, sorry!"
   ProgrammEnde
End If
```

Dieses Programm prüft, ob die Werte der Variablen (oder Funktion) *KarteIn-Ordnung* und der Funktion *GeheimNummerPrüfen* den Wert »Wahr« zurückgeben. Nur wenn dies der Fall ist, wird das Programm mit der Funktionsauswahl fortgesetzt. Ansonsten bricht das Programm nach Ausgabe einer Meldung ab. Das Programm führt die ihm vorgegebenen Befehle stur und ohne jede Toleranzabweichung anhand einfacher Ja/Nein-Entscheidungen aus, ohne etwa »menschliche« Überlegungen zu berücksichtigen (nach dem Motto »bei Herrn Monadjemi könnten wir ja heute eigentlich einmal eine Ausnahme machen – er ist ja so ein netter Kerl«). Was zartbesaitete Gemüter am Anfang etwas verschrecken mag, stellt sich mit zunehmender Erfahrung als Programmierer als eine sehr angenehme Eigenschaft heraus und beseitigt gleichzeitig sämtliche Mythen über die mögliche Intelligenz oder das emotionale Eigenleben eines Computers. Alle Computer dieser Welt (mit Ausnahme jener vielleicht, die tief in den Kellern finsterer Geheimdienste im Verborgenen arbeiten) befolgen diese simple Binärlogik. Wer programmieren will, auch wenn es nur ein einfaches VB-Programm ist, muss sich dieser Logik anpassen. Zum Glück ist das auch für ungeübte Denker nicht weiter schwierig. Man muss sich lediglich von dem Mythos verabschieden, Computer wären »übermächtig« oder zu übermenschlichen Leistungen fähig. Alles, was ein Computer kann, muss ihm über die Befehle einer Programmiersprache haarklein beigebracht werden. Lediglich die ungeheure Rechengeschwindigkeit (selbst preiswerte Pentium-PCs schaffen mit Leichtigkeit 100 Millionen einfache Rechenoperationen pro Sekunde – man muss sich das einmal vorstellen; selbst ein indischer Schnellrechner dürfte es auf nicht mehr als drei Operationen pro Sekunde bringen und könnte damit bereits bei Wetten dass? auftreten) überdeckt dieses Defizit und erweckt den Eindruck, dass ein Computer eine gewisse Intelligenz besitzt. Spätestens, nachdem Sie Kapitel 5 durchgearbeitet haben, werden Sie das obige »Progrämmchen« vollständig verstanden haben.

MERKSATZ

Die Schritte, die zur Umsetzung eines Programms führen, werden als Algorithmus bezeichnet.

Algorithmen spielen in der Programmierung eine sehr wichtige Rolle, denn sie legen fest, welchen Weg ein Programm einschlägt, um ein Problem zu lösen. Im einfachsten Fall übernimmt ein Algorithmus lediglich das Sortieren von Zahlen, in einem der sicherlich schwierigeren Fälle entwirft er eine Schachstrategie, die einen Großmeister bezwingen kann. Die Aufgabe eines Programmierers ist es, Algorithmen zu entwickeln und diese dann mit den Befehlen einer Programmiersprache, wie etwa Visual Basic, zu implementieren. Das Wort »Algorithmus« leitet sich übrigens von dem Namen des persischen Gelehrten Al-Khwarismi ab, der im Jahre 830 nach Chr. eines der ersten Algorithmenbücher verfasste (sein Name wird auf eine spezielle Weise ausgesprochen, die ich hier leider nicht wiedergeben kann – es lohnt sich aber, diesen interessanten geschichtlichen Aspekt der Programmierung einmal nachzulesen). Heute können Sie Algorithmenbücher kaufen, die in gängigen Programmiersprachen implementierte Algorithmen, zum Beispiel für Sortiervorgänge oder das Arbeiten mit Listen, in Form von fertigen »Kochrezepten« enthalten. Ein besonders empfehlenswertes Buch ist *Visual Basic Algorithms* von Rod Stephens (ISBN: 0-471-13418-X), erschienen im John Wiley-Verlag (leider gibt es das Buch nur in Englisch).

1.2 Die Umsetzung eines Programms

Alle PCs werden von einem Baustein gesteuert, der als *Mikroprozessor* oder auch »Central Processing Unit« (CPU) bezeichnet wird. CPUs tragen Typenbezeichnungen wie 80486, Pentium oder K6, die inzwischen jeder PC-Benutzer kennt, und die etwas über die Leistungsfähigkeit aussagen. Ob supermoderner Pentium- oder Uralt-4004-Prozessor (so lautete die Typenbezeichnung des »allerersten« Mikroprozessors aus dem Jahre 1969, der heutzutage längst nicht mehr im Einsatz ist)[1], allen Mikroprozessoren ist gemeinsam, dass sie nur eine einzige Sprache verstehen. Diese Sprache heißt Maschinensprache und besteht im Prinzip aus einer Aneinanderreihung von

1. Wem die Ehre gebührt, den ersten Mikroprozessor erfunden zu haben, ist strittig. Auf jeden Fall war einer der Erfinder des legendären 4004 der Intel-Ingenieur Ted Hoff, einer der Väter des Mikroprozessors.

Nullen und Einsen. Diese Nullen und Einsen repräsentieren logische Zustände, die von der Logik des Mikroprozessors und aller mit ihm zusammenarbeitenden Bausteine als Entsprechungen der Schalterzustände »An« und »Aus« interpretiert werden (ohne es an dieser Stelle beweisen zu können, aber durch das Zusammenschalten von Lichtschaltern und Glühbirnen lassen sich einfache Additionen und damit die Grundfunktion eines Computers nachbauen). Ein Maschinenprogramm könnte wie folgt aussehen:

0 1 0 1 0 1 0 1
1 0 1 0 1 0 1 0
1 1 1 0 1 1 0 1
1 0 0 0 1 1 0 1
1 1 1 0 1 1 0 1

Was Sie hier sehen, sind eine Folge von Maschinenbefehlen. Jede Ziffer eines Maschinenbefehls wird übrigens als *Bit* bezeichnet, eine Gruppe von 8 Bit als *Byte*. In diesem Beispiel besteht das Maschinenprogramm also aus 5 Byte. Ob es sich dabei um Befehle oder Daten handelt, lässt sich den Bytes nicht direkt ansehen. Es ist die Aufgabe des Mikroprozessors, der diese Befehle interpretieren muss, die Bedeutung eines Byte aus dem Zusammenhang heraus zu interpretieren.

MERKSATZ

Alle Daten, die ein Computer verarbeitet, werden in binärer Form, das heißt als eine Folge von Nullen und Einsen gespeichert, die als Bits bezeichnet werden.

Zum letzten Merksatz muss Folgendes angemerkt werden: Ob es sich bei einer Gruppe von Bits um eine Zahl, einen Buchstaben oder einen Maschinenbefehl handelt, geht nicht aus den einzelnen Bits, sondern nur aus dem Zusammenhang, in dem diese Bits vom Prozessor verarbeitet werden, hervor.

1.2.1 Kurzer Exkurs in die Welt der Bits und Bytes

In der Welt der Computer dreht sich alles um Daten. Der Begriff *Daten* ist ein Sammelbegriff, der für alles das steht, was ein Computer verarbeiten kann. Das können Zahlen, Texte, Bilder, Klänge oder irgendwelche anderen Dinge sein (daher stammt auch der Begriff »Datenverarbeitung«). Heute sollte man besser den Begriff *Information* verwenden, der im Grunde aussagelose Daten mit einer Bedeutung verknüpft, sodass diese eine bestimmte Aussage erhalten. Die Zahl –10000 hat alleine keinerlei Bedeutung, steht sie dagegen für den eigenen Kontostand, so bekommt diese Information eine gewisse Brisanz. Doch auf diese subtilen Unterschiede soll an dieser Stelle nicht weiter eingegangen werden. Als Programmierer lernt man automatisch, Daten so einzusetzen, dass sie ihrer Bedeutung entsprechend verarbeitet werden.

Wichtig ist in diesem Zusammenhang lediglich, dass man, um die Menge an Daten angeben zu können, die Einheit *Bit* verwendet. Ein Bit ist die kleinste (in diesem Quadranten des Universums) überhaupt denkbare Informationseinheit, es kann nur die Zustände »0« und »1« annehmen. Ein Bit entspricht einer Ziffer einer Zahl im Dualsystem. Aus diesem Grund spricht man bei einem aus Bits bestehenden Ausdruck auch von einer *Dualzahl*.

Die Maschinensprache ist die universelle Sprache des Computeruniversums, wenngleich jeder Prozessor einen Befehlssatz besitzt, der nicht unbedingt mit dem anderer Modelle übereinstimmen muss. Allerdings besitzt die Maschinensprache einen Nachteil, sie ist extrem schwierig zu programmieren, da sich aufgrund der Einfachheit der Maschinenbefehle selbst eine simple Berechnung aus mehreren Dutzend Maschinenbefehlen zusammensetzt. Die meisten modernen Windows-Programme bestehen aus mehreren Hundertausend Maschinenbefehlen. Damit die Maschinensprache nur Masochisten[1] und diejenigen, die genau wissen, was sie tun, vorbehalten bleiben kann, gibt es die Programmiersprachen. Ihre Aufgabe ist es, den Programmierern einen leicht verständlichen (das ist natürlich relativ) Befehlssatz auf einer hohen Abstraktionsebene (daher findet man manchmal noch die Bezeichnung »Hochsprache«) zur Verfügung zu stellen. Sie schreiben Ihr Programm mit den relativ leicht erlernbaren Befehlen einer Programmiersprache und das Programmiersystem, also jenes Programm, mit dem Sie das Programm anfertigen, übersetzt Ihr Programm in den Maschinencode des Prozessors. Auch wenn sich die einzelnen Programmiersprachen in vielen Details unterscheiden, gilt dieses Prinzip nahezu uneingeschränkt.

Tabelle 1.1: Die Informationseinheiten in der Übersicht

Einheit	Andere Einheiten	Was lässt sich speichern?
Bit	–	Nur die logischen Zustände 0 und 1.
Byte	8 Bit	Eine Zahl zwischen 0 und 255 oder ein ANSI-Zeichen.
Kbyte	1024 Bit	Ein Maschinenprogramm, ein kurzer Text oder eine kleine Bitmap.
Mbyte	1024 Kbyte 1.048.576 Byte	Ein mittelgroßes Windows-Programm, eine umfangreiche Textdatei oder ein Bild mit einer hohen Auflösung oder einer hohen Farbtiefe.
Gbyte	1024 Mbyte 1.048.576 Kbyte 1.073.741.824 Byte	Sehr große Datenbanken oder MPEG-Videodateien in Spielfilmlänge.

1. Das ist natürlich ironisch gemeint. So schlimm ist die Maschinenspracheprogrammierung auch nicht. Allerdings benötigen Sie für ein einfache Addition unter Umständen eine Vielzahl von Befehlen. Vielleicht ist also doch etwas dran.

Einheit	Andere Einheiten	Was lässt sich speichern?
Tbyte	1024 Gbyte	Dies ist die größte derzeit gebräuchliche Informationseinheit. Man müsste über 250 4-Gbyte-Festplatten zusammenschalten, um auf ein 1 Tbyte zu kommen. Es gibt einige extrem große Datensammlungen (zum Beispiel Satellitendaten), die diesen Umfang erreichen.

Tabelle 1.2: Einige populäre Speichermedien im Vergleich

Speichermedium	Größe
3,5"-Diskette	1,44 Mbyte – 120 Mbyte
Festplatte	40 Mbyte – 18 Gbyte[1]
CD-ROM	650 Mbyte
DAT-Kassette	Mehrere Gbyte
DVD-Laufwerk	Bis zu 17 Gbyte
Arbeitsspeicher eines PC	Zwischen 4 und 128 Mbyte
BIOS-Speicher des PC	64 Kbyte
Ein Blatt Papier	Je nach Inhalt, zwischen einigen Bytes und mehreren Hundertausend Kbyte. Leider lassen sich die Daten nicht beliebig abrufen und weiterverarbeiten.

1.3 Elementare Sprachelemente

In diesem Abschnitt lernen Sie die »elementaren Sprachelemente« von Visual Basic kennen. Ein VB-Programm besteht aus Zuweisungen (meistens irgendwelchen Berechnungen), Befehlen (also »Tu etwas«-Anweisungen an den Computer) und Zugriffen auf interne Komponenten. Bis auf die Sache mit den Komponenten, die typisch für Visual Basic ist, unterscheidet sich Visual Basic nicht von anderen Programmiersprachen.

1.3.1 Variablen

Variablen sind, neben den Befehlen, die wichtigsten Programmelemente einer jeden Programmiersprache. Ihre Aufgabe ist es, Werte in einem Programm zu speichern, sodass sie vom Programm zu einem späteren Zeitpunkt weiterverarbeitet werden können. Der Wert einer Variablen wird »irgendwo«, das heißt in einer der mehreren Millionen Speicherzellen im Arbeitsspeicher des Computers abgelegt. Anstatt die Variable aber über die Hausnummer (die

1. Festplatten mit Kapazitäten unter 2 Gbyte werden heutzutage wahrscheinlich gar nicht mehr hergestellt. Das hätte sich vor einigen Jahren kaum jemand vorstellen können.

Adresse) der Speicherzelle anzusprechen, erhalten Variablen richtige Namen. Bezogen auf das Beispiel mit dem Geldautomaten wäre es zum Beispiel sinnvoll (und auch notwendig), den eingegebenen Geldbetrag in einer Variablen zu speichern. Der Name der Variable könnte zum Beispiel *GeldBetrag*, *AbzuhebenderBetrag*, *FlotteBiene* oder *Cash* lauten. Diese Namen sind aber nur eine Hilfe für den Programmierer, für den Computer haben sie keine Bedeutung. Wird das VB-Programm durch den Compiler übersetzt (mehr dazu in Kapitel 2.9), werden die Variablennamen durch die Adressen der einzelnen Speicherzellen ausgetauscht.

Was die Namensgebung angeht, gibt es bei Visual Basic folgende einfache Regeln für Variablennamen bzw. allgemein für Bezeichner (zum Beispiel Funktionsnamen) zu beachten:

- Sie müssen mit einem Buchstaben beginnen.
- Sie dürfen kein Leerzeichen oder eines der folgenden Sonderzeichen enthalten: . , ; ! $ % & und #.
- Sie dürfen nicht länger als 255 Zeichen sein.
- Es dürfen keine Schlüsselwörter (zum Beispiel Befehlsnamen) oder »reservierte« Namen sein, das heißt der Variablenname *Text* ist nicht erlaubt, da eine Eigenschaft mit diesem Namen bereits bei einem Textfeld existiert.
- Sie dürfen in ihrem Gültigkeitsbereich, zum Beispiel innerhalb einer Prozedur oder eines Moduls, nur einmal vorkommen.

MERKSATZ

Die Groß- und Kleinschreibung spielt sowohl bei Bezeichnern als auch bei Befehlen keine Rolle.

Dennoch wird in diesem Buch aus Gründen der besseren Lesbarkeit sowohl bei Variablen als auch bei Befehlen die Groß- und Kleinschreibung unterschieden. So heißt es zum Beispiel *Private*-Befehl, wenngleich sowohl private als auch PRIVATE (oder jede andere Kombination) erlaubt wären. Im Allgemeinen gibt man Variablen »sprechende« Namen, sodass man am Variablennamen ihre Bedeutung im Programm erkennen kann, hier ein paar Beispiele für sprechende Namen:

- Mehrwertsteuer
- AnzahlSpieler
- Vorname
- Seitenaufrufe
- Zähler

Damit eine Variable in einem VB-Programm benutzt werden kann, muss sie im Programm »bekannt« gemacht werden. Dafür ist der *Dim*-Befehl zuständig:

```
Dim MehrwertSteuer
Dim AnzahlSpieler
```

usw.

Alternativ können Sie anstelle von *Dim* die Befehle *Private* und *Public* verwenden. Hier wird für die Variable gleichzeitig ein Gültigkeitsbereich festgelegt. Am Anfang ist diese Unterscheidung aber nicht notwendig. Sollen mehrere Variablen auf einmal deklariert werden (das ist der Fachausdruck für das Bekanntmachen einer Variablen), können Sie sie in einem *Dim*-Befehl zusammenfassen:

```
Dim MehrwertSteuer, AnzahlSpieler
```

MERKSATZ

Um Variablen in einem Programm verwenden zu können, müssen sie über einen Befehl, wie zum Beispiel Dim, deklariert werden. Erst dann kann man ihr einen Wert zuweisen.

Durch den obigen Befehl gibt es im Programm zwei Variablen, in denen Sie beliebige Werte speichern können.

AUFSTEIGER

Viele Programmierer geben einer Variablen bei ihrer Deklaration einen so genannten Datentyp, der festlegt, welche Form von Daten in der Variablen gespeichert werden können:

```
Dim Raumzeitfaktor As Double
```

Durch diesen *Dim*-Befehl wird der Variablen *Raumzeitfaktor* der Datentyp *Double* zugeteilt, was bedeutet, dass Visual Basic eine Zahl, die der Variablen zugewiesen wird, als doppelt genaue Fließkommazahlen mit bis zu 16 Nachkommastellen speichert und alle Berechnungen mit dieser Variablen ebenfalls mit dieser Genauigkeit durchführt. In den folgenden Kapiteln werden Variablen ohne Datentyp deklariert, sie besitzen in diesem Fall den »Oberdatentyp« *Variant*, der alle übrigen Datentypen umfasst und den Datentyp automatisch an den Inhalt der Variablen anpasst. *Variant*-Variablen besitzen einen kleinen Nachteil, aufgrund der internen Umwandlungen verlangsamen sie die Programmausführung. Bei kleineren Programmen macht sich das aber nicht bemerkbar. Mehr zur Rolle der Datentypen in Kapitel 7.1.1.

Jedes VB-Programm sollte ganz am Anfang, das heißt im Deklarationsteil, den Befehl *Option Explicit* enthalten. Dieser bewirkt, dass die Deklaration von Variablen Pflicht wird. Ohne diesen Befehl ist eine Deklaration nicht zwingend erforderlich. Es ist aber schlechter Programmierstil, Variablen nicht zu deklarieren. Wenn die Option »Variablendeklaration erforderlich« gesetzt ist, wird in jedes neue Modul automatisch ein *Option Explicit*-Befehl eingetragen. Mehr dazu in Kapitel 2.2.1.

In Visual Basic ist es nicht möglich, eine Variable mit der Deklaration auch zu initialisieren, das heißt ihr einen Anfangswert zuzuweisen. Da der Deklarationsteil eines VB-Programms keine Befehle enthalten kann, muss die Initialisierung zum Beispiel in der *Form_Initialize*- oder *Form_Load*-Ereignisprozedur eines Formulars durchgeführt werden.

1.4 Konstanten

Neben Variablen gibt es bei einer Programmiersprache noch die *Konstanten*. Dies sind »Behälter« für beliebige Werte, die sich während der Programmausführung nicht ändern können:

```
Const Kreiszahl = 3.14
```

Zwar gibt es keinen zwingenden Grund, Konstanten zu verwenden, doch sind Konstanten für den Programmaufbau sehr hilfreich. Stellen Sie sich vor, dass ein Buchhaltungsprogramm an vielen Stellen des Programms mit dem Mehrwertsteuersatz von 16% rechnet. Stellen Sie sich weiterhin vor (wenn auch ungern), dass sich der Mehrwertsteuersatz ändert. Haben Sie keine Konstante definiert, sondern stets die Zahl 16 hingeschrieben, müssen an vielen Stellen im Programm Änderungen vorgenommen werden. Haben Sie dagegen den Mehrwertsteuersatz einmal als Konstante definiert und überall im Programm den Konstantennamen verwendet, müssen Sie nur die Konstantendefinition ändern. Das ist der Hauptvorteil von Konstanten.

1.4.1 Zuweisungen

Variablen müssen natürlich auch einen Wert erhalten, sonst haben sie in einem Programm keinen Nutzen. Der Befehl, der einer Variablen einen Wert gibt, wird als *Zuweisung* bezeichnet. Alle Zuweisungen besitzen den gleichen Aufbau:

```
Variablenname = Ausdruck
```

Durch eine Zuweisung erhält eine Variable den Wert eines Ausdrucks. Ein Ausdruck ist eine Folge von Werten und Operatoren, die »ausgerechnet« ein eindeutiges Ergebnis besitzen. Das Gleichheitszeichen spielt bei Visual Basic sowohl die Rolle des »Zuweisungsoperators« als auch die des Vergleichsoperators in Abfragen. Hier ein paar Beispiele für Zuweisungen an Variablen:

```
a = 1
MehrwertSteuer = 15
Superbonus = 1000
Set Formular = frmHaupt
```

Der letzte Befehl ist eine besondere Form der Zuweisung. Durch ihn erhält die Variable *Formular* eine so genannte »Referenz« (zu Deutsch die Speicheradresse) auf ein Objekt, in diesem Fall das Formular mit dem Namen *frmHaupt*. Man spricht daher bei der Variablen *Formular* von einer Objektvariablen. Eine Objektvariable ist eine Variable, die ein Objekt (genauer gesagt, eine Referenz auf ein Objekt im Arbeitsspeicher) enthält.

MERKSATZ

Objektvariablen erhalten ihren Wert immer über einen Set-Befehl.

1.4.2 Berechnungen

Das Rechnen ist eine der Hauptstärken eines Computers. In Visual Basic, wie in jeder anderen Programmiersprache, gibt es zum Rechnen die so genannten *Operatoren*. Sie sind dazu da, zwei Zahlen (man spricht allgemein von Ausdrücken) zu einem Ergebnis zu verknüpfen. Für Berechnungen in Visual Basic gelten einfache Regeln, die im Allgemeinen nicht besonders erklärt werden müssen. Ungewohnt dürften lediglich die Namen der Rechenoperatoren sein, es handelt sich nämlich um einfache Zeichen. So steht das »*«-Zeichen für eine Multiplikation, das »/«-Zeichen für eine Division und das »^«-Zeichen für eine Potenzbildung. Hier ein paar Beispiele für Berechnungen:

```
AnzahlSpieler = 3 * 2
Ergebnis = Betrag / (MehrwertSteuer + 100)
Benzinverbrauch = Fahrleistung / Durchschnittsverbrauch
PsiWert = Sin(GammaWert) ^ 2
Zähler = Zähler + 1
```

Alle diese Beispielbefehle sind Zuweisungen, die dem allgemeinen Schema

```
Variablenname = Rechenoperation
```

gehorchen. Das letzte Beispiel bedarf einer besonderen Erklärung. Schauen Sie sich den Befehl

```
z = z + 1
```

einmal in Ruhe an. Kann das denn funktionieren, kann z gleich z + 1 sein? Mathematisch geht das nicht, doch handelt es sich hier nicht um eine Feststellung, sondern um eine Zuweisung (diesen »Denkfehler« machen vor allem jene, die sich ein wenig mit Mathematik auskennen). Oder auf Deutsch, die Variable *z* erhält einen neuen Wert, der aus dem alten Wert von z, erhöht um 1, gebildet wird.

Allen Berechnungen ist gemeinsam, dass sie auf der rechten Seite einer Zuweisung stehen (man spricht hier von *Ausdrücken*) oder direkt als Argument eines Befehls verwendet werden (zum Beispiel in einer *Msgbox*-Funktion, um das Ergebnis der Berechnung auszugeben). Anders als zum Beispiel beim Windows-Taschenrechner wird das Ergebnis aber nicht automatisch angezeigt. Grundsätzlich gibt es in einem VB-Programm zwei Möglichkeiten, das Ergebnis einer Berechnung weiterzuverarbeiten:

1. Das Ergebnis wird einer Variablen zugewiesen.
2. Das Ergebnis wird als Argument eines Befehls oder einer Funktion verwendet.

Hier ein Beispiel für eine einfache Berechnung, deren Ergebnis in einer Zuweisung einer Variablen zugewiesen wird:

```
PI= 22 / 7
```

Im nächsten Beispiel wird das Ergebnis über die *Msgbox*-Funktion ausgegeben:

```
Msgbox Prompt:="Das Ergebnis ist: " & 22 / 7
```

oder

```
Msgbox Prompt:="Das Ergebnis ist: " & PI
```

Nicht erlaubt ist es dagegen, eine Operation ohne Weiterverarbeitung aufzuführen:

```
22 / 7
```

Auch wenn dies für einen Noch-Nicht-Programmierer am Anfang nicht ganz klar sein dürfte, aber eine Rechenoperation alleine ergibt für Visual Basic keinen Sinn. Das Ergebnis muss auf eine der beiden gezeigten Weisen weiterverarbeitet werden.

HINWEIS

Auf welche Weise mathematische Formeln in einem VB-Programm umgesetzt werden, wird in Kapitel 10 erklärt, wenn es um das »Plotten« von mathematischen Funktionen geht.

1.4.3 Zeichenketten

Ein VB-Programm kann nicht nur mit Zahlen rechnen, sondern auch mit Texten arbeiten. Taucht in einem Programm ein Text auf, wird dieser als *Zeichenkette* (engl. »string«) bezeichnet. Natürlich kann man mit einer Zeichenkette nicht richtig rechnen, die einzig mögliche Operation ist die »Addition«, das heißt das Zusammenfügen zweier Zeichenketten zu einer neuen Zeichenkette:

```
MeinHausTier = "Huhn"
```

Die Variable *MeinHausTier* steht diesmal nicht für eine Zahl, sondern für eine Zeichenkette. Da man es einem Variablennamen im Allgemeinen nicht ansieht, welche Typen von Daten er enthält, ist es bei professionellen Programmierern üblich, einen kleinen Präfix voranzustellen:

```
sMeinZweitesHausTier = "Goldhamster"
```

Das »s« soll andeuten, dass es sich um eine Stringvariable handelt. Dennoch wird dadurch natürlich keine Festlegung getroffen. Auch wenn es kein sehr guter Programmierstil ist, ist es kein Problem, einer Variablen erst eine Zeichenkette und anschließend eine Zahl zuzuweisen:

```
MeinLieblingstier = "Pferd"
MeinLieblingstier = 5
```

Welchen Wert besitzt die Variable *MeinLieblingstier* jetzt? Den Wert 5, denn dieser Wert wurde ihr als Letztes zugewiesen. Das nächste Beispiel soll deutlich machen, dass bei Visual Basic im Umgang mit Variablen nicht alles möglich ist. Was halten Sie denn von der folgenden Zuweisung:[1]

```
Ergebnis = MeinLieblingstier + 2
```

Diese Zuweisung führt zu der Fehlermeldung »Datentypen nicht verträglich«, da man eine Zeichenkette und eine Zahl nicht so ohne weiteres aufaddieren kann. Sobald Sie eine Operation durchführen möchten, die Visual Basic nicht mag, ist eine Fehlermeldung die Folge, bei der das Programm abbricht.

Kein Problem ist es dagegen, zwei Zeichenketten zu einer neuen Zeichenkette zu verknüpfen:

```
Urlaub = "Sonne" & "Mehr" & "Bier"
```

Obwohl der »+«-Operator erlaubt ist, ist es üblich, Zeichenketten über einen »&«-Operator zu verknüpfen.

1. Wobei es sich bei `MeinLieblingstier` wieder um eine Zeichenkette handeln soll.

1.4.4 Ausdrücke

Dieser Begriff muss nicht mehr besonders erklärt werden, denn in den letzten beiden Abschnitten haben Sie bereits mehrere Ausdrücke kennen gelernt. Allgemein ist ein *Ausdruck* eine Kombination aus Zahlen (oder Zeichenketten) und Operatoren, die »ausgerechnet« einen eindeutigen Wert ergeben. Hier ein paar Beispiele:

```
4 + 5
2 * 3 - 1
"Huhn" & "Maus" & "Bär"
1 / (Sqr(Summe) -1) ^ 2
```

Die Regeln für einen Ausdruck sind sehr einfach, es muss ein eindeutiges Ergebnis herauskommen. Ansonsten ist ein Syntaxfehler die Folge. Übrigens, Kraftausdrücke gibt es in einer Programmiersprache nicht.

Werden mehrere Operatoren in einem Ausdruck kombiniert, gilt eine Rechenreihenfolge, die als Operatorpriorität bezeichnet wird. Die einfachste Regel ist die aus der Schule bestens bekannte »Punkt-vor-Strich«-Regel gefolgt von der Klammerregel, die jeder Operation in Klammern die höchste Priorität verleiht. Tabelle 1.3 gibt die Priorität aller VB-Operatoren an, zu der auch die Vergleichsoperatoren und die logischen Operatoren gehören.

Tabelle 1.3: Priorität der VB-Operatoren in absteigender Reihenfolge

Operator
^ (Potenzoperator)
- (Vorzeichenoperator, unäres Minus)
*, /
\ (Integerdivision)
Mod (Division mit Rest)
+, -
=, <>, <, >, <=, >= (Vergleichsoperatoren)
NOT
AND
OR
XOR
EQV
IMP

1.4.5 Befehle

Befehle (auch Anweisungen oder Instruktionen genannt) sind natürlich das Wichtigste an einem Programm. Visual Basic verfügt über 100 Befehle, von denen Sie am Anfang aber nur ein paar kennen müssen, und einige Befehle (das beste Beispiel ist der *Let*-Befehl) werden Sie wahrscheinlich niemals verwenden. Pro Programmzeile wird stets ein Befehl aufgeführt. Befehle gibt es bei Visual Basic in drei »Kategorien«:

- Deklarationen. Hier wird etwas festgelegt, zum Beispiel der Name einer Variablen. Ein häufig eingesetzter Deklarationsbefehl ist *Private*.
- Aktionen. In diese Kategorie fallen die meisten Befehle. Werden sie ausgeführt, passiert irgendetwas. Ein Beispiel ist der *Call*-Befehl, der eine Prozedur aufruft.
- Kommentare. Dies sind keine richtigen Befehle, sondern Anmerkungen des Programmierers. Programmzeilen mit einem Kommentar werden durch einen Apostroph eingeleitet und haben auf die Programmausführung keine Auswirkung (zum Beispiel: ' Dies ist ein Kommentar).

Die wichtigsten VB-Befehle werden in Tabelle 1.4 kurz zusammengefasst, eine Übersicht über die wichtigsten VB-Funktionen enthält Anhang B. Eine Funktion ist ein »Befehl«, der einen Wert zurückgibt und daher in einem Ausdruck eingesetzt werden kann. Mehr zu den Funktionen in Kapitel 5.

Es ist sehr wichtig zu verstehen, dass es bei Visual Basic nicht für alles und jedes einen Befehl gibt. So besitzt Visual Basic keine Befehle für Datenbankzugriffe, Grafikausgaben oder Multimedia. Alle diese Dinge werden vielmehr über externe Objekte und deren Eigenschaften und Methoden angesprochen. Machen Sie sich über diese feinen Unterscheidungen im Moment noch keine Gedanken, am Ende des Buches wird dieses fundamentale Prinzip von Visual Basic sehr viel klarer sein.

HINWEIS

Soll sich eine Befehlszeile über mehrere Bildschirmzeilen erstrecken, was bei längeren Zeilen die Lesbarkeit deutlich erhöht, müssen alle Zeilen bis auf die letzte mit einem Leerzeichen und einem Zeilenfortführungsoperator (dem Unterstrich _), dem ein Leerzeichen vorausgeht, beendet werden:

```
LangeVariable = NochLängereVariable * _
 SuperLangeVariableDieNiemandBraucht
```

Auch wenn es eine Befehlszeile ist, wird sie auf zwei Bildschirmzeilen verteilt. Der Zeilenfortführungsoperator ist innerhalb von Zeichenkettenkonstanten nicht wirksam.

Tabelle 1.4: Die wichtigsten VB-Befehle

Befehl	**Bedeutung**
Case	Prüft einen Zweig einer *Select Case*-Mehrfach-Entscheidung.
Dim	Deklariert eine Variable.
Do	Leitet eine *Do Loop*-Schleife ein, die so lange durchläuft, bis eine Abbruchbedingung erreicht ist.
Else	Leitet den Alternativ-Zweig einer *If Then*-Entscheidung ein.
End If	Beendet den mehrzeiligen Zweig einer *If Then*-Entscheidung.

Befehl	Bedeutung
End Select	Beendet eine *Select Case*-Mehrfach-Entscheidung.
Exit	Verlässt eine Programmschleife, Prozedur oder Funktion.
For	Leitet eine *For Next*-Schleife ein, die eine bestimmte Anzahl an Durchläufen macht.
Function	Leitet eine Funktionsdefinition ein.
Goto	Führt einen Sprung innerhalb einer Prozedur oder Funktion durch.
If	Leitet eine *If Then*-Entscheidung ein.
Next	Bestandteil einer *For Next*-Schleife.
On Error Goto	Initialisiert eine Routine zum Abfangen von Laufzeitfehlern.
Private	Deklariert eine Variable als privat (lokal).
Public	Deklariert eine Variable als öffentlich (global).
Redim	Ändert die Anzahl der Felder in einem dynamischen Feld.
Select	Leitet eine Mehrfach-Entscheidung über einen *Select Case*-Befehl ein.
Static	Deklariert eine Prozedurvariable als statisch.
Step	Legt die Schrittweite bei einer *For Next*-Schleife fest.
Sub	Leitet eine Prozedurdefinition ein.
Then	Bestandteil einer *If Then*-Entscheidung.
Until	Legt die Abbruchbedingung einer *Do Loop*-Schleife fest.
While	Legt die Abbruchbedingung einer *Do Loop*-Schleife fest.

1.4.6 Auf die Syntax kommt es an

Bevor es mit Visual Basic weitergeht, muss der Begriff »Syntax« kurz erklärt werden. Für jede Programmiersprache gibt es Regeln, die festlegen, auf welche Weise die einzelnen Befehle eingesetzt werden. Diese Regeln werden als Syntaxregeln oder kurz Syntax bezeichnet. Sie müssen sich als Programmierer streng an diese Regeln halten, denn ansonsten ist ein Syntaxfehler die Folge. Bei Visual Basic werden Syntaxfehler allerdings bereits bei der Eingabe angezeigt, sodass Syntaxfehler die Programmausführung nicht gefährden können. Und es gibt noch eine weitere sehr praktische Hilfe, die gerade Einsteiger begrüßen werden. Wenn Sie möchten, erhalten Sie bei der Eingabe eine Syntaxbeschreibung in Gestalt eines Tooltips angezeigt. Es ist daher regelrecht schwierig, Syntaxfehler zu machen.

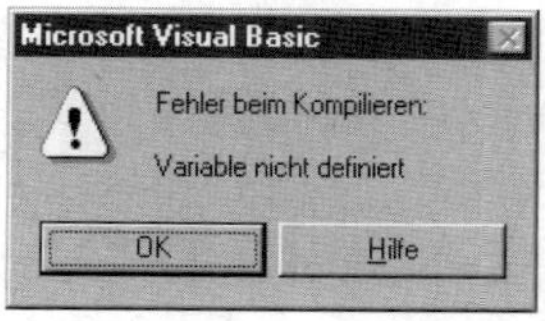

Bild 1.1: Enthält eine Befehlszeile einen Fehler, zeigt Visual Basic diesen Syntaxfehler an

1.4.7 Entscheidungen

Entscheidungen sind Befehle, die einen oder mehrere Befehle nur dann ausführen, wenn ein bestimmter Ausdruck, zum Beispiel eine Variable, einen positiven Wert besitzt. Entscheidungen sind daher enorm praktische Befehle, ohne die ein Computerprogramm nicht in der Lage wäre, auf bestimmte Situationen »selbständig« zu reagieren. Der einfachste Entscheidungsbefehl bei Visual Basic ist der *If*-Befehl. Sie haben ihn im Zusammenhang mit dem Bankautomatenbeispiel bereits in Kapitel 1.1 kennen gelernt.

```
If GeldBetragGewünscht > MaximalBetrag Then
   Msgbox Prompt:= "Auszahlung leider nicht möglich"
Else
    GeldbetragAuszahlen
End If
```

Das ist elementare Computerlogik. Sie müssen diese Logik verstehen lernen, um programmieren zu können. Zum Glück ist alles ganz einfach. Der *If*-Befehl prüft stets einen Ausdruck. Der Ausdruck lautet »GeldBetragGewünscht > MaximalBetrag«, oder auf Deutsch »Wert der Variablen *GeldBetragGewünscht* ist größer als der Wert der Variablen *MaximalBetrag*«. Dieser Ausdruck kann nur zwei Zustände annehmen:

- Der Ausdruck ist wahr. In diesem Fall ist der Wert von *GeldBetragGewünscht* größer als der Wert von *MaximalBetrag*.
- Der Ausdruck ist nicht wahr. In diesem Fall ist der Wert von *GeldBetragGewünscht* kleiner oder gleich dem Wert von *MaximalBetrag*.

Eine dritte Möglichkeit (etwa ein »vielleicht«) gibt es in der Welt der binären Logik nicht. Welchen Wert die beiden Variablen genau besitzen, geht aus dem obigen Programmauszug nicht hervor. Der Wert spielt auch keine Rolle, da es lediglich darum geht, die Logik des Programms nachzuvollziehen. Ist der obige Ausdruck wahr, werden die auf den *If*-Befehl folgenden Befehle ausgeführt. Alle Befehle? Nein, nur jene bis zum nächsten *Else*- oder *End If*-Befehl (je nachdem, welcher zuerst kommt). Ist der Ausdruck dagegen nicht wahr, werden die auf den *If*-Befehl folgenden Befehle übersprungen. Stattdessen werden die auf den *Else*- oder *End If*-Befehl folgenden Befehle ausgeführt.

MERKSATZ

Entscheidungen sind Befehle, die in Abhängigkeit eines Ausdrucks einen oder mehrere Befehle ausführen oder nicht.

Entscheidungen basieren auf dem Umstand, dass der zu prüfende Ausdruck entweder wahr (-1) oder falsch (0) sein kann. Ohne einen Befehl, wie zum Beispiel den *If*-Befehl, ist ein VB-Programm nicht in der Lage, Entscheidungen zu treffen.

Mehr zu Entscheidungen und Programmschleifen erfahren Sie in Kapitel 4.

1.4.8 Programmschleifen

Neben Variablen und Entscheidungen sind *Programmschleifen* das dritte fundamentale Konzept der meisten Programmiersprachen. Eine Programmschleife bedeutet, dass eine (beliebige) Gruppe von Befehlen eine bestimmte Anzahl oft wiederholt wird. Visual Basic kennt Programmschleifen in zwei »Geschmacksrichtungen«:

- Als *For Next*-Schleife. Hier wird die Anzahl der Durchläufe (im Allgemeinen) bereits am Anfang festlegt.
- Als *Do Loop*-Schleife. Hier steht die Anzahl der Durchläufe (im Allgemeinen) nicht bereits dann fest, wenn die Schleife gestartet wird. Stattdessen wird die »Schleifenabbruchbedingung«, also jene Schleife, die zum Programmabbruch führt, entweder zu Beginn (also nach dem *Do*-Befehl) oder am Ende (das heißt nach dem *Loop*-Befehl) getestet.

BEISPIEL

```
Zähler = 10
Do
    Msgbox Prompt:="Countdown: " & Zähler
    Zähler = Zähler -1
Loop Until Zähler < 0
```

Diese kleine Zählschleife zählt den Wert der Variablen *Zähler* bei jedem Durchlauf um eins herunter. Meiner Meinung nach sollte man grundsätzlich die *Do Loop*-Schleife gegenüber der mittlerweile antiquierten *For Next*-Schleife vorziehen. Letztere besitzt lediglich den Vorteil, dass eine (beliebige) Variable bei jedem Durchlauf automatisch erhöht (oder erniedrigt) wird.

BEISPIEL

```
For Zähler = 10 To 0 Step -1
    Msgbox Prompt:="Countdown: " & Zähler
Next
```

Urteilen Sie selbst, welche Programmschleife Ihnen besser gefällt. Während jede *For Next*-Schleife relativ problemlos in eine *Do Loop*-Schleife umgewandelt werden kann, ist es umgekehrt bereits etwas aufwendiger.

Mehr zu Entscheidungen und Programmschleifen erfahren Sie in Kapitel 4.

1.4.9 Ein- und Ausgaben

Alle Berechnungen haben wenig Sinn, wenn sie nach außen nicht sichtbar werden. Die Werte von Berechnungen stehen im Allgemeinen nicht von Anfang an fest, sondern sollen vom Benutzer eingegeben werden. Auf der anderen Seite soll das Ergebnis einer Berechnung auch angezeigt werden. Visual Basic bietet dazu zwei unterschiedliche Lösungen an:

- Die Ein- und Ausgabe über die Steuerelemente eines Formulars.
- Die Eingabe über die *InputBox*-Funktion und die Ausgabe über die *Msgbox*-Funktion.

In der Regel ist die Entscheidung einfach, denn praktisch sämtliche Ein- und Ausgaben werden über die Steuerelemente auf einem Formular durchgeführt. Geht es lediglich darum, einen Wert anzuzeigen (z.B. zu Testzwecken oder weil es nur um den Wert und nicht um die Darstellung geht), ist die *Msgbox*-Funktion bestens geeignet. Ihr Pendant zum Entgegennehmen von (String-) Werten ist die *Inputbox*-Funktion. Ihre Syntaxbeschreibung lautet wie folgt:

```
InputBox(Prompt[, Titel][, Default][, xpos]↵
[, ypos][, helpfile, context])
```

Lassen Sie sich von dieser imposanten Syntax nicht irritieren, die *InputBox*-Funktion ist wirklich einfach anzuwenden:

```
Eingabe = Inputbox("Gib Deinen Namen ein")
```

In diesem Beispiel wird eine Aufforderung angezeigt und das Ergebnis der Eingabe der Variablen *Eingabe* zugewiesen. Die eckigen Klammern deuten es an, bis auf den »Prompt« sind alle übrigen Argumente optional.

Die *Msgbox*-Funktion gibt Texte in kleinen Mitteilungsfeldern aus. Ihre Syntax lautet:

```
MsgBox(Prompt[, Schaltflächen][, Titel]↵
[, Hilfedatei, Kontext])
```

Auch diese Syntaxbeschreibung sieht etwas komplizierter aus als es wirklich ist, denn in der Regel wird die *Msgbox*-Funktion lediglich mit einem kleinen Text aufgerufen:

```
Msgbox Prompt:="Das ist nur ein Test"
```

Das Besondere an der *Msgbox*-Funktion ist, dass Sie erfahren, welche Schaltfläche der Benutzer angeklickt hat, um das Mitteilungsfeld wieder zu schließen. Über das Argument *Schaltflächen* können Sie einstellen, welche der Schaltflächen OK, JA, NEIN und ABBRECHEN angezeigt werden sollen:

```
Antwort = Msgbox(Prompt:="Möchten Sie abbrechen", _
 Buttons:=vbIconExclamation & vbIconYesNo, _
 Title:="Eine Frage...")
```

Die Konstanten *vbIconExclamation* und *vbIconYesNo* sind bereits in Visual Basic »fest eingebaut«. Während die erste Konstante dafür sorgt, dass in dem Dialogfeld ein Ausrufezeichen angezeigt wird, legt die zweite Konstante fest, dass die Schaltflächen JA und NEIN angeboten werden. Je nachdem, welche Schaltfläche der Benutzer anklickt, gibt die Funktion einen Wert zurück. Auch für diesen Wert gibt es vordefinierte Konstanten, zum Beispiel *vbYes* für die JA-Schaltfläche. Tabelle 1.5 gibt eine Übersicht über den Einfluss der verschiedenen Konstanten auf das Aussehen des Mitteilungsfeldes.

Ausgewertet wird die Frage, welcher Knopf gedrückt wurde, über die Abfrage der Variablen *Antwort*:

```
If Antwort = vbYes Then     ' Es wurde Ja gedrückt
' Irgendwelche Befehle
Else                        ' Es wurde Nein gedrückt
' Irgendwelche Befehle
End If
```

Beim *If*-Befehl handelt es sich um einen Befehl, der einen Ausdruck prüft und in Abhängigkeit des Wertes (0 oder ungleich 0) die folgenden Befehle ausführt oder nicht.

Tabelle 1.5: Beispiele für einfache Mitteilungsfelder mit der Msgbox-Funktion

Aussehen	**Konstanten**	**Mögliche Rückgabewerte**
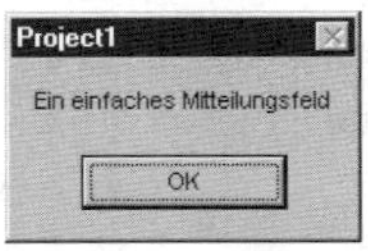	Keine	Keine
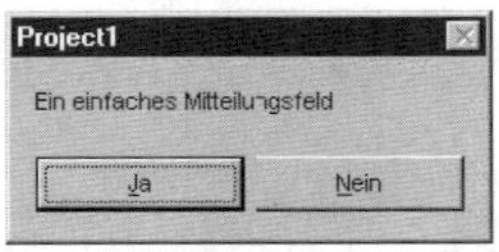	*vbYesNo*	*vbYes, vbNo*
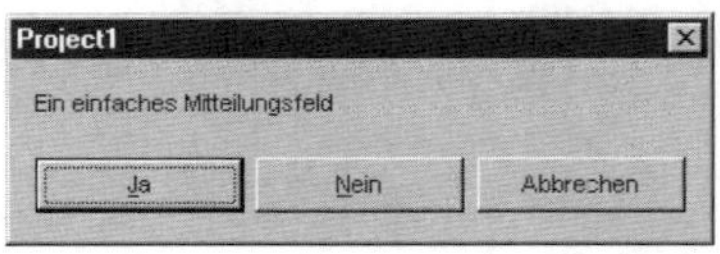	*vbYesNoCancel*	*vbYes, vbNo, vbCancel*

Aussehen	**Konstanten**	**Mögliche Rückgabewerte**
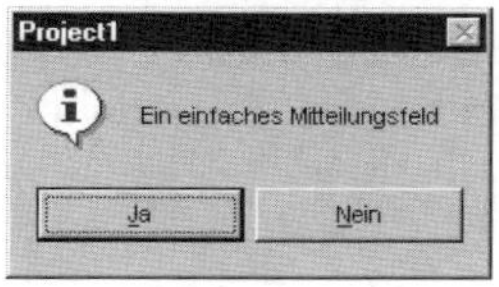	*vbYesNo + vbIconInformation*	*vbYes, vbNo*
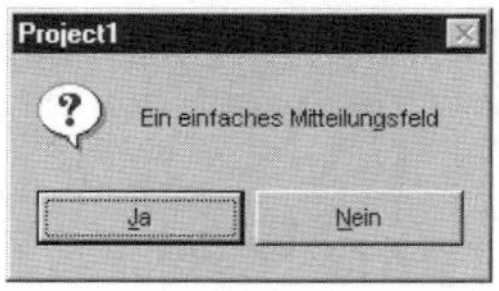	*vbYesNo + vbIconQuestion*	*vbYes, vbNo*
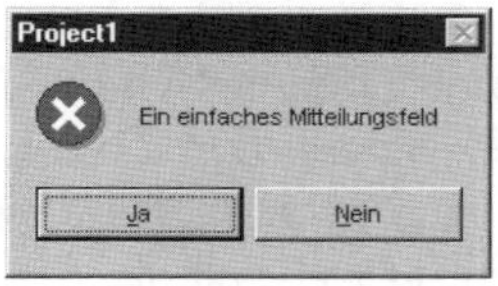	*vbYesNo + vbIconCritical*	*vbYes, vbNo*

1.4.10 Objekte

Objekte sind »Dinge« (genauer gesagt, Programmelemente), die bereits fertig irgendwo vorliegen und die Sie von einem VB-Programm aus ansprechen können. Steuerelemente auf einem Formular (mehr dazu in Kapitel 3), globale Objekte, wie zum Beispiel *App*, *Clipboard*, *Debug* oder *Screen*, ActiveX-Steuerelemente, die nachträglich in die Werkzeugsammlung geladen wurden, oder Objekte, die für den Zugriff auf die Jet-Engine, den »Datenbankmotor« von Visual Basic, verwendet werden, heißen Objekte. Objekte besitzen stets fünf »Dinge«:

- einen Namen,
- eine Klasse, von der das Objekt abstammt,
- Eigenschaften,
- Methoden

und

- Ereignisse.

Der Name eines Objekts

Der Name eines Objekts ist vorgegeben und kann nicht geändert werden. Viele Programme stellen Objekte zur Verfügung, die in diesem Zusammenhang auch *Komponenten* genannt werden. Sogar Visual Basic, genauer gesagt die Entwicklungsumgebung, gehört dazu. Sie bietet eine Vielzahl von Komponenten, die dazu benutzt werden können, die IDE[1] durch so genannte Add-Ins zu erweitern (das fällt allerdings bereits in den Bereich der fortgeschrittenen Programmierung). Objekte werden niemals einfach nur in eine Programmzeile geschrieben, Objekte werden vielmehr immer im Zusammenhang mit einer Eigenschaft oder einer Methode angesprochen. Der folgende Befehl ist daher nicht erlaubt:

```
Screen
```

Was soll mit dem *Screen*-Objekt denn konkret passieren? Dieser Befehl ergibt für Visual Basic keinen Sinn. Richtig ist dagegen der folgende Befehl, der die Anzahl der installierten Schriftarten ausgibt:

```
Msgbox Prompt := "Es sind " & Screen.FontCount & ↵ "Schriftarten
installiert"
```

In diesem Beispiel wird das *Screen*-Objekt richtig eingesetzt, denn es wird zusammen mit einer Eigenschaft aufgeführt. Der Ausdruck *Screen.FontCount* spricht die *FontCount*-Eigenschaft des *Screen*-Objekts an. Achten Sie darauf, dass der Ausdruck wie jeder andere Ausdruck, in diesem Fall als Teil einer Zeichenkette, eingesetzt wird. Anhand dieses Beispiels sollen Sie zwei Dinge lernen:

1. Das *Screen*-Objekt, das die aktuellen Attribute des (logischen) Bildschirms zur Verfügung stellt, ist ein interessantes Objekt, das man sich in Ruhe näher anschauen sollte.
2. Sehr viel wichtiger weil weitreichender ist jedoch die zweite Erkenntnis. Objektname und Eigenschaft werden immer durch einen Punkt voneinander getrennt.

Damit ergibt sich auch gleich der 1. Merksatz für alle angehenden Visual-Basic-Programmierer:

MERKSATZ

Auf einen Objektnamen folgt in einem Ausdruck immer eine Eigenschaft oder eine Methode. Beide werden durch einen Punkt voneinander getrennt.

Schreiben Sie sich diesen Satz mit einem Filzschreiber auf ein großes Blatt Papier (am besten DIN A3) und hängen Sie ihn an die Wand. Er ist wirklich von zentraler Bedeutung. Wenn Sie diesen Satz konsequent beherzigen, werden Sie Visual Basic relativ schnell beherrschen. Bei der Programmierung mit Visual Basic kommt es nämlich weniger auf die einzelnen VB-Befehle und -Funktionen an, sondern auf den souveränen Umgang mit Objekten und

1. Diese Abkürzung steht für Integrated Development Environment. Ab Kapitel 2.3 erfahren Sie mehr darüber.

Komponenten. Und genau dafür ist diese Merkregel da. Schauen Sie sich bitte einmal folgenden VB-Befehl an:

```
Anzahl = rsLagerbestand.Fields("Artikelanzahl").Value
```

Dieser Objektausdruck ist alles andere als kompliziert zu verstehen. Sie müssen nur konsequent den 1. Merksatz anwenden. Dann stellt sich nämlich heraus, dass es sich nur bei *rsLagerbestand* um ein Objekt handelt. *Fields* ist dagegen eine Eigenschaft der *Recordset*-Klasse, von der *rsLagerbestand* abstammt, die ein *Field*-Objekt mit dem Namen »Artikelanzahl« zurückgibt. Auf dieses *Field*-Objekt wird die *Value*-Eigenschaft angewendet, deren Wert schließlich der Variablen *Anzahl* zugewiesen wird. Machen Sie sich über die Details bitte keine Gedanken. Es geht bei diesem Beispiel nur darum, zu zeigen, dass man mit dieser Merkregel auch scheinbar komplizierte Ausdrücke einfach verstehen kann (und zu demonstrieren, dass der Autor komplizierte Befehle kennt).

Die Kombination aus Objektname, Eigenschaften und Methoden und den obligatorischen Punkten wird übrigens als *Objektausdruck* bezeichnet. Wenn Sie in diesem Buch etwas lernen sollen, dann ist es, Objektausdrücke zu verstehen.

Die Abstammung eines Objekts

Jedes Objekt gehört zu einer Klasse, die sozusagen die Abstammung des Objekts festlegt. Das mag sich am Anfang noch reichlich kompliziert anhören, ist aber von fundamentaler Bedeutung für den Umgang mit Objekten. Die Klasse eines Objekts definiert alle Eigenschaften, Methoden und Ereignisse des Objekts. Gleichzeitig stellt sie den Objekttyp zur Verfügung, den eine Objektvariable erhält. Allerdings kann man Klassen nie direkt ansprechen. Was Sie in einem VB-Programm ansprechen, sind von der Klasse abgeleitete Instanzen des Objekts. Diese existieren entweder von Anfang an (so wie bei den Formularen und globalen Objekten) oder müssen im Programm angelegt werden, zum Beispiel so:

```
Private rsSpieler As Recordset
```

In dieser Deklaration ist *Private* ein VB-Befehl, *rsSpieler* der Name einer Objektvariablen und *Recordset* die Klasse. Dieser Befehl macht die Variable aber lediglich bekannt, eine Instanzierung (Anlegen eines Objekts im Arbeitsspeicher) findet hier noch nicht statt. Dies wird irgendwann später durch einen *Set*-Befehl nachgeholt:

```
Set rsSpieler = New Recordset
```

Erst jetzt besitzt die Variable *rsSpieler* einen Wert, nämlich eine Referenz auf ein neues Objekt im Arbeitsspeicher. Wenn Sie meinen, dass sich das alles reichlich kompliziert anhört, haben Sie natürlich recht. Dies sind Dinge, mit denen sich auch erfahrene Visual-Basic-Programmierer erfahrungsgemäß noch ein wenig schwer tun. Dennoch sollen sie bereits am Anfang erwähnt werden, damit Sie beim Lernen von Visual Basic darauf besonders achten. Je schneller Sie das Objektprinzip von Visual Basic verstanden haben, desto schneller können Sie auch richtig programmieren.

Die Eigenschaft eines Objekts

Jedes Objekt kann *Eigenschaften* besitzen. Eigenschaften legen zum Beispiel das Aussehen oder das Verhalten des Objekts fest. Lassen Sie sich durch den allgemeinen Ausdruck »Eigenschaften« (im Original lautet er »properties«) bitte nicht irritieren. Jedes Objekt besitzt nicht beliebige, sondern einen bestimmten Satz an Eigenschaften, den man sich auch als »fest eingebaute« Variablen vorstellen kann. Hier ein kleines Beispiel:

```
cmdStart.Caption = "Jetzt geht es los"
```

Um was für eine Art von Befehl handelt es sich hier? Nun, da ein Gleichheitszeichen im Spiel ist, offensichtlich um eine Zuweisung. Wie bei jeder Zuweisung, erhält das »Ding« auf der linken Seite der Zuweisung (Zuweisungen sind keine Gleichungen, auch wenn es den Anschein haben mag) den Wert, der auf der rechten Seite der Zuweisung steht. Doch auf der linken Seite steht offensichtlich keine Variable. Nun, nicht ganz. Der Ausdruck »cmdStart.Caption« spricht die *Caption*-Eigenschaft des Objekts *cmdStart* an. Und da die Eigenschaften eines Objekts wie Variablen behandelt werden können, geht das Ganze in Ordnung. Der obige Befehl weist der Eigenschaft *Caption* des Objekts *cmdStart* den Wert »Jetzt geht es los« zu. Sobald dieser Befehl ausgeführt wird, erscheint in der Innenfläche der Schaltfläche der neue Text.

> Nicht jede Eigenschaft eines Objekts kann Werte erhalten. Einige Eigenschaften sind schreibgeschützt und können daher während der Programmausführung nur gelesen werden. Sie verhalten sich wie Konstanten.

Übrigens gibt es auch Objekte ohne Eigenschaften. Ein Beispiel ist das (globale) *Debug*-Objekt, das für das Direktfenster der IDE steht. Es verfügt lediglich über zwei Methoden (*Print* und *Assert*), aber über keine Eigenschaft.

Die Methoden eines Objekts

Methoden haben eine andere Aufgabe als Eigenschaften. Während Eigenschaften sich wie Variablen verhalten, werden mit Methoden bestimmte Aktionen mit dem Objekt durchgeführt. Hier ein kleines Beispiel:

```
Me.Cls
```

Dieser Befehl benutzt die *Cls*-Methode, um die Innenfläche des Formulars zu löschen. Wo bitte steht etwas von einem Formular? Wie Sie in Kapitel 2 noch lernen werden, wird über das *Me*-Objekt stets das aktuelle Formular (also jenes Formular, in dem der Befehl ausgeführt wird) angesprochen. Sie sehen, auch beim Aufruf von Methoden kommt der 1. Merksatz zur Anwendung.

Eigenschaften, Methoden und dann die vielen VB-Befehle. Wer soll sich das alles merken? Keine Panik, bereits mit der Umsetzung des ersten Visual-Basic-Beispielprogramms in Kapitel 2 werden Sie eine angenehme Überraschung erleben. Sobald Sie bei Visual Basic (ab Version 5.0) in das Programmcodefenster den Namen eines Objekts eintragen und den Punkt eintippen, erscheint eine Auswahlliste mit allen Eigenschaften und Methoden des Objekts. Sie müssen also weder zum Gedächtniskünstler werden, noch ständig im Handbuch blättern.

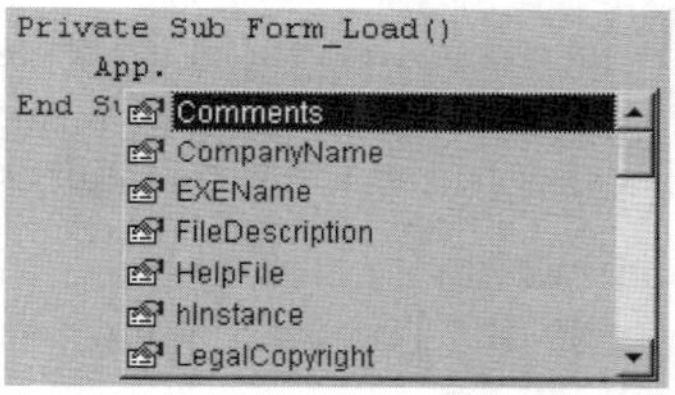

Bild 1.2: Nach der Eingabe des Objektnamens und des Punkts erscheint eine Auswahlliste mit allen Eigenschaften und Methoden des Objekts

Auch dies ist eine überaus praktische Einrichtung: Möchten Sie einen Befehl oder den Namen eines Objekts eingeben, tippen Sie nur die ersten Buchstaben ein und drücken dann die Tastenkombination [Strg] [Leertaste]. Visual Basic vervollständigt den Befehl oder bietet Ihnen eine Auswahlliste mit Befehlen an, die mit den eingegebenen Buchstaben beginnen.

Die Ereignisse eines Objekts

Schließlich können Objekte auch *Ereignisse* besitzen. Ereignisse sind dazu da, dass das Objekt auf seine »Umgebung« reagieren kann. Nehmen Sie als Beispiel die Befehlschaltfläche. Ihre Aufgabe ist es, auf einem Formular angeordnet zu werden, um dem Benutzer durch Anklicken mit der Maus die Möglichkeit zu geben, eine beliebige Aktion auszulösen. Doch wie erfährt ein VB-Programm, dass etwa der Button *cmdStart* angeklickt wurde? Eine Möglichkeit wäre es, die *Value*-Eigenschaft des Objekts ständig abzufragen:

```
Do

Loop Until cmdStart.Value = 1
```

Diese *Do*-Schleife (mehr dazu in Kapitel 4) läuft so lange durch, bis die *Value*-Eigenschaft des *cmdStart*-Objekts (Sie sehen, wieder ein Objektausdruck) den Wert 1 besitzt. Dies ist aber eine mehr als unbefriedigende Lösung, denn das Programm würde die meiste Zeit damit verbringen, auf ein Ereignis zu warten, das vielleicht nie eintritt. Windows im Allgemeinen und Visual Basic im Speziellen haben da eine sehr viel bessere Lösung: Ereignisse. Anstatt es dem Programmierer zu überlassen, das Eintreten bestimmter Ereignisse abzufragen, rufen Ereignisse automatisch eine Ereignisprozedur im Programm auf. Jedes Objekt kann eine bestimmte Anzahl an Ereignissen besitzen. Ein Beispiel ist das *Click*-Ereignis der Schaltfläche (bzw. allgemein vieler Steuerelemente), das immer dann auftritt, wenn das Steuerelement mit der Maus angeklickt wird.

Damit ergibt sich eine beinahe genial einfache Möglichkeit, auf Aktionen des Benutzers zu reagieren. Möchte man etwa beim Anklicken der Schaltfläche *cmdStart* eine Mitteilung anzeigen, muss die *Msgbox*-Funktion in die *Click*-Ereignisprozedur der Schaltfläche eingefügt werden:

```
Sub cmdStart_Click ()
    Msgbox Prompt:="Hallo, das war ein Ereignis!"
End Sub
```

Anders als bei den Eigenschaften und Methoden kommt im Prozedurnamen kein Punkt, sondern ein Unterstrich vor. Damit ergibt sich gleich die 2. Merkregel für angehende Visual-Basic-Programmierer.

MERKSATZ

Der Prozedurname einer Ereignisprozedur setzt sich aus dem Objektnamen und dem Ereignisnamen zusammen, wobei beide durch einen Unterstrich getrennt werden.

Tabelle 1.6: Die fünf »Merkmale« eines Objekts

Merkmal	**Bedeutung**
Name	Legt den Programmnamen fest, über den das Objekt angesprochen wird.
Klasse	Gibt die Abstammung des Objekts an und bestimmt damit, über welche Eigenschaften, Methoden und Ereignisse es verfügt.
Eigenschaft	Legt bestimmte Attribute, zum Beispiel Hintergrundfarbe oder Überschrift fest, die das Verhalten und das Aussehen des Objekts sowohl zur Entwurfszeit als auch zur Ausführungszeit festlegen.
Methode	Ermöglicht es, mit dem Objekt eine bestimmte Aktion durchzuführen. Ein einfaches Beispiel für eine Methode ist *Cls*, das die Innenfläche eines Formulars oder eines Bildfeldes löscht.

Merkmal	Bedeutung
Ereignis	Wird dazu benutzt, dass das Objekt mit seiner »Außenwelt« in Verbindung treten kann. Passiert etwas in dem Objekt oder mit dem Objekt, wird ein Ereignis ausgelöst, das unmittelbar zum Aufruf einer Ereignisprozedur führt. Ein Beispiel ist das bereits erwähnte *Click*-Ereignis.

1.5 Zusammenfassung

Programmieren bedeutet, einem Computer Befehle zu geben. Diese Befehle entstammen einer Programmiersprache, wie zum Beispiel Visual Basic. Der Ablauf bei der Programmumsetzung besteht aus folgenden Schritten:

1. Das zu lösende Problem wird analysiert, die einzugebenden und auszugebenden Daten werden bestimmt und es wird eine Folge von Schritten festgelegt, die das Programm ausführen soll.
2. Die Schrittfolge wird in die entsprechenden VB-Programmbefehle umgesetzt.
3. Visual Basic wird gestartet und die festgelegten Befehle werden eingetippt.
4. Das Programm erhält eine Benutzeroberfläche, die aus Formularen und Steuerelementen besteht.
5. Das Programm wird gestartet und getestet.
6. Treten Programmfehler auf, werden diese behoben (das lässt sich im Allgemeinen leicht schreiben, ist in der Praxis aber nicht immer so einfach).
7. Sind alle Programmfehler behoben, ist das Programm fertig und der Programmierer zufrieden.

Visual Basic ist ein Entwicklungssystem, mit dem sich diese Schritte relativ leicht ausführen lassen. Sie werden feststellen, dass die Leichtigkeit im Umgang mit der Entwicklungsumgebung gerade Einsteigern entgegenkommt.

1.6 Fragen

Frage 1 Ist es möglich, einen Computer auch ohne Programmiersprache, das heißt direkt in Maschinencode, zu programmieren? Wenn ja, was spricht in der Praxis dagegen, was spräche dafür?

Frage 2 Nennen Sie drei Gründe, die für den Einsatz von Visual Basic als Programmiersprache sprechen. Welcher Grund kann gegen Visual Basic sprechen?

Frage 3 Welche Aufgabe hat eine Variable? Wie unterscheidet sie sich von einer Konstanten? Wie lauten die VB-Befehle, durch die Variablen und Konstanten deklariert werden?

Frage 4 Erhält eine Variable bereits bei ihrer Deklaration einen Wert? Wenn ja, wie wird dieser Wert festgelegt? Wenn nein, wie lässt sich eine Variable in einem VB-Programm »initialisieren«?

Frage 5 Welche der folgenden Ausdrücke sind in Visual Basic nicht erlaubt?

A) 4^5

B) 2*3-1 * (2-4)

C) 1--1

D) 77E-7

E) Maus & Bär & "im Garten"

F) Zins Abschlag * 1,02

G) 2!

H) "SusiQ" * 2

Frage 6 Wie muss der Aufruf der *Msgbox*-Funktion aussehen, der dem Benutzer die Frage »Möchten Sie das Programm beenden?« stellt, ein Fragezeichensymbol anzeigt und zur Auswahl die Schaltflächen JA, NEIN und ABBRECHEN anbietet?

Frage 7 Welche fünf Merkmale kann ein Objekt besitzen?

Frage 8 Wie lautet die 1. Merkregel für angehende Visual-Basic-ProgrammiererInnen?

Die Auflösungen zu den Fragen finden Sie in Anhang C.

KAPITEL 2

jetzt lerne ich

Visual Basic stellt sich vor

Nachdem im letzten Kapitel das »Geheimnis« der Programmierung gelüftet wurde, geht es in diesem Kapitel endlich los. Ich gehe davon aus, dass Sie Visual Basic installiert haben (und der PC in der Zwischenzeit nicht »abgestürzt« ist). Nachdem das erste Beispielprogramm vorgestellt wurde, möchte ich den Umgang mit Visual Basic in groben Zügen erklären. Wenn Sie Visual Basic starten, rufen Sie ein Programm auf, das als *Entwicklungsumgebung* (IDE) bezeichnet wird. Innerhalb dieser Entwicklungsumgebung werden Ihre Programme eingegeben, getestet und schließlich irgendwann in lauffähige Exe-Dateien umgesetzt. Neben den VB-Befehlen und den verschiedenen Steuerelementen, die für den Aufbau einer Benutzeroberfläche benötigt werden, müssen Sie sich als angehender Visual-Basic-Programmierer vor allem mit der IDE auskennen.

Sie lernen in diesem Kapitel etwas über:

- Das Vorbereiten der Entwicklungsumgebung
- Das erste Visual-Basic-Programm
- Den Umgang mit der Visual-Basic-Entwicklungsumgebung
- Die Aufgabe einer Projektdatei
- Den allgemeinen Aufbau eines Visual-Basic-Programms
- Den Visual-Basic-Compiler

2.1 Die Entwicklungsumgebung vorbereiten

Da Sie sich mit Visual Basic (aller Voraussicht nach) die nächsten Wochen und Monate mehr oder weniger intensiv beschäftigen werden, ist es keine schlechte Idee, an »Ihrem« Visual Basic ein paar individuelle Einstellungen vorzunehmen. Schließlich sollen Sie sich in der neuen Entwicklungsumgebung von Anfang an zu Hause fühlen und auf keinen Komfort verzichten müssen. Alle Einstellungen, die die Arbeitsweise der Entwicklungsumgebung angehen, werden über das Menükommando EXTRAS | OPTIONEN eingestellt. Nach Auswahl dieses Kommandos erscheint ein Dialogfeld, das aus mehreren Registerkarten besteht. In jeder der Registerkarten, so werden die Unterteilungen eines Dialogfeldes genannt, können Sie eine Vielzahl von Optionen einstellen. Zwingend notwendig ist das Ändern dieser Einstellungen zwar nicht, Sie werden aber feststellen, dass der Umgang mit Visual Basic deutlich an Komfort gewinnt, wenn man ein paar Optionen ändert.

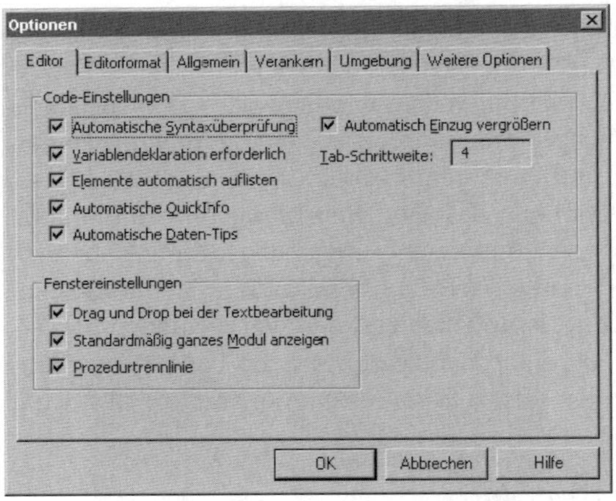

Bild 2.1: In diesem Dialogfeld werden Optionen der Entwicklungsumgebung eingestellt

Führen Sie in den Registerkarten folgende Einstellungen durch:

1. Wählen Sie die Registerkarte »Umgebung« und setzen Sie im Bereich »Beim Starten eines Programms« die Option »Speichern der Änderungen bestätigen«. Dadurch werden Sie vor jeder Programmausführung gefragt, ob Sie etwaige Änderungen abspeichern möchten.
2. Wählen Sie die Registerkarte »Editor« und setzen Sie die Option »Variablendeklarationen erforderlich«. Dies ist eine sehr wichtige Option, denn sie bewirkt, dass Variablen in einem Programm grundsätzlich deklariert werden müssen. Sie vermeiden dadurch lästige Fehler.

3. Bleiben Sie in der Registerkarte »Editor« und setzen Sie die Option »Automatische Syntaxüberprüfung«. Damit wird jede Programmzeile nach ihrer Eingabe auf Syntaxfehler überprüft. Diese Option ist in der Regel bereits eingestellt und sollte erst dann wieder abgeschaltet werden, wenn Sie den »schwarzen Gürtel der Visual-Basic-Programmierung« erworben haben und garantiert keine Fehler mehr machen.

4. Bleiben Sie in der Registerkarte »Editor« und wählen Sie die Option »Standardmäßig ganzes Modul anzeigen«. Dadurch können Sie im Codefenster stets das gesamte Programm sehen und nicht nur eine einzelne Prozedur oder Funktion.

5. Klicken Sie auf die OK-Schaltfläche, um das Dialogfeld zu schließen.

Damit haben Sie ein paar wichtige Einstellungen an der Entwicklungsumgebung vorgenommen. Keine der Einstellungen, die Sie natürlich jederzeit wieder ändern können, ist zwingend erforderlich, um ein Visual-Basic-Programm umsetzen und ausführen zu können. Sie werden aber feststellen, dass sie den Komfort beim Arbeiten mit Visual Basic ein wenig erhöhen.

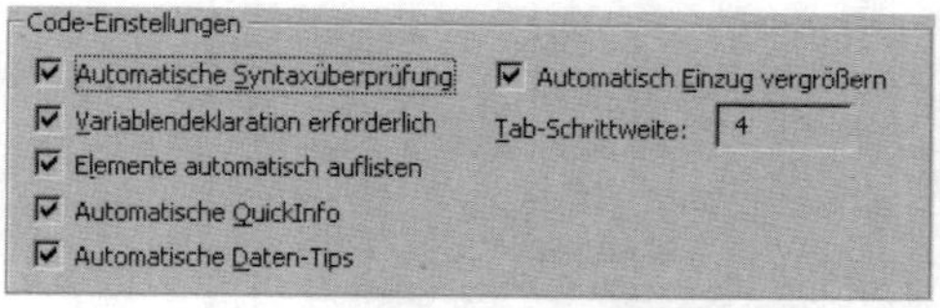

Bild 2.2: Die Option »Variablendeklaration erforderlich« sollte unbedingt gesetzt werden – Sie vermeiden so gerade am Anfang langwieriges Suchen nach einem Programmfehler

2.2 Ihr erstes Visual-Basic-Programm

In diesem Abschnitt werden Sie Ihr erstes Visual-Basic-Programm umsetzen und dabei folgende Themen kennen lernen:

- Den Umgang mit einem Formular
- Den Umgang mit Steuerelementen
- Das Ändern von Eigenschaftswerten
- Die Durchführung einer einfachen Berechnung
- Die Eingabe über ein Textfeld
- Die Ausgabe über ein Bezeichnungsfeld
- Wie sich über eine Schaltfläche eine Aktion auslösen lässt
- Wie mit VB-Befehlen eine Entscheidung getroffen wird

Zugegeben, das ist eine ganze Menge für den Anfang, doch keine Sorge, alles wird leicht verständlich bleiben. Das Erfolgserlebnis kann sozusagen garantiert werden, denn Sie müssen lediglich die folgenden Abschnitte genau lesen und die einzelnen Schritte der Reihe nach ausführen. Ehe Sie sich versehen, haben Sie das Programm fertig, und Sie verfügen über Ihr erstes Visual-Basic-Programm, das Sie nach Belieben erweitern können. Eine Anmerkung noch bevor es losgeht. Das Beispiel wurde so gewählt, dass es die elementaren Abläufe bei der Ausführung eines (Visual-Basic-)Programms deutlich macht. Es wurde nicht gewählt, um die Leistungsfähigkeit von Visual Basic hervorzuheben oder um Freunde und Kollegen in Erstaunen zu versetzen (das heben wir uns für später auf), wenngleich das erste selbständig umgesetzte Programm schon eine Anerkennung wert ist). Sie wissen Bescheid, jetzt kann es losgehen.

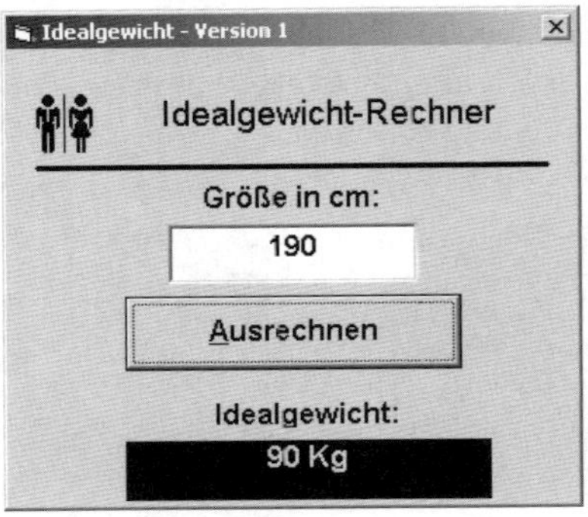

Bild 2.3: So soll das fertige erste Visual-Basic-Programm einmal aussehen

2.2.1 Die Umsetzung beginnt

Egal, welches Programmierprojekt Sie umsetzen möchten, der Ablauf sieht fast immer gleich aus. Am Anfang steht die Projekt- bzw. Problembeschreibung. Der Begriff »Problem« ist in diesem Zusammenhang übrigens nicht negativ belastet. Man spricht von Programmierproblemen, um eine zu lösende Aufgabe zu bezeichnen. Bei der Problembeschreibung geht es also darum, das, was das Programm leisten soll, möglichst knapp und präzise umgangssprachlich zu beschreiben. Und was soll unser erstes Visual-Basic-Programm leisten? Es soll das so genannte »Idealgewicht« einer Person berechnen. Man gibt eine Körpergröße ein und erhält das Idealgewicht zurück. Am Anfang noch ein einzelnes Gewicht, in der Ausbaustufe dann einen etwas realistischeren Gewichtsbereich. Natürlich kann der Computer keine Gedanken lesen und natürlich ist die Art und Weise, nach der ein Idealgewicht berechnet wird, nicht ganz unumstritten. Dieses Dinge spielen hier natürlich keine Rolle. Im Vordergrund steht der Lerneffekt. Es handelt sich um ein kleines Visual-Basic-Programm, das nach der Eingabe der Größe auf der Grundlage der simplen Formel »Größe – 100« (mehr dazu später) ein Idealgewicht errechnet und dieses anzeigt. Ein simples Programmierproblem, das sehr schön geeignet ist, das Einmaleins der Visual-Basic-Programmierung zu veranschaulichen. Da es auch über eine kleine Benutzeroberfläche in Gestalt eines Formulars verfügt, auf dem mehrere Steuerelemente angeordnet werden, ist es zudem leicht zu bedienen und gibt optisch bereits etwas her. Dafür müssen Sie mit dem Anordnen von Steuerelementen auf einem Formular und dem Ändern einiger Einstellungen Dinge tun, die nicht unbedingt zur richtigen Programmierung gehören. Doch da im Windows-Zeitalter Programmierer nicht nur programmieren, sondern auch Benutzeroberflächen entwerfen müssen, sollten Sie sich an diesen Umstand möglichst früh gewöhnen (früher war bekanntlich alles anders, doch früher ist früher und heute ist heute). Genug der Vorrede, los geht's ...

Schritt 1

Starten Sie Visual Basic. Als Erstes möchte Visual Basic von Ihnen wissen, ob Sie ein neues Projekt anlegen oder ein bereits angelegtes Projekt erneut öffnen möchten. Wählen Sie der Registerkarte *Neu* den Projektyp »Standard-EXE«. Visual Basic legt daraufhin ein leeres Projekt an, das bereits aus einem Formular besteht.

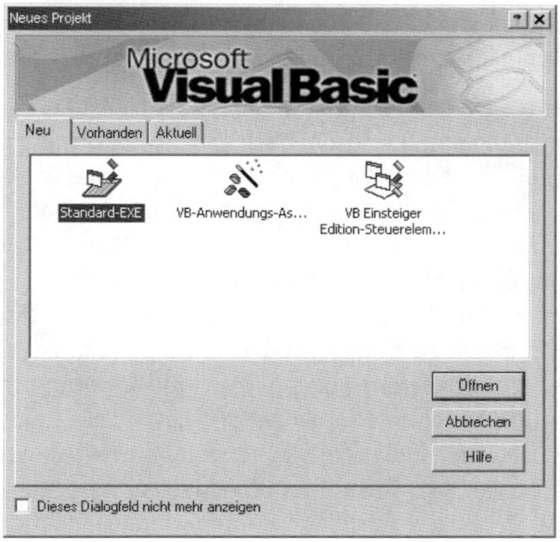

Bild 2.4: Vor dem Anlegen eines neuen Projekts müssen Sie den Projekttyp auswählen.

Lassen Sie sich von der Fülle an »Bildchen« in dem Dialogfeld (Bild 2.4, nicht beim Ablaufmodell) nicht irritieren – jedes Bildchen steht für einen bestimmten Projekttyp. Für dieses Buch gilt bis auf wenige Ausnamen der Projekttyp »Standard-EXE«.

Geben Sie dem Projekt gleich zu Beginn einen neuen Namen (es heißt zurzeit noch »Projekt1«), indem Sie im Projektexplorer (er wird mit [Strg][R] oder über das ANSICHT-Menü geöffnet) das Projekt selektieren und im Eigenschaftenfenster »Idealgewicht01« eintragen.

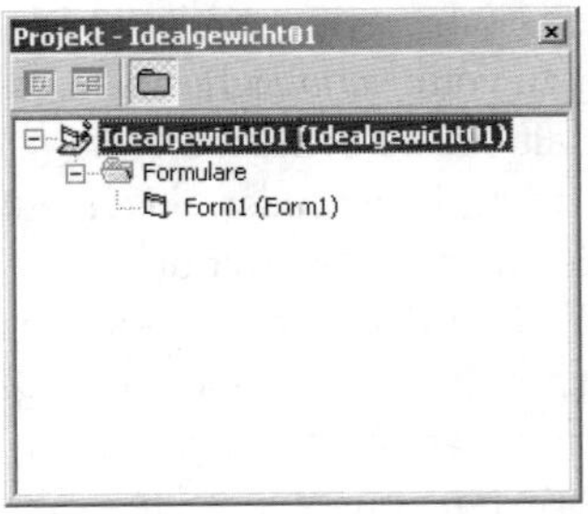

Bild 2.5: Das Projekt hat einen neuen Namen erhalten, der im Projektexplorer angezeigt wird

HINWEIS

Falls Sie die Übungen in diesem Buch oder eigene Beispielprogramme umsetzen wollen, wählen Sie als Projektyp stets »Standard-Exe«. Die übrigen Projekttypen sind zwar ebenfalls wichtig, werden aber am Anfang noch nicht benötigt. Wir werden in diesem Buch nur mit Standard-Exe-Projekten arbeiten.

Schritt 2 Sie sehen auf dem Bildschirm ein noch leeres Fenster mit der Überschrift »Form1«. Das ist das Formular, das von Visual Basic in jedes Standard-Exe-Projekt eingefügt wird. In diesem Formular wird in den nächsten Schritten die Benutzeroberfläche mit Hilfe von Steuerelementen zusammengestellt.

Bevor es damit losgeht, noch eine Formalität, die am Anfang ein wenig lästig erscheinen mag. Visual Basic gibt allen Formularen und Steuerelementen Namen. Das Formular heißt z.B. »Form1« (dies ist nicht die Überschrift in der Titelleiste, die Namensübereinstimmung ist mehr zufällig). Diese Namen sind nicht falsch, sie entsprechen nur nicht den offiziellen Namenskonventionen. Um von Anfang wie die Profi-Programmierer zu programmieren, sollten Sie es sich zur Angewohnheit machen, diese von Visual Basic gemachten Vorgaben gleich zu Beginn zu ändern. Das sieht zwar nach unnötiger Arbeit aus, führt aber später zu besser »lesbaren« Programmen. Der Name des Formulars gehört zu seinen Eigenschaften, die (wie alle Eigenschaften) im Eigenschaftenfenster der Entwicklungsumgebung eingestellt werden. Dieses wird wiederum über die [F4]-Taste oder über das ANSICHT-Menü sichtbar gemacht. Klicken Sie daher das Formular einmal an (aber nicht doppelt – ansonsten machen Sie das Formular mit [⇧][F7] wieder sichtbar), drücken Sie die [F4]-Taste und selektieren Sie im Eigenschaftenfenster den Eintrag »(Name)«. Tragen Sie nun in die rechte Spalte (hier sollte noch »Form1« stehen) den neuen Wert der Eigenschaft ein, er soll in diesem Beispiel »frmIdealgewicht01« lauten (Sie ahnen es bereits, es wird später auch eine Version 02 geben). Das Drücken der [↵]-Taste ist sinnvoll, um die Eingabe zu bestätigen, aber nicht zwingend. Sie werden feststellen, dass der neue Name nicht in der Titelleiste des Formulars angezeigt wird (dafür wäre die *Caption*-Eigenschaft zuständig), aber in der

Titelleiste des umgebenden Projektfensters und auch im Projektexplorer. Das Formular hat damit einen neuen Namen erhalten.

Sollten Sie einmal vergessen, einen Namen abzuändern, so ist das kein Problem. Die Namensänderung kann jederzeit nachträglich erfolgen.

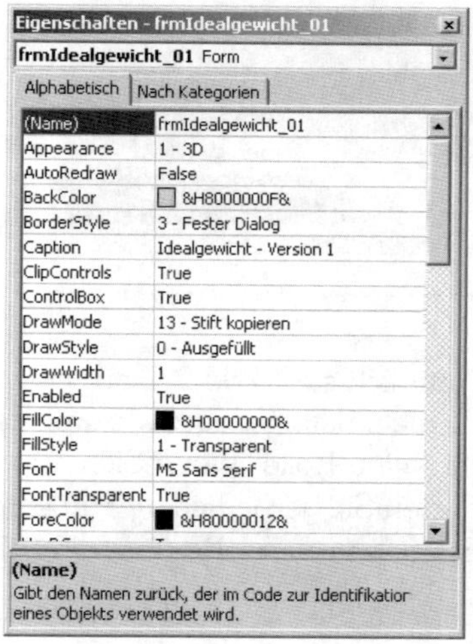

Bild 2.6: Die Name-Eigenschaft des Formulars hat einen neuen Wert erhalten

Schritt 3

In den nächsten Schritten werden die einzelnen Steuerelemente auf dem Formular angeordnet. Insgesamt sind es:

- Vier Bezeichnungsfelder
- Ein Anzeigenelement
- Ein Linienelement
- Ein Textfeld
- Eine Schaltfläche

Insgesamt müssen also acht Steuerelemente auf dem Formular angeordnet werden. Das mag viel erscheinen, ist aber wenig Arbeit, da alle Steuerelemente stets nach dem gleichem Prinzip auf dem Formular angeordnet werden:

- Auswahl des Steuerelements aus der Werkzeugsammlung.
- Anordnen des Steuerelements auf dem Formular an der gewünschten Position.

Das Resultat ist bereits in Bild 2.7 zu bewundern. Orientieren Sie sich an diesem Bild wenn Sie sich nicht ganz sicher sind, an welcher Stelle ein Steuerelement angeordnet werden soll.

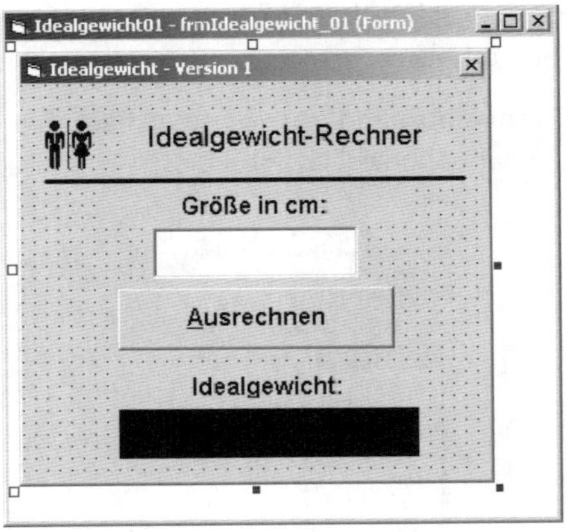

Bild 2.7: Schritt für Schritt entsteht die Oberfläche Ihres Programms

Natürlich stellt Bild 2.7 nur eine Empfehlung da. Wo genau sich ein Steuerelement befindet oder wie groß es ist, spielt für die Programmausführung später keine Rolle. Wenn Sie gerne kreativ sind und sich das bereits zutrauen, dürfen Sie gerne andere Farben oder Schrifteigenschaften einstellen. Fühlen Sie sich in dieser Beziehung völlig frei.

Ordnen Sie auf dem Formular als Erstes ein Bezeichnungsfeld (es wird auch Label genannt) an, indem Sie es in der Werkzeugsammlung einmal anklicken, die Maustaste wieder loslassen, den Mauszeiger an die linke obere Ecke der gewünschten Position bewegen, bei gedrückter Maustaste ein Rechteck in der gewünschten Größe aufspannen und dann die Maustaste wieder loslassen. Das erfordert ein wenig Übung – seien Sie daher nicht frustriert, wenn es nicht auf Anhieb gelingt. Vor allem sollten Sie Ihre Ergebnisse immer kritisch prüfen. So passiert es »Anfängern« schon einmal, dass sie entweder das falsche Steuerelement treffen, das Rechteck so ungünstig verschieben, dass es scheinbar nur noch aus einem Punkt besteht, aus Versehen ein Steuerelementefeld anlegen (mehr dazu in Kapitel 6.1) oder durch ein anderes Malheur scheinbar alles durcheinander gebracht haben. Sollten Ihnen so etwas unterlaufen, ist das natürlich kein Grund zu verzweifeln. Es ist alles eine Frage der Übung. Fangen Sie am besten noch einmal bei Schritt 1 an, auch wenn es nach unnötiger Arbeit aussieht.

Schritt 4 Das Benutzerformular erhält eine andere Schriftart. Diese Maßnahme dient lediglich der optischen Verschönerung und hat keinen Einfluss auf die Programmausführung. Normalerweise verwendet Visual Basic als Schriftart »MS Sans Serif« mit einer Größe von 10 Punkt. Da das aber etwas unscheinbar wirkt, sollen das Formular und alle Steuerelemente die Schriftart »Arial« bei einer Größe von 12 Punkt erhalten. Um diese Schriftart über die *Font*-Eigenschaft nicht bei jedem Steuerelement einstellen zu müssen, wird sie einmal beim Formular eingestellt. Klicken Sie das Formular an und wählen Sie im Eigenschaftenfenster in der Zeile *Font* die Schriftart »Arial, 12 Punkt, Fett«

aus, indem Sie die Schriftattribute einstellen. Für das bereits auf dem Formular angeordnete Label müssen Sie die Schriftattribute aber noch einmal nachträglich ändern.

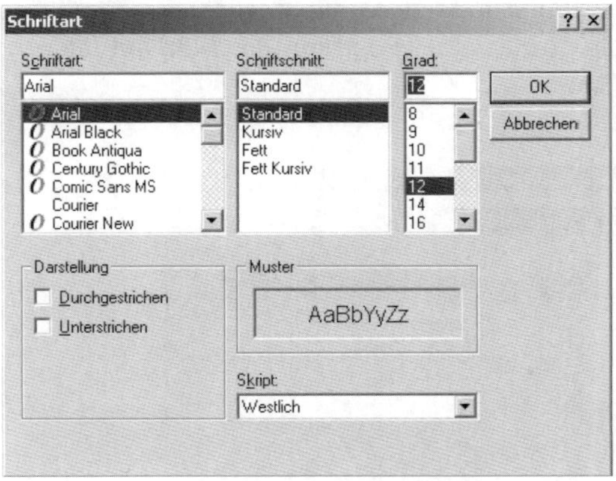

Bild 2.8: Beim Formular werden über die Font-Eigenschaft andere Schriftattribute eingestellt.

Schritt 5

Das Bezeichnungsfeld trägt den Namen »Label1«. Das ist in Ordnung, auch wenn er nicht den Namenskonventionen entspricht. Ein Widerspruch? Zum Glück nicht, denn die Namenskonventionen werden nur bei jenen Steuerelementen angewendet, die aktiv im Programm angesprochen werden. Unser erstes Bezeichnungsfeld spielt eine rein passive Rolle, da es nur der Beschriftung dient. Es muss daher keinen »aktiven« Namen erhalten. In diesem Schritt müssen Sie nichts tun, sondern sollen sich nur den aktuellen Wert der *Name*-Eigenschaft anschauen.

Schritt 6

Das Bezeichnungsfeld erhält eine Inschrift. Selektieren Sie das Bezeichnungsfeld, drücken Sie die [F4]-Taste und tragen Sie in der Zeile *Caption* in der rechten Spalte den Text »Idealgewicht-Rechner« ein.

Schritt 7

Ordnen Sie links neben dem Bezeichnungsfeld eine Anzeige an (Sie finden dieses Steuerelement »links unten« in der Werkzeugsammlung). Die Anzeige ist zum Anzeigen von Bildern (BMP, GIF, ICO usw.) da. Geben Sie dem Steuerelement den Namen »imgGeschlecht«, auch wenn es in dieser Ausbaustufe nur eine passive Rolle spielt (erst in der nächsten »Version« wird es im Programm angesprochen).

Schritt 8

Klicken Sie die Anzeige an und stellen Sie im Eigenschaftenfenster die *Picture*-Eigenschaft ein, indem Sie auf die drei Punkte am rechten Rand klicken. Dadurch öffnet sich ein Dialogfeld, in dem Sie die anzuzeigende Bilddatei in einem Verzeichnis auswählen müssen. Wählen Sie die Datei *Misc28.ico*. Sie sollten sie im Verzeichnis *\Programme\Microsoft Visual Studio\Common\Graphics\Icons\Misc* finden. Sollte es weder dieses Verzeichnis noch die Datei geben, wurden die Grafiken beim Setup von Visual Basic nicht auf

Ihrem PC installiert. Das ist nicht weiter tragisch. Sie können das durch den erneuten Aufruf des Setup-Programms von Visual Basic bzw. Visual Studio und Auswahl der Grafiken nachholen oder, wenn das nicht geht, eine ganz andere Grafik auswählen (schauen Sie einmal im Internet – Sie werden dort bestimmt fündig). Optimal wäre eine Grafik im Ico-Format. Geht auch das nicht, muss Ihr Programm im Moment leider noch ohne Bildchen auskommen.

Bild 2.9: Auf dem Formular wurde eine Anzeige angeordnet

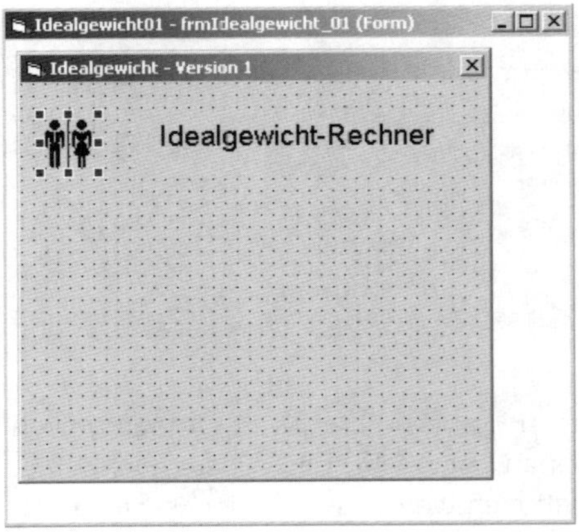

Schritt 9 Ordnen Sie unterhalb des Bezeichnungsfeldes ein Liniensteuerelement an (Sie finden es in der Werkzeugsammlung »rechts unten«). Diese Linie ist ebenfalls passiv und dient lediglich der optischen Auflockerung.

Schritt 10 Ordnen Sie unterhalb der Linie ein weiteres Bezeichnungsfeld an. Geben Sie der Caption-Eigenschaft den Wert »Größe in cm«, denn dieser Satz soll im Innenbereich angezeigt werden. Durch Setzen der *Alignment*-Eigenschaft auf »2 – zentriert« erreichen Sie, dass der Text zentriert angezeigt wird. Das sieht ein wenig besser aus, ist aber nicht zwingend erforderlich.

Schritt 11 Ordnen Sie unterhalb des Bezeichnungsfeldes ein Textfeld an (verwechseln Sie es nicht mit einem Bezeichnungsfeld). Geben Sie der *Name*-Eigenschaft den Wert »txtGrösse« (dieser Name wird später für die Programmierung benötigt). Ein Textfeld, in dem später Eingaben durchgeführt werden sollen, besitzt keine *Caption*-, dafür eine *Text*-Eigenschaft. Löschen Sie den Wert, der hier eingetragen ist, indem Sie den bisherigen Inhalt mit der [←]-Taste oder durch doppeltes Anklicken und Drücken der [Entf]-Taste löschen. Die *Text*-Eigenschaft des Textfeldes wird dadurch gelöscht, sodass es leer erscheint. Setzen Sie auch hier die *Alignment*-Eigenschaft auf »2 – zentriert«.

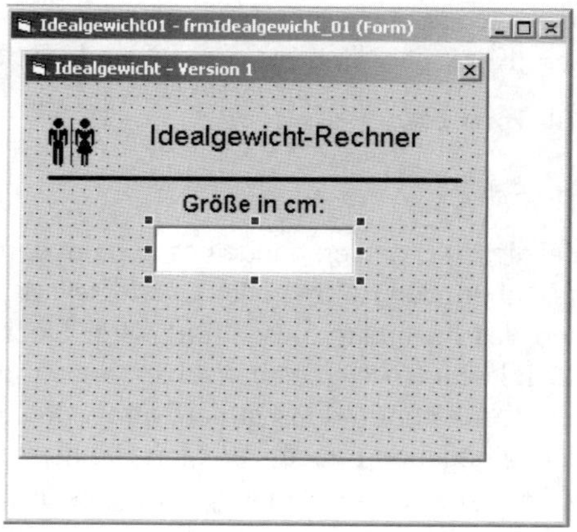

Bild 2.10: Auf dem Formular wurden eine Linie, ein Bezeichnungsfeld und ein Textfeld angeordnet

Schritt 12 Ordnen Sie unterhalb des Textfeldes eine Befehlsschaltfläche an. Setzen Sie die *Name*-Eigenschaft auf »cmdUmrechnen« und die *Caption*-Eigenschaft auf »Ausrechnen«. Lassen Sie sich durch die Ähnlichkeit der beiden Zuweisungen nicht verwirren. Der Name eines Steuerelements spielt nur bei der Programmierung eine Rolle und wird nicht angezeigt. Die *Caption*-Eigenschaft legt dagegen den sichtbaren Inhalt (die Inschrift) des Steuerelements fest.

Schritt 13 Ordnen Sie unterhalb der Schaltfläche ein weiteres Bezeichnungsfeld an. Geben Sie der *Caption*-Eigenschaft den Wert »Idealgewicht«. Das ist ein rein passiver Anzeigetext, den Sie auch abändern können. Die *Name*-Eigenschaft wird nicht verändert.

Schritt 14 Gleich ist es geschafft. Ordnen Sie unterhalb des Bezeichnungsfeldes ein weiteres Bezeichnungsfeld an (u.U. müssen Sie das Formular etwas vergrößern). Setzen Sie die *Name*-Eigenschaft auf »lblIdealgewicht« und löschen Sie die *Caption*-Eigenschaft. Damit das Bezeichnungsfeld optisch etwas hervorsticht, sollten Sie über die *Backcolor*-Eigenschaft einen schwarzen Hintergrund und über die *ForeColor*-Eigenschft eine hellgrüne oder (je nach Geschmack) rote Farben einstellen.

Schritt 15 Zum Schluss soll auch das Formular eine neue Überschrift erhalten. Geben Sie der *Caption*-Eigenschaft den Wert »Idealgewicht – Version 1«. Und da wir gerade dabei sind: Die *Name*-Eigenschaft soll den Wert »frmIdealgewicht01« erhalten.

Schritt 16 Ist Ihnen aufgefallen, dass Sie bis jetzt noch keinen Programmierbefehl eingegeben haben (das wird sich gleich ändern). Es ist typisch für die Visual-Basic-Programmierung (wenngleich es auch anders geht). Erst kommt das Formular, dann die einzelnen Steuerelemente und erst dann die Programmierung. Selektieren Sie das Formular und schalten Sie, z.B. mit [F7], in das Programmcodefenster um. Hier sehen Sie, dass bereits Befehle eingetragen wurden. Konkret sollten Sie dort folgende Befehle sehen:

```
Sub Form_Load

End Sub
```

Bei diesen Befehlen handelt es sich um den Rahmen einer Prozedur. Genauer gesagt um den Rahmen der *Load*-Ereignisprozedur, die automatisch beim Laden des Formulars ausgeführt wird. Doch das sind Dinge, die im Moment noch keine Rolle spielen. Wählen Sie aus der linken Auswahlliste den Eintrag »cmdUmrechnen« (das ist der Name, den Sie in Schritt 12 der Befehlsschaltfläche gegeben haben). Wählen Sie in der rechten Auswahlliste den Eintrag »Click« (das ist der Name des Ereignisses). Der Prozedurahmen der Prozedur »cmdUmrechnen_Click« wird nun angezeigt. Sie gelangen übrigens direkt in diese Prozedur, indem Sie die Befehlsschaltfläche doppelt anklicken.

Schritt 17 Jetzt kommt endlich die Programmierung ins Spiel. Fügen Sie in den Prozedurrahmen den folgenden Befehl ein:

```
lblIdealgewicht.Caption = txtGrösse.Text - 100 & " Kg"
```

Bild 2.11 zeigt, wie der Prozedurahmen als Ganzes aussehen sollte. Der Befehl sorgt dafür, dass vom Inhalt des Textfeldes 100 abgezogen werden und das Resultat der *Caption*-Eigenschaft des Bezeichnungsfeldes *lblGewicht* übergeben wird. Und wozu soll das gut sein? Ganz einfach, indem man der *Caption*-Eigenschaft etwas zuweist, wird dieses Etwas in dem Bezeichnungsfeld angezeigt.

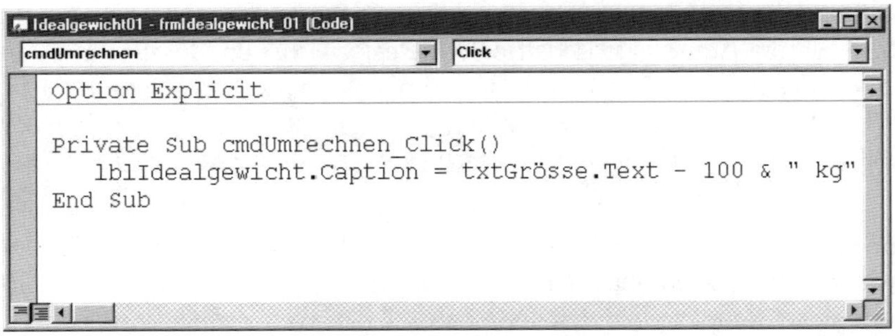

Bild 2.11: Der Prozedurrahmen der Prozedur cmdAusrechnen_Click enthält einen Befehl

Bei der Eingabe werden Sie feststellen, dass nach Eingabe des ersten Punkts nach *lblIdealgewicht* eine Auswahlliste aufklappt. In dieser Auswahlliste werden alle Eigenschaften und Methoden des Objekts *lblIdealgewicht* aufgelistet, sodass Sie *Caption* nicht eintippen müssen, sondern mit der [Tab]-Taste übernehmen können.

Nun kommt der spannende Moment, denn das Programm wird gestartet. Drücken Sie dazu die F5-Taste oder klicken Sie auf das Ausführen-Symbol in der Symbolleiste. Wenn Sie die Option »Speichern der Änderungen bestätigen« eingestellt haben, werden Sie jetzt gefragt, ob Sie das Projekt speichern möchten. Das Abspeichern ist für die Ausführung nicht zwingend erforderlich (im Allgemeinen aber zu empfehlen). Wie es geht, wird in Kapitel 2.4 erklärt. *Schritt 18*

Klicken Sie daher im Moment lediglich auf Nein, damit die Projektdateien nicht gespeichert werden.

Das Programm startet und zeigt das (Start-)Formular an (dieses wird über die Projekteigenschaften festgelegt). Weiter passiert erst einmal nichts, denn alles wartet auf Ihre Eingabe. Geben Sie in das Textfeld eine Größe ein (z.B. 175). Klicken Sie auf die Befehlsschaltfläche. In dem Bezeichnungsfeld sollte nun das »Idealgewicht« erscheinen. *Schritt 19*

Herzlichen Glückwunsch (kleiner Tusch!) – Sie haben damit Ihr erstes Visual-Basic-Programm zum Laufen gebracht. Bleibt nur zu hoffen, dass Ihnen der Computer keine unangenehmen Wahrheiten verraten hat.

Sie müssen das Programm natürlich nicht neu starten, um ein neues Gewicht berechnen zu können. Geben Sie in das Textfeld einfach einen neuen Wert ein und klicken Sie auf die Befehlsschaltfläche. Sicherlich ist Ihnen bereits aufgefallen, dass das Programm auch unsinnige Eingaben »schluckt« und bei der Eingabe eines Namens (etwa »Huhn234«) eine Fehlermeldung produziert (»Typen unverträglich«). Außerdem produziert die Eingabe von Zahlen, die kleiner als 100 sind, negative Werte, was natürlich im richtigen Leben nicht sein kann. Wie sich das abstellen lässt, erfahren Sie erst in Kapitel 3.12, in dem es um die Eingabeüberprüfung geht.

2.2.2 Wie funktioniert das Beispielprogramm?

Auch wenn sich das Visual-Basic-Programm an Einfachheit kaum mehr unterbieten lässt (es besteht lediglich aus einem Befehl), soll es kurz erklärt werden. Nach dem Start passiert erst einmal gar nichts, da in der Ereignisprozedur *Form_Load* keine Befehle enthalten sind. Auch die Eingabe in das Textfeld hat noch keine Befehlsausführung zur Folge. Diese findet erst dann statt, wenn die Befehlsschaltfläche angeklickt wird. Durch das Anklicken wird die Prozedur *cmdUmrechnen_Click* aufgerufen. Der dort eingegebene Befehl nimmt den Inhalt des Textfeldes, der über die *Text*-Eigenschaft abgefragt werden kann, subtrahiert von diesem Wert 100 und gibt das Ergebnis zusammen mit dem Zusatz »kg« in dem Bezeichnungsfeld aus. Auch wenn es nur ein Befehl ist, haben Sie an diesem bereits einige wichtige Grundsätze der Visual-Basic-Programmierung kennen gelernt:

- Eingaben haben Ereignisse zur Folge und Ereignisse führen zum Aufruf von (Ereignis-)Prozeduren.

- Steuerelemente werden über ihre Eigenschaften angesprochen.
- Durch die Zuweisung an die *Caption*-Eigenschaft wird eine Ausgabe durchgeführt.
- Auf den Objektnamen (z.B. *lblIdealgewicht*) folgt immer ein Punkt und dann eine Eigenschaft (oder eine Methode).

2.2.3 Das erste Beispiel wird erweitert

Sind Sie bereit für eine Reihe von Erweiterungen? Die jetzige Fassung ist eine typische 1.0-Version (so werden in der Softwarebranche die allerersten Versionen eines Programms genannt). Sie funktioniert zwar, doch ist sie noch etwas schlicht und soll daher erweitert werden. Folgende Erweiterungen sind geplant:

- Die Berechnung eines Gewichtbereichs.
- Eine Bewertung des Ergebnisses.
- Eine geschlechterspezifische Unterscheidung.
- Eine kleine Eingabeüberprüfung.

Die Berechnung eines Gewichtbereichs

Da es das Idealgewicht, das sich auf das Kilo genau angeben lässt, natürlich nicht geben kann, ist es sinnvoller, einen Gewichtsbereich einzuführen. Dazu wird ein Bereich angegeben, der (etwa) 10% unter bzw. über dem errechneten Gewicht liegt. Diese Erweiterung ist sehr einfach durchzuführen, da lediglich der Rechenbefehl abgeändert werden muss.

Schritt 1 Beenden Sie das Programm (sofern es noch läuft), selektieren Sie das Formular und schalten Sie mit F7 auf das Programmcodefenster um. Wählen Sie in der linken Auswahlliste »cmdAusrechnen« und in der rechten Auswahlliste »Click« aus (dieser Eintrag sollte voreingestellt sein).

Schritt 2 Setzen Sie vor den Befehl »lblIdealgewicht.Caption = …« einen Apostroph ('). Dieses bewirkt, dass der Befehl als Kommentar angesehen und nicht ausgeführt wird. Dies ist eine übliche Praxis, wenn man einen Befehl noch nicht löschen möchte, er aber für die Programmausführung keine Rolle spielen soll. Geben Sie nun folgende drei Befehle ein:

```
Dim intGewicht As Integer
intGewicht = txtGrösse.Text - 100
lblIdealgewicht.Caption = "Zwischen " & intGewicht - _
 intGewicht \ 10 & " und " & intGewicht _
 + intGewicht \ 10 & " Kg"
```

Geben Sie die letzte Zeile ruhig in einer Bildschirmzeile ein, d.h., drücken Sie nicht die [↵]-Taste, wenn die Zeile im Listing zu Ende ist (außer natürlich am Ende der Zeile). Möchten Sie eine Zeile unterbrechen, geschieht dies durch Eingabe eines Leerzeichens und eines Unterstrichs am Ende der Zeile.

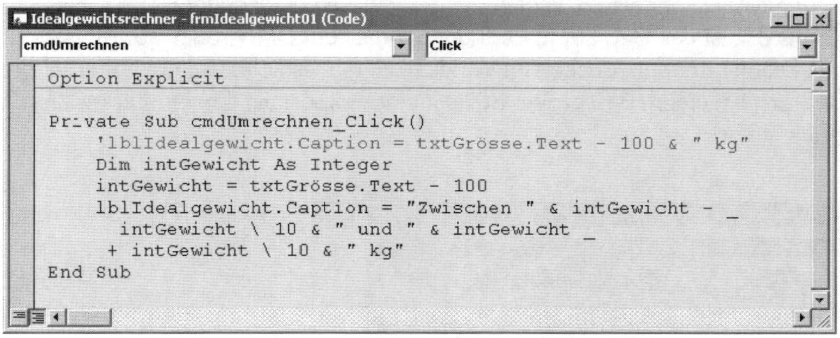


```
Option Explicit

Private Sub cmdUmrechnen_Click()
    'lblIdealgewicht.Caption = txtGrösse.Text - 100 & " kg"
    Dim intGewicht As Integer
    intGewicht = txtGrösse.Text - 100
    lblIdealgewicht.Caption = "Zwischen " & intGewicht - _
      intGewicht \ 10 & " und " & intGewicht _
     + intGewicht \ 10 & " kg"
End Sub
```

Bild 2.12: Die Ereignisprozedur cmdAusrechnen_Click wurde erweitert, damit ein Gewichtsbereich berechnet werden kann

Schritt 3

Starten Sie das Programm wieder über die [F5]-Taste (speichern Sie es dabei wieder ab) und geben Sie in das Textfeld wieder eine Größe ein. Es sollte nun ein Gewichtsbereich ausgegeben werden.

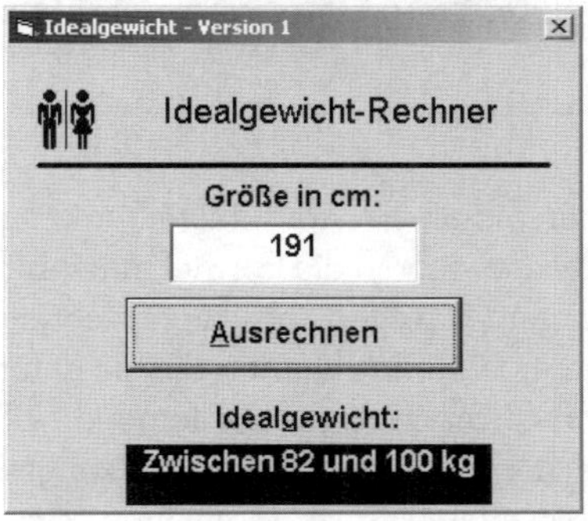

Bild 2.13: Der Idealgewichtrechner zeigt nach der Eingabe einer Größe nun einen Gewichtsbereich an

Eine Bewertung des Ergebnisses

Mit der Durchführung einer schlichten Subtraktion sind sowohl Visual Basic als auch Ihr PC »ein wenig« unterfordert. Aus Kapitel 1 wissen Sie bereits, dass Computer Entscheidungen treffen können. Lassen wir doch einmal den Computer entscheiden, ob ein errechnetes Gewicht in Ordnung, lediglich passabel oder ob es höchste Zeit für die Radikaldiät ist. Als Bewertungsgrundlage wird diesmal der so genannte *Body Mass Index*, kurz BMI, herangezogen. Nicht etwa, weil Sie in diesem Buch ganz nebenbei noch etwas zu den verschiedenen Ernährungstheorien lernen sollen, sondern weil es eine gute Gelegenheit ist, mehr über Berechnungen in einem Visual-Basic-Programm zu lernen, und weil der BMI für einen neutralen Vergleich etwas besser geeignet ist. Der BMI errechnet sich nach der einfachen Formel

```
BMI = Gewicht in Kg / (Größe in m * Größe in m)
```

Ein Gewicht von 100 Kg ergibt bei einer Größe von 2m einen BMI von 25. Ist der BMI kleiner als 18, liegt ein Untergewicht vor, liegt der BMI im Bereich 18 bis 25, ist das Gewicht in Ordnung, und ist der BMI größer 25, ist es Zeit, den Diätberater aufzusuchen (in Wirklichkeit gibt es noch weitere Unterteilungen, erst bei einem BMI größer 30 liegt eine Adipositas, d.h. ein starkes Übergewicht vor).

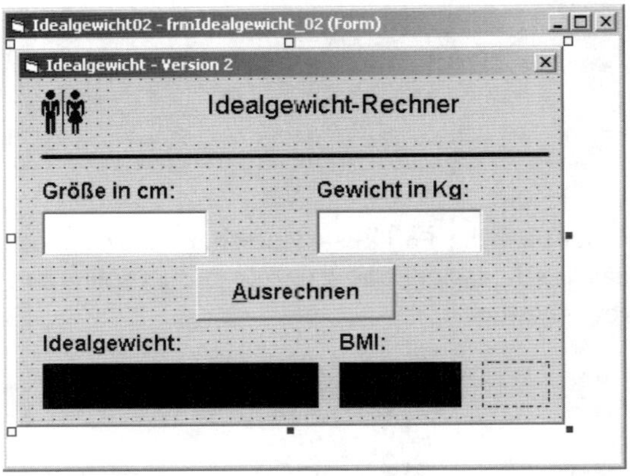

Bild 2.14: Das Formular wird um ein Textfeld für die Eingabe des Gewichts und ein Bezeichnungsfeld für die Ausgabe des BMI erweitert. Beide Steuerelemente erhalten zudem ein Bezeichnungsfeld für die Beschriftung

Für Sie als Programmierer eine neue Herausforderung. Nicht nur, dass Sie das Gewicht in die Formel miteinbeziehen sollen, Sie müssen mehrmals nacheinander prüfen, ob das errechnete Ergebnis in einem festgelegten Bereich liegt. Natürlich kennen Sie die dafür zuständigen Befehle *If*, *Then*, *ElseIf* und *End If* noch nicht. Die folgende Übung dient daher auch eher dem Kennenlernen der einzelnen Umsetzungsschritte und soll Sie durch ein kleines Erfolgserlebnis dazu motivieren, sich mit der Computerlogik zu beschäftigen. Nur, wenn Sie lernen, wie ein Computer »denkt«, können Sie sich seine Fähigkeiten zunutze machen.

Schritt 1 Ordnen Sie neben dem Textfeld *txtGrösse* ein weiteres Textfeld an. Geben Sie der *Name*-Eigenschaft den Wert »txtGewicht« und löschen Sie den Wert der *Text*-Eigenschaft.

Schritt 2 Ordnen Sie neben dem Bezeichnungsfeld *lblIdealgewicht* ein weiteres Bezeichnungsfeld an. Geben Sie der *Name*-Eigenschaft den Wert »lblBMI« und löschen Sie den Wert der *Caption*-Eigenschaft.

Klicken Sie die Schaltfläche doppelt an, um auf das Programmcodefenster umzuschalten (das Programm darf dazu nicht mehr laufen). Alternativ können Sie die Schaltfläche selektieren und die F7-Taste drücken. *Schritt 3*

Sie sehen die Ereignisprozedur *cmdUmrechnen_Click*. In diese muss nun die Berechnung des BMI eingefügt werden. Fügen Sie zu Beginn der Prozedur den folgenden Befehl ein: *Schritt 4*

```
Dim intBMI As Integer
```

Dieser Befehl macht die Variable *intBMI* im Programm bekannt.

Fügen Sie an das Ende der Prozedur zwei weitere VB-Befehle ein: *Schritt 5*

```
intBMI = txtGewicht.Text / (txtGrösse.Text / 100) ^2

lblBMI.Caption = intBMI
```

Starten Sie das Programm probeweise mit der F5-Taste. Sollten Fehler angezeigt werden, müssen Sie diese erst einmal korrigieren. Diese »Teilabnahme« erspart Ihnen später unter Umständen die Fehlersuche in dem etwas umfangreicheren Programm. *Schritt 6*

Jetzt soll die angekündigte Bewertung des errechneten BMIs erfolgen. Beenden Sie dazu als Erstes das Programm. Die Frage ist, auf welche Weise das Ergebnis der Bewertung angezeigt werden kann. Eine sicherlich nette Idee ist es, die verschiedenen Bewertungen ok, gut und schlecht durch Smileys anzuzeigen. Für das Ergebnis »Gewicht ok« wird ein lachender Smiley, für das Ergebnis »Gewicht geht so« ein neu-traler Smiley und für das Ergebnis »Übergewicht« ein trauriger Smiley angezeigt. Dieses Smileys müssen Sie nicht selber zeichnen (auch wenn das nicht allzu schwierig wäre), Sie finden sie bereits als fertige Ico-Dateien im Unterverzeichnis *Common\Graphics\Icons\Misc* im Verzeichnis von Visual Basic (*\Programme\Microsoft Visual Studio*). In der nächsten Ausbaustufe, in der es um eine Unterscheidung zwischen männlich und weiblich geht, lernen Sie, wie Sie Bitmaps so in das Programm einfügen, dass diese ein Teil des Programms werden. Der Vorteil ist, dass der Verzeichnispfad, in dem sich die Ico-Dateien befinden, keine Rolle spielt. Im Folgenden lernen Sie noch eine einfachere Variante kennen, bei der sich die Ico-Dateien aber in einem festen Verzeichnis befinden müssen, damit sie angezeigt werden können.

Ordnen Sie auf dem Formular eine Anzeige an und geben Sie ihr den Namen »imgBewertung«. *Schritt 7*

Selektieren Sie die Schaltfläche und drücken Sie die F7-Taste, um auf das Programmcodefenster umzuschalten. Geben Sie am Ende der Ereignisprozedur cmdUmrechnen_Click die folgenden Befehle ein: *Schritt 8*

```
If intBMI < 18 Then
  imgBewertung.Picture = LoadPicture(ICON_PFAD & "Face01.ico")
ElseIf intBMI >=18 And intBMI <= 27 Then
  imgBewertung.Picture = LoadPicture(ICON_PFAD & "Face02.ico")
Else
  imgBewertung.Picture = LoadPicture(ICON_PFAD & "Face03.ico")
End If
```

Die »Tante Else« (damit ist natürlich der *Else*-Befehl gemeint) kommt in diesem Fall gleich zweimal vor, der *End If*-Befehl jedoch nur einmal. Alles hat jedoch seine Richtigkeit, versuchen Sie das kleine Listing einmal Schritt für Schritt nachzuvollziehen. Doch was ist *ICON_PFAD*? Etwa ein neuer Befehl? Hierbei handelt es sich um eine Konstante, die einen kleinen Vorteil bringen soll. Sie müssen den kompletten Verzeichnispfad der Icon-Dateien nicht jedes Mal eintippen (Programmierer sind im Allgemeinen faul, wobei man hier von einer »kreativen Bequemlichkeit« spricht). Natürlich muss die Konstante *ICON_PFAD* auch irgendwo definiert werden. Das geschieht im *Allgemein*-Teil des Formulars, also oberhalb der ersten Prozedur, durch den Befehl

```
CONST ICON_PFAD = "C:\Programme\Microsoft Visual Studio\↵
Common\Graphics\Icons\Misc\".
```

Sie sehen, der Pfad ist bereits relativ lang. Sollten Sie Visual Basic in ein anderes Verzeichnis installiert haben, ändern Sie den Pfad bitte entsprechend ab.

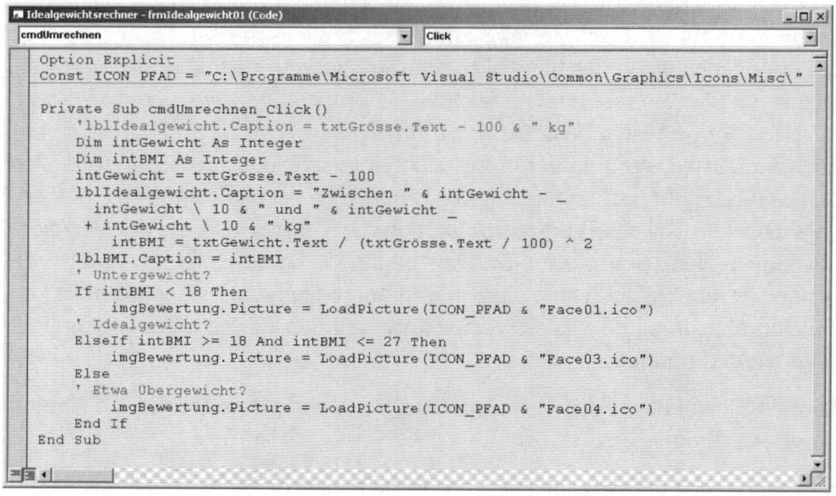

Bild 2.15: Die Ereignisprozedur cmdAusrechnen_Click ist deutlich umfangreicher geworden

Schritt 9 Starten Sie das Programm mit der F5-Taste. Geben Sie in das erste Textfeld eine Größe, in das zweite Textfeld ein Gewicht ein. Je nach errechnetem BMI sollte nun der passende Smiley erscheinen.

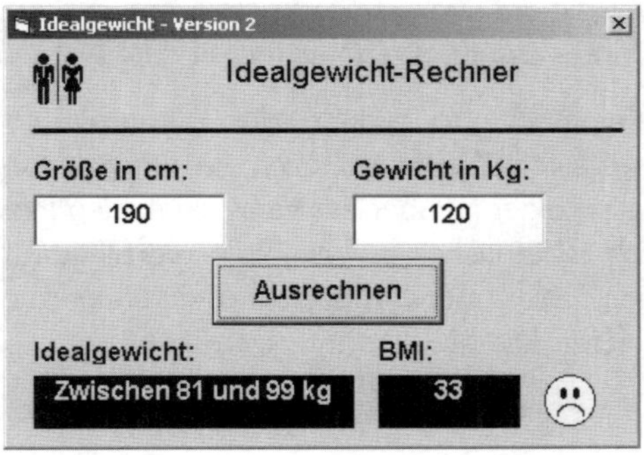

Bild 2.16: Der Idealgewichtrechner erlaubt sich, den errechneten BMI-Wert zu bewerten

Haben Sie es geschafft? Wenn ja, dann herzlichen Glückwunsch, denn das war bereits eine anspruchsvollere Übung. Wenn nein, geben Sie auf keinen Fall gleich auf. Vermutlich haben Sie lediglich einen Tippfehler gemacht oder eine Kleinigkeit übersehen.

Eine geschlechterspezifische Unterscheidung

Jetzt wird es höchste Zeit, dass der Idealgewichtrechner eine »Geschlechtertrennung« durchführt, denn das Idealgewicht berechnet sich bei Frauen und Männern etwas anders. Um die Unterschiede im Körperbau zu berücksichtigen, werden von der Größe keine 10% abgezogen, wenn der Benutzer das weibliche Geschlecht auswählt. Doch wie soll diese Auswahl getroffen werden? Wie unter Windows üblich mit Hilfe von Optionsfeldern (die Sie in Kapitel 4.4 ausführlicher kennen lernen werden).

Sie haben die Möglichkeit, das alte Programm direkt zu erweitern. Sie sollten aber besser ein neues Projekt beginnen, damit Sie den Unterschied feststellen können. Wäre es nicht praktisch, wenn man das alte Formular übernehmen könnte? Das wäre es auch, Sie müssen nur das bisherige Formular unter einem anderen Namen speichern. Gehen Sie dazu wie folgt vor:

Sollten Sie das Formular noch nicht gespeichert haben, holen Sie dies nun über den Menübefehl Datei | Speichern nach. Speichern Sie das Formular unter dem Namen »frmIdealgewicht_01.frm«. *Schritt 1*

Ändern Sie den Namen des Formulars auf »frmIdealrechner_02«. *Schritt 2*

Speichern Sie das Formular mit dem Menübefehl Datei | Speichern von frmIdealgewicht_02.frm unter unter dem neuen Namen ab. Damit haben Sie eine Kopie des Formulars angelegt, die den Dateinamen *frmIdealgewicht_02.frm besitzt*. *Schritt 3*

Nun sollten Sie auch die Projektdatei neu speichern, denn ansonsten lädt sie beim nächsten Mal das neue Formular. Geben Sie dem Projekt zuerst einen neuen Namen, indem Sie im Projektexplorer (Strg R) das Projekt selektieren und im Eigenschaftenfenster »Idealgewicht02« eintragen. Speichern Sie das

Projekt mit DATEI | PROJEKT SPEICHERN UNTER unter dem Namen Idealgewicht02. Daraus resultiert eine Datei mit dem Namen »Idealgewicht02.vbp«.

Meine Güte, muss denn alles so kompliziert sein – das habe ich mir einfacher vorgestellt. So oder ähnlich dürften viele Leser jetzt denken. Die Antwort lautet: »Leider ja, aber der Fleiß hat seinen Preis«. Indem Sie von Anfang an auf scheinbar lästige Formalitäten Wert legen, machen Sie von Beginn an weniger Fehler und werden schneller zu einem erfahrenen Visual-Basic-Programmierer. Die Mühe lohnt sich also.

Doch nun zu den Änderungen Schritt für Schritt.

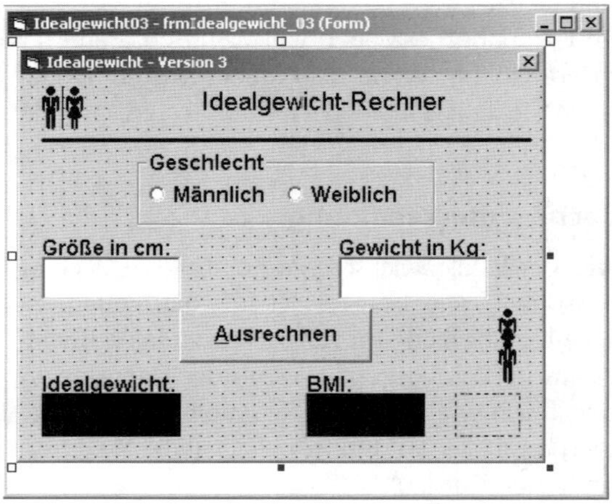

Bild 2.17: Der Projektprüfer zeigt alle Dateien des aktuellen Projekts an

Schritt 1 Vergrößern Sie das Formular, da neue Steuerelemente angeordnet werden sollen (orientieren Sie sich dabei an Bild 2.17).

Schritt 2 Ordnen Sie auf dem Formular ein Rahmenfeld an. Das Rahmenfeld ist ein rein passiver Behälter, daher erhält es auch keinen anderen Namen. Geben Sie aber der *Caption*-Eigenschaft den Wert »Geschlecht«.

Schritt 3 Ordnen Sie in dem Rahmenfeld ein Optionsfeld an. Das Optionsfeld erhält den Namen »optMännlich«, die *Caption*-Eigenschaft erhält den Wert »Männlich«.

Schritt 4 Ordnen Sie in dem Rahmenfeld ein weiteres Optionsfeld an. Dieses Optionsfeld erhält den Namen »optWeiblich«, die *Caption*-Eigenschaft erhält den Wert »Weiblich«.

Schritt 5 Ordnen Sie auf dem Formular (unterhalb des Rahmenfeldes) zwei Anzeigen an. Geben Sie diesen Steuerelementen die Namen *imgMännlich* und *imgWeiblich*. Position und Größe spielen keine Rolle, da diese Steuerelemente während der Programmausführung unsichtbar sein werden.

Geben Sie der bisher namenlosen Anzeige (sie heißt im Moment noch »Image1« den neuen Namen »imgGeschlecht«). *Schritt 6*

Selektieren Sie das Formular und schalten Sie, z.B. mit F7, in das Programmcodefenster um. Wählen Sie aus der linken Auswahlliste den Eintrag »optMännlich« (das ist der Name, den Sie im letzten Schritt dem ersten Optionsfeld gegeben haben). Wählen Sie in der rechten Auswahlliste den Eintrag »Click« (das ist der Name des Ereignisses). Der Prozedurahmen der Prozedur »optMännlich_Click« wird nun angezeigt. Fügen Sie in den Prozedurrahmen den folgenden Befehl ein: *Schritt 7*

```
imgGeschlecht.Picture = imgMännlich.Picture
```

Wählen Sie aus der linken Auswahlliste den Eintrag » optWeiblich« (das ist der Name, den Sie im vorletzten Schritt dem zweiten Optionsfeld gegeben haben). Wählen Sie in der rechten Auswahlliste den Eintrag »Click«. Der Prozedurahmen der Prozedur »optWeiblich_Click« wird nun angezeigt. Fügen Sie in den Prozedurrahmen den folgenden Befehl ein: *Schritt 8*

```
imgGeschlecht.Picture = imgWeiblich.Picture
```

Wählen Sie aus der linken Auswahlliste den Eintrag »cmdUmrechnen« und aus der rechten Auswahlliste den Eintrag »Click«. Fügen Sie in den Prozedurrahmen die folgenden Befehle ein: *Schritt 9*

```
Dim intGrösse As Integer
intGrösse = txtGrösse.Text
If optWeiblich.Value = True Then
    lblGewicht.Caption = (intGrösse - 100) - intGrösse \ 10 & " Kg"
Else
    lblGewicht.Caption = (intGrösse - 100) & " Kg"
End If
```

Zum Schluss noch ein paar kleine »Formalitäten«, die das Programm abrunden. Wählen Sie aus der linken Auswahlliste den Eintrag »Form« und aus der rechten Auswahlliste den Eintrag »Load«. Fügen Sie in den Prozedurrahmen die folgenden Befehle ein: *Schritt 10*

```
optMännlich.Value = True
imgMännlich.Visible = False
imgWeiblich.Visible = False
```

Diese Befehle führen Einstellungen durch, die gleich nach dem Programmstart gelten sollen (z.B. sollen die beiden Anzeigensteuerelemente unsichtbar sein, was durch Setzen der *Visible*-Eigenschaft auf den Wert *False* erreicht wird). Die Prozedur *Form_Load* ist für diese Einstellungen gut geeignet, da sie automatisch (es handelt sich ebenfalls um eine Ereignisprozedur) mit dem Laden des Formulars aufgerufen wird.

Schritt 11 Damit ist die Erweiterung fertig. Drücken Sie die [F5]-Taste, um das Visual-Basic-Programm zu starten. Haben Sie alles richtig gemacht, sollten zwei Dinge passieren:

1. Nach Auswahl einer der beiden Optionsfelder sollte das entsprechende Symbol angezeigt werden.
2. Der Wert des errechneten Idealgewichts (nicht des BMI-Wertes) sollte von der Wahl des Optionsfeldes abhängen.

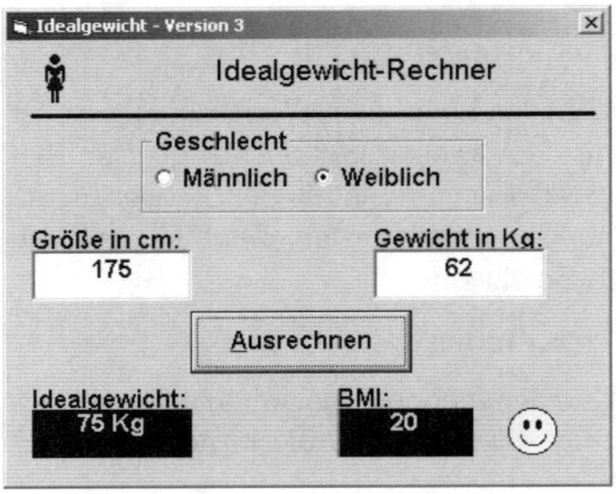

Bild 2.18: Der Idealgewichtrechner führt jetzt eine geschlechterspezifische Unterscheidung durch

Eine kleine Eingabeüberprüfung

Zu guter Letzt soll unsere Idealgewichtrechner etwas »robuster« werden. Sicher ist Ihnen bereits aufgefallen, dass eine falsche Eingabe, wie zum Beispiel die eines Buchstabens, zu einer Fehlermeldung führt (meistens »Laufzeitfehler '13': Typen unverträglich«). Dieser Fehler lässt sich vermeiden, wenn man vor der Berechnung prüft, ob für Größe und Gewicht Zahlen, d.h. sogenannte numerische Werte, eingegeben wurden. Damit sich diese Abfrage möglichst bequem durchführen lässt, bietet Visual Basic die *IsNumeric*-Funktion. Auch wenn diese Funktion offiziell erst in Kapitel 5.9 an der Reihe ist, sollen Sie sie bereits jetzt benutzen, um den Idealgewichtrechner zu verbessern.

Schritt 1 Beenden Sie das Programm (sofern es noch am Laufen ist) und schalten Sie mit [F7] in das Programmcodefenster um.

Schritt 2 Wählen Sie aus der linken Auswahlliste den Eintrag »cmdAusrechnen« aus, die Ereignisprozedur *cmdAusrechnen_Click* wird dadurch eingestellt.

Schritt 3 Fügen Sie vor dem Befehl

```
intGrösse = txtGrösse.Text
```

die folgenden Befehle ein:

```
If IsNumeric(txtGrösse.text) = False Then
    Msgbox Prompt:="Bitte für die Größe eine Zahl eingeben!"
    Exit Sub
End If
```

Dieser Befehl gibt eine Meldung aus und verlässt anschließend die Prozedur, wenn für die Größe keine Zahl eingegeben wurde.

Fügen Sie vor dem Befehl *Schritt 4*

```
intGewicht= txtGewicht.Text
```

die folgenden Befehle ein:

```
If IsNumeric(txtGewicht.Text) = False Then
    Msgbox Prompt:="Bitte für das Gewicht eine Zahl eingeben!"
    Exit Sub
End If
```

Dieser Befehl gibt eine Meldung aus und verlässt anschließend die Prozedur, wenn für das Gewicht keine Zahl eingegeben wurde.

Starten Sie das Programm und geben Sie für die Größe oder das Gewicht absichtlich falsche Angaben ein. Anstelle einer Fehlermeldung sollte nun ein Hinweis erscheinen, das Programm aber fortgesetzt werden. *Schritt 5*

2.3 Die IDE stellt sich vor

In diesem Abschnitt lernen Sie die Visual-Basic-IDE kennen. Wenn Sie Visual Basic starten, starten Sie damit die integrierte Entwicklungsumgebung, im Original »Integrated Development Environment« oder kurz IDE. Die IDE ist das Programm, in dem VB-Programme eingegeben, ausgeführt und getestet werden. Für einen angehenden Visual-Basic-Entwickler ist es daher wichtig, die IDE möglichst gut zu kennen.

Auch wenn die IDE von Visual Basic auf den ersten Blick vielleicht einen etwas unübersichtlichen Eindruck erwecken mag, ist sie dennoch einfach zu bedienen.

Die IDE besteht aus folgenden Elementen:

- Die Menüleiste
- Die Symbolleiste
- Verschiedene Fenster

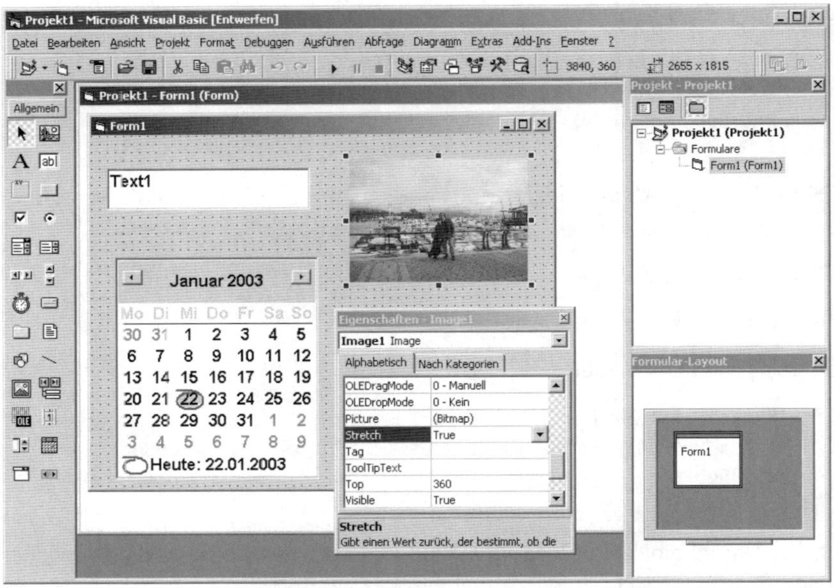

Bild 2.19: Die integrierte Entwicklungsumgebung von Visual Basic nach dem Start

2.3.1 Übersicht über die Menüleiste

In der Menüleiste finden Sie die über 100 Kommandos der IDE. Auch wenn Sie davon am Anfang nur etwa ein halbes Dutzend kennen müssen, sollten Sie sich die einzelnen Kommandos in Ruhe anschauen. Von den zahlreichen Menüs sind vor allem das DATEI-, das FORMAT- und das TESTEN-Menü von Bedeutung. Die übrigen Menüs, zum Beispiel BEARBEITEN oder ANSICHT, enthalten Kommandos, die man schneller über die Symbolleiste oder eine Tastenkombination ausführt. Im DATEI-Menü finden Sie alle Kommandos für das Laden und Speichern von Projekten bzw. der in den Projekten enthaltenen Dateien. Ein wenig irritierend ist, dass es zusätzlich ein PROJEKT-Menü gibt, in dem man diese Kommandos eigentlich zunächst vermuten würde. Stattdessen finden Sie in diesem Menü Kommandos zum Hinzufügen einzelner Dateien und, gut versteckt, die sehr wichtigen Kommandos VERWEISE und KOMPONENTEN zum Einbinden weiterer Typenbibliotheken und Zusatzsteuerelemente. Dass diese Kommandos im PROJEKT-Menü untergebracht wurden, hat allerdings einen guten Grund, denn sie werden in der Projektdatei vermerkt. Das ist der Grund, warum bei einem neuen Projekt andere Steuerelemente in der Werkzeugsammlung erscheinen. Ein wichtiges Menü ist das FORMAT-Menü, denn hier können Sie Steuerelemente auf einfache Weise gruppieren, positionieren und relativ zueinander anordnen. Auch das TESTEN-Menü gehört zu den wenigen Menüs, mit dessen Inhalt Sie sich in Ruhe vertraut machen sollten.

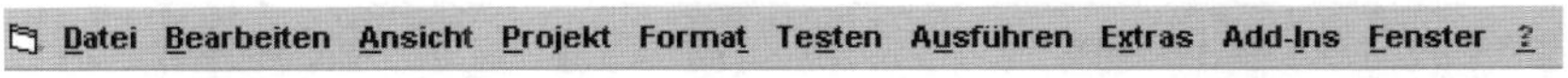

Bild 2.20: Die Menüs der Menüleiste enthalten sämtliche Kommandos der IDE

Nicht nur, dass Sie hier wichtige Kommandos für die Ausführung des Programms im Haltemodus finden, es ist erfahrungsgemäß scheinbar unmöglich, sich die einzelnen Kommandos, wie zum Beispiel AUSFÜHREN BIS CURSORPOSITION, in endlicher Zeit zu merken.

HINWEIS: Die Menüs der IDE sind individuell konfigurierbar. Sollten Sie neue Menüs oder Menüs mit einem anderen Inhalt vorfinden, hat bereits »jemand« die IDE konfektioniert.

2.3.2 Übersicht über die Symbolleiste

Die Symbolleiste ist die »Schaltzentrale« der IDE. Hier werden die wichtigsten Kommandos der einzelnen Menüs in Form von Symbolschaltflächen angeboten. Anstelle langatmiger Erläuterungen finden Sie eine Beschreibung aller Symbole in Tabelle 2.2. Hier noch ein kleiner Tipp. Wenn Sie den Mauszeiger kurz über ein Symbol halten, wird der Name des Symbols angezeigt.

Bild 2.21: Die Symbolleiste stellt die wichtigsten Menükommandos zur Verfügung

Tabelle 2.2: Die Symbolschaltfläche der IDE in der Übersicht

Symbolschaltfläche	Bedeutung	Tastenkombination
	Fügt einen neuen Projekttyp zur aktuellen Projektliste hinzu.	Strg N
	Fügt ein neues Modul zum aktuellen Projekt hinzu.	
	Öffnet den Menü-Editor. Ist nur aktiv, wenn ein Formular selektiert ist.	
	Öffnet ein bereits vorhandenes Projekt.	Strg O
	Speichert das aktuelle Projekt ab.	
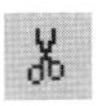	Schneidet den markierten Text aus und überträgt ihn in die Zwischenablage.	Strg X
	Kopiert den markierten Text in die Zwischenablage.	Strg C

Symbol-schaltfläche	Bedeutung	Tasten-kombination
	Fügt den Textinhalt der Zwischenablage an der aktuellen Textposition in ein Codemodul ein.	[Strg] [V]
	Öffnet das Suchen-Dialogfeld.	[Strg] [F]
	Macht die zuletzt durchgeführte Änderung wieder rückgängig.	[Strg] [Z]
	Hebt die letzte Rückgängigmachen-Operation wieder auf.	
	Startet das aktuelle Programm oder setzt es nach einer Programmunterbrechnung fort. Die IDE geht in den Ausführenmodus über.	[F5]
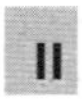	Unterbricht das laufende Programm. Die IDE geht in den Haltemodus über.	[Strg] [Pause]
	Beendet das aktuelle Programm. Die IDE geht in den Entwurfsmodus über.	
	Zeigt den Projektexplorer an.	[Strg] [R]
	Zeigt das Eigenschaftsfenster des aktuell selektierten Objekts an.	[F4]
	Zeigt das Formular-Layout-Fenster an.	
	Zeigt den Objektkatalog an.	[F2]
	Zeigt die Werkzeugsammlung an.	

HINWEIS

Auch bei der IDE können Sie die Zusammensetzung der einzelnen Symbolleisten ändern. Führen Sie dazu das Menükommando ANSICHT | SYMBOLLEISTEN | ANPASSEN aus und wählen Sie die Registerkarte »Befehle«. Sie sehen eine Liste aller Menüs und der darin enthaltenen Kommandos. Sie können jetzt eines der angezeigten Kommandos mit der Maus an die gewünschte Position der Symbolleisten ziehen. Ist die gewünschte Symbolleiste nicht sichtbar, muss dies über das Menükommando ANSICHT | SYMBOLLEISTEN nachgeholt werden.

2.3.3 Übersicht über die einzelnen Fenster

Finden Sie die IDE von Visual Basic unübersichtlich oder gar kompliziert? Keine Sorge, nach einer kurzen Eingewöhnungsphase werden Sie mit ihr relativ selbstverständlich umgehen. Die IDE ist ein umfangreiches Programm, das in erster Linie professionellen Ansprüchen genügen soll. An den Programmiereinsteiger wurde dabei weniger gedacht. Dennoch lassen sich die elementaren Arbeitsschritte, wie etwa das Starten eines Programms, per Mausklick erledigen. Ganz wichtig beim Kennenlernen der IDE ist, dass Sie die Bedeutung der zahlreichen Fenster kennen, die in Bild 2.19 zu sehen sind. Im Einzelnen handelt es sich dabei um:

- Den Projektexplorer
- Die Werkzeugsammlung
- Den Formulardesigner
- Das Eigenschaftsfenster
- Das Direktfenster
- Das Beobachtungsfenster
- Das Lokalfenster
- Die Aufrufliste

Die Werkzeugsammlung, das Eigenschaftsfenster, der Formulardesigner und der Projektexplorer sind essentiell, sie sind Dreh- und Angelpunkte bei der Programmierung. Optional ist das Direktfenster, in dem Sie zum Beispiel VB-Befehle direkt eingeben können. Mehr für fortgeschrittene Programmierer ist das Beobachtungs- und das Lokalfenster. Im Folgenden werden alle Fenster kurz vorgestellt.

Der Projektexplorer

Der *Projektexplorer* ist jenes Fenster, in dem die Module eines Projekts aufgelistet werden. Wurden mehrere Projekte in die IDE geladen, werden alle Projekte nacheinander aufgelistet, wobei der Name des aktuellen Projekts (also jenes Projekts, das über die [F5]-Taste gestartet wird – es kann immer nur ein Projekt gestartet werden) fett hervorgehoben ist. Der Name »Projektexplorer« ergibt sich aus dem Umstand, dass Sie zwischen einer normalen und einer hierarchischen Ansicht umschalten können. In dieser Darstellungsform wird jedes Modul in einer Modulkategorie, zum Beispiel Formulare, angezeigt.

Die Werkzeugsammlung

Die *Werkzeugsammlung* ist beim Kennenlernen von Visual Basic Ihr wichtigstes Fenster, denn hier werden alle Steuerelemente aufgelistet, die Sie auf einem Formular anordnen können. Jedes Symbol in der Werkzeugsammlung (mit Ausnahme des Zeigersymbols in der linken oberen Ecke) steht für ein Steuerelement. Über das Menükommando PROJEKT | KOMPONENTEN können Sie weitere Steuerelemente in die Werkzeugsammlung laden (die Belegung der Werkzeugsammlung bezieht sich stets auf ein Projekt). Es werden alle jene Komponenten aufgelistet, die auf Ihrem PC registriert wurden.

Der Formulardesigner

Das zweitwichtigste Fenster ist der *Formulardesigner*. Die Benutzeroberfläche eines Visual-Basic-Programms besteht stets aus einem oder mehreren Formularen. Stellen Sie sich ein Formular als ein Fenster (das heißt einen rechteckigen Bereich des Bildschirms mit bestimmten Attributen, wie der Möglichkeit, das Fenster in seiner Größe zu ändern oder es auf Minimalgröße zu verkleinern) vor, auf dem Sie beliebige Steuerelemente für die Ein- und Ausgabe anordnen können. Das Anordnen der Steuerelemente und das Ändern von Eigenschaftswerten (sobald Sie ein Steuerelement verschieben, ändern sich dadurch die Eigenschaften *Left* und *Top*) findet im Formulardesigner statt. Wird das Programm gestartet, wird der Formulardesigner geschlossen und das Formular erscheint.

Bild 2.22: Im Formulardesigner wird das Aussehen eines Formulars »designt«

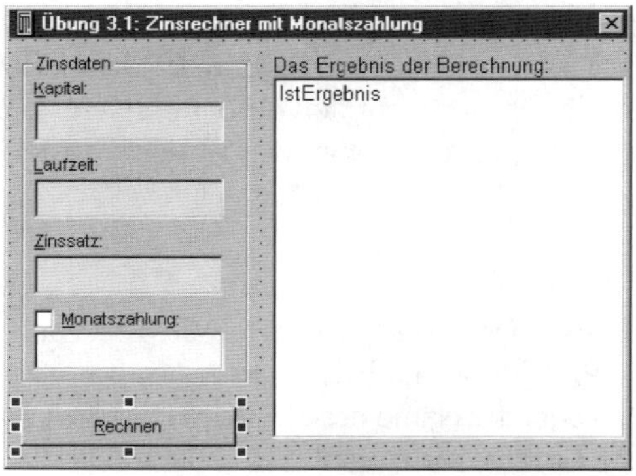

Das Eigenschaftsfenster

Jedes Steuerelement, das auf einem Formular angeordnet wurde, sowie das Formular selber besitzen eine Reihe von Eigenschaften, die bereits zur Entwurfszeit eingestellt werden können. Dafür ist das *Eigenschaftsfenster* zuständig. Um einer Eigenschaft eines Steuerelements einen neuen Wert zu geben, müssen Sie zuerst das Steuerelement auswählen (einmal mit der Maus anklicken). Dadurch werden die Eigenschaften und ihre aktuellen Einstellungen im Eigenschaftsfenster, das jederzeit über die [F4]-Taste sichtbar gemacht werden kann, aufgelistet. Sie können auch den umgekehrten Weg gehen und zuerst das Eigenschaftsfenster sichtbar machen und dann das Steuerelement oder das Formular aus der Auswahlliste auswählen.

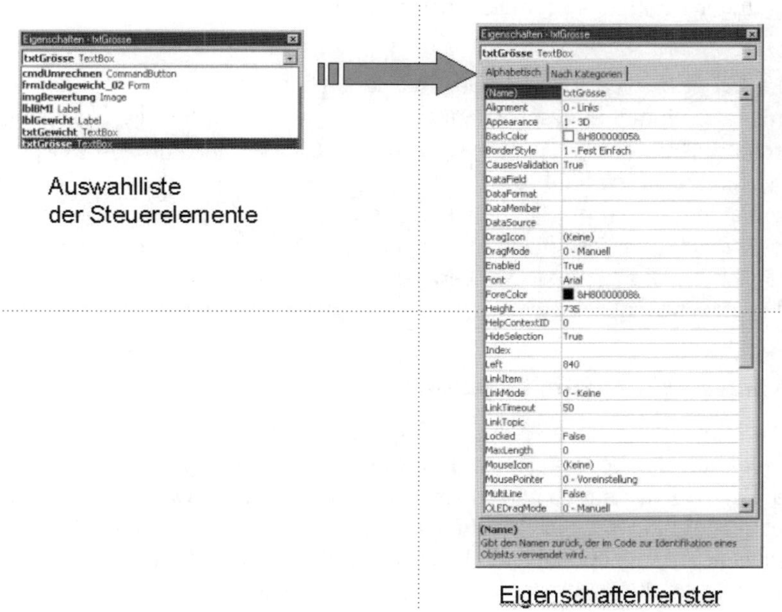

Bild 2.23: Im Eigenschaftsfenster werden die aktuellen Werte aller zur Entwurfszeit einstellbaren Eigenschaften der auf dem Formular angeordneten Steuerelemente aufgelistet

Es ist sehr wichtig zu verstehen, was Ihnen das Eigenschaftsfenster anzeigt: alle Komponenten (das heißt alle Steuerelemente und das Formular selber) des aktuellen Formulars. Arbeiten Sie in einem Projekt mit mehreren Formularen, müssen Sie erst das Formular aktivieren und anschließend [F4] betätigen. Nehmen Sie sich ein paar Minuten Zeit für eine kleine Übung. Ordnen Sie auf einem (leeren) Formular eine Schaltfläche an und machen Sie das Eigenschaftsfenster über die [F4]-Taste sichtbar. Über zwei Dinge sollten Sie kurz nachdenken:

- In der Titelleiste des Eigenschaftsfensters erscheint »Eigenschaften Form1«. Es werden also die Eigenschaften des Formulars *Form1* (und seiner Steuerelemente) angezeigt.
- In der Auswahlliste erscheinen zwei Namen: »Command1« und »CommandButton«. Es ist sehr wichtig, den Unterschied zu kennen. Bei »Command1« handelt es sich um den vom Formulardesigner vergebenen Namen, den Sie jederzeit über die *Name*-Eigenschaft ändern können. Selektieren Sie im Eigenschaftsfenster diese Eigenschaft und tragen Sie in der rechten Spalte einen anderen Wert ein (zum Beispiel »cmdTest«). Die-

ser wird nach Betätigen der [↵]-Taste in der linken Spalte angezeigt. Bei »CommandButton« handelt es sich dagegen um die »Abstammung« des Steuerelements, die auch Klasse genannt wird. Befehlsschaltflächen gehören zur Klasse »CommandButton«, Textfelder zur Klasse »Textbox« und Formulare zu jener Klasse, die so heißt, wie es durch den Namen (*Name*-Eigenschaft) des Formulars bestimmt wird.

ACHTUNG

Es hat zwar nicht direkt etwas mit dem Thema zu tun, doch irgendwann muss es einmal angesprochen werden. Verwechseln Sie die *Name*-Eigenschaft nicht mit der *Caption*-Eigenschaft. Dies ist ein sehr beliebter Anfängerfehler. Die *Name*-Eigenschaft legt den Namen fest, unter dem ein Steuerelement im Programm angesprochen wird. Die *Caption*-Eigenschaft, die es ohnehin nur bei einigen Steuerelementen und dem Formular gibt, legt lediglich die Überschrift fest, die in dem Steuerelement (bzw. der Titelleiste des Formulars) angezeigt wird.

Kurzer Exkurs zum Objektkatalog

Die Mini-Übung aus dem letzten Abschnitt bietet eine gute Gelegenheit, den *Objektkatalog* vorzustellen, der, obwohl er recht wichtig ist, im weiteren Verlauf des Buches nur ab und zu am Rande erwähnt wird. Der Objektkatalog listet alle Objekte auf, die zum aktuellen Projekt gehören. Außerdem listet er alle Objekte auf, die im aktuellen Projekt zur Verfügung stehen. Das Auflisten eines Objekts bedeutet, dass Sie erfahren, welche Eigenschaften, Methoden und Ereignisse es besitzt (achten Sie auf die kleinen Symbole, denen ein Eintrag vorausgeht), zu welcher Klasse es gehört und welche Syntax diese »Members« besitzen. Sie können die Hilfe aufrufen, um mehr über ein Objekt oder seine Members zu erfahren. Und noch ein kleines Bonbon macht den Objektkatalog so wichtig: Sie erfahren hier auch Namen und Werte aller vordefinierten VB-Konstanten.

Der Objektkatalog ist damit sehr praktisch zum Kennenlernen von Objektbibliotheken, wie sie von vielen Programmen, wie etwa Office '97 oder dem Internet Explorer, zur Verfügung gestellt werden. Wie Sie es sich sicher schon gedacht haben, interessieren sich dafür vor allem fortgeschrittene Programmierer. Gestartet wird der Objektkatalog über die [F2]-Taste. Am Anfang werden Sie mit dem Dialogfeld nicht viel anfangen können, zumal die einzelnen Bedienelemente nicht beschriftet sind. Doch schauen Sie sich die einzelnen Bereiche in Ruhe an. In der oberen Auswahlliste können Sie ein Projekt oder eine »Objektbibliothek« auswählen, deren Objekte angezeigt werden sollen. Wählen Sie hier das aktuelle Projekt »Project1« bzw. »Projekt1«, je nach Version (dies ist bereits voreingestellt). In der Auswahlliste »Klassen« erscheint der Eintrag »Form1«. Hierbei handelt es sich um jene Klasse, die für das aktuelle Formular *Form1* steht (jedes Formular basiert auf einer Klasse, die den gleichen Namen trägt wie das Formular selber). In der rechten Auswahlliste »Elemente von 'Form1'« werden nun alle Eigenschaften und Methoden des Formulars aufgelistet. Mit von der Partie ist auch der Eintrag »Command1«. Die auf dem Formular angeordnete Schaltfläche wird als Eigenschaft des Formulars behandelt. Um zum Beispiel der *Caption*-Eigenschaft der Schaltfläche einen neuen Wert zu geben, kann der folgende Objektausdruck verwendet werden:

```
Form1.Command1.Caption = "Öfter mal was Neues"
```

Erinnern Sie sich noch an die erste Grundregel für Visual-Basic-Programmierer? Demnach ist *Form1* ein Objekt und *Command1* eine Eigenschaft. Und was gibt diese Eigenschaft zurück? Die Schaltfläche *Command1* (genauer gesagt, eine Referenz auf dieses Objekt), sodass die *Caption*-Eigenschaft auf das zurückgegebene Objekt (also auf die Schaltfläche) angewendet werden kann. Auch wenn dieser kurze Exkurs eigentlich nicht in dieses Kapitel gehört, ist es sehr wichtig, dass Sie diese Formalismen verstehen, denn sie sind der Kern der Visual-Basic-Programmierung.

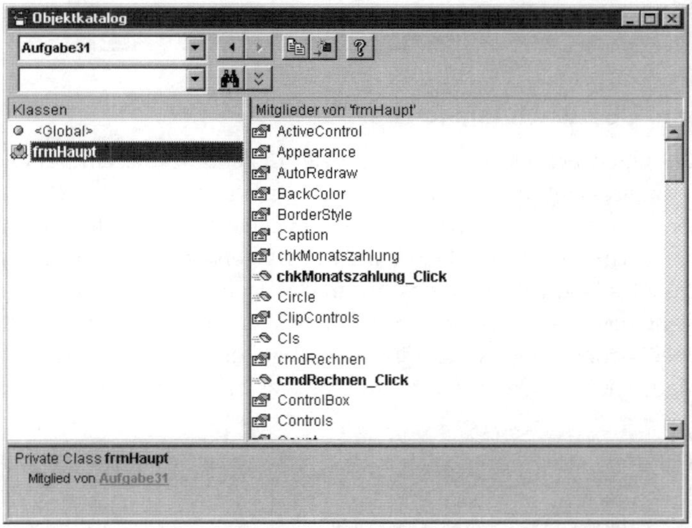

Bild 2.24: Der Objektkatalog listet alle Eigenschaften und Methoden des Formulars auf

Das Direktfenster

Das Direktfenster ist eine sehr praktische Angelegenheit, denn in diesem Fenster können Sie zum Beispiel VB-Befehle ausführen, Prozeduren und Funktionen aufrufen oder auf die Eigenschaften von Steuerelementen zugreifen. Gerade für das Kennenlernen von Visual Basic ist das Direktfenster eine große Hilfe, denn Sie müssen kein Programm starten, um etwas über die Wirkungsweise eines Befehls zu erfahren. Sie müssen allerdings berücksichtigen, dass im Entwurfsmodus Variablen und Steuerelemente des aktuellen Projekts nicht zur Verfügung stehen. Um auf diese Dinge zugreifen zu können, müssen Sie das Programm starten und anschließend unterbrechen. Sie können nun auf alle jene Variablen zugreifen, die im aktuellen Gültigkeitsbereich liegen. Und noch eine Kleinigkeit gilt es zu beachten. Im Direktfenster können Sie keine Programme schreiben, sondern nur einzelne Befehle ausführen. Alle Befehle müssen in eine Zeile passen, denn sie werden nach Betätigen der [↵]-Taste sofort ausgeführt. Möchten Sie im Direktfenster etwa eine Programmschleife starten, müssen alle Befehle der Schleife durch einen Doppelpunkt, das heißt durch das in Visual Basic relativ selten verwendetete Befehlstrennzeichen, getrennt werden.

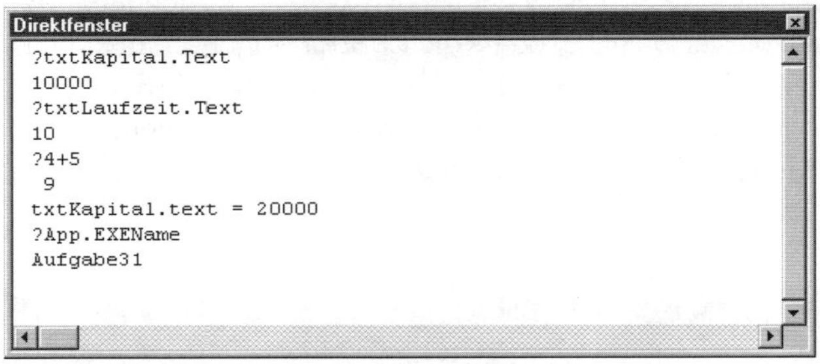

Bild 2.25: Im Direktfenster können sowohl im Entwurfsmodus als auch während einer Programmunterbrechung nahezu beliebige VB-Befehle ausgeführt werden

Das Überwachungsfenster

Das Überwachungsfenster ist in erster Linie für fortgeschrittene Programmierer interessant. Hier können Sie sich die Werte von Ausdrücken anzeigen lassen. Dieses »Überwachen« von Ausdrücken spielt vor allem in größeren Programmen eine Rolle. Der Vorteil des Überwachungsfensters besteht darin, dass das Überwachen eines Ausdrucks bedeutet, dass das Programm anhält, wenn der Ausdruck einen festgelegten Wert annimmt. Um einen Ausdruck zu überwachen, gibt es mehrere Möglichkeiten. Die Einfachste ist, ihn mit der Maus aus dem Programmfenster in das Überwachungsfenster zu ziehen.

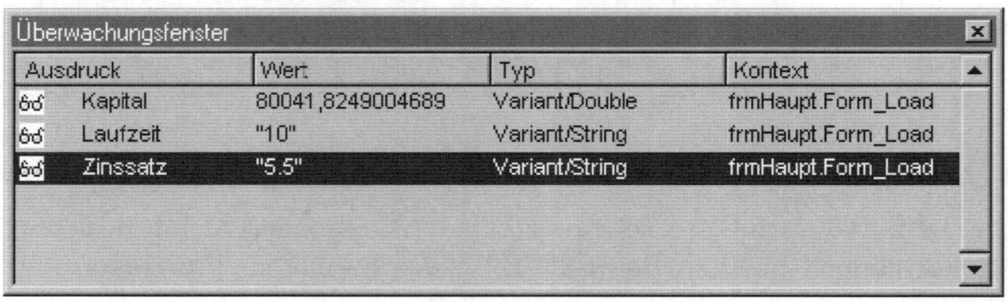

Bild 2.26: Im Überwachungsfenster werden alle zu überwachenden Ausdrücke angezeigt

Das Lokalfenster

Auch das Lokalfenster ist eher etwas für »Profis«, wenngleich seine Bedeutung schnell erklärt ist. Im Lokalfenster sehen Sie während einer Programmunterbrechung alle Ausdrücke des Programms (im aktuellen Programmkontext), was wie bei den Überwachungsausdrücken nur bei großen Programmen etwas bringt.

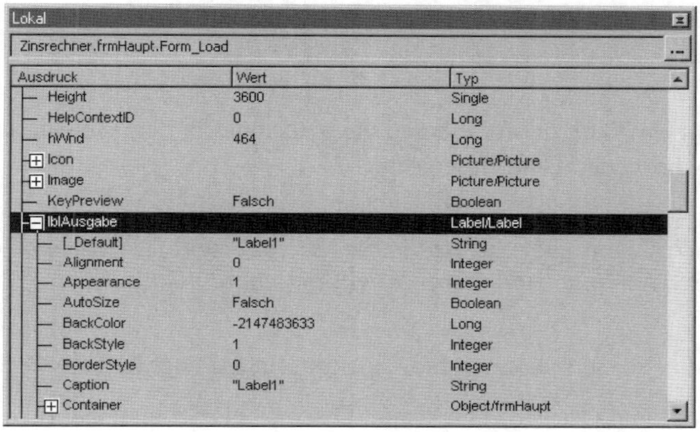

Bild 2.27: Das Lokalfenster zeigt alle aktuellen Ausdrücke in einer Baumstruktur an

Die Aufrufeliste

Einen haben wir noch. In der relativ selten benutzten Aufrufeliste werden die Namen aller Prozeduren aufgeführt, die zu dem Aufruf der aktuellen Prozedur führten. Durch die Auswahl einer Prozedur aus der Liste wird jene Programmstelle angezeigt, von der der Aufruf erfolgt ist. Dadurch können Sie besser nachvollziehen, unter welchen Bedingungen die Prozedur aufgerufen wurde. Auch diese Fehlersuchtechnik spielt bei kleinen Programmen im Allgemeinen keine Rolle.

2.4 Die Aufgabe einer Projektdatei

Ein *Projekt* ist nichts anderes als eine Datei (mit der Erweiterung *.VBP*), in der unter anderem die (Pfad-)Namen aller an einem Visual-Basic-Programm (Projekt) beteiligten Dateien enthalten sind. Außerdem enthält die Projektdatei die für das Projekt gültigen Einstellungen, wie zum Beispiel die Versionsnummer oder die Compileroptionen. Da die Visual-Basic-IDE mit mehreren Projekten gleichzeitig arbeiten kann, gibt es in diesem Fall eine Projektgruppendatei (Erweiterung *.VBG*), in der lediglich die Namen aller Projektdateien enthalten sind.

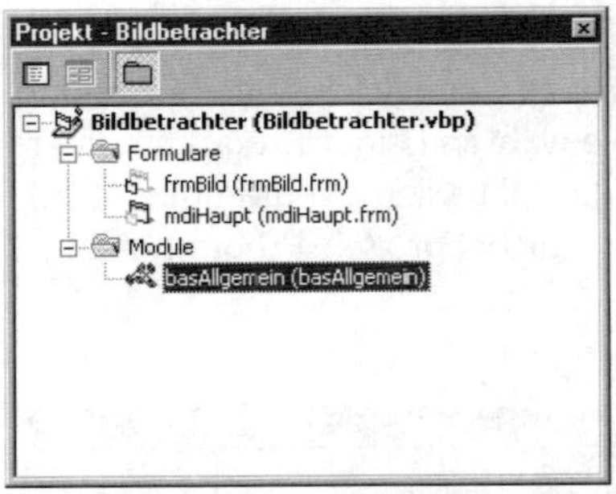

Bild 2.28: Der Projekt-Explorer zeigt alle geladenen Projekte und die zu einem Projekt gehörenden Dateien an

Im Projekt-Explorer werden die aktuell geladenen Projekte und die zu ihnen gehörenden Dateien angezeigt.

MERKSATZ

Projektdateien besitzen die Erweiterung .VBP und enthalten die Namen aller an einem Projekt beteiligten Dateien.

Mit Projekten können Sie folgende Dinge in der IDE machen:

- Ein neues Projekt anlegen. Dies ist stets der erste Schritt beim Erstellen eines neuen Visual-Basic-Programms.
- Einzelne Dateien zu einem Projekt hinzufügen. Damit besteht die Möglichkeit, bereits erstellte Module, zum Beispiel Dialogfelder, häufig zu verwenden. Genauso können Dateien auch wieder aus einem Projekt entfernt werden.
- Ein Projekt unter einem anderen Namen speichern. Damit besteht die Möglichkeit, eine neue »Version« des Projekts anzulegen, die vielleicht über zusätzliche Dateien verfügt. Da die Projektdatei nur die Namen der einzelnen Dateien enthält, hat dies auf die Dateien keinen Einfluss.
- Eine Projektgruppe anlegen und verschiedene Projekte hinzufügen.

Ein wenig gewöhnungsbedürftig ist am Anfang sicherlich, dass Ihnen Visual Basic beim Verlassen der IDE (oder bei der Kompilierung des Programms, sofern die entsprechende Option gesetzt ist) in einer Auswahlliste alle zu speichernden Dateien präsentiert. Durch Anklicken einzelner Einträge können Sie einzelne Dateien vom Abspeichern ausnehmen. Offenbar ein kleiner Fehler in der IDE ist der Umstand, dass, wenn einmal eine Projektgruppe durch Hinzufügen eines weiteren Projekts existiert, diese nicht mehr wegzubekommen ist. Selbst wenn bis auf ein Projekt alle anderen Projekte entfernt wurden, müssen Sie nach wie vor die Abspeicherung der Projektgruppe bestätigen.

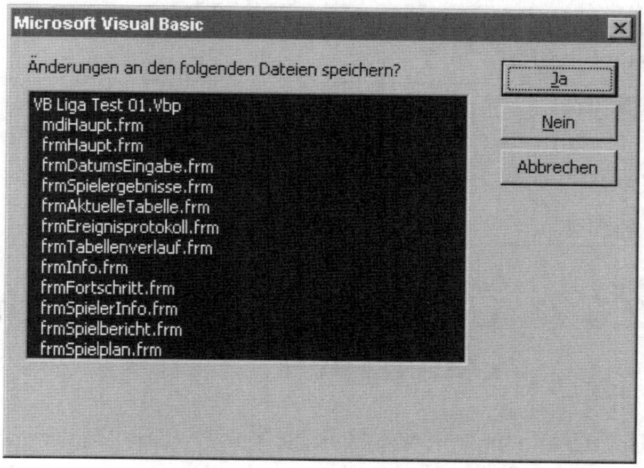

Bild 2.29: Vor dem Speichern einer Projektgruppe können einzelne Dateien selektiert werden

2.5 Nützliche Tastenkombinationen

Die IDE kann zum größten Teil auch über die Tastatur bedient werden. Die wichtigsten Tastenkombinationen, die man grundsätzlich kennen sollte, sind in Tabelle 2.3 aufgeführt.

Tabelle 2.1: Nützliche Tastenkombinationen der IDE

Tasten-kombination	**Bedeutung**
Strg S	Speichert das aktuelle Modul unter dem festgelegten Namen.
Strg N	Fügt ein neues Projekt zur Projektgruppe hinzu.
Strg O	Öffnet ein bereits vorhandenes Projekt.
Strg P	Druckt den Inhalt des aktuellen Moduls aus.
Strg Q	Beendet die IDE.
Strg F	Öffnet das Suchen-Dialogfeld.
Strg H	Öffnet das Ersetzen-Dialogfeld.
F2	Zeigt den Objektkatalog an.
F4	Zeigt das Eigenschaftsfenster an.
F5	Startet das aktuelle Projekt.
Strg F5	Übersetzt das komplette Projekt und startet es.
F7	Zeigt das Codefenster an.
⇧ F7	Schaltet vom Codefenster auf das dazugehörige Formular um.
F8	Startet das aktuelle Projekt im Einzelschrittmodus.
Strg E	Öffnet den Menü-Editor, wenn ein Formular selektiert ist.

Tasten-kombination	Bedeutung
Strg T	Zeigt die Komponentenliste an, damit neue Komponenten in die Werkzeugsammlung aufgenommen werden können.
Strg D	Fügt eine weitere Datei zum aktuellen Projekt hinzu.
Strg G	Öffnet das Direktfenster

2.6 Übersicht über die verschiedenen Dateitypen

Beim Arbeiten mit Visual Basic spielen eine Reihe unterschiedlicher Dateitypen eine Rolle. Auch wenn man im Allgemeinen nicht direkt mit Dateien arbeitet, ist es dennoch gut, die einzelnen Erweiterungen zu kennen, denn um die Dateien anhand ihrer kleinen Symboldateien im Explorer erkennen zu können, ist ein scharfes Auge und die Mustererkennungsfähigkeit eines Parallelrechners erforderlich.

Tabelle 2.4: Übersicht über die verschiedenen Dateitypen

Dateityp	Bedeutung	Erweiterung
Modul	Enthält den Programmcode eines allgemeinen Moduls.	*.BAS*
Klasse	Enthält den Programmcode eines Klassenmoduls. Außerdem werden hier die Attribute des Klassenmoduls, wie zum Beispiel die Instancing-Eigenschaft, gespeichert.	*.CLS*
Formular	Enthält eine textuelle Beschreibung aller Eigenschaften des Formulars und seiner Steuerelemente, die von den Voreinstellungen abweichen. Außerdem werden hier die Attribute des Moduls gespeichert.	*.FRM*
Formular-Zusatzdatei	Enthält die binären Komponenten eines Formulars, wie zum Beispiel Bitmaps, die sich nicht textuell abspeichern lassen (die sog. Stash-Dateien).	*.FRX*
Protokolldatei	Enthält Fehlermeldungen beim Laden eines Projekts.	*.LOG*
Komponenten-Hilfsdatei	Wird für die Ausführung einer Komponente in der IDE für die Zwischenspeicherung benötigt.	*.OCA*
Komponente	Enthält den binären Programmcode einer Komponente.	*.OCX*
Ressource-datei	Enthält in binärer Form so genannte Ressourcen, wie zum Beispiel Bitmaps, Strings oder auch den Aufbau eines Menüs (letzteres wird bei Visual Basic allerdings nicht benutzt). Ressourcedateien werden mit einem Ressourcen-Editor erstellt und mit dem Ressourcen-Compiler angelegt.	*.RES*

Dateityp	Bedeutung	Erweiterung
Lizenzdatei	Enthält die Lizenz, eine Komponente in der IDE benutzen zu dürfen.	*.VBL*
Projektdatei	Enthält die Namen aller zu einem Projekt gehörenden Dateien sowie die Eigenschaften des Projekts. Spielt die Rolle der MAK-Dateien bei Visual Basic 3.	*.VBP*
Designer	Enthält den binären Programmcode eines zusätzlich hinzugeladenen Designers.	*.DSR*

2.7 Wichtige Arbeitsschritte mit der IDE

Im Folgenden werden die wichtigsten Arbeitsschritte kurz vorgestellt, die zur täglichen Praxis eines Visual-Basic-Programmierers gehören.

2.7.1 Das Abspeichern eines Visual-Basic-Programms

Am Anfang denkt man noch nicht an lästige Formalismen, zu groß ist wahrscheinlich die Euphorie, die ein Werkzeug wie Visual Basic eröffnet. Doch irgendwann kommt die Stunde der Wahrheit und man muss sich damit beschäftigen, auf welche Weise man Visual-Basic-Projekte und die darin enthaltenen Dateien speichert. Ideal wäre es natürlich, wenn sich Visual Basic um alles selber kümmert und bei jedem Programmstart alle geänderten Dateien eines Projekts abspeichert. Nun, das können Sie haben, indem Sie die Option »Änderungen speichern« in der Registerkarte »Allgemein« der IDE-Optionen setzen (mir persönlich ist die Option »Speichern der Änderungen bestätigen« lieber, sodass ich das Abspeichern der Dateien einzeln bestätigen muss – nicht immer sollen die durchgeführten Änderungen in die Datei übernommen werden).

Doch entbindet dieser Komfort nicht von der Aufgabe, sinnvolle Namen für die einzelnen Dateien zu vergeben. Folgende Dinge gilt es beim Abspeichern eines Projekts zu berücksichtigen:

- Die Projektdatei und alle am Projekt beteiligten Dateien werden einzeln abgespeichert.
- Für den Namen der Datei schlägt Visual Basic beim ersten Abspeichern den aktuellen Projekt- bzw. Modulnamen vor. Diesen Namen sollten Sie auf keinen Fall übernehmen. So macht es sich nicht nur nicht gut, wenn ein Projekt »Projekt1« heißt, es besteht auch die Gefahr, dass dieses Projekt beim nächsten Mal versehentlich überschrieben wird.
- Speichern Sie Formulare nie unter dem Vorgabenamen »Form1« ab (am Anfang wird es sicherlich das eine oder andere Mal passieren).

- Vergeben Sie einen sinnvollen Namen für die Projektdatei, sodass Sie bereits anhand des Namens auf den Inhalt schließen können.
- Stellen Sie bei Modulen einen Präfix für den jeweiligen Modultyp voran (zum Beispiel »frmHaupt Sinuskurven zeichnen – Version 1« für das Startformular des Programms).
- Nutzen Sie den Umstand, dass ein Dateiname bis zu 255 Zeichen und Leerzeichen enthalten kann, machen Sie die Dateinamen aber nicht zu lang. Ein Nachteil des Projekt-Explorers, der alle Dateinamen auflistet, ist, dass die Namen nicht vollständig angezeigt werden. Besitzen die Dateinamen stets den gleichen Anfang, können Sie die Dateien im Projekt-Explorer nur schwer unterscheiden.
- Speichern Sie alle Ihre Beispielprogramme im gleichen Verzeichnis. Sie finden sie so leichter wieder und werden beim Abspeichern auf eventuelle Namenskonflikte hingewiesen.
- Nutzen Sie die von Visual Basic gebotene Möglichkeit, beim Öffnen eines Projekts dieses aus der Liste der zuletzt bearbeiteten Projekte auswählen zu können.

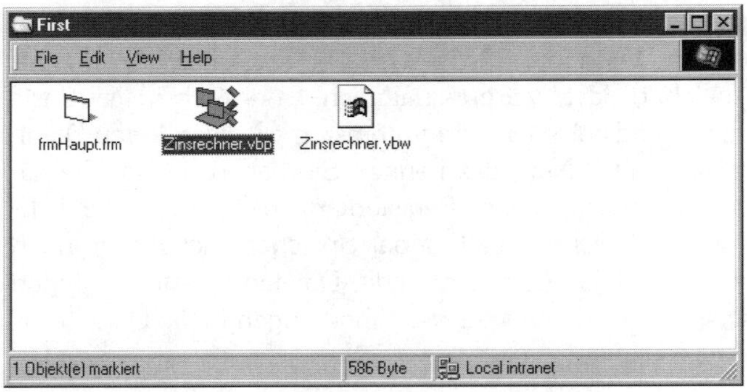

Bild 2.30: Der Explorer zeigt die gespeicherten Programmdateien an und macht deutlich, dass es sich beim Projekt und beim Formular um zwei separate Dateien handelt

2.7.2 Das Starten, Unterbrechen und Beenden eines Visual-Basic-Programms

Die Visual-Basic-IDE befindet sich zu jedem Zeitpunkt in einem von insgesamt drei Modi:

- Im Entwurfsmodus
- Im Ausführenmodus
- Im Haltemodus

Welcher Modus gerade aktiv ist, erkennen Sie an der Titelleiste, die, neben dem Namen des aktiven Projekts, auch den Zustand der IDE anzeigt. Im Entwurfsmodus werden die Programmbefehle eingetippt und die Steuerelemente auf dem Formulardesigner angeordnet. Wird das Programm gestartet, geht die IDE in den Ausführenmodus über. In diesem Modus steht zum Beispiel das Eigenschaftsfenster nicht zur Verfügung. Auch kann es passieren, dass das Formular scheinbar verschwunden ist. In diesem Fall müssen Sie die IDE verkleinern, um an das Formular heranzukommen. Dies gehört zu den wenigen ungünstigen Eigenschaften der IDE. Eine andere ist, dass Projekt-Explorer und Eigenschaftsfenster scheinbar unsichtbar werden können. In diesem Fall sind beide Fenster lediglich so weit an den rechten Bildschirmrand geraten, dass nur noch ein kleiner Spalt zu sehen ist. Schließlich kennt die IDE noch den Haltemodus, der immer dann eintritt, wenn die Programmausführung über die Symbolschaltfläche oder die Tastenkombination [Strg][Pause] unterbrochen wurde. Im Haltemodus hält das Programm so lange an, bis es entweder über die Symbolschaltfläche oder die [F5]-Taste fortgesetzt oder beendet wird. Im Haltemodus können Sie

- im Direktfenster die Werte von Variablen oder Eigenschaften anzeigen,
- im Direktfenster Befehle ausführen,
- Änderungen am Programm durchführen,
- die Programmausführung über die [F8]-Taste im Einzelschrittmodus fortsetzen.

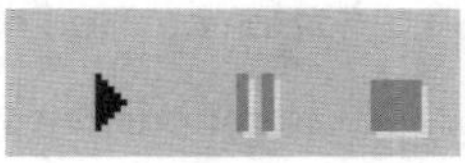

Bild 2.31: Über diese Symbolschaltflächen der Symbolleiste wird das aktuelle Projekt gestartet, angehalten oder beendet

Um ein Programm zu starten, genügt es im Allgemeinen, die [F5]-Taste zu drücken. Allerdings gibt es eine wichtige Eigenheit zu beachten. Ist die Option »Bei Bedarf« im Registerdialogfeld »Allgemein« der IDE-Optionen gesetzt, führt das Drücken der [F5]-Taste dazu, dass nur ein Teil des Programms (in Zwischencode) übersetzt wird. Zwar wird das Programm dadurch relativ schnell gestartet, ein Nachteil ist jedoch, dass nicht alle Programmfehler angezeigt werden. Möchten Sie daher vermeiden, dass während der Programmausführung unter Umständen nicht deklarierte Variablen beanstandet werden, müssen Sie das Programm stattdessen mit [Strg][F5] starten.

MERKSATZ

Der Programmstart über die Tastenkombination [Strg][F5] führt dazu, dass das komplette Programm übersetzt wird.

2.7.3 Das Ausdrucken eines Visual-Basic-Programms

Hin und wieder möchte man ein Programm auch in Papierform vorliegen haben, etwa um es zu archivieren oder um es zur Fehlersuche mit an den Strand zu nehmen. Beim Ausdrucken über das Menükommando DATEI | DRUCKEN werden Sie aber eine kleine Überraschung erleben. Es ist gar nicht so einfach, sich ein komplettes Programmlisting anzufertigen. Folgende Optionen stehen zur Auswahl:

- Der aktuelle markierte Bereich, das aktuelle Modell oder das aktuelle Projekt soll ausgedruckt werden.
- Ein Formular soll als Bild (allerdings gerastert, das heißt sehr grobkörnig) oder in Textform (das heißt der Textinhalt der FRM-Datei) ausgegeben werden oder es soll lediglich der Programmcode ausgegeben werden.

2.8 Der allgemeine Aufbau eines Visual-Basic-Programms

Bereits der letzte Abschnitt hat es deutlich gemacht, ein Visual-Basic-Programm ist kein zusammenhängender Block von Befehlen, die der Reihe nach abgearbeitet werden. Ein Visual-Basic-Programm ist vielmehr ein Projekt, das aus verschiedenen Programmodulen bestehen kann:

- Formulare (Erweiterung *.FRM*)
- Allgemeine Module (Erweiterung *.BAS*)
- Klassenmodule (Erweiterung *.CLS*)
- Ressourcedateien (Erweiterung *.RES*)
- Komponenten (Erweiterung *.OCX*)
- Designer (Erweiterung *.DSR*)

Welche Module ein Projekt umfasst, hängt ganz ausschließlich von der Art des Programms ab. Das »einfachste Visual-Basic-Programm der Welt«, das lediglich einen Satz ausgibt, besteht aus einem allgemeinen Modul, das in seiner *Main*-Prozedur die *Msgbox*-Funktion aufruft. Sobald das Programm eine Benutzeroberfläche besitzt, kommen eines oder mehrere Formulare hinzu. Arbeitet das Programm mit Klassen oder handelt es sich um eine Komponente, werden Klassenmodule benötigt. Relativ selten wird von der Möglichkeit Gebrauch gemacht, über Ressourcendateien externe Ressourcen einbinden zu können. Eine Ressource ist eine Bitmap, eine Zeichenkette oder etwas anderes, das nicht Teil des Programms ist und daher relativ einfach ausgetauscht werden kann. Ressourcen werden mit dem Visual-Basic-Ressource-Editor erstellt, der als Add-In innerhalb der IDE zur Verfügung steht und über den Menübefehl ADD-INS | ADD-IN MANAGER geladen wird.

Schließlich kann jedes Programm mit Komponenten arbeiten. Diese werden allerdings nicht als Module in das Projekt geladen, stattdessen enthält die Projektdatei lediglich eine Referenz auf das Steuerelement.

Werfen Sie einen Blick in die Projektdatei *FIRST.VBP* (zum Beispiel mit dem Windows-Editor). Sie werden feststellen, dass die Projektdatei neben den Namen der am Projekt beteiligten Dateien, den Referenzen der in das Projekt eingebundenen Typenbibliotheken und Komponenten die Einstellungen aller Projektoptionen enthält.

2.8.1 Der allgemeine Aufbau eines Moduls

Damit wäre der Aufbau einer Projektdatei geklärt. Jetzt müssen Sie noch wissen, wie ein Formular, ein allgemeines Modul und eine Klasse, das heißt die drei Modultypen, die Programmbefehle enthalten können, aufgebaut sind. Zum Glück ist diese Frage einfach und pauschal zu beantworten. Jedes Modul besteht aus:

- Einem Deklarationsteil
- Einem Prozedurteil

Jedes Modul besitzt einen Deklarationsteil, der Variablendeklarationen, Typendeklarationen (über den *Type*-Befehl) und externe Funktionsdeklarationen (über den *Declare*-Befehl, etwa für API-Aufrufe) enthalten kann. Um den Deklarationsteil sehen zu können, müssen Sie im Programmcodefenster aus der linken Auswahlliste den Eintrag »Allgemein« und in der rechten Auswahlliste den Eintrag »Deklarationen« wählen.

ACHTUNG

Der Deklarationsteil eines Moduls kann keine Befehle enthalten. Typen- und Funktionsdeklarationen in einem Formularmodul muss ein *Private*-Befehl vorausgehen. Das bedeutet, dass sie nur in diesem Modul und nicht von anderen Modulen aus angesprochen werden können.

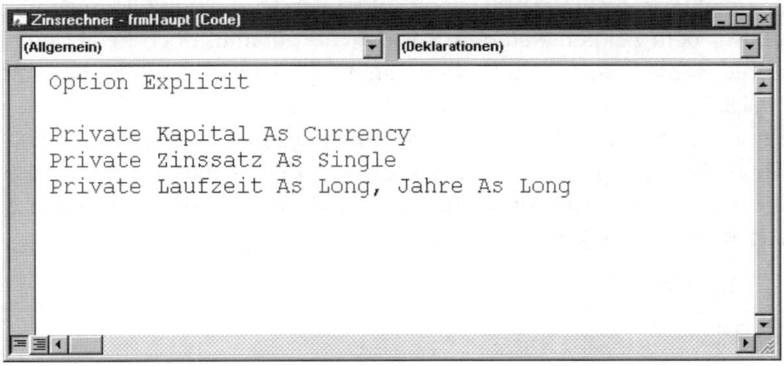

Bild 2.32: Im Deklarationsteil eines Moduls werden alle Variablen deklariert

Während der Deklarationsteil nur Deklarationen enthält, werden alle Prozeduren und Funktionen im Prozeduranteil untergebracht. Bei den Prozeduren wird noch einmal zwischen allgemeinen Prozeduren und Funktionen und Ereignisprozeduren unterschieden.

HINWEIS

Sie können den Visual-Basic-Editor – so wird jenes Fenster genannt, in dem Sie die Programmbefehle eingeben und bearbeiten – durch Anklicken eines der beiden Symbole in der linken unteren Ecke des Programmcodefensters so einstellen, dass im Fenster nur jeweils eine Prozedur (Prozeduransicht) oder alle Prozeduren auf einmal (vollständige Modulansicht) angezeigt werden. Für welche Variante Sie sich entscheiden, ist Geschmackssache. Zum Kennenlernen ist es sicherlich besser und übersichtlicher, wenn alle Deklarationen und Prozeduren des Moduls gemeinsam angezeigt werden.

Streng genommen ist es nicht erforderlich, zwischen dem Deklarationsteil und dem Prozedurteil zu unterscheiden, denn beide sind Teil des Moduls. Die Unterscheidung ist nur für das Kennenlernen von Bedeutung, denn am Anfang ist es ein wenig irritierend, dass etwa ein Befehl nicht Teil des Deklarationteils sein darf. Noch irritierender ist es zum Beispiel, dass es für den Gültigkeitsbereich einer über den *Public*-Befehl deklarierten Variablen eine Rolle spielt, ob der Befehl im Deklarationsteil eines Formulars, einer Klasse oder eines allgemeinen Moduls aufgeführt wurde. Mehr zu diesem Thema in Kapitel 7.4.

2.9 Der Compiler

Die Aufgabe eines *Compilers* (dieser Begriff leitet sich von dem englischen Verb »to compile« ab, was soviel wie »Zusammenbauen« bedeutet) ist es, aus dem Programmtext (auch Programmcode genannt), das heißt aus den von Ihnen eingegebenen Befehlen, ein ausführbares Programm zu machen. Auch Visual Basic verfügt über einen schönen Compiler, der über das Menükommando DATEI | EXE-DATEI ERSTELLEN aufgerufen wird. (Sie können den Compiler zu jedem Zeitpunkt starten; sollte das Programm noch Fehler enthalten, werden diese genau wie beim Drücken der [F5]-Taste angezeigt.) Es erscheint ein Dialogfeld, in dem Sie nur noch den Namen der EXE-Datei eintragen oder den voreingestellten Namen übernehmen müssen. Das Ergebnis ist eine EXE-Datei, die Sie jederzeit unabhängig von der Entwicklungsumgebung ausführen können. Der Visual-Basic-Compiler bietet Ihnen zwei verschiedene Sorten von »Compilaten« an:

- Maschinencode
- P-Code

Maschinencode besteht ausschließlich aus Maschinenbefehlen, die direkt vom Prozessor ausgeführt werden können. *P-Code* ist dagegen ein Zwischencode, der nicht vom Prozessor, sondern von der Laufzeitbibliothek ausgeführt wird. Unabhängig davon, ob eine Visual-Basic-EXE-Datei in Maschinencode oder P-Code übersetzt wurde, kann sie nur dann ausgeführt werden, wenn auf dem System die Datei *MSVBVM60.DLL* vorhanden ist. Diese Datei wird auch als *Laufzeitbibliothek* bezeichnet, da sie Routinen enthält, die eine Visual-Basic-EXE-Datei für die Ausführung (das heißt zur Laufzeit) benötigt. Sie haben also die Wahl zwischen Maschinencode und P-Code. Im Allgemeinen gilt Maschinencode als die schnellere Variante, allerdings dürften Sie bei den meisten kleineren Programmen keine Unterschiede feststellen. Am besten ist es daher, wenn Sie beide Varianten ausprobieren und die Ausführungsgeschwindigkeit einzelner Programmteile über die *Timer*-Funktion von Visual Basic messen.

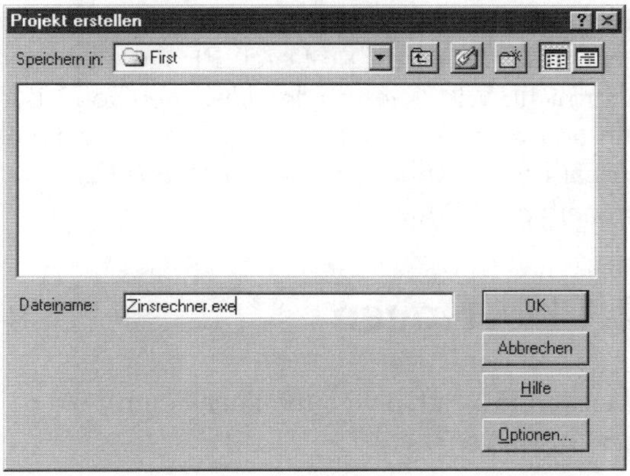

Bild 2.33: In diesem Dialogfeld wird der Name der zu erstellenden EXE-Datei eingestellt

Falls Sie sich für Maschinencode entscheiden, können Sie in den Compileroptionen, die durch Anklicken der OPTIONEN-Schaltfläche aufgerufen werden, vom Compiler wahlweise möglichst schnellen oder möglichst kleinen Programmcode generieren lassen. Auch hier sollten Sie einfach einmal beide Varianten ausprobieren, denn welches die bessere Wahl ist, ist von Fall zu Fall verschieden. So kann in einigen Fällen die kompaktere Variante gleichzeitig auch die schnellere sein. Darüber hinaus können Sie über die Schaltfläche WEITERE OPTIMIERUNGEN sechs spezielle Optimierungsvarianten einstellen, die allerdings nur sehr selten benötigt und daher in diesem Buch auch nicht erklärt werden.

Da Sie aus allen Ihren Visual-Basic-Programmen sowie aus allen Beispielprogrammen des Buches über das Menükommando DATEI | EXE-DATEI ERSTELLEN jederzeit EXE-Dateien machen können, wird darauf im weiteren Verlauf des Buches nicht mehr extra hingewiesen.

ACHTUNG

Auch wenn Visual Basic 6.0 nicht nur den Compiler, sondern auch den Linker von Visual C++ 6.0 ausgeborgt hat, ist es offiziell nicht möglich, Objektdateien in eine Visual-Basic-EXE einzulinken. Sollen zwei Visual-Basic-Programme miteinander kommunizieren, muss dies über *Automation* geschehen. Automation bedeutet, dass ein Visual-Basic-Programm Objekte, die sich in einem anderen (Visual-Basic-)Programm befinden, so ansprechen kann, als wären diese in dem eigenen Programm enthalten.

2.10 Zusammenfassung

Im Mittelpunkt der Visual-Basic-Programmierung steht die Entwicklungsumgebung, kurz IDE. Die IDE ist das Programm, das nach dem Aufruf von Visual Basic gestartet wird. In der IDE geben Sie Programmcode ein, stellen die Benutzeroberfläche durch Anordnen von Steuerelementen auf einem Formular ein, testen Programmcode und kompilieren ihn gegebenenfalls in eine unabhängig ausführbare EXE-Datei. Richtig unabhängig sind diese EXE-Dateien aber nicht. Wie schon zu den Ur-Zeiten von Visual Basic 1, wird für die Ausführung einer Visual-Basic-EXE-Datei eine Laufzeitbibliothek benötigt. Bei Visual Basic 6.0 heißt sie *MSVBVM60.DLL* und besitzt einen Umfang von immerhin 1,3 Mbyte.

2.11 Fragen

Frage 1 Welchen Projekttyp wird man nach dem Start von Visual Basic im Allgemeinen auswählen?

Frage 2 Warum sollte man unbedingt in der IDE die Option »Variablendeklaration erforderlich« setzen?

Frage 3 Welche Aufgabe besitzt das Direktfenster? Wann steht es nicht zur Verfügung?

Frage 4 Ist es möglich, während einer Programmunterbrechung Änderungen am Programm durchzuführen?

Frage 5 Ist es möglich, dass Befehle auch außerhalb einer Prozedur oder Funktion aufgeführt werden können?

Frage 6 Welche Aufgabe besitzt die Projektdatei? Enthält sie ausführbare Programmbefehle?

Frage 7 Wie heißen die drei Modultypen, die ausführbare Programmbefehle enthalten können?

Wozu wird bei Visual Basic der Compiler benötigt? Welcher Unterschied besteht zwischen P-Code und Maschinencode? *Frage 8*

Die Auflösungen zu den Fragen finden Sie in Anhang C.

2.12 Aufgaben

Aufgabe 1 Erweitern Sie den Idealgewichtrechner aus Beispiel 2.2 so, dass dieser nicht mit einem Fehler abbricht, wenn der Benutzer vor dem Anklicken der Befehlsschaltfläche vergessen hat, eine Größe einzugeben. Stattdessen soll ein entsprechender Hinweis erscheinen, der über die *Msgbox*-Funktion ausgegeben wird. Sie müssen dazu unmittelbar vor der Ausführung des Befehls

```
intGroesse = txtGroesse.Text
```

über den *If*-Befehl prüfen, ob die *Text*-Eigenschaft einen so genannten Leerstring (also nichts) enthält. Hier eine kleine Hilfestellung:

```
If txtGroesse.Text = "" Then
    Msgbox Prompt:= "Bitte eine Groesse eingeben"
    Exit Sub
End If
```

Der *Exit Sub*-Befehl sorgt dafür, dass die Prozedur verlassen wird. Diese Befehle lernen Sie in Kapitel 4 ausführlich kennen.

Aufgabe 2 Ändern Sie den Idealgewichtrechner aus Beispiel 2.2 so ab, dass dieser einen Hinweis ausgibt, wenn für die Größe ein »unsinniger« Wert (also ein Wert kleiner 0 oder ein Wert größer 300) eingegeben wurde. Auch dazu benötigen Sie einen *If*-Befehl, der unmittelbar vor Ausführung des Befehls

```
intGroesse = txtGroesse.Text
```

eingebaut wird, nur dass Sie diesmal über den *Or*-Operator zwei Vergleiche kombinieren müssen:

```
If intGroesse <= 0 Or intGroesse > 300 Then
   Msgbox Prompt:= "Bitte einen vernünftigen Wert eingeben"
   Exit Sub
End If
```

Diese Befehle lernen Sie in Kapitel 4 ausführlich kennen.

Aufgabe 3 Schalten Sie die IDE vom voreingestellten MDI-Modus in den alternativen SDI-Modus (die Einstellung finden Sie in den Optionen der IDE). Im »Single Document Mode« (SDI) sind die einzelnen Fenster voneinander unabhängig. Urteilen Sie selber, welche Variante Ihnen besser gefällt.

Aufgabe 4 Laden Sie das erste Beispielprogramm aus Kapitel 2.2 und speichern Sie das Formular unter einem neuen Namen ab. Wo wird dieser Name in der IDE angezeigt? Liegt das Formular nun in einfacher oder zweifacher Ausfertigung vor? Was passiert mit dem alten Formular? Beenden Sie die IDE. Werden Sie gefragt, ob Sie die Projektdatei speichern möchten? Wenn ja, warum?

Lösungsvorschläge zu diesen Aufgaben finden Sie auf der Buch-CD im Verzeichnis \Buch. Die jeweils aktuellsten Versionen werden auf der Webseite angeboten (die Adresse finden Sie auf Seite 27).

Kapitel 3

jetzt lerne ich

Die ersten Schritte

Zu einem Windows-Programm gehört eine *Benutzeroberfläche* (auch wenn es Ausnahmen gibt). Bei Visual Basic besteht die Benutzeroberfläche aus einem oder mehreren Formularen, auf denen Steuerelemente für die Ein- und Ausgabe von Text, das Einstellen von Optionen, die Auswahl aus einer Liste und für viele andere Dinge angeordnet werden. Steuerelemente und Formulare werden auch als *Komponenten* bezeichnet. Eine Komponente ist allgemein ein Software-Baustein, der über Eigenschaften, Methoden und Ereignisse angesprochen werden kann. Alle Steuerelemente stehen in der Werkzeugsammlung zur Verfügung. Die Werkzeugsammlung besitzt eine wichtige Eigenschaft. Sie ist erweiterbar, sodass zu den »fest eingebauten« Steuerelementen jederzeit zusätzliche Komponenten hinzugefügt werden können. Übrigens gibt es eine Werkzeugsammlung nicht nur bei Visual Basic, sondern zum Beispiel auch bei Office '97. Da Komponenten grundsätzlich austauschbar sind, können Sie die Steuerelemente aus Office '97 zum Beispiel in die Visual-Basic-Werkzeugsammlung laden oder Benutzerformulare in Visual Basic erstellen, die in Office zum Einsatz kommen können.

Sie lernen in diesem Kapitel etwas über:

- Die Werkzeugsammlung und die wichtigsten Steuerelemente
- Das Formular
- Die Rolle der Ereignisse
- Das »geheimnisvolle« Twip
- Die Eingabe von Text

- Die Ausgabe von Text
- Das Auslösen von Aktionen
- Das Anzeigen von Bildern
- Ein Zinsrechner
- Ein Zahlenratespiel

3.1 Kurzer Überblick über die Werkzeugsammlung

Die Werkzeugsammlung wurde bereits in Kapitel 2.3 kurz vorgestellt. Sie enthält alle Steuerelemente (Komponenten), die Sie auf einem Formular anordnen können. Jene Steuerelemente, die Sie nach dem Anlegen eines neuen Projekts in der Werkzeugsammlung sehen, sind »fest eingebaut« (das heißt, sie können nicht entfernt werden). Über das Menükommando PROJEKT | KOMPONENTEN können Sie jederzeit neue Steuerelemente in die Werkzeugsammlung laden. Diese müssen sich in Gestalt einer OCX-Datei auf Ihrem PC befinden. Der Umstand, dass sich Steuerelemente in der Werkzeugsammlung befinden, bedeutet noch nicht, dass diese Teil Ihres Programms sind. Dazu muss ein Steuerelement erst auf einem Formular angeordnet werden (das Formular spielt die Rolle eines »Containers« für das Steuerelement). Die fest eingebauten Steuerelemente der Werkzeugsammlung werden automatisch in die EXE-Datei übernommen, die zusätzlich hinzugeladenen Steuerelemente liegen dagegen weiterhin als separate OCX-Dateien vor, die zusammen mit der EXE-Datei »ausgeliefert« werden müssen.

Auch wenn Steuerelemente universelle Bausteine sind, besitzt jedes Steuerelement eine Aufgabe, für die es besonders gut geeignet ist. Mit zunehmender Erfahrung werden Sie die Vor- und Nachteile der einzelnen Steuerelemente im Detail kennen und sich vielleicht sogar neue Steuerelemente (etwa im Web) besorgen, die eine Aufgabe etwas besser lösen. Wenn Sie die Herausforderung reizt oder weil Sie keine Alternative gefunden haben, können Sie Steuerelemente auch in Visual Basic programmieren. Das ist zwar nicht besonders schwierig, kommt aber für jemanden, der Visual Basic gerade erst kennen lernt, noch nicht in Frage.

Anstelle langatmiger Erläuterungen enthält Tabelle 3.1 eine Übersicht der »wichtigsten« Steuerelemente der Werkzeugsammmlung. Einige von ihnen werden bereits in diesem Kapitel, die übrigen in den folgenden Kapiteln vorgestellt. Eine vollständige Beschreibung aller Steuerelemente enthält dieses Buch aber nicht. In diesem Zusammenhang sei noch einmal auf die Visual-Basic-Hilfe verwiesen, in der alle Steuerelemente, ihre Eigenschaften, Methoden und Ereignisse ausführlich (wenn auch nicht immer auf Anhieb verständlich) vorgestellt werden.

Tabelle 3.1: Die wichtigsten Steuerelemente der Werkzeugsammlung und ihre Bedeutung

Symbol	**Steuerelement**	**Wofür ist es da?**
	Schaltfläche	Auslösen von Aktionen.
	Bezeichnungsfeld	Ausgabe kurzer Texte, Beschriften anderer Steuerelemente.
	Textfeld	Ein- und Ausgabe von Text, der auch mehrzeilig sein kann.
	Bildfeld	Anzeige von Bildern oder Ausgabe von Text und Grafik.
	Anzeige	Nur Anzeige von Bildern.
	Optionsfeld	Auswahl von sich gegenseitig ausschließenden Optionen.
	Kontrollkästchen	Auswahl von Optionen.
	Listenfeld	Auswahl von Textelementen aus einer Liste.
	Kombinationsfeld	Kombiniertes Text- und Listenfeld.
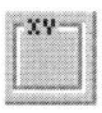	Rahmen	Optische Zuordnung von Steuerelementen und Gruppierung von Optionsfeldern.

3.2 Anordnen von Steuerelementen auf dem Formular

Um mit einem Steuerelement arbeiten zu können, müssen Sie es von der Werkzeugsammlung auf ein Formular übertragen. Führen Sie dazu folgende Schritte aus:

1. Selektieren Sie das Steuerelement in der Werkzeugsammlung, indem Sie das Symbol einfach anklicken und die Maustaste anschließend wieder loslassen.
2. Bewegen Sie den Mauszeiger auf das Formular (er nimmt die Form eines Kreuzes an) an jene Position, an der sich die linke obere Ecke des Steuerelements befinden soll.

3. Drücken Sie die linke Maustaste und spannen Sie das Steuerelement in der gewünschten Größe auf (das erfordert ein wenig Übung).

4. Lassen Sie die Maustaste wieder los. Das Steuerelement wurde auf dem Formular (genauer gesagt, auf dem Formulardesigner) angeordnet und ist nun ein Teil des Formulars.

Das Anordnen eines Steuerelements ist zwar nicht schwierig, bedarf am Anfang aber einiger Übung. Sie werden feststellen, dass es gar nicht so einfach ist, ein Steuerelement genau dahin zu bekommen, wo es hin soll. Zwar spielt die Position eines Steuerelements für die Programmausführung keine Rolle, doch möchte man im Allgemeinen die einzelnen Bedienelemente »ordentlich« anordnen. Zwei Dinge sollten Sie dabei wissen:

1. Sie können Größe und Position eines Steuerelements jederzeit ändern. Entweder mit der Maus oder, wenn es genau sein soll, über die Eigenschaften *Height* (Höhe), *Width* (Breite), *Left* (Abstand der linken oberen Ecke vom linken Rand) und *Top* (Abstand der linken oberen Ecke vom oberen Rand).

2. Im FORMAT-Menü stehen eine Reihe von Kommandos zur Auswahl, mit denen sich mehrere Steuerelemente relativ zueinander positionieren oder in der Größe anpassen lassen.

Bild 3.1: In der Symbolleiste der IDE werden Position und Größe des aktuell selektierten Steuerelements in Twip angezeigt

3.2.1 Steuerelemente besitzen Eigenschaften

Jedes Steuerelement, das werden Sie in den folgenden Abschnitten noch öfter lesen, besitzt eine Reihe von Eigenschaften. Sie heißen zum Beispiel *Name*, *BorderStyle*, *Caption*, *Left* oder *Top*. Eigenschaften sind dazu da, das Aussehen und das Verhalten eines Steuerelements ein wenig ändern zu können. Möchten Sie, dass ein Steuerelement eine andere Farbe besitzt, ändern Sie die *Backcolor*-Eigenschaft. Soll ein Listenfeld alle Einträge sortiert anzeigen? Kein Problem, ändern Sie dazu die *Sorted*-Eigenschaft. Sobald ein Steuerelement auf einem Formular angeordnet wurde, erhalten alle seine (zur Entwurfszeit einstellbaren) Eigenschaften einen festgelegten Wert. Diesen Wert können Sie nachträglich ändern (Sie müssen es allerdings nicht). Dazu ist das Eigenschaftsfenster (engl. »property window«) da, das Sie jederzeit (solange das Programm noch nicht läuft) über die [F4]-Taste öffnen (sollte es trotzdem nicht erscheinen, liegt es daran, dass es aus irgendeinem Grund an den rechten Rand verschoben wurde).

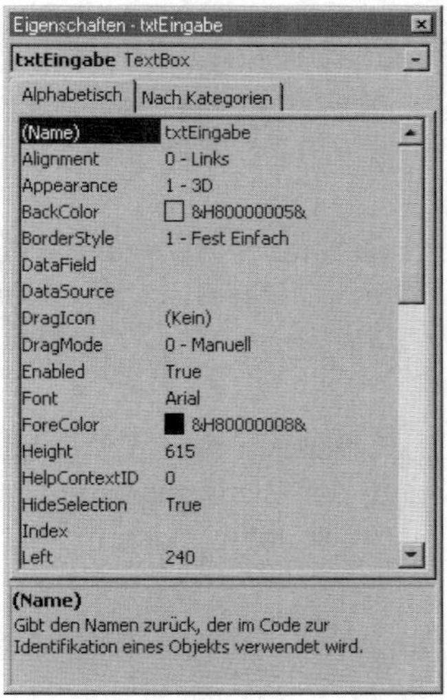

Bild 3.2: Im Eigenschaftsfenster erhalten die zur Entwurfszeit einstellbaren Eigenschaften eines Steuerelements oder Formulars neue Werte

Muss ich denn die Eigenschaften eines Steuerelements überhaupt ändern? Das hängt von Ihnen und von der jeweiligen Situation ab und kann daher nicht pauschal beantwortet werden. Mit zunehmender Erfahrung als Visual-Basic-Programmierer wissen Sie automatisch, welche Eigenschaften bereits zur Entwurfszeit und welche erst während der Programmausführung neue Werte erhalten.

3.2.2 Ein Wort zu den Namenskonventionen

Eine Eigenschaft sollten Sie jedoch in jedem Fall ändern, sobald das Steuerelement auf dem Formular angeordnet wurde: die *Name*-Eigenschaft. Diese Eigenschaft bestimmt den Namen des Steuerelements, über den es im Programm angesprochen wird. Warum soll ich diesen Namen ändern? Ein Steuerelement besitzt doch automatisch einen Namen. Das ist richtig, doch verwendet Visual Basic sehr einfallslose Namen. So erhält das erste Formular stets den Namen »Form1«, ordnen Sie eine Schaltfläche auf dem Formular an, wird es »Command1« genannt, ein Bezeichnungsfeld erhält den Namen »Label1« usw. Diese Namen müssen geändert werden, da sie absolut aussagelos sind und keinerlei Informationen über die spezielle Aufgabe des jeweiligen Steuerelements geben. Ändern Sie die Namen aber nicht beliebig, denn es gibt so genannte *Namenskonventionen*, an die Sie sich halten »müssen«. Diese Konventionen besagen, dass jedem Steuerelementnamen (allgemein jedem Komponentennamen) ein aus mehreren Buchstaben bestehender Präfix vorausgehen muss. So nennt man eine Schaltfläche nicht »ChaosStarten«, sondern »cmdChaosStarten«, ein Textfeld nicht »Haushaltsdefizit«, sondern »txtHaushaltsdefizit«. Der Vorteil: Durch den Präfix erkennt man sofort, welche Funktion ein Name in einem Programm besitzt. Auch wenn Sie sich ein Programmlisting Jahre später vornehmen oder ein Programm begutachten, das jemand anders geschrieben hat, müssen Sie nicht wegen der Bedeutung eines Namens lange rätseln.

ÜBUNG

An welcher Stelle innerhalb der IDE taucht der für die *Name*-Eigenschaft eingestellte Wert noch auf, außer in der »(Name«-)Spalte im Eigenschaftsfenster?

Eine Übersicht über die wichtigsten Namenskonventionen für die Steuerelemente der Werkzeugsammlung gibt Tabelle 3.2. Eine komplette Auflistung finden Sie unter anderem auf der Webseite zum Buch (siehe Seite 27).

MERKSATZ

Halten Sie sich unbedingt an die Namenskonventionen für Steuerelemente. Ihre Programme werden dadurch besser lesbar.

Übrigens müssen Sie nur jene Steuerelemente benennen, die eine aktive Rolle spielen. Haben Sie auf einem Formular zum Beispiel mehrere Bezeichnungsfelder angeordnet, die lediglich einen Text anzeigen, aber nicht im Programm angesprochen werden, müssen Sie diesen Steuerelementen auch keine Namen geben.

Tabelle 3.2: Namenskonventionen für einige Steuerelemente

Steuerelement	**Präfix**	**Beispiel**
Anzeige	img	*imgBild*
Bezeichnungsfeld	lbl	*lblAusgabe*
Bildfeld	pic	*picAusgabe*
Formular	frm	*frmHaupt*
Kombinationsfeld	cbo	*cboSchriftarten*
Kontrollkästchen	chk	*chkBarzahlung*
Listenfeld	lst	*lstMannschaften*
Optionsfeld	opt	*optEnglisch*
Rahmenfeld	fra	*fraOptionen*
Schaltfläche	cmd	*cmdStart*
Textfeld	txt	*txtEingabe*

3.2.3 Das »geheimnisvolle« Twip

Nicht alle Eigenschaften eines Steuerelements, das auf einem Formular angeordnet wurde, erhalten voreingestellte Werte. Der Wert jener Eigenschaften, die die Position und Größe des Steuerelements angeben, hängt natürlich davon ab, wo und in welcher Größe das Steuerelement angeordnet wurde. Alle Größen- und Positionsangaben werden bei Visual Basic normalerweise (wenn nichts anderes vereinbart wurde) in *Twips* angegeben. Warum nicht in Pixel (Bildpunkte) oder in Millimeter – das wäre doch viel naheliegender? Wäre es nicht, denn das Twip ist eine Längeneinheit, die von der Bildschirmauflösung unabhängig ist. Konkret, eine Linie von 100 Twips ist bei einer 800x600-Auflösung sehr viel länger als bei einer 1024x768-Auflösung (wäre sie gleich groß, wäre sie auflösungsabhängig). Und, auch das ist wichtig, eine Linie von 100 Twips wird auch auf dem Drucker mit dieser Länge ausgegeben. Aus diesem Grund geben die in Tabelle 3.3 aufgeführten Eigenschaften ihre Werte in Twips zurück.

MERKSATZ

567 Twip entsprechen ungefähr einem logischen Zentimeter, das heißt einem Bildschirmzentimeter, der beim Ausdruck 1 cm lang ist.

Tabelle 3.3: Diese Eigenschaften geben die Position und die Größe eines Steuerelements an

Eigenschaft	**Bedeutung**
Left	Abstand des linken Rands des Steuerelements vom linken Rand des umgebenden Containers.
Top	Abstand des oberen Rands des Steuerelements vom oberen Rand des Containers.
Height	Höhe des Steuerelements (einschließlich des Rahmens).
Width	Breite des Steuerelements (einschließlich des Rahmens).
ScaleHeight	Höhe der Innenfläche eines Formulars oder Bildfelds.
ScaleWidth	Breite der Innenfläche eines Formulars oder Bildfelds.

HINWEIS

Möchten Sie die Position und Größe eines Steuerelements erfahren? Klicken Sie dazu auf einen der Eckpunkte des Rahmens des Steuerelements und warten Sie einen kurzen Augenblick. Die Daten werden daraufhin als Tooltip angezeigt.

HINWEIS

Visual Basic zwingt Sie übrigens nicht, mit Twips zu arbeiten. Über die *ScaleMode*-Eigenschaft eines Formulars können Sie eine andere Einheit (z.B. Pixel oder Millimeter) einstellen. Über die Eigenschaften *TwipsPerPixelX* und *TwipsPerPixelY* des *Screen*-Objekts werden Twip-Angaben in Pixel umgerechnet.

3.3 Die Sache mit den Ereignissen

Windows-Programme im Allgemeinen und Visual-Basic-Programme im Speziellen werden ereignisgesteuert ausgeführt. Das bedeutet, dass alle Prozeduren, die etwas mit Steuerelementen und Formularen, also der Benutzeroberfläche zu tun haben, nicht direkt, sondern über ein Ereignis aufgerufen werden. Daher der Begriff »ereignisgesteuert«. Hier ein einfaches Beispiel. Angenommen, ein Formular enthält eine Schaltfläche. Klickt der Benutzer die Schaltfläche mit der Maus einfach an, soll eine Mitteilungsbox erscheinen. Die entscheidende Frage ist, wie wird das Ereignis »Benutzer hat Schaltfläche mit der Maus angeklickt« mit der Ausführung von Programmcode verbunden? Ganz einfach, die Antwort lautet: über eine *Ereignisprozedur*. Jedes Steuerelement und jedes Formular verfügt über einen festen Satz an Ereignissen, auf die die Komponente reagieren kann. Jedes Ereignis ist mit einer Ereignisprozedur verbunden. Tritt das Ereignis ein, wird die dazugehörige Ereignisprozedur automatisch von Visual Basic aufgerufen. Die Standardschaltfläche der Werkzeugsammlung besitzt zum Beispiel 17 Ereignisse. In der Regel sind davon aber nur ein paar interessant, wie etwa das *Click*- oder das *GotFocus*-Ereignis, die restlichen Ereignisse werden Sie bei einer Schaltfläche wahrscheinlich niemals benötigen. Das mit Abstand wichtigste Ereignis ist hier das *Click*-Ereignis. Es wird ausgelöst, wenn die Schaltfläche mit der Maus angeklickt oder die Leertaste oder [↵]-Taste gedrückt wird (Ereignisse können mehrere Ursachen besitzen), wenn die Schaltfläche den Fokus besitzt. Das *Click*-Ereignis hat automatisch den Aufruf der *Click*-Ereignisprozedur der Schaltfläche zur Folge. Eine Ereignisprozedur ist ein »Programmteil«, der aktiv wird, sobald das dazugehörige Ereignis eintritt. Damit wäre zunächst einmal geklärt, was ein Ereignis und was eine Ereignisprozedur ist (keine Sorge, auf den folgenden Seiten werden Sie beide Begriffe noch ausführlichst kennen lernen). Bliebe noch zu klären, wie eine Ereignisprozedur »definiert«, das heißt in ein Programm eingebaut wird. Auch das ist sehr einfach. Wählen Sie dazu das Formular oder ein Steuerelement auf dem Formular aus, indem Sie es einmal mit der Maus anklicken, und drücken Sie die [F7]-Taste. Es öffnet sich das Programmcodefenster, in dem der Prozedurrahmen der Ereignisprozedur bereits voreingestellt ist.

Was Sie sehen, ist der leere Rahmen einer Ereignisprozedur. Fügen Sie hier die Befehle ein, die ausgeführt werden sollen, wenn das Ereignis eintritt. Welche Befehle dies sind, bleibt Ihnen überlassen, denn Sie sind der Programmierer und legen fest, was passieren soll, wenn ein Ereignis eintritt. Übrigens ist es kein Problem, wenn eine Ereignisprozedur leer bleibt. Sie wird zwar aufgerufen, doch da sie keine Befehle enthält, passiert eben nichts.

Möchten Sie sehen, welche Ereignisse eine Komponente besitzt? Wählen Sie dazu im Programmcodefenster in der linken Auswahlliste die Komponente aus. In der rechten Auswahlliste erscheinen nun jene Ereignisse, auf die die

Komponente reagieren kann. Wenn Sie etwas Zeit haben, ordnen Sie auf einem Formular einfach ein paar verschiedene Steuerelemente an und schauen Sie sich im Programmfenster an, auf welche Ereignisse sie reagieren können. Sie werden feststellen, dass gewisse Ereignisse bei den meisten Steuerelementen vertreten sind. Es gibt aber auch Steuerelemente, wie zum Beispiel der Zeitgeber, die nur sehr wenige Ereignisse unterstützen (beim Zeitgeber ist es sogar nur ein Ereignis). Die Figuren- und Linienelemente müssen sogar völlig auf Ereignisse verzichten.

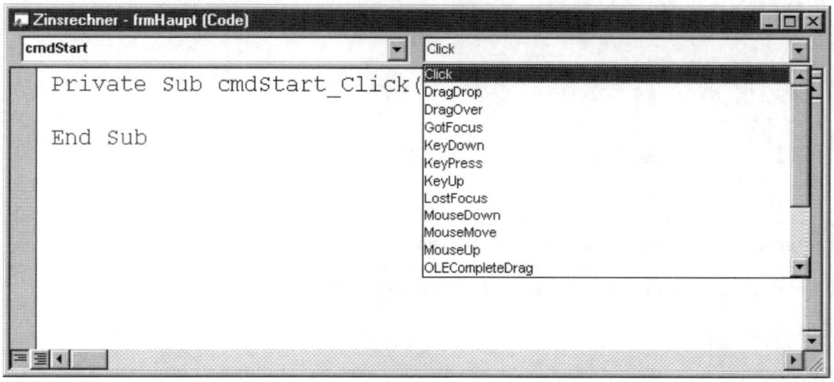

Bild 3.3: In der rechten Auswahlliste des Programmcodefensters werden alle Ereignisse aufgelistet, auf die die in der linken Auswahlliste ausgewählte Komponente reagieren kann

MERKSATZ

Ereignisprozeduren sind Prozeduren in einem Formular, die nicht vom Programm, sondern nach dem Eintreten eines Ereignisses von Visual Basic aufgerufen werden.

Labor 3-1: Kennenlernen von Ereignissen

In diesem Labor lernen Sie die Bedeutung der Ereignisse kennen. Starten Sie das Programm *EREIGNISSE.EXE* oder laden Sie das Projekt *EREIGNISSE.VBP* in die IDE und führen Sie es aus. Sie sehen ein kleines Formular mit einer Reihe von Steuerelementen. Klicken Sie auf die einzelnen Steuerelemente, geben Sie in das Textfeld etwas ein oder bewegen Sie den Mauszeiger in der Innenfläche des Bildfeldes, werden einige der eintretenden Ereignisse angezeigt (klicken Sie auf die Liste, um ihren Inhalt zu löschen). Wenn Sie den Mauszeiger in der Innenfläche des Bildfeldes (gelber Hintergrund) bewegen, stellen Sie fest, dass eine wahre »Flut« von *MouseMove*-Ereignissen die Folge ist. Damit die Anzeige der übrigen Ereignisse, wie etwa dem *Click*-Ereignis, nicht völlig untergeht, können Sie die Anzeige der *MouseMove*-Ereignisse abschalten. Die *MouseMove*-Ereignisprozedur wird zwar nach wie vor aufgerufen (das »Abschalten« von Ereignissen ist nicht möglich – oder besser gesagt, nicht so einfach möglich), es hat aber keinen Eintrag mehr in der Liste zur Folge. Das Fazit dieses Labors lautet: Jede Benutzeraktion hat den Aufruf einer Ereignisprozedur zur Folge.

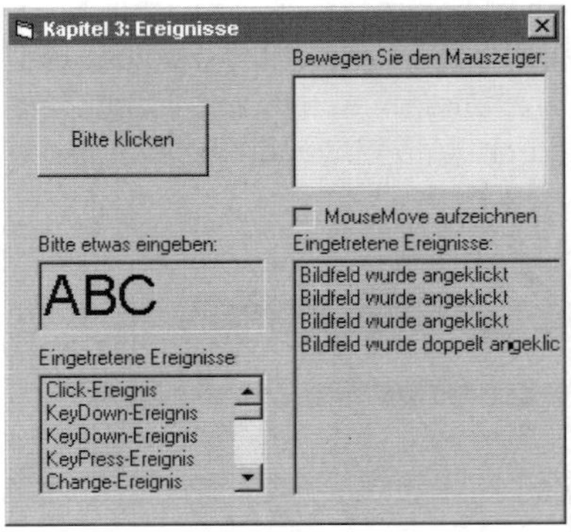

Bild 3.4: Dieses Labor macht deutlich, dass Benutzeraktionen stets Ereignisse zur Folge haben

Tabelle 3.4: Die wichtigsten Ereignisse der Steuerelemente

Ereignis	**Wird ausgelöst, wenn ...**
Click	das Steuerelement angeklickt wird.
GotFocus	das Steuerelement den Fokus erhält.
KeyPress	eine Taste gedrückt wird und das Steuerelement den Fokus besitzt.
LostFocus	das Steuerelement den Fokus verliert.
MouseDown	eine der Maustasten geklickt wird, wenn sich der Mauszeiger in der Innenfläche des Steuerelements befindet.
MouseMove	der Mauszeiger in der Innenfläche des Steuerelements bewegt wird.
Validate	bevor ein Steuerelement den Fokus verliert, sodass das Programm eine Überprüfung des Inhalts (z.B. bei Textfeldern) durchführen kann.

3.4 Das Formular

Das *Formular* ist die Grundlage für die Benutzeroberfläche eines Visual-Basic-Programms. Ein Formular ist zunächst ein leeres Fenster, das Sie zwar während der Programmausführung über den Bildschirm bewegen und in der Größe ändern können, das sich aber sonst rein passiv verhält. Erst durch das Anordnen von Steuerelementen auf dem Formular bekommt dieses einen bestimmten Sinn. Sie als Programmierer können völlig frei bestimmen, welche Steuerelemente Sie an welcher Stelle und in welcher Größe auf dem Formular anordnen. Oberste Regel ist dabei, dass die Bedienung des Formulars für den Benutzer irgendwie sinnvoll, übersichtlich und angenehm sein soll. Wenn ein Formular ein richtiges Formular wäre (etwa das beliebte Formular für die

Steuererklärung), dann wären die Steuerelemente jene Eingabeflächen und ankreuzbaren Kästchen, die ein Formular erst zu dem machen, was es ist: eine Eingabemaske, die den »Benutzer« zwingt, Daten in einer bestimmten Art und Weise einzugeben. Ein Visual-Basic-Formular ist allerdings nicht nur für die Eingabe da. Sie können auf einem Formular auch Texte, Zahlen oder Bilder anzeigen. Überhaupt sollten Sie sich von dem Begriff »Formular« (der Originalbegriff lautet »form«) nicht irritieren lassen. Besser wäre wahrscheinlich die Bezeichnung »Arbeitsfläche für die Gestaltung von Benutzeroberflächen«, doch wäre diese wohl ein wenig zu lang. Da gut 98% aller Visual-Basic-Programme eine Benutzeroberfläche besitzen, enthält jedes Standard-EXE-Projekt automatisch ein Formular. Über das Menükommando PROJEKT | FORMULAR HINZUFÜGEN können Sie jederzeit weitere Formulare hinzufügen. Diese werden allerdings nach dem Programmstart nicht automatisch angezeigt, sondern müssen (zum Beispiel über die *Show*-Methode eines Formulars) geladen und sichtbar gemacht werden. Dies sind aber Dinge, über die Sie sich im Moment noch keine Gedanken machen sollten. Die überwiegende Mehrheit der Beispielprogramme in diesem Buch kommt mit einem Formular aus. Fühlen Sie sich an diese Genügsamkeit aber nicht gebunden, Sie können Ihr Projekt mit beliebig vielen Formularen ausstatten. Dennoch sollten Sie die Anzahl begrenzen, da das Laden jedes zusätzlichen Formulars die Programmausführung etwas verlangsamt und natürlich auch den freien Arbeitsspeicher verringert.

Bild 3.5: Ein Formular ist eine leere Arbeitsfläche, auf der die Steuerelemente für die Ein- und Ausgabe von Daten angeordnet werden

Auch wenn man über andere Personen im Allgemeinen und Visual Basic im Speziellen nur Vorteilhaftes berichten sollte, optimal ist ein Formular nicht. So kann es nicht größer als der Bildschirm werden, was zum Beispiel bedeutet, dass sich A4-Formulare im Allgemeinen (einen 21"-Monitor kann man leider nicht überall voraussetzen) nicht direkt mit einem Visual-Basic-Formular darstellen lassen (man muss in diesem Fall zwei ineinander »verschachtelte«

Bildfelder verwenden, wie es in der Erweiterung des Zinsrechners in Kapitel 2 gezeigt wurde). Verkleinert man ein Formular so, dass der Inhalt des Formulars nur noch teilweise sichtbar ist, erhält es nicht automatisch Bildlaufleisten, um den Inhalt scrollen zu können. Sehr viel schwerer wiegt der Umstand, dass sich ein Formular nicht automatisch an die Bildschirmauflösung anpasst. Das bedeutet konkret, dass, wenn Sie ein Formular bei einer 640x480-Auflösung in der Mitte des Bildschirms plazieren, es bei einer 1024x768-Auflösung irgendwo in der linken oberen Ecke »hängt« (man kann die aktuelle Bildschirmauflösung zu Programmbeginn – zum Beispiel innerhalb der *Form_Load*-Ereignisprozedur – aber abfragen und das Formular entsprechend positionieren). Und da wir gerade beim »Meckern« sind: Vergrößern oder verkleinern Sie ein Formular während der Programmausführung, passt sich die Größe der Steuerelemente nicht automatisch an die neue Größe des Formulars an. Man muss dies vielmehr ein wenig umständlich programmieren (in der Regel mit der *Resize*-Ereignisprozedur), wobei sich zum Beispiel die Größe der Schriften nicht im gleichen Maßstab anpassen lässt. Dies sind aber Dinge, die Sie im Moment noch nicht belasten sollten, zumal es mit dem Zusatzsteuerelement *vsElastic* als Teil der Toolbox VS-OCX von der Firma *VideoSoft* (*www.videosoft.com*) ein Zusatzsteuerelement gibt, das diesen Mangel behebt.

3.5 Das Auslösen von Aktionen

Für das Auslösen von Aktionen ist die *Schaltfläche* (engl. »command button«) zuständig. Die Schaltfläche ist ein rechteckiger »Knopf« (auch Button genannt), auf den der Benutzer klickt, damit in einem Programm etwas passiert. Natürlich passiert dieses »Etwas« nicht von alleine, man muss vielmehr die auszuführenden Befehle in die *Click*-Ereignisprozedur der Schaltfläche »packen«. Besitzt ein Formular eine Schaltfläche mit dem Namen *cmdStart* (*Name*-Eigenschaft) und soll das Anklicken der Schaltfläche eine Rakete starten, muss die Ereignisprozedur wie folgt aufgebaut sein:

```
Sub cmdStart_Click ()
    Rakete.Starten
End Sub
```

Damit ist die Verbindung zwischen Ereignis und Aktion hergestellt. Klickt der Benutzer auf die Schaltfläche, deren *Name*-Eigenschaft auf den Wert »cmdStart« gesetzt wurde, wird die fiktive *Starten*-Methode des ebenfalls fiktiven *Rakete*-Objekts ausgeführt. Egal, was das Anklicken einer Schaltfläche (oder eines beliebigen Steuerelements) bewirken soll, es wird auf diese Weise umgesetzt.

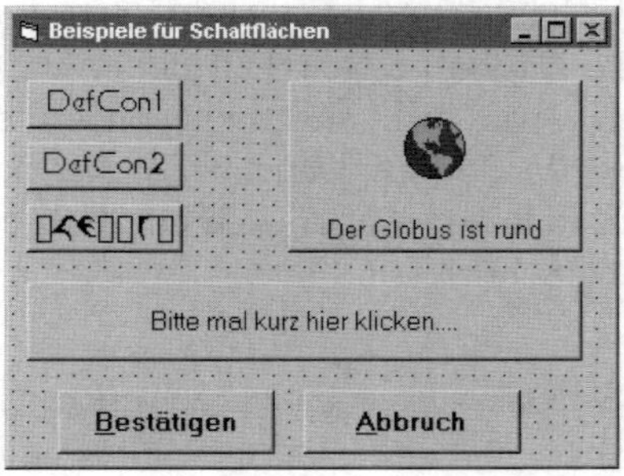

Bild 3.6: Schaltflächen können beliebige Größen annehmen und Bilder enthalten, müssen aber stets »rechteckig« sein

Welche Möglichkeiten hat man eigentlich, die Optik einer Schaltfläche zu beinflussen? Nun, nicht sehr viele. Über die Eigenschaften *BackColor* können Sie eine andere Hintergrundfarbe einstellen (im Allgemeinen sollte man aber die vom Benutzer über die Systemsteuerung eingestellten Farben nicht ändern) und über die *Picture*-Eigenschaft lassen Sie ein Bild anzeigen (Voraussetzung ist aber in beiden Fällen, dass die *Style*-Eigenschaft den Wert »1-Graphical« besitzt). Weitere Gestaltungsmöglichkeiten stehen bei Schaltflächen leider (oder zum Glück) nicht zur Verfügung. Wer etwa runde Schaltflächen sucht (zum Beispiel, um eine Telefontastatur nachzubilden) muss auf Zusatzsteuerelemente (zum Beispiel ButtonMaker von *FarPoint –www.fpoint.com*) zurückgreifen.

Tabelle 3.5: Die wichtigsten Eigenschaften einer Schaltfläche

Eigenschaft	**Bedeutung**
Caption	Legt den Text fest, der in der Schaltfläche erscheint.
Cancel	Ist diese Eigenschaft *True*, kann das *Click*-Ereignis auch durch Betätigen der [Esc]-Taste ausgelöst werden.
Picture	Legt eine Bildatei fest, die bei *Style=1* in der Innenfläche angezeigt wird.
Style	Legt fest, ob sich die Schaltfläche »normal« (*Style=0*) oder »grafisch« (*Style=1*) verhält. In diesem Fall kann in der Schaltfläche zum Beispiel ein Bild angezeigt werden.

3.5.1 Das geheimnisvolle »&«-Zeichen

Windows-Programme werden zwar im Allgemeinen mit der Maus bedient, doch viele erfahrene Anwender kommen mit der Tastatur schneller zum Ziel. Als Programmierer sollten Sie daher diesen Anwendern eine Möglichkeit bieten, eine Funktion alternativ auch per Tastatur ausführen zu können. Möglich wird dies über das »&«-Zeichen (auch Ampersand genannt) in der *Caption*-Eigenschaft einer Schaltfläche (oder eines Bezeichnungsfeldes oder eines Menüeintrags). Geht dieses Zeichen einem Buchstaben voraus, kann die Schaltfläche auch durch eine Kombination aus der [Alt]-Taste und dem Buchstaben ausgeführt werden. Möchten Sie zum Beispiel eine Schaltfläche mit der Inschrift »Start« über die Tastenkombination [Alt][S] starten können, muss die *Caption*-Eigenschaft den Wert »&Start« besitzen. Das Ampersand-Zeichen wird nicht angezeigt, sondern dient als Schnelltaste. Achten Sie einmal bei Windows-Anwendungen oder bei den Beispielprogrammen des Buches (etwa in den »Labors«) darauf: Nahezu alle Bedienelemente besitzen eine solche Schnelltaste.

ACHTUNG

Schnelltasten sind nicht zu verwechseln mit den Abkürzungstasten (zum Beispiel [Strg][P]). Diese »Shortcuts« sind Tastenkombinationen, durch die Menükommandos direkt aufgerufen werden. Mehr dazu in Kapitel 6.5, wenn es um die Menüs geht.

Doch Vorsicht, Visual Basic macht Sie nicht darauf aufmerksam, wenn Sie in einem Formular einen Buchstaben (oder eine Zahl) versehentlich mehrfach vergeben. In diesem Fall hat die Schnelltaste keine Funktion und führt lediglich dazu, dass das betreffende Steuerelement den Fokus erhält.

3.6 Die Ausgabe von Text

Für die Ausgabe von Texten ist meistens ein Steuerelement zuständig, das als Bezeichnungsfeld (engl. »label«) bezeichnet wird. Der Umgang mit diesem Steuerelement ist kinderleicht. Über die *Caption*-Eigenschaft legen Sie fest, welcher Text in dem Feld erscheint. Weitere interessante Eigenschaften sind *BorderStyle* (damit erhält das Bezeichnungsfeld eine Umrandung) und *Alignment* (damit kann der Text in dem Bezeichnungsfeld ausgerichtet werden). Da das Bezeichnungsfeld keine Eingaben entgegennehmen kann, spielen Ereignisse meistens keine Rolle. Für die Ausgabe längerer Texte ist das Bezeichnungsfeld dagegen nicht gut geeignet, da es keine Gestaltungsmöglichkeit gibt und es relativ umständlich ist, einen Zeilenumbruch anzugeben. Das Haupteinsatzgebiet des Bezeichnungsfeldes ist die Beschriftung anderer Steuerelemente (etwa als Überschrift für Textfelder).

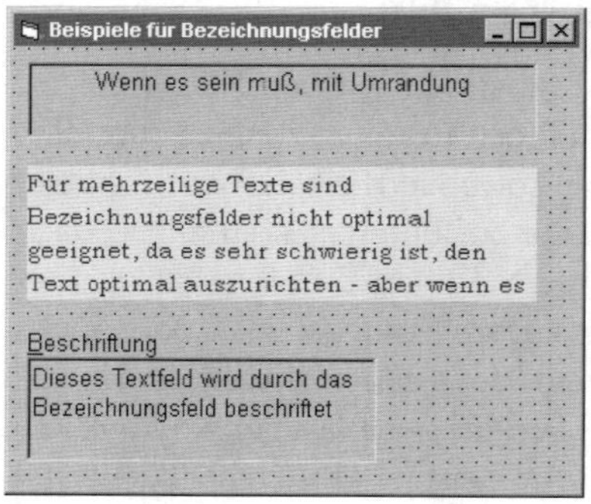

Bild 3.7: Das Bezeichnungsfeld ist für kleinere Textausgaben und Beschriftungen da

Auch wenn es ein wenig umständlich ist, ist es kein Problem, in einem Bezeichnungsfeld einen mehrzeiligen Text auszugeben. Sie müssen dazu lediglich ein Zeilenumbruchszeichen in Gestalt der Konstanten *vbCrLf* an das Ende einer Zeile hängen, damit der folgende Text in der nächsten Zeile ausgegeben wird.

```
Dim Ausgabetext
Ausgabetext = "Unter diesen Umständen " & vbCrLf _
 "müsen wir von einer weiteren Zusammenarbeit" & vbCrLf _
 "leider etwas Anstand nehmen"
lblNachricht.Caption = Ausgabetext
```

Zunächst wird eine Variable *Ausgabetext* definiert, die einen mehrzeiligen Text erhält. Anschließend wird dieser durch Zuweisen an die *Caption*-Eigenschaft in dem Bezeichnungsfeld *lblNachricht* ausgegeben. Der Umweg über die Variable ist nicht notwendig, macht das Programm aber etwas flexibler, falls der Text mehrfach benötigt wird.

3.6.1 Wie wird Text auf dem Drucker ausgegeben?

Diese Frage passt hier nicht so recht hinein, doch da sie auch in die übrigen Kapitel nicht so gut passt, soll sie zumindest schon einmal ansatzweise beantwortet werden. Nach allem, was Sie bereits über Steuerelemente und deren Eigenheiten wissen, wäre es nicht ganz abwegig zu vermuten, dass jedes Steuerelement eine Art »SendToPrinter«-Methode besitzt, mit deren Hilfe der Inhalt des Steuerelements an den Drucker geschickt wird. Nun, eine solche (oder ähnliche) Methode gibt es nicht. Lediglich das Formular besitzt eine *PrintForm*-Methode, über die man aber den sprichwörtlichen Mantel des Schweigens hüllen sollte, denn diese Methode gibt den Inhalt des Formulars pixelweise aus, ohne ihn vom Druckertreiber aufbereiten zu lassen. Um etwas auf dem Drucker auszugeben, gibt es nur zwei Möglichkeiten:

1. Über die *Print*-Methode des *Printer*-Objekts.
2. Über die *PaintPicture*-Methode, die eine Bitmap (etwa den Inhalt eines Formulars oder eines Bildfeldes) in den so genannten Gerätekontext des Druckers kopiert. Dazu sind unter Umständen noch zusätzliche Umwandlungen mit Hilfe verschiedener API-Funktionen erforderlich.

Die perfekte Methode für die Druckerausgabe gibt es bei Visual Basic leider nicht. Möchten Sie Texte und Zahlen ausgeben, sind Sie mit der *Print*-Methode des *Printer*-Objekts gut bedient, zumal Sie hier über die Eigenschaften *CurrentX* und *CurrentY* die Ausgabeposition »twipgenau« (oder wenn Sie möchten auch pixel- oder millimetergenau – über die *ScaleMode*-Eigenschaft lässt sich eine andere Maßeinheit auswählen) einstellen können. Mehr zu diesen Dingen in Kapitel 11. Falls Sie bereits neugierig sind oder die Druckerausgabe unbedingt in Aktion erleben möchten, geben Sie in das Direktfenster einfach die folgenden Befehle ein:

```
Printer.Print "Hallo, wie geht's?
Printer.Enddoc
```

Informieren Sie sich über die Eigenschaften und Methoden des *Printer*-Objekts in der Visual-Basic-Hilfe.

3.6.2 Print-Methode oder Caption-Eigenschaft?

Mit der *Print*-Methode und der *Caption*-Eigenschaft eines Bezeichnungsfeldes haben Sie zwei völlig verschiedene Ausgabeweisen kennen gelernt. Die *Caption*-Eigenschaft ist zudem keine echte Ausgabemethode, es handelt sich um eine Eigenschaft, deren aktueller Wert in der Innenfläche eines Bezeichnungsfeldes angezeigt wird. Die *Print*-Methode gibt dagegen die ihr übergebenen Argumente an der aktuellen Ausgabeposition eines Formulars oder Bildfeldes aus. Bei der *Caption*-Methode müssen Sie sich um die Ausgabeposition keine Gedanken machen, die Ausgabe findet dort statt, wo sich das Bezeichnungsfeld befindet. Die *Print*-Methode dagegen kann überall in der Innenfläche des Formulars ausgeben. Wo die Ausgabe genau stattfindet, wird über die Eigenschaften *CurrentX* und *CurrentY* des Formulars bestimmt. Möchten Sie erreichen, dass die Ausgabe etwa in der Mitte des Formulars durchgeführt wird, müssen Sie vor dem Aufruf der *Print*-Methode *CurrentX* und *CurrentY* entsprechend setzen:

```
Dim Ausgabetext As String
Ausgabetext = "Der XXX-Parteitag wählte diesmal einen ↵
neuen Vorsitzenden. Der Alte durfte nicht mehr."
Me.CurrentX = (Me.ScaleWidth - Me.TextWidth(Ausgabetext)) / 2
Me.CurrentY = (Me.ScaleHeight - Me.TextHeight(Ausgabetext)) / 2
Me.Print Ausgabetext
```

Über die Methoden *TextWidth* und *TextHeight* des Formulars werden Breite und Höhe des auszugebenden Textes berechnet, damit sich wirklich genau die Mitte ergibt. Soviel Aufwand für eine simple Ausgabe? Klar, das ist typisch Windows und daher auch typisch für Visual Basic. Doch es lohnt sich, denn Sie erhalten auf diese Weise eine möglichst vollständige Kontrolle über die Art und Weise der Ausgabe. Und das ist unter dem Strich sehr viel mehr wert als der vermeintliche Vorteil der Bequemlichkeit.

Und in noch einem wichtigen Punkt unterscheidet sich die Ausgabe über die *Caption*-Eigenschaft von der Ausgabe über die *Print*-Methode: in der Syntax. Die *Caption*-Eigenschaft erwartet die Zuweisung eines Strings in der allgemeinen Form:

```
Objekt.Caption = Zeichenkettenausdruck
```

Bei der *Print*-Methode übergeben Sie dagegen Argumente, genauer gesagt, eine Argumentliste. Möchten Sie über die *Caption*-Eigenschaft mehrere Werte auf einmal anzeigen, müssen diese über den &-Operator zu einem Zeichenkettenausdruck verkettet werden:

```
Me.Caption = "Dies ist das " & Zähler & "te Mal"
```

Bei der *Print*-Methode werden die einzelnen Argumente dagegen entweder per Komma oder per Semikolon aneinander gereiht. Der folgende Befehl

```
Zähler = 2
Me.Print "Dies ist das"; Zähler; "te Mal
```

hat folgende Ausgabe zur Folge

```
Dies ist das 2. te Mal
```

Verwenden Sie anstelle des Semikolons Kommata, werden zwischen einzelnen Argumenten größere Abstände gesetzt:

```
Me.Print "Dies ist das", Zähler, "te Mal
Dies ist das   2    . te Mal
```

Das Komma bewirkt, dass das folgende Argument nicht an der nächsten freien Position, sondern am nächsten Tabulator (Tabstop) ausgerichtet wird. Möchten Sie ein Argument gezielt an einer bestimmten Position ausrichten, müssen Sie das *Tab*-Argument einfügen:

```
Me.Print "Neues Auto laut Angebot: " , Tab(40), ↵
Format(22333, "Currency")
Me.Print "Volltanken:", Tab(40), Format(12.50, ↵
"Currency")
```

Auch wenn das erste Argument bei den beiden *Print*-Methoden unterschiedlich lang ist, wird das zweite Argument dank des *Tab(40)*-Arguments linksbündig ausgegeben:

```
Neues Auto laut Angebot:                22.333,00 DM
Volltanken:                             12,50 DM
```

Diesen Tipp lernte man früher in der »Basic-Schule« in der allerersten Stunde (zumindestens war es bei mir so), heutzutage finden Sie ihn nicht einmal mehr im Visual-Basic-Handbuch. Ich bin mir nicht einmal sicher, ob man ihn überhaupt erwähnen sollte. Egal, hier ist er (Tusch): Sie können die *Print*-Methode (wie in den guten alten Tagen des PET2001[1]) mit einem Fragezeichen abkürzen.

1. Für alle jüngeren Leser: Der PET2001 von Commodore war 1978 einer der ersten Computer für den Hausgebrauch und der Traum jedes Hobbyprogrammierers. Mit 8 Kbyte Arbeitsspeicher und einem Preis von wohlgemerkt 2888 DM.

3.6.3 Die formatierte Ausgabe mit der Format-Funktion

Und da wir gerade dabei sind, soll auch die sehr wichtige *Format*-Funktion abgehandelt werden. Die *Format*-Funktion erhält als Argumente eine Zahl und eine »Formatierunganweisung« in Gestalt einer Zeichenkette und gibt eine Zeichenkette zurück. Über die *Format*-Funktion können Sie Zahlen in eine bestimmte optische Form bringen (man spricht von einer »formatierten« Ausgabe), was immer dann sehr praktisch ist, wenn Sie Währungsbeträge oder Datumsangaben ausgeben möchten, aber keine Lust haben, den Ausgabestring Zeichen für Zeichen zusammenzusetzen. Die *Format*-Methode besitzt eine solche Fülle an Formatparametern, dass Sie diese in der Visual-Basic-Hilfe nachschlagen müssen. Es gibt jedoch eine Reihe von festen »Formatbezeichnern«, durch die eine bestimmte Formatierung vorgegeben wird (siehe Tabelle 3.7). Möchten Sie eine beliebige Zahl als DM-Betrag ausgeben, muss der Befehl wie folgt lauten:

```
lblAusgabe.Caption = Format(12.50, "Currency")
```

oder

```
Me.Print "Kostenvoranschlag:"; Format(33.377, "Currency")
```

Tabelle 3.6: Formatbezeichner der Format-Funktion

Formatbezeichner	Bedeutung
Currency	Die Zahl wird gemäß den Einstellungen der Systemsteuerung als Währungsstring zurückgegeben.
Fixed	Es werden mindestens eine Vor- und höchstes zwei Nachkommastellen angezeigt, wobei eine automatische Rundung stattfindet.
Percent	Prozentdarstellung, wobei die übergebene Zahl zwischen 0 und 1 liegen muss.
Scientific	Wissenschaftliche Darstellung.
Short Date	Darstellung als kurzes Datum (z.B. 29.04.24).
Long Date	Darstellung als langes Datum (z.B. Montag, 29. April 2024).

Auch Zeichenketten können über die *Format*-Funktion etwas »aufgepäppelt« werden. Das kann immer dann notwendig sein, wenn man Namen links- oder rechtsbündig anzeigen möchte. Die *Format*-Funktion bietet dafür eine Reihe von »Platzhaltern«, die festlegen, auf welche Weise ein einzelnes Zeichen angezeigt wird:

Platzhalter	Bedeutung
@	Für jedes dieser Zeichen wird entweder das Zeichen oder ein Leerzeichen ausgegeben.
&	Das Zeichen wird ausgegeben. Befindet sich an dieser Stelle kein Zeichen, erfolgt keine Ausgabe.
!	Die Platzhalter werden von links nach rechts aufgefüllt (sonst von rechts nach links).
<	Alle Buchstaben werden Kleinbuchstaben.
>	Alle Buchstaben werden Großbuchstaben.

Tabelle 3.7: »Platzhalter« der Format-Funktion

```
?Format("Pentium IV", "@@@@@@@@@@@@@@")
    Pentium IV      ' Ausgabe mit vier Leerzeichen voraus
?Format("Pentium IV", String(Len("Pentium IV") + 4, "@"))
    Pentium IV      ' Auch hier Ausgabe mit vier Leerzeichen voraus
```

3.7 Die Eingabe von Text

Zu den häufigsten und wichtigsten Aufgaben einer Benutzeroberfläche gehört, neben der Ausgabe von Text, die Entgegennahme von Text. Die Werkzeugsammlung bietet für diesen Zweck das Textfeld (engl. »textbox«), das leicht zu bedienen ist, aber eine erstaunliche Einschränkung besitzt: Es ist nicht möglich, einzelne Buchstaben zu formatieren. Möchten Sie erreichen, dass ein Wort unterstrichen und das folgende sowie die restlichen Wörter normal dargestellt werden, müssen Sie stattdessen das RTF-Steuerelement verwenden, das aber leider nur in der Profi- und Enterprise-Edition von Visual Basic enthalten ist (und deshalb in diesem Buch nicht besprochen wird). Geht es lediglich um die Eingabe von einfachem Text, ist das Textfeld aber bestens geeignet. Die wichtigste Eigenschaft ist die *Text*-Eigenschaft, denn sie steht für den Inhalt des Textfeldes. Hat der Benutzer in das Textfeld etwa den Satz »Brüder, zur Sonne, zur Freiheit« eingegeben, steht dieser Text über die *Text*-Eigenschaft zur Verfügung. Umgekehrt kann durch Zuweisen an die *Text*-Eigenschaft ein beliebiger Text (allerdings unformatiert) im Textfeld ausgegeben werden.

Doch das Textfeld kann noch mehr. Normalerweise besitzt das Textfeld nur eine einzige Eingabezeile. Setzen Sie die *MultiLine*-Eigenschaft dagegen auf *True*, können Sie beliebig viele Zeilen eingeben. Drücken Sie die [↵]-Taste, springt die Textmarke in die nächste Zeile. Aus dem Textfeld wird so ein kleiner Windows-Editor. Und es kommt noch besser. Geben Sie mehr Text ein, als in der Innenfläche des Textfeldes angezeigt werden kann, erscheinen automatisch Bildlaufleisten, sodass Sie den sichtbaren Ausschnitt verschieben können. Voraussetzung ist aber, dass die *Scrollbars*-Eigenschaft des Textfeldes entweder den Wert 1 (Horizontal), 2 (Vertikal) oder 3 (Beide) besitzt.

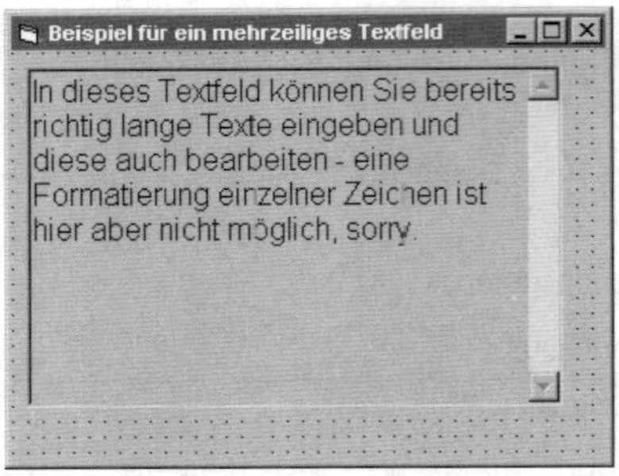

Bild 3.8: Durch Setzen der Eigenschaften MultiLine und ScrollBars wird aus dem Textfeld ein Mini-Windows-Editor

Wer aus dem Textfeld einen Editor, das heißt ein Programm zur Eingabe von (unformatierten) Texten, machen möchte, wird schnell eine Reihe von (im Grunde völlig unnötigen) Beschränkungen feststellen. So ist es zum Beispiel ziemlich kompliziert, die Zeilennummer abzufragen, in der sich die Textmarke momentan befindet oder die Anzahl der Zeichen in einer Zeile festzustellen. Dass das Textfeld diese Möglichkeit nicht bietet, liegt einfach daran, dass die Programmierer offenbar nicht daran gedacht haben, sie in das Textfeld einzubauen. Zum Glück gibt es eine (relativ) einfache Möglichkeit, das Textfeld »aufzumotzen«. Sie besteht darin, dem Textfeld über die *SendMessage*-API-Funktion eine »Nachricht« zu schicken, um es zu veranlassen, eine gewünschte Information preiszugeben. Auch wenn das Ganze alles andere als kompliziert ist, können wir in diesem Buch darauf aus Platzgründen leider nur am Rande eingehen. Sie finden ein kleines Beispiel z.B. auf der Webseite zum Buch (siehe Seite 27).

Möchten Sie wissen, an welcher Position (stets relativ zum Beginn des Textes) die Textmarke in einem Textfeld blinkt? Dies erfahren Sie stets über die *SelStart*-Eigenschaft.

Tabelle 3.8: Die wichtigsten Eigenschaften eines Textfeldes

Eigenschaft	**Bedeutung**
Text	Steht für den Text, der in dem Textfeld angezeigt wird.
MultiLine	Ist diese Eigenschaft *True*, können in das Textfeld mehrere Zeilen eingegeben werden.
ScollBars	Legt zur Entwurfszeit fest, ob das Textfeld Bildlaufleisten erhält.

Eigenschaft	Bedeutung
MaxLength	Legt die maximale Anzahl an Zeichen fest, die in das Textfeld eingegeben werden können. Normalerweise besitzt *MaxLength* den Wert 0, was bedeutet, dass bis zu 65000 Zeichen (*bei MultiLine=False*) oder ca. 2 Milliarden Zeichen (bei *MultiLine=True*) eingegeben werden können.
PasswordChar	Über diese Eigenschaft wird ein Zeichen festgelegt, das anstelle des eingegebenen Zeichens angezeigt wird. Auf diese Weise lässt sich ein eingegebenes Wort »maskieren«, sodass es andere nicht sehen können. Voraussetzung ist aber, dass *MultiLine= False* ist.

Der Umstand, dass es beim Textfeld keine *Caption*-Eigenschaft wie bei einem Bezeichnungsfeld gibt, ist am Anfang etwas verwirrend. Es ist aber typisch für das Lernen von Visual Basic. Neben den verschiedenen VB-Befehlen muss man auch herausbekommen, welches Steuerelement welche Eigenschaften anbietet. Eine Systematik gibt es leider nicht (wenngleich einige Eigenschaften in identischer Form bei verschiedenen Steuerelementen zu finden sind), denn dem Programmierer des Steuerelements steht es vollkommen frei, Namen für die einzelnen Eigenschaften zu vergeben. Das Beste ist in diesem Fall ein Blick in die Visual-Basic-Hilfe.

3.7.1 Eigenschaften, die sich nur lesen lassen

Die *ScrollBars*-Eigenschaft macht sehr schön deutlich, wofür Eigenschaften da sind: Sie legen fest, wie sich ein Steuerelement (bzw. allgemein eine Komponente) verhält. Durch Setzen der *ScrollBars*-Eigenschaft bestimmen Sie das Verhalten des Textfeldes. Doch es gibt eine Besonderheit zu beachten. Einige Eigenschaften, dazu gehören zum Beispiel die *MultiLine*- und die *ScrollBars*-Eigenschaft, können nur zur Entwurfszeit (das heißt, wenn das Programm nicht läuft) gesetzt werden. Wird während der Programmausführung zum Beispiel versucht, den Befehl

```
txtTextfeld.ScrollBars = 0
```

auszuführen, gibt es eine Fehlermeldung, denn die Eigenschaft ist während der Programmausführung schreibgeschützt. Diese Eigenschaften, die auch als Nur-Lese-Eigenschaft bezeichnet werden (das Verb »lesen« steht in diesem Zusammenhang für »Abfragen eines Wertes«) können Sie nur im Eigenschaftsfenster ändern. Später werden Sie lernen, dass es auch Eigenschaften gibt, die nur zur Programmausführungszeit gesetzt oder gelesen werden können (dazu gehört zum Beispiel die *SelStart*-Eigenschaft eines Textfeldes). Diese Eigenschaften erscheinen folglich nicht im Eigenschaftsfenster. Finden Sie das alles kompliziert und unübersichtlich? Keine Sorge, dies sind Dinge, die sich mit zunehmender Erfahrung von alleine beantworten. Möchten Sie wissen, ob eine Eigenschaft zur Entwurfzeit und/oder zur Ausführungszeit zur Verfügung steht, müssen Sie in der Visual-Basic-Hilfe nachschauen.

3.7.2 Zugriff auf markierten Text

Das Textfeld besitzt noch eine weitere Eigenschaft, die Windows-Anwender meistens als selbstverständlich hinnehmen. Sie können den im Textfeld eingegebenen Text (zum Beispiel mit der Maus) markieren. Natürlich möchte man als Programmierer auf den vom Benutzer markierten Text auch zugreifen können. Dafür gibt es beim Textfeld die Eigenschaften *SelLength*, *SelStart* und *SelText* (siehe Tabelle 3.9), die nur während der Programmausführung zugänglich sind (also nicht im Eigenschaftsfenster erscheinen).

Leider gibt es kein Ereignis, das immer dann ausgelöst würde, wenn sich der selektierte Text ändert. Möchten Sie auf dieses »Ereignis« reagieren, muss dies über den Umweg des *KeyPress*- oder *MouseDown*-Ereignisses und einem Vergleich der *SelStart*- und *SelLength*-Eigenschaft geschehen.

HINWEIS

Über die *SelText*-Eigenschaft ist es möglich, einen Text in ein Textfeld, das bereits Text enthält, einzufügen. Der der *SelText*-Eigenschaft zugewiesene Text erscheint an jener Position, die über die *SelStart*-Eigenschaft festgelegt wird.

ACHTUNG

Vielleicht sind Sie es noch gewöhnt, dass eine Eingabe über die [↵]-Taste abgeschlossen werden muss. Bei einem Textfeld hat diese Taste, wie generell unter Windows, keine spezielle Bedeutung. Möchten Sie erreichen, dass bei Eingabe dieser Taste etwas Besonderes passiert, müssen Sie im *KeyPress*-Ereignis den Tastencode *vbKeyReturn* abfragen.

Tabelle 3.9: Eigenschaften, die einen Zugriff auf den in einem Textfeld ausgewählten Text erlauben

Eigenschaft	Bedeutung
SelLength	Gibt die Länge des ausgewählten Textes in Zeichen an. Durch Setzen von *SelLength* kann die Länge des selektierten Textes verändert werden.
SelStart	Gibt die Position des selektierten Textes relativ zum Beginn des Textes an (das erste Zeichen besitzt die Position 0). Durch Setzen von *SelStart* kann der Beginn der Markierung verschoben werden.
SelText	Stellt den selektierten Text dar.
HideSelection	Legt fest, ob die Anzeige einer Markierung erhalten bleibt, wenn das Textfeld den Eingabefokus verliert (*HideSelection=False*) oder aufgehoben wird (*HideSelection=True*).

3.8 Auswertung von Tastatureingaben

Wissen Sie noch, was ein Ereignis ist? Richtig, eine (im Prinzip beliebige) Aktion des Benutzers. Jedes Steuerelement kann auf eine bestimmte Anzahl an Ereignissen reagieren. Mit dem *Click*-Ereignis haben Sie bereits ein sehr geläufiges Ereignis kennenn gelernt. Auch Tastatureingaben lösen Ereignisse aus. Allerdings nicht bei einem x-beliebigen Steuerelement oder gar bei allen Steuerelementen eines Formulars, sondern lediglich bei jenem, das den *Eingabefokus* besitzt.

MERKSATZ

Auf einem Formular kann zu einem Zeitpunkt nur ein Steuerelement Tastatureingaben entgegennehmen. Dieses Steuerelement wird als das Steuerelement mit dem Eingabefokus bezeichnet.

Das Steuerelement, das den Eingabefokus besitzt, wird optisch besonders hervorgehoben (bei einem Textfeld zum Beispiel durch eine blinkende Textmarke, bei einer Schaltfläche, indem die Inschrift der Schaltfläche von einem gestrichelten Rechteck umgeben ist). Der Benutzer kann den Eingabefokus über die ⇆-Taste auf das nächste Steuerelement (bezogen auf die über die *TabIndex*-Eigenschaft festgelegte Tab-Reihenfolge) übertragen. In einem Programm wird der Eingabefokus über die *SetFokus*-Methode verschoben.

Also, das Steuerelement, das den Eingabefokus besitzt, erhält die Tastaturereignisse. Allerdings gibt es nicht nur ein Tastatureignis, sondern derer gleich drei:

- Das *KeyDown*-Ereignis
- Das *KeyPress*-Ereignis

und

- Das *KeyUp*-Ereignis

Wird eine Taste gedrückt, werden nacheinander die Ereignisse *KeyDown*, *KeyPress* und *KeyUp* ausgelöst. Allen drei Ereignissen wird als Argument die »Nummer« der gedrückten Taste (mehr dazu im nächsten Abschnitt) übergeben, sodass Sie über sie erfahren, welche Taste gedrückt wurde. Drücken Sie eine Taste, die keine Bildschirmausgabe zur Folge hat, zum Beispiel die ⇧-Taste, werden lediglich die Ereignisse *KeyDown* und *KeyUp* ausgelöst.

3.8.1 Zeichencode oder Tastaturcode?

Natürlich stellt sich die Frage, wieso es nicht ein, sondern gleich drei Tastaturereignisse gibt. Im Grunde hätte doch das *KeyPress*-Ereignis genügt. Hätte es auch, bezogen auf etwa 90% aller Fälle. In den restlichen 10% der Fälle würden Sie feststellen, dass es einfach nicht genügt, nur das Drücken einer Taste registrieren zu können. Sie möchten in diesen Fällen zum Beispiel wissen, wann eine Taste wieder losgelassen wurde. Und genau dafür ist das *KeyUp*-Ereignis da. Und noch ein Argument spricht gegen ein einziges Tastaturereignis. Ist Ihnen bereits aufgefallen, dass einige Tasten gar kein *KeyPress*-Ereignis auslösen? Dazu gehören zum Beispiel alle Funktionstasten oder die Tasten [Alt], [Strg] und [⇧]. Stattdessen lösen diese Tasten nur ein *KeyDown*- und ein *KeyUp*-Ereignis aus. Vergleichen Sie einmal die Ereignisprozeduren des *KeyPress*- und des *KeyDown*-Ereignisses:

```
Private Sub Form_KeyDown(KeyCode As Integer, ↵
                               Shift As Integer)
```

und

```
Private Sub Form_KeyPress(KeyAscii As Integer)
```

Fällt Ihnen ein Unterschied auf? Richtig, dem *KeyDown*-Ereignis wird das Argument *KeyCode*, dem *KeyPress*-Ereignis dagegen das Argument *KeyAscii* übergeben (mehr zur Bedeutung der Argumente von Ereignisprozeduren in Kapitel 3.11). Bei *KeyAscii* handelt es sich um den so genannten ANSI-Zeichencode (auch wenn es Ascii heißt, ist damit ANSI gemeint). Der ANSI-Code ist ein weltweit genormter Code, der allen darstellbaren Zeichen eine Nummer zwischen 32 und 255 zuweist. Dadurch ist sichergestellt, dass die Zeichen auf allen Computersystemen gleich dargestellt werden. Der Buchstabe »A« besitzt zum Beispiel den ANSI-Code 65, der Buchstabe »B« den ANSI-Code 66 und der Buchstabe »a« den ANSI-Code 97. Funktionstasten, wie zum Beispiel die [F10]- oder die [⇧]-Taste, besitzen keinen ANSI-Code, aus diesem Grund lösen sie auch kein *KeyPress*-Ereignis aus. Für diese Tasten gibt es das *KeyDown*-Ereignis. Anstelle eines Zeichencodes wird hier ein Tastaturcode übergeben. Diese Nummer bezieht sich auf die gedrückte Taste und nicht auf das Zeichen, für das die Taste(nkombination) steht (das ist ein kleiner Unterschied). Drücken Sie zum Beispiel die Taste [A], erhalten Sie den Zeichencode 97 (den Zeichencode für das kleine a) und den Tastencode 65. Drücken Sie dagegen [⇧][A], erhalten Sie zunächst den Tastencode 16, aber keinen Zeichencode, da die [⇧]-Taste kein *KeyPress*-Ereignis auslöst. Dann folgen ein *KeyDown*- und ein *KeyPress*-Ereignis, die beide die Zahl 65 sowohl für den Tastaturcode als auch für den Zeichencode (diesmal für das große A) übergeben.

3.8.2 So viele Konstanten ...

Spätestens bei den Tastaturereignissen werden Sie den Umstand zu schätzen lernen, dass Visual Basic eine Vielzahl von Konstanten bereits vordefiniert enthält. Möchten Sie zum Beispiel im *KeyPress*-Ereignis feststellen, ob vom Benutzer die [↵]-Taste gedrückt wurde, müssen Sie sich nicht den Zeichencode der [↵]-Taste merken, sondern lediglich den Namen der Konstanten kennen:

```
Sub txtEingabe_KeyPress (KeyAscii As Integer)
    If KeyAscii = vbKeyEnter Then
```

Bei *vbKeyEnter* handelt es sich um eine vordefinierte Konstante, die für den Zeichen- bzw. Tastaturcode der Taste steht. Nicht nur für alle Tasten der (Standard-)Tastatur, auch für Farben und die Einstellmöglichkeiten der wichtigsten Eigenschaften gibt es vordefinierte Konstanten. Doch wo finde ich heraus, wie die einzelnen Konstanten heißen? Über den Objektkatalog, der jederzeit über die [F2]-Taste aufgerufen werden kann.

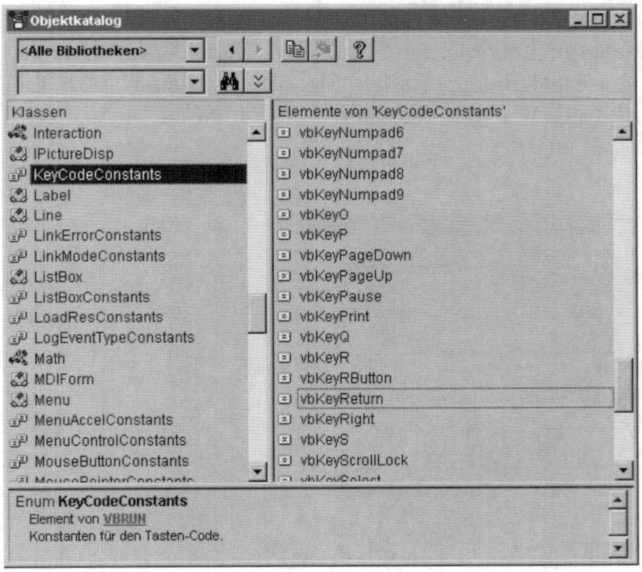

Bild 3.9: Im Objektkatalog werden auch alle vordefinierten Konstanten aufgelistet

Wählen Sie in der linken oberen Auswahl den Eintrag »Alle Bibliotheken«, und gehen Sie in die Auswahlliste in der linken Spalte mit der Überschrift »Klassen« alle Einträge durch, in denen der Begriff »Constants« auftaucht. Da gibt es »AlignConstants« (für die Einstellungen der *Align*-Eigenschaft), »BorderStyleConstants« (für die Einstellungen der *BorderStyle*-Eigenschaft) und eben auch »KeyCodeConstants« für alle Tastaturcodes. Wenn Sie wissen möchten, welchen Wert eine Konstante besitzt, müssen Sie sie lediglich in der rechten Spalte auswählen.

3.8.3 Die Ereignisse GotFocus und LostFocus

Auch das Verschieben des Eingabefokus hat ein Ereignis zur Folge. Genauer gesagt sind es sogar zwei Ereignisse. Erhält ein Steuerelement den Eingabefokus, ist ein *GotFocus*-Ereignis die Folge. Verliert es den Eingabefokus wieder, zum Beispiel weil der Benutzer die [Tab]-Taste gedrückt hat, ist ein *LostFocus*-Ereignis die Folge.

In einigen seltenen Fällen kann es passieren, dass ein *LostFocus-/GotFocus*-Ereignis »verschluckt«, das heißt nicht ausgelöst wird. Für die Eingabevalidierung sind beide Ereignisse zwar tauglich, aber nicht optimal geeignet. Möchten Sie den Inhalt eines Textfeldes überprüfen (validieren), bevor es den Fokus verliert, dann arbeiten Sie mit am besten mit dem (mit Visual Basic 6.0 eingeführten) *Validate*-Ereignis.

Labor 3-2: Tab-Reihenfolge

In diesem Labor lernen Sie die Bedeutung des Eingabefokus und der Tab-Reihenfolge kennen. Starten Sie das Programm *TABREIHENFOLGE.EXE* oder laden Sie das Projekt *TABREIHENFOLGE.VBP* in die IDE und führen Sie es aus.

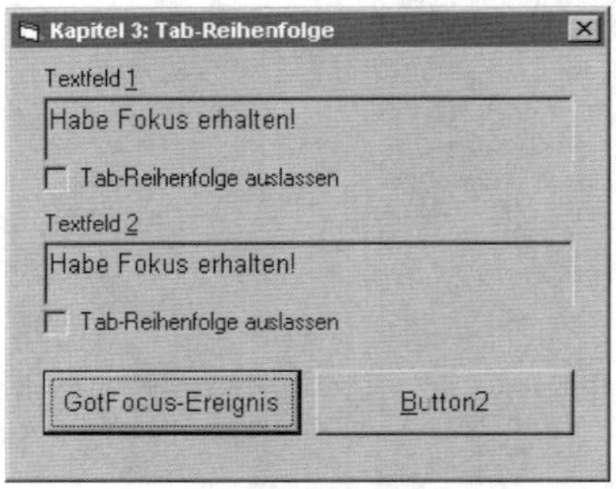

Bild 3.10: In diesem Labor lernen Sie die Tab-Reihenfolge kennen

Unmittelbar nach dem Start erhält das erste Textfeld den Eingabefokus. Drücken Sie die [Tab]-Taste, um den Fokus auf das nächste Steuerelement der Tab-Reihenfolge zu bewegen, und achten Sie auf die optische Veränderung in dem Steuerelement, das den Fokus erhalten hat. Über das Kontrollkästchen können Sie verhindern, dass eines der beiden Textfelder den Fokus über die [Tab]-Taste erhält. Dass der Benutzer den Eingabefokus durch Anklicken mit der Maus setzt, können Sie auf diese Weise nicht verhindern. Das Anklicken einer Schaltfläche führt zunächst zu einem *GotFocus*- und anschließend zu einem *Click*-Ereignis.

Kann ein Bezeichnungsfeld den Eingabefokus erhalten? Wenn nein, warum besitzt es dann eine *TabIndex*-Eigenschaft?

Ereignis	Was ist passiert?
KeyDown	Eine Taste wurde gedrückt, aber noch nicht wieder losgelassen. Es wird der Tastaturcode der gedrückten Taste übergeben.
KeyPress	Tritt zusätzlich zu KeyDown nach dem Drücken einer Taste auf, wenn es für diese Taste einen ASCII-Zeichencode gibt.
KeyUp	Eine gedrückte Taste wurde wieder losgelassen. Es wird der Tastaturcode der gedrückten Taste übergeben.

Tabelle 3.10: Die Tastaturereignisse in der Übersicht

3.8.4 Kann ein Formular Tastaturereignisse erhalten?

Im Prinzip ja, denn es besitzt die Ereignisse *KeyDown*, *KeyPress* und *KeyUp*. Allerdings werden Sie feststellen, dass diese Ereignisse in vielen Fällen scheinbar nicht funktionieren. Die Erklärung ist einfach. Ein Formular erhält nur dann Tastaturereignisse, wenn es entweder keine Steuerelemente besitzt oder alle Steuerelemente über *Enabled=False* deaktiviert wurden. Da dies aber nur selten möglich ist, gibt es bei einem Formular die *KeyPreview*-Eigenschaft. Besitzt sie den Wert *True*, werden Tastaturereignisse grundsätzlich zuerst beim Formular und anschließend bei jenem Steuerelement ausgelöst, das den Eingabefokus besitzt.

3.8.5 Bezeichnungsfelder und Textfelder als Team

Und noch eine Besonderheit soll Ihnen nicht vorenthalten werden. Auch Bezeichnungsfelder können eine Schnelltaste besitzen. Das erscheint zunächst als etwas merkwürdig, da Bezeichnungsfelder keinen Fokus erhalten können. Können sie auch nicht, doch betätigt der Benutzer die Schnelltaste eines Bezeichnungsfeldes, erhält jenes Steuerelement den Fokus, dessen *TabIndex*-Eigenschaft um eins größer ist als die *TabIndex*-Eigenschaft des Bezeichnungsfeldes. Diese Vorrichtung ist speziell für jenen Fall gedacht, in dem ein Bezeichnungsfeld ein Textfeld beschriftet. Indem Sie zum Beispiel der *TabIndex*-Eigenschaft des Bezeichnungsfeldes den Wert 2 und der *TabIndex*-Eigenschaft des Textfeldes den Wert 3 geben, erreichen Sie, dass Sie das Textfeld (das ja keine eigene Schnelltaste besitzen kann) über die Schnelltaste des Bezeichnungsfeldes ansteuern können. Sie müssen lediglich dafür sorgen, dass die einzelnen *TabIndex*-Eigenschaften die passenden Werte besitzen.

3.8.6 Wie werden Tastaturereignisse bei einem Formular ausgelöst?

Diese Frage dürfte Sie im Moment noch nicht so stark interessieren, sie stellt sich aber spätestens dann, wenn Sie zum Beispiel mehrere Textfelder auf einem Formular angeordnet haben und alle Textfelder auf das Drücken einer Taste, zum Beispiel der [F12]-Taste, auf die gleiche Weise reagieren sollen.

Muss ich nun jede *KeyPress*-Ereignisprozedur mit den gleichen Befehlen füllen? Natürlich nicht. Um zu erreichen, dass eine Tastatureingabe für alle Steuerelemente eines Formulars gilt, gibt es zwei Möglichkeiten:

1. Sie setzen die *KeyPreview*-Eigenschaft des Formulars auf *True*. In diesem Fall erhält zuerst das Formular die Tastaturereignisse und dann erst das Steuerelement, das den Eingabefokus besitzt.
2. Sie fassen die Steuerelemente zu einem Steuerelementefeld zusammen. In diesem Fall teilen sich alle Steuerelemente die Ereignisprozeduren, sodass Sie die Befehle nur einmal eingeben müssen. Das funktioniert aber nur mit Steuerelementen des gleichen Typs (Sie können daher zum Beispiel nur Textfelder oder Schaltflächen zusammenfassen). Mehr zu Steuerelementefeldern in Kapitel 6.1.

Labor 3-3: Tastaturereignisse bei einem Formular

In diesem Labor lernen Sie die Bedeutung der *KeyPreview*-Eigenschaft eines Formulars kennen. Starten Sie das Programm *KEYPREVIEW.EXE* oder laden Sie das Projekt *KEYPREVIEW.VBP* in die IDE und führen Sie es aus. Setzen Sie den Eingabefokus in eines der beiden Textfelder und betätigen Sie eine Taste. Wählen Sie nun die Option »KeyPreview=True« und wiederholen Sie den Vorgang. Wann erhält das Formular ein *KeyPress*-Ereignis?

3.9 Schriften in allen Variationen

Eine der wirklich netten Annehmlichkeiten bei Windows ist, dass jede Textausgabe in Wirklichkeit eine Grafikausgabe ist. Folglich sind Sie bei der Textausgabe weder auf einen Schrifttyp noch auf ein bestimmtes Aussehen beschränkt. Alle Textattribute werden über das *Font*-Objekt eingestellt (engl. »font« = Schriftart). Dieses Objekt heißt in »Wirklichkeit« übrigens *StdFont*-Objekt und ist ein von (OLE-)Automation definiertes Objekt. Während der Entwurfszeit klicken Sie dazu im Eigenschaftsfenster auf den Eintrag »Font«. Es erscheint ein Dialogfeld, in dem Sie alle wichtigen Schriftattribute einstellen können. Dazu gehören unter anderem:

- Der Name der Schriftart
- Die Größe der Schriftart (in Punkten)
- Die Schriftattribute Fett, Kursiv, Durchgestrichen und Unterstrichen

Nicht einstellbar sind spezielle Schriftattribute, wie zum Beispiel »tiefgestellt«. Diese Effekte können Sie zum Beispiel bei der Ausgabe in einem Bildfeld erzielen, indem Sie einzelnen Zeichen über die Eigenschaften *CurrentX* und *CurrentY* eine andere Position geben.

Natürlich können Sie sämtliche Schriftattribute auch während der Programmausführung ändern. Sie müssen dazu nur wissen, dass sich alle Eigenschaften, wie zum Beispiel *Bold* (fett), *Italic* (kursiv) oder *Underline* (unterstrichen) nicht direkt auf ein Textfeld oder Bezeichnungsfeld, sondern auf das *Font*-Objekt dieser Steuerelemente beziehen. Möchten Sie daher erreichen, dass der Inhalt des Bezeichnungsfeldes *lblAusgabe* unterstrichen wird, muss der dafür erforderliche Befehl wie folgt lauten:

```
lblAusgabe.Font.Underline = True
```

Jedes Steuerelement besitzt sein eigenes *Font*-Objekt, sodass Sie auf einem Formular die verschiedenen Schriftattribute beliebig kombinieren können.

Eigenschaft	Welches Schriftattribut wird eingestellt?
Bold	Fett
Underline	Unterstrichen
Italic	Kursiv
StrikeThrough	Durchgestrichen
Name	Schriftart (zum Beispiel »Times New Roman«)

Tabelle 3.11: Die wichtigsten Eigenschaften des Font-Objekts zum Einstellen von Schrifteigenschaften

Vermissen Sie in Tabelle 3.12 vielleicht die Schriftfarbe? Diese zählt nicht zu den Schriftattributen, sondern zu den Eigenschaften der Ausgabefläche und wird über die *ForeColor*-Eigenschaft eingestellt. Die Eigenschaft *BackColor* legt die Hintergrundfarbe der Ausgabefläche fest. Mehr zu den Farben in Kapitel 10.3.

3.10 Das Anzeigen von Bildern

Erst durch Bilder werden Benutzeroberflächen attraktiv. Bevor es um Details geht, muss kurz geklärt werden, was Programmierer unter einem »Bild« verstehen. Was für den Benutzer wie ein Bild erscheint, kann entweder eine Bitmap oder eine Metadatei sein. Eine Bitmap ist nichts anderes als eine Aneinanderreihung von Bildpunkten (auch Pixel genannt). Bekannte Dateiformate für Bitmaps sind BMP, GIF, JPEG oder PCX. Bis auf PCX werden alle diese Dateiformate von der Anzeige, dem Bildfeld und dem Formular unterstützt. Eine Metadatei enthält keine Bildpunkte, sondern »Anweisungen« zum Zeichnen des Bildes. Metadateien bieten gegenüber Bitmaps mindestens zwei Vorteile:

1. Sie sind sehr viel kleiner als Bitmaps, da die gespeicherten Anweisungen relativ wenig Platz einnehmen und unabhängig von der Größe und Farbtiefe sind.

2. Sie lassen sich nahezu beliebig vergrößern oder verkleinern, ohne dass die Qualität des Bildes leidet. Während man ein aus Bildpunkten zusammengesetztes Bild nur bedingt vergrößern kann, ist es bei einer Metadatei problemlos möglich, da die internen Anweisungen lediglich eine größere Fläche zeichnen müssen.

Metadateien liegen nahezu ausschließlich im WMF- oder EMF-Format vor. Wenn Metadateien so toll sind, warum bestehen nicht alle Bilder aus Metadateien? Ganz einfach, weil nur wenige Grafikprogramme Metadateien erstellen können und weil die Vorteile der Metadateien nur selten benötigt werden. Wenn Sie ein Bild mit Paint anfertigen, können Sie es nur im BMP-Format speichern (zu den Zeichenprogrammen, die auch das WMF-Format unterstützen, gehört zum Beispiel PaintShop Pro). Ein weiterer wichtiger Grund ist, dass Bitmaps im BMP-, GIF- oder JPEG-Format für viele Zwecke vollkommen ausreichend sind.

Möchten Sie in einem Formular ein Bild anzeigen, haben Sie dazu drei Möglichkeiten:

1. Die direkte Anzeige in der Innenfläche des Formulars.
2. Die Anzeige in einem Bildfeld.
3. Die Anzeige in einem Anzeige-Steuerelement.

Variante 1 kommt immer dann in Frage, wenn das Bild zum Hintergrundmuster des Formulars werden soll. Die Anzeige des Bildes geschieht durch Zuweisen eines Bildes an die *Picture*-Eigenschaft des Formulars. Doch wie muss man sich das vorstellen, wie passen eine Eigenschaft und ein Bild zusammen? Dazu muss etwas weiter ausgeholt werden. Bilder gehören, wie viele andere Dinge, zu internen »Windows-Objekten«, die über eine Nummer (die auch Bezugsnummer oder »Handle« heißt) angesprochen werden. Die *Picture*-Eigenschaft speichert daher nicht das Bild selber, sondern lediglich die interne Bezugsnummer des Bildes (das sich »irgendwo« im Arbeitsspeicher befindet – wo genau, spielt keine Rolle). Natürlich muss man eine solche Bezugsnummer erst einmal erhalten, denn die meisten Bilder liegen als Dateien auf der Festplatte vor. Diese Aufgabe übernimmt die *LoadPicture*-Funktion, die das Bild in einer angegebenen Datei in den Arbeitsspeicher lädt und eine Bezugsnummer auf das Bild zurückgibt (streng genommen handelt es sich bei *LoadPicture* um eine Methode des *StdOle*-Objekts, die Picture-Eigenschaft gibt stets ein *StdOLE*-Objekt zurück, doch ist diese Unterscheidung für die Praxis nicht relevant).

Übung 3-1: Kennenlernen des Bildfeldes

Probieren Sie aus, wie in einem Bildfeld ein Bild angezeigt wird.

1. Starten Sie Visual Basic und legen Sie ein Standard-EXE-Projekt an.

2. Ordnen Sie auf dem leeren Formular ein Bildfeld an und geben Sie der *Name*-Eigenschaft des Bildfeldes den Wert »picAusgabe«.
3. Wählen Sie im Eigenschaftsfenster zunächst das Bildfeld und anschließend die *Picture*-Eigenschaft aus. Klicken Sie auf die Schaltfläche mit den drei Punkten, um ein Dialogfeld zum Laden einer Datei zu öffnen.
4. Wählen Sie eine beliebige Datei aus (Visual Basic bietet in seinem *GRAPHICS*-Verzeichnis eine Fülle kleiner Bilder) und schauen Sie sich an, wie das Bild in dem Bildfeld angezeigt wird.

Natürlich können Sie ein Bild auch erst zur Programmausführungszeit anzeigen, indem Sie der *Picture*-Eigenschaft über die *LoadPicture*-Funktion die (interne) Bezugsnummer eines Bildes (StdPicture-Objekt) zuweisen:

```
picAusgabe.Picture = LoadPicture("C:\Programme\Vb\↵
Grapics\Icons\Misc\Face03.ico")
```

Bitte passen Sie den Pfad der Datei *FACE03.ICO* entsprechend an.

ACHTUNG

Sowohl das Bildfeld als auch die Anzeige unterstützen die wichtigsten Grafikformate: BMP, DIB, GIF, JPG, WMF, EMF, ICO und CUR. Nicht unterstützt werden leider animierte GIF-Dateien. Wenn Sie diese interessanten Animationen auf einem Formular darstellen möchten, müssen Sie sich ein Zusatzsteuerelement (z.B. *ANIGIF.OCX* aus dem Internet, etwa unter *www.download.com/PC/Activex*) besorgen.

HINWEIS

Möchten Sie den Wert der *Picture*-Eigenschaft während der Programmausführung löschen, müssen Sie dazu lediglich die *LoadPicture*-Funktion mit einem leeren Argument aufrufen:

```
Me.Picture = LoadPicture()
```

Labor 3-4: Anzeigen von Bildern

In diesem Labor lernen Sie den Umgang mit Bildern kennen. Starten Sie das Programm *BILDER ANZEIGEN.EXE* oder laden Sie das Projekt *BILDER ANZEIGEN.VBP* in die IDE und führen Sie es aus. In diesem Labor können Sie durch Anklicken der jeweiligen Schaltfläche (im Prinzip beliebige) Bilder wahlweise in ein Bildfeld, in eine Anzeige oder direkt in das Formular laden. Bei der Anzeige können Sie einstellen, ob sich das Bild automatisch an die Größe der Anzeige anpassen soll. Laden Sie eine WMF-Datei (zum Beispiel die ClipArts) in das Formular, werden Sie feststellen, dass es sich automatisch an die Größe des Formulars anpasst. Dies ist eine Eigenheit der WMF-Dateien und nicht des Formulars. Beim Bildfeld funktioniert es genauso, doch da Sie das Bildfeld während der Programmausführung nicht in der Größe ändern können (jedenfalls nicht ohne Tricks), sehen Sie es nicht.

MERKSATZ

Der Unterschied zwischen einem Bildfeld und einer Anzeige besteht darin, dass es sich bei einer Anzeige um ein Steuerelement handelt, das einzig und allein für die Anzeige von Bildern zuständig ist.

Mit der *Stretch*-Eigenschaft verfügt die Anzeige über die Möglichkeit, Bitmaps zu vergrößern oder zu verkleinern. Diese Eigenschaft gibt es bei einem Bildfeld nicht. Ein Bildfeld ist dagegen ein Mini-Formular, das im Prinzip alles das kann, was ein Formular auch kann. Geht es nur darum, Bilder anzuzeigen, ist ein Bildfeld »Verschwendung« (in Bezug auf die belegten Speicherressourcen) und die Anzeige daher die bessere Wahl.

Bild 3.11: Sowohl in Bildfeldern als auch in Anzeigen können Bilder ausgegeben werden

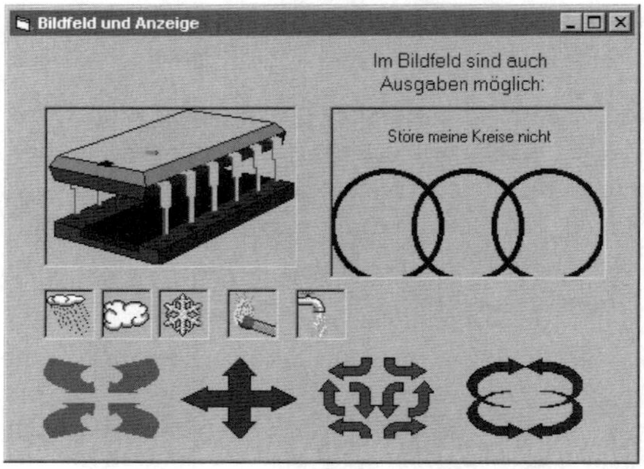

Übung 3-2: »Wettervorhersage« in Visual Basic

In der folgenden Übung sollen Sie nicht dem Wetteramt in Offenbach Konkurrenz machen (dort steht immerhin ein Superrechner der Marke Cray »im Keller«), sondern lediglich die Logik von Schaltflächen, das damit verbundene *Click*-Ereignis und das Anzeigen von Bildern kennen lernen.

Schritt 1 Starten Sie Visual Basic und legen Sie ein Standard-EXE-Projekt an.

Schritt 2 Geben Sie dem Formular den Namen »frmHaupt«, in dem Sie diesen Namen im Eigenschaftsfenster in die rechte Spalte des Eintrags »(Name)« eintragen (das Betätigen der [↵]-Taste ist nicht erforderlich).

Schritt 3 Geben Sie dem Formular die Überschrift »Kapitel 3: Wettervorhersage«, indem Sie diesen Text im Eigenschaftsfenster in die rechte Spalte des Eintrags »Caption« eintragen.

Ordnen Sie auf dem Formular auf der linken Seite untereinander vier Schaltflächen an. Geben Sie diesen durch Setzen der *Name*-Eigenschaft die Namen »cmdSonne«, »cmdRegen«, »cmdSchnee« und »cmdGemischt«. Dies sind die Namen, über die Schaltflächen später im Programm angesprochen werden können. *Schritt 4*

Setzen Sie die *Caption*-Eigenschaft der vier Schaltflächen auf die Werte »&Sonne«, »&Regen«, »S&chnee« und »&Gemischt«. Diese vier Texte sollen in den Schaltflächen erscheinen. *Schritt 5*

Ordnen Sie auf dem Formular auf der rechten Seite eine Anzeige an. Geben Sie ihr über ihre *Name*-Eigenschaft im Eigenschaftsfenster den Namen *imgBild*. *Schritt 6*

Setzen Sie die *Stretch*-Eigenschaft der Anzeige auf den Wert *True*. Dadurch wird erreicht, dass sich eine geladene Bitmap automatisch an die Größe der Anzeige anpasst. *Schritt 7*

Öffnen Sie über die [F7]-Taste das Programmcodefenster. Wählen Sie als erstes die Ereignisprozedur *cmdSonne_Click* aus, indem Sie in der linken Auswahlliste den Eintrag »cmdSonne« und in der rechten Auswahlliste den Eintrag »Click« auswählen. Geben Sie in den Prozedurrahmen folgenden Befehl ein: *Schritt 8*

```
imgBild.Picture = LoadPicture _↵
("C:\Programme\VB\Graphics\Icons\Elements\Sun.ico")
```

Bitte vergleichen Sie den hier angegebenen Pfad mit dem Verzeichnispfad auf Ihrem PC. Sollte es Unterschiede geben, tragen Sie bitte Ihren Pfad an dieser Stelle und in den nächsten drei Schritten ein.

Geben Sie in den Prozedurrahmen der Ereignisprozedur *cmdRegen_Click* folgenden Befehl ein: *Schritt 9*

```
imgBild.Picture = LoadPicture _↵
("C:\Programme\VB\Graphics\Icons\Elements\Rain.ico")
```

Geben Sie in den Prozedurrahmen der Ereignisprozedur *cmdSchnee_Click* folgenden Befehl ein: *Schritt 10*

```
imgBild.Picture = LoadPicture _ ↵
("C:\Programme\VB\Graphics\Icons\Elements\Snow.ico")
```

Geben Sie in den Prozedurrahmen der Ereignisprozedur *cmdGemischt_Click* folgenden Befehl ein: *Schritt 11*

```
imgBild.Picture = LoadPicture _ ↵
("C:\Programme\VB\Graphics\Icons\Elements\Cloud.ico")
```

Starten Sie das Programm. Wenn Sie alles richtig umgesetzt haben, sollte nach Anklicken einer der vier Schaltflächen das entsprechende Symbol in der Anzeige erscheinen. *Schritt 12*

Bild 3.12: Die Wettervorhersage in Aktion.

Wie lässt sich die Angabe der vier Pfadnamen etwas vereinfachen, sodass nicht jedesmal der komplette Pfadname aufgeführt werden muss?

3.11 Auswerten von Mauseingaben

Sie werden es sich wahrscheinlich schon gedacht haben: Auch die verschiedenen Mausaktivitäten lösen Ereignisse aus. Das wichtigste Mausereignis ist das *Click*-Ereignis, das Sie bereits im Zusammenhang mit der Schaltfläche kennen gelernt haben. Als direkten Verwandten besitzt es das *DblClick*-Ereignis, das durch einen (bei Windows 98 inzwischen nicht mehr erforderlichen) Doppelklick ausgelöst wird. Doch beide besitzen einen kleinen Nachteil: Sie erfahren nicht, wo sich der Mauszeiger zum Zeitpunkt des Klicks bzw. Doppelklicks (bei dem es sich um eine kurze Aufeinanderfolge zweier Klicks handelt) befindet. Sind Sie an diesen Informationen interessiert, müssen Sie statt dessen (oder zusätzlich) das *MouseDown*-Ereignis auswerten. Neben der X- und Y-Position des Mauszeigers (bezogen auf das Koordinatensystem des Containers – mehr dazu in Kapitel 10) gibt es auch die gedrückte(n) Maustaste(n) und den Zustand der [Alt]-, [⇧]- und [Strg]-Taste an. Eine Übersicht über alle wichtigen Mausereignisse gibt Tabelle 3.13.

Es ist sehr interessant und lehrreich, sich einmal den Prozedurrahmen der *MouseMove*-Prozedur anzuschauen:

```
Private Sub Form_MouseMove(Button As Integer, ↵
Shift As Integer, X As Single, Y As Single)

End Sub
```

Dies ist der Rahmen einer typischen VB-Prozedur, der in Kapitel 5 ausführlich vorgestellt wird. Achten Sie im Moment nur auf den Inhalt der Klammern. Was Sie hier sehen, sind die so genannten Argumente, die beim Aufruf der Prozedur übergeben werden. Insgesamt besitzt die Prozedur *Form_MouseMove* vier Argumente, die in Tabelle 3.12 aufgelistet werden.

Argument	Bedeutung
Button	Gibt an, welche Maustaste gedrückt wurde.
Shift	Gibt an, ob die Tasten [⇧], [Strg] oder [Alt] gedrückt wurden.
X	Gibt die X-Koordinate des Mauszeigers an.
Y	Gibt die Y-Koordinate des Mauszeigers an.

Tabelle 3.12: Die vier Argumente der MouseMove-Ereignisprozedur

Über die vier Argumente teilt Visual Basic dem Programm weitere Einzelheiten über das Ereignis mit. Wieso Visual Basic? Ganz einfach, weil die Prozedur *MouseMove* nicht durch das Programm, sondern von Visual Basic aufgerufen wird. Schön und gut, doch wie kann ich die Argumente im Programm benutzen? Auch das ist einfach, denn wie alle Argumente sind auch die Argumente der *MouseMove*-Prozedur nichts anderes als (lokale) Variablen (deren Namen Sie auch ändern können). Möchten Sie zum Beispiel wissen, ob sich der Mauszeiger in der linken Hälfte des Formulars befindet, könnte die Abfrage wie folgt aussehen:

```
If X < Me.ScaleWidth \2 Then
```

Bei X handelt es sich um das übergebene Argument, *Me* steht für das Formular und *ScaleWidth* für eine Eigenschaft des Formulars, die die Breite der Innenfläche angibt. Auch wenn X nirgendwo im Programm durch eine Zuweisung einen Wert erhält, besitzt es automatisch einen Wert. Dieser hängt von der aktuellen Position des Mauszeigers ab.

Etwas kniffliger ist es herauszufinden, ob zum Beispiel die rechte Maustaste gedrückt wurde. Das dafür zuständige Argument *Button* besitzt einen Wert, der von der gedrückten Maustaste abhängt:

0 Es wurde keine Maustaste gedrückt.

1 Es wurde die linke Maustaste gedrückt.

2 Es wurde die rechte Maustaste gedrückt.

3 Es wurden die rechte und die linke Maustaste gleichzeitig gedrückt.

4 Es wurde die mittlere Maustaste (bzw. das Rädchen) gedrückt.

5 Es wurden die linke und die mittlere Maustaste gedrückt.

6 Es wurden die rechte und die mittlere Maustaste gedrückt.

7 Es wurden alle drei Maustasten gedrückt (schwierig, aber möglich).

Das etwas Knifflige an dem Button-Argument ist nun, dass sich die Zahlen aus der Addition der ersten drei Bits ergeben. Bit Nr. 0 steht für die Zahl 1, Bit Nr. 2 für die Zahl 2 und Bit Nr. 3 nicht für die Zahl 3, sondern für 4 (es geht dabei immer um Potenzen von 2). Links und Mitte gleichzeitig gedrückt bedeutet daher z.B. 2 hoch 0 = 1 plus 2 noch 2=4, macht zusammen 5. Der Gesamtwert von Button ergibt sich immer aus der Summe der ersten drei Bits (die übrigen Bits spielen zum Glück keine Rolle). Möchten Sie daher wissen, welche der drei Maustasten der Anwender gedrückt hat, müssen Sie abfragen, ob Button den Wert 0 (keine gedrückt), 1 (linke Maustaste) oder 4 (rechte Maustaste) besitzt. Möchten Sie zusätzlich herausfinden, ob der Anwender die linke und die rechte Maustaste gedrückt hat, müssen Sie mit dem AND-Operator arbeiten, der gezielt auf ein einzelnes Bit prüft. Hier ein Beispiel. Der Ausdruck

```
Button And 2
```

verknüpft den Wert von Button nach der UND-Regel mit 2. Die Zahl 2 wird binär wie folgt geschrieben: 00000010. Folglich bleibt nur die zweite 1 von links »stehen«, sofern diese bereits stand. Alle übrigen Bits gehen durch die Verknüpfung auf 0. Damit prüft der folgende Ausdruck, ob die rechte Maustaste gedrückt ist und zwar unabhängig vom Zustand der übrigen Tasten (Bits):

```
If (Button And vbRightButton) <> 0 Then
  Msgbox "Rechte Maustaste wurde gedrückt"
End If
```

Doch Moment, was hat vbRightButton zu bedeuten? Dabei handelt es sich einfach um eine Konstante, die für die Zahl 2 steht. Denken Sie bitte an die Klammern, denn der AND-Operator besitzt eine niedrigere Priorität als der <>-Operator, sodass ohne die Klammern zuerst der Vergleich und dann die Verknüpfung ausgeführt würden.

Hier noch eine kleine Funktion, die eine Zahl in ihren Bitwert umwandelt und als String zurückgibt:

```
Function BitByBit(Wert As Integer) As String
  Dim i As Integer
  For i = 15 To 0 Step -1
    If (Wert And 2 ^ i) <> 0 Then
      Bit = Bit & "1"
    Else
      Bit = Bit & "0"
    End If
  Next
End Sub
```

Der Aufruf von

```
Bit(15)
```

ergibt

```
00001111
```

Tabelle 3.13: Die wichtigsten Mausereignisse

Ereignis	Was ist passiert?
Click	Steuerelement wurde mit der linken Maustaste angeklickt.
DblClick	Steuerelement wurde mit der linken Maustaste doppelt angeklickt.
MouseMove	Mauszeiger wurde in der Innenfläche des Steuerelements bewegt.
MouseDown	Maustaste wurde gedrückt.
MouseUp	Maustaste wurde wieder losgelassen.

Labor 3-5: Mausereignisse

In diesem Labor lernen Sie die Rolle der Mausereignisse kennen. Starten Sie das Programm *MAUSEREIGNISSE.EXE* oder laden Sie das Projekt *MAUSEREIGNISSE.VBP* und führen Sie es aus. Sie sehen ein Formular, bei dem Sie auf eine Vielzahl von »Dingen« klicken können. Bewegen Sie als Erstes den Mauszeiger innerhalb des Formulars und achten Sie auf die Mauskoordinaten, die in der rechten oberen Ecke angezeigt werden. In welchem Bereich bewegen sich diese Werte und wann werden sie nicht aktualisiert? Sie werden feststellen, dass sie nicht immer aktualisiert werden, und zwar immer dann nicht, wenn sich der Mauszeiger über einem anderen Steuerelement befindet. Der Grund: Die Mausereignisse beziehen sich immer auf ein Steuerelement oder auf das Formular. Befindet sich der Mauszeiger in der Innenfläche eines Steuerelements, erhält das Steuerelement die Mausereignisse und nicht das Formular. Das Gleiche gilt auch für die Klick-Ereignisse. Eine interessante Ausnahme ist die rechteckige Fläche in der linken unteren Ecke. Diese wird nämlich durch ein Figurensteuerelement dargestellt. Da dieses Steuerelement keine Ereignisse empfangen kann, werden die Ereignisse an das Formular weitergereicht.

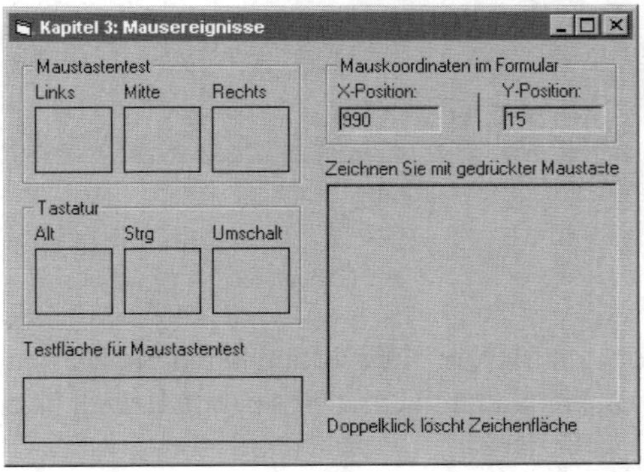

Bild 3.13: Dieses Labor macht die Rolle der Mausereignisse sichtbar

3.12 Beispiel: Zinsrechner

Jetzt ist es an der Zeit, die neuen Befehle der letzten Abschnitte an einem hoffentlich interessanten Beispiel zusammenzufassen. Das Beispielprogramm, das in diesem Abschnitt Schritt für Schritt umgesetzt werden soll, ist ein kleiner Zinsrechner, der aus den drei Eingabewerten:

- Startkapital
- Zinssatz
- Laufzeit

die Kapitalentwicklung für jedes Jahr in einem Textfeld ausgibt. Mit Hilfe dieses kleinen Programms können Sie verfolgen, wie sich ein beliebiger Geldbetrag bei einem festen Zinssatz über die Jahre entwickelt. Sehr viel wichtiger ist natürlich, dass Sie ein weiteres Mal die Gelegenheit erhalten, mehr über die Programmierung mit Visual Basic zu lernen und die Erkenntnisse der letzten Abschnitte auszuprobieren. Da es auch diesmal wieder eine Schritt-für-Schritt-Anleitung gibt, kann eigentlich nicht viel schief gehen. Sie müssen lediglich wissen, wie Sie bei einem Formular und bei Steuerelementen Eigenschaften ändern, da dies bei den folgenden Schritten nicht mehr im Detail erklärt wird.

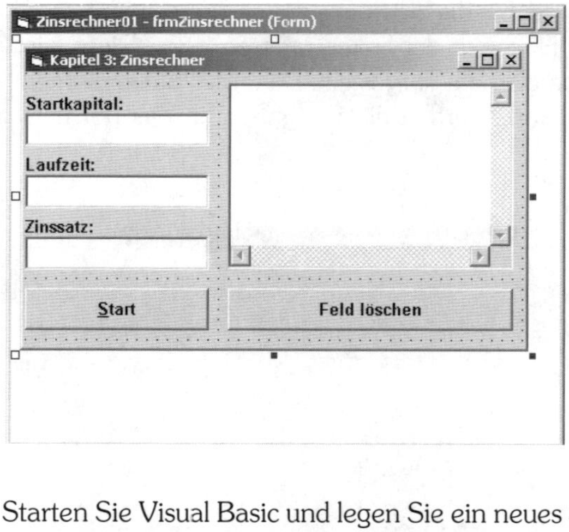

Bild 3.14: So soll der fertige Zinsrechner aussehen

Schritt 1 Starten Sie Visual Basic und legen Sie ein neues Standard-Exe-Projekt an. Sie erhalten dadurch ein leeres Formular, auf dem sich noch keine Steuerelemente befinden.

Schritt 2 Geben Sie der *Name*-Eigenschaft des Formulars den Wert »frmZinsrechner«. Geben Sie der *Caption*-Eigenschaft des Formulars den Wert »Kapitel 3 – Ein einfacher Zinsrechner«.

Stellen Sie über die *Font*-Eigenschaft des Formulars als Schriftart »Arial« und als Schriftgröße 12 Punkt ein. Das bewirkt, dass alle Steuerelemente, die im Folgenden auf dem Formular angeordnet werden, diese Einstellung übernehmen. *Schritt 3*

Öffnen Sie mit [Strg][R] das Projektfenster. Klicken Sie den Eintrag »Projekt1« (dies ist das Projekt als Ganzes) an und drücken Sie [F4]. Sie öffnen damit das Eigenschaftenfenster mit den Eigenschaften des Projekts. Tragen Sie bei »(Name)« (es ist der einzige Eintrag) den Wert »Zinsrechner01« ein. Sie haben damit dem Projekt einen anderen Namen gegeben. Das ist zwar nicht zwingend erforderlich, führt aber dazu, dass später beim Speichern dieser Name und nicht »Projekt1« vorgeschlagen wird. Das wiederum hilft, Verwechslungen zu vermeiden. *Schritt 4*

Ordnen Sie auf dem Formular drei Textfelder untereinander an (Bild 3.14), indem Sie dreimal jeweils ein Textfeld aus der Werkzeugsammlung selektieren und es auf dem Formular anordnen. Tragen Sie bei der *Name*-Eigenschaft der einzelnen Textfelder jeweils »txtStartkapital«, »txtLaufzeit« und »txtZinssatz« ein, sodass jedes der drei Textfelder einen eigenen Namen erhält. *Schritt 5*

Löschen Sie bei jedem der drei Textfelder nacheinander die *Text*-Eigenschaft, sodass der Inhalt jedes Textfeldes verschwindet. *Schritt 6*

Ordnen Sie oberhalb jedes der drei Textfelder ein Bezeichnungsfeld an. Geben Sie der *Caption*-Eigenschaft der drei Bezeichnungsfelder die Werte »Startkapital«, »Laufzeit« und »Zinssatz«, sodass jedes der drei Bezeichnungsfelder eine eigene Inschrift erhält. Die *Name*-Eigenschaft müssen Sie nicht ändern, da die Bezeichnungsfelder rein passiv bleiben. *Schritt 7*

Ordnen Sie rechts neben den drei Textfeldern ein weiteres Textfeld so an, dass es in seiner Höhe die drei Textfelder abdeckt. Die Breite des Textfeldes sollten Sie so wählen, dass sich ein ganzer Satz anzeigen lässt (also nicht zu schmal – orientieren Sie sich dabei an Bild 3.14). *Schritt 8*

Geben Sie der *Name*-Eigenschaft des Textfeldes den Wert »txtErgebnis«. Setzen Sie die *MultiLine*-Eigenschaft auf den Wert *True*, damit eine mehrzeilige Ausgabe möglich wird. Stellen Sie in der Auswahlliste der *ScrollBars*-Eigenschaft den Wert »3 - Beides« ein – dadurch wird eine horizontale und eine vertikale Bildlaufleiste angezeigt. Löschen Sie jetzt noch den Wert der *Text*-Eigenschaft. *Schritt 9*

Ordnen Sie unterhalb der drei untereinander liegenden Textfelder eine Schaltfläche an. Geben Sie der *Name*-Eigenschaft den Wert »cmdStart«. Geben Sie der *Caption*-Eigenschaft den Wert »&Start«. Das kaufmännische Und bewirkt, dass der folgende Buchstabe unterstrichen angezeigt wird und die Schaltfläche alternativ über die Tastenkombination [Alt][S] ausgelöst werden kann. *Schritt 10*

Schritt 11 Ordnen Sie unterhalb des großen Textfeldes eine Schaltfläche an. Geben Sie der *Name*-Eigenschaft den Wert »cmdLöschen«. Geben Sie der *Caption*-Eigenschaft den Wert »&Feld Löschen«. Das kaufmännische Und bewirkt hier, dass die Schaltfläche alternativ über die Tastenkombination [Alt][F] ausgelöst werden kann.

Schritt 12 Damit ist die Benutzeroberfläche des Zinsrechners (endlich) fertig. Nun geht es mit der Programmierung weiter. Drücken Sie die [F7]-Taste, um das Programmcodefenster des Formulars sichtbar zu machen. Wählen Sie aus der linken Auswahlliste den Eintrag »cmdStart« und aus der rechten Auswahlliste den Eintrag »Click« (er ist bereits voreingestellt). Damit wird der Prozedurrahmen der Ereignisprozedur *cmdStart_Click* angezeigt. Diese Prozedur wird immer dann aufgerufen, wenn der Benutzer die Schaltfläche *Start* anklickt. Geben Sie in den Prozedurrahmen die folgenden Befehle ein:

```
Dim intJahre As Integer, intLaufzeit As Integer
Dim sngZinssatz As Single, curKapital As Currency
intLaufzeit = txtLaufzeit.Text
curKapital = txtStartKapital.Text
sngZinssatz = txtZinssatz.Text
txtErgebnis.Text = txtErgebnis.Text & Format(curKapital, "Currency") _
  & " Startkapital bei " & sngZinssatz & "%" & vbCrLf
For intJahre = 1 To intLaufzeit
    curKapital = curKapital * (1 + sngZinssatz / 100)
    txtErgebnis.Text = txtErgebnis.Text & "Laufzeit: " & intJahre _
    & " Jahre = " & Format(curKapital, "Currency") & vbCrLf
Next
```

Keine Sorge, auch wenn das nach recht komplizierter Programmierung aussehen mag, dahinter verbergen sich relativ einfache VB-Befehle. Achten Sie bei der Eingabe bitte darauf, dass in dem Listing zwei Befehlszeilen mit einem Unterstrich (_) versehen wurden, da die Befehlszeile nicht vollständig in eine »Buchzeile« gepasst hat. Sie können bei der Eingabe den Unterstrich weglassen und die Befehlszeile in der gleichen Bildschirmzeile fortführen. Sie können aber auch das Zeilenumbruchzeichen eingeben, die [↵]-Taste drücken und eine neue Bildschirmzeile beginnen. Vergessen Sie in diesem Fall aber nicht, dass vor dem Unterstrich stets ein Leerzeichen stehen muss und dass der Unterstrich nicht innerhalb einer Zeichenkette (also zwischen zwei Anführungszeichen) stehen darf.

Schritt 13 Wählen Sie aus der linken Auswahlliste den Eintrag »cmdFeldLöschen« und aus der rechten Auswahlliste den Eintrag »Click« (er ist ebenfalls bereits voreingestellt). Damit wird der Prozedurrahmen der Ereignisprozedur *cmdFeldLöschen_Click* angezeigt. Diese Prozedur wird immer dann aufgerufen, wenn der Benutzer die Schaltfläche *Feld löschen* anklickt. Geben Sie in den Prozedurrahmen den folgenden Befehl ein:

```
txtErgebnis.Text = ""
```

Das war einfach. Dieser Befehl sorgt dafür, dass der Inhalt des Textfeldes *txtErgebnis* gelöscht wird.

Schritt 14

Gleich ist es geschafft. Nun soll noch dafür gesorgt werden, dass in den drei Textfeldern Anfangswerte stehen, und dass in dem Textfeld *txtErgebnis* keine Eingabe möglich ist, denn es dient lediglich für die Ausgabe der Ergebnisse. Dies wird durch Setzen der *Locked*-Eigenschaft auf *True* erreicht. Diese Befehle sollen bereits beim Laden des Formulars, also in der Ereignisprozedur *Form_Load*, ausgeführt werden. Wählen Sie aus der linken Auswahlliste den Eintrag »Form« und aus der rechten Auswahlliste den Eintrag »Load« (er ist bereits voreingestellt). Damit wird der Prozedurrahmen der Ereignisprozedur *Form_Load* angezeigt. Diese Prozedur wird beim Laden des Formulars, also beim Programmstart, aufgerufen. Geben Sie in den Prozedurrahmen die folgenden Befehle ein:

```
txtZinssatz.Text = "5,5"
txtLaufzeit.Text = "10"
txtStartKapital.Text = "5000"
txtErgebnis.Locked = True
```

Schritt 15

Fertig. Starten Sie das Programm über die F5-Taste. Visual Basic bietet Ihnen in einem Dialogfeld die Gelegenheit, das Formular und die Projektdatei zu speichern. Speichern Sie das Formular unter dem Namen »frmZinsrechner01« (der Name ist zwar frei wählbar, sollte aber etwas über die Funktion des Formulars aussagen) und das Projekt unter dem Namen »Zinsrechner01«. Die Erweiterungen *.Frm* bzw. *.Vbp* werden automatisch angehängt. Ging alles gut, erscheint das Formular (Bild 3.15).

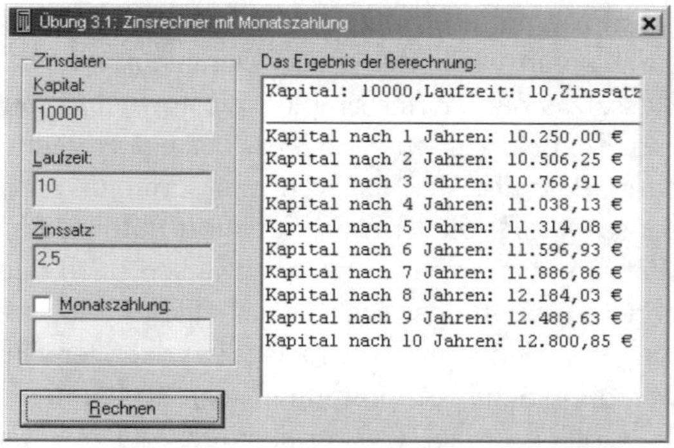

Bild 3.15: Der Zinsrechner in Aktion

Da die drei Textfelder bereits voreingestellte Werte enthalten, können Sie die *Start*-Schaltfläche anklicken. Haben Sie alles richtig eingegeben, sollte nun die Kapitalentwicklung für jedes Jahr angezeigt werden. Möchten Sie eine erneute Berechnung, z.B. mit einem anderen Zinssatz (achten Sie bitte darauf, für das Dezimaltrennzeichen ein Komma bzw. allgemein das über die Systemsteuerung eingestellte Zeichen zu verwenden), durchführen, ändern Sie das entsprechende Textfeld. Soll die alte Ausgabe gelöscht werden, klicken Sie auf die Schaltfläche *Feld löschen*.

HINWEIS

Damit in der ListBox auch das €-Zeichen erscheint, muss ein Zeichensatz gewählt werden, in dem es enthalten ist. Vorteilhaft ist Courier New, da hier alle Zeichen gleich breit sind und sich daher eine tabellenähnliche Ausgabe ergibt. Dafür, dass automatisch das €-Zeichen erscheint, sorgt die Format-Funktion die mit dem Formatnamen »Currency« aufgerufen wird.

3.12.1 Wie funktioniert der Zinsrechner?

Der Zinsrechner fällt bereits in die Kategorie »mittelschwere« Übung. Viele der verwendeten Befehle können Sie noch nicht kennen, sie werden in den folgenden Kapiteln erklärt. Sehen Sie diese Übung in erster Linie als eine Art »Prüfstein« für Ihren Lernfortschritt. Indem Sie sich beim Durcharbeiten der folgenden Kapitel immer wieder den Zinsrechner vornehmen, können Sie überprüfen, was Sie in der Zwischenzeit dazugelernt haben. Spätestens nach Durcharbeiten von Kapitel 10, dem letzten Grundlagenkapitel des Buches, sollte jeder Befehl des Zinsrechners klar sein. Hier die Programmbeschreibung in aller Kürze. Als Erstes werden die in den drei Textfeldern eingegebenen Werte (bei denen es sich um Zahlen handeln muss, sonst ist ein Laufzeitfehler die Folge) Variablen zugewiesen. Diese Variablen wurden zuvor über einen *Dim*-Befehl bekannt gemacht, wobei jede Variable einen Datentyp (z.B. *Integer* für ganze Zahlen) besitzt. Das ist nicht zwingend erforderlich, ist aber bei erfahrenen Visual-Basic-Programmierern üblich. Nachdem das Startkapital und der Zinssatz zur Kontrolle in dem Textfeld ausgegeben werden, startet eine Programmschleife, die für jedes Jahr der angegebenen Laufzeit einmal durchlaufen wird. Bei jedem Durchlauf wird das Kapital entsprechend des Zinssatzes nach einer simplen Zinsformel erhöht. Der aktuelle Wert wird in dem Textfeld ausgegeben. Dass das Ganze recht komplex geworden ist, liegt darin, dass die Ausgabe nicht nur stimmen, sondern auch gut aussehen soll. So sorgt z.B. die *Format*-Funktion dafür, dass die Variable *curKapital* als Währungsbetrag, d.h. mit zwei Stellen nach dem Komma und einem angehängten Währungszeichen (vermutlich »DM«, wenn dies in der Systemsteuerung von Windows so festgelegt wurde). Der Zinsrechner hätte also auch ein wenig einfacher programmiert werden können, doch dann wäre vermutlich die Optik sehr viel weniger ansprechend gewesen.

3.12.2 Der Zinsrechner erhält eine Eingabeüberprüfung

Vertrauen ist bekanntlich gut, Kontrolle ist meistens besser. Dieses Sprichwort trifft vor allem auf Programmierer zu, die in einem ständigen Clinch mit ihren fiktiven Benutzern liegen. Auf der einen Seite möchten sie ihren Benutzern ein möglichst leistungsfähiges und komfortabel zu bedienendes Programm bieten. Auf der anderen Seite trauen Programmierer ihren Benutzern alle nur denkbaren Fehltritte zu und versuchen daher, ihr Programm möglichst »benutzersicher« zu machen, damit keiner der Fehltritte zu einer Fehlfunktion führt und das Programm wirklich DAU-sicher wird (DAU = »Dümmster Anzunehmender User« – das Attribut »dumm« ist keineswegs abwertend gemeint, Programmierer sind meistens recht direkt). Bei unserem Zinsrechner ist es für einen unbedarften Benutzer kein Problem, das Programm zu verwirren. Geben Sie einfach einen Buchstaben für das Startkapital ein oder lassen Sie eines der drei Textfelder leer und klicken Sie auf die Schaltfläche. Eine Fehlermeldung mit anschließender Programmunterbrechung ist die unangenehme Folge. Das darf natürlich im »richtigen Leben« nicht passieren. Zum Glück ist es relativ einfach, ein Programm, zumindestens was die Eingaben angeht, »wasserdicht« zu machen. Im konkreten Fall der drei Textfelder muss lediglich gewährleistet sein, dass vor dem Anklicken der Schaltfläche drei Zahlen eingegeben wurden. Das kann auf verschiedene Weisen geschehen:

- Unmittelbar nach der Eingabe. In diesem Fall benutzen Sie das *KeyPress*-Ereignis bei einem Textfeld, um bestimmte Zeichen (etwa Buchstaben) erst gar nicht zuzulassen (d.h. in die *Text*-Eigenschaft zu übernehmen), indem Sie das übergebene Argument abfragen, mit den Zeichencodes für Zahlen (48 bis 57 für 0 bis 9) vergleichen und das Argument *KeyAscii* immer dann auf 0 setzen, wenn das eingegebene Zeichen nicht angezeigt werden soll. Das mag sich am Anfang ein wenig kompliziert anhören, ist es aber nicht.
- Wenn das Textfeld den Eingabefokus verliert. In diesem Fall benutzen Sie das *GotFocus*-Ereignis des Textfeldes, um den Wert der *Text*-Eigenschaft zu überprüfen.
- Kurz bevor die Berechnung ausgeführt wird. In diesem Fall lassen Sie den Benutzer zunächst eingeben, was er (oder sie) will. Wird die Schaltfläche angeklickt, weisen Sie den Inhalt der drei Textfelder den Variablen zu und überprüfen jede Variable einzeln.

Für welche der drei Möglichkeiten (es gibt sicher noch mehr Varianten) Sie sich entscheiden, ist eine Frage des Geschmacks, des Programmierstils und der spezifischen Vor- und Nachteile, die die einzelne Methode mit sich bringt. Im Folgenden wird lediglich die dritte Variante vorgestellt, da sie sich in einer einzigen Ereignisprozedur erledigen lässt. Allerdings verwendet sie mit dem *If*-Befehl (wieder) einen Befehl, den Sie offiziell erst in Kapitel 4 kennen lernen.

Hier ist also eine verbesserte *cmdStart_Click*-Ereignisprozedur, die alle Eingabefehler in den drei Textfeldern abfängt und nicht nur eine entsprechende Meldung ausgibt, sondern (über die *SetFocus*-Methode des Textfeldes) die Eingabemarke auch in das Textfeld mit der fehlerhaften Eingabe setzt:

```
Private Sub cmdStart_Click()
    Dim intJahre As Integer, intLaufzeit As Integer
    Dim sngZinssatz As Single, curKapital As Currency
    If IsNumeric(txtLaufzeit.Text) = True Then
       intLaufzeit = txtLaufzeit.Text
    Else
       MsgBox Prompt:="Bitte für die Laufzeit eine Zahl eingeben!"
       txtLaufzeit.SetFocus
       Exit Sub
    End If
    If IsNumeric(txtStartKapital.Text) = True Then
       curKapital = txtStartKapital.Text
    Else
       MsgBox Prompt:="Bitte für das Startkapital eine Zahl eingeben!"
       txtStartKapital.SetFocus
       Exit Sub
    End If
    If IsNumeric(txtZinssatz.Text) = True Then
       sngZinssatz = txtZinssatz.Text
    Else
       MsgBox Prompt:="Bitte für den Zinssatz eine Zahl eingeben!"
       txtZinssatz.SetFocus
       Exit Sub
    End If
    txtErgebnis.Text = txtErgebnis.Text & Format(curKapital, "Currency") _
     & " Startkapital bei " & sngZinssatz & "%" & vbCrLf
    For intJahre = 1 To intLaufzeit
        curKapital = curKapital * (1 + sngZinssatz / 100)
        txtErgebnis.Text = txtErgebnis.Text & "Laufzeit: " & intJahre _
        & " Jahre = " & Format(curKapital, "Currency") & vbCrLf
    Next
End Sub
```

Sie sehen, die Sicherheitsabfragen machen die Prozedur gleich deutlich umfangreicher (an den Rechenbefehlen hat sich nichts geändert). Sie sind allerdings erforderlich, möchte man erreichen, dass Eingabefehler keinen Programmabbruch nach sich ziehen. Willkommen in der Welt des Programmierens. Zum Glück sind die eingebauten Abfragen recht überschaubar, zumal jedes der drei Textfelder auf die gleiche Weise geprüft wird. Über die VB-Funktion *IsNumeric* wird in allen drei Fällen festgestellt, ob die Variable überhaupt eine Zahl enthält (also numerisch ist). Dies wäre nicht der Fall, wenn der Benutzer einen Buchstaben oder gar nichts (also eine leere Zeichenkette) eingegeben hätte. Es ist wichtig zu verstehen, dass die *IsNumeric*-Funktion aufgerufen werden muss, bevor der Inhalt der *Text*-Eigenschaft einer Variablen zugewiesen wird. Enthält z.B. das Textfeld *txtStartkapital* einen nicht numerischen Wert und wird dieser eine Variablen vom Typ *Currency* (der Datentyp eine Variablen legt fest, welcher Typ von Daten abgelegt werden kann – mehr dazu in Kapitel 7.1) zugewiesen, führt bereits die Zuweisung zu einem Laufzeitfehler. Stellt *IsNumeric* dagegen fest, dass die *Text*-Eigenschaft einen numerischen Wert erhält, kann die Zuweisung erfolgen (es könnte nun noch sein, dass die zugewiesene Zahl zu groß für den Datentyp der Variablen ist, doch es soll nicht unnötig kompliziert werden). War die Zuweisung erfolgreich, ist damit noch nicht garantiert, dass alles in Ordnung ist. Ein Startkapital darf z.B. nicht negativ, ein Zinssatz nicht größer als 100 sein. Dies sind Abfragen, die in der Praxis bestimmt sinnvoll sind, auf die in diesem Beispiel aber verzichtet wurde.

Ist eine Eingabe nicht in Ordnung (also nicht numerisch), wird dies dem Benutzer (also Ihnen) mit einer *Msgbox*-Funktion angezeigt. Außerdem sorgt die *SetFocus*-Methode dafür, dass der so genannte *Eingabefokus* wieder in das Textfeld mit der fehlerhaften Eingabe gesetzt wird, sodass der Benutzer gleich den neuen Wert eintippen kann. Soll der im Text befindliche Wert zusätzlich hervorgehoben werden, müssen zwei weitere Befehle eingefügt werden:

```
txtStartKapital.SelStart = 0
txtStartKapital.SelLength = Len(txtStartKapital.Text)
```

Diese Befehle müssen auch für die beiden übrigen Textfelder aufgeführt werden. Fügen Sie sie als kleine Übung nachträglich ein. Sie werden feststellen, dass die bisherige Eingabe in dem Textfeld nun auch hinterlegt wird.

Zum Schluss noch ein etwas speziellerer Hinweis. Vielleicht hätten etwas erfahrenere Visual-Basic-Programmierer die Eingabeüberprüfung mit Hilfe der *Val*-Funktion wie folgt gestaltet:

```
If Val(txtStartKapital.Text) <0 Then
```

Diese Variante spart zwar die Abfrage mit der *IsNumeric*-Funktion, hat aber leider einen kleinen Nachteil. Die *Val*-Funktion akzeptiert als »ur-amerikanische« Funktion nur einen Punkt als Komma, geben Sie zum Beispiel »5,5« ein, macht die *Val*-Funktion daraus den Wert 5, da die Funktion das Komma als nicht numerisches Zeichen interpretiert und alle Zeichen nach dem ersten nicht numerischen Zeichen bei der Umwandlung abschneidet. Alle übrigen Funktionen sowie die implizite Umwandlung eines Strings in eine Zahl benutzen jenes Dezimaltrennzeichen, das über die Systemsteuerung eingestellt wurde. Die *Val*-Funktion ist in erster Linie nur aus Kompatibilitätsgründen zu älteren Basic-Versionen vorhanden und sollte wenn möglich nicht mehr verwendet werden. Das sind die Feinheiten der VB-Programmierung, die man kennen muss.

3.13 Ein Zahlenratespiel

Damit Sie nicht nur »dröge« Finanzrechner kennen lernen, zum Schluss dieses Kapitels ein wenig Auflockerung. Tolle Multimediaeffekte sind zu diesem Zeitpunkt zwar noch nicht drin, doch ein kleines Spielchen lässt sich auch mit wenigen Grundbefehlen realisieren. Im Folgenden entwickelt der Computer »hellseherische« Fähigkeiten, indem er versucht, in möglichst wenigen Versuchen eine Zahl zu erraten, die Sie sich zuvor ausgedacht haben. Damit es nicht zu lange dauert, muss die Zahl zwischen 0 und 1023 liegen. Das »Elektronengehirn« ist so in der Lage, die Zahl in maximal zehn Versuchen zu erraten (Schummeln ist daher nicht erlaubt, denn beim letzten Versuch sagt Ihnen das Programm die letzte noch verbleibende Zahl auf den Kopf zu).

Bild 3.14: Ein kleines Zahlenratespiel macht die Umsetzung einer einfachen Logik deutlich

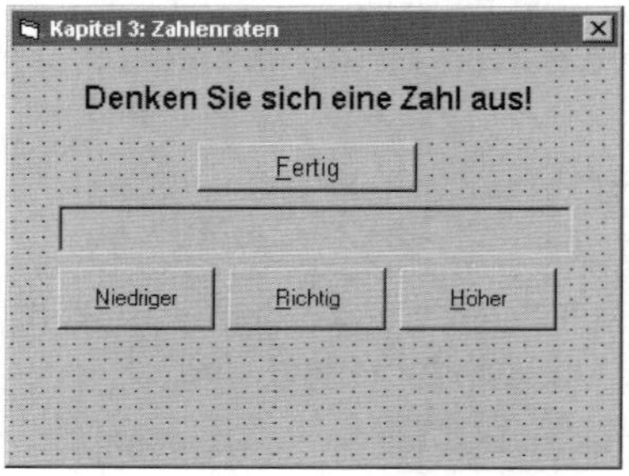

Schritt 1 Starten Sie Visual Basic und legen Sie ein Standard-Exe-Projekt an. Geben Sie dem Formular den Namen »frmHaupt« und der *Caption*-Eigenschaft den Wert »Kapitel 3: Zahlenraten«. Setzen Sie die *BorderStyle*-Eigenschaft des Formulars auf den Wert 3, damit es während der Programmausführung nicht in der Größe geändert werden kann.

Schritt 2 Ordnen Sie untereinander ein Bezeichnungsfeld (*lblTitel*), eine Schaltfläche (*cmdFertig*), ein weiteres Bezeichnungsfeld (*lblRateZahl*) und darunter drei nebeneinander liegende Schaltflächen (*cmdHöher*, *cmdRichtig* und *cmdNiedriger*) an.

Schritt 3 Geben Sie bei *lblTitel* der *Caption*-Eigenschaft den Wert »Denken Sie sich eine Zahl aus« ein, setzen Sie die *Alignment*-Eigenschaft auf 2 und stellen Sie über den Eintrag »Font« im Eigenschaftfenster eine attraktive Schriftart und einen passenden Schriftgrad ein.

Schritt 4 Geben Sie der *Caption*-Eigenschaft von *cmdFertig* den Wert »&Fertig«.

Schritt 5 Geben Sie der *Caption*-Eigenschaft von *lblRateZahl* den Wert »«, setzen Sie die *BorderStyle*-Eigenschaft auf 1 und die *Alignment*-Eigenschaft auf 2.

Geben Sie der *Caption*-Eigenschaft der drei Schaltflächen *cmdHöher*, *cmdRichtig* und *cmdNiedriger* die Werte »&Höher«, »&Richtig« und »&Niedriger«. *Schritt 6*

Schalten Sie über die F7-Taste auf das Programmcodefenster um und geben Sie im Deklarationsteil des Formulars folgende Befehle ein: *Schritt 7*

```
Private AnzahlVersuche As Integer
Private RateZahl As Integer
Private Divisor As Integer
Const MaxZahl = 1024
```

Da die drei Variablen im Deklarationsteil stehen, sind sie im gesamten Formular gültig. Die Konstante legt die größte erlaubte Zahl fest.

Geben Sie in die *Click*-Ereignisprozedur von *cmdFertig* folgende Befehle ein: *Schritt 8*

```
cmdNiedriger.Visible = True
cmdHöher.Visible = True
cmdRichtig.Visible = True
lblTitel.Visible = False
cmdFertig.Enabled = False
AnzahlVersuche = 0
RateZahl = MaxZahl \ 2
Divisor = MaxZahl \ 4
lblRateZahl.Caption = "Ist es die " & RateZahl & "?"
```

Sobald sich der Spieler eine Zahl ausgedacht hat, klickt er/sie auf die *Fertig*-Schaltfläche. Dadurch werden die übrigen drei Schaltflächen und das Bezeichnungsfeld, das die geratene Zahl anzeigen soll, erst sichtbar. Zwingend notwendig ist dieses »Versteckspielchen« natürlich nicht, es soll lediglich eine gewisse Abfolge in das Programm hineinbringen und verhindern, dass jemand versehentlich zuerst auf eine andere Schaltfläche klickt.

Geben Sie in die *Click*-Ereignisprozedur von *cmdHöher* folgende Befehle ein: *Schritt 9*

```
AnzahlVersuche = AnzahlVersuche + 1
RateZahl = RateZahl + Divisor
Divisor = Divisor \ 2
lblRateZahl.Caption = "Ist es die " & RateZahl & "?"
```

War die vom Computer »geratene« Zahl zu klein, wird sie um den Wert der Variablen *Divisor* erhöht. Da *Divisor* vor jedem Versuch durch zwei geteilt wird, nähert sich der Computer zielsicher der Zahl an. Die Anzahl der Versuche berechnet sich übrigens aus dem Logarithmus aus der maximalen Zahl zur Basis 2 (in Visual Basic formuliert: *Log(MaxZahl) / log(2)*). Achten Sie auf den Divisionsoperator »\«, der anders als sein Kollege »/« nur mit ganzen Zahlen arbeitet.

Schritt 10 Geben Sie in die *Click*-Ereignisprozedur von *cmdNiedriger* folgende Befehle ein:

```
AnzahlVersuche = AnzahlVersuche + 1
RateZahl = RateZahl - Divisor
Divisor = Divisor \ 2
lblRateZahl.Caption = "Ist es die " & RateZahl & "?"
```

Diesmal wird der Divisor subtrahiert, da die Zahl zu groß war.

Schritt 11 Geben Sie in die *Click*-Ereignisprozedur von *cmdRichtig* folgende Befehle ein:

```
MsgBox Prompt:="Zahl erraten in " & AnzahlVersuche & " Versuchen"
cmdNiedriger.Visible = False
cmdHöher.Visible = False
cmdRichtig.Visible = False
lblTitel.Visible = True
lblRateZahl.Caption = ""
cmdFertig.Enabled = True
cmdFertig.SetFocus
```

Die Zahl wurde erraten. Es werden die Anzahl der Versuche ausgegeben und die im Moment nicht mehr benötigten Steuerelemente unsichtbar gemacht. Dafür wird die *Fertig*-Schaltfläche wieder deaktiviert, sodass sich der Spieler eine neue Zahl ausdenken kann.

Damit es nicht zu langweilig wird (Sie sollen auch etwas lernen), enthält das Programm einen kleinen Fehler. Finden Sie den Fehler und beheben Sie ihn.

Hier noch zwei kleine Erweiterungsvorschläge für das Zahlenratespiel: 1. Fügen Sie ein Anzeige-Steuerelement (es kam bereits bei den ersten Visual-Basic-Beispielen in Kapitel 2 zum Einsatz – in der Werkzeugsammlung finden Sie es in der vorletzten Reihe links) hinzu, in der ein trauriger Smiley für eine falsche Zahl und ein lachender Smiley für eine richtige Zahl angezeigt wird. (Sie finden die Smiley-Symbole als Ico-Dateien im Unterverzeichnis *\GRAPHICS\ICONS\MISC*.) Die Anzeige des Smileys erfolgt, wie in Kapitel 3.10 erklärt, über die *Picture*-Eigenschaft und die *LoadPicture*-Funktion. Bauen Sie eine Abfrage ein, sodass das Programm feststellen kann, ob Sie mogeln, also zum Beispiel »Höher« wählen, wenn Sie zuvor bereits bei einer kleineren Zahl »Niedriger« gewählt hatten.

3.14 Zusammenfassung

Die Benutzeroberfläche eines Visual-Basic-Programms besteht aus Formularen und Steuerelementen, die auf den Formularen angeordnet werden. Steuerelemente übernehmen dabei entweder elementare Ein- und Ausgaben oder ausgefallene Dinge, wie das Abspielen von Videoclips, den Zugriff auf Systeminformationen oder beliebige andere Dinge. Die Werkzeugsammlung enthält alle Steuerelemente, die Sie auf einem Formulardesigner anordnen können. Sie kann jederzeit um zusätzliche Komponenten (Zusatzsteuerelemente) erweitert werden. Diese liegen als OCX-Dateien vor und sind entweder im Lieferumfang von Visual Basic enthalten, müssen in Form einer Toolbox käuflich erworben werden oder stehen im Web (zum Beispiel unter *www.download.com/PC/Activex*) zum kostenlosen Ausprobieren bereit (bitte beachten Sie dabei, dass Shareware bei regelmäßiger Nutzung registriert werden muss). Unabhängig davon, welche Aufgabe ein Steuerelement verrichtet, es wird stets auf die gleiche Weise auf einem Formular angeordnet und kann über Eigenschaften, Methoden und Ereignisse verfügen.

3.15 Fragen

Warum besitzen nicht alle Steuerelemente die gleichen Ereignisse? *Frage 1*

Wie viele Steuerelemente können auf einem Formular maximal angeordnet werden? *Frage 2*

In welcher Reihenfolge treten die Tastaturereignisse *KeyDown*, *KeyPress* und *KeyUp* auf? *Frage 3*

Welche Ereignisse treten auf, wenn in einem Textfeld (das bereits den Eingabefokus besitzt) die Taste [A] gedrückt wird? Welcher Tastaturcode und welcher Zeichencode werden übergeben? *Frage 4*

Ein Benutzer klickt ein Steuerelement sehr schnell nacheinander mehrfach an. Treten in diesem Fall nur *DblClick*-Ereignisse oder zusätzlich auch *Click*-Ereignisse auf? *Frage 5*

Warum besitzt eine Schaltfläche kein *DblClick*-Ereignis? *Frage 6*

Ein Textfeld, bei dem die Anzahl der einzugebenden Zeichen mit der *MaxLength*-Eigenschaft auf 10 begrenzt wurde, enthält bereits 10 Zeichen. Führt die Eingabe weiterer Zeichen auch zu Tastaturereignissen? *Frage 7*

Ein Bildfeld hat über die *LoadPicture*-Methode ein Bild erhalten. Dieses Bild soll nun auch in einer Anzeige angezeigt werden. Muss das Bild erneut über eine *LoadPicture*-Methode geladen werden, oder gibt es eine Alternative? Welchen Nachteil bedeutet es, ein Bild während der Programmausführung über die *LoadPicture*-Methode zu laden? *Frage 8*

3.16 Aufgaben

Aufgabe 1 Erweitern Sie den Zinsrechner so, dass ein monatlich zu zahlender Betrag eingegeben werden kann, der bei der Zinsberechnung berücksichtigt wird.

Aufgabe 2 Erweitern Sie den Zinsrechner so, dass ein Zielbetrag, ein monatlich zu zahlender Betrag und ein fester Zinssatz eingegeben werden können und das Programm die Anzahl der Monate ausgibt, in denen dieser Betrag bei fester Verzinsung erreicht wird.

Aufgabe 3 Da Sie sich öfter im Ausland aufhalten (Sie Glückliche/r), benötigen Sie ein kleines Programm zur Umrechnung von Devisen. Schreiben Sie ein solches Visual-Basic-Programm, das die Eingabe eines Betrags in einer festgelegten Währung (etwa US-Dollar) erlaubt und den Betrag in Euro ausgibt. Der Wechselkurs wird als Konstante definiert. Eine Möglichkeit, eine Devise auswählen zu können, lernen Sie in Kapitel 4 mit den Optionsfeldern und in Kapitel 5 mit den Listenfeldern kennen. Was muss bei der Oberflächengestaltung ganz allgemein berücksichtigt werden, wenn das Programm auch auf einem Windows CE-Organizer (den »neuen« Taschencomputern) laufen soll?

Aufgabe 4 Als kostenbewusster Mensch führen Sie über Ihre Fahrtkosten genau Buch. Schreiben Sie ein Visual-Basic-Programm, das Ihnen den Preis einer Tankfüllung (bei gegebenem Tankinhalt) in Abhängigkeit eines Benzinpreises und die Reichweite in Abhängigkeit eines Durchschittverbrauchs anzeigt. Erweitern Sie das Programm so – unter Umständen erst, nachdem Sie Kapitel 4 durchgearbeitet haben – dass es Ihnen immer dann als Alternative eine Bahnfahrt vorschlägt, wenn die Benzinkosten die Bahnkosten (ausgehend von einem fiktiven Preis von 0,25 € pro Kilometer für die 2. Klasse bei einer Entfernung ab 101 km und ohne Berücksichtigung von Sonderpreisen oder Bahncard) überschreiten.

Aufgabe 5 Visual Basic bietet im Unterverzeichnis *\GRAPHICS\ICONS\MISC* insgesamt fünf verschiedene »Smileys«. Schreiben Sie ein kleines Visual-Basic-Programm mit fünf Anzeigen und fünf Schaltflächen, in dem jede Anzeige nach Anklicken einer Schaltfläche einen eigenen Smiley anzeigt. Durch Anklicken der Anzeige selber soll der Inhalt wieder gelöscht werden. Nach Durcharbeiten von Kapitel 5 werden Sie das Programm so erweitern können, dass nach Anklicken einer Schaltfläche die fünf Smileys zufällig auf die fünf Anzeigen verteilt werden.

Aufgabe 6 Nach der so genannten *Drake*-Formel lässt sich die Anzahl der intelligenten Zivilisationen in einer Galaxie, die in der Lage sind, mit anderen Zivilisationen zu kommunizieren, wie folgt berechnen:

```
n = Rx * Fs * Fp * Ne * Fl * Fi * Fx * L
```

wobei die einzelnen Variablen folgende Bedeutung haben:

Rx Formationsrate der Sterne in einer Galaxis (zum Beispiel 20)

Fs Anzahl der Sterne, die für ein Sonnensystem geeignet sind (zum Beispiel 0,1)

Fp Anzahl der Sterne mit Planeten (zum Beispiel 0,5)

Ne Anzahl der erdähnlichen Planeten im Sonnensystem (zum Beispiel 1)

Fl Anzahl der erdähnlichen Planeten mit Lebensformen (zum Beispiel 0,5)

Fi Anzahl der Planeten, die intelligente Lebensformen besitzen (zum Beispiel 1)

Fx Anzahl der Planeten mit intelligenten Lebensformen, die die Fähigkeit zur interstellaren Kommunikation entwickelt haben (zum Beispiel 0,5)

L Lebensdauer einer Zivilisation in Jahren (zum Beispiel 60)

Schreiben Sie einen kleinen »Drake-Rechner«, mit dem Sie die Anzahl der intelligenten, kommunikationsfähigen Zivilisationen »berechnen« können, wobei die in Klammern aufgeführten Werte voreingestellt werden sollen. Übrigens, wie viele dieser Zivilisationen gibt es denn in unserer Galaxis?

Lösungsvorschläge zu diesen Aufgaben finden Sie auf der Buch-CD im Verzeichnis \Buch. Die jeweils aktuellsten Versionen werden auf der Webseite angeboten (die Adresse finden Sie auf Seite 27).

Kapitel 4

jetzt lerne ich

Entscheidungen und Programmschleifen

Können Computer eigentlich denken? Ohne die Fortschritte im Bereich neuronaler Netze, durch die Computer lernfähig werden, schmälern zu wollen, aber im Moment (und wahrscheinlich auch in den nächsten 20 Jahren) muss diese Frage noch eindeutig verneint werden. Selbst Deep Blue, der Bezwinger von Schachweltmeister Kasparow, ist »nur« ein massiv paralleler Rechner auf der Basis des RS/6000-Prozessors von IBM, der nicht denken kann, sondern lediglich in der Lage ist, eine unglaublich hohe Anzahl an Varianten in Bruchteilen von einer Sekunde durchzuspielen (weitere Infos unter *www.chess.ibm.com/learn/html/e.html*). Dennoch erscheint es für Nicht-Programmierer oft so, als wäre selbst ein simpler PC in der Lage, selbständig Entscheidungen zu treffen. Hinter allen Dingen, zu denen PCs fähig sind steckt eine einfache binäre, das heißt auf Ja/Nein-Entscheidungen basierende Logik, sowie die Fähigkeit, eine Gruppe von Befehlen innerhalb einer Sekunde mehrere Millionen Mal wiederholen zu können. Computer sind dumm, aber enorm schnell. Auf diese Formel lassen sich die Fähigkeiten von PCs, sowie etwa 99% aller anderen Computertypen, reduzieren. Grundlage für die »Intelligenz« von Computern sind daher Entscheidungs- und Schleifenbefehle, die in diesem Kapitel vorgestellt werden.

Sie lernen in diesem Kapitel etwas über:

- Die Grundlagen binärer Logik
- Entscheidungen
- Den *If Then Else End If*-Befehl
- Den *Select Case*-Befehl für Mehrfachentscheidungen

- Optionsfelder und Kontrollkästchen
- Das Wesen von Programmschleifen
- Die *For Next*-Schleife
- Die *Do Loop*-Schleife
- Listen- und Kombinationsfelder

4.1 Die Grundlagen binärer Logik

... haben Sie bereits in Kapitel 1 kennen gelernt, als der *If Then*-Befehl kurz vorgestellt wurde. Der *If Then*-Befehl ist ein Befehl, der entscheiden kann, ob der nachfolgende Befehl ausgeführt wird oder nicht. Diese Entscheidung trifft der *If Then*-Befehl auf einer ganz einfachen Basis. Er rechnet den Wert eines Ausdrucks aus und prüft, ob das Ergebnis ungleich Null oder gleich Null ist. Ist es ungleich Null, gilt der Ausdruck als »wahr« und der folgende Befehl wird ausgeführt. Ist der Ausdruck dagegen gleich Null, gilt der Ausdruck als »nicht wahr« und der folgende Befehl wird nicht ausgeführt. Egal, um was geht, es gibt nur diese beiden Möglichkeiten.

Die allgemeine Schreibweise (Syntax) für den *If Then*-Befehl lautet daher wie folgt:

```
If Ausdruck Then Befehl
```

So einfach ist das. Für *Ausdruck* können Sie einen beliebigen Ausdruck einsetzen. Falls Sie sich darunter im Moment nicht viel vorstellen können, schauen Sie sich die folgenden Beispiele an:

```
If Temperatur > 0 Then Hupen
```

Wenn der Wert der Variablen *Temperatur* größer 0 ist, wird der Befehl »Hupen« ausgeführt. Da Visual Basic aber keinen »Hupen«-Befehl kennt, handelt es sich hier wohl um einen Prozeduraufruf.

```
If Temperatur > 0 AND Luftfeuchtigkeit < 0 Then ↩
Hupen Lautstärke:=15
```

Diesmal werden zwei Ausdrücke über den *AND*-Operator kombiniert, sodass sich eine verknüpfte Entscheidung ergibt. Eine Entscheidung, die von zwei Bedingungen abhängig ist. Ist der Wert der Variablen *Temperatur* kleiner 0 und der Wert der Variablen *Luftfeuchtigkeit* kleiner als 0, wird die Funktion *Hupen* aufgerufen, der als Argument der Wert 15 (dieser soll für die Lautstärke stehen) übergeben wird.

```
If sName = "Hans" Then bGefunden = True
```

Diesmal wird eine Stringvariable mit einer Zeichenkette verglichen. Nur wenn beide Zeichenketten exakt übereinstimmen, wird die nachfolgende Zuweisung ausgeführt. Nicht immer möchte man sich so genau festlegen. Wäre es denn nicht möglich festzustellen, ob ein Teil des Namens übereinstimmt. Kein Problem, denn dafür gibt es in Visual Basic die *Instr*-Funktion:

```
If Instr(sName, "Hans") > 0 Then bGefunden = True
```

Das sieht aber etwas merkwürdig aus. Nur scheinbar, denn um den Ausdruck verstehen zu können, muss man wissen, dass die *Instr*-Funktion die Position ermittelt, in der die zweite Zeichenkette (in diesem Fall »Hans Egon«) in der ersten Zeichenkette (in diesem Fall die Variable *Name*) beginnt. Diese Position wird in Form einer Zahl zwischen 1 und der Länge der ersten Zeichenkette zurückgegeben. Ist der Wert dagegen 0, wurde keine Übereinstimmung gefunden. Aus diesem Grund wird auch geprüft, ob der zurückgegebene Wert größer als Null ist. Denn dann wurde eine Übereinstimmung gefunden.

Übrigens kann der obige *If Then*-Befehl ein wenig abgekürzt werden. Alle diejenigen, die es lieben, Befehle so zu verkürzen, dass sie keiner mehr versteht (C-Programmierer werden sich hier angesprochen fühlen), werden diese Variante favorisieren:

```
If Instr(sName, "Hans") Then bGefunden = True
```

Kann denn das funktionieren? Es kann, denn bei *Instr(Name, "Hans Egon")* handelt es sich um einen gültigen Ausdruck und nur darauf kommt es an. Der folgende *If*-Befehl führt den nachfolgenden Befehl daher immer aus:

```
If 77 Then ImmerAusführen
```

4.2 Entscheidungen mit dem If-Befehl

Entscheidungen verleihen dem Computer einen Hauch von Intelligenz. Allerdings trifft ein Computer Entscheidungen ganz anders als ein Mensch. Während dieser sich bei einer Entscheidung von einer Vielzahl von subjektiven Faktoren beeinflussen lässt, gibt es für den Computer nur zwei Möglichkeiten: Eine Bedingung ist »wahr« oder sie ist nicht wahr. Diese Logik wird daher auch als binäre Logik bezeichnet, da sie nur zwei Zustände kennt: *True* (Wahr) und *False* (Nicht wahr). Grundlage für alle Wahr/Nicht wahr-Entscheidungen ist bei Visual Basic der *If*-Befehl, der in verschiedenen Variationen existiert. In seiner einfachsten Form wird die Ausführung eines Befehls von einem Ausdruck abhängig gemacht.

```
If AnzahlTreffer > 10 Then Fehler = True
```

Dies ist ein typischer Fall für einen Wenn-Dann-Befehl. Ist der Wert der Variablen *AnzahlTreffer* größer als 10, wird der folgende Befehl *Fehler = True* ausgeführt. Ist das nicht der Fall, wird der Befehl nicht ausgeführt.

4.2.1 Mehrere Befehle ausführen über End If

Sollen in einem Zweig mehrere Befehle ausgeführt werden, muss der *If*-Zweig durch einen *End If*-Befehl beendet werden.

```
If AnzahlTreffer > 10 Then
   GewinnModus = True
   WinnerName = SpielerName
    PlayWinningSound
End If
```

Zwischen dem *Then* und dem *End If*-Befehl können beliebig viele Befehle aufgeführt werden (allzu viele sollten es aber aus Gründen der Übersichtlichkeit nicht werden).

4.2.2 Auch bei Misserfolg passiert etwas – der Else-Befehl

Bislang wurde nur der Fall berücksichtigt, dass der Ausdruck wahr ist. In diesem Fall verzweigt die Programmausführung vorübergehend auf ein »Nebengleis« und fährt nach Abarbeitung des *If*-Zweigs auf dem Hauptgleis weiter. Sollen dagegen für den Fall, dass der Ausdruck gleich Null ist, eigene Befehle ausgeführt werden, muss der *If*-Befehl durch einen *Else*-Befehl ergänzt werden.

```
If Spielstand > 10 Then
   Msgbox Prompt:="Hurra, gewonnen!"
Else
   Msgbox Prompt:="Sie müssen leider noch ein wenig weiter ↵
spielen!"
End If
```

Dies ist eine typische »Wenn Dann Ansonsten«-Entscheidung. Alle zwischen *Else* und *End If* aufgeführten Befehle werden nur dann ausgeführt, wenn der Ausdruck, der auf den *If*-Befehl folgt, den Wert *False* ergibt:

Ist es denn nicht möglich, anstatt einen Befehl auszuführen, die Programmausführung an einer anderen Stelle im Programm fortzuführen? Im Prinzip ja, denn es spielt keine Rolle, welcher Befehl auf den *Then*- oder *Else*-Befehl folgt. Alle werden gleich behandelt und ausgeführt. Allerdings lässt sich diese klassische Variante einer Entscheidung in Visual Basic nur begrenzt realisieren, denn die Reichweite des dafür zuständigen *GoTo*-Befehls beschränkt sich auf die aktuelle Prozedur. Mit anderen Worten, der *GoTo*-Befehl ist nur dann möglich, wenn das »Sprungziel« innerhalb der Prozedur liegt:

```
Sub Form_Load ()
    If Wert > 0 Then Goto Ende
    ' Irgendwelche Befehle
Ende:
    ' Irgendwelche Befehle
End Sub
```

Ist der Wert der Variablen *Wert* größer Null, wird die Programmausführung bei der Sprungmarke *Ende* fortgesetzt. Die dazwischen befindlichen Befehle werden übersprungen. Allerdings muss sich die Sprungmarke innerhalb der Prozedur *Form_Load* befinden, sonst gibt es eine Fehlermeldung. Alleine aus diesem Grund, und weil Programmsprünge via *GoTo* »verpönt« sind, ist diese Technik bei Visual Basic unüblich.

4.2.3 Entscheidungen können verschachtelt werden

In größeren Programmen ist es häufig erforderlich, mehrere Entscheidungen ineinander zu verschachteln. Zum Beispiel dann, wenn die Ausführung eines Befehls von mehreren Bedingungen abhängig ist, die nacheinander (nicht zusammen) geprüft werden müssen. Stellen Sie sich als Beispiel das Funktionsprinzip eines Geldautomaten vor, das im Folgenden (allerdings ein wenig vereinfacht) durch eine Folge von *If-Else-End If*-Abfragen beschrieben wird:

```
If KartenImSchlitz = True Then
    KartenLesen
    If KartenGültig = True Then
        Ausgabe "Bitte geben Sie Ihre Geheimnummer ein"
        GeheimnummerEingeben
        If Geheimnummer = Gültig Then
        Ausgabe "Bitte geben Sie den gewünschten ⏎
                 Betrag ein"
       BetragEntgegennehmen
       If KontoStand - Betrag < Limit And ⏎
         Betrag > BarGeldReserve Then
          GeldAuszahlen
          KontoStandAktualisieren
          BarGeldReserve = BarGeldReserve - Betrag
       Else
           Ausgabe "Auszahlung leider nicht möglich"
       End If
    Else
        Ausgabe "Geheimnummer ungültig"
        Versuche = Versuche + 1
        If Versuche > 3 Then Abbruch
    End If
    Else
        Ausgabe "Karte ungültig"
        Abbruch
    End If
```

```
Else
     Ausgabe "Unser Geldautomat steht Ihnen ↵
              23 Stunden am Tag zur Verfügung"
End If
```

Zunächst einmal gilt als unumstößliches Grundgesetz, dass zu jedem *If*-Befehl irgendwo im Programm (bei Visual Basic innerhalb der Prozedur oder Funktion) ein *End If*-Befehl folgen muss. Das Einrücken der ineinander verschachtelten *If*-Zweige ist zwar keine Pflicht, erleichtert aber die Lesbarkeit des Programms. Das Programm besteht aus ingesamt vier *If*-Befehlen, die der Reihe nach abgearbeitet werden.

4.2.4 Der ElseIf-Befehl macht das Programm übersichtlicher

Auch das nächste Beispiel enthält eine Aneinanderreihung von *If*-Befehlen, die diesmal aber nicht verschachtelt sind. Abgefragt werden soll der Wert der Variablen *Punkte*:

```
If Punkte = 0 Then
    Ergebnis = "Das war wohl nix!"
    Bonus = 0
Else
    If Punkte > 0 And Punkte < 5 then
        Ergebnis = "Für's erste nicht schlecht"
        Bonus = 5
    Else
    If Punkte > 4 And Punkte < 10 Then
        Ergebnis = "Wirklich eine reife Leistung"
        Bonus = 10
    Else
    If Punkte > 9 then
        Ergebnis = "Spitze, Sie haben sich für ↵
                    Wetten dass? qualifiziert"
        Bonus = 1E6
    End If
    End If
    End If
End If
Me.Print "Ihr Ergebnis: " & Ergebnis & ↵
         " bei Jimmy's Flipper Madness"
```

Da jeder *If*-Befehl auch über einen *Else*-Zweig verfügt, lässt sich der Aufbau mit Hilfe des *ElseIf*-Befehls ein wenig vereinfachen. Dieser Befehl fasst die Befehle *Else* und *If* zusammen und spart damit pro *If*-Zweig einen *End If*-Befehl ein. Der Programmaufbau wird dadurch ein wenig übersichtlicher. Sehen Sie selbst:

```
If Punkte = 0 Then
    Ergebnis = "Das war wohl nix!"
    Bonus = 0
ElseIf Punkte > 0 And Punkte < 5 then
    Ergebnis = "Für's erste nicht schlecht"
    Bonus = 5
ElseIf Punkte > 4 And Punkte < 10 Then
    Ergebnis = "Wirklich eine reife Leistung"
    Bonus = 10
ElseIf Punkte > 9 then
    Ergebnis = "Spitze, Sie haben sich für Wetten ⏎
                dass? qualifiziert"
    Bonus = 1E6
End If
Me.Print "Ihr Ergebnis: " & Ergebnis & ⏎
        " bei Jimmy's Flipper Madness"
```

Natürlich kann es auch passieren, dass keine der Bedingungen zutrifft. Dieser Fall muss über einen *Else*-Befehl am Ende des Zweigs abgefragt werden:

```
ElseIf Punkte > 9 then
    Ergebnis = "Spitze, Sie haben sich für Wetten ⏎
                dass? qualifiziert"
    Bonus = 1E6
Else
    Ergebnis = "Ergebnis konnte nicht ermittelt ⏎
                werden - Freispiel"
End If
Me.Print "Ihr Ergebnis: " & Ergebnis & ⏎
        " bei Jimmy's Flipper Madness"
```

Der letzte *Else*-Block wird nur dann ausgeführt, wenn keine der zuvor getesteten Bedingungen wahr ist.

4.2.5 Ausdrücke können kombiniert werden

Nicht immer wird bei einer Entscheidung eine einzige Bedingung geprüft. Soll ein Alarm nur dann ausgelöst werden, wenn entweder Sensor1 oder Sensor2 ein Signal melden, müssen diese beiden Bedingungen miteinander verknüpft werden. Möglich wird dies über die logischen Operatoren *AND* (Und-Verknüpfung) und *OR* (Oder-Verknüpfung), die bereits im Abschnitt über Operatoren kurz vorgestellt wurden:

```
If Sensor1 = True Or Sensor2 = True Then ⏎
AlarmAuslösen
```

Der *OR*-Operator verknüpft die beiden Bedingungen miteinander und liefert ein Resultat, das entweder *True* oder *False* ist. Gemäß der Oder-Verknüpfungsregel ist es *True*, wenn mindestens eine der verknüpften Bedingungen ebenfalls den Wert *True* besitzt. Wird dagegen der *AND*-Operator eingesetzt, müssen beide (alle) Bedingungen den Wert *True* ergeben, damit dieser Operator einen *True*-Wert liefert:

```
If Sensor1 = True And Sensor2 = True Then ↵
AlarmAuslösen
```

In diesem Fall wird der Alarm nur dann ausgelöst, wenn sowohl Sensor1 als auch Sensor2 ein Signal liefern.

ACHTUNG

Beachten Sie, dass es sich bei *Sensor1 = True And Sensor2 = True* um einen zusammenhängenden Ausdruck handelt, an dem drei Operatoren beteiligt sind. Die Operatorpriorität spielt daher eine wichtige Rolle. Würde der logische Operator *AND* eine höhere Priorität besitzen als der Vergleichsoperator =, würde zuerst die Verknüpfung *True And Sensor2* ausgeführt werden, was die Abfrage natürlich verfälscht. Achten Sie daher stets auf die Priorität der beteiligten Operatoren und setzen Sie gegebenenfalls Klammern, um eine bestimmte Reihenfolge bei der Auswertung einzuhalten.

HINWEIS

Verknüpfte Entscheidungen werden bei Visual Basic etwas schneller ausgeführt, wenn sie auf mehrere *Then*-Befehle verteilt und nicht in einem einzigen *If*-Befehl zusammengefasst werden. Der Befehl

```
If A < 20 And B < 17 Then
```

sollte in der Form

```
If A < 20 Then
    If B < 17 Then
    ' Befehle
    End If
End If
```

geschrieben werden. Eine spürbare Geschwindigkeitssteigerung ergibt sich aber nur dann, wenn die Entscheidung innerhalb einer Schleife sehr oft ausgeführt wird.

4.3 Mehrfachentscheidungen mit dem Select Case-Befehl

Eine spezielle Form der Entscheidung ermöglicht der *Select Case*-Befehl. Über ihn wird ein Ausdruck mit einer Reihe von Werten verglichen und in Abhängigkeit des Wertes ein Befehlsblock ausgeführt. Eine solche Entscheidungsvariante wird auch als Mehrfachentscheidung bezeichnet. Sie ist immer dann praktisch, wenn der Wert eines Ausdrucks nicht nur Null oder nicht Null sein kann, sondern mehrere Werte annehmen kann. Gegenüber einem *If*

Then Else-Befehl ergibt sich ein vereinfachter und übersichtlicherer Programmaufbau.

Hier zunächst die allgemeine Schreibweise (Syntax) eines *Select Case*-Befehls.

```
Select Case <Ausdruck>
    Case Fall1
        Befehle
    Case Fall2
        Befehle
    Case Fall3
        Befehle
    usw.
    [Case Else
      Befehl]
End Select
```

Der Wert des auf den *Select Case*-Befehl folgenden Ausdrucks wird durch die folgenden *Case*-Befehle geprüft und legt somit fest, welcher Befehlsblock zur Ausführung gelangt. In der Regel wird man über den *Select Case*-Befehl den Wert einer einzelnen Variablen abfragen:

```
Select Case Zeichencode
```

Es sind aber auch beliebige Ausdrücke erlaubt:

```
Select Case Int( Sqr (Rnd*Zahl)) + 1
```

Das folgende Beispiel zeigt eine relativ umfangreiche Mehrfachentscheidung. Diesmal wird die Variable *Zeichen* gesetzt:

```
Zeichen = Mid(FormelString, n, 1)
Select Case Zeichen
    Case "0" To "9"
        ZahlenString = ZahlenString & Zeichen
    Case "."
        ZahlenString = ZahlenString & Zeichen
    Case " "
    Case "+"
        Zahl = Val(ZahlenString) * VorzeichenFlag
    Case "-"
        Zahl = Val(ZahlenString) * VorzeichenFlag
    Case "*"
        Zahl = Val(ZahlenString) * VorzeichenFlag
    Case "/"
        Zahl = Val(ZahlenString) * VorzeichenFlag
    Case Else
        FormelFehler = True
End Select
```

In diesem Beispiel wird beim Wert der Variablen *Zeichen* geprüft, ob es sich um eine Ziffer oder um einen Rechenoperator handelt.

Zusätzlich bietet der *Select Case*-Befehl die Möglichkeit, Bereichsprüfungen durchzuführen. Im Befehl

```
Case "0" To "9"
```

wird geprüft, ob der Ausdruck im Bereich 0 bis 9 liegt. Allerdings wird bei diesem Vergleich kein Vergleich der Zahlenwerte, sondern der Zeichencodes (ANSI-Codes) durchgeführt, die im Bereich 48 bis 57 liegen. Die Bereichsprüfung funktioniert auch mit nicht zusammenhängenden Elementen:

```
Select Case Buchstabe
Case "A", "E", "I", "O", "U"
```

oder

```
Select Case ProduktName
    Case "MS Office", "Star Office", "Perfect Office"
```

Auch Vergleichsoperatoren können eingesetzt werden, ihnen muss aber das Schlüsselwort *Is* vorausgehen:

MERKSATZ

Der Case-Befehl kann einen zusammenhängenden Bereich prüfen. Der Beginn und das Ende des Bereichs müssen, getrennt durch das Schlüsselwort To, aufgeführt werden.

BEISPIEL

```
Select Case Zahl
        Case Is > 100
            MsgBox Prompt:="Zahl kleiner 100"
        Case Is < 0
            MsgBox Prompt:="Zahl kleiner 0"
```

In diesem Beispiel wird durch den ersten *Case*-Befehl geprüft, ob die Variable *Zahl* einen Wert größer 100 besitzt. Das Schlüsselwort *Is* kann bei der Eingabe allerdings entfallen, da es Visual Basic ohnehin selbständig einfügt.

Ein beliebter Anfängerfehler ist es, einen *Case*-Zweig mit einem Vergleich wie folgt zu formulieren:

```
Select Case Zahl
    Case Zahl < 100
        MsgBox Prompt:="Zahl kleiner 100"
    Case Zahl < 0
        MsgBox Prompt:="Zahl kleiner 0"
End Select
```

Obwohl Visual Basic keine Fehlermeldung anzeigt (syntaktisch ist der Befehl korrekt), liefert er nicht das gewünschte Resultat. Woran könnte das liegen? Ganz einfach, der Ausdruck *Zahl < 100* ergibt den Wert *True*, und dieser stimmt nicht mit dem Wert von *Zahl* überein.

4.4 Optionsfelder und Kontrollkästchen

Zeit für neue Steuerelemente. Für die Auswahl von Optionen bietet die Werkzeugsammlung gleich zwei Steuerelemente an: das *Optionsfeld* und das *Kontrollkästchen*. Der wichtigste Unterschied zwischen beiden Steuerelementen ist, dass das Optionsfeld nur in einer Gruppe eingesetzt wird. Es besitzt nämlich die interessante Eigenheit, dass in einer Gruppe von Optionsfeldern immer nur ein Optionsfeld aktiv sein kann. Klicken Sie auf ein nicht aktives Optionsfeld der Gruppe, wird dieses Optionsfeld aktiv und das bis dahin aktive Optionsfeld inaktiv. Bei Kontrollkästchen existiert dieser »Gruppenzwang« nicht, sie können beliebig viele Kontrollkästchen unabhängig voneinander ein- oder ausschalten.

Möchten Sie auf einem Formular mehrere unabhängige Gruppen von Optionsfeldern einrichten, müssen Sie eine Gruppe in einem Rahmenfeld oder einem Bildfeld gruppieren, die die Rolle eines Containers innerhalb des Formulars spielen. Achten Sie aber darauf, dass Sie erst den Container anlegen und anschließend die Optionsfelder in dem Container aufspannen oder in den selektierten Container kopieren müssen.

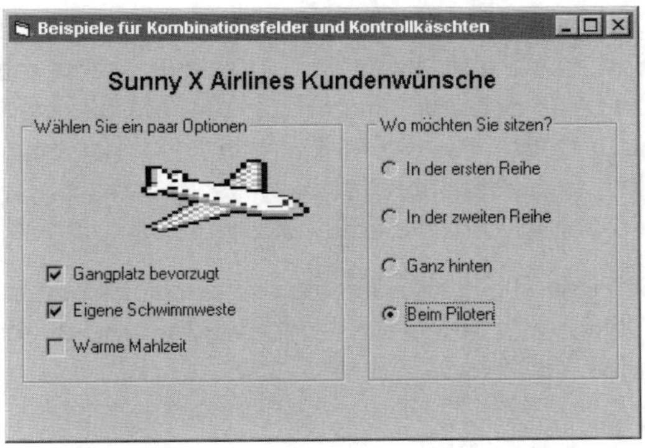

Bild 4.1: Optionsfelder und Kontrollkästchen werden für die Auswahl von Optionen verwendet

Die Handhabung beider Steuerelemente ist bemerkenswert einfach. Die wichtigste Eigenschaft ist *Value*, da sie für den Zustand des Steuerelements steht. Allerdings gilt es einen kleinen Unterschied zu berücksichtigen. Ist ein Optionsfeld »eingedrückt«, ist die *Value*-Eigenschaft *True*. Ist ein Kontrollkästchen angekreuzt, besitzt die *Value*-Eigenschaft den Wert 1 (und nicht *True*).

Übrigens müssen Sie sich nicht um das »Umschalten« kümmern, das geschieht automatisch durch Anklicken des Steuerelements. Aus diesem Grund spielen auch Ereignisse bei beiden Steuerelementen nur eine Nebenrolle.

Labor 4-1: Optionsfelder und Kontrollkästchen

In diesem Labor können Sie ein wenig mit Optionsfeldern und Kontrollkästchen herumspielen. Führen Sie die Datei *OPTIONEN.EXE* aus oder laden Sie das Projekt *OPTIONEN.VBP* und starten Sie es. Sie sehen ein Formular, mit verschiedenen Gruppen von Optionsfeldern und Kontrollkästchen. Achten Sie auf das Verhalten der verschiedenen Gruppen von Optionsfeldern. Da jede Gruppe Teil eines Rahmenfeldes ist, kann pro Gruppe jeweils ein Optionsfeld aktiv sein. Achten Sie auch auf die verschiedenen Darstellungsformen, die sich über die *STYLE*-Eigenschaft einstellen lassen.

4.5 Programmschleifen

Ein Computer kann seine Leistungsfähigkeit erst dann entfalten, wenn er einen oder mehrere Befehle wiederholt. Ein solches Programmkonstrukt wird als *Programmschleife* oder einfach nur als Schleife bezeichnet. Eine Schleife ist demnach eine Gruppe von Befehlen, die eine bestimmte Anzahl von Malen wiederholt werden. Visual Basic kennt drei Typen von Schleifen:

- Die *For Next*-Schleife
- Die *Do Loop*-Schleife
- Die *For Each*-Schleife

Der Unterschied ist schnell erklärt. Während die *For Next*-Schleife eingesetzt wird, wenn die Anzahl der Durchläufe von vorneherein feststeht, kommt die *Do Loop*-Schleife immer dann zum Einsatz, wenn die Anzahl der Durchläufe nicht feststeht und zum Beispiel von einer innerhalb der Schleife geprüften Bedingung abhängt. Ohne eine solche Bedingung wird eine *Do Loop*-Schleife zu einer Endlosschleife, die unendlich oft durchlaufen wird.

Schließlich gibt es noch die *For Each*-Schleife, die für das Durchgehen einer (Objekt-)Auflistung verwendet wird und in diesem Kapitel noch keine Rolle spielt.

Soll eine Endlosschleife während ihrer »endlosen« Durchläufe dennoch auf Ereignisse reagieren können, muss sie in der Form:

```
Do While DoEvents
    ' Befehle
Loop
```

formuliert werden. Die *DoEvents*-Funktion gibt zwar immer einen *True*-Wert zurück, sorgt aber dafür, dass sich Windows in der Zwischenzeit um andere Ereignisse kümmern kann.

4.5.1 Die For Next-Schleife

Bei der *For Next*-Schleife müssen Sie am Anfang einen Startwert, einen Endwert und gegebenenfalls auch eine Schrittweite angeben.

Syntax

```
For Zählvariable = StartWert To EndWert [Step Schrittweite]
    [Befehle]
Next [Zählvariable]
```

Bei *StartWert* und *EndWert* handelt es sich um den Beginn und das Ende des Schleifenzählers, der in der Variablen *Zählvariable* gespeichert wird. Beendet wird die Schleife, wenn die Schleifenvariable größer dem Endwert ist. Entfällt die Schrittweite, wird die Schleifenvariable bei jedem Durchlauf um eins erhöht.

Die folgende *For Next*-Schleife zählt die Variable *n* von 1 bis 10:

```
Dim n As Integer
For n = 1 To 10
    Debug.Print n
Next
```

Dies ist die allereinfachste Form einer Programmschleife. Nach der Ausführung der Schleife werden die Zahlen 1 bis 10 über die *Print*-Methode des *Debug*-Objekts im Direktfenster ausgegeben. Das Innere der Schleife wird also genau 10 Mal durchlaufen. Verantwortlich für die Ausgabe ist die Schleifenvariable *n*, die bei jedem Durchlauf um 1 (die implizite Schrittweite) erhöht wird. Bei jedem Durchlauf prüft der *Next*-Befehl, ob der Wert von n bereits 10 überschritten hat. Ist dies der Fall, wird die Programmausführung mit dem ersten Befehl nach dem *Next*-Befehl fortgesetzt.

Beachten Sie, dass eine *For Next*-Schleife auch dann mindestens einmal ausgeführt wird, wenn der Startwert von Anfang an gleich dem Endwert ist:

```
For n = 0 To 0
    ' Befehle
Next
```

Die Befehle in dieser Schleife werden genau einmal ausgeführt. Ein solcher Fall ist gar nicht einmal so selten, denn häufig kommt es vor, dass Start- und Endwert gleich groß sind. Zu glauben, die Schleife würde in diesem Fall übersprungen werden, ist ebenfalls ein beliebter Anfängerfehler.

Soll der Schleifenzähler nicht in Einerschritten, sondern in einer anderen Schrittweite verändert werden, sollte dies nicht innerhalb der Schleife, sondern stattdessen über das Schlüsselwort *Step* geschehen. Die folgende Schleife erhöht den Schleifenzähler *n* nicht um eins, sondern um zwei:

```
For n = 1 To 10 Step 2
    Debug.Print n
Next
```

Übrigens kann die Schrittweite auch negativ sein oder einen Nachkommaanteil besitzen. Die folgende Schleife zählt einen Countdown von 10 bis –10 in Schritten von 0.1:

```
For n = 10 To -10 Step -0.1
    Debug.Print n
Next
```

ACHTUNG

Wundern Sie sich übrigens nicht über die vermeintliche Rechenungenauigkeit Ihres PC. So werden Sie feststellen, dass obwohl sauber in 0.1er-Schritten gezählt werden sollte, zwischendurch relativ »krumme« Zahlen, wie 0,1999981, herauskommen und der Nullpunkt nicht erreicht werden kann. Schuld daran ist diesmal nicht der »Pentium-Bug«, sondern das Rechenprinzip des VB-Compilers und der Umstand, dass Fließkommazahlen eine »eingebaute« Ungenauigkeit besitzen. Die folgende Abfrage kann daher nicht, auch wenn es unlogisch erscheint, funktionieren:

```
For n = 10 To -10 Step -0.1
    If n = 0 Then Msgbox _
     Prompt:="Hurra, Stimmung hat Nullpunkt erreicht!"
Next
```

Anstelle des Wertes Null errechnet Visual Basic den Wert –1,862645E-06, der zwar so gut wie Null ist, aber eben doch nicht exakt Null entspricht. Diese Recheneigenheiten von Visual Basic muss man kennen, um in einigen, allerdings seltenen Fällen, eine langwierige Fehlersuche zu vermeiden. Kommt es auf hohe Genauigkeit an, muss die Schleifenvariable explizit den Datentyp *Currency*, *Double* oder *Decimal* besitzen. Mehr zu diesen Dingen in Kapitel 7.1.1, in dem die VB-Datentypen einzeln vorgestellt werden.

ÜBUNG

Wie oft wird die folgende Programmschleife durchlaufen?

```
Dim n As Integer
For n = -10 To 10 Step 0.1
    Debug.Print n
Next
```

Wenn Sie die Schleife über [Strg] [Pause] unterbrechen und sich (zum Beispiel, indem Sie den Mauszeiger über die Variable *n* bewegen und einen Augenblick warten) den Wert von *n* anzeigen lassen, werden Sie (wahrscheinlich) erstaunt feststellen, dass sich der Wert von *n* gar nicht geändert hat und immer noch –10 beträgt. Woran kann das liegen? Ganz einfach, da *n* in diesem Beispiel den Datentyp *Integer* besitzt, kann es gar keinen Nachkommaanteil besitzen. Die Zuweisung des Wertes –9.9 ergibt stets wieder den Wert –10. Anstatt uns aber mit einer Fehlermeldung auf den »Type mismatch« hinzuweisen, führt Visual Basic stur immer wieder die gleiche Zuweisung durch.

Letzte Frage zu diesem Thema, bevor die übrigen Schleifentypen vorgestellt werden. Wie oft wird die folgende Schleife durchlaufen?

```
Dim n As Integer
For n = 10 To -10 Step -0.1
    Debug.Print n
Next
```

Natürlich ist auch hier wieder ein kleiner Trick versteckt, denn diese Schleife wird überhaupt nicht durchlaufen, da die Schrittweite aufgrund des nicht erlaubten Nachkommaanteils den Wert Null besitzt. Interessanterweise zeigt die *For Next*-Schleife dieses Verhalten aber nur, wenn *n* die Datentypen *Integer* oder *Long* besitzt. Besitzt *n* den Datentyp *Single,* wird die Schleife ganz normal durchlaufen. In diesem Fall besitzt die Schrittweite ebenfalls den Datentyp *Single* und damit den Wert, der ihr zugeteilt wurde.

Der PC muss warten

HINWEIS

Unter DOS war es eine bei Basic-Programmierern beliebte Technik, über leere *For Next*-Schleifen kurze Verzögerungen zu erreichen. Auch unter Visual Basic können *For Next*-Schleifen dazu benutzt werden, das Programm kurz »aufzuhalten«, wenngleich durch den ereignisorientierten Charakter von Windows Nebeneffekte nicht vermieden werden können. Außerdem werden *For Next*-Schleifen mit fester Durchlaufzahl auf verschiedenen PCs unterschiedlich schnell ausgeführt, sodass es schwierig ist, eine Verzögerung bestimmter Dauer zu gewährleisten. Sehr viel zuverlässiger ist die API-Funktion *Sleep*, die die Programmausführung für eine bestimmte Anzahl von Millisekunden anhält (API-Funktionen sind in Windows eingebaute Funktionen, die auch von einem VB-Programm aus aufgerufen werden können). Die *Sleep*-API-Funktion besitzt folgende Syntax, die der für API-Funktionen stets erforderliche *Declare*-Befehl wiedergibt:

```
Declare Sub Sleep Lib "kernel32" Alias "Sleep" (ByVal dwMilliseconds
As Long)
```

Auch wenn das Thema »Aufruf von API-Funktionen« beim Kennenlernen der VB-Programmierung keine Rolle spielt, soll Ihnen ein kleines Beispiel für die *Sleep*-Funktion einen Vorgeschmack auf diesen interessanten Bereich geben:

1. Fügen Sie als Erstes den *Declare*-Befehl in den Deklarationsteil des Formulars ein, wobei Sie noch das Schlüsselwort *Private* voranstellen müssen. Die Sleep-Funktion wird damit zum Teil des Programms (eine Liste aller *Declare*-Befehle finden Sie in der Datei *WIN32API.TXT*, die Sie über den API-Viewer, einem Zusatzprogramm von Visual Basic, einsehen können).
2. Ordnen Sie auf dem Formular eine Schaltfläche an, geben Sie ihr den Namen »cmdStart« und fügen Sie in die *Click*-Ereignisprozedur der Schaltfläche folgende Befehle ein:

```
Dim Zähler
For Zähler = 1 To 100
    Debug.Print Zähler
    Sleep 1000
Next
```

Nach dem Programmstart und Anklicken der Schaltfläche werden Sie feststellen, dass die einzelnen Zahlen mit einer Verzögerung (die eine Sekunde betragen sollte) ausgegeben werden.

Und da wir gerade dabei sind, soll auch dieses wichtige Thema angesprochen werden. Wenn Sie eine längere Schleife ausführen, werden Sie unter Umständen feststellen, dass das Programm scheinbar nicht auf Mausereignisse reagiert. Das liegt daran, dass das VB-Programm während der Abarbeitung der Schleife nicht dazu kommt, das Eintreffen weiterer Ereignisse zu prüfen. Erst wenn die Schleife abgearbeitet ist und der *End Sub*-Befehl ausgeführt wird, ist das Programm wieder in der Lage, auf Ereignisse zu reagieren. Um diese »Blockade« zu vermeiden, genügt es, in eine Programmschleife (oder einen anderen lange dauernden Programmteil) einen *DoEvents*-Befehl einzuführen. Der *DoEvents*-Befehl zwingt Visual Basic, nach wartenden Ereignissen zu schauen und diese gegebenenfalls abzuarbeiten. Das bedeutet aber auch, dass dadurch andere Ereignisprozeduren ausgeführt und das Abarbeiten der Schleife länger als sinnvoll unterbrochen wird. *DoEvents* sollte daher mit Bedacht eingesetzt werden.

4.5.2 Die Do Loop-Schleife

In vielen Situationen etwas flexibler als die *For Next*-Schleife ist die *Do Loop*-Schleife. Einen Schleifenzähler gibt es hier nicht, stattdessen wird die Anzahl der Durchläufe durch eine so genannte *Abbruchbedingung* festgelegt. Die Abbruchbedingung ist nichts anderes als ein beliebiger Ausdruck, der, wie bei einem *If*-Befehl, entweder »Wahr« (also ungleich Null) oder »Nicht wahr« (also gleich Null) sein kann.

Syntax

```
Do [While | Until Abbruchbedingung]
    Befehle
Loop [While | Until Abbruchbedingung]
```

Die *Do Loop*-Schleife wird so lange durchlaufen, wie oder bis die Abbruchbedingung erfüllt ist. Damit ergeben sich ingesamt vier verschiedene Kombinationsmöglichkeiten:

a) Variante 1

```
Do While Abbruchbedingung
    Befehle
Loop
```

b) Variante 2

```
Do Until Abbruchbedingung
    Befehle
Loop
```

c) Variante 3

```
Do
    Befehle
Loop While Abbruchbedingung
```

d) Variante 4

```
Do
    Befehle
Loop Until Abbruchbedingung
```

Das folgende Beispiel erhöht die Variable *n* in Einerschritten so lange, wie ihr Wert kleiner als 10 ist:

```
Do While n < 10
    n = n + 1
    Debug.Print n
Loop
```

Die Frage, ob die Abbruchbedingung auf den *Do*- oder auf den *Loop*-Befehl folgen soll, hängt davon ab, ob die Schleife bei nicht erfüllter Bedingung überhaupt nicht oder mindestens einmal (bzw. noch einmal) durchlaufen werden soll.

Auch der Unterschied zwischen den Schlüsselwörtern *While* und *Until* ist schnell erklärt. Im ersten Fall wird die Schleife so lange durchlaufen, wie die Bedingung erfüllt ist. Im zweiten Fall wird die Schleife abgebrochen, wenn die Bedingung erfüllt ist. Natürlich kann über den *NOT*-Operator diese Einteilung in ihr Gegenteil verkehrt werden.

Die folgende *Do*-Schleife soll alle Textzeilen (bis zum nächsten Zeilenumbruch) aus einer Textdatei lesen und in ein Textfeld übertragen. Die Abbruchbedingung wurde bewusst weggelassen:

```
Do
    Line Input DateiNr, Eingabezeile
    AnzahlZeilen = AnzahlZeilen + 1
    txtAusgabe.text = txtAusgabe.text & Eingabezeile
Loop
```

Die Abbruchbedingung ist einfach zu formulieren. Die Schleife soll so lange wiederholt werden, bis das Dateiende erreicht ist, das heißt bis die *Eof*-Funktion den Wert *True* zurückgibt. Doch wo soll die Abbruchbedingung erscheinen?

```
Do Until Eof(DateiNr)
    Line Input DateiNr, Eingabezeile
    AnzahlZeilen = AnzahlZeilen + 1
    txtAusgabe.text = txtAusgabe.text & Eingabezeile
Loop
```

In diesem Fall wird die Schleife nicht mehr durchlaufen, wenn die *Eof*-Funktion *True* zurückgibt. Nach dem gleichen Prinzip arbeitet die folgende Schleife, nur dass hier die Abbruchbedingung am Schleifenende steht:

```
Do
    Line Input DateiNr, Eingabezeile
    AnzahlZeilen = AnzahlZeilen + 1
    txtAusgabe.text = txtAusgabe.text & Eingabezeile
Loop While Not Eof(DateiNr)
```

Anstelle des Schlüsselwortes *While* hätte natürlich auch das Schlüsselwort *Until* verwendet werden können, dann aber bitte ohne den *Not*-Operator.

Beachten Sie, dass die *Eof*-Funktion sozusagen vorausschauend arbeitet und bereits dann einen *True*-Wert zurückgibt, wenn durch eine erfolgreiche Leseaktion das Dateiende erreicht wurde und der nächste Leseversuch unverrichteter Dinge abbrechen müsste.

4.5.3 Schleifen verlassen mit dem Exit-Befehl

An der Beschreibung der *Do Loop*-Schleife wurde deutlich, dass eine Schleife ohne Abbruchbedingung zu einer Endlosschleife wird, die niemals verlassen wird. Doch da der Begriff »Unendlich« zum einen eine Reihe philosophischer Betrachtungen nach sich zieht, zum anderen Endlosschleifen in der Praxis sehr selten sind, gibt es auch hier eine Möglichkeit, die Schleife zu verlassen. Diese Möglichkeit heißt *Exit*-Befehl. Da dieser nicht nur für den vorzeitigen Abbruch einer *Do Loop*-Schleife zuständig ist, existiert er in einer Vielzahl von Varianten.

Syntax

```
Exit Do
Exit For
Exit Function
Exit Property
Exit Sub
```

Da der *Exit*-Befehl die Schleife, Prozedur oder Funktion, in der sie ausgeführt wird, bedingungslos verlässt, wird er im Allgemeinen in einer *If*-Abfrage ausgeführt.

Die *Do Loop*-Schleife im folgenden Beispiel durchsucht eine Zeichenkette so lange, bis kein Zeichen mehr zurückgegeben wird, was über die *IsEmpty*-Funktion geprüft wird:

```
Do
    c = ZeichenLesen()
    If IsEmpty(c) = True Then Exit Do
    Zeichenkette = Zeichenkette + c
Loop
```

Warum wird die Bedingung *IsEmpty(c)* nicht einfach, zusammen mit dem Zusatz *While* oder *Until*, beim *Do*- oder *Loop*-Befehl aufgeführt? Weil die Funktion *ZeichenLesen()* in jedem Fall, der Befehl *Zeichenkette = Zeichenkette + c* aber nur ausgeführt werden soll, wenn ein Zeichen gelesen werden konnte. Es handelt sich also um keine Endlosschleife, sondern um eine Schleife mit der Abbruchbedingung in der Mitte.

4.6 Listen- und Kombinationsfelder

Nachdem Sie mit den Entscheidungen und Schleifen die wichtigsten VB-Befehle bereits kennen, sind Sie sicher neugierig, was die Werkzeugsammlung für Sie an angenehmen Überraschungen noch bereithält. Nun, wir sind noch längst nicht durch. Zwar werden Sie in diesem Buch bei weitem nicht alle Steuerelemente der Werkzeugsammlung kennen lernen, zwei Steuerelemente, die Sie aber unbedingt kennen müssen, sind das Listenfeld und das Kombinationsfeld. Beide Steuerelemente stellen Ihnen eine Reihe von Texteinträgen zur Auswahl, aus der Sie einen oder mehrere Einträge auswählen können. Der Unterschied zwischen beiden Steuerelementen besteht darin, dass ein Listenfeld nur eine feste Auswahl anzeigt und Sie bei einem Kombinationsfeld zusätzlich ein Textfeld erhalten, in dem Sie alternativ einen Eintrag eingeben können. Daher auch der Name: Ein Kombinationsfeld ist eine Kombination aus einem Listenfeld und einem normalen Textfeld. Da ein Kombinationsfeld durch Setzen der *Style*-Eigenschaft auf den Wert *vbComboDropDownList* zu einem aufklappbaren Listenfeld wird, ist es in den meisten Fällen gegenüber dem einfachen Listenfeld die bessere Wahl, da es weniger Platz einnimmt und aufgrund seiner Optik eher den Konventionen einer modernen Oberflächengestaltung entspricht.

4.6.1 Der Aufbau einer Liste

Im Folgenden wird der Aufbau der Liste besprochen, der sowohl dem Listenals auch dem Kombinationsfeld zugrunde liegt. Die einzelnen Listenelemente sind in einem internen Feld gespeichert (was ein Feld ist, erfahren Sie in Kapitel 7.5), das über die *List*-Eigenschaft angesprochen wird. Da es ein Feld ist, können Sie nicht einfach schreiben:

```
lstMannschaften.List = "Pullover 99"
```

Wie es sich für ein Feld gehört, müssen Sie einen Index in Klammern dazuschreiben. Dieser Index gibt an, auf welches Element des Feldes Sie sich beziehen:

```
lstMannschaften.List(0) = "Eintracht Schrankfurt"
```

Dieser Befehl gibt dem ersten Element der Liste – es besitzt den Index 0 – einen neuen Wert. Doch wie kommen überhaupt Elemente in ein Listenfeld? Entweder bereits zur Entwurfszeit, indem Sie den Eintrag »List« im Eigenschaftsfenster anklicken und nacheinander alle Einträge hineinschreiben. Oder zur Programmausführung über die *AddItem*-Methode:

```
Dim n
For n = 1 To 12
    lstMonate.AddItem Format(DateSerial(1999, n, 1), "mmmm")
Next n
```

Diese *For Next*-Schleife überträgt die zwölf Monatsnamen in ein Listenfeld. Nicht immer kann man den Luxus einer Programmschleife in Anspruch nehmen, sondern muss alle Elemente einzeln in das Listenfeld eintragen:

```
lstMannschaften.AddItem "Eintracht Mausbach"
lstMannschaften.AddItem "FC Miesbach"
lstMannschaften.AddItem "Fortuna Großmotz"
```

usw.

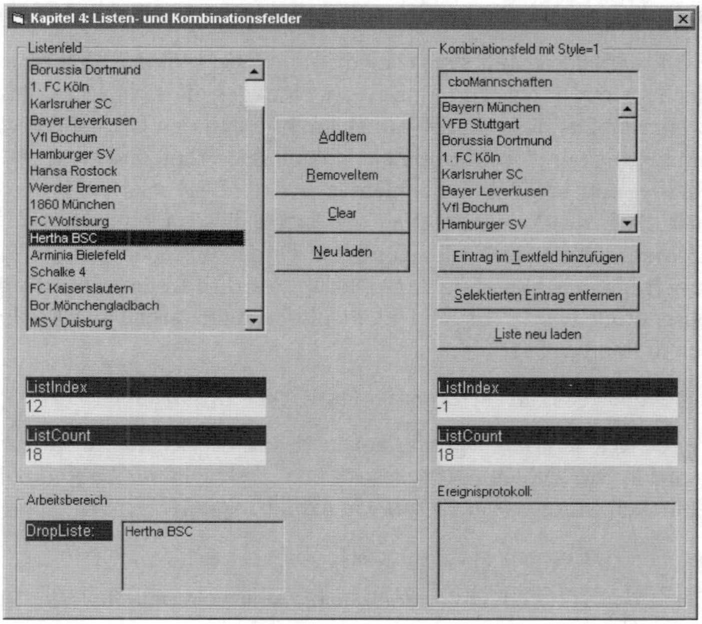

Bild 4.2: Listen- und Kombinationsfelder bieten eine Auswahl an Einträgen an – das Bild stammt aus Labor 4.2

Jeder Mannschaftsname wird an das Ende der Liste gehängt, sofern es sich nicht um eine sortierte Liste (in diesem Fall besitzt die *Sorted*-Eigenschaft den Wert *True*) handelt. Soll ein Eintrag an eine bestimmte Position gesetzt werden, muss diese als zweites Argument der *AddItem*-Methode übergeben werden:

```
lstMannschaften.AddItem "FC Teddybär", 18
```

Um einen Eintrag aus einem Listenfeld zu entfernen, muss die *RemoveItem*-Methode ausgeführt werden. Über den Indexwert, der beim Aufruf übergeben werden muss, wird das zu entfernende Element festgelegt.

Wie müsste eine *For Next*-Schleife wohl aussehen, die über die *RemoveItem*-Methode alle Einträge eines Listenfeldes entfernt? Hier ein Vorschlag:

```
For n = 0 To lstMannschaften.ListCount - 1
    lstMannschaften.RemoveItem (0)
Next n
```

Einfacher geht es aber mit Hilfe der *Clear*-Methode, die alle Einträge in einem Listenfeld in einem Rutsch entfernt:

```
lstMannschaften.Clear
```

Warum einfach, wenn es auch umständlich geht?

4.6.2 Die Auswahl von Elementen aus einer Liste

Ein Listenfeld enthält stets n Elemente, wobei n einen Wert zwischen 0 und der maximal möglichen Anzahl an Einträgen darstellt (eine offizielle Obergrenze gibt es nicht, diese wird vielmehr durch den Umstand bestimmt, dass ein Eintrag nur etwa 65500 Zeichen umfassen kann und maximal 32768 Einträge erlaubt sind). Wird ein Element aus der Liste mit der Maus selektiert, erhält die *ListIndex*-Eigenschaft den Index dieses Elements, wobei das erste Element immer den Index 0 besitzt. Durch Abfragen der *ListIndex*-Eigenschaft können Sie jederzeit feststellen, welches Listenelement mit der Maus ausgewählt wurde. Ist kein Element selektiert, erhält die *ListIndex*-Eigenschaft den Wert -1:

```
SelektierterMonat = lstMonate(lstMonate.ListIndex)
```

Durch welchen Befehl greift man auf das aktuell selektierte Element eines Listenfeldes zu? Da der Index dieses Eintrags stets in der *ListIndex*-Eigenschaft enthalten ist, muss der Zugriff wie folgt erfolgen:

```
Wert = lstListe.List(ListIndex)
```

Doch Vorsicht, so kann es doch wohl nicht funktionieren? Was ist an diesem Befehl faul? Ganz einfach, auch der *ListIndex*-Eigenschaft muss der Name des Steuerelements, in diesem Fall *lstListe*, vorausgehen, denn sonst hält Visual Basic *ListIndex* für eine Variable. Dies ist ein sehr beliebter Anfängerfehler, den Visual Basic aber gnadenlos anzeigt (sofern der *Option Explicit*-Befehl verwendet wird – was grundsätzlich der Fall sein sollte).

HINWEIS

Der Index des zuletzt hinzugefügten Elements steht über die *NewIndex*-Eigenschaft zur Verfügung. Wurde zuletzt die *RemoveItem*-Methode ausgeführt, enthält die *NewIndex*-Eigenschaft den Wert -1.

4.6.3 Mehrfachauswahl aus einer Liste

Aus einem Listenfeld können Sie auch mehrere Einträge auswählen. Dazu muss die *MultiSelect*-Eigenschaft eines Listenfeldes den Wert 1 besitzen. Besitzt sie dagegen den Wert 2, ist eine fortlaufende Auswahl bei gedrückter Maustaste möglich. Da die *ListIndex*-Eigenschaft immer nur für den zuletzt selektierten Eintrag und die *NewIndex*-Eigenschaft für den zuletzt hinzugefügten Eintrag steht, stellt sich natürlich die Frage, wie man erfährt, welche Elemente ausgewählt wurden. Dafür gibt es die *Selected*-Eigenschaft, die, da es sich um eine Feldvariable handeln muss, genau wie die *List*-Eigenschaft über einen Index angesprochen wird. Die *Selected*-Eigenschaft besitzt für jeden selektierten Eintrag den Wert *True*. Die folgende *For Next*-Schleife gibt die Namen aller zur Zeit selektierten Einträge aus:

```
For n = 0 To lstListe.ListCount - 1
    If lstListe.Selected(n) = True Then
        Debug.Print lstListe.List(n)
    End If
Next
```

Durch Setzen der *Selected*-Eigenschaft auf *False* kann die Auswahl eines Eintrags wieder aufgehoben werden.

4.6.4 Unterschiede zwischen Listen- und Kombinationsfeldern

Zwar verhalten sich Listen- und Kombinationsfelder in allen elementaren Dingen gleich, es gibt aber auch ein paar bedeutsame Unterschiede, die sich aus der unterschiedlichen Arbeitsweise ergeben. So ist in einem Kombinationsfeld keine mehrspaltige Darstellung möglich, es besitzt daher auch keine *Columns*-Eigenschaft. Auch die Mehrfachauswahl wird nicht unterstützt, da Kombinationsfelder im Allgemeinen zur Auswahl geöffnet werden müssen und eine Mehrfachauswahl keinen Sinn ergeben würde. Die Eigenschaften *MultiSelect*, *Selected* und *SelCount* gibt es daher bei einem Kombinationsfeld ebenfalls nicht. Auch kann man beim Listenfeld durch Setzen der *Style*-Eigenschaft auf den Wert *vbListBoxCheckbox* erreichen, dass die einzelnen Einträge als Kontrollkästchen dargestellt werden. Was die grundlegenden Dinge, wie den Zugriff auf ein Listenfeld oder das Hinzufügen neuer Elemente angeht, verhalten sich beide Steuerelemente identisch.

Aufgrund seiner *Sorted*-Eigenschaft ist das Listenfeld ideal als Ersatz für eine Sortierroutine geeignet. Möchten Sie ein kleineres Feld sortieren, ist es am einfachsten, die zu sortierenden Elemente über die *AddItem*-Methode in das Listenfeld einzutragen und anschließend über die *List*-Eigenschaft wieder auszulesen. Wird das *Listenfeld* über *Visible=False* unsichtbar gemacht, tritt es während der Programmausführung nicht in Erscheinung (und kann auch nicht auf Ereignisse reagieren), steht aber mit seiner vollständigen Funktionalität zur Verfügung.

Tabelle 4.1: Die wichtigsten Eigenschaften eines Listen- und Kombinationsfeldes

Eigenschaft	Bedeutung
Columns	Legt die Anzahl an Spalten in einem Listenfeld fest. Im Allgemeinen sind Listen jedoch einspaltig, da für eine tabellarische Ausgabe das Gitternetz etwas besser geeignet ist.
List	Feldeigenschaft, die als eindimensionales Feld alle in der Listenauswahl befindlichen Elemente enthält.
ListCount	Anzahl der Listenelemente (beginnt bei 0).
ListIndex	Enthält den Index des aktuell selektierten Listeneintrags.

Eigenschaft	Bedeutung
MultiSelect	Legt fest, ob in der Listenauswahl mehrere Elemente gleichzeitig selektiert werden können. Ob ein Eintrag selektiert ist, erfährt man über die Selected-Eigenschaft, der der Index des betreffenden Elements übergeben werden muss.
NewIndex	Enthält den Index des zuletzt hinzugefügten Elements der Liste. Dies ist besonders dann von Interesse, wenn die *Sorted*-Eigenschaft den Wert *True* besitzt.
SelCount	Anzahl der ausgewählten Elemente. Wird bei *MultiSelect=True* benötigt.
Selected	Setzt oder liefert den Selektionszustand eines Listeneintrags bei einer Mehrfachauswahl (die *ListIndex*-Eigenschaft gibt in diesem Fall nur den Index jenes Eintrags an, der das Rechteck für die Anzeige des Eingabefokus enthält). Diese Eigenschaft wird, wie die *List*-Eigenschaft, immer zusammen mit einem Index aufgerufen. Ist der Wert der Eigenschaft *True*, ist der betreffende Eintrag selektiert.
Style	Bei *Style=1* werden bei einem Listenfeld die Einträge in Form von Kontrollkästchen angezeigt. Bei einem Kombinationsfeld hat die Style-Eigenschaft folgende Bedeutung: *vbComboDropdown* (0) – Es wird ein Textfeld mit einem Pfeilsymbol angezeigt, dessen Anklicken zum Öffnen der Liste führt. Dies ist die Standardeinstellung. *vbComboSimple* (1) – Es werden ein Textfeld und eine geöffnete Liste angezeigt. Standardmäßig ist nur das Textfeld zu sehen, über die *Height*-Eigenschaft kann die Liste ganz oder teilweise sichtbar gemacht werden. *vbCompoDropdownList* (2) – Es ist nur eine Listenauswahl, nicht aber die Eingabe in das Textfeld möglich. Besonders praktisch ist, dass die Auswahl eines Listenelements durch Eingabe des ersten Buchstabens erfolgen kann. Die Eigenschaften des Textfeldes, wie z.B. *Text* oder *SelText*, können in diesem Modus nicht angesprochen werden.
Sorted	Legt fest, ob die Liste sortiert (*Sorted=True*) angezeigt werden soll oder nicht. Kann nur zur Entwurfszeit gesetzt werden.
Text	Steht für den Inhalt des Textfeldes bei einem Kombinationsfeld.
TopIndex	Enthält den Index des obersten sichtbaren Elements der Liste. Durch Setzen dieser Eigenschaft wird festgelegt, welches Element an oberster Stelle der Liste erscheint. Auf diese Weise kann die Liste durch das Programm gescrollt werden.

4.6.5 Die Ereignisse des Listenfeldes

Ereignisse spielen bei Listen- und Kombinationsfeldern eine eher untergeordnete Rolle, da es in den meisten Fällen darauf ankommt, auf den Inhalt der Liste zuzugreifen. Das wichtigste Ereignis ist das *Click*-Ereignis, das immer dann ausgelöst wird, wenn ein Eintrag in der Liste angeklickt wird. Beachten Sie, dass das *Change*-Ereignis bei einem Kombinationsfeld nur ausgelöst wird, wenn sich der Inhalt der *Text*-Eigenschaft ändert, nicht aber, wenn ein Eintrag aus der Liste gewählt wird.

HINWEIS

Um zu verhindern, dass das letzte sichtbare Element eines Listen- oder Kombinationsfeldes unter Umständen nur teilweise angezeigt wird, gibt es die *IntegralHeight*-Eigenschaft. Sie führt aber dazu, dass sich die Höhe des Listenfeldes nicht exakt justieren lässt. Erhält diese Eigenschaft zur Entwurfszeit den Wert *False*, wird die Größe der Liste nicht automatisch angepasst.

Labor 4-2: Listenauswahl

In diesem Labor erhalten Sie die Gelegenheit, die wichtigsten Eigenschaften eines Listen- und eines Kombinationsfeldes kennen zu lernen. Starten Sie das Programm *LISTENFELDER.EXE* oder laden Sie die Projektdatei *LISTENFELDER.VBP* und führen Sie sie aus. Sie sehen ein Formular, auf dem sich ein Listen- und ein Kombinationsfeld befinden. Klicken Sie einzelne Einträge an und schauen Sie, welcher Wert für die *ListIndex*-Eigenschaft angezeigt wird. Die *ListCount*-Eigenschaft gibt stets die Anzahl der Listenelemente an. Im linken Listenfeld ist eine Mehrfachauswahl (*MultiSelect=1*) möglich, halten Sie dazu die [Strg]- oder [⇧]-Taste gedrückt. Über Schaltflächen können Sie neue Elemente in die Liste einfügen oder Elemente löschen. Im Ereignisprotokoll sehen Sie, welche Ereignisse das Kombinationsfeld erhält (wann tritt ein *Change*-Ereignis auf?). Als kleines »Highlight« wurde in die linke Liste durch Setzen der *OleDragMode*-Eigenschaft auf 1 die Möglichkeit eingebaut, einzelne Einträge mit der Maus in das untere Listenfeld »ziehen« zu können. Wenn Sie wissen möchten, wie die gezogenen Elemente in das Listenfeld übernommen werden, müssen Sie sich den Quellcode des Labors anschauen.

4.7 Das Einstellen von Werten

Stellen Sie sich vor, Sie möchten es dem Benutzer ermöglichen, einen Wert in einem Bereich zwischen 1 und 1000 einstellen zu können. In diesem Fall wäre ein Listenfeld natürlich völlig überproportioniert, zumal der Benutzer nicht alle Zahlen von 1 bis 1000 sehen möchte. Visual Basic bietet für diese und andere Zwecke gleich mehrere Alternativen:

- Die horizontalen und vertikalen Bildlaufleisten
- Das AufAb-Steuerelement
- Den Schieberegler

Das sehr praktische AufAb-Steuerelement und der Schieberegler stehen als Zusatzsteuerelement *COMDLG32.OCX* zur Verfügung und werden über den Menübefehl Projekt | Komponenten und Auswahl des Eintrags »Microsoft Windows Common Controls 6.0« (oder 5.0) zur Werkzeugsammlung hinzugefügt. Im Folgenden wird nur die Bildlaufleiste vorgestellt, die als Standardsteuerelement von Anfang an Teil der Werkzeugsammlung ist. Die Bildlaufleiste gibt es in zwei »Geschmacksrichtungen«: vertikal und horizontal. Da sich beide bis auf ihre Ausrichtung nicht unterscheiden, wird im Folgenden die vertikale Bildlaufleiste vorgestellt.

Eine Bildlaufleiste ist ein Element, mit dessen Hilfe Sie einen Wert in einem bestimmten Bereich, der über die Eigenschaften *Min* und *Max* festgelegt wird, einstellen können. Der aktuelle Wert der Bildlaufleiste steht über die *Value*-Eigenschaft zur Verfügung. Eine Bildlaufleiste besteht stets aus zwei Pfeilsymbolen, einer Einstellfläche und einem Schieber, der im Allgemeinen durch Festhalten mit dem Mauszeiger verstellt wird. Auch wenn Bildlaufleisten fester Bestandteil vieler Applikationsfenster sind, ist mit einem Bildlaufleistensteuerelement keine automatische Funktionalität verbunden. Wann immer Sie den Schieber verstellen, auf einen der beiden Pfeilsymbole oder auf die Einstellfläche klicken, ändert sich entsprechend der Wert der *Value*-Eigenschaft und es wird ein *Change*-Ereignis ausgelöst. Umgekehrt können Sie durch Setzen der *Value*-Eigenschaft die Position des Schiebers einstellen.

Tabelle 4.2: Die wichtigsten Eigenschaften einer Bildlaufleiste

Eigenschaft	**Bedeutung**
LargeChange	Legt den Betrag fest, um den sich die *Value*-Eigenschaft ändert, wenn die Einstellfläche angeklickt wird. Die Werte von *SmallChange* und *LargeChange* können verschieden sein, müssen es aber nicht.
Max	Legt den größten Wert fest, den die *Value*-Eigenschaft annehmen kann.
Min	Legt den kleinsten Wert fest, den die *Value*-Eigenschaft annehmen kann.
SmallChange	Legt den Betrag fest, um den sich die *Value*-Eigenschaft ändert, wenn eines der beiden Pfeilsymbole angeklickt wird.
Value	Aktueller Wert der Bildlaufleiste.

Der Wert für die *Value*-Eigenschaft einer Bildlaufleiste kann nur zwischen –32768 und 32767 liegen (es gibt Zusatzsteuerelemente, die einen größeren Wert erlauben). Die Eigenschaften *SmallChange* und *LargeChange* dürfen keine negativen Werte annehmen.

Ereignisse spielen bei einer Bildlaufleiste eine untergeordnete Rolle. Zwar löst jede Änderung der *Value*-Eigenschaft durch Anklicken der Bildlaufleiste oder durch Zuweisen eines Wertes an die *Value*-Eigenschaft während der Programmausführung ein *Change*-Ereignis aus, doch wird dieses nicht zwingend benötigt, da sich der Wert der *Value*-Eigenschaft automatisch ändert. Das wichtigste Ereignis ist das *Scroll*-Ereignis, das immer dann ausgelöst wird, wenn der Schieber mit der Maus verschoben wird (ein *Scroll*-Ereignis hat damit zwangsläufig immer ein *Change*-Ereignis zur Folge).

Übung 4-1: Einstellen eines Wertes mit einer Bildlaufleiste

Die folgende Übung soll demonstrieren, wie sich eine vertikale Bildlaufleiste zum Einstellen eines Wertes im Bereich –10 bis +10 verwenden lässt.

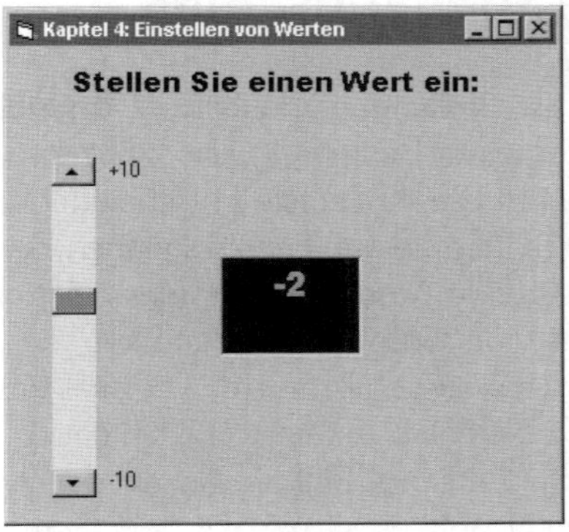

Bild 4.3: Über die Bildlaufleiste lassen sich ganzzahlige Werte einstellen

Schritt 1 Starten Sie Visual Basic und legen Sie ein Standard-EXE-Projekt an. Geben Sie dem Formular den Namen »frmHaupt« und setzen Sie die *Caption*-Eigenschaft auf den Wert »Kapitel 4: Einstellen von Werten«.

Schritt 2 Ordnen Sie auf dem Formular ein Bezeichnungsfeld (*lblWert*) an, setzen Sie die *BorderStyle*-Eigenschaft auf 1, die *Alignment*-Eigenschaft auf 2 und stellen Sie über den Eintrag »Font« im Eigenschaftsfenster einen größeren Schriftgrad ein.

Schritt 3 Ordnen Sie auf dem Formular eine vertikale Bildlaufleiste (*scrWerte*) an. Die Einstellungen der Bildlaufleiste können entweder im Eigenschaftsfenster oder zur Programmausführung (etwa im *Load*-Ereignis des Formulars) erfolgen.

Schritt 4 Fügen Sie in die Ereignisprozedur *Form_Load* folgende Befehle ein:

```
scrWerte.Min = -10
scrWerte.Max = 10
scrWerte.LargeChange = 2
scrWerte.Value = 0
lblWert.Caption = scrWerte.Value
```

Schritt 5 Fügen Sie in die Ereignisprozedur *scrWerte_Change* den folgenden Befehl ein:

```
lblWert.Caption = scrWerte.Value
```

Schritt 6 Starten Sie das Programm. Der aktuelle Wert der Bildlaufleiste sollte in dem Bezeichnungsfeld angezeigt werden.

Sie werden allerdings feststellen, dass der aktuelle Wert nur dann angezeigt wird, wenn Sie den Regler der Bildlaufleiste über die beiden Pfeiltasten verschieben, aber nicht, wenn Sie den Regler direkt verstellen. Frage: Wie lässt sich erreichen, dass der Wert im Bezeichnungsfeld auch in diesem Fall aktualisiert wird? (Tipp: Es hat etwas mit dem *Scroll*-Ereignis zu tun.)

4.8 Zusammenfassung

Entscheidungen erlauben es, die Abhängigkeit eines oder mehrerer Befehle von einer Bedingung, das heißt vom Wert eines Ausdrucks, abhängig zu machen. Der einfachste Entscheidungsbefehl in Visual Basic ist der *If Then*-Befehl, der die auf *Then* folgenden Befehle nur dann ausführt, wenn der auf *If* folgende Ausdruck wahr (das heißt ungleich Null) ist. Eine Programmschleife ist eine Gruppe von Befehlen, die zusammen eine bestimmte Anzahl von Malen ausgeführt werden. Visual Basic stellt mit dem *For Next*-Befehl einen Schleifentyp zur Auswahl, bei dem die Anzahl der Wiederholungen eingestellt werden kann. Soll die Anzahl der Wiederholungen dagegen von einem Ausdruck abhängen, der, wie bei einem *If*-Befehl, entweder *True* oder *False* sein kann, muss stattdessen der *Do Loop*-Befehl zum Einsatz kommen.

Für die Auswahl von Optionen bietet die Werkzeugsammlung das Optionsfeld und das Kontrollkästchen an. Während in einer Gruppe von Optionsfeldern immer nur ein Optionsfeld aktiv sein kann, können in einer Gruppe von Kontrollkästchen beliebig viele aktiv sein. Die *Value*-Eigenschaft setzt oder liefert den Zustand eines Optionsfeldes oder Kontrollkästchens. Soll ein Eintrag aus einer Liste ausgewählt werden, kommen dafür das Listenfeld oder das Kombinationsfeld in Frage. Letzteres ist eine Kombination aus einem Listen- und einem Textfeld. Über die *AddItem*-Methode werden Einträge zur Liste hinzugefügt, die über die *List*-Eigenschaft und einen Index, der zwischen 0 und dem Wert der *ListCount*-Eigenschaft liegen kann, abgefragt werden.

4.9 Fragen

Ein Programm enthält den »mysteriösen« Befehl *If 123 Then X456*. Ist dieser Befehl syntaktisch korrekt und unter welchen Bedingungen wird »X456« ausgeführt? *Frage 1*

Formulieren Sie einen *If*-Befehl, der den (fiktiven) Befehl »RocketLaunch« am 31.12.1998 ausführt. *Frage 2*

Warum können bei einer *For Next*-Schleife, die die Variable *n* von –10 bis +10 in 0,1-Schritten erhöht, so »krumme« Werte, wie zum Beispiel –1,87905246917808E-14 herauskommen? Wie lässt sich das Entstehen dieser Werte verhindern? *Frage 3*

Eine *Do Loop*-Schleife soll so lange durchlaufen, bis die (fiktive) Funktion *FooManChu* den Wert *True* zurückgibt. Wie muss die Schleife aufgebaut sein? *Frage 4*

Durch welche Kleinigkeit unterscheidet sich die *Value*-Eigenschaft eines Kontrollkästchens von der *Value*-Eigenschaft eines Optionsfeldes. *Frage 5*

Wie lässt sich erreichen, dass auf einem Formular zwei unabhängige Gruppen von Optionsfeldern angelegt werden können? *Frage 6*

Wie muss die Abfrage lauten, die feststellt, ob in einem Listenfeld zurzeit ein Eintrag ausgewählt ist? Welchen Wert besitzt die *ListIndex*-Eigenschaft eines Listenfeldes unmittelbar nach dem Start? Welchen Einfluss hat die *MultiSelect*-Eigenschaft auf den Wert von *ListIndex*? *Frage 7*

Wird ein *Change*-Ereignis ausgelöst, wenn in einem Kombinationsfeld ein neuer Listeneintrag durch Anklicken mit der Maus selektiert wird? *Frage 8*

Die Antworten zu den Fragen finden Sie in Anhang C.

4.10 Aufgaben

Sie arbeiten als Aushilfslehrer und sollen eine als extrem schwierig bekannte Schulklasse übernehmen. Um besser anzukommen, schaffen Sie die Noten ab und ersetzen sie durch ein Bewertungssystem, bei dem eine Punktzahl durch verschiedene Smileys ausgedrückt wird: *Aufgabe 1*

Note 1–2 Lachender Smiley

Note 3–4 Neutraler Smiley

Note 5–6 Trauriger Smiley

Schreiben Sie ein kleines Visual-Basic-Programm, bei dem Sie die Note in ein Textfeld eintragen und in einer Anzeige der passende Smiley angezeigt wird.

Aufgabe 2 Sie haben bei einem Preisausschreiben gewonnen und können zwischen 20000 € und einem Cent wählen, der aber 21 Tage lang verdoppelt wird. Schreiben Sie ein Visual-Basic-Programm, das Ihnen die Entscheidung abnimmt.

Aufgabe 3 Unter einer Fakultät einer Zahl versteht man die Produkte aller Zahlen verkleinert um 1 vom Wert der Zahl bis 2 (zum Beispiel 4! = 4 * 3 * 2 = 24). Schreiben Sie ein Visual-Basic-Programm, das die Fakultät beliebiger Zahlen ausgibt. Welcher Sonderfall muss abgefangen werden?

Aufgabe 4 Eine Primzahl ist eine Zahl, die nur durch 1 und sich selbst teilbar ist. Schreiben Sie ein Visual-Basic-Programm, das alle Primzahlen zwischen 1 und 1000 in einem Bildfeld ausgibt. Tipp: Dies ist bereits eine etwas schwierigere Aufgabe, bei der zwei *For Next*-Schleifen ineinander verschachtelt werden, wobei die »äußere« Schleife von 1 (bzw. 3) bis 1000 läuft und die innere Schleife prüft, ob der Schleifenzähler der äußeren Schleife eine Primzahl ist, indem sie ihn durch alle Zahlen bis zum Schleifenzähler teilt und prüft, ob die Division einen Rest übrig lässt.

Aufgabe 5 Bei einem Programmierwettbewerb erhalten Sie die Aufgabe, eine Variable mit dem Namen *Zähler* in einer *Do Loop*-Schleife bei jedem Durchlauf um eins zu erhöhen. Erreicht der Wert von *Zähler* den Wert 15, soll er beim nächsten Durchlauf wieder den Wert 1 annehmen. So weit, so gut. Sie sollen dies aber ohne einen *If*-Befehl erreichen. Lassen Sie sich also etwas einfallen. (Tipp: Sie benötigen lediglich eine Zuweisung, in der der *Mod*-Operator beteiligt ist.)

Aufgabe 6 Als Hobbyastrologe benötigen Sie einen schnellen Zugriff auf die Sternzeichen. Fertigen Sie ein kleines Visual-Basic-Programm an, das in einer Listenauswahl die Namen aller zwölf Tierzeichen ausgibt und nach Auswahl eines Eintrags die dazugehörige Periode ausgibt.

Lösungsvorschläge zu diesen Aufgaben finden Sie auf der Buch-CD im Verzeichnis \Buch. Die jeweils aktuellsten Versionen werden auf der Webseite angeboten (die Adresse finden Sie auf Seite 27).

Kapitel 5

jetzt lerne ich

Prozeduren und Funktionen

Alle Visual-Basic-Programme, die Sie bislang kennen gelernt haben, bestanden aus höchstens mehreren Dutzend Befehlen. Richtige Programme sind jedoch sehr viel umfangreicher. So gibt Microsoft an, dass die neueste Version des Betriebssystems Windows 2000 aus sage und schreibe 27 Millionen Befehlszeilen besteht. Selbst der Befehlszeilenumfang von Visual Basic dürfte die Millionenmarke überschreiten. Klar, dass solche »Mega-Programme« nicht von einer Person, sondern von großen Teams mit zig Programmierern programmiert werden. Klar ist auch, dass sich ein solches Programm aus vielen kleinen »Unterprogrammen« zusammensetzt, die als Module bezeichnet werden. Je modularer ein Programm aufgebaut ist, desto einfacher können einzelne Module ausgetauscht werden und desto überschaubarer und »pflegeleichter« wird ein Programm. In Anbetracht der enormen Kosten, die heutzutage von der Software-Entwicklung verschlungen werden, ist dies ein ganz wichtiger Aspekt. Visual Basic unterstützt von Anfang an einen modularen Programmierstil, denn jeder Befehl eines VB-Programms befindet sich stets innerhalb einer Prozedur. Das können Ereignisprozeduren sein, das können aber auch allgemeine Prozeduren sein, die im Programm nachträglich definiert werden. Prozeduren erlauben es, mehrfach benötigte Befehlsfolgen unter einem Namen abzuspeichern. Anstatt die Befehlsfolge jedesmal hinschreiben (oder einfügen) zu müssen, führen Sie lediglich den Prozedurnamen auf. Trifft Visual Basic bei der Ausführung des Programms auf die Prozedur, führt es alle Befehle aus, die in der Prozedur enthalten sind. Prozeduren sind eine sehr praktische Einrichtung. Funktionen sind ein sehr enger Verwandter von Prozeduren. Sie geben einen Wert zurück, sodass sie für »aktive Variablen« stehen, das heißt Variablen, die vor der Rückgabe eines Wertes beliebige Befehle ausführen können.

Eine weitere sehr leistungsfähige Möglichkeit, ein Programm zu modularisieren, bieten die Klassenmodule, auf die in diesem Buch allerdings nicht eingegangen wird.

Sie lernen in diesem Kapitel etwas über:

- Die Bedeutung von Prozeduren und Funktionen
- Die Definition von Prozeduren und Funktionen
- Die Übergabe von Argumenten
- Prozeduren und Funktionen mit optionalen Argumenten
- Die Übergabe eines Arguments als Wert und als Referenz
- Statische Variablen
- Die Rolle der Prozedur *Main*
- Die vielen »fest eingebauten« VB-Funktionen

5.1 Was ist eine Prozedur?

Prozeduren spielen bei Visual Basic eine zentrale Rolle. Da es in einem VB-Programm keinen »Hauptteil« gibt, befinden sich alle Befehle des Programms in Prozeduren (oder Funktionen). Auch bei allen Ereignisprozeduren handelt es sich um Prozeduren, der einzige Unterschied zu einer »normalen« Prozedur besteht darin, dass sie von Windows aufgerufen werden. Eine Prozedur ist ganz allgemein ein Name, der für eine Reihe von Befehlen steht. Trifft Visual Basic bei der Abarbeitung des Programms auf diesen Namen, verzweigt es in die Prozedur, führt alle Befehle aus, die für diesen Namen stehen, und fährt anschließend mit der Ausführung jenes Befehls fort, der auf den Prozedurnamen folgt (Prozeduren wurden früher daher als »Unterprogramme« bezeichnet).

MERKSATZ

Eine Prozedur ist ein Programmbefehl, der für eine Gruppe von Befehlen steht.

Neben Prozeduren gibt es in Visual Basic Funktionen. Eine Funktion ist wie eine Prozedur, nur dass sie stets einen Wert zurückgibt. Eine Funktion kann daher in Ausdrücken auf die gleiche Weise eingesetzt werden wie eine Variable. Da eine Funktion einen Wert zurückgibt, besitzt sie zwangsläufig auch einen Datentyp (mehr dazu in Kapitel 7.1.1). Da sich Prozeduren und Funktionen ansonsten identisch verhalten, soll im weiteren Verlauf dieses Kapitels, sofern es nicht notwendig ist, nur von Prozeduren die Rede sein.

Eine Funktion ist eine Prozedur, die einen Wert zurückgibt und daher in Ausdrücken eingesetzt werden kann.

5.1.1 Der allgemeine Aufbau einer Prozedur

Prozeduren und Funktionen besitzen den folgenden allgemeinen (vereinfachten) Aufbau:

```
Sub Name (Argumente)
    ' Irgendwelche Befehle
End Sub
bzw.
Function Name (Argumente) [As Datentyp]
    ' Irgendwelche Befehle
    [Name = Ausdruck]
End Function
```

Eingeleitet wird die Prozedur durch den *Sub*-Befehl, beendet wird sie durch einen *End Sub*-Befehl. Der *Sub*-Befehl (bzw. der *Function*-Befehl) wird auch als Prozedurkopf bezeichnet. Alle Befehle bis zum *End Sub*-Befehl bilden den *Prozedurrumpf*. Wenn Sie diese Syntaxbeschreibung mit der in der VB-Hilfe vergleichen, werden Sie feststellen, dass einige Dinge offenbar unterschlagen wurden, doch für die Erklärung des allgemeinen Prinzips reicht diese Beschreibung vollkommen aus.

5.1.2 Der Aufruf einer Prozedur

Eine Prozedur wird einfach durch Aufführen des Prozedurnamens im Programm aufgerufen. Betrachten wir zunächst den allereinfachsten Fall, bei dem keine Argumente übergeben werden.

```
MeineProzedur
```

Dieser Befehl ruft die Prozedur mit dem Namen *MeineProzedur* auf und bringt alle darin enthaltenen Befehle zur Ausführung. Alternativ können Sie einem Prozeduraufruf den *Call*-Befehl voranstellen:

```
Call MeineProzedur
```

Hier gilt es aber zu beachten, dass, wenn der Prozedur Argumente übergeben werden, diese in Klammern gesetzt werden müssen. Bei folgendem Aufruf beschwert sich Visual Basic bereits bei der Eingabe mit einem Syntaxfehler:

```
Call FarbeQuadropolieren Farbwert
```

Richtig muss es heißen:

```
Call FarbeQuadropolieren (Farbwert)
```

Übrigens ist es auch möglich, den (oder die) Argumente in ein doppeltes Klammernpaar zu setzen:

```
Call FarbeQuadropolieren ((Farbwert))
```

Das sieht zwar etwas ungewöhnlich aus, hat aber eine tiefere Bedeutung. In diesem Fall wird die Variable als Wert und nicht als Referenz übergeben und kann in der aufgerufenen Prozedur nicht geändert werden. Ein besonders guter Programmierstil ist das aber nicht, da ein Programmierer das doppelte Klammerpaar leicht übersehen kann. Stattdessen sollte man im Prozedurkopf über *ByVal* oder *ByRef* die Übergabeart angeben. Mehr dazu in Kapitel 5.5.

5.1.3 Der Aufruf einer Funktion

Beim Aufruf einer Funktion ist zu beachten, dass diese stets einen Wert zurückgibt. Sie können den Funktionsaufruf daher überall dort einsetzen, wo auch eine Variable erlaubt wäre:

```
Ergebnis = 100 * Mwst(200)
```

Bei *Mwst* handelt es sich um eine Funktion, die über den *Function*-Befehl definiert wurde:

```
Function Mwst (Betrag)
    Mwst = Betrag / 100 * 15
End Function.
```

ACHTUNG

Da keine Datentypen angegeben wurden, sind sowohl das Argument als auch der Rückgabewert der Funktion vom Typ *Variant*. Eine Funktion kann aber immer nur einen einzelnen Wert zurückgeben (der Funktionsname steht für den Rückgabewert). Soll eine Funktion mehrere Werte errechnen, muss die Funktion als Datentyp den Typ einer Variablen mit einem benutzerdefinierten Datentyp besitzen. In diesem Fall werden mehrere Werte in Form einer einzigen Variablen mit einem benutzerdefinierten Datentyp zurückgegeben. Die Verwendung öffentlicher Variablen für die Rückgabe von Werten ist möglich, aber nur in absoluten Ausnahmefällen zu empfehlen. Auch die Rückgabe eines Feldes ist möglich, in diesem Fall muss die Funktion aber den Typ *Variant* besitzen.

ACHTUNG

Wird eine Funktion, die einen Wert zurückgibt, über einen *Call*-Befehl aufgerufen, wird die Funktion wie eine Prozedur behandelt und der Rückgabewert verworfen.

5.2 Wie werden Prozeduren definiert?

Offiziell über das Menükommando EXTRAS | PROZEDUR HINZUFÜGEN. Es erscheint ein Dialogfeld, in dem Sie Namen, Typ (Prozedur oder Funktion) und Gültigkeitsbereich der Prozedur eintragen. Das Ergebnis ist ein fertiger Prozedurrahmen, den Sie natürlich jederzeit im Programmcodefenster bearbeiten können. Es geht aber auch etwas einfacher und weniger formell, indem Sie einfach den Prozedurkopf an einer beliebigen Stelle des Programmcodefensters eintragen. Da Prozeduren nicht verschachtelt werden dürfen, legt der Visual-Basic-Editor automatisch einen neuen Prozedurrahmen an.

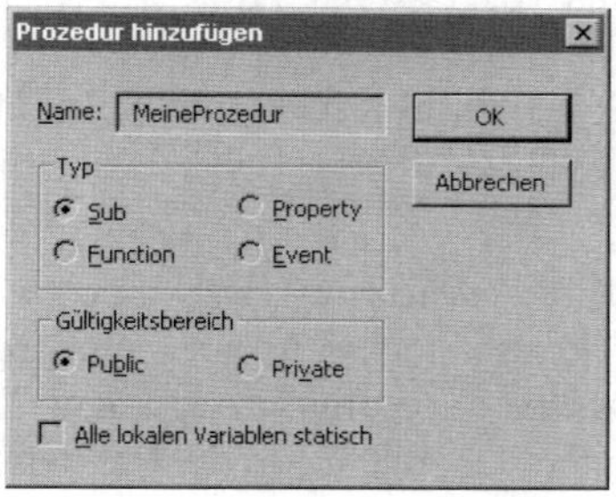

Bild 5.1: In diesem Dialogfeld wird eine neue Prozedur oder Funktion definiert

5.3 Prozeduren mit Argumenten

Bislang haben Sie Prozeduren kennen gelernt, die ohne Argumente auskommen. Doch schauen Sie sich einmal das folgende Beispiel an:

```
Sub FokusSetzen ()
    txtEingabe.SelStart = 0
    txtEingabe.SelLength = Len(txtEingabe.Text)
    txtEingabe.SetFocus
End Sub
```

Was fällt Ihnen bei diesem Beispiel auf? Richtig, die Prozedur *FokusSetzen* arbeitet nur mit dem Textfeld *txtEingabe*. Möchten Sie bei einem anderen Textfeld den Fokus setzen und dabei den Textinhalt markieren, benötigen Sie eine neue Prozedur. Das ist kein Fortschritt. Richtig leistungsfähig wird eine Prozedur erst dann, wenn sie mit Argumenten arbeitet. Argumente sind Werte, die beim Aufruf einer Prozedur übergeben werden, und mit denen die Prozedur arbeiten kann. Auf diese Weise lassen sich Prozeduren universell einsetzen. Alle Argumente, die einer Prozedur beim Aufruf übergeben werden können, müssen bei der Definition der Prozedur im Prozedurkopf aufgeführt werden:

```
Sub FokusSetzen (Textfeld As Control)
```

Jetzt erhält die Prozedur *FokusSetzen* ein Argument. Bei *Textfeld* handelt es sich um das *formelle Argument* (auch wenn es nicht zwingend notwendig ist, erhält es den Datentyp *Control*). Formell deswegen, da es nur Platzhalter für die tatsächlichen Argumente sind. Erst beim Aufruf der Prozedur werden die formellen Argumente durch die aktuellen Argumente ersetzt:

```
FokusSetzen Textfeld:=txtEingabe
```

Argumente werden innerhalb der Prozedur wie lokale Variablen behandelt. Sie sind nur innerhalb der Prozedur gültig und können daher – auch wenn es nicht unbedingt zu empfehlen ist – den gleichen Namen besitzen wie Variablen in anderen Teilen des Programms.

```
Sub FokusSetzen (Textfeld As Control)
    Textfeld.SelStart = 0
    Textfeld.SelLength = Len(Textfeld.Text)
    Textfeld.SetFocus
End Sub
```

Wird die Prozedur *FokusSetzen* aufgerufen, wird ihr mit *txtEingabe* ein Textfeld als aktuelles Argument übergeben. Visual Basic ruft die Prozedur auf und ersetzt das formelle Argument *Textfeld* durch das aktuelle Argument *txtEingabe*. Überall, wo in der Prozedur das formelle Argument *Textfeld* steht, wird das Textfeld *txtEingabe* angesprochen.

ACHTUNG

Sie können einem formellen Argument ruhig den Namen einer bereits im Programm verwendeten Variablen geben, überdecken damit aber die »Sichtbarkeit« dieser Variablen, wenn sich der Gültigkeitsbereich überschneidet.

HINWEIS

Einer Prozedur können Argumente mit allen in Visual Basic gültigen Datentypen übergeben werden (in den Beispielen wurden bislang nur *Variant*-Datentypen verwendet), auch Felder oder benutzerdefinierte Datentypen. Hier ist aber zu beachten, dass die Prozeduren und Funktionen eines Formulars oder eines Klassenmoduls nicht öffentlich sein dürfen. Sie erhalten ansonsten eine »mysteriöse« Fehlermeldung. Stellen Sie der Prozedur das Schlüsselwort *Private* voraus (wird nichts angegeben, sind Prozeduren öffentlich) und es geht. Sie können die Prozedur dann aber nicht mehr von außerhalb des Moduls aus aufrufen.

5.3.1 Argumente können optional sein

Besitzt eine Prozedur ein, zwei oder drei formelle Argumente, ist sie noch relativ überschaubar. Doch was ist, wenn eine Prozedur ein halbes Dutzend oder mehr Argumente erwartet? Wäre es dann nicht extrem praktisch, wenn man die Reihenfolge der Argumente beliebig ändern könnte (man muss sich so nicht stur an eine fixe Reihenfolge halten) oder gar einzelne Argumente bei Bedarf weglassen könnte? Nun, die Vertauschung der Reihenfolge ist dank benannter Argumente kein Problem:

```
Sub P1 (Betrag, AnzahlStellen)
```

Die Prozedur *P1* erwartet zwei Argumente. Indem Sie beim Aufruf nicht nur den Wert des aktuellen Arguments, sondern auch den Namen des formellen Arguments übergeben (beide müssen durch ein »:=«-Zeichen getrennt werden), können Sie die Reihenfolge beliebig variieren. Der Prozeduraufruf kann entweder so:

```
P1 Betrag:=100.3456, AnzahlStellen:=2
```

oder so

```
P1 AnzahlStellen:=2, Betrag:=100.3456
```

erfolgen. Auch alle eingebauten VB-Funktionen können mit benannten Argumenten aufgerufen werden. Wenngleich diese Methode etwas umständlicher zu sein scheint, wird die Lesbarkeit des Programmlistings dadurch erhöht.

Optionale Argumente sind damit aber noch nicht möglich. Hier muss jedem Argument das Schlüsselwort *Optional* vorangestellt werden. Stellen Sie sich eine Funktion mit dem Namen *Fahrkosten* zur Berechnung der Fahrtkosten vor, der sechs Argumente übergeben werden können:

- Die gefahrenen Kilometer
- Die Benzinsorte
- Der Preis pro Liter
- Der Durchschnittsverbrauch
- Der Kilometerstand
- Die Anzahl der Autobahnkilometer

Der Rückgabewert der Funktion soll ein (fiktiver) Geldbetrag sein. Allerdings, und das macht das Beispiel absichtlich ein wenig komplizierter, werden nicht alle Argumente für die Berechnung benötigt. Kennt der Benutzer der Funktion etwa die Benzinsorte nicht, kann dieser Wert bei der Übergabe entfallen (die Funktion geht in diesem Fall zum Beispiel von »Superbleifrei« als Voreinstellung aus). Damit das Weglassen von tatsächlichen Argumenten möglich wird, muss dem formellen Argument im Prozedurkopf ein *Optional*-Schlüsselwort vorangehen:

```
Function Fahrtkosten (Optional KmGefahren, Optional Benzintyp,
Optional Preis, Optional D_Verbrauch, Optional kmStand, Optional
kmAutobahn)
    If IsMissing(Benzintyp) Then
        Benzintyp = "Super Bleifrei"
    End If
    If IsMissing(Preis) Then
        Preis = 1.75
    End If
    If IsMissing(D_Verbrauch) Then
        D_Verbrauch = 9.8
    End If
    If IsMissing(KmGefahren) Then
        Fahrtkosten = -1
        Exit Function
    End If
    ' Hier müsste jetzt gerechnet werden
    Debug.Print KmGefahren, kmAutobahn, Benzintyp
    Fahrkosten = 42
End Function
```

Der Aufruf der Funktion gestaltet sich nun recht komfortabel:

```
Dim Ergebnis As Currency
Ergebnis = Fahrkosten(kmAutobahn:=50, KmGefahren:=100)
```

Nicht nur die Reihenfolge der Argumente wurde vertauscht, von den insgesamt sechs Argumenten wurden nur zwei übergeben. Damit die Funktion dennoch richtig rechnen kann, muss über die *IsMissing*-Funktion geprüft werden, ob ein Argument übergeben wurde. Ist dies nicht der Fall, muss dem formellen Argument ein Defaultwert zugewiesen werden. Die *IsMissing*-Funktion bringt aber nur bei *Variant*-Datentypen etwas, da sie nur prüft, ob ein *Variant*-Typ den speziellen Wert *Empty* besitzt. Besitzen die formellen Argumente einen expliziten Datentyp, muss anstelle der *IsMissing*-Funktion einfach eine Abfrage auf Null oder einen Leerstring erfolgen.

Benannte Argumente machen Ihre Programme nicht nur besser lesbar, sondern helfen auch, Fehler zu vermeiden, die zum Beispiel durch die Vertauschung von Argumenten entstehen können. Wie bei normalen Deklarationen sollten auch die Prozedurvariablen im Prozedurkopf einen Datentyp erhalten (im Beispiel wurde darauf verzichtet).

5.4 Prozeduren mit einer variablen Anzahl an Argumenten

Prozeduren mit optionalen Argumenten sind schon eine tolle Sache, da sie den Prozeduraufruf sehr flexibel gestalten. Eine Steigerung des Komforts sind Prozeduren mit einer variablen Anzahl an Argumenten, denn hier können Sie eine beliebige Anzahl an Argumenten übergeben. Um eine Prozedur mit einer beliebigen Anzahl an Argumenten aufrufen zu können, muss im Prozedurkopf dem Argument das Schlüsselwort *ParamArray* vorangehen und das Argument als Feldvariable deklariert werden (mehr zu Feldvariablen in Kapitel 7.5). Um die Sache nicht zu kompliziert werden zu lassen, ist dies aber nur beim letzten Argument im Prozedurkopf möglich.

Das klassische Beispiel für eine Funktion mit einer variablen Anzahl an Argumenten ist eine Summenfunktion:

```
Function Summe(ParamArray Zahlenfeld()) As Long
    Dim n As Integer
    For n = 0 To UBound(Zahlenfeld)
        Summe = Summe + Zahlenfeld(n)
    Next n
End Function
```

Der Aufruf zeigt, was mit einer variablen Anzahl an Argumenten gemeint ist, denn Sie können die Funktion so

```
MsgBox Prompt:="Die Summe ist: " & Summe(2, 3, 4, 5)
```

oder auch so

```
MsgBox Prompt:="Die Summe ist: " & Summe(2, 3, 4, 5, 12, ↵
100, -1, 99)
```

aufrufen, ohne dass Änderungen an der Funktion erforderlich wären.

5.5 Argumentübergabe als Wert oder als Referenz?

Dies ist eine knifflige Angelegenheit, die auch etwas erfahrene Programmierer noch durcheinander bringen kann. Lassen Sie diesen Abschnitt daher ruhig aus, wenn Sie gerade erst mit der Programmierung begonnen haben, und holen Sie ihn zu einem späteren Zeitpunkt nach. Die folgenden Betrachtungen spielen für den Fall eine Rolle, dass für ein Argument eine Variable übergeben wird. Standardmäßig, das heißt, wenn Sie nichts anderes festlegen, übergibt Visual Basic Argumente als Referenz. Das bedeutet, dass die aufgerufene Prozedur (oder Funktion) nicht den Wert des Arguments, sondern eine »Adresse« (die Referenz) des Wertes erhält und über diese Adresse auf den Wert zugreifen kann. Wird ein Argument dagegen als Wert übergeben, erhält die Prozedur nur den Wert und nicht die Adresse. Übrigens haben Sie nur bei einfachen Variablen die Auswahlmöglichkeit zwischen Übergabe als Wert oder als Referenz. Zeichenketten fester Länge, Felder, Objekte oder Variablen mit einem benutzerdefinierten Datentyp werden grundsätzlich als Referenz übergeben.

Für den Aufruf und für den Aufbau der Prozedur macht es zunächst keinen Unterschied, ob ein Argument als Referenz oder als Wert übergeben wird. Es spielt immer dann eine Rolle, wenn für das tatsächliche Argument eine Variable übergeben wird. Eine Übergabe als Referenz bedeutet nämlich, dass wann immer die lokale Variable in der Prozedur einen neuen Wert erhält, sich diese Änderung auch auf die Variable im aufrufenden Programmteil auswirkt. (Sie wurden gewarnt, die Verhältnisse sind in der Tat nicht auf Anhieb durchschaubar.) Sehen Sie selbst.

Im folgenden Beispiel wird in der Prozedur *P1* die Prozedur *P2* aufgerufen, die als Argument die Variable *X* erhält. Die Übergabe der Variablen erfolgt, da nichts anderes festgelegt wird, als Referenz:

```
Sub P1 ()
    Dim X
    X = 77
    P2 X
    Msgbox Prompt:= "Der Wert von X ist: " & X
End Sub

Sub P2 (Zahl)
    Zahl = 99
End Sub
```

Die spannende Frage ist natürlich, welchen Wert die Variable *X* in der *Msgbox*-Funktion besitzt. Entweder 77 oder 99, welcher Wert ist es? Überlegen Sie einen Augenblick, bevor Sie weiterlesen. Da die Variable *X* als Referenz übergeben wird, erhält das formelle Argument *Zahl* ebenfalls die Referenz auf *X*. Eine Änderung von *Zahl* ändert dadurch gleichzeitig den Wert von *X*. Der ausgegebene Wert lautet daher 99. Probieren Sie es einmal aus.

Der Umstand, dass eine Variable als Referenz übergeben wird, kann zu schwer lokalisierbaren Fehlern führen. Klar, eine Prozedur erhält so die Gelegenheit, Werte an das aufrufende Programm zurückzugeben, doch kann man dies über eine Funktion auch mit »legalen« Mitteln erreichen. So sollte man nicht programmieren. Um die Übergabe als Wert zu erzwingen, gibt es zwei Möglichkeiten:

1. Sie setzen das übergebene Argument in Klammern.
2. Sie stellen den formellen Argumenten ein *ByVal*-Schlüsselwort voran.

Methode 1 ist »Classic Basic Style« und damit veraltet und wird nur der Vollständigkeit halber erwähnt:

```
P2 (X)
```

Sehr viel professioneller ist die zweite Methode, da man hier sofort erkennt, was Sache ist:

```
Sub P2 (ByVal Zahl)
    Zahl = 99
End Sub
```

Das Schlüsselwort *ByVal* sorgt dafür, dass das formelle Argument *Zahl* immer als Wert übergeben wird. Die Zuweisung an *Zahl* in der Prozedur hat somit keine Auswirkung auf den Wert der übergebenen Variablen im aufrufenden Programm. Die *Msgbox*-Funktion gibt diesmal den Wert 77 aus.

Der *ByVal*-Zusatz kann natürlich keine Wunder bewirken, so dürfen zum Beispiel Variablen mit einem benutzerdefinierten Datentyp nach wie vor nicht als Wert übergeben werden. Versuchen Sie es dennoch, erhalten Sie eine Fehlermeldung.

5.6 Statische Variablen

Ohne es zu wissen, haben Sie bereits lokale Variablen kennen gelernt. Eine lokale Variable ist eine Variable, die nur innerhalb einer Prozedur gültig ist. Außerhalb der Prozedur ist sie unbekannt und kann nicht angesprochen werden. Daher die Bezeichnung »lokal« (mit Gastronomie hat das allerdings nichts zu tun). Formelle Argumente sind automatisch lokale Variablen. Benötigen Sie weitere lokale Variablen, werden diese über einen *Dim*-Befehl in der Prozedur deklariert.

```
Function Summe(ParamArray Zahlen()) As Integer
  Dim i As Integer
  For i = 0 To Ubound(Zahlen)
    Summe = Summe + i
  Next
End Function
```

Lokale Variablen besitzen eine Besonderheit: Wird die Prozedur verlassen, »stirbt« die Variable, ihr Wert verfällt. Wird die Prozedur erneut aufgerufen, wird die lokale Variable neu initialisiert und erhält den Wert 0 (wenn es eine numerische Variable ist). Möchte man das verhindern und erreichen, dass eine lokale Variable beim erneuten Aufruf der Prozedur jenen Wert erhält, den sie vor dem letzten Verlassen besaß, muss die Variable über den *Static*-Befehl als statisch deklariert werden.

MERKSATZ

Eine statische Variable ist eine lokale Variable, die beim Verlassen der Prozedur ihren Wert behält, ihren Gültigkeitsbereich aber verliert.

BEISPIEL

```
Sub P1 ()
    Static Zähler As Integer
    Zähler = Zähler + 1
    Msgbox Prompt:="Dies ist der " & Zähler & " te Aufruf"
End Sub
```

Ohne den *Static*-Befehl würde die Variable *Zähler* bei jedem Prozeduraufruf wieder bei 0 zu zählen beginnen.

5.7 Die Rolle der Prozedur Main

Wo beginnt eigentlich die Programmausführung bei einem Visual-Basic-Programm? Nun, ääh, also das Programm wird gestartet, dann wird das Formular angezeigt und dann ist es eigentlich schon gestartet und dann kann ich irgendwo mit der Maus draufklicken. Sie sehen, einfache Fragen haben nicht immer einfache Antworten (zugegeben, die Antwort war reichlich konstruiert, sorry). Dabei ist es zum Glück trotzdem einfach. Besteht ein Projekt nur aus einem Formular, muss die Programmausführung auch »irgendwo« in diesem Formular beginnen. Dieses »Irgendwo« ist natürlich eine Ereignisprozedur, denn ein Formular besitzt keine »geheimen« Funktionen. Alles, was ein Formular an ausführbarem Programmcode besitzt, wird angezeigt, wenn Sie die [F7]-Taste drücken. Doch welches Ereignis wird bei einem Formular als Erstes ausgeführt? Mit dem *Load*-Ereignis kennen Sie bereits einen potentiellen Kandidaten, der beim Laden eines Formulars aktiv wird. Doch *Load* ist nicht das erste Ereignis. Die Ereignisreihenfolge beim Laden eines Formulars lautet vielmehr:

Tabelle 5.1: Die Ereignisreihenfolge beim Laden eines Formulars

Ereignis	Wann wird es ausgelöst?
Initialize	Einmalig beim ersten Zugriff auf das Formular.
Load	Beim Laden des Formulars. Tritt dieses Ereignis ein, sind die Steuerelemente teilweise noch nicht ansprechbar, die Innenfläche ist noch nicht vollständig gezeichnet.
Resize	Beim Sichtbarwerden des Formulars und immer, wenn es seine Größe ändert (auch wenn *BorderStyle* keine Größenänderung erlaubt).
Activate	Wenn das Formular zum aktiven Fenster wird.
Paint	Wenn die Innenfläche des Formulars gezeichnet wird (nur bei *AutoRedraw=0*).

Sind alle diese Ereignisprozeduren abgearbeitet, muss das Programm natürlich weiterlaufen. Als Nächstes ist *jene GotFocus*-Ereignisprozedur des Steuerelements an der Reihe, das als Erstes den Eingabefokus erhält (entweder weil es einen *TabIndex* von 0 besitzt oder weil auf es per *SetFocus* angesprungen wurde). Ist auch diese Ereignisprozedur abgearbeitet (und ruft diese Prozedur keine anderen Prozeduren auf), passiert erst einmal gar nichts. Das Programm geht in einen »Wartezustand« über, in dem es nichts anderes macht, als auf kommende Ereignisse zu warten. Wie es weitergeht, hängt also ausschließlich vom Benutzer ab. Diesen Wartezustand nimmt ein Programm auch immer dann an, wenn eine Ereignisprozedur abgearbeitet wurde:

```
Sub cmdStart_Click ()
    ' Irgendwelche Befehle
End Sub
```

Welcher Befehl wird unmittelbar nach dem *End Sub*-Befehl ausgeführt? Zunächst keiner, denn der *End Sub*-Befehl kehrt in die interne Warteschlange des Visual-Basic-Programms zurück, die erst durch das Eintreten des nächsten Ereignisses wieder verlassen wird. Das ist das Prinzip der ereignisgesteuerten Programmausführung.

Besitzt ein Projekt mehrere Formulare, ändert sich an diesem Ablauf nichts. Es muss nur berücksichtigt werden, dass nur das Startformular automatisch geladen wird. Die übrigen Formulare müssen explizit (entweder über einen *Load*-Befehl oder eine *Show*-Methode – mehr dazu in Kapitel 6.2) geladen werden. Formulare, die nicht Teil der Projektdatei sind, können nicht nachträglich geladen werden. Welches Formular das Startformular spielt (normalerweise das als Erstes geladene Formular) wird in der Registerkarte »Allgemein« der Projektoptionen eingestellt.

Ein Fall wurde bislang noch gar nicht betrachtet. Ein Visual-Basic-Programm muss nicht mit einem Formular starten, es kann die Programmausführung auch in einem allgemeinen Modul beginnen (allgemeine Module kamen bislang noch nicht vor). Da allgemeine Module keine Ereignisprozeduren besitzen, stellt sich natürlich die Frage, wo die Programmausführung hier beginnt. Auch das ist einfach, bei der Prozedur *Main*, die in dem allgemeinen Modul definiert werden muss:

```
Sub Main ()
    ' Irgendwelche Befehle
    StartFormular.Show
End Sub
```

Zuerst werden irgendwelche Befehle ausgeführt, anschließend wird das Startformular (also jenes Formular, das als Erstes sichtbar sein soll) über die *Show*-Methode geladen. Geschieht dies nicht, besitzt das Programm keine Benutzeroberfläche (das kann in seltenen Fällen nützlich sein), kann aber über die *Inputbox*- und die *Msgbox*-Funktion mit dem Benutzer kommunizieren.

5.8 Der Gültigkeitsbereich von Prozeduren

Sie wissen nun fast alles über Prozeduren, eine Angelegenheit wurde noch nicht geklärt: der Gültigkeitsbereich einer Prozedur. Dieser bestimmt, von welchen Stellen eines Programms eine Prozedur aufgerufen werden kann. Zum Glück ist die ganze Angelegenheit sehr einfach. Sie müssen sich zunächst noch einmal vor Augen führen, dass eine (allgemeine) Prozedur sowohl in Formularen als auch in allgemeinen Modulen enthalten sein kann. (Zur Erinnerung: Allgemeine Module werden über das Menükommando PROJEKT | MODUL HINZUFÜGEN zu einem Projekt hinzugefügt.) Wird nichts anderes vereinbart (mehr dazu gleich), ist eine Prozedur stets öffentlich. Allerdings hat dies für Formulare und Module eine unterschiedliche Konsequenz:

- Öffentliche Prozeduren in einem Formular werden wie Methoden des Formulars behandelt. Um die Prozedur von einem anderen Modul aus aufrufen zu können, muss der Formularname vorangestellt werden (dadurch wird kein *Load*-Ereignis ausgelöst).
- Öffentliche Prozeduren in einem allgemeinen Modul können von jedem anderen Modul aus aufgerufen werden (der Modulname muss nicht vorangestellt werden). Möchten Sie also, dass eine Prozedur von mindestens zwei Formularen aus aufrufbar ist, sollte sie in einem allgemeinen Modul untergebracht werden.

ACHTUNG

Möchten Sie aus irgendeinem Grund den Gültigkeitsbereich einer Prozedur ändern, müssen Sie dem Prozedurkopf die »Gültigkeitsbereichsmodifizierer« *Private* und *Public* voranstellen. Bei Verwendung von *Private* erreichen Sie damit, dass eine Prozedur nicht mehr von anderen Modulen aus angesprochen werden kann:

```
Private Sub SecretMisson ()
```

5.9 Eingebaute mathematische Funktionen

Bislang konnten die Rechenkünste von Visual Basic noch nicht beeindrucken. Mehr als die Grundrechenarten scheinen wohl nicht drin zu sein? Weit gefehlt: Visual Basic bietet eine Fülle »fest eingebauter« Funktionen, zu denen neben den mathematischen Funktionen auch Funktionen zur Bearbeitung von Zeichenketten, Umwandlungsfunktionen, Datumsfunktionen und eine Reihe von »Spezialfunktionen« gehören. Kommen Sie aber bitte nicht auf die Idee, die Funktionsnamen auswendig zu lernen. Die Anwendung der Funktionen ist nach dem Motto »Kennt man eine, kennt man alle« recht einfach. Alle Funktionen werden mit einem oder mehreren Argumenten aufgerufen und geben stets einen Wert zurück. Überfliegen Sie einfach diesen Abschnitt, um sich über das Funktionsangebot zu informieren, und schlagen Sie einzelne VB-Funktionen in der Visual-Basic-Hilfe nach.

ACHTUNG

Streng genommen gibt es keine VB-Funktionen, sondern nur Methoden des globalen Objekts *VBA*. Sollte es daher (was sehr unwahrscheinlich ist) zu einem Namenskonflikt zwischen einer VB-Funktion und einer Methode oder etwas anderem kommen, müssen Sie dem Funktionsnamen den Objektnamen voranstellen (zum Beispiel *VBA.Sin(45)*). Ansonsten hat dieser Umstand für die Programmierung keine Konsequenzen.

5.9.1 Mathematische Funktionen

Die mathematischen VB-Funktionen führen einfache mathematische Berechnungen durch (siehe Tabelle 5.2). Die Genauigkeit der Ergebnisse wird durch den Umstand beeinflusst, dass es sich beim Rückgabewert stets um einen Wert vom Typ *Double* handelt, bei dem es maximal 14 Nachkommastellen (bzw. 15, wenn das Ergebnis kleiner 1 ist) geben kann. Der mathematische Koprozessor des PC oder der Datentyp *Decimal* wird von den VB-Funktionen nicht einbezogen. Wenn Sie speziellere Funktionen, zum Beispiel Statistikfunktionen, benötigen, müssen Sie diese entweder selber programmieren oder auf eine kommerzielle Toolbox zurückgreifen.

Die wichtigste Mathematik-Toolbox *BNALib* (Info: *http://www.teratech.com*) mit über 100 mathematischen Funktionen wurde bereits in der Ausgabe 5/97 der Visual-Basic-Zeitschrift basicpro (*http://www.basicworld.com*) vorgestellt.

Bei allen trigonometrischen Funktionen ist Ihnen sicher aufgefallen, dass das Argument in Bogenmaß angegeben wird. Wer in der Schule/im Studium aufgepasst hat (oder gerade mittendrin steckt) weiß, dass ein Bogenmaß eine andere Darstellungsform für einen Winkel ist. Demnach hat ein Kreis einen Radius von 2π, ein Halbkreis einen von 1π. Die Umrechnungsformel zwischen Gradmaß und Bogenmaß lautet daher:

```
Bogenmaß = Gradmaß / 360 * 2π
```

Wie sieht es mit der Rechengenauigkeit aus?

Der folgende Abschnitt geht in aller Kürze auf das Thema Rechengenauigkeit ein. Er setzt voraus, dass Sie sich bereits ein wenig mit den VB-Datentypen auskennen, die in Kapitel 7.1.1 vorgestellt werden. Computer, zumindestens solche, die auf dem Binärsystem basieren (und das sind ca. 99% aller eingesetzten Geräte), rechnen grundsätzlich ungenau, denn für die Darstellung rationaler Zahlen steht nur eine begrenzte Anzahl an Nachkommastellen zur Verfügung. Selbst bei Einbeziehung des mathematischen Koprozessors, der von Visual Basic's Rechenfunktionen ignoriert wird, erhöht sich die Genauigkeit zwar, das grundsätzliche Problem bleibt jedoch bestehen. Das bedeutet, dass Rundungsfehler jederzeit auftreten können. Die Frage ist lediglich, wie stark sie sich auswirken. Bei Ganzzahlen ist das Thema Rundungsfehler schnell abgehandelt, denn hier können keine Ungenauigkeiten auftreten. Lediglich ein Überlauf kann auftreten, wenn ein Wert nicht mehr im Wertebereich einer *Byte*-Zahl (0 bis 255), *Integer*-Zahl (–32.768 bis +32.767) bzw. *Long*-Zahl (–2.147.483.648 bis +2.147.483.647) liegt. Die Rechengenauigkeit bei Fließkommaoperationen hängt davon ab, welche Datentypen eingesetzt werden. Zur Auswahl stehen:

Tabelle 5.2: Die VB-Datentypen und ihre Nachkommastellen

Datentyp	Anzahl Nachkommastellen	Typenkennzeichen
Single	bis zu 6 (7)	!
Double	bis zu 14 (15)	#
Currency	4 (Festkomma)	@
Decimal	bis zu 28	Keines

Welche Auswirkung die Genauigkeit auf das Ergebnis hat, wird durch ein paar Experimente im Direktfenster deutlich:

```
?22/7
3,14285714285714
```

»Standardmäßig rechnet Visual Basic mit Double-Typen, wie auch die sehr praktische TypeName-Funktion deutlich macht:

```
?Typename(22/7)
Double
```

Sollten die 14 Nachkommastellen eines Double-Wertes nicht ausreichen, bietet Visual Basic den Decimal-Datentyp. Allerdings ein wenig trickreich, denn dass Sie nicht mit Double, sondern mit Decimal rechnen möchten, müssen Sie über die CDec-Funktion »anmelden« und zwar nicht nur bei einem, sondern bei beiden bzw. allen beteiligten Operanden. So ergibt

```
CDec(22/7)
3,14285714285714
```

nach wie vor einen Double-Wert. Mit der sehr viel größeren Genauigkeit der Decimal-Werte rechnet Visual Basic erst, wenn jeder der beiden Operanden einzeln umgewandelt wird:

```
?CDec(22)/CDec(7)
 3,1428571428571428571428571429
```

Visual Basic verfügt über keine fest eingebaute Funktion zum Runden. Wer auf eine exakte Rundung angewiesen ist, muss diese selber programmieren. Die zur Verfügung stehenden Konvertierungsfunktionen sind als Ersatz für eine Rundungsfunktion nur bedingt geeignet, denn eine echte Rundung findet nicht immer statt:

```
?Int(22/7*4)
12
?Fix(22/7*4)
12
?CInt(22/7*4)
13
```

Während die Funktionen *Int* und *Fix* lediglich den Ganzkommaanteil übrig lassen, führt die *CInt*-Funktion eine richtige Rundung durch. Allerdings besitzt diese Funktion ihre Eigenheiten. Beträgt der Nachkommaanteil des zu konvertierenden Wertes exakt ,5, wird stets in Richtung der nächsten geraden Ganzzahl gerundet, d.h. aus 7,5 wird 8, aus 6,5 aber 6.

Eine weitere Eigenheit gilt es beim Umgang mit *Currency*-Werten zu beachten. Da diese nur über vier feste Nachkommastellen verfügen, sollte auch das Ergebnis zweier *Currency*-Werte nur vier Nachkommastellen besitzen. Dem ist aber nicht so, wie die Probe aufs Exempel zeigt:

```
?22@ / 7
3,14285714285714
```

Wie sich mit der *TypeName*-Funktion überprüfen lässt, hat Visual Basic das Ergebnis eigenmächtig in einen *Double*-Wert umgewandelt. Dies passiert allerdings nur bei einer Division und selbst dann nur, wenn sich das Ergebnis bequem mit vier Nachkommastellen darstellen ließe. Um tatsächlich einen *Currency*-Wert zu erhalten, muss die *CCur*-Funktion zur Anwendung kommen:

```
?CCur(22@/7)
3,1429
```

Zum Schluss noch ein Wort zur allgemeinen Zahlendarstellung. Ab einer bestimmten Größe werden Fließkommazahlen automatisch in der wissenschaftlichen Schreibweise dargestellt, bei welcher der Zehnerexponent durch den Buchstaben E abgekürzt wird. Die Zahl

```
?120^8
4,29981696E+16
```

bedeutet 4,29981696 * 10 hoch 16. Auch wenn es sich bei dem Ergebnis um eine ganze Zahl handelt, wird sie mit einem Komma versehen, da es aufgrund der Regeln für die wissenschaftliche Darstellung üblich ist, den Exponent stets so zu wählen, dass ein Vorkommaanteil zwischen 1 und 9 resultiert.

Möchten Sie, dass eine Zahl unabhängig von ihrer Größe im wissenschaftlichen Format ausgegeben wird, müssen Sie die *Format*-Funktion mit dem Formatbezeichner »Scientific« verwenden:

```
lblErgebnis.Caption = Format (RaumZeitfaktor, "Scientific")
```

Zum Schluss dieses Abschnitts darf natürlich eine Funktion, die eine Fließkommazahl auf eine bestimmte Anzahl an Nachkommastellen rundet, nicht fehlen:[1]

```
Function Runden(Zahl As Variant, ↵
AnzahlStellen As Integer) As Double
   Dim Temp As Double, Zehnerpotenz As Long
   Temp = CDbl(Zahl)
   Zehnerpotenz = 10 ^ AnzahlStellen
   Runden = (Fix((Temp + 0.5 / Zehnerpotenz) * _
   Zehnerpotenz)) / Zehnerpotenz
End Function
```

1. Wenngleich es eine solche Funktion seit Visual Basic 6.0 in Gestalt der *Round*-Funktion endlich gibt.

5.9.2 Datumsfunktionen

Die Datumsfunktionen von Visual Basic sind höchst interessant, wenngleich Sie sie am Anfang eher selten benötigen dürften. Visual Basic stellt für Datum- und Zeitangaben mit *Date* einen eigenen (8-Byte-)Datentyp zur Verfügung, mit dem sich alle Daten zwischen dem 1. Januar 100 bis zum 31. Dezember 9999 darstellen lassen (ein »Jahr 2000«-Problem gibt es bei Visual Basic daher nicht, wenn die Programmierer die Jahreszahl komplett angeben, höchstens ein »Jahr 10000-Problem«). Alle Datumsfunktionen arbeiten mit diesem Datentyp, der in diesem Kapitel auch als *Datumstyp* bezeichnet wird. In diesem Zusammenhang ist es dennoch wichtig anzumerken, dass, wenn Sie nur die letzten beiden Jahreszahlen angeben, Visual Basic das Jahrhundert in Abhängigkeit der Jahreszahl hinzufügt. Jahreszahlen zwischen 0 und 29 werden zu 2000, Jahreszahlen zwischen 30 und 99 zu 1900 addiert (diese Regel gilt übrigens nur für Visual Basic, die Office-Anwendungen arbeiten teilweise mit geringfügig abweichenden Regeln). Sehr nützlich ist in diesem Zusammenhang die IsDate-Funktion, denn sie stellt fest, ob es sich bei einem Ausdruck um ein gültiges Datum handelt.

Welche KW haben wir denn heute?

Bei geschäftlichen Verabredungen ist es üblich, sich auf eine Kalenderwoche zu beziehen. Damit man auch ohne Time System auf der Höhe der Zeit ist, bietet Visual Basic die *DatePart*-Funktion, die diese Information, und noch einiges mehr, zur Verfügung stellt.

Das folgende Beispiel ermittelt für ein beliebiges Datum die Kalenderwoche.

```
?"Das Datum liegt in der " & DatePart("ww", "12.12.97") & ".KW"
Das Datum liegt in der 50. KW
```

Ein weiteres Beispiel: Die nächste Jahrtausendwende kommt bestimmt. Um festzustellen, ob noch genügend Zeit ist, die große Party vorzubereiten (und für einige andere Dinge), bietet Visual Basic die überaus praktische *DateDiff*-Funktion, welche die Differenz zwischen zwei Datumsangaben berechnet:

```
AnzahlTage = DateDiff("d", Now, "1.1.0")
```

Über das erste Argument wird angegeben, in welcher Einheit die Differenz zurückgegeben werden soll (in diesem Fall sind es Tage). Und wie viele Tage sind es noch bis zum großen Ereignis?

5.9.3 Zeichenkettenfunktionen

Die Zeichenkettenfunktionen (auch Stringfunktionen genannt) sind für das »Zerlegen« und Umwandeln von Zeichenketten da. Möchten Sie zum Beispiel nur die ersten zehn Zeichen einer Zeichenkette kennen oder wissen, an welcher Position sich die Silbe »ego« befindet, müssen Sie lediglich die passende Stringfunktion aufrufen. Mit Visual Basic 6.0 werden übrigens vier neue Stringfunktionen eingeführt – mehr dazu im Anhang B.

ACHTUNG

Alle Stringfunktionen gibt es in zwei Varianten: ohne und mit $-Zeichen am Ende (also zum Beispiel *Left* und *Left$*). Letztere geben den Datentyp *String* zurück, Erstere einen Wert vom Typ *Variant*. Normalerweise spricht nichts dagegen, die Variante ohne $-Zeichen zu verwenden (Basic-Oldies bevorzugen die $-Variante).

Den Umgang mit Stringfunktionen lernt man am allerbesten an kleinen Beispielen. Dazu ist das Direktfenster hervorragend geeignet. Für die folgenden Mini-Beispiele müssen Sie lediglich Visual Basic starten und die Eingabemarke mit der Maus in das Direktfenster setzen. Die im Anschluss daran vorgestellten Beispiele sind dagegen Funktionen, die Sie zum Beispiel in *Form_Load* aufrufen können.

Definieren Sie im Direktfenster als Erstes eine Zeichenkette, die im Folgenden bearbeitet werden soll:

```
MusterText = "Sonne, Strand und Sandalen"
```

Möchten Sie aus dem String das Wort »Sonne« heraustrennen, kommt dafür die *Left*-Funktion in Frage, die links beginnend eine bestimmte Anzahl an Zeichen zurückgibt:

```
?Left(MusterText, 5)
Sonne
```

Das Wort »Sandalen« erhalten Sie dagegen über die *Right*-Funktion, die diesmal rechts beginnend eine bestimmte Anzahl an Zeichen zurückgibt:

```
?Right(MusterText, 7)
andalen
```

Hier wurde wohl ein Buchstabe vergessen, es hätte natürlich 8 heißen müssen. Doch wie kommt man zum Beispiel an das Wort »Strand« heran? Über die *Mid*-Funktion (die es auch als Befehl) gibt. Neben der Position muss als zweites Argument die Anzahl der Zeichen angegeben werden, die die Funktion zurückgeben soll:

```
?Mid(Mustertext, 8, 6)
Strand
```

Nicht immer kennt man die Zusammensetzung eines Strings. Möchte man aus einem unbekannten String ein Wort heraustrennen, muss man Visual

Basic danach suchen lassen. Dafür gibt es die *Instr*-Funktion, die die Position einer Teilzeichenkette in einer Zeichenkette zurückgibt:

```
?Instr(Mustertext, "Strand")
8
```

Letzte Aufgabe zu diesem Thema. Wie lässt sich das Wort »Strand« zurückgeben, ohne dass die genaue Position in dem String bekannt ist? Richtig, Sie müssen lediglich die *Mid*-Funktion mit der *Instr*-Funktion kombinieren:

```
?Mid(Mustertext, Instr(Mustertext, "Strand"), Len("Strand"))
Strand
```

Diesmal war der Programmierer aber ziemlich faul, denn anstatt die Länge des Wortes »Strand« direkt anzugeben, hat er sie von der *Len*-Funktion »ausrechnen« lassen.

Heraustrennen eines Null-Zeichens

Dies ist eine wichtige Funktion, denn sobald man von einer API-Funktion einen String entgegennimmt, erhält man eine Zeichenkette, die mit einem Nullbyte (*vbNullChar*) beendet wird. Da sich mit einem solchen String keine Stringoperationen, wie z.B. Verknüpfungen, durchführen lassen, muss das *vbNullChar*-Zeichen abgetrennt werden. Hier ist eine »Stringformel« möglich – als Lösung, die alle Zeichen einer Zeichenkette bis zum ersten *vbNullChar*-Zeichen abtrennt:

```
NeuerString = Left(Teststring, Instr(TestString, vbNullChar)-1)
```

Wie lässt sich eine Dateierweiterung durch eine andere austauschen?

Stellen Sie sich vor, eine Variable enthält einen Dateinamen mit einer Erweiterung und Sie möchten diese durch eine andere Erweiterung austauschen. Wie lässt sich dies mit maximal zwei Funktionsaufrufen erledigen? Die *Instr*-Funktion ist die Lösung:

```
BMPDateiName = Left(DateiName, InStr(DateiName, ".")) & "BMP"
```

Die *Left*-Funktion schneidet, beginnend mit dem ersten Zeichen von links, alle Zeichen bis zum Punkt ab. Die Position dieses Punktes liefert die *Instr*-Funktion. Anschließend hängt der &-Operator die neue Erweiterung, in diesem Fall »BMP«, an den Dateinamen. Diese Funktion geht davon aus, dass der Dateiname nur einen Punkt enthält, was aber nicht garantiert werden kann. Enthält der Name mehrere Punkte, muss die *Instr*-Funktion in einer *Do*-Schleife so lange aufgerufen werden, bis kein Punkt mehr gefunden wird. Die *Instr*-Funktion gibt in diesem Fall eine 0 zurück. Versuchen Sie sich einmal an einer Lösung.

Wie lässt sich der Dateiname aus einem Pfadnamen extrahieren?

Ein häufig auftretendes Programmierproblem ist es, aus einem Pfadnamen den Dateinamen herausnehmen zu müssen. Auch diese Aufgabe lässt sich mit der *Instr*-Funktion einfach und elegant lösen:

```
Private Pfadname As String, Dateiname As String
Private Länge As Integer, n As Integer, Position As Integer
Pfadname = "C:\Programme\VB\Test\MeinProg.vbp"
Länge = Len(Pfadname)
Do
    n = InStr(n + 1, Pfadname, "\")
    If n = 0 Then Exit Do
       Position = n
    Loop
Dateiname = Right(Pfadname, Länge - Position)
```

Die *Do Loop*-Schleife durchsucht die Variable *Pfadname* nach einem »\«-Zeichen und übergibt dessen Position an die Variable *Position*. Die Schleife wird so lange wiederholt, bis die *Instr*-Funktion den Wert 0 zurückgibt. Dann werden alle Zeichen bis zum Ende der Zeichenkette über die *Right*-Funktion abgetrennt.

Wie immer gibt es eine etwas einfachere Lösung:

```
Dim Pfadname As String, Dateiname As String
Dim n As Integer, Länge As Integer
Pfadname = "C:\Programme\Microsoft Visual Basic\Test\MeinProg.vbp"
Länge = Len(Pfadname)
Do
    If Mid(Pfadname, Länge - n, 1) Like "[\:]" _
     Or n = Länge Then Exit Do
    n = n + 1
Loop
Dateiname = Right(Pfadname, n)
```

Diese Variante überprüft, beginnend beim letzten Zeichen, alle Zeichen der Zeichenkette Pfadname. Über den *Like*-Operator wird zusätzlich auf ein »:«-Zeichen geprüft, da der Pfadname z.B. auch »C:Test.vbp« lauten könnte.

5.9.4 Abfragefunktionen

Abfragefunktionen geben Informationen über den Zustand einer Variablen in Form eines *True/False*-Wertes zurück. Benötigen Sie dagegen Informationen über das Programm, finden Sie diese in den Eigenschaften des *App*-Objekts oder Sie müssen auf API-Funktionen zurückgreifen.

Eine sehr praktische Funktion ist *IsNumeric*, denn sie prüft, ob ein Ausdruck numerisch ist oder nicht:

```
If IsNumeric (txtEingabe.Text) = False Then
    Msgbox Prompt:="Bitte geben Sie eine Zahl ein!"
```

Nicht weniger praktisch ist die *IsEmpty*-Funktion. Ihre Aufgabe ist es, festzustellen, ob eine Variant-Variable überhaupt einen Wert enthält:

```
Sub P1 (Optional tmpZahl As Variant)
If IsEmpty(tmpZahl) = True Then tmpZahl = 0
```

Wurde für das Argument *tmpZahl* kein Wert übergeben, wird die Variable mit dem Wert 0 initialisiert.

5.9.5 Umwandlungsfunktionen

Visual Basic offeriert eine Fülle von Umwandlungsfunktionen. Fängt man erst einmal zu suchen an, ist man erstaunt, wie vielfältig das Angebot ist. Die meisten dieser Funktionen werden allerdings nur relativ selten benötigt, da Visual Basic intern viele Umwandlungen selbständig durchführt.

Zu den Situationen, in denen man auf Umwandlungsfunktionen angewiesen ist, gehören die expliziten Typenumwandlungen:

```
GanzKlein = CSng(GanzGroß)
```

Der Aufruf der *CSng*-Funktion macht aus dem Argument *GanzGroß* einen Wert vom Typ *Single* (einfache Genauigkeit), wobei unter Umständen ein Teil der Nachkommastellen verloren geht. Noch rigoroser ist die *CInt*-Funktion, die die Nachkommastellen ganz abschneidet und gleichzeitig auf die nächstgrößere positive (bzw. nächstkleinere negative) ganze Zahl rundet:

```
GanzeZahl = CInt(EhemaligeKommazahl)
```

Für jeden der VB-Datentypen gibt es eine Umwandlungsfunktion, durch deren Mitwirken Sie einen bestimmten Typ »erzwingen« können. Notwendig wird eine solche Zwangsumwandlung zum Beispiel bei der Abfrage der *Value*-Eigenschaft eines Kontrollkästchens. Der Wert der Eigenschaft kann 0, 1 oder 2 betragen, für viele Abfragen ist aber ein boolscher *True/False*-Wert gefragt:

```
Zustand = CBool(chkAuswahl.Value)
```

Was geschieht mit Hexadezimalzahlen?

Visual Basic bietet mit der *Hex*-Funktion eine recht unscheinbare Umwandlungsfunktion, die manchmal aber sehr nützlich sein kann. Eine Hexadezimalzahl (oder Sedezimalzahl, wie es korrekt heißen müsste) ist eine Zahl, bei der jede Ziffer nicht 10, sondern 16 Zustände annehmen kann. Da die Ziffern 0 bis 9 dafür nicht ausreichen, werden einfach die Buchstaben A–F hinzugenommen. Die Zahl 1.000 wird hexadezimal daher als 3E8 geschrieben. Hexadezimalzahlen werden in Visual Basic durch ein vorangestelltes »&H« gekennzeichnet (z.B. &H3E8). Über die *Hex*-Funktion können Sie eine Dezimalzahl in eine Hexadezimalzahl (genauer gesagt in eine Zeichenkette, da eine Hexadezimalzahl in Visual Basic nicht numerisch ist) umwandeln. Eine Funktion für die Umwandlung einer Hexadezimal- in eine Dezimalzahl gibt es nicht, denn durch das Voranstellen von »&H« kann man mit Hexadezimalzahlen rechnen. Der Befehl

```
Debug.Print &H3E8
```

gibt den Wert 1.000 im Direktfenster aus.

5.9.6 Sonstige Funktionen

Ein paar hätten wir da noch, denn in diesem Kapitel konnte aus Platzgründen, und weil nicht alle Funktionen »lebensnotwendig« sind, nur ein Teil der VB-Funktionen vorgestellt werden. Besonders interessant für Programmiereinsteiger ist die *Rnd*-Funktion, da sie Zufallszahlen im Bereich 0 bis 1 erzeugt.

BEISPIEL

```
Dim Zufallszahl As Integer
Zufallszahl = Int(Rnd * 49) + 1
```

Dieser Aufruf der *Rnd*-Funktion gibt immer einen Wert zwischen 1 und 49 zurück. Die Multiplikation mit 49 bewirkt, dass der von der *Rnd*-Funktion zurückgegebene Wert stets zwischen 0 und 48 liegt, die Addition von 1 stellt sicher, dass der Wert zwischen 1 und 49 liegt. Der Aufruf der *Int*-Funktion sorgt dafür, dass nur ganzzahlige Zahlen zugewiesen werden.

5.10 Zusammenfassung

Prozeduren sind Platzhalter für Befehlsfolgen, die unter einem Namen zusammengefasst werden. Trifft Visual Basic bei der Ausführung des Programms auf einen Prozedurnamen, führt es die Befehle aus, die in der Prozedur zusammengefasst werden. Dieser Vorgang wird als Aufruf der Prozedur bezeichnet. In gewissem Sinne erlauben es Prozeduren, die Programmiersprache um zusätzliche Befehle zu erweitern. Eine Funktion ist eine Prozedur, die einen Wert zurückgibt und daher in Ausdrücken eingesetzt werden kann. Besonders leistungsfähig sind Prozeduren, wenn ihnen Werte übergeben werden. Diese Werte werden als Argumente bezeichnet. Dadurch können Prozeduren flexibler programmiert werden.

Um Prozeduren sinnvoll einsetzen zu können, ist es wichtig, den allgemeinen Aufbau eines Visual-Basic-Programms verstanden zu haben. In einem Formular gibt es neben den Ereignisprozeduren auch allgemeine Prozeduren und Funktionen. Diese sind alle gleichberechtigt. Da ein Formular nach dem Laden als Erstes die Ereignisprozedur *Form_Load* aufruft, kommt dieser Prozedur inoffiziell die Rolle einer Startprozedur (bezogen auf das Formular) zu. Besitzt ein Projekt mehrere Module, wird die *Form_Load*-Prozedur des Startfomulars als Erstes ausgeführt. Bei einem Modul gibt es keine Ereignisprozeduren, sondern nur Prozeduren und Funktionen. Soll ein Visual-Basic-Programm nicht mit einer Ereignisprozedur, sondern mit einer allgemeinen Prozedur existieren, muss diese *Main* heißen und in einem Modul enthalten sein. Zusätzlich muss in den Projektoptionen eingestellt werden, dass das Programm mit *Main* beginnen soll.

Visual Basic besitzt eine Vielzahl fest eingebauter Funktionen, mit denen sich zum Beispiel Zeichenketten verarbeiten, mathematische Funktionen berechnen oder Informationen über das Programm abfragen lassen.

5.11 Fragen

Wodurch unterscheiden sich Funktionen und Prozeduren? *Frage 1*

Wie lässt sich erreichen, dass für ein formelles Argument kein aktuelles Argument eingesetzt werden muss? *Frage 2*

Welchen Wert besitzt die Variable *SchwammDrüber* bei der Ausgabe über die *Print*-Methode? *Frage 3*

```
Sub P1 ()
    Static SchwammDrüber
    SchwammDrüber = 1234
    P2 SchwammDrüber
    Print SchwammDrüber
End Sub

Sub P2 (Zahl)
    Zahl = Sqr(Zahl)
End Sub
```

Visual Basic besitzt keine Funktion zur Berechnung des Logarithmus zur Basis 10, da sich die *Log*-Funktion auf die Basis e bezieht. Es gilt jedoch $log_{10}\, x = log\, x / log\, 10$. Machen Sie einen Vorschlag für eine entsprechende VB-Funktion. *Frage 4*

Visual Basic besitzt zwar mit *Sqr* eine Quadratwurzelfunktion, aber keine Funktion, mit der sich die n-te Wurzel einer Zahl ziehen lässt. Sie wissen je- *Frage 5* doch, dass man dazu die Zahl mit dem Kehrwert von n potenzieren muss. Machen Sie einen Vorschlag für eine VB-Funktion.

Frage 6 Unter welchen Bedingungen wird nach dem Laden eines Formulars kein *Paint*-Ereignis ausgelöst?

Die Antworten zu den Fragen finden Sie in Anhang C.

5.12 Aufgaben

Aufgabe 1 Schreiben Sie eine Funktion, die von einer beliebigen Anzahl an übergebenen Werten den Mittelwert zurückgibt.

Aufgabe 2 Die bekannte Standardabweichung (eine Grundfunktion der Statistik) berechnet sich nach folgender Formel:

$$s = \sqrt{\frac{\sum (x-\mu)^2}{n}}$$

Diese Formel kann man natürlich in einem Programm nicht so einfach hineinschreiben, zumal es keine Möglichkeit gibt, ein Wurzelzeichen einzugeben. Man muss sie vielmehr mit Hilfe der zur Verfügung stehenden VB-Funktionen und gemäß der allgemeinen Regeln für den Aufbau eines Ausdrucks umwandeln:

```
s = Sqr(Summe(x-u)^2 / n)
```

Doch auch eine solche Formel ergibt in Visual Basic keinen Sinn. Zum einen gibt es keine »Summe«-Funktion. Zum anderen impliziert das Sigma-Zeichen in der Formel bekanntlich, dass alle x-Werte nacheinander durchlaufen werden. Das Argument x-u, das beim Aufruf der Summe-Funktion übergeben wird, steht jedoch lediglich für eine Differenz. Bilden Sie die Funktion zur Berechnung der Standardabweichung mit einem *Function*-Befehl nach.

Aufgabe 3 Ein Student hat einen Ferienjob bei einer Glühlampenfabrik in der Endkontrolle. Für ein kleines Programm, das die Prüfmaschine simulieren soll, benötigt er eine Zufallsfunktion, die in 98% der Fälle eine 1 (Lampe in Ordnung) und in 2% der Fälle eine 0 (Lampe kaputt) liefert. Tipp: Sie benötigen dazu die *Rnd*-Funktion, die (absichtlich) in diesem Kapitel noch nicht vorgestellt wurde. Wo finden Sie heraus, wie diese Funktion funktioniert? Übrigens können Sie eine Glühlampe durch die Symboldateien *LIGHTOFF.ICO* und *LIGHTON.ICO* im VB-Unterverzeichnis *\GRAPHICS\ICONS\MISC* nachbilden.

Aufgabe 4

Erweitern Sie das Beispielprogramm aus der letzten Übung so, dass ein Testlauf mit einer vorgebenen Anzahl an »Prüflingen« gestartet und das Ergebnis als Protokoll ausgegeben wird.

Aufgabe 5

Sie sitzen in einem Münchener Biergarten und grübeln über den Sinn des Lebens nach (es ist ziemlich heiß). Außerdem fällt Ihnen auf, dass der Schaum auf Ihrem Weißbierglas nach und nach zerplatzt. Wie lange dauert es wohl, bis von der stattlichen Schaumkrone nur noch eine Lage Bläschen übrig ist? Als angehender VB-Profi sind Sie über diese Gelegenheit, ihr frisch erworbenes Wissen anwenden zu können, natürlich mehr als dankbar. Aus dem Physikunterricht wissen Sie noch, dass eine Bierschaumkrone wie ein Urankern zerfällt, und dass sich dieser Zerfall über eine e-Funktion beschreiben lässt:

```
t_ende = -t_halb * (log(h_ende) - log (h_0)) / log (2)
```

In dieser Formel ist *t_halb* die ermittelte Halbwertszeit, die natürlich von der Biersorte abhängt (für Weißbier haben wir im letzten Sommer in mühevoller Kleinarbeit den Wert 60, für ein Pils den Wert 75 und für ein Dunkelbier den Wert 90 ermittelt; die Biersorte sollte daher über Optionsfelder einstellbar sein). Bei *h_0* handelt es sich um die Anfangshöhe der Schaumkrone in cm (zum Beispiel 2 cm; das Bierglas ist 41 cm hoch und hat einen Durchmesser von 7 cm), während *h_ende* den Durchmesser der letzten Schaumlage (nehmen Sie dafür einfach den Wert 0.0002m) darstellt. Das Ergebnis *t_ende* ist jene Zeitspanne, die der Bierschaum benötigt, um auf diesen Endwert zu zerfallen. Und, wie viele Minuten bleiben Ihnen noch?

Aufgabe 6

Für eine Abschlussarbeit im Magister Germanistik sollen Sie die Häufigkeit der Umlaute in Lustspielen spätgothischer Autoren in der ehemaligen West-Mandschurei (heute Zazikistan) ermitteln. Schreiben Sie dazu ein kleines Programm, das nach Eingabe eines Textes in ein Textfeld die Anzahl der vorkommenden Umlaute in Bezeichnungsfeldern und in einem weiteren Bezeichnungsfeld den prozentualen Anteil anzeigt.

Lösungsvorschläge zu diesen Aufgaben finden Sie auf der Buch-CD im Verzeichnis \Buch. Die jeweils aktuellsten Versionen werden auf der Webseite angeboten (die Adresse finden Sie auf Seite 27).

Kapitel 6

jetzt lerne ich

Benutzeroberflächen zusammenbauen

In den 50er Jahren mussten Programmierer ihre Programmbefehle auf Lochstreifen stanzen. Auch die Ergebnisse wurden anfangs auf Lochstreifen ausgedruckt, was die Möglichkeiten der Darstellung etwas einschränkte. In den 60er Jahren wurden daraus Lochkarten für die Eingabe und meterlange grünweiß gestreifte Papierbahnen für die Ausgabe und in den 70er Jahren gab es immerhin schon einfache Bildschirmgeräte (Terminals genannt), die etwas mehr von den künftigen Möglichkeiten erahnen ließen. Der große Durchbruch kam in den 80er Jahren mit der »Erfindung« der grafischen Oberfläche. Die Grundidee einer GUI (für »Graphical User Interface«) ist, dass alle Ein- und Ausgaben in rechteckigen Bereichen, Fenster genannt, mit einer Maus als Auswahlgerät durchgeführt werden. Heutzutage sind Benutzeroberflächen beinahe untrennbare Bestandteile eines Programms geworden. Programmierer müssen nicht mehr wie ihre »Urahnen« mit Lochkartenstanzgeräten umgehen, dafür aber über Oberflächendesign, ergonomische Benutzerführung und das subjektive Empfinden von Farben Bescheid wissen (das ist natürlich ein wenig übertrieben). Visual Basic (und damit wäre der historische Abriss beendet) stellt für die Gestaltung von Benutzeroberflächen Formulare und Steuerelemente zur Verfügung. Doch wie geht man damit um? Um es vorwegzunehmen, eindeutige »Vorschriften« gibt es nicht. Damit Sie dennoch eine Orientierung erhalten, wird in diesem Kapitel ein kleines Visual-Basic-Programm umgesetzt, das wichtige Oberflächenelemente, wie mehrere Fenster, Menüs, Symbolleisten und eine Statusleiste enthält.

Sie lernen in diesem Kapitel etwas über:

- Steuerelementefelder
- Den Umgang mit mehreren Formularen
- MDI-Oberflächen
- Das Hinzufügen von Menüs
- Das Hinzufügen einer Symbolleiste
- Das Hinzufügen einer Statusleiste
- Die Umsetzung einer Beispielanwendung von A bis Z

6.1 Steuerelementefelder

Fasst man mehrere Steuerelemente unter einem Namen zusammen, entsteht ein *Steuerelementefeld*. Vielleicht haben Sie beim Kopieren und dem anschließenden versehentlichen Einfügen eines Steuerelements schon einmal die etwas mysteriös klingende Meldung »Ein Steuerlement hat bereits den Namen 'SoundSo' erhalten. Wollen Sie ein Steuerelementefeld erstellen?« erhalten. Der Grund für diese Meldung ist, dass Sie im Begriff sind, ein Steuerelement einzufügen, dessen Name bereits existiert. Steuerelemente mit doppeltem Namen sind nicht erlaubt, es sei denn, sie sind Mitglied eines Steuerelementefeldes (im Original »control arrays« genannt). In diesem Fall besitzen alle Steuerelemente den gleichen Namen und eigene Eigenschaften, teilen sich aber die gleichen Ereignisse. Und wie werden die einzelnen Steuerelemente unterschieden? Über ihre *Index*-Eigenschaft. Normalerweise besitzt diese Eigenschaft keinen Wert. Geben Sie ihr aber einen Wert (bei 0 beginnend), wird das Steuerelement automatisch Mitglied eines Steuerelementefeldes.

Steuerelementefelder sind immer dann praktisch, wenn Sie mehrere Steuerelemente in einer Schleife ansprechen möchten. Stellen Sie sich vor, ein Formular besitzt 20 Textfelder, und Sie möchten in jedem Textfeld den Text »Ungültiger Wert« eintragen. Anstatt 20 Mal den Befehl

```
txtEingabe1.Text = "Ungültiger Wert"
txtEingabe2.Text = "Ungültiger Wert"
```

usw.

aneinander zu reihen, genügt eine Zuweisung in einer *For Next*-Schleife:

```
For Zähler = 1 To 20
    txtEingabe(Zähler).Text = "Ungültiger Wert"
Next
```

Damit lernen Sie bereits die wichtigste Regel im Umgang mit Steuerelementefeldern kennen. Um ein Element eines Steuerelementefeldes ansprechen zu können, muss die Nummer des Steuerelements (Index genannt) in Klammern an den Namen gehängt werden.

Steuerelemente in einem Steuerelementefeld besitzen immer einen Index, der in Klammern auf den Namen des Steuerelements folgt.

MERKSATZ

Obige Schleife hätte man auch ein wenig eleganter formulieren können:

```
For Zähler = txtEingabe.Lbound To txtEingabe.UBound
    txtEingabe(Zähler).Text = "Ungültiger Wert"
Next
```

Die Eigenschaften *Lbound* und *Ubound*, über die jedes Steuerelementefeld verfügt, geben den kleinsten und größten Index an (das heißt aber nicht, dass es zwischen diesen Grenzen keine Lücken geben kann). Man muss in diesem Fall zum Beispiel nicht wissen, ob ein Steuerelementefeld bei 0 oder bei 1 (oder bei einem anderen Wert) beginnt.

6.1.1 Steuerelementefelder zur Entwurfszeit anlegen

Möchten Sie ein Steuerelementefeld bereits zur Entwurfszeit anlegen, gibt es mehrere Möglichkeiten:

- Sie kopieren ein Steuerelement über [Strg][C] in die Zwischenablage, fügen es über [Strg][V] auf dem gleichen Formular wieder ein und beantworten die Frage, ob Sie ein Steuerelementefeld anlegen möchten, mit »Ja«.
- Sie geben einem Steuerelement den Namen eines bereits vorhandenen Steuerelements.

Egal, für welche Methoden Sie sich entscheiden, wichtig ist, dass Sie zuerst allen Eigenschaften am Steuerelement die gewünschten Werte geben und es erst dann in die Zwischenablage kopieren, um ein Steuerelementfeld anzulegen. Ansonsten müssten Sie die Eigenschaften bei jedem Steuerelement des Feldes ändern. Warum umständlich, wenn es auch einfach geht?

6.1.2 Steuerelementefelder während der Programmausführung anlegen

Sehr viel interessanter ist es, Steuerelementefelder erst während der Programmausführung anzulegen. Das bedeutet, dass Sie mindestens ein Mitglied des Steuerelements auf dem Formular anordnen (es kann ruhig unsichtbar sein) und seine *Index*-Eigenschaft auf einen Wert setzen. Anschließend fügen

Sie über den *Load*-Befehl neue Elemente hinzu, die Sie durch Setzen der *Visible*-Eigenschaft auf *True* sichtbar machen. Wichtig ist allerdings, dass bereits mindestens ein Element vorhanden ist. Zwar können Sie (seit Visual Basic 6.0) alternativ über die *Add*-Methode der *Controls*-Auflistung ein beliebiges (ActiveX-)Steuerelement während der Programmausführung sozusagen aus dem »Nichts« entstehen lassen (in diesem Fall müssen Sie mit dem *WithEvents*-Befehl auch die Ereignisse auf die Variable, für die das neu angelegte Steuerelement steht, umleiten), doch ist ein auf diese Weise hinzugefügtes Steuerelement nicht Element eines Feldes. Wird ein Steuerelement eines Feldes nicht mehr benötigt, muss (oder besser sollte) es über den *Unload*-Befehl wieder entladen werden.

6.1.3 Wie wird ein Steuerelement angesprochen?

Ganz einfach: über seine »Hausnummer«, die, wie bei einer Feldvariablen auch, als *Index* bezeichnet wird:

```
picSpielstein(0).Picture = LoadPicture(Dateiname)
```

Dieser Befehl weist der *Picture*-Eigenschaft des Steuerelements vom Steuerelementfeld *picSpielstein()* einen Wert zu. Besonders praktisch ist es, dass sich alle Steuerelemente in einer Schleife ansprechen lassen. Die folgende Schleife setzt bei allen Bildfeldern des Steuerelementefeldes *picSpielstein()* die Hintergrundfarbe auf einen anderen Wert:

```
For n = 0 To picSpielStein.UBound
    picSpielstein(n).BackColor = vbRed
Next
```

Was Sie noch nicht wissen, jedes Steuerelementefeld besitzt die Eigenschaften *Lbound* und *Ubound*, die für den kleinsten bzw. größten Index des Feldes (ein Steuerelementefeld kann allerdings Lücken aufweisen) steht. Außerdem gibt es, wie auch bei Auflistungen, eine *Count*-Eigenschaft, die für die Anzahl der Steuerelemente steht.

Eine Schleife genügt, um 10, 20 oder 200 Steuerelementen auf einmal einen bestimmten Eigenschaftswert zu geben. Ohne das Steuerelementefeld müsste jedem Steuerelement der neue Wert einzeln zugewiesen werden, was nicht nur sehr viel mehr Tipparbeit wäre, sondern eine Sache gar nicht erst erlauben würde: das »dynamische« Hinzufügen von Steuerelementen während der Programmausführung, die automatisch durch die Schleife angesprochen werden, die automatisch durch die Schleife angesprochen werden, da die Schleife stets alle Elemente des Feldes (egal, wie viele es sind) anspricht.

6.1.4 Wie werden Ereignisse ausgewertet?

Da sich alle Elemente eines Steuerelementefeldes eine Ereignisprozedur teilen, stellt sich natürlich die Frage, wie unterschieden werden kann, auf welches Element sich ein Ereignis bezieht. Auch das ist einfach, denn bei allen Ereignisprozeduren eines Steuerelementefeldes wird als zusätzliches Argument der *Index* des Elements übergeben:

```
Private Sub picSpielstein_Click(Index As Integer)
    ' Irgendwelche Befehle
End Sub
```

Durch Abfrage der *Index*-Eigenschaft lässt sich feststellen, auf welches Element sich das Ereignis bezog:

```
Private Sub picSpielstein_Click(Index As Integer)
    Msgbox Prompt:="Sie haben das " & Index _
     & "te Bild erwischt!"
End Sub
```

Übung 6-1: Steuerelementefelder

Diese Übung demonstriert den Umgang mit Steuerelementefeldern und macht die Vorteile für die Programmierung deutlich.

Schritt 1 Starten Sie Visual Basic und legen Sie ein Standard-EXE-Projekt an. Geben Sie dem Formular den Namen »frmHaupt« (oder einen anderen Namen).

Schritt 2 Ordnen Sie auf dem Formular ein Bildfeld an einer beliebigen Stelle in einer beliebigen Größe an. Geben Sie dem Bildfeld den Namen »picSpielstein«.

Schritt 3 Setzen Sie die *Index*-Eigenschaft des Bildfeldes auf den Wert 0. Damit ist das Bildfeld Teil des Steuerelementefeldes *picSpielstein*().

Schritt 4 Jetzt geht es an die Programmierung. Es soll erreicht werden, dass die Innenfläche des Formulars mit Bildfeldern ausgefüllt wird. Die folgende Routine ist etwas umfangreicher, aber einfach zu verstehen. Fügen Sie in die Ereignisprozedur *Form_Load* die folgenden Befehle ein:

```
Dim n As Long, m As Long, XPos As Single, YPos As Single
Dim Breite As Single, Höhe As Single, Abstand As Single
Dim SpielsteinNr As Long
' Maximal 6 Spielsteine in X- und in Y-Richtung
Const MaxX = 6
Const MaxY = 6
' Breite, Höhe und Abstand der Spielsteine berechnen
Breite = Me.ScaleWidth / MaxX
Abstand = Breite / 100 * 10
Breite = Breite - Abstand - ((Abstand / MaxX) + 2)
Höhe = Me.ScaleHeight / MaxY
Höhe = Höhe - Abstand - ((Abstand / MaxY) + 2)
```

```
' Position des ersten Spielsteins setzen
picSpielstein(0).Top = Abstand
picSpielstein(0).Left = Abstand
picSpielstein(0).Width = Breite
picSpielstein(0).Height = Höhe
picSpielstein(0).AutoRedraw = True
picSpielstein(0).Print 1
YPos = picSpielstein(0).Top
' Nun alle übrigen Spielsteine auf dem Spielstein anordnen
For n = 0 To MaxY - 1
    XPos = picSpielstein(0).Left
    For m = 0 To MaxX - 1
        SpielsteinNr = n * MaxY + m
        If SpielsteinNr > 0 Then
' Nächsten Spielstein laden
            Load picSpielstein(SpielsteinNr)
' Eigenschaften des geladenen Steuerelements setzen
            picSpielstein(SpielsteinNr).Visible = True
            picSpielstein(SpielsteinNr).AutoRedraw = True
            picSpielstein(SpielsteinNr).Left = XPos
            picSpielstein(SpielsteinNr).Top = YPos
            picSpielstein(SpielsteinNr).Print SpielsteinNr + 1
        End If
        XPos = XPos + Breite + Abstand
    Next
    YPos = YPos + Höhe + Abstand
Next
```

Schritt 5 Starten Sie das Programm über die F5-Taste. Sie werden feststellen, dass das Formular mit 36 Spielsteinen gefüllt wird, wobei 35 Bildfelder des Steuerelementefeldes erst zur Laufzeit angelegt werden.

Lassen Sie sich durch den Umfang des Programmlistings nicht irritieren. Die meisten Befehle werden dazu benötigt, die genaue Position eines Spielsteins zu berechnen (man hätte dies etwas einfacher lösen können, doch ist diese Variante universeller). Wichtig ist der *Load*-Befehl, durch den ein neues Spielfeld erzeugt wird:

```
Load picSpielstein(SpielsteinNr)
picSpielstein(SpielsteinNr).Visible = True
picSpielstein(SpielsteinNr).AutoRedraw = True
picSpielstein(SpielsteinNr).Left = XPos
picSpielstein(SpielsteinNr).Top = YPos
picSpielstein(SpielsteinNr).Print SpielsteinNr + 1
```

Die Variable *SpielsteinNr* läuft in der Schleife von 0 bis zur maximalen Anzahl an Spielsteinen. Da es ein Element Nr. 0 bereits gibt, muss dieses übersprungen werden. Die übrigen Befehle sorgen dafür, dass der neue Spielstein an der richtigen Position ausgegeben wird. Zum Schluss wird über die *Print*-Methode in dem Bildfeld die Nummer des Spielsteins ausgegeben.

Bild 6.1: Bei allen Spielfeldern handelt es sich um Mitglieder eines Steuerelementefeldes

Schritt 6

Erweitern Sie das Programm so, dass sich die Größe der Spielsteine automatisch an die Größe des Formulars anpasst. Tipp: Dafür ist die *Resize*-Ereignisprozedur zuständig, der *Load*-Befehl wird hier natürlich nicht mehr benötigt, da die Spielsteine bereits geladen sind. Erweitern Sie das Programm dann um eine Routine (zum Beispiel in der *Unload*-Ereignisprozedur des Formulars), die alle Spielsteine über einen *Unload*-Befehl wieder entlädt – lassen sich wirklich alle Steuerelemente entladen?

Um alle Steuerelemente eines Formulars in einer Schleife ansprechen zu können, besitzt ein Formular die *Controls*-Eigenschaft (bei der es sich um eine Auflistung handelt):

```
Dim Ding As Control
For Each Ding In Controls
    If TypeOf Ding Is Label Then Ding.Caption = ""
Next
```

Dieses Beispiel benutzt die *For Each*-Schleife, um alle Steuerelemente des Formulars durchzugehen. Handelt es sich um ein Bezeichnungsfeld (Typ *Label*), wird der Wert der *Caption*-Eigenschaft gelöscht. Der *TypeOf*-Operator und der *Is*-Operator sind erforderlich, um feststellen zu können, ob es sich um ein Bezeichnungsfeld handelt. Beachten Sie, dass die Variable *Ding* als vom Typ *Control* deklariert wurde. Alternativ hätte man auch *Object* oder *Variant* nehmen können.

6.2 Der Umgang mit mehreren Formularen

Bislang bestanden alle »Benutzeroberflächen« der Beispielprogramme dieses Buches aus nur einem Formular. Das muss jedoch nicht so sein. Je umfangreicher ein Programm wird, desto mehr Bedienelemente besitzt es im Allgemeinen. Da es ab einer gewissen Anzahl nicht mehr sinnvoll ist, alle diese Bedienelemente auf einem Formular anzuordnen, fügt man über das Menükommando PROJEKTFORMULAR HINZUFÜGEN einfach weitere Formulare hinzu.

MERKSATZ

Ein Projekt kann eine beliebige Anzahl von Formularen enthalten.

Wenn Sie das einmal ausprobieren und das Programm starten, werden Sie feststellen, dass lediglich ein Formular angezeigt wird. Kein Wunder, denn nur das Startformular wird automatisch angezeigt. Alle übrigen Formulare müssen über ihre *Show*-Methode geladen und angezeigt werden:

```
frmInfobox.Show
```

Das Pendant zur *Show*-Methode ist die *Hide*-Methode, die ein geladenes Formular unsichtbar macht. Die *Hide*-Methode setzt lediglich die *Visible*-Eigenschaft auf *False*, entlädt das Formular aber nicht.

ÜBUNG

Welche Ereignisse werden durch die Methoden *Show* und *Hide* ausgelöst?

Was passiert, wenn auf ein nicht geladenes Formular die *Hide*-Methode angewendet wird? Nichts oder wird das Formular dadurch geladen?

Neben der *Show*-Methode gibt es den *Load*-Befehl. Dieser lädt das Formular nur in den Arbeitsspeicher, zeigt es aber nicht an. Für Einsteiger ist das eine prima Gelegenheit, noch einmal über den Unterschied zwischen einer Methode und einem Befehl nachzudenken:

```
frmInfobox.Show  ' Formular wird geladen und angezeigt
Load frmInfobox  ' Formular wird nur geladen
```

Wo etwas geladen wird, muss dieses Etwas auch entladen werden können. Das besorgt der *Unload*-Befehl, der bei einem Formular ein *Unload*-Ereignis zur Folge hat:

```
Unload Me
```

Was um alles in der Welt ist *Me*? Dieses Schlüsselwort steht für das Formular, in dem der Befehl ausgeführt wird. Sie müssen also den Namen des Formulars gar nicht kennen. Sie können das Entladen aber auch in einer allgemeinen

Prozedur in einem Modul durchführen, der der Name des Formulars als Argument übergeben wird:

```
Sub EntladeWasGeradeKommt (DasFormular As Form)
    Unload DasFormular
End Sub
```

6.2.1 Modal oder nicht modal ...

... das ist hier die Frage. Sie können Formulare auf zwei Weisen anzeigen:

- Modal. Ein modales Formular »blockiert« alle übrigen Formulare der Anwendung. Sie können das Arbeiten mit der Anwendung erst dann fortsetzen, wenn es geschlossen wurde. Der Begriff »Modal« wird in der Visual-Basic-Hilfe mit »gebunden« übersetzt.
- Nicht modal. Das ist bei Visual Basic der Normalfall. In diesem Fall kann der Benutzer das Formular zur Seite schieben und mit den übrigen Formularen weiterarbeiten. Das sicherlich beste Beispiel für ein nicht modales Fenster ist das Suchen-Dialogfeld bei Word. Sie können es geöffnet lassen und trotzdem im Dokumentfenster weiterarbeiten oder ein anderes Dialogfeld öffnen. Der Begriff »nicht modal« wird in der Visual-Basic-Hilfe mit »ungebunden« übersetzt.

Ob ein Formular modal oder nicht modal angezeigt wird, entscheidet ein optionales Argument der *Show*-Methode:

```
frmInfobox.Show Modal:=vbModal
frmInfobox.Show Modal:=vbModeless
```

Wird nichts angegeben, wird ein Formular nicht modal angezeigt. Modal, nicht modal, spielt denn das eine Rolle? Oh ja, und die Antwort kennen Sie bereits. Ein modales Formular blockiert alle übrigen Formulare, auch jenes, in dem die *Show*-Methode ausgeführt wurde. Das bedeutet, dass der (fiktive) Befehl *Irgendetwas* erst dann ausgeführt wird, wenn das Formular *frmInfobox* wieder geschlossen wurde:

```
EtwasAnderes
frmInfoBox.Show Modal:=vbModal
Irgendetwas
```

Bei einem nicht modalen Formular sieht es ganz anders aus. Hier wird das Formular *frmInfoBox* geladen, dort unter anderem die *Load*-Ereignisprozedur ausgeführt und anschließend die Programmausführung mit *Irgendetwas* fortgesetzt. Falls auf dem geladenen Formular etwa ein Zeitgeber »tickt«, findet in dem Visual-Basic-Programm eine Art »Parallelverarbeitung« statt. Sie dürfen in diesem Fall auch nicht unmittelbar nach dem Laden des Formulars Werte abfragen, die der Benutzer in dem als nicht modal angezeigten Formular eingeben soll. Diese Werte stehen zu diesem Zeitpunkt noch gar nicht zur Verfügung:

```
frmInfoBox.Show vbModeless
Geschwindigkeit = frmInfoBox.WarpSpeed
```

Diese Zuweisung kann nicht funktionieren, da zum Zeitpunkt, zu dem die Eigenschaft *WarpSpeed* abgefragt wird, die Eigenschaft noch keinen Wert besitzen dürfte. Das Formular muss modal angezeigt werden.

Mitteilungsboxen, die über die Funktionen *Msgbox* oder *InputBox* angezeigt werden, sind grundsätzlich modal. Sie unterdrücken Ereignisse und halten zum Beispiel Zeitgeber auf unbestimmte Zeit an (Letzteres ist bei modalen Formularen nicht der Fall). Möchten Sie eine Mitteilungsbox nicht modal anzeigen, müssen Sie entweder ein Formular verwenden oder auf die API-Funktion *Msgbox* zurückgreifen.

Alle während des Programmverlaufs geladenen Formulare stehen über das *Forms*-Objekt zur Verfügung. Da es sich um eine Auflistung handelt, müssen Sie über einen Index auf die einzelnen Formulare zugreifen. So steht der Ausdruck *Forms(2).Caption* für die Überschrift des dritten Formulars (die Nummerierung beginnt bei 0), sofern es vorhanden ist.

6.2.2 Wie kann ich auf Steuerelemente anderer Formulare zugreifen?

Möchten Sie auf ein Steuerelement zugreifen, das sich auf einem anderen Formular befindet, müssen Sie lediglich den Namen des Formulars voranstellen:

```
frmZweitesFormular.txtEingabe.Text = "Die Würfel sind gefallen"
```

Dieser Befehl greift auf die *Text*-Eigenschaft des Textfeldes auf dem Formular *frmZweitesFormular* zu. Auf die gleiche Weise sprechen Sie auch Variablen an, die über den *Public*-Befehl in einem anderen Formular definiert wurden:

```
Anzahl = frmZweitesFormular.Wurmlöcher
```

Dass die Variable *Wurmlöcher* wie eine Eigenschaft des Formulars angesprochen wird, ist kein Zufall, denn jede über einen *Public*-Befehl definierte Variable ist eine Eigenschaft des Formulars.

Wird ein Steuerelement auf einem Formular angesprochen, das noch nicht geladen ist, wird das Formular dadurch geladen (aber nicht angezeigt), was ein *Load*-Ereignis zur Folge hat. Spricht man dagegen eine über *Public* definierte Eigenschaft an, wird kein *Load*-Ereignis ausgelöst. Das ist deswegen wichtig, weil das Laden eines Formulars das Programm ein wenig »abbremst«.

6.2.3 Der *With*-Befehl

Jetzt ist es an der Zeit, einen kleinen, aber sehr nützlichen Befehl nachzutragen. Geht es darum, bei ein und demselben Objekt nacheinander mehreren Eigenschaften einen Wert zuzuweisen oder mehrere Methoden aufzurufen, gibt es mit dem *With*-Befehl eine recht praktische Abkürzung:

```
With txtEingabe
    .Text = "Startwert"
    .Backcolor = vbRed
    .ForeColor = vbYellow
    .SelStart = 0
    .SelLength = Len(.Text)
    .SetFocus
End With
```

Mit diesem *With*-Befehl werden dem Objekt *txtEingabe* (einem Textfeld) eine Reihe von Eigenschaftswerten zugewiesen und es wird eine Methode aufgerufen. Der Vorteil des *With*-Befehls besteht einfach darin, dass Sie den Objektnamen nur einmal hinschreiben müssen. Achten Sie darauf, dass der Objektname nicht nur auf der linken Seite einer Zuweisung, sondern auch auf der rechten Seite entfallen kann, wie es bei der vorletzten Zuweisung der Fall ist.

Übung 6-2: Hinzufügen einer Infobox

Die folgende Übung soll das Arbeiten mit einem zweiten Formular am Beispiel der beliebten »Infobox« veranschaulichen. Eine Infobox ist ein Fenster, das Informationen über das Programm enthält.

Schritt 1 Starten Sie Visual Basic und legen Sie ein Standard-EXE-Projekt an. Geben Sie dem Formular den Namen »frmHaupt« und der *Caption*-Eigenschaft den Wert »Kapitel 6: Anzeige einer Infobox«.

Schritt 2 Ordnen Sie auf dem Formular eine Schaltfläche an. Geben Sie der *Name*-Eigenschaft den Wert »cmdInfobox« und der *Caption*-Eigenschaft den Wert »&Infobox«.

Schritt 3 Fügen Sie über das Menükommando PROJEKT | FORMULAR HINZUFÜGEN ein weiteres Formular hinzu. Visual Basic bietet Ihnen eine Reihe von Formulartypen zur Auswahl (mehr dazu gleich). Wählen Sie den Formulartyp »Formular«. Machen Sie das Formular etwas kleiner, setzen Sie die *Name*-Eigenschaft auf den Wert »frmInfobox«, die *Caption*-Eigenschaft auf den Wert »Über das Programm...« und die *BorderStyle*-Eigenschaft auf den Wert 3.

Schritt 4 Ordnen Sie auf dem zweiten Formular eine Schaltfläche an. Geben Sie der *Name*-Eigenschaft den Wert »cmdOk« und der *Caption*-Eigenschaft den Wert »&OK«.

Schritt 5 Setzen Sie die *Cancel*-Eigenschaft der Schaltfläche auf den Wert *True*. Das bewirkt, dass das Drücken der [Esc]-Taste den gleichen Effekt hat wie das Anklicken der Schaltfläche. Sie können das Formular dadurch auch über die [Esc]-Taste schließen.

Schritt 6 Ordnen Sie auf dem Formular aus optischen Gründen eine Anzeige an, setzen Sie die *Stretch*-Eigenschaft auf *True* und tragen Sie über den Eintrag »Picture« im Eigenschaftsfenster ein Bild ein, das Ihnen gefällt.

Schritt 7 Ordnen Sie auf dem Formular ein Bezeichnungfeld an und tragen Sie über den Eintrag »Caption« im Eigenschaftsfenster einen beliebigen Text ein (zum Beispiel »Rocket Science International«). Geben Sie dem Text möglichst attraktive Schriftattribute und sorgen Sie über die *Alignment*-Eigenschaft dafür, dass er zentriert angezeigt wird.

Schritt 8 Öffnen Sie über die [F7]-Taste das Programmcodefenster des zweiten Formulars und fügen Sie in die Ereignisprozedur *cmdOK_Click* folgenden Befehl ein:

```
Unload Me
```

Dieser sorgt dafür, dass das Formular wieder entladen wird.

Schritt 9 Selektieren Sie das erste Formular und öffnen Sie über die [F7]-Taste das Programmcodefenster. (Sie können das Formular auch im Projektexplorer auswählen und das Programmcodefenster über das »Code anzeigen«-Symbol in der linken oberen Ecke des Explorers öffnen.) Fügen Sie in die Ereignisprozedur *cmdInfobox_Click* folgenden Befehl ein:

```
frmInfobox.Show vbModal
Msgbox Prompt:="Infobox wurde angezeigt!", Buttons:=vbExclamation
```

Schritt 10 Starten Sie das Programm. Nach Anklicken der Schaltfläche wird das zweite Formular angezeigt. Klicken Sie hier auf die Schaltfläche, verschwindet es wieder. Um zu verdeutlichen, dass das zweite Formular modal angezeigt wurde, wird eine Mitteilungsbox ausgegeben, die erst erscheint, nachdem das zweite Formular geschlossen wurde.

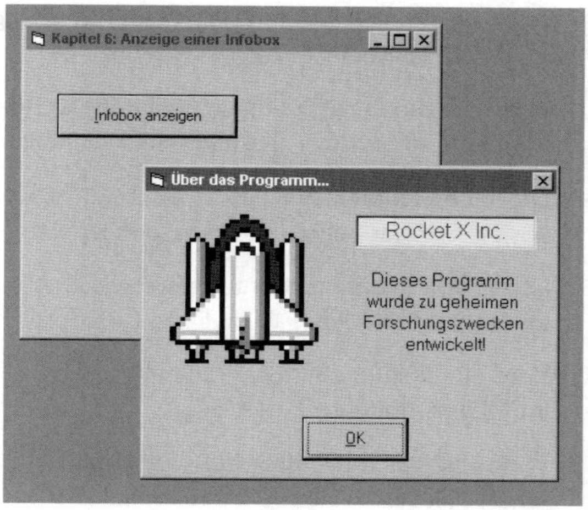

Bild 6.2: Eine Infobox wird als zweites Formular angezeigt

Visual Basic bietet Ihnen nach der Ausführung des Menükommandos PROJEKT | FORMULAR HINZUFÜGEN eine Reihe von Formulartypen zur Auswahl an. Dabei handelt es sich nur um bereits vorhandene Formulare (aus dem Unterverzeichnis *\TEMPLATE\FORMS*) für verschiedene Anlässe. Mit dabei ist auch eine Infobox, die Sie sich ruhig einmal anschauen sollten. Falls Sie diese Auswahl nicht sehen, liegt das daran, dass diese Vorlagen bei Ihrer Visual-Basic-5/6-Version nicht angelegt wurden.

Wenn Sie einen bestimmten Formulartyp häufiger benötigen, kopieren Sie die FRM-Datei in das Unterverzeichnis *\TEMPLATE\FORMS* von Visual Basic. Es wird Ihnen nach Ausführen des Menükommandos PROJEKT | FORMULAR EINFÜGEN dann jedes Mal zur Auswahl angeboten.

6.3 MDI-Oberflächen

Besteht ein Visual-Basic-Programm aus mehreren Formularen, kann das MDI-Formular eine sinnvolle Alternative sein. Doch was ist MDI und zu was soll es eine Alternative sein? MDI steht für »Multiple Document Interface« und beschreibt eine bereits zu »Windows-Ur-Zeiten« (Windows 2.0) eingeführte Konvention, die festlegt, wie sich Programme mit mehreren Fenstern verhalten. Typische Beispiele für »MDI-Anwendungen« sind Microsoft Word (jedes Dokumentfenster ist ein Kindfenster, dass sich nur im Rahmen des Hauptfensters bewegen kann) oder der alte Dateimanager aus Windows 3.x. MDI besagt im Einzelnen:

- Ein Fenster spielt die Rolle des (MDI-)Hauptfensters, in dessen Innenfläche sich die übrigen Fenster (sie werden Kindfenster genannt) bewegen können.

- Wird ein Kindfenster auf Maximalgröße vergrößert, nimmt es die Größe des MDI-Hauptfensters an.
- Wird ein Kindfenster auf Symbolgröße verkleinert, wird es am unteren Rand der Innenfläche des Hauptfensters angeordnet.
- Das MDI-Hauptfenster besitzt ein FENSTER-Menü, über dessen Kommandos die Fenster angeordnet und aktiviert werden können.
- Ist ein Dokumentfenster nur teilweise sichtbar, erhält das MDI-Hauptfenster automatisch eine Bildlaufleiste zum Scrollen.
- Wird ein Dokumentfenster mit einer eigenen Menüleiste aktiv, wird diese im MDI-Hauptfenster angezeigt.
- Während das MDI-Hauptfenster über [Alt][F4] geschlossen wird, geschieht dies bei einem Dokumentfenster über [Strg][F4]. Über [F6] wird zwischen den Dokumentfenstern gewechselt.

Alle diese Richtlinien werden mit Hilfe des MDI-Formulars umgesetzt, das Sie über das Menükommando PROJEKT | MDI-FORMULAR EINFÜGEN in ein Projekt einfügen. Soll das Programm mit dem MDI-Fenster starten (was in der Regel der Fall ist), muss es zum Startformular gemacht werden. Der Vorteil des MDI-Formulars ist, dass jedes hinzugefügte Kindfenster vom MDI-Formular »verwaltet« wird. Der Programmieraufwand für ein Programm, das nur aus »eigenständigen« Formularen besteht, ist etwas größer (das ist die oben angesprochene Alternative). Dafür weist das MDI-Prinzip auch kleinere Einschränkungen auf, sodass es von der Art des Programms und den Vorlieben des Programmierers abhängt, welches »Modell« den Vorzug erhält. Einen zwingenden Grund, mit einem MDI-Formular zu arbeiten, gibt es jedenfalls nicht. Auch ist es grundsätzlich kein Problem (es bedeutet nur etwas Arbeit), ein Nicht-MDI-Projekt nachträglich in ein MDI-Projekt umzuwandeln und umgekehrt.

Was die Programmierung einer MDI-Anwendung bedeutet, werden Sie im Folgenden an einem kleinen Beispiel kennen lernen.

6.4 Das Beispielprogramm stellt sich vor

Das Beispielprogramm, das Sie in den folgenden Abschnitten umsetzen werden, ist ein Bildbetrachter, mit dem Sie sich beliebige Bilddateien anschauen können. Da die Bilder in das Programm geladen werden, ist es ohne weiteres möglich, sie beliebig weiterzuverarbeiten. Sie könnten sie ausdrucken, mit Zusatzinformationen versehen (das setzt aber auch eine Zuordnung von Dateinamen und den gespeicherten Informationen voraus – hier sind Klassen ideal) oder zu einer »Diashow« zusammenstellen. Das alles sind mögliche Erweiterungen, die im Rahmen des Buches leider nicht beschrieben werden können, die Sie nach Durcharbeiten dieses Buches aber selber in Angriff nehmen sollten. Die Grundversion des Bildbetrachters soll sich lediglich auf das Anzeigen von Bildern in Formularen beschränken. Und nun geht es los.

Bild 6.3: So soll der Bildbetrachter einmal aussehen

Schritt 1 Starten Sie Visual Basic und legen Sie (wie immer) ein Standard-EXE-Projekt an. Geben Sie dem Projekt den Namen »Bildbetrachter«.

Schritt 2 Fügen Sie über das Menükommando PROJEKT | MDI-FORMULAR HINZUFÜGEN ein MDI-Formular hinzu. Geben Sie dem MDI-Formular den Namen »mdiHaupt« und dem bereits vorhandenen Formular den Namen »frmBild«.

Schritt 3 Machen Sie das MDI-Formular in den Projekteigenschaften zum Startformular.

Schritt 4 Setzen Sie beim Formular *frmBild* die Eigenschaft *MDIChild* auf *True*. Es wird damit zum Kindfenster des MDI-Hauptfensters. Die *Caption*-Eigenschaft des Formulars soll den Wert »Kapitel 6: Bildbetrachter« erhalten.

Schritt 5 Setzen Sie beim MDI-Formular die Eigenschaft *AutoShowChildren* auf *False*. Das verhindert, dass das erste Kindformular (sofern es geladen wird) automatisch angezeigt wird.

Sie können das Projekt probeweise einmal starten und werden feststellen, dass noch nicht viel passiert. Das wird sich im Folgenden ändern.

6.5 Das Hinzufügen von Menüs

MDI-Formulare besitzen eine weitere Eigenheit, die noch nicht erwähnt wurde. Sie können in einem MDI-Formular nur jene Steuerelemente anordnen, die eine *Align*-Eigenschaft besitzen oder während der Programmausführung unsichtbar sind. Damit scheiden die üblichen Ein- und Ausgabeelemente, wie Textfelder oder Schaltflächen, aus. Doch wie wird eine MDI-Anwendung bedient? Antwort: über Menükommandos. Im Folgenden erfahren Sie, wie Sie ein Formular um Menüs erweitern.

Zuerst müssen Sie den Unterschied zwischen einer Menüleiste und einem Menüeintrag kennen lernen. Eine Menüleiste (engl. »menu bar«) besteht aus einer Anzahl von Menüs. Das Anklicken eines Menüs öffnet eine Menüauswahl (engl. »pull down« oder »pop up«), in der eine bestimmte Anzahl von Einträgen (engl. »menu item«) angeboten wird. Menüs können auch verschachtelt werden, das heißt, die Auswahl eines Menüeintrags kann zum Öffnen eines Untermenüs führen. Bis zu fünf Ebenen tief kann ein Menü verschachtelt werden, was aber im Allgemeinen zuviel ist, denn ein Menü sollte nicht mehr als zwei Ebenen enthalten. Der Aufbau der Menüleiste sowie der einzelnen Menüs und ihrer Untermenüs wird mit Hilfe des Menüeditors festgelegt, der über das Menükommando EXTRAS | MENÜ-EDITOR (oder [S]+[E]) aktiviert wird, sofern das betreffende Formular zuvor selektiert wurde.

Bild 6.4: Im Menüeditor wird der Aufbau eines Menüs für ein Formular festgelegt

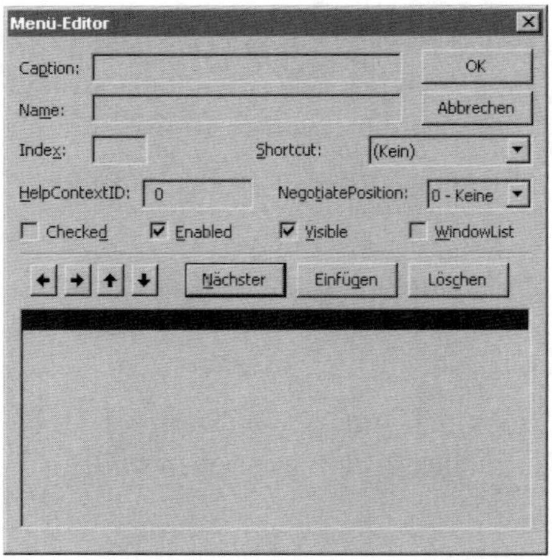

Die Zusammensetzung der Menüleiste oder eines Menüs kann während der Entwurfszeit jederzeit geändert werden. Gehört ein Menüeintrag zu einem Steuerelementefeld, kann das Menü auch während der Programmausführung um neue Einträge erweitert werden. Damit lässt sich der Aufbau eines Menüs an den Programmverlauf anpassen. Wie bei jedem Steuerelementefeld ist aber auch hier Voraussetzung, dass das Menü bereits einen Eintrag enthält, dessen *Index*-Eigenschaft einen Wert besitzt.

Tabelle 6.1: Die Eigenschaften eines Menüeintrag-Objekts

Eigenschaft	Bedeutung
Caption	Titel des Menüs bzw. des Menüeintrags.
Checked	Wenn *True*, dann geht dem Menüeintrag ein Häkchen voraus.
Enabled	Legt fest, ob das Menü bzw. der Menüeintrag ausgewählt werden kann oder abgeblendet dargestellt wird.
Name	Name, über den das Menü oder der Menüeintrag im Programm angesprochen wird.
Shortcut	Tastenkombination, über die der Menüeintrag alternativ, d.h. ohne Öffnen des Menüs, aktiviert werden kann.
Visible	Legt fest, ob das Menü bzw. der Menüeintrag sichtbar ist.
WindowList	Ist diese Eigenschaft *True* (bzw. wurde diese Option im Menüentwurfsfenster gesetzt), enthält das Menü auf einem MDI-Hauptformular automatisch die Namen aller geöffneten Fenster.

6.5.1 Die Auswertung von Menüs im Programm

... ist sehr einfach, da Menüs in Visual Basic nur auf das *Click*-Ereignis reagieren können. Wann immer ein Menü geöffnet bzw. ein Menüeintrag gewählt wird, wird bei dem Menüobjekt bzw. bei dem Menüeintragsobjekt ein *Click*-Ereignis ausgelöst:

```
Sub mnuEnde_Click ()
    End
End Sub
```

Alle Befehle innerhalb der *Click*-Prozedur werden ausgeführt, wenn der Menüeintrag mit der Maus angeklickt wird.

> ACHTUNG
>
> Wird in der *Click*-Prozedur eines Menüeintrags über die *Msgbox*-Funktion eine Mitteilungsbox geöffnet, wird für das Öffnen des Menüs selber kein *Click*-Ereignis ausgelöst

Schritt 6

Selektieren Sie das MDI-Formular, und öffnen Sie über [Strg][E] den Menüeditor. Geben Sie das Menü so ein, wie es in Bild 6.5 zu sehen ist. In Bild 6.5 sehen Sie lediglich die Überschriften, das heißt die einzelnen Werte der *Caption*-Eigenschaft. Der Name eines Menüs bzw. Menüeintrags entspricht der Überschrift, nur dass das Präfix »mnu« vorausgeht und keine Leerzeichen erlaubt sind. Die Menükommandos BILD LADEN und ENDE erhalten »Shortcuts«, über die sie direkt geöffnet werden können. Und noch eine Kleinigkeit müssen Sie wissen: Soll ein Menü eine Trennlinie erhalten, muss die *Caption*-Eigenschaft einen Bindestrich erhalten. Den Namen kann man zwar frei wählen, im Allgemeinen verwendet man den Namen »mnuStrichx«, wobei »x« bei 1 beginnt und mit jeder Trennlinie um eins erhöht wird.

Bild 6.5: Der Aufbau des Menüs im Menüeditor-Fenster

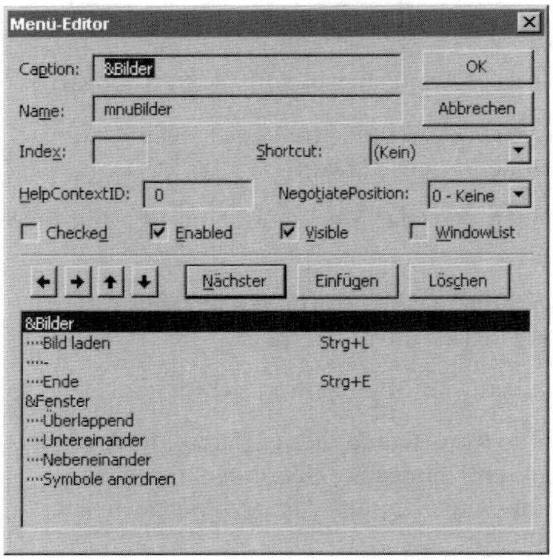

Schritt 7 Kreuzen Sie im FENSTER-Menü die Eigenschaft *WindowList* an. Das bewirkt, dass in diesem Menü automatisch die Namen aller geöffneten Fenster aufgelistet werden.

Schritt 8 Damit hat das MDI-Formular ein Menü erhalten. Ordnen Sie nun ein Standarddialogfeld auf dem MDI-Formular an. Dieses Zusatzsteuerelement ermöglicht es, das in Windows »fest eingebaute« Dialogfeld für die Auswahl eines Dateinamens zu öffnen. Da es sich um ein Zusatzsteuerelement handelt, ist es nicht Teil der Werkzeugsammlung. Sie müssen es vielmehr über das Menükommando PROJEKT | KOMPONENTEN hinzufügen. Nach Ausführen dieses Kommandos öffnet sich ein Dialogfeld, in dem Sie den Eintrag »Microsoft Common Dialog Control 6.0« (oder 5.0, falls Sie noch mit Visual Basic 5.0 arbeiten) ankreuzen müssen. Anschließend steht es in der Werkzeugsammlung zur Verfügung. Ordnen Sie es auf dem MDI-Formular an. Da es während der Programmausführung nicht sichtbar ist, spielt die Position keine Rolle. Setzen Sie die *Name*-Eigenschaft auf den Wert »dlgDateiOpen«.

Schritt 9 Ordnen Sie auf dem Formular *frmBild* eine Anzeige an. Geben Sie ihr den Namen imgBild und setzen Sie die *Stretch*-Eigenschaft auf *True*.

Schritt 10 Damit ist die Benutzeroberfläche fertig. Jetzt kommt die Programmierung an die Reihe. Fügen Sie in den Deklarationsteil folgenden Befehl ein:

```
Public BildZähler As Integer
```

Dieser Befehl definiert eine Variable, die für die Anzahl der geladenen Bilder steht.

Fügen Sie in die Ereignisprozedur *MDIForm_Load* folgenden Befehl ein: *Schritt 11*

```
BildZähler = 0
```

Dieser Befehl setzt die Variable BildZähler auf 0, was erforderlich ist, weil die Variable den Datentyp *Variant* besitzt und daher ohne explizite Initialisierung den Wert *Empty* besitzt.

Jetzt kommt der Hauptteil des Programms. Fügen Sie in die Ereignisprozedur *mnuBildladen_Click* folgende Befehle ein: *Schritt 12*

```
Dim Dateiname As String
Dim F As frmBild             ' Steht für ein neues
                             ' Formular
dlgDateiOpen.ShowOpen        ' Auswahldialogfeld anzeigen
Dateiname = dlgDateiOpen.filename  ' Ausgewählten
                                   ' Dateinamen
If Dateiname = "" Then Exit Sub    ' abspeichern
    If BildZähler > 0 Then  ' Beim ersten Formular kein
       Set F = New frmBild  ' weiteres Formular laden
    Else                    ' Ansonsten neues Formular
                            ' laden
       Set F = frmBild
    End If
F.imgBild.Picture = LoadPicture(Dateiname) ' Bild laden
F.Caption = Dateiname       ' Überschrift des Formulars
F.Show                      ' Formular anzeigen
BildZähler = BildZähler + 1 ' Variable um eins erhöhen
```

Der Kern der Prozedur ist der Befehl

```
Set F = New frmBild
```

der eine »Kopie« (genauer gesagt, eine weitere Instanz) des Formulars *frmBild* erzeugt. Diese Kopie ist im Moment noch unsichtbar und wird über die *Show*-Methode angezeigt.

Fügen Sie in die Ereignisprozedur *mnuNebeneinander_Click* folgenden Befehl ein: *Schritt 13*

```
mdiHaupt.Arrange vbTileVertical
```

Die *Arrange*-Methode ordnet alle geöffneten Kindfenster automatisch nebeneinander, untereinander oder überlappend an. Außerdem ordnen Sie alle auf Symbolgröße verkleinerten Fenster am unteren Rand des MDI-Fensters an.

Fügen Sie in die Ereignisprozedur *mnuSymboleAnordnen_Click* folgenden Befehl ein: *Schritt 14*

```
mdiHaupt.Arrange vbArrangeIcons
```

Schritt 15 Fügen Sie in die Ereignisprozedur *mnuÜberlappend_Click* folgenden Befehl ein:

```
mdiHaupt.Arrange vbCascade
```

Schritt 16 Fügen Sie in die Ereignisprozedur *mnuUntereinander_Click* folgenden Befehl ein:

```
mdiHaupt.Arrange vbTileHorizontal
```

Schritt 17 Bislang spielte sich die Programmierung nur im MDI-Formular ab. Jetzt ist das Kindformular an der Reihe. Fügen Sie als erstes in die *Form_Resize*-Ereignisprozedur folgende Befehle ein:

```
imgBild.Top = 0
imgBild.Left = 0
imgBild.Width = Me.ScaleWidth
imgBild.Height = Me.ScaleHeight
```

Schritt 18 Fügen Sie in die Ereignisprozedur *QueryUnload* folgende Befehle ein:

```
Dim Antwort As Integer
Antwort = MsgBox(Prompt:="Soll das Bild entfernt werden?", _
Title:="Frage des Programms", _
Buttons:=vbYesNo + vbQuestion)
If Antwort = vbYes Then
     Unload Me
     mdiHaupt.BildZähler = mdiHaupt.BildZähler - 1
Else
     Cancel = True
End If
```

Schritt 20 Damit ist der Bildbetrachter in seiner ersten Ausbaustufe fertig. Wenn Sie alle Schritte umgesetzt haben, sollten Sie das Programm fehlerfrei starten und wahlweise über das Menükommando BILDER | BILD LADEN oder über [Strg] [L] ein Bild laden können. In Frage kommen alle »Bildtypen«, die auch durch die Anzeige unterstützt werden (zum Beispiel BMP, GIF oder ICO).

6.6 Das Hinzufügen einer Symbolleiste

Jedes Programm, das ein Menü besitzt, sollte auch über eine Symbolleiste verfügen, die dem Benutzer die wichtigsten Menükommandos über Symbolschaltflächen anbietet. Eine Besonderheit gilt es zu beachten. Die Bilder, die in der Symbolleiste angezeigt werden, können nicht direkt geladen werden. Sie stammen vielmehr aus einer Bildliste, einem weiterem Zusatzsteuerelement. Möchten Sie eine Symbolleiste einsetzen, müssen Sie ebenfalls eine Bildliste auf dem Formular anordnen und diese mit Bitmaps »auffüllen«.

Schritt 21

Führen Sie das Menükommando Projekt | Komponenten aus und wählen Sie die Komponente »Microsoft Common Controls 6.0« (manchmal mit dem Zusatz »SP4« oder »SP5«) aus. Dadurch werden neun neue Steuerelemente in der Werkzeugsammlung angeordnet.

Schritt 22

Ordnen Sie auf dem MDI-Formular sowohl eine Symbolleiste (Toolbar) als auch eine Bildliste (Imageliste) an. Bei der Symbolleiste werden Sie feststellen, dass sie sich automatisch am oberen Rand des Formulars anordnet. Die Position der Bildliste spielt dagegen keine Rolle, da sie während der Programmausführung ohnehin unsichtbar bleibt. Geben Sie der Symbolleiste den Namen »symSymbolleiste« und der Bildleiste (auch wenn sie im Programm nicht direkt angesprochen wird) den Namen »Bildliste«.

Schritt 23

Selektieren Sie die Bildliste und klicken Sie im Eigenschaftsfenster auf den Eintrag »Benutzerdefiniert«. Es erscheint ein Dialogfeld, in dem Sie spezielle Eigenschaften des Steuerelements einstellen können. Wählen Sie die Registerkarte »Abbildungen« und klicken Sie auf die Schaltfläche Bild einfügen. Es erscheint ein Dateiauswahldialogfeld, in dem Sie die gewünschten Bitmaps auswählen können. Orientieren Sie sich bei der Auswahl der Bilder an Bild 6.7. Sie finden diese Bilder im Unterverzeichnis *\GRAPHICS\BITMAPS\TLBR_W95*. Aus Bild 6.6 wird deutlich, dass Sie zunächst nur zwei Bilder laden müssen (es handelt sich um die Dateien *OPEN.BMP* und *DELETE.BMP* – optimal ist dieses Symbol aber nicht, weitere Symbole finden Sie zum Beispiel im Unterverzeichnis *\GRAPHICS\ BITMAPS\OFFCTLBR\SMALL\COLOR*), da die Symbolleiste am Anfang nur Schaltflächen zum Öffnen und Schließen eines neuen Bildes enthalten soll.

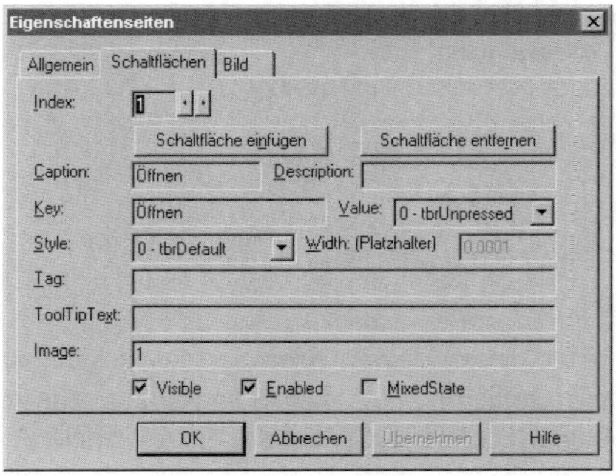

Bild 6.6: In diesem Dialogfeld werden die Eigenschaften einer Symbolleiste eingestellt

Schritt 24

Selektieren Sie jetzt die Symbolleiste. Klicken Sie auch hier auf den Eintrag »Benutzerdefiniert«. Wieder öffnet sich ein Dialogfeld zum Einstellen spezieller Eigenschaftswerte. Im Folgenden müssen Sie eine Reihe von Teilschritten ausführen:

1. Wählen Sie aus der Auswahlliste »ImageListe« die Bildliste aus.
2. Wählen Sie die Registerkarte »Schaltflächen« und klicken Sie auf die Schaltfläche SCHALTFLÄCHE EINFÜGEN, um eine Schaltfläche hinzuzufügen.
3. Geben Sie im Eingabefeld »Key« einen Schlüsselnamen ein. Über diesen wird die Schaltfläche später im Programm angesprochen. Geben Sie der ersten Schaltfläche den Schlüssel »Öffnen« und der zweiten Schaltfläche den Schlüssel »Schließen«.
4. Geben Sie im Eingabefeld »Caption« den gleichen Namen ein wie für den Schlüsselnamen. Dadurch erhält jede Schaltfläche einen Untertitel.

Bild 6.7: Die Symbolleiste besteht am Anfang aus nur zwei Symbolen

5. Jeder Schaltfläche müssen Sie ein Bild der Bildliste zuordnen. Dies geschieht, indem Sie im Image-Bildfeld die Nummer des Bildes aus der Bildliste eintragen. Die ÖFFNEN-Schaltfläche erhält Bild Nr. 1 und die SCHLIESSEN-Schaltfläche entsprechend Bild Nr. 2.
6. Haben Sie alle Einstellungen getroffen, sollte Ihre Symbolleiste mit jener aus Bild 6.7 übereinstimmen.

Schritt 25 Natürlich soll das Anklicken einer Schaltfläche in der Symbolleiste auch dazu führen, dass Befehle ausgeführt werden. Fügen Sie in die Ereignisprozedur *symSymbolleiste_ButtonClick* folgende Befehle ein:

```
Private Sub symSymbolleiste_ButtonClick(ByVal Button As _
 ComctlLib.Button)
    Select Case Button.Key
    Case "Öffnen"
       mnuBildladen_Click
    Case "Schließen"
       Unload Me.ActiveForm
    End Select
End Sub
```

Hinter dieser kleinen Prozedur steckt sehr viel mehr, als sich in wenigen Zeilen erklären lässt. Weil es so wichtig ist, wurde auch der Prozedurrahmen abgebildet. Achten Sie auf das erste formelle Argument. Es heißt *Button* und ist vom Typ *ComctlLib.Button*. Das Argument *Button* steht also nicht für eine Zahl oder eine Zeichenkette, sondern für ein Objekt, nämlich die angeklickte Schaltfläche. Folglich können Sie über das *Button*-Objekt auf die einzelnen Eigenschaften der angeklickten Schaltfläche zugreifen. Für den *Select Case*-Befehl wird die *Key*-Eigenschaft benutzt, die in Schritt 24 von Ihnen

Werte erhalten hat. Anhand dieser Werte wird geprüft, welche Schaltfläche angeklickt wurde. Wurde die ÖFFNEN-Schaltfläche angeklickt, wird die Ereignisprozedur *mnuBildladen_Click* aufgerufen. Wird dagegen die SCHLIESSEN-Schaltfläche angeklickt, wird der Befehl *Unload Me.ActiveForm* ausgeführt, welcher das gerade aktuelle Formular entlädt.

Starten Sie das Programm (speichern Sie es ab, falls dies nicht automatisch geschieht). Haben Sie alles richtig umgesetzt (diesmal war es gar nicht so einfach), können Sie über die beiden Symbolschaltflächen ein Bild laden bzw. wieder entfernen. *Schritt 26*

6.7 Das Hinzufügen einer Statusleiste

Eine Statusleiste hat die Aufgabe, Informationen über das Programm anzuzeigen. Damit sie den Benutzer nicht stört, wird sie relativ unauffällig am unteren Fensterrand angeordnet. Anders als eine Symbolleiste ist sie zwar keine Pflicht, sie gehört aber zum »guten Ton« eines Programms. Bei unserem Bildbetrachter soll sie lediglich die Anzahl der bereits geladenen Bilder anzeigen – und da es so einfach ist, zusätzlich auch das aktuelle Datum und die Uhrzeit sowie den Zustand der [Num⇩]-Taste (also lauter »lebensnotwendige« Informationen – doch wie immer geht es in erster Linie um das Prinzip).

Führen Sie folgende Schritte aus, um eine Statusleiste in den Bildbetrachter einzubauen:

Ordnen Sie das Steuerelement »Statusleiste« (StatusBar) auf dem MDI-Formular an. Sie werden feststellen, dass es sich automatisch am unteren Rand des Formulars anordnet. Geben Sie ihm den Namen »staStatusleiste«. *Schritt 27*

Klicken Sie im Eigenschaftsfenster auf den Eintrag »Benutzerdefiniert«, um spezielle Eigenschaften der Statusleiste einstellen zu können. Wählen Sie die Registerkarte »Grundflächen«, denn hier werden die einzelnen Felder (Panels genannt) der Statusleiste eingefügt. *Schritt 28*

Geben Sie in das Eingabefeld »Key« den Schlüssel »Anzahl« ein. Dieser Schlüssel wird später benötigt, um die Anzahl der geladenen Bilder in diesem Panel-Objekt einzutragen. Mit der Eigenschaft »Minimale Breite« müssen Sie ein wenig experimentieren, denn diese gibt die minimale Breite des Anzeigefeldes an und hängt von der Breite der übrigen Felder ab. *Schritt 29*

Klicken Sie auf die Schaltfläche GRUNDFLÄCHE EINFÜGEN, um eine weitere Anzeigefläche hinzuzufügen. Wählen Sie in der Auswahlliste »Stil« den Eintrag »sbrTime« aus. Dadurch wird in dem zweiten Feld automatisch die Uhrzeit angezeigt. *Schritt 30*

Schritt 31 Klicken Sie auf die Schaltfläche GRUNDFLÄCHE EINFÜGEN, um eine dritte Anzeigefläche hinzuzufügen. Wählen Sie in der Auswahlliste »Stil« den Eintrag »sbrNum« aus. Dadurch wird in dem zweiten Feld automatisch der Zustand der [Num⇩]-Taste angezeigt.

Schritt 32 Nun müssen wir das Programm noch dazu bringen, dass es stets die Anzahl der geladenen Bilder im ersten Panel der Statusleiste anzeigt. Definieren Sie dazu am besten eine Prozedur *StatusAnzeigen*, die von all jenen Stellen im Programm aufgerufen wird, an denen sich die Anzahl der geladenen Bilder ändern kann:

```
Sub StatusAnzeigen()
    If BildZähler = 1 Then
       staStatusleiste.Panels("Anzahl").Text = ↩
          BildZähler & " Bild geladen"
    Else
       staStatusleiste.Panels("Anzahl").Text = ↩
          BildZähler & " Bilder geladen"
    End If
End Sub
```

Schritt 33 Rufen Sie die Prozedur *StatusAnzeigen* sowohl am Ende der Ereignisprozedur *mnuBildladen_Click* als auch in der Ereignisprozedur *Form_QueryUnload* des Formulars *frmBild* auf, indem Sie den Prozedurnamen eingeben. Dazu müssen Sie vor dem *Else*-Befehl den Prozeduraufruf aufführen. Beachten Sie bitte, dass die Prozedur Teil des MDI-Formulars ist und ihr folglich der Name des Formulars vorangestellt wird. Hier sehen Sie, wie der Prozeduraufruf von *StatusAnzeigen* in die Ereignisprozedur *Forms_QueryUnload* eingebaut wurde:

```
If Antwort = vbYes Then
    Unload Me
    mdiHaupt.BildZähler = mdiHaupt.BildZähler - 1
    mdiHaupt.StatusAnzeigen
Else
```

Schritt 34 Das war's.

Folgendermaßen sollte der Code in *frmBild* aussehen:

```
Private Sub Form_QueryUnload(Cancel As Integer, ↩
            UnloadMode As Integer)
Dim Antwort
Antwort = MsgBox(Prompt:="Soll das Bild entfernt ↩
          werden?", _
Title:="Frage des Programms", _
Buttons:=vbYesNo + vbQuestion)
```

```
If Antwort = vbYes Then
     Unload Me
     MDIHaupt.BildZähler = MDIHaupt.BildZähler - 1
     MDIHaupt.StatusAnzeigen
     Else
         Cancel = True
End If
End Sub
```

Und so sieht der Code im Fenster *MDIHaupt* aus:

```
Private Sub mnuBildLaden_Click()
    Dim Dateiname As String
    Dim F As frmBild          ' Steht für ein neues Formular
    dlgDateiOpen.ShowOpen     ' Auswahldialogfeld anzeigen
    Dateiname = dlgDateiOpen.filename  ' Ausgewählten Datei-
    If Dateiname = "" Then Exit Sub    ' namen abspeichern
        If BildZähler > 0 Then  ' Beim ersten Formular kein
           Set F = New frmBild  ' weiteres Formular laden
        Else                   ' Ansonsten neues Formular laden
           Set F = frmBild
        End If
    F.imgBild.Picture = LoadPicture(Dateiname)  ' Bild laden
    F.Caption = Dateiname         ' Überschrift des Formulars
    F.Show                        ' Formular anzeigen
    BildZähler = BildZähler + 1 ' Variable um eins erhöhen
    StatusAnzeigen
End Sub

Sub StatusAnzeigen()
    If BildZähler = 1 Then
       staStatusleiste.Panels("Anzahl").Text = ⇙
          BildZähler & " Bild geladen"
    Else
       staStatusleiste.Panels("Anzahl").Text = ⇙
          BildZähler & " Bilder geladen"
    End If
End Sub
```

Bitte beachten Sie, dass hier beide Prozeduren mit *End Sub* abzuschließen sind.

Nach dem Starten des Programms wird nun die aktuelle Anzahl der geladenen Bilder in der Statusleiste angezeigt. Der Bildbetrachter ist damit fertig.

6.8 Zusammenfassung

Je größer ein Visual-Basic-Programm ist, desto wichtiger wird die Benutzeroberfläche. Während man bei kleinen Beispielen im Allgemeinen mit einem Formular auskommt, arbeiten »richtige« Programme mit mehreren Formularen. Bietet ein Programm dem Benutzer mehrere Fenster des gleichen Typs (in der Regel Dokumentfenster) an, empfiehlt es sich, eine MDI-Anwendung zu wählen. Hier spielt ein MDI-Formular die Rolle des Hauptfensters, in dessen Innenfläche sich alle übrigen Formulare bewegen. Menüs und Symbolleisten sind bei Windows-Programmen inzwischen Pflicht, die sich zum Glück ohne großen Aufwand implementieren lassen.

Bei der Symbolleiste fällt eine Besonderheit auf: Die Unterteilung eines Objekts in »Unterobjekte«. So werden alle Symbolschaltflächen der Symbolleiste nicht über eine »List-Eigenschaft« angesprochen wie die Listeneinträge eines Listenfeldes. Vielmehr steht die *Buttons*-Eigenschaft für eine so genannte Auflistung, in der jedes Element für ein *Button*-Objekt steht, das alle Eigenschaften und Methoden einer Symbolschaltfläche zur Verfügung stellt. Das »Denken« in Objekten spielt nicht nur aus diesem Grund für die Visual-Basic-Programmierung eine zentrale Rolle. Tun Sie das Verhalten der Symbolleiste daher nicht als eine »exotische Eigenheit« ab, es ist eine fundamentale Eigenschaft, die Sie bei allen komplexeren Komponenten wiederfinden werden.

6.9 Fragen

Frage 1 Wodurch wird festgelegt, welches Formular das Startformular eines Projekts ist?

Frage 2 Welche Eigenschaft wird benötigt, um ein Steuerelement, das Mitglied eines Steuerelementefeldes ist, anzusprechen?

Frage 3 Welche Ereignisse werden beim Laden und Entladen eines Steuerelements in einem Steuerelementefeld ausgelöst? Wie sieht es bei Formularen aus, die Mitglied eines »Formularfeldes« sind?

Frage 4 Welche Steuerelemente können auf einem MDI-Formular angeordnet werden?

Frage 5 Welche Rolle spielt das *Forms*-Objekt in einer MDI-Anwendung?

Frage 6 Was ist der Unterschied zwischen dem *QueryUnload*- und dem *Unload*-Ereignis?

Frage 7 Mit welchem Befehl setzen Sie die Inschrift der 3. Symbolschaltfläche einer Symbolleiste?

Ein Visual-Basic-Programm enthält sowohl eine Symbol- als auch eine Statusleiste. Was muss berücksichtigt werden, wenn das Programm als EXE-Datei auf einem PC ausgeführt werden soll, auf dem sich kein Visual Basic befindet? *Frage 8*

Die Antworten zu den Fragen finden Sie in Anhang C.

6.10 Aufgaben

Erweitern Sie das Beispielprogramm aus Übung 6.1 so, dass in jedem Bildfeld eine andere Landesflagge angezeigt wird. Sie finden eine Vielzahl von Flaggensymbolen im Unterverzeichnis *GRAPHICS**ICONS**FLAGS*. Die Zuordnung der einzelnen Flaggensymbole zu einem Bildfeld kann über Zufallszahlen geschehen, die über die *Rnd*-Funktion erzeugt werden. *Aufgabe 1*

Erweitern Sie den – zwar historischen, aber zur Übung brauchbaren – Devisenrechner der Aufgabe 3 aus Kapitel 3 so, dass Sie fünf verschiedene Devisen (DM, Franc, Pfund, Dollar und Yen über ein Menü einstellen können. Nach Auswahl eines Menüeintrags sollen der aktuelle Kurs und die entsprechende Landesflagge angezeigt werden. *Aufgabe 2*

Auch Menüeinträge können zu einem Steuerelementefeld zusammengefasst werden, indem alle Menüeinträge den gleichen Namen erhalten und die *Index*-Eigenschaft einen Wert erhält. Ersetzen Sie die fünf Menüeinträge im Menü DEVISEN im Beispielprogramm aus Aufgabe 2 durch ein Steuerelementefeld. Welche Vorteile ergeben sich dadurch für die Programmierung? *Aufgabe 3*

Erweitern Sie den Bildbetrachter um die Möglichkeit, alle geladenen Bilder auf einmal auf Symbolgröße verkleinern und, weil wir gerade dabei sind, alle Bilder auf einmal schließen zu können. Beide Kommandos sollen wahlweise über das Menü und über die Symbolleiste zur Verfügung stehen. *Aufgabe 4*

Erweitern Sie den Bildbetrachter um die Möglichkeit, ein Bild in die Zwischenablage kopieren zu können. Diese Aufgabe ist etwas anspruchsvoller und setzt voraus, dass Sie sich in der Visual-Basic-Hilfe über den Zugriff auf die Zwischenablage, das heißt über das dafür zuständige *Clipboard*-Objekt, informieren. Wurde ein Bild in die Zwischenablage kopiert, können Sie es mit jedem anderen Windows-Programm, zum Beispiel Paint, weiterbearbeiten. *Aufgabe 5*

Über die *PopUpMenu*-Methode eines Formulars wird ein bereits vorhandenes Menü als Kontextmenü an einer beliebigen Stelle des Formulars angezeigt. Erweitern Sie den Bildbetrachter so, dass das BILDER-Menü auch durch Anklicken eines Bildes mit der rechten Maustaste geöffnet werden kann. Eine Beschreibung der *PopUpMenu*-Methode finden Sie in der Visual-Basic-Hilfe. *Aufgabe 6*

Lösungsvorschläge zu diesen Aufgaben finden Sie auf der Buch-CD im Verzeichnis \Buch. Die jeweils aktuellsten Versionen werden auf der Webseite angeboten (die Adresse finden Sie auf Seite 27).

KAPITEL 7

jetzt lerne ich

Fortgeschrittene Programmiertechniken

Mit diesem Kapitel überschreiten Sie die Schwelle, die Programmiereinsteiger im Allgemeinen von erfahrenen (sprich »richtigen«) Programmierern trennt. Nachdem es in den ersten fünf Kapiteln um das ABC der Programmierung mit Visual Basic ging und dieses Wissen in Kapitel 6 anhand eines kleinen Beispiels angewendet wurde, geht es in diesem Kapitel um die »fortgeschrittenen« Themen der Programmierung. Doch keine Angst, es werden keinerlei Spezialkenntnisse oder gar ein Vordiplom in Informatik vorausgesetzt. Auch in diesem Kapitel dreht es sich um die Grundlagen der VB-Programmierung. In erster Linie werden jene Themen vertieft, die in den vorangegangenen Kapiteln nur angedeutet wurden. Sie erfahren zum Beispiel, was hinter den Datentypen steckt und was es mit dem Gültigkeitsbereich von Variablen auf sich hat. Dingen also, mit denen Sie bereits von Anfang an zu tun hatten. Natürlich lernen Sie auch spannende neue Befehle und Programmiertechniken kennen. Dazu gehören zum Beispiel die Feldvariablen, mit denen sich wirklich tolle Sachen anstellen lassen. Außerdem wird mit dem Zeitgeber ein überaus nützliches Steuerelement vorgestellt, mit dem sich regelmäßig wiederholende Vorgänge programmieren lassen.

Sie lernen in diesem Kapitel etwas über:

- Was hinter der Variablendeklaration steckt
- Wie Zahlen in einem Computer dargestellt werden
- Spielereien mit Bits
- Den Gültigkeitsbereich von Variablen
- Felder
- Den Zeitgeber (Timer)

7.1 Wie werden Variablen deklariert

Mit Variablen arbeiten Sie bereits seit Kapitel 1 dieses Buches. Allerdings haben Sie bislang erst die halbe Wahrheit über die Variablendeklaration kennen gelernt. Sie wissen, dass Variablen wahlweise über die Befehle *Dim*, *ReDim*, *Public*, *Private* oder *Static* deklariert werden. Die Deklaration einer Variablen kann im Prinzip überall innerhalb des Programms geschehen. In der Regel werden Variablen im Deklarationsteil eines Formulars oder Moduls oder zu Beginn einer Prozedur/Funktion deklariert. Der Ort der Deklaration im Programm legt indirekt den Gültigkeitsbereich der Variablen fest.

MERKSATZ

Um eine Variable in einem Programm benutzen zu können, muss diese zuvor deklariert werden.

Variablen werden normalerweise über die Befehle *Dim, Private* und *Public* deklariert. Leider ist Visual Basic in dieser Beziehung nicht sehr einheitlich, denn es gibt keinen Grund, die Befehle *Dim* und *Private* nicht zu einem Befehl zusammenzufassen. Aber es ist nun einmal so wie es ist. Sie verwenden den *Private*-Befehl, wenn Sie eine Variable im Deklarationsteil eines Moduls deklarieren, denn hier kommt es darauf an, auch den Gültigkeitsbereich der Variable anzugeben (mehr dazu in Kapitel 7.4). Den *Dim*-Befehl verwenden Sie dagegen nur innerhalb einer Prozedur zur Deklaration lokaler Variablen. (Der *Dim*-Befehl ist auch im Deklarationsteil des Moduls erlaubt – er entspricht in diesem Fall dem *Private*-Befehl –, doch sollten Sie diese inkonsequente Implementierung nicht unterstützen.)

Was Sie noch nicht wissen (was aber in diesem Buch bereits mehrfach zur Anwendung kam), ist der Umstand, dass eine Variablendeklaration nicht nur den Namen der Variablen bekannt macht. Bei der Deklaration einer Variablen werden vielmehr drei Dinge »bekannt gegeben«:

1. Der Name der Variablen
2. Der Datentyp der Variablen
3. Der Gültigkeitsbereich der Variablen

Welche Aufgabe dem Namen der Variablen zukommt, ist klar. Die Rolle des Gültigkeitsbereichs wird in Kapitel 7.4 geklärt. Beschäftigen wir uns daher zunächst mit dem Datentyp einer Variablen.

7.1.1 Die Rolle des Datentyps

Für viele Programmiereinsteiger ist die Bedeutung des Datentyps am Anfang mehr als undurchsichtig, zumal es schwer ist, den Grund für seine Notwendigkeit einzusehen. Warum gibt es Datentypen, ich kann doch jede Variable auch ohne Datentyp deklarieren. Nun, nicht ganz. Was man dem Befehl

```
Private AnzahlTreffer
```

nicht ansieht, ist der Umstand, dass die Variable *AnzahlTreffer* unsichtbar den Datentyp *Variant* erhält. Da *Variant* aber so eine Art »Oberdatentyp« ist, der alle übrigen Datentypen umfasst, gibt es damit in den allermeisten Fällen keine Probleme. Dennoch ist diese Art der Deklaration nicht optimal. Zum einen sind VB-Programme, die mit *Variant*-Daten arbeiten, nicht nur etwas langsamer als jene Programme, bei denen der Datentyp explizit angegeben wird, sie belegen auch etwas mehr Speicherplatz. Zum anderen gibt es Situationen, in denen man um die explizite Deklaration nicht herumkommt. Es hat also alles keinen Sinn, man muss sich mit den Datentypen etwas ausführlicher befassen.

MERKSATZ

Der Datentyp einer Variablen legt fest, welcher Typ von Daten in der Variablen gespeichert werden kann.

Datentypen sind eine Hilfestellung für den Compiler. Je mehr Visual Basic über eine Variable weiß, desto optimaler kann es das Programm umsetzen. Aus diesem Grund sind *Variant*-Variablen zwar bequem, aber nicht optimal. Erfahrene Programmierer geben einer Variablen daher einen Datentyp und legen gleichzeitig den Verwendungszweck der Variablen fest. Eine *Integer*-Variable kann nur ganze Zahlen enthalten, eine *String*-Variable kann nur Zeichenketten aufnehmen. Indem man dies bei der Deklaration festlegt, beauftragt man Visual Basic damit, auf Unstimmigkeiten zu achten und eine Fehlermeldung auszugeben, wenn eine Variable einen Datenwert erhalten soll, der nicht zu ihr passt. Eine Übersicht über alle VB-Datentypen gibt Tabelle 7.1.

Eine Variable erhält bei ihrer Deklaration immer einen Datentyp. Wird nichts angegeben, besitzt sie den Datentyp *Variant*. Ansonsten jenen der in Tabelle 7.1 aufgeführten Datentypen, die auf das As-Schlüsselwort folgen:

```
Private Zahl As Integer
```

Dieser Befehl deklariert eine Variable vom Typ *Integer*. Werden mehrere Variablen in einem Befehl deklariert, muss der Datentyp für jede Variable einzeln aufgeführt werden. Der folgende Befehl deklariert daher nicht drei Variablen vom Typ *Integer*:

```
Private A, B, C As Integer
```

Was Einsteiger gerne übersehen, ist der Umstand, dass dieser Befehl zwar der Variablen C den Typ *Integer*, den Variablen *A* und *B* aber den Typ *Variant* gibt. Richtig müsste es lauten:

```
Private A As Integer, B As Integer, C As Integer
```

Die Vergesslichkeit des Programmierers wird beim Weglassen eines Datentyps aber nur in den allerseltensten Fällen bestraft, denn ob eine Variable den Typ *Integer* besitzt oder den Unterdatentyp *Integer* des Datentyps *Variant*, spielt meistens keine Rolle.

Tabelle 7.1: Die Datentypen von Visual Basic und ihr Wertebereich

Datentyp	Typkennzeichen	Bytes	Wertebereich
Boolean		2	0 (*False*) oder –1 (*True*), andere Werte kann eine Variable dieses Typs nicht annehmen.
Byte		1	Ganze Zahlen von 0 bis 255. Negative Zahlen sind nicht erlaubt.
Integer	%	2	Ganze Zahlen von –32.768 bis +32.767.
Long	&	4	Ganze Zahlen von –2.147.483.648 bis 2.147.483.647.
Single	!	4	–3,402823E38 bis –1,401298E-45 und 1,401298E-45 bis 3,402823E38
Double	#	8	–1,79769313486232E308 bis –4,94065645841247E-324 und 4,94065645841247E-324 bis 1,79769313486232E308
Decimal		12	±79.228.162.,514.264.337.593. 543.950.335, wenn keine der 28 Stellen als Nachkommastelle verwendet wird oder von ±7,92281 625142643375935439503 35 bis ±0,0000000000000000000 0000001, wenn alle 28 Stellen Nachkommastellen sind. Es handelt sich um einen Unterdatentyp von *Variant*, d.h., er kann bei einer Deklaration nicht angegeben werden.
Currency	@	8	–922.337.203.685.477,5808 bis 922.337.203.685.477,5807. Dies ist ein Festkommadatentyp, der stets eine Genauigkeit von vier Stellen nach dem Komma bietet. Diese Genauigkeit ist für das Rechnen mit Geldbeträgen erforderlich.
Date		8	Enthält Datum und Uhrzeit im Bereich vom 1. Januar 100 bis 31. Dezember 9999.

Datentyp	Typkennzeichen	Bytes	Wertebereich
String (variable Länge)	$	10 + Länge der Zeichenkette	Zeichenketten bestehend aus 0 bis ca. 2 Milliarden Zeichen.
String (feste Länge)	$	Länge der Zeichenkette	ca. 65500 Zeichen.
Variant		16	Jeder numerische Wert im Bereich einer *Double*-Variablen.
Variant (mit Zeichenkette)		22 + Länge der Zeichenkette	0 bis ca. 2 Milliarden.
Object		4	Referenz auf ein Objekt (Adresse der vTable-Datenstruktur).

Es ist wichtig zu verstehen, dass die Angabe eines Datentyps nicht nur aus formellen Gründen erforderlich ist (das Weglassen entspricht der Angabe des Datentyps *Variant*, was bedeutet, dass sich Visual Basic den passenden Datentyp aussucht), sondern auch eine wichtige Auswirkung auf die Programmierung hat. Aus Gründen, die in Kapitel 7.2 erklärt werden, legt der Datentyp auch den Wertebereich einer Variablen fest. Dieser wiederum bestimmt, wie groß eine Zahl maximal werden darf, die in einer Variablen eines bestimmten Typs gespeichert werden kann. So ist der Wertebereich von *Integer*-Variablen auf den Bereich –32.768 bis +32.767 begrenzt. Weder größere noch kleinere ganze Zahlen können in einer Variablen vom Typ *Integer* gespeichert werden. Die Zuweisung

```
Private iZahl As Integer
iZahl = 10000 * 10000
```

führt daher während der Programmausführung zu einem Überlauf (das heißt zu einem Laufzeitfehler Nr. 9). Das Gleiche gilt natürlich auch für Fließkommazahlen, wenngleich aber hier der Wertebereich so groß ist, dass die Limitierung so gut wie nie auffällt. So muss man erst zu »astronomisch« großen Zahlen greifen, um einen Überlauf zu provozieren:

```
Private fZahl As Double
fZahl = 1E400
```

Das ist selbst für eine *Double*-Variable zu viel. Diese Form des Überlaufs wird sogar bereits bei der Kompilierung des Programms erkannt.

Verwenden Sie für Variablen, die Ganzzahlen aufnehmen sollen, grundsätzlich den Datentyp *Long*, da der 16-Bit-Datentyp *Integer* auf 32-Bit-Prozessoren (also im Prinzip ab dem 80486, vor allem aber ab dem 80486- und den Pentium-Prozessoren) langsamer ausgeführt wird und die Platzersparnis von 2 Byte pro Variable im Allgemeinen nichts bringt. Wenn Sie beim Compiler aus Performance-Gründen die Option »Keine Überprüfung auf Ganzzahlüberlauf« abschalten, wird durch 32-Bit-Zahlen die Wahrscheinlichkeit für eine Bereichsüberschreitung reduziert.

7.2 Wie speichert ein Computer Zahlen?

In Kapitel 1 haben Sie erfahren, dass jeder Computer seine Befehle als eine Folge von Nullen und Einsen abspeichert. Eine 1 steht dabei für den logischen Zustand »Wahr«, eine 0 für den logischen Zustand »Nicht Wahr«. Das Attribut logisch bezieht sich auf den Umstand, dass diese Zustände natürlich nicht real existieren, sondern in Form von Spannungsniveaus vorliegen, die von den Schaltkreisen des Mikroprozessors als 0 und 1 »interpretiert« werden. Diese binäre Darstellung gilt auch für Daten, also auch für Zahlen. Sie werden im Folgenden erfahren, warum man bei einer *Integer*-Variablen von einem 16-Bit-Datentyp und bei einer *Long*-Variablen von einem 32-Bit-Datentyp spricht. Das interne Darstellungsformat einer Ganzzahl ist sehr einfach, denn eine Ganzzahl wird in ihrer binären Form gespeichert. So wird die Zahl 100 intern als

```
0 0 0 0 0 0 0 0 0 1 1 0 0 1 0 0
```

gespeichert, da dies die binäre Darstellung der Zahl ist. Diese Dualzahl steht für den dezimalen Wert 100. Dass Zahlen (wie sämtliche andere Daten auch) in einem Computer als Binärzahlen gespeichert werden, hat historische Gründe, auf die an dieser Stelle nicht näher eingegangen werden soll (nur soviel, die Idee dazu hatte ein gewisser Herr von Neumann in den 40er Jahren). Der Umgang mit Binärzahlen ist sehr einfach, wenn man die wichtigsten Grundregeln kennt:

- Jede Ziffer einer Dualzahl kann nur zwei Werte annehmen: 0 und 1. Eine einzelne Ziffer wird auch als *Bit* bezeichnet. Acht Bit werden zu einem *Byte*, 1024 Byte zu einem *Kilobyte* (Kbyte), 1024 *Kbyte* zu einem *Megabyte* (Mbyte) und 1024 Mbyte zu einem *Gigabyte* (*Gbyte*) zusammengefasst.
- Das Zählen im Dualsystem erfolgt auf die gleiche Weise wie im Dezimalsystem. Besitzt die letzte Ziffer den Wert 1, springt sie beim Erhöhen um 1 auf 0, während die links davon stehende Ziffer ebenfalls ihren Zustand ändert. Springt auch diese Ziffer von 1 auf 0, pflanzt sich diese Änderung um eine weitere Position fort.

Der Wertebereich einer Binärzahl wird durch die Anzahl der Ziffern als Potenz zur Basis 2 gebildet. Mit einer dreistelligen Dualzahl lassen sich Werte von 0 bis 7 darstellen:

```
0 0 0   (0)
0 0 1   (1)
0 1 0   (2)
0 1 1   (3)
1 0 0   (4)
1 0 1   (5)
1 1 0   (6)
1 1 1   (7)
```

Mit einer achtstelligen Binärzahl lassen sich entsprechend Werte von 0 bis 255 (2 hoch 8 minus 1) und mit einer sechzehnstelligen Binärzahl Werte von 0 bis 65535 (2 hoch 16 minus 1) darstellen. Bei Visual Basic besteht jede *Integer*-Variable intern aus 16 Bits. Dass der Wertebereich einer Integervariablen nur bis 32767 reicht, liegt einfach daran, dass Bit 15 für das Vorzeichen verwendet wird und daher nur 15 Stellen zur Verfügung stehen. Eine *Long*-Variable umfasst dagegen 32 Bit, wobei auch hier Bit 31 das Vorzeichen darstellt. Der Wertebereich beträgt nun nicht –32.768 bis +32.767 (2 hoch 15 minus 1), sondern 2 hoch 31 = 2.147.483.647 (2 Gbyte – 1 oder etwas mehr als 2 Milliarden). Da bei Visual Basic grundsätzlich auch negative Zahlen erlaubt sind (außer beim *Byte*-Datentyp), wird für die Speicherung einer Ganzzahl das so genannte *Zweierkomplement* verwendet, das durch Umdrehen aller Bits (aus Null wird Eins und umgekehrt) und anschließender Addition von 1 gebildet wird.

Das Darstellungsformat einer Fließkommazahl ist etwas komplizierter. Visual Basic verwendet, wie nahezu alle Software-Produkte, das genormte *IEEE-Format*, das für einen einfachen genauen Wert (*Single*-Datentyp) folgenden Aufbau besitzt:

S E E E E E E E	E M M M M M M M	M M M M M M M M	M M M M M M M M

Das Fließkommaformat besteht aus einem Bit für das Vorzeichen (Bit 31), acht Bit für den Exponenten (Bit 23 bis Bit 30) und 23 Bit für die Mantisse. Durch den für den Exponenten und die Mantisse zur Verfügung stehenden Platz ergibt sich automatisch der Wertebereich und die Genauigkeit beim Rechnen mit einfach genauen Zahlen. Bei doppelt genauen Fließkommazahlen (*Double*-Datentyp) werden von den 64 zur Verfügung stehenden Bit (8 Byte) 11 Bit für den Exponenten, 52 Bit für die Mantisse und 1 Bit für das Vorzeichen verwendet.

Mit einer Genauigkeit von 80 Bit (10 Byte) arbeitet der mathematische Koprozessor, der jedoch von Visual Basic nicht genutzt wird. Allerdings enthält

Visual Basic den Datentyp *Decimal*, der diese Genauigkeit bietet. Damit lassen sich Zahlen mit bis zu 28 Nachkommastellen darstellen, was in den allermeisten Fällen ausreichend sein sollte. Allerdings kann man *Decimal*-Zahlen nicht direkt anlegen (es gibt auch kein Typenkennzeichen). Der folgende Befehl funktioniert leider nicht:

```
Private GanzGroß As Decimal
```

Vielmehr wird eine Variable zunächst als *Variant* deklariert und anschließend wird ihr ein Wert über die *CDec*-Funktion zugewiesen:

```
Private GanzGroß As Variant
GanzGroß = Cdec(22)/ CDec(7)
```

Sie sehen, man muss Visual Basic regelrecht »beknieen«, damit es mit *Decimal*-Werten rechnet. Aber es lohnt sich:

```
?GanzGroß
3,1428571428571428571428571429
```

Immerhin ganze 28 Stellen nach dem Komma, nicht schlecht (mehr könnte auch der mathematische Koprozessor nicht bieten, wenngleich dieser intern sogar mit 96 Bit rechnet). Der Vorteil von *Decimal*-Werten liegt also weniger in ihrem Darstellungsbereich (1E308 bei *Double*-Werten sollte in den meisten Fällen ausreichen), sondern in dem Umstand, dass bis zu 28 Nachkommastellen erreicht werden können.

7.3 Spielereien mit Bits

Auch wenn ein Bit eine verschwindend kleine Informationseinheit ist, lassen sich mit einzelnen Bits nette Dinge anstellen. Der Umgang mit bitweisen Verknüpfungen (auch logische Verknüpfungen genannt) gehört zum Grundwissen eines Programmierers. Wenn Sie etwas mehr Zeit hätten und ich 200 Seiten mehr Platz in diesem Buch hätte, könnte ich anschaulich erklären, dass sich alle Funktionen eines Computers als einfache logische Verknüpfungen realisieren lassen. Ja mehr noch, von einer simplen NAND-Funktion (Not AND, also umgekehrte UND-Verknüpfung) lassen sich alle übrigen logischen Verknüpfungen ableiten. Das ist das große »Geheimnis« der Computer. Leider bietet Visual Basic, anders als einige andere Programmiersprachen, keinen »Bitdatentyp«. Es ist daher nicht so ohne weiteres möglich, auf einzelne Bits zuzugreifen. Selbst wenn es einen Datentyp »Bit« eines Tages geben sollte, er wäre nur eine Illusion, da Zahlen in einem (modernen) Computer grundsätzlich in Einheiten von 32 Bit gespeichert werden, ein einzelnes Bit also immer zu einer Gruppe gehört. Dennoch lassen sich mit Hilfe der logischen Operatoren *AND*, *NOT*, *OR*, *XOR* und der »Exoten« *EQV* und *IMP* beliebige logische Verknüpfungen durchführen.

Dass Visual Basic keine Bitdatentypen bietet, ist mehr als ein kosmetischer Makel. Alle Datentypen, mit Ausname von *Byte*, sind vorzeichenbehaftete Datentypen, bei denen eine Zahl im Zweierkomplement dargestellt wird und das höchstwertige Bit das Vorzeichen repräsentiert. Es ist daher nicht so ohne weiteres möglich, durch »Ausblenden« der oberen 16 Bit die unteren 16 Bit als Zahl zu erhalten, da diese Verknüpfung die vorzeichenrichtige Erweiterung (also das Auffüllen der oberen Hälfte mit »1«) nicht berücksichtigt.

Dass 4 + 5 als Ergebnis 9 ergibt, lernt man in der Grundschule. Doch, dass 4 AND 5 als Ergebnis 4 ergibt, vielleicht in der Oberstufe. Der *AND*-Operator führt eine logische Verknüpfung durch, bei der die beiden Operanden bitweise nach einer einfachen Regel verknüpft werden. Bei der UND-Regel, die vom *AND*-Operator angewendet wird, lautet diese wie folgt: Das Ergebnisbit ist »1« wenn Bit Nr. 1 und Bit Nr. 2 ebenfalls »1« sind. In Bits geschrieben sieht die Verknüpfung wie folgt aus:

```
0 0 0 0 0 0 0 0 0 0 0 0 0 1 0 0   (binäre Darstellung von 4)
0 0 0 0 0 0 0 0 0 0 0 0 0 1 0 1   (binäre Darstellung von 5)
----------------------------------
0 0 0 0 0 0 0 0 0 0 0 0 0 1 0 0   (binäre Darstellung von 4)
```

Damit ist klar, warum 4 UND verknüpft mit 5 wieder 4 ergibt. Nach dem gleichen Prinzip werden alle logischen Verknüpfungen durchgeführt. Zwei Operanden werden Bit für Bit miteinander verknüpft, wobei sich das Ergebnis der Verknüpfung aus den einzelnen Ergebnisbits zusammensetzt. Nach welchen Regeln die beiden Bits verknüpft sind (die logischen Operatoren von Visual Basic arbeiten stets mit zwei Operanden, eine Ausnahme ist der *NOT*-Operator, der auf einen Operanden einwirkt), legt der logische Operator fest. Dessen »Verhalten« wird am einfachsten in so genannten »Wahrheitstabellen« beschrieben, in denen alle möglichen Kombinationen der zu verknüpfenden Bits durchgespielt werden. Die Wahrheitstabelle einer UND-Verknüpfung lautet wie folgt:

Bit1	**Bit2**	**Ergebnisbit**
0	0	0
0	1	0
1	0	0
1	1	1

Dank einer Wahrheitstabelle lässt sich eine logische Verknüpfung ohne große Worte beschreiben. Finden Sie heraus, nach welchen Regeln der *OR*-Operator arbeitet:

Bit1	Bit2	Ergebnisbit
0	0	0
0	1	1
1	0	1
1	1	1

Das Ergebnisbit ist immer dann »1«, wenn Bit1 oder Bit2 (daher der Name) »1« ist. Und weil es so schön war, gleich noch einmal. Diesmal am Beispiel des *XOR*-Operators, der eine »Exklusiv ODER«-Verknüpfung erledigt:

Bit1	Bit2	Ergebnisbit
0	0	0
0	1	1
1	0	1
1	1	0

Das Ergebnisbit ist nur dann »1«, wenn Bit1 und Bit2 verschieden sind. Mit Hilfe von Wahrheitstabellen lässt sich auch das Verhalten der »Exoten« *EQV* und *IMP* beschreiben. Hier zunächst die Wahrheitstabelle für den *EQV*-Operator:

Bit1	Bit2	Ergebnisbit
0	0	1
0	1	0
1	0	0
1	1	1

Das Ergebnis ist nur dann »1«, wenn die beiden verknüpften Bits gleich sind. Ist Ihnen übrigens aufgefallen, dass der *EQV*-Operator das Gegenteil des *XOR*-Operators bewirkt? Der Vollständigkeit halber hier die Wahrheitstabelle des *IMP*-Operators, wenngleich ich diesen Operator noch nie benutzt habe:

Bit1	Bit2	Ergebnisbit
0	0	0
0	1	1
1	0	0
1	1	1

Besonders interessant wird es, wenn Sie mehrere logische Operatoren verknüpfen. So führt der Ausdruck

```
(4 AND 5) AND (7 AND 8)
```

eine logische UND-Verknüpfung mit vier Operanden durch. Durch das geschickte Kombinieren von logischen Operatoren lassen sich Rechenoperationen manchmal erstaunlich abkürzen. Dies ist aber ein Privileg erfahrener Programmierer, denn den Umgang mit logischen Verknüpfungen, so einfach sie einzeln betrachtet auch sind, lernt man nicht in ein paar Wochen.

Nicht vorenthalten werden soll Ihnen natürlich der *NOT*-Operator, der einfach nur alle Bits eines Operanden umkehrt (man spricht auch von einem »unären« Operator, da er nur einen Operanden besitzt). Dennoch besitzt der *NOT*-Operator so seine Eigenheiten. Können Sie folgende Operation erklären?

```
?Not(2)
-3
```

Ist das »Gegenteil« von 2 nicht –2? Nein, zumindestens nicht bei Visual Basic. Wie bereits kurz angedeutet wurde, werden negative Zahlen in ihrem Zweierkomplement dargestellt. Die Zahl 2 sieht wie folgt aus:

```
0 0 0 0 0 0 0 0 0 0 0 0 0 0 1 0
```

Der *NOT*-Operator macht nichts anderes, als alle Bits »umzudrehen«:

```
1 1 1 1 1 1 1 1 1 1 1 1 1 1 0 1
```

Was ist das für eine Zahl? Nun, auf alle Fälle eine negative Zahl, denn das höchstwertige Bit (ganz links, also Bit Nr. 15 – die Nummerierung beginnt bei 0) ist gesetzt. Es handelt sich um das Ergebnis in der Zweierkomplementdarstellung. Um den absoluten Zahlenwert herauszubekommen, müssen wir die Zweierkomplementdarstellung wieder rückgängig machen. Das heißt konkret, zuerst 1 abziehen:

```
1 1 1 1 1 1 1 1 1 1 1 1 1 1 0 0
```

und abschließend alle Bits wieder umdrehen:

```
0 0 0 0 0 0 0 0 0 0 0 0 0 0 1 1
```

Und dies ist nichts anderes als die binäre Darstellung der Zahl 3. Das ist der Grund, warum die Invertierung von –2 mit dem *NOT*-Operator –3 ergibt.

ACHTUNG

Wenn Sie mehr mit logischen Verknüpfungen machen möchten, werden Sie es sehr schnell als sehr hinderlich empfinden, dass Visual Basic Zahlen grundsätzlich mit ihrem Vorzeichen darstellt. Es empfiehlt sich daher, Funktionen zu definieren, die diesen Umstand verbergen, indem sie das Vorzeichen abfragen und entsprechend berücksichtigen.

7.3.1 Maskerade mit Bits

Geht es darum, den Zustand eines einzelnen Bit in einer 8-, 16- oder 32-Bit-Zahl festzustellen, müssen logische Verknüpfungen zum Einsatz kommen. Stellen Sie sich vor, in einem Klärwerk werden acht Pumpen über ein Byte im Arbeitsspeicher des Prozessrechners gesteuert. Soll Pumpe Nr. 1 starten, muss Bit 0 auf 1 gesetzt werden, für Pumpe Nr. 2 ist Bit 1 zuständig usw. Wenn das Programm Pumpe Nr. 5 anwerfen soll, darf natürlich nur Bit Nr. 6 gesetzt werden, der Zustand der übrigen Pumpen darf sich dadurch nicht ändern. Da man in Visual Basic ein einzelnes Bit nicht isoliert ändern kann, sondern nur die ganze Achtergruppe auf einmal, muss das Byte daher mit einem Wert verknüpft werden, der nur Bit Nr. 6 auf 1 setzt:

```
x 0 x x x x x x
```

Das ist also die Ausgangssituation. Bit Nr. 6 steht auf 0, der Zustand der übrigen n Bits ist unbekannt. Durch die Verknüpfung soll Bit Nr. 6 auf 1 gehen, die übrigen Bits sollen so bleiben, wie sie sind. Welche Verknüpfung kommt in Frage? UND oder ODER? Überlegen Sie kurz, bevor Sie weiterlesen. Die Antwort lautet: Es muss die ODER-Verknüpfung sein, denn nur sie setzt ein »0-Bit« auf 1, ohne die übrigen Bits zu setzen. Damit ist klar, wie das zu verknüpfende Byte aussehen muss:

```
0 1 0 0 0 0 0 0
```

Wird ein Bit mit unbekanntem Zustand mit 0 ODER-verknüpft, ändert es sich nicht, wird es dagegen mit 1 ODER-verknüpft, wird es in jedem Fall auf 1 gesetzt.

ÜBUNG

Welches Resultat hätte im letzten Beispiel eine UND-Verknüpfung ergeben?

Das Ausblenden von Bits in einer Gruppe mit dem Ziel, ein einzelnes Bit zu verändern, wird auch als Maskieren bezeichnet und ist eine in der Programmierung (insbesondere bei der »Low-Level-Programmierung«, wie der direkten Ansteuerung von Maschinen oder der Grafikprogrammierung) gängige Praxis. Die Maskierung wird auch benötigt, um den Zustand eines einzelnen Bit festzustellen. Wie muss eine Verknüpfung lauten, die in einem Byte den Zustand von Bit Nr. 4 angibt? Dazu müssen über eine UND-Verknüfung alle übrigen Bits auf 0 gesetzt werden:

```
x x x 0 x x x x
```

UND

```
0 0 0 1 0 0 0 0
```

=

```
0 0 0 0 0 0 0 0
```

Bit Nr. 4 war in diesem Fall 0. Oder aber:

`x x x 1 x x x x`

UND

`0 0 0 1 0 0 0 0`

=

`0 0 0 1 0 0 0 0`

In diesem Fall besaß Bit Nr. 4 den Zustand 1. Beachten Sie aber, dass die Abfrage nicht lauten darf:

```
If PumpenByte AND 16 = 1 Then
```

sondern

```
If PumpenByte AND 16 <> 0 Then
```

Das Maskieren aller Bits außer Bit Nr. 4 ergibt nämlich immer den Wert 16. Warum 16, habe ich da etwas verpasst? Nun, sobald Sie Bitmaskierungen in Visual Basic durchführen, müssen Sie die »Bitmuster« als Dezimalzahlen schreiben, denn Visual Basic versteht leider keine Binärzahlen. Und wie man eine Binärzahl in eine Dezimalzahl umwandelt, haben Sie indirekt bereits in Kapitel 1 erfahren.

Für die direkte Ansteuerung von Hardware ist Visual Basic nur bedingt geeignet. Sie benötigen in jedem Fall einen Treiber, der die Ansteuerung der Kartenfunktionen übernimmt (direkte Zugriffe auf E/A-Ports sind über Hilfsfunktionen nur unter Windows 95/98 möglich). Wird eine Karte über die serielle Schnittstelle angesprochen, kann das MsComm-Zusatzsteuerelement der Profi- und Enterprise-Edition verwendet werden. Eine andere Möglichkeit ist es, die Ansteuerung der Hardware auf einem anderen PC durchzuführen, auf dem z.B. nur DOS läuft, und beide Rechner über die serielle Schnittstelle zu verbinden.

7.4 Der Gültigkeitsbereich einer Variablen

Sie wissen nun bereits fast alles, was es über Variablen zu berichten gibt. Eine »Kleinigkeit« wurde jedoch noch ausgelassen, der Gültigkeitsbereich von Variablen (engl. »scope«). Dieser legt fest, an welchen Stellen des Programms eine Variable angesprochen werden kann, also gültig ist. Leider ist auch das Thema »Gültigkeitsbereich« für Programmiereinsteiger erfahrungsgemäß ein wenig verwirrend. Es ist jedoch letztendlich sehr einfach zu verstehen und vor allem von grundlegender Bedeutung für die Programmierung. Visual Basic unterscheidet für Variablen (und Konstanten) drei verschiedene Gültigkeitstypen:

1. Private Variablen auf Prozedurebene
2. Private Variablen auf Modulebene
3. Öffentliche Variablen

MERKSATZ

Der Gültigkeitsbereich einer Variablen bestimmt, an welchen Stellen des Programms eine Variable angesprochen werden kann.

7.4.1 Private Variablen auf Prozedurebene

Am einfachsten ist das Prinzip der privaten Variablen auf Prozedurebene (sie werden auch lokale Variablen genannt) zu beschreiben. Eine solche private Variable ist nur innerhalb einer Prozedur (oder Funktion) gültig. Sie wird innerhalb der Prozedur über einen *Dim*-Befehl deklariert. Wird die Variable außerhalb der Prozedur angesprochen, resultiert daraus zwangsläufig eine Fehlermeldung (es sei denn, eine Variable mit dem gleichen Namen existiert auch außerhalb der Prozedur). Private Variablen auf Prozedurebene werden immer dann eingesetzt, wenn die Variable nur innerhalb der Prozedur benötigt wird und ihr Wert außerhalb der Prozedur keine Rolle spielt.

BEISPIEL

Das folgende Beispiel enthält eine Prozedur mit zwei privaten Variablen auf Prozedurebene *A* und *B*, die nur in der Prozedur gültig sind:

```
Sub P1 (A As Integer)
    Dim B As Long
    B = 5
End Sub
```

Sollte eine Variable mit dem Namen *B* außerhalb der Prozedur, z.B. im Allgemeinteil des Formulars, deklariert worden sein, hat die Wertzuweisung innerhalb der Prozedur keine Auswirkung auf die zweite Variable *B*. Man sagt auch, dass die private Variable *B* die namensgleiche Variable überdeckt. Für Visual Basic handelt es sich um zwei verschiedene Variablen, auch wenn sie den gleichen Namen besitzen.

ACHTUNG

Beim Verlassen der Prozedur werden alle lokalen Variablen »zerstört«, sofern es sich nicht um statische Variablen handelt.

7.4.2 Private Variablen auf Modulebene

Private Variablen auf Modulebene sind in dem gesamten Modul, d.h. in allen Prozeduren und Funktionen des Moduls, gültig, in dessen Allgemeinteil sie über einen *Private*-Befehl deklariert wurden.

Das folgende Beispiel deklariert eine private Variable auf Modulebene mit dem Namen *TestVar*:

```
Option Explicit
Private TestVar As Integer
```

Die Variable *TestVar* ist in allen Prozeduren und Funktionen des Moduls gültig. Sollte es aber in einer der Prozeduren/Funktionen des Moduls eine gleichnamige Variable geben, überdeckt diese die private Variable, solange die Prozedur/Funktion aktiv ist.

Eine private Variable auf Modulebene wird beim erneuten Laden des Formulars nicht neu initialisiert, sondern sie behält jenen Wert, den sie beim Entladen des Formulars besaß. Sollen alle privaten Variablen neu initialisiert werden, muss das Formular beim Entladen in ihrer *Unload*-Ereignisprozedur mit dem Wert *Nothing* belegt werden:

```
Set FormName = Nothing
```

7.4.3 Öffentliche Variablen

Öffentliche Variablen sind im gesamten Programm gültig. Eine Variable gilt als öffentlich, wenn sie im Allgemeinteil eines Moduls über einen *Public*-Befehl deklariert wird. Beim Zugriff auf eine öffentliche Variable spielt es aber eine Rolle, ob diese in einem allgemeinen Modul oder in einem Formular deklariert wurde. Im letzteren Fall muss beim Zugriff auf die Variable stets der Name des Formulars vorangestellt werden.

Im folgenden Beispiel wird eine öfffentliche Variable mit dem Namen *ÜberallGültig* im Allgemeinteil eines Moduls deklariert:

```
Public ÜberallGültig
```

Diese Variable kann im gesamten Programm jederzeit über ihren Namen angesprochen werden. Erfolgt die Deklaration dagegen im Allgemeinteil eines Formulars, muss außerhalb des Formulars stets der Name des Formulars vorausgehen:

```
Wert = frmHaupt.ÜberallGültig
```

Eine öffentliche Variable eines Formulars wird wie eine Eigenschaft des Formulars behandelt.

Bei *Public* muss zwischen dem Befehl und dem Schlüsselwort unterschieden werden. Der *Public*-Befehl wird auf die gleiche Weise eingesetzt wie der *Dim*-Befehl, deklariert aber automatisch eine öffentliche Variable. Das Schlüsselwort *Public* geht dagegen Befehlen wie *Const*, *Sub* oder *Function* voraus, um den Gültigkeitsbereich des zu definierenden Objekts (Bezeichners) festzulegen. Man spricht daher auch von einem Gültigkeitsbereichsmodifizierer (engl. »scope modifier«).

Wird eine Variable in einem allgemeinen Modul als öffentlich deklariert, kann ihr beim Zugriff von einem anderen Modul der Modulname vorangestellt werden. Auf diese Weise wird sie von einer gleichnamigen privaten Variablen in dem Modul unterschieden.

Wann wird welcher Gültigkeitsbereich eingesetzt? Diese Frage lässt sich relativ leicht beantworten. Wird eine Variable nur innerhalb einer Prozedur benötigt, sollte sie dort auch als privat auf Prozedurebene deklariert werden. Auf diese Weise kann der Variablenname auch in anderen Prozeduren verwendet werden und ein versehentliches Überschreiben ist ausgeschlossen. Private Variablen auf Modulebene sind Variablen, die im ganzen Modul zur Verfügung stehen müssen, ein Zugriff von einem anderen Modul aus soll aber nicht möglich sein. Öffentliche Variablen stehen im gesamten Programm zur Verfügung. Besonders praktisch ist dies bei öffentlichen Variablen, die innerhalb eines Formulars deklariert werden, da das Formular damit um neue Eigenschaften erweitert wird. Eine sehr wichtige Rolle spielt diese Technik, wenn ein Formular als Dialogfeld eingesetzt wird und man die vom Benutzer eingegebenen Werte auswerten möchte. Relativ sparsam sollte man mit öffentlichen Variablen in einem allgemeinen Modul umgehen. Da diese »globale Variable« an jeder Stelle des Programms einen neuen Wert erhalten kann, führt man auf diese Weise schnell Fehlersituationen in das Programm ein.

Und was ist mit »applikationsglobalen« Variablen? Oder anders herum, kann man Variablen deklarieren, die von mehreren VB-Programmen genutzt werden können? Die Antwortet lautet: Nein und Ja. Nein, weil es diesen Gültigkeitsbereich in Visual Basic offiziell nicht gibt. Ja, wenn die Variable als öffentliche Variable in einem Klassenmodul deklariert wird und die Klasse (über ihre *Instancing*-Eigenschaft) ebenfalls öffentlich gemacht wurde, die öffentlichen Variablen über einen Mechanismus, der *Automation* genannt wird, von anderen Programmen aus angesprochen werden können. Möchten Sie ein Visual-Basic-Programm mit dieser Eigenschaft ausstatten, müssen Sie ein Projekt vom Typ »ActiveX-DLL« oder »ActiceX-EXE« anlegen. Sie erhalten ein Projekt, das bereits eine öffentliche Klasse besitzt. Alle in dieser Klasse definierten öffentlichen Variablen (die besser als Property Let/Get-Prozeduren definiert werden) können von anderen Programmen aus angesprochen werden.

7.5 Feldvariablen

Eine Feldvariable oder kurz ein Feld (engl. »array») ist eine Variable, die aus einer beliebigen Anzahl an »Untervariablen« besteht, die alle den gleichen Namen, den gleichen Datentyp und den gleichen Gültigkeitsbereich besitzen. Damit sich die einzelnen Untervariablen unterscheiden lassen, werden sie stets über einen Index angesprochen. Bis auf den Index verhalten sich Feldvariablen genauso wie »normale« (skalare) Variablen. In Anlehnung an die Mathematik (die ersten Feldvariablen wurden in den 50er Jahren – so alt sind sie nämlich schon – in der Programmiersprache Fortran zur Nachbildung von Vektoren benutzt) werden Feldvariablen manchmal auch als *Vektoren* bezeichnet.

Eine Feldvariable (Array) ist eine Variable, die aus mehreren Untervariablen besteht, die über einen Index angesprochen werden.

Der Index beginnt standardmäßig bei 0 und läuft bis zur maximalen Anzahl an Feldelementen minus 1.

Feldvariablen werden in Visual Basic auf zwei verschiedene Weisen deklariert:

1. Wie jede Variable über einen *Private-*, *Public-* oder *Dim*-Befehl. In diesem Fall wird die Feldvariable über ein angehängtes Klammernpaar gekennzeichnet.
2. Über die *Array*-Funktion. Hier werden bereits eine Reihe von Werten einer *Variant*-Variablen zugewiesen, sodass eine *Variant*-Variable vom Unterdatentyp *Array* entsteht.

Der folgende Befehl deklariert eine Feldvariable mit zwanzig Feldern vom Typ *Byte*:

```
Private MeinZahlenFeld(0 To 19) As Byte
```

Dieser Befehl deklariert eine Feldvariable mit dem Namen *MeinZahlenFeld*, die aus zwanzig Untervariablen des Datentyps *Byte* besteht. Beachten Sie, dass sowohl eine Untergrenze als auch eine Obergrenze angegeben wurden, obwohl dies nicht zwingend erforderlich ist. Es ist aber guter Programmierstil, da man sofort erkennen kann, bei welcher Grenze die Variable beginnt.

Um alle Untervariablen (Felder) der Feldvariablen mit einem Wert zu füllen, kann bequem eine Schleife eingesetzt werden:

```
Private n As Long, z As Long
For n = 0 To 19
    z = Int(Rnd*49) + 1
    MeinZahlenFeld(n) = z
Next n
```

Durch diese Schleife werden alle 20 Felder der Feldvariablen mit einem Zufallswert gefüllt, der von der *Rnd*-Funktion erzeugt wird.

Standardmäßig beginnt der Index einer Feldvariablen bei 0, d.h., bei dem *Dim*-Befehl wird als Obergrenze die gewünschte Anzahl an Feldern minus 1 angegeben. Eine Feldvariable, die über den Befehl

```
Private TestFeld(10)
```

definiert wird, besitzt 11 Felder. Der unterste Index muss jedoch nicht bei 0 beginnen. Über das Schlüsselwort *To* kann jedoch ein beliebiger Indexbereich (auch negativ) festgelegt werden. Soll der Index standardmäßig nicht bei 0, sondern bei 1 beginnen, muss im Allgemeinteil des Moduls der Befehl *Option Base 1* aufgeführt werden. Von der Verwendung dieses Befehls wird jedoch von erfahrenen VB-Experten abgeraten, da es für die Lesbarkeit des Programms besser ist, das Schlüsselwort *To* bei der Dimensionierung zu verwenden.

Ein kleines Kuriosum soll Ihnen nicht vorenthalten werden. Der *Option*-Befehl ist (neben den Befehlen zur bedingten Kompilierung) der einzige Befehl, der im Deklarationsteil eines Moduls stehen darf.

Das Besondere an Feldvariablen ist, dass sie mehrere Dimensionen besitzen können. Damit lassen sich z.B. Matrizen in einer Feldvariablen nachbilden.

Möchten Sie das Spielfeld eines Schiffe-Versenken-Spiels in einer Variablen abbilden, muss diese wie folgt deklariert werden:

```
Private Spielfeld (9, 9) As Long
```

Angesprochen wird diese zweidimensionale Variable wie jede andere Variable, nur dass Sie stets zwei Dimensionen angeben müssen:

```
Spielfeld (1, 7) = 10
```

Wie viele verschiedene Zahlen können in der Variablen *Spielfeld* gespeichert werden? Sind es 81 oder gar 110? Die Antwort auf diese Frage hängt wieder davon ab, ob der Index bei 0 (110) oder bei 1 (81) beginnt. Eindeutiger, und vor allem empfehlenswert im Sinne eines lesbaren Programmlistings, ist daher die folgende Variante:

```
Private Spielfeld (0 To 9, 0 To 9) As Long
```

7.5.1 Die Array-Funktion

Wie normale Variablen werden auch Feldvariablen bei ihrer Deklaration noch nicht initialisiert, das heißt mit Werten belegt. Wird die Feldvariable während der Programmausführung später initialisiert, muss jedes Feld einzeln mit einem Wert belegt werden:

```
Mannschaft(0) = "Rot Weiss Essen"
Mannschaft(1) = "Wuppertaler SV"
Mannschaft(2) = "SC Bonn"
```

usw.

Möchte man eine Feldvariable aus irgendeinem Grund auf einmal mit Werten belegen, bietet sich dazu die sehr praktische *Array*-Funktion an.

Das folgende Beispiel zeigt, dass die *Array*-Funktion das Zuweisen von Initialisierungswerten bei einem Feld etwas vereinfacht:

```
Private Mannschaften As Variant
Mannschaften = Array("Rot Weiss Essen", "Kickers ↵
Offenbach", "Wuppertaler SV")
```

Das Ergebnis ist eine Feldvariable *Mannschaften*, die wie eine explizit angelegte Feldvariable angesprochen wird:

```
Debug.Print Mannschaften(0)
```

Der Index des untersten Feldelements einer über die *Array*-Funktion angelegten Feldvariablen kann nicht direkt angegeben werden, sondern wird über den *Option Base*-Befehl bestimmt.

7.5.2 Dynamische Feldvariablen

Wenn es dynamische Vertreter gibt, muss es auch dynamische Variablen geben. Eine *dynamische Variable* ist eine Feldvariable, deren Größe sich während der Programmausführung ändern kann. Das ist sehr praktisch, denn wenn Sie nur 20 Zahlenwerte speichern möchten, wäre es Platzverschwendung, dafür von Anfang an 200 Felder zu reservieren. Sollte es sich auf der anderen Seite wider Erwarten herausstellen, dass auch diese 200 Felder zu wenig sind, wäre ein Laufzeitfehler (die Nummer 9) die unweigerliche Folge.

MERKSATZ

Bei einem dynamischen Feld kann die Anzahl der Elemente (nicht aber die Anzahl der Dimensionen) während der Programmausführung jederzeit über einen ReDim-Befehl geändert werden.

Dynamische Feldvariablen werden zunächst ohne Angabe von Feldgrenzen deklariert:

```
Private SpielFeld ()
```

Später, d.h. innerhalb einer Prozedur, legt der *ReDim*-Befehl die tatsächliche Anzahl an Elementen fest:

```
ReDim SpielFeld(0 To 50)
```

Beim *ReDim*-Befehl muss unbedingt beachtet werden, dass er in obiger Form die komplette Feldvariable löscht. Alle zuvor gespeicherten Werte sind also verloren. Ist dies nicht erwünscht, muss der *ReDim*-Befehl mit dem Schlüsselwort *Preserve* versehen werden:

```
ReDim Preserve SpielFeld(0 To 50)
```

HINWEIS

Um eine dynamische Feldvariable zu löschen, genügt daher ein *ReDim*-Befehl. Alternativ kann man auch den *Erase*-Befehl verwenden.

7.5.3 Die Unter- und Obergrenzen eines Feldes feststellen

Besonders bei dynamischen Feldern ist natürlich die Frage interessant, wie viele Felder die Variable zur Zeit besitzt. Dafür stehen die Funktionen *Lbound* (untere Grenze ermitteln) und *Ubound* (obere Grenze ermitteln) zur Verfügung. Hier zunächst die allgemeine Schreibweise:

```
Lbound( Feldname[, Dimension])
Ubound( Feldname[, Dimension])
```

Als Argumente werden der Funktion der Name der Feldvariable (ohne Klammern) und gegebenenfalls auch die Dimension übergeben, von der die Grenze bestimmt werden soll.

Die folgende *For Next*-Schleife belegt alle Felder der zweidimensionalen Variable *Spielfeld* mit dem Wert 99:

```
Private n As Integer, m As Integer
For n = LBound(Spielfeld, 1) To UBound(Spielfeld, 1)
    For m = LBound(Spielfeld, 2) To
            UBound(Spielfeld, 2)
        Spielfeld(n, m) = 99
    Next
Next
```

7.5.4 Variant-Variablen können Felder enthalten

Feldvariablen besitzen keinen eigenen Datentyp, sondern stets den Datentyp ihrer Feldelemente. Eine Variable vom Typ *Variant* kann aber eine Feldvariable beinhalten, d.h., Sie können einer beliebigen *Variant*-Variable eine Feldvariable zuweisen und über die *Variant*-Variable auf die einzelnen Feldelemente zugreifen. Einzige Einschränkung: Der Datentyp des Feldes darf kein String fester Länge und kein benutzerdefinierter Typ sein.

Der folgende Befehl deklariert eine Variable vom Typ *Variant* und weist ihr anschließend ein komplettes Feld zu:

```
Private X As Variant
X = Spielfeld
?X(2, 3)
99
?IsArray(X)
Wahr
```

Zum Schluss wird von der *IsArray*-Funktion bestätigt, dass es sich bei X tatsächlich um ein Feld handelt.

Eine Feldvariable kann auch eine andere Feldvariable als Element enthalten. Hier ein Beispiel:

```
Private Feld1 As Variant, Feld2 As Variant, X As Variant
Feld1 = Array(1, 2, 3)
Feld2 = Array(Feld1, 2, 3)
X = Feld2(0)
?X(2)
3
```

7.6 Felder als Argumente

Auch ganze Felder können als Argumente einer Prozedur übergeben werden. Genauso kann eine Funktion ein Feld als Rückgabewert zurückgeben. Etwas trickreich ist lediglich der Umstand, dass das Feld im Prozedurkopf mit einem leeren Klammerpaar versehen werden muss. Funktionen, die ein Feld zurückgeben, müssen vom Typ *Variant* sein.

Übung 7-1: Sortieren mit Feldern

Anstelle von Theorie hier ein kleines Beispiel. Im Folgenden wird die Funktion *Sortieren* vorgestellt, die den Inhalt eines ihr übergebenen Feldes sortiert und ein sortiertes Feld zurückgibt.

Schritt 1 Starten Sie Visual Basic und legen Sie ein Standard-EXE-Projekt an. Geben Sie dem Formular den Namen »frmHaupt« und setzen Sie die *Caption*-Eigenschaft auf den Wert »Kapitel 7: Sortieren mit Feldern«.

Schritt 2 Ordnen Sie auf dem Formular ein Listenfeld (*lstUnsortiert*), darunter eine Schaltfläche (*cmdNeu*), neben dem Listenfeld eine weitere Schaltfläche (*cmdSortieren*) und rechts davon ein weiteres Listenfeld (*lstSortiert*) an.

Schritt 3 Fügen Sie im Deklarationsteil des Formulars folgende Befehle ein:

```
Const AnzahlZahlen = 100
Private ZahlenFeld() As Byte
```

Schritt 4 Fügen Sie in die *Click*-Ereignisprozedur der Schaltfläche *cmdNeu* folgende Befehle ein:

```
Randomize Timer
lstUnsortiert.Clear
ListeFüllen
```

Diese Befehle füllen das Listenfeld mit Zufallszahlen.

Schritt 5 Fügen Sie in die *Click*-Ereignisprozedur der Schaltfläche *cmdSortieren* folgende Befehle ein:

```
Dim n
lstSortiert.Clear
ZahlenFeld = Sortieren(ZahlenFeld)
For n = LBound(ZahlenFeld) To UBound(ZahlenFeld)
    lstSortiert.AddItem ZahlenFeld(n)
Next
```

Diese Befehle sortieren den Inhalt des Feldes *Zahlenfeld*, indem dieses an die allgemeine Prozedur *Sortieren* übergeben wird. Sie sehen, bei der Übergabe eines Feldes wird lediglich der Name des Feldes aufgeführt. Da es sich beim

Rückgabewert ebenfalls um ein Feld handelt, kann dieses dem Feld direkt wieder zugewiesen werden. Durch den Aufruf der Prozedur *Sortieren* wird aus *Zahlenfeld* auf wundersame Weise ein sortiertes Zahlenfeld.

Fügen Sie in die *Load*-Ereignisprozedur des Formulars folgenden Befehl ein: *Schritt 6*

```
ListeFüllen
```

Diese Prozedur macht nichts anderes, als sowohl das Listenfeld *lstUnsortiert* als auch das Feld *Zahlenfeld* mit Zufallszahlen zu füllen.

Fügen Sie in das Programmcodefenster folgende allgemeine Prozedur ein: *Schritt 7*

```
Sub ListeFüllen()
    Dim n, z
    ReDim ZahlenFeld(0 To AnzahlZahlen)
    For n = 0 To AnzahlZahlen
        z = Int(Rnd * 256)
        lstUnsortiert.AddItem z
        ZahlenFeld(n) = z
    Next
End Sub
```

Fügen Sie in das Programmcodefenster folgende allgemeine Funktion ein: *Schritt 8*

```
Function Sortieren(Sortierfeld() As Byte) As Variant
    Dim n, m, h
    For n = LBound(Sortierfeld) To UBound(Sortierfeld)
        For m = n To UBound(Sortierfeld)
            If Sortierfeld(n) > Sortierfeld(m) Then
               h = Sortierfeld(n)
               Sortierfeld(n) = Sortierfeld(m)
               Sortierfeld(m) = h
            End If
        Next
    Next
    Sortieren = Sortierfeld
End Function
```

Hier findet der eigentliche Sortiervorgang statt. Beachten Sie, dass dem Namen des formellen Arguments ein leeres Klammernpaar folgt, da es sich um ein Feld handelt. Da der Rückgabewert ebenfalls ein Feld ist, muss die Funktion den Typ *Variant* besitzen. Ein leeres Klammernpaar (etwa »Byte()«) wäre hier syntaktisch nicht erlaubt.

Starten Sie das Programm. Im linken Listenfeld werden eine Reihe von Zufallszahlen angezeigt. Nach Anklicken der Schaltfläche SORTIEREN werden diese Zahlen im rechten Listenfeld sortiert ausgegeben. *Schritt 9*

Ist es wirklich erforderlich, dass die Funktion *Sortieren* eine Funktion ist und ein Feld zurückgibt? Was wäre, wenn *Sortieren* eine Prozedur wäre? (Tipp: Die Antwort hat etwas mit der Argumentübergabe als Wert oder als Referenz zu tun.)

Falls Sie nur relativ kleine Felder sortieren möchten, geht es auch ohne Sortierroutine. Verwenden Sie einfach ein Listenfeld, bei dem durch Setzen von *Sorted=True* alle Listenelemente sortiert werden. Weisen Sie zunächst alle Elemente über die *AddItem*-Methode dem Listenfeld zu. Anschließend können Sie durch Abfragen der *List*-Eigenschaft die Liste sortiert wieder auslesen. Soll das Listenfeld unsichtbar bleiben, muss die *Visible*-Eigenschaft den Wert *False* erhalten.

7.7 Der Zeitgeber

Der *Zeitgeber* ist ein recht unscheinbares Steuerelement der Werkzeugsammlung mit einer verblüffenden Wirkung. Haben Sie ihn auf einem Formular angeordnet, fängt er nach dem Programmstart damit an, eine Ereignisprozedur in festen Zeitintervallen aufzurufen. Damit kann man nicht nur eine Uhr programmieren, der Zeitgeber ist auch ein unentbehrliches Utensil für einfache Spiele, bei denen in regelmäßigen Abständen etwas passieren soll.

Der Zeitgeber ist schnell erklärt. Da er während der Programmausführung unsichtbar ist, spielt es keine Rolle, wo Sie ihn auf dem Formular anordnen. Geben Sie ihm über seine *Name*-Eigenschaft einen sinnvollen Namen (zum Beispiel »tmrZeit«) und stellen Sie über die *Interval*-Eigenschaft das Aufrufintervall in Millisekunden ein. Dies ist die Zeitspanne, nach deren Ablauf die *Timer*-Ereignisprozedur aufgerufen wird. Was in dieser Prozedur passiert, können Sie (nahezu) nach Belieben festlegen. Über die *Enabled*-Eigenschaft können Sie den Zeitgeber während der Programmausführung bei Bedarf ein- und ausschalten.

Übung 7-2: Die einfachste Uhr der Welt

Die folgende Übung soll eine nette und harmlose Anwendung für den Zeitgeber demonstrieren.

Schritt 1 Starten Sie Visual Basic und legen Sie ein Standard-EXE-Projekt an. Geben Sie dem Formular den Namen »frmHaupt«, der Überschrift den Wert »Kapitel 7: Die kleinste Uhr der Welt« und setzen Sie die *BorderStyle*-Eigenschaft auf 3. Verkleinern Sie das Formular so, dass die Überschrift gerade noch angezeigt wird.

Schritt 2 Ordnen Sie in dem Formular ein Bezeichnungsfeld (*lblUhrzeit*) an und vergrößern Sie es so, dass es gerade in das Formular passt. Setzen Sie die Schrift auf System (oder eine andere markante Schrift) und den Schriftgrad auf 40 (oder einen ähnlichen Wert). Geben Sie der *Alignment*-Eigenschaft den Wert 2. Um den »Digitalwecker-Effekt« zu erzielen, müssen Sie die *BackColor*-Eigenschaft auf Schwarz und die *ForeColor*-Eigenschaft auf Hellgrün setzen.

Schritt 3 Ordnen Sie auf dem Formular einen Zeitgeber an (*tmrZeit*) und setzen Sie die *Interval*-Eigenschaft auf 1.000 (1 Sekunde).

Schritt 4 Fügen Sie in die *Timer*-Ereignisprozedur folgenden Befehl ein:

```
lblUhrzeit.Caption = Format(Time, "Long Time")
```

Schritt 5 Starten Sie das Programm. Sie werden feststellen, dass die aktuelle Uhrzeit »sekundengenau« angezeigt wird.

Bild 7.1: Das »kleinste Uhrenprogramm der Welt« besteht aus einem Zeitgeber und einem einzigen Befehl

Das kleine Beispiel »schreit« geradezu nach einer Erweiterung. Führen Sie zum Beispiel eine »Weckvorrichtung« ein, durch die sich der Wecker bei Erreichen einer voreingestellten Zeit (lassen sich denn »Zeitwerte« so ohne weiteres vergleichen?) bemerkbar macht. In Kapitel 11 erfahren Sie, wie Sie WAV-Dateien abspielen können. Damit wird aus dem Wecker ein »Musikwecker«.

HINWEIS

Auch wenn die *Interval*-Eigenschaft des Zeitgebers in Millisekunden einstellbar ist, beträgt das kleinste Intervall nur 55 Millisekunden, denn dies ist das kleinste Intervall des eingebauten PC-Timers. Wer einen höherauflösenden Timer benötigt, muss sich nach einer Alternative (zum Beispiel im Web bei *http://www.mabry.com/proddown.htm* – das Zusatzsteuerelement heißt *HiTime*) umsehen.

7.8 Zusammenfassung

Wer Visual Basic richtig verstehen und programmieren will, muss sich mit einigen Formalitäten beschäftigen. Dazu gehören zum Beispiel der Datentyp und der Gültigkeitsbereich von Variablen. Variablen können nicht nur einzelne Werte, sondern »Gruppen« von Werten des gleichen Typs speichern. Diese »Sammelvariablen« werden als Felder bezeichnet. Alle Untervariablen eines

Feldes werden über eine Nummer angesprochen, die, genau wie bei den Steuerelementefeldern, als Index bezeichnet wird.

Nicht alle Themen der fortgeschrittenen VB-Programmierung konnten in diesem Kapitel abgehandelt werden. Aus Platzgründen mussten die Themen benutzerdefinierte Datentypen und Auflistungen entfallen. Auch der wichtige *For Each*-Befehl wurde nicht besprochen, da er eng mit Auflistungen zuammenhängt. Dies sind jedoch alles andere als komplizierte Themen, die Sie unbedingt in der Visual-Basic-Hilfe nachlesen sollten.

7.9 Fragen

Frage 1 Warum macht man sich die Mühe und gibt bei der Variablendeklaration einen Datentyp an? Was spricht gegen den Standarddatentyp *Variant*?

Frage 2 Welchen Datentyp und welchen Gültigkeitsbereich besitzt die Variable *TotalEgal*?

```
Dim A As Single, B As Variant, TotalEgal, C As String
```

Frage 3 Was passiert bei der Ausführung der folgenden Befehlssequenz?

```
Dim Zahl1 As Byte, Zahl2 As Byte, Zahl3
Zahl1 = 100
Zahl2 = Zahl1 * 2
Zahl3 = Zahl1 + Zahl2
```

Frage 4 Was ist der Unterschied zwischen dem *Dim*- und dem *Private*-Befehl?

Frage 5 Ein Programmierer benötigt die Variable *AnzahlSpieler* im gesamten Programm, das aus mehreren Modulen besteht. Wo und auf welche Weise muss die Variable deklariert werden, damit sie überall im Programm gültig ist?

Frage 6 Deklarieren Sie eine Feldvariable *Lottozahlen*, in der alle sechs Lottozahlen und die Zusatzzahl Platz haben, möglichst optimal. Wie muss die Deklaration aussehen, wenn die Zufallszahlen aller 52 Wochenziehungen gespeichert werden sollen?

Frage 7 Welchen Wert besitzt die Variable *AkteX* am Ende der kleinen Programmroutine?

```
Dim Rosewell As Variant, n
Dim AkteX As Byte
Rosewell = Array(2, "Alien", 44, "Ufo", 77, 2, ↵
"Stargate")
For n = LBound(Rosewell) To UBound(Rosewell)
    AkteX = AkteX + Val(Rosewell(n))
Next
Debug.Print AkteX
```

Die Eigenschaft *Attributes* eines *TableDef*-Objekts bestimmt unter anderem, ob es sich um eine Systemtabelle handelt oder nicht. In dem 32-Bit-Wert *Attributes* ist aber nur ein Bit für diese Information zuständig, die übrigen 31 Bits können beliebige Werte enthalten. Für die Maskierung dieses Bits hält Visual Basic die Konstante *dbSystemObjekt* bereit. Die Eigenschaft besitzt genau den Wert der Konstanten, wenn alle Bits 0 und nur das betreffende Bit (dessen Nummer daher keine Rolle spielt) 1 ist. Wie muss ein *If*-Befehl lauten, der dafür sorgt, dass nur Tabellen in eine Liste übernommen werden, bei denen es sich nicht um Systemtabellen handelt? (Tipp: Die Lösung ist etwas kniffliger, da zwei logische Operatoren verknüpft werden müssen.) *Frage 8*

Die Lösungen zu den Fragen finden Sie in Anhang C.

7.10 Aufgaben

Schreiben Sie ein Visual-Basic-Programm, das nach Eingabe einer Jahreszahl zwischen 1949 und 1995 den jeweiligen Bundespräsidenten anzeigt. Die Namen der Bundespräsidenten werden am besten innerhalb von *Form_Load* über eine *Array*-Funktion einer Variablen zugewiesen. Für alle, die in Sozialkunde gefehlt haben, hier eine Liste der Bundespräsidenten und ihrer Amtszeiten: 1949–1954: Theodor Heuss, 1954–1959: Theodor Heuss, 1959–1964: Heinrich Lübke, 1964–1969: Heinrich Lübke, 1969–1974: Gustav Heinemann, 1974–1979: Walter Scheel, 1979–1984: Karl Carstens, 1984–1989: Richard von Weizsäcker, 1989–1994: Richard von Weizsäcker, 1994–1998: Roman Herzog, 1999–2004: Johannes Rau. Einen Überblick finden Sie im Web zum Beispiel unter *www.bundespraesident.de*. *Aufgabe 1*

Schreiben Sie ein Visual-Basic-Programm, das eine »Probeziehung« der Lotto-Zahlen vornimmt. Achten Sie darauf, dass in einer Ziehung keine Zahl doppelt vorkommen darf. Dies lässt sich wahlweise mit mehreren *If*-Abfragen oder (bessere Lösung) ohne eine *If*-Abfrage bewerkstelligen. Erweitern Sie das Programm so, dass Sie eine bestimmte Anzahl an Ziehungen (zum Beispiel 1000) vorgeben können und die Häufigkeit einzelner Zahlen erhalten. *Aufgabe 2*

Als NASA-Wissenschaftler sollen Sie die Messdaten einer Sonde auswerten, die ihren Weg durch die Weiten des Sonnensystems zieht. Die Sonde sendet jeden Tag genau zwei Messwerte. Schreiben Sie ein »Simulationsprogramm«, das per Zufallszahlengenerator den Datenstrom der Sonde simuliert und das Ergebnis, etwa in einem Bildfeld, mit zugeordnetem Wochentag ausgibt. *Aufgabe 3*

Die *Dir*-Funktion in Visual Basic gibt den kompletten Dateinamen eines Teilnamens zurück, der ihr beim Aufruf übergeben wurde. Rufen Sie die Funktion zum Beispiel in der Form *Dir("*.ico")* auf, erhalten Sie den ersten Dateinamen im aktuellen Verzeichnis (das Sie zum Beispiel über den *ChDir*-Befehl ändern können), der die Erweiterung *.ICO* besitzt. Möchten Sie die übrigen *Aufgabe 4*

Dateinamen in diesem Verzeichnis haben, müssen Sie die *Dir*-Funktion ohne Argumente so lange aufrufen, bis diese einen Leerstring zurückgibt. Nun kommt Ihre Aufgabe. Schreiben Sie ein Visual-Basic-Programm, das die Dateinamen aller Dateien im Visual-Basic-Unterverzeichnis *\GRAPHICS\ICONS\FLAGS* in ein Feld einliest. Nun kommt eine besondere Erweiterung. Da Sie die Anzahl der Dateinamen nicht im Voraus kennen, verwenden Sie eine dynamische Feldvariable, die sich während der Programmausführung über den *ReDim*-Befehl »redimensioniert«, wobei bei jeder Neudimensionierung weitere fünf Felder angefordert werden sollen.

Erweitern Sie die Aufgabe so, dass die Inhalte der gefundenen Bilddateien in einem Steuerelementefeld aus Anzeigen-Steuerelementen angezeigt werden. Da Sie die Anzahl der Bilder nicht kennen, müssen Sie auch die Anzeigen zu einem Steuerelementefeld zusammenfassen, das über den *Load*-Befehl bei jedem weiteren Bild um ein neues Element ergänzt wird. Überlegen Sie sich ein Verfahren, das die Anzeigen nebeneinander und untereinander positioniert. Unter Umständen ist es sinnvoller, alle Bilder in einem separaten Formular anzuzeigen. Was spricht dagegen, das Feld mit den Dateinamen durch ein Listenfeld zu ersetzen?

Aufgabe 5

Das ist der »Klassiker« in allen Basic-Übungsbüchern: Schreiben Sie ein kleines Programm, das eine Dezimalzahl in eine Binärzahl umwandelt. Sie wissen: Bei einer Binärzahl steht jede Ziffer für eine Potenz von 2 (der Zahlenbasis). Die Binärzahl

```
0 1 1 1 0 0 1 1
```

besitzt daher den Wert:

```
1 * 2 hoch 0  =   1
1 * 2 hoch 1  =   2
0 * 2 hoch 2  =   0
0 * 2 hoch 3  =   0
1 * 2 hoch 4  =  16
1 * 2 hoch 5  =  32
1 * 2 hoch 6  =  64
0 * 2 hoch 7  =   0
========
Ergebnis:       115
```

Erweitern Sie den Zahlenrechner später so, dass er mit beliebigen Zahlensystemen arbeitet. Dazu ist lediglich eine Änderung in der Berechnung sowie eine weitere Eingabe erforderlich. Außerdem müssen Sie berücksichtigen, dass Ziffern größer 9 durch Buchstaben (A, B, C usw.) dargestellt werden. Das größte Zahlensystem, das sich ohne »Verrenkungen« noch darstellen lässt, ist daher das 26er-System.

Hier noch ein kleiner Tipp, der die Überprüfung der ersten Rechenergebnisse etwas erleichtern dürfte: Für das Umrechnen von Dezimal- in Binärzahlen leistet der Windows-Taschenrecher in seiner wissenschaftlichen Anzeige gute Dienste.

Aufgabe 6

Dies ist eine echte Herausforderung. Entwerfen Sie einen Algorithmus für ein Schiffe-Versenken-Spiel, der dafür sorgt, dass eine vorgegebene Anzahl an »Schiffsverbänden«, zum Beispiel 1 x 4 Schiffe, 2 x 3 Schiffe, 3 x 2 Schiffe und 4 x 1 Schiff, in einem 10x10-Spielfeld so positioniert werden, dass sich keine Schiffe überlappen und kein Schiffsverband durch die Feldgrenzen abgeschnitten wird. Wichtig ist dabei, dass der Algorithmus unabhängig von der Anzahl und der Größe der Schiffsverbände sowie von der Größe des Spielfeldes ist. Die Ausgabe des Spielfeldes kann zum Beispiel in einem Bildfeld erfolgen, in dem jedes Schiff durch ein »x« dargestellt wird. Sie können aber auch das MsFlexgrid-Zusatzsteuerelement (oder ein beliebiges anderes Grid, zum Beispiel TrueGrid 5.0, das Sie im Web unter *www.apexsc.com/downloads/* zum kostenlosen Ausprobieren für 30 Tage herunterladen können) verwenden. Wichtig ist aber der Algorithmus und nicht die formvollendete Ausgabe.

Lösungsvorschläge zu diesen Aufgaben finden Sie auf der Buch-CD im Verzeichnis \Buch. Die jeweils aktuellsten Versionen werden auf der Webseite angeboten (die Adresse finden Sie auf Seite 27).

Kapitel 8

jetzt lerne ich

Die Fehlersuche in einem Visual-Basic-Programm

Programmfehler sind etwas, mit dem sich normalerweise nur professionelle Entwickler herumärgern müssen. Natürlich macht gerade jemand, der nur zum Spaß programmiert oder im Begriff ist, eine Programmiersprache zu lernen, Fehler. Doch dürfte sich höchstens der Programmierer darüber ärgern. Auf die Geschicke der Menschheit haben diese Fehler keinen Einfluss. Bei Programmen, die tagtäglich ihren Dienst verrichten und womöglich Kernkraftwerke steuern, medizinische Geräte im OP überwachen oder Flugzeuge durch eine Nebelwand nagivieren, sieht das natürlich ganz anders aus. Hier ist Fehlerfreiheit ein absolutes Muss. Wie teuer die Unachtsamkeit eines Programmierers werden kann, machte der Absturz der Ariane 5-Rakete deutlich. Ein kleiner, harmloser Umwandlungsfehler führte dazu, dass der Bordcomputer kurz nach dem Start die automatische Selbstzerstörung einleitete. Etwa 500 Millionen US$ und die mehrjährige Arbeit vieler Wissenschaftler ging binnen weniger Minuten in einem Feuerball auf. Besonders bitter war dabei der Umstand, dass der Fehler in einem Modul auftrat, das während der Startphase gar nicht benötigt wurde, aber dennoch in eine Routineprüfung einbezogen wurde.[1] Als angehender Visual-Basic-Programmierer sollten Sie die Zuverlässigkeit Ihrer Programme nicht auf die leichte Schulter nehmen. Auch wenn Ihr Programm kein Großraumflugzeug steuert, sondern vielleicht lediglich Primzahlen berechnet, sollte es fehlerfrei arbeiten und keine unerwarteten Ergebnisse produzieren. Erreichen können Sie dies, indem Sie ein Programm modular aufbauen, öffentliche Variablen auf ein Minimum reduzieren, Argumente sofern möglich nicht als Referenz übergeben und auf schein-

1. Mehr dazu unter *www.esrin.esa.it/htdocs/tidc/Press/Press96/ariane5rep.html*.

bare Kleinigkeiten, wie etwa Namenskonventionen oder Datentypen, achten und wissen, wie man Fehler in einem Programm aufspürt.

Sie lernen in diesem Kapitel etwas über:

- Das Auftreten und Abfangen von Laufzeitfehlern
- Den *On Error*-Befehl
- Das Fehlerobjekt *Err* mit seinen Eigenschaften und Methoden
- Verschachtelte Laufzeitfehler
- Die Fehlersuche mit dem integrierten Debugger der IDE

8.1 Irren ist menschlich, aber gefährlich

Jeder, der beabsichtigt, Programme zu schreiben, die woanders ihren Dienst verrichten sollen, muss sich darüber im Klaren sein, dass Zuverlässigkeit und Robustheit an oberster Stelle stehen müssen. Dazu ein Beispiel aus dem täglichen Leben. Der Bordcomputer einer Boeing 777, eines der modernsten Passagierflugzeuge unserer Tage, enthält über 5 Millionen Programmzeilen. Auch wenn gemäß der Bedienphilosophie des Flugzeugs der Pilot immer die letzte Entscheidung haben soll, wird durch diese enorme Menge an Programmbefehlen und damit an potentiellen Fehlerquellen eindrucksvoll deutlich, welche extrem hohen Anforderungen an die Zuverlässigkeit jeder einzelnen Programmroutine gestellt werden müssen. Dies sind natürlich Dinge, die nicht mehr auf den Schultern eines einzelnen Programmierers lasten können. Hier kommen ausgeklügelte und in der Regel auch hochkomplizierte Testverfahren für ganze Programmierteams zum Einsatz, die eine Wissenschaft für sich darstellen.

Dennoch sind Programmfehler auch bei professionellen Programmen leider keine Seltenheit. Jeder, der mit Windows oder einer der zahlreichen Windows-Anwendungen arbeitet, weiß, dass diese Anwendungen nicht fehlerfrei sind. Ein Windows-Absturz ist kein Schicksalsschlag, sondern Ursache einer Verkettung von Programmfehlfunktionen, die dazu führen, dass das Programm etwa eine Schleife nicht mehr verlässt (und dadurch scheinbar auf keine Eingaben mehr reagiert), über einen fehlgeleiteten »Zeiger« Befehle ausführt, die gar keine sind, oder den Arbeitsspeicher so hoffnungslos überlädt, dass die Aufräumroutinen nicht mehr mit der Arbeit nachkommen. Dies sind die typischen Ursachen für einen »Absturz«. Visual-Basic-Programme, und das ist ausnahmsweise einmal eine gute Nachricht, stürzen sehr selten ab, da die Laufzeitbibliothek Fehler abfängt, sodass sich diese nicht »aufsummieren« können. Dennoch können sich auch Visual-Basic-Programme fehlerhaft verhalten. Folgende Fehlertypen können Ihnen bei einem Visual-Basic-Programm begegnen:

- Syntaxfehler
- Laufzeitfehler
- Logische Fehler

Syntaxfehler sind harmlos, denn sie werden bereits bei der Eingabe erkannt (es sei denn, Sie haben die Option »Automatische Syntaxüberprüfung« deaktiviert). Ein *Laufzeitfehler* ist ein Fehler, der während der Programmausführung (also der Laufzeit) auftritt. Laufzeitfehler werden in der Regel nicht direkt durch den Programmcode, sondern durch widrige, äußere Umstände bedingt, auf die der Programmierer nur bedingt einen Einfluss hat. Das klassische Beispiel für einen Laufzeitfehler ist ein nicht geschlossenes Diskettenlaufwerk, das die bekannte Fehlermeldung »Laufwerk nicht bereit« verursacht. Ein klassisches Beispiel für einen internen Laufzeitfehler ist eine Division durch Null oder das Verwenden eines Indices, der außerhalb des festgelegten Bereichs eines Feldes liegt. Fehler also, die der Compiler während der Programmübersetzung noch nicht feststellen kann. Da nicht behandelte Laufzeitfehler innerhalb der EXE-Datei sofort zu einem Programmabbruch führen, ohne dass der Benutzer die Gelegenheit erhält, das Programm und seine Daten zu retten, muss jedes Visual-Basic-Programm Maßnahmen treffen, die verhindern, dass Laufzeitfehler an den Benutzer »weitergereicht« werden. Aber es gibt eine gute Nachricht: Die überwiegende Mehrheit der Laufzeitfehler kann »abgefangen« werden, sodass sie nicht zu einem Programmabbruch führen.

MERKSATZ

Wird ein Visual-Basic-Programm in der IDE ausgeführt, führt ein Laufzeitfehler dazu, dass das Programm in den Haltemodus übergeht. Wird es dagegen als Exe-Datei ausgeführt, ist ein Programmabbruch die Folge.

Logische Fehler sind die gefürchtetsten Fehler, denn sie sind schwer zu lokalisieren. Scheinbar arbeitet ein Programm jahrelang fehlerfrei, doch eine unglückliche Verkettung von Programmsituationen kann zu Fehlfunktionen führen. Gegen logische Fehler gibt es kein Allheilmittel, aber eine Reihe von Maßnahmen, die bereits in der Einleitung angesprochen wurden. Haben Sie in Ihrem Programm einen logischen Fehler festgestellt, müssen Sie ihn mit Hilfe des Debuggers aufspüren (mehr dazu in Kapitel 8.8).

8.2 Der On Error Goto-Befehl

Jeder auffangbare Laufzeitfehler kann über einen *On Error*-Befehl abgefangen werden. Er führt dann nicht zu einem Programmabbruch, sondern zu einer vom Programm kontrollierten Situation.

HINWEIS

Eine Liste aller (dokumentierten) auffangbaren Laufzeitfehler (engl. »trappable errors«) finden Sie in der Visual-Basic-Hilfe. Erschrecken Sie nicht über den Umfang, denn viele der hier aufgeführten Fehler sind sehr speziell und treten daher auch selten auf.

Den *On Error Goto*-Befehl gibt es in drei verschiedenen Varianten:

- *On Error Goto Sprungmarke*
- *On Error Resume Next*
- *On Error Goto 0*

Auch wenn diese Befehle am Anfang ein wenig merkwürdig erscheinen müssen (wieso »Goto«?), ist ihre Anwendung (wie immer) sehr einfach. Variante 1 ist die am häufigsten anzutreffende Variante. Dieser Befehl wird am Anfang einer Prozedur aufgeführt und aktiviert die »Fehlerbehandlung« (mehr dazu gleich). Variante 2 aktiviert ebenfalls die Fehlerbehandlung, allerdings muss das Programm selber den Fehler über das *Err*-Objekt abfragen (auch dazu gleich mehr). Variante 3 ist dazu da, eine Fehlerbehandlung wieder zu deaktivieren.

8.2.1 Der Aufbau einer Fehlerbehandlungsroutine

Der *On Error Goto*-Befehl aktiviert eine Fehlerbehandlungsroutine. Eine Fehlerbehandlungsroutine ist ein Teil der Prozedur, der durch eine so genannte *Sprungmarke* gekennzeichnet wird und der im Falle eines Laufzeitfehlers aufgerufen wird. Beendet wird eine Fehlerbehandlungsroutine in der Regel durch einen *Resume*- oder *Resume Next*-Befehl. Dieser legt fest, an welcher Stelle im Programm die Programmausführung nach Beendigung der Fehlerbehandlung fortgesetzt werden soll.

BEISPIEL

Das folgende Beispiel zeigt eine Prozedur, die eine Fehlerbehandlungsroutine enthält, die über einen *On Error Goto*-Befehl aktiviert wird:

```
Sub Test()
    On Error Goto Test_Err
    ' Irgendwelche Befehle
    Exit Sub
Test_Err: ' Hier beginnt die Fehlerbehandlungsroutine
    ' Irgendwelche Befehle
    Resume Next
End Sub
```

Sie sehen, gegenüber einer Prozedur ohne Fehlerbehandlung gibt es lediglich zwei zusätzliche Befehle und eine Sprungmarke. Tritt während der Ausführung der Befehle zwischen *On Error* und *Exit Sub* irgendein (abfangbarer) Laufzeitfehler auf, wird die Programmausführung nicht mit dem nächsten Befehl, sondern bei der Sprungmarke *Test_Err*, der Fehlerbehandlungsroutine, fortgesetzt. Was hier im Einzelnen passiert, hängt vom Typ der Prozedur ab. In vielen Fällen wird man lediglich den Benutzer auf den Fehler aufmerksam machen und, sofern es sich nicht um ein fatalen Fehler handelt, das Programm über den *Resume Next*-Befehl fortführen. Kann innerhalb der Fehlerbehandlungsroutine die Fehlerursache beseitigt werden, wird das Programm stattdessen über einen *Resume*-Befehl fortgeführt, welcher den fehlerverursachenden Befehl noch einmal ausführt (soll dies nur eine begrenzte Anzahl von Malen geschehen, muss über eine interne Zählvariable irgendwann auf einen *Resume Next*- oder *Exit Sub*-Befehl umgeschaltet werden). Vergessen Sie übrigens nicht den *Exit Sub*-Befehl vor dem Beginn der Fehlerbehandlungsroutine, denn dieser verhindert, dass die Fehlerbehandlungsroutine auch ohne Laufzeitfehler durchlaufen wird.

HINWEIS

Für den Namen der Sprungmarke, die eine Fehlerbehandlungsroutine einleitet, gibt es keine einheitliche Schreibweise. Im Allgemeinen wird man den Prozedurnamen verwenden, dem die Silbe »err« vorangestellt wird (z.B. errEingabePrüfen).

MERKSATZ

Eine Fehlerbehandlungroutine ist jener Programmteil einer Prozedur (oder Funktion), der bei Auftreten eines Laufzeitfehlers aufgerufen wird.

Halten wir fest, Laufzeitfehler werden in einer Visual-Basic-Prozedur nur dann »abgefangen«, wenn die Prozedur einen *On Error*-Befehl enthält. Damit wird bereits eine wichtige Einschränkung deutlich, Fehlerbehandlungsroutinen sind lokal und beziehen sich stets auf eine Prozedur. Eine »globale« Fehlerbehandlung, die für alle Prozeduren eines Moduls zuständig wäre, gibt es in Visual Basic (noch) nicht. Zwar ist es möglich, eine Fehlerbehandlungsroutine zu installieren, zu der alle Prozeduren und Funktionen eines Moduls verzweigen, doch besteht hier der Nachteil, dass das Programm stets auf der Ebene dieser Prozedur und nicht auf der Ebene der fehlerverursachenden Prozedur bzw. Funktion fortgesetzt wird.

Ein weiterer kleiner Nachteil der Fehlerbehandlung ist, dass ohne Fehlerbehandlung das Programm bei der Ausführung innerhalb der Entwicklungsumgebung stets bei dem fehlerverursachenden Befehl anhält (was in diesem Fall gut ist). Wird dagegen die Fehlerbehandlungsroutine angesprungen, weiß man natürlich nicht automatisch, welcher Befehl verantwortlich war. Der »Störenfried« muss daher zunächst ausfindig gemacht werden, was bei besonders hartnäckigen Fällen durch das Einfügen von Zeilennummern und Abfragen der (eigentlich nicht mehr aktuellen) *Erl*-Funktion etwas erleichtert wird.

Das folgende Beispiel zeigt eine Prozedur mit einer Fehlerbehandlungsroutine, die Buchstaben zu Beginn einer Zeile dienen lediglich der Beschreibung des Beispiels in diesem Buch und dürfen nicht mit eingegeben werden:

```
   Sub FindeDatei()
A     On Error Goto FindeDatei_Err
      Dim CheckName As String, Ergebnis As String
B     CheckName = Dir("A:*.txt")
      If CheckName <> "" Then
      Ergebnis = "Die gefundene Datei heißt: " & CheckName
      Else
      Ergebnis = "Leider keine Datei gefunden!"
      End If
C     Exit Sub
D  FindeDatei_Err:
E     Select Case Err.Number
F        Case 52
          Msgbox "Bitte schließen Sie das Laufwerk A:"
G        Resume
H        Case Else
      Msgbox Error & "-" & Err, 48, "Laufzeitfehler"
I     Stop
      End Select
   End Sub
```

Damit Sie jeden einzelnen Schritt dieser Prozedur nachvollziehen können, führt die folgende Beschreibung zuerst den Buchstaben, der für eine Programmzeile steht, und anschließend eine Erklärung dieser Programmzeile auf:

Tabelle 8.1: Die einzelnen Schritte einer Fehlerbehandlungsroutine

Zeile	Erklärung
A	Die Fehlerbehandlungsroutine wird installiert. Sobald in der Prozedur ein Laufzeitfehler auftritt, wird die Sprungmarke *FindeDatei_Err* angesprungen.
B	Dies ist der fehlerverursachende Befehl. Die *Dir*-Funktion greift auf das Laufwerk A: zu. Ist keine Diskette eingelegt, ist ein Laufzeitfehler die Folge.
C	Dieser Befehl ist in jedem Fall erforderlich, damit die Fehlerbehandlungsroutine nicht automatisch durchlaufen wird.
D	Hier beginnt die Fehlerbehandlungsroutine.

Zeile	Erklärung
E	Der *Select Case-Befehl* prüft den Fehlercode, den die *Number*-Eigenschaft des *Err*-Objekts zurückgibt.
F	Der Fehlercode 71 steht für ein nicht bereites Laufwerk.
G	Der *Resume*-Befehl bewirkt, dass der fehlerverursachende Befehl noch einmal ausgeführt wird.
H	Alle übrigen Fehlercodes werden pauschal abgehandelt.
I	Der *Stop*-Befehl ist im Testmodus einer Anwendung sinnvoll, wenn das Programm noch nicht auf alle Fehlertypen vorbereitet ist. In einer EXE-Datei hat er dagegen nichts zu suchen, wenngleich er besser ist als ein abruptes Ende des Programms.

Was passiert, wenn die Prozedur *FindeDatei* ausgeführt und das Laufwerk A: nicht geschlossen ist? In diesem Fall wird dem Benutzer eine kleine Mitteilungsbox angezeigt. Über den *Resume*-Befehl wird die *Dir*-Funktion erneut ausgeführt. Ist das Laufwerk A: wieder nicht geschlossen (bereit), wird die Fehlerbehandlungsroutine erneut aufgerufen. Damit sich das Spiel nicht endlos wiederholt, sollte eine Zählvariable dafür sorgen, dass nach dem dritten oder fünften Mal die Prozedur über einen *Resume Next*-Befehl fortgesetzt oder über einen *Exit Sub*-Befehl abgebrochen wird.

8.3 Das Err-Objekt

Im Mittelpunkt der Fehlerbehandlung steht das *Err*-Objekt, denn es liefert alle Informationen über einen aufgetretenen Laufzeitfehler.

Tabelle 8.2: Die wichtigsten Eigenschaften des Err-Objekts

Eigenschaft	Bedeutung
Description	Enthält die zu einem Laufzeitfehler gehörende Fehlermeldung. Durch Zuweisen einer Zeichenkette kann der Text eines benutzerdefinierten Fehlers gesetzt werden.
Number	Liefert die Fehlernummer des aufgetretenen Laufzeitfehlers.

HINWEIS

Bei der Fehlernummer eines auffangbaren Laufzeitfehlers handelt es sich um einen Wert zwischen 0 und 65535, von denen aber nur einige Nummern eine feste Bedeutung besitzen. Die Nummern 0 bis 1000 sind von Visual Basic reserviert und sollten nicht für eigene Fehlernummern verwendet werden.

Tabelle 8.3: Die »prominentesten« Laufzeitfehler und ihre Ursachen

Fehler-nummer	Fehlertext	Wie lässt er sich beheben?
7	Nicht genügend Speicher	Innerhalb des Programms nur schwierig, u.U. Löschen des Papierkorbs vorschlagen.
9	Index außerhalb des definierten Bereichs	Index überprüfen, u.U. vor dem Feldzugriff *Debug.Assert* einfügen.
11	Division durch Null	Operanden vorher prüfen.
13	Typen nicht verträglich	Datentyp überprüfen
28	Nicht genügend Stapelspeicher	Tritt bei Rekursionen auf, die unkontrolliert ausführen oder zu tief verschachelt sind. Über die Aufrufliste können Sie feststellen, welche Prozedur die Rekursion übertrieben hat.
52	Dateiname – oder Nummer falsch	Fehler im Dateinamen.
53	Datei nicht gefunden	Datei gibt es wohl nicht oder der Name wurde falsch geschrieben. Dateinamen auf Gültigkeit prüfen und über die *Dir*-Funktion feststellen, ob die Datei existiert.
71	Diskette nicht bereit	Woran kann das wohl liegen?
91	Objektvariable oder With-Block-Variable nicht festgelegt	Objektvariable wurde nicht richtig initialisiert, manchmal fehlt nur das *New*-Schlüsselwort.
94	Verwendung von Null unzulässig	Über die *IsNull*-Funktion prüfen, dass keine Null verwendet wird.

Das *Err*-Objekt verfügt auch über zwei Methoden: *Clear* und *Raise*. Während *Clear* die Daten des zuletzt aufgetretenen Laufzeitfehlers löscht, erzeugt *Raise* einen neuen Laufzeitfehler, wobei die Angaben für *Number*, *Source*, *Description*, *HelpContext* und *HelpFile* als Argumente übergeben werden. Dies wird immer dann angewendet, wenn man einen Laufzeitfehler von einer Prozedur an die aufrufende Prozedur »weiterreichen« möchte.

8.4 Der Resume-Befehl

Dieser Befehl legt fest, an welcher Stelle die Prozedur nach Abarbeiten der Fehlerbehandlungsroutine fortgesetzt wird. Dabei gibt es drei Möglichkeiten:

1. Die Prozedur wird durch den *Resume Next*-Befehl mit jenem Befehl fortgesetzt, der dem fehlerverursachenden Befehl folgt.
2. Die Prozedur wird durch den *Resume*-Befehl mit dem fehlerverursachenden Befehl fortgesetzt. Dies setzt allerdings (indirekt) voraus, dass inner-

halb der Fehlerbehandlungsroutine die Möglichkeit bestand, die Fehlerursache zu beseitigen, denn ansonsten ist sofort ein erneuter Laufzeitfehler die Folge.

3. Die Prozedur wird über einen *Resume Sprungmarke*-Befehl mit einer bestimmten Programmzeile innerhalb der Prozedur fortgesetzt.

Für welche Möglichkeit Sie sich entscheiden, hängt in erster Linie von dem Typ des Laufzeitfehlers ab. Ein falscher Dateiname oder ein nicht bereites Laufwerk können durch den Benutzer und im Rahmen der Fehlerbehandlungsroutine korrigiert werden. In diesem Fall kann der fehlerverursachende Befehl über den *Resume*-Befehl erneut ausgeführt werden. Eine volle Festplatte, eine Zugriffsverweigerung aufgrund fehlender Rechte oder nicht genügend Stackspeicher lassen sich nicht so ohne weiteres beheben. In diesem Fall muss der fehlerverursachende Befehl entweder über einen *Resume Next*-Befehl übersprungen oder, falls dies nicht möglich ist, die Prozedur über einen *Exit Sub*-Befehl verlassen werden.

8.5 Fehlerbehandlung ein- und ausschalten

Der *On Error*-Befehl muss nicht automatisch zu Beginn einer Prozedur aufgeführt werden. In manchen Fällen soll lediglich ein einzelner Befehl oder eine Gruppe von Befehlen überwacht werden. In diesem Fall kann das Abfangen von Laufzeitfehlern gezielt ein- und ausgeschaltet werden.

Das folgende Beispiel zeigt eine Prozedur, in der die Fehlerbehandlung ein- und wieder ausgeschaltet wird:

```
Sub Test ()
    ' Irgendwelche Befehle
    On Error Goto Fehlermarke   ' Fehlerbehandlung
                                ' aktiv
    ' Befehle
    On Error Goto 0             ' Fehlerbehandlung
                                ' nicht mehr aktiv
    ' Irgendwelche Befehle
    Exit Sub
Fehlermarke:
    ' Irgendwelche Befehle
End Sub
```

Der *On Error Goto 0*-Befehl sorgt dafür, dass die Fehlerbehandlung wieder deaktiviert wird.

8.6 Laufzeitfehler direkt abfragen

Eine in manchen Fällen etwas flexiblere Behandlung von Laufzeitfehlern erlaubt der *On Error Resume Next*-Befehl. Dieser Befehl aktiviert zwar das Abfangen von Laufzeitfehlern, es wird aber keine Fehlerbehandlungsroutine aktiviert. Stattdessen muss der Programmierer den Laufzeitfehler über die Eigenschaften *Number* und *Description* des *Err*-Objekts direkt abfragen. Man spricht daher auch von einer verzögerten Fehlerbehandlung. Der Vorteil ist, dass man keine Fehlerbehandlungsroutine schreiben muss und auch nicht den Fall berücksichtigen muss, dass der Fehler an höhere Ebenen weitergereicht wird.

In dem folgenden Beispiel wird die Fehlerbehandlung in einer Prozedur unmittelbar nach einem fehlerverursachenden Befehl ausgeführt:

```
Sub Test()
    On Error Resume Next
    Open Dateiname For Random As 1
    If Err.Number = 53 Then
    Msgbox "Dat File jibt es net", 48, "Laufzeitfehler"
```

Nach der Ausführung des *Open*-Befehls wird geprüft, ob der Laufzeitfehler Nr. 53 (Datei nicht gefunden) auftrat.

Durch Einfügen eines *On Error Resume Next*-Befehls werden keine Laufzeitfehler mehr angezeigt. Das Programm wirkt so zwar »fehlerfrei«, doch werden unter Umständen wichtige Indikatoren übersehen. Dieser Befehl sollte daher nur eingesetzt werden, wenn sich die möglichen Laufzeitfehler eingrenzen lassen und das Nicht-Abfangen eines Fehlers keine schwerwiegenden Konsequenzen haben kann.

8.7 Verschachtelte Laufzeitfehler

Was passiert, wenn in einer Prozedur ein Laufzeitfehler auftritt, diese aber über keine Fehlerbehandlungsroutine verfügt? In diesem Fall durchsucht Visual Basic die aufrufende Prozedur nach einer solchen Routine. Enthält auch diese Routine keine Fehlerbehandlungsroutine, wird die aufrufende Prozedur dieser Prozedur durchsucht. Dieses Spiel wiederholt sich, bis entweder eine Fehlerbehandlungsroutine gefunden wurde oder die oberste Ebene des Programms erreicht wurde.

So weit, so gut. Doch was passiert, nachdem die Fehlerbehandlungsroutine abgearbeitet wurde und das Programm auf einen *Resume*-Befehl stößt? Zu erwarten wäre es, dass die Programmausführung auf der Prozedurebene fortgesetzt wird, in welcher der Laufzeitfehler auftrat. Doch eine solche globale Fehlerbehandlung wurde in Visual Basic (noch) nicht implementiert. Stattdessen wird die Programmausführung stets auf der Ebene fortgesetzt, auf der die Fehlerbehandlungsroutine ausgeführt wird. Das bedeutet konkret, dass

- ein *Resume*-Befehl dazu führt, dass der Prozeduraufruf der zum Aufruf der fehlerverursachenden Prozedur führte, erneut ausgeführt wird.
- ein *Resume Next*-Befehl dazu führt, dass die Programmausführung mit dem auf den Prozeduraufruf, der zum Aufruf der fehlerverursachenden Prozedur führte, folgenden Befehl fortgesetzt wird.

Dieses Verhalten muss nicht automatisch ungünstig sein, denn in manchen Fällen kann man darauf in der Prozedur mit der Fehlerbehandlungsroutine elegant reagieren. Das Problem ist allerdings, dass die Prozedur nicht wissen kann, auf welcher Ebene der nacheinander aufgerufenen Prozeduren der Laufzeitfehler verursacht wurde und dass unter Umständen eine Reihe von öffentlichen Variablen neu initialisiert werden muss, um einen definierten Zustand zu erreichen.

Das folgende Beispiel zeigt, welchen Weg die Programmausführung bei einer verschachtelten Fehlerbehandlung nimmt:

```
Sub A ()
    On Error GoTo A_Err
    Call B
    BefehlX
    Exit Sub
A_Err:
    ' Befehle
    Resume Next
End Sub
Sub B ()
    Call C
    BefehlY
End Sub
Sub C ()
    FehlerverursachenderBefehl
    BefehlZ
End Sub
```

Bei der Ausführung dieses Programmfragments werden nacheinander die Prozeduren *A*, *B* und *C* aufgerufen. Jetzt soll in der Prozedur *C* ein Laufzeitfehler auftreten. Da diese Prozedur über keine eigene Fehlerbehandlungsroutine verfügt, durchsucht Visual Basic die aufrufende Prozedur *B*. Da auch hier Fehlanzeige ist, ruft Visual Basic die Fehlerbehandlungsroutine der Prozedur *A* auf. Nach Abarbeitung dieser Routine kommt zwangsläufig der *Resume Next*-Befehl an die Reihe. Doch anstatt in die Prozedur *C* zurückzukehren, setzt Visual Basic die Programmausführung mit dem Befehl »BefehlX« fort. Die Befehle »BefehlY« (Prozedur *B*) und »BefehlZ« (Prozedur *C*) werden in diesem Fall nicht mehr ausgeführt.

HINWEIS

Enthält eine Prozedur eine Fehlerbehandlungsroutine, heißt dies noch nicht, dass hier alle denkbaren Laufzeitfehler ausgewertet werden müssen. Es ist eine gängige Programmierpraxis, dass man nur die für diese Prozedur typischen Fehler auswertet und anschließend über eine *Raise*-Methode die Fehlerbehandlungsroutine der nächsthöheren Prozedur aufruft, in der die »übrigen« Laufzeitfehler ausgewertet werden.

BEISPIEL

Im Folgenden wird gezeigt, wie eine direkte Fehlerbehandlung in einer verschachtelten Prozedur durchgeführt werden kann:

```
Sub P2()
    On Error Resume Next
    Dim A, B, C
    A = 2
    B = 0
Operation:
    C = A / B
If Err.Number = 11 Then
       Err.Clear
       B = 1: GoTo Operation
    ElseIf Err.Number > 0 Then
       On Error GoTo 0
       Err.Raise Err.Number, , Err.Description
    End If
End Sub
```

Innerhalb der Prozedur wird durch die Division (wie immer) ein Laufzeitfehler produziert, der aber an Ort und Stelle behandelt wird. Ist es Fehler 11, wird die Fehlerursache gelöst und die Operation mit einem gültigen Operanden wiederholt. Ist es aber ein anderer Fehler, wird dieser an die aufrufende Ebene weitergereicht. Zuvor muss aber die direkte Laufzeitfehlerbehandlung über den Befehl *On Error Resume Next* abgeschaltet werden.

Das folgende Beispiel zeigt ebenfalls eine Prozedur, in der ein Laufzeitfehler an die aufrufende Prozedur weitergereicht wird. Diesmal wird der Laufzeitfehler nicht direkt abgefragt:

```
Sub Test ()
    On Error Goto Test_Err
    Befehle
    Exit Sub
Test_Err:
    Select Case Err.Number
        Case 51
            Befehle
        Case Else
           Err.Raise Number := Err.Number
    End Select
End Sub
```

In der Fehlerbehandlungsroutine dieser Prozedur wird lediglich der Fehler 51 »behandelt«. Alle übrigen Laufzeitfehler werden über die *Raise*-Methode, die diesen Fehler noch einmal aufruft, an die nächsthöhere Prozedur mit einer eigenen Fehlerbehandlungsroutine weitergereicht. Ein Nachteil ist aber auch hier, dass die Programmausführung auf dieser Ebene und nicht in der Prozedur *Test* fortgeführt wird.

8.7.1 Gut versteckt – der Befehl On Error GoTo -1

Eine interessante Variante stellt der (offenbar undokumentierte) Befehl *On Error GoTo –1* da. Er kann innerhalb einer Fehlerbehandlungsroutine eingesetzt werden und bewirkt dort, dass ein Laufzeitfehler abgefangen werden kann. Auf diese Weise lassen sich Laufzeitfehlerbehandlungsroutinen innerhalb einer Prozedur verschachteln.

```
Sub ErrorTest01()
  On Error GoTo errTest1
  Dim A
  A = 0 / 0
  Exit Sub
errTest1:
  On Error GoTo –1
  On Error GoTo errTest2
  A = 0 / 0
  Exit Sub
errTest2:
  MsgBox "Es trat Fehler-Nr. " & Err.Number & " auf"
End Sub
```

Der *Resume*-Befehl funktioniert bei einer verschachtelten Fehlerprozedur allerdings nur auf der obersten Ebene.

8.8 Dem Fehler auf der Spur

Das Aufspüren von (logischen) Programmfehlern kann zu einer aufwendigen Tätigkeit werden. Schätzungen gehen davon aus, dass mehr als 40% der Entwicklungszeit eines Programms für Testen und Fehlersuche aufgewendet werden müssen. Die Visual-Basic-IDE stellt für die Fehlersuche einen integrierten Debugger zur Verfügung, der sehr einfach zu bedienen ist. Unter *Debugging* wird ganz allgemein die Fehlersuche in einem Programm verstanden. Das Wort »Bug« geht auf eine historische Begebenheit in den 40er Jahren zurück, in der in einem der damaligen auf Relais basierenden Großcomputer eine kleine Motte (engl. »bug«) einen Fehler verursachte (es gibt sogar ein Bild davon).

MERKSATZ

Ein Debugger ist ein Programm zum Aufspüren von Fehlern.

Der Debugger der IDE ist nicht zur Fehlersuche da. Mit seiner Hilfe können Sie:

- Ein Programm im Einzelschrittmodus, das heißt Befehl für Befehl ausführen.
- Das Programm an beliebigen Stellen anhalten lassen (Haltepunkt), wobei es möglich ist, in einem gewissen Umfang Änderungen am Programm vorzunehmen.
- Das Anhalten des Programms von einer Bedingung (z.B. eine Variable wird negativ) abhängig machen.
- Den aktuellen Wert von Ausdrücken und Eigenschaften beobachten.
- Die Aufrufliste von Prozeduren verfolgen.

Sie sehen an dieser Auflistung, der Debugger ist kein Werkzeug, das Ihnen logische Fehler im Programm anzeigt. Es ist vielmehr ein Werkzeug, mit dessen Hilfe Sie diese Fehler aufspüren können. Sie müssen allerdings wissen, wie es geht.

8.8.1 Der Debugger stellt sich vor

Der *Debugger* der IDE kann auf verschiedene Weisen bedient werden: über die Menübefehle im TESTEN-Menü, die Symbole der *Testen*-Symbolleiste, durch das Kontextmenü des Codefensters oder eine Vielzahl von Tastenkombinationen (siehe Tabelle 8.4). Unterstützt wird der Debugger durch vier verschiedene Fenster, die während einer Programmunterbrechung wichtige Informationen über das Programm enthalten:

- Das Direktfenster
- Das Überwachungsfenster
- Das Lokalfenster
- Die Aufrufeliste

8.9 Die wichtigsten Debug-Techniken

Auch wenn es am Anfang vielleicht nicht den Anschein haben mag: Der Debugger der IDE ist wirklich einfach zu bedienen. Man muss kein Visual-Basic-Profi sein, um vom Debugger zu profitieren. Im Gegenteil, gerade wenn Sie noch neu auf dem Gebiet der Visual-Basic-Programmierung sind, können Sie durch die schrittweise Ausführung eines Programms oder das Überwachen einzelner Ausdrücke eine Menge lernen. Schieben Sie das Kapitel »Debugger« daher nicht auf die lange Bank. Alle Kommandos des Debuggers stehen zwar über das TESTEN-Menü zur Verfügung, in der Regel werden sie jedoch über die Maus oder eine Tastenkombination ausgeführt. So ist es sehr viel bequemer, die [F8]-Taste zu drücken, als jedes Mal das Menükommando TESTEN | EINZELSCHRITT auszuführen. Auch mit der Maus lässt sich eine Menge machen. So setzt das Anklicken der Kennzeichenleiste (die linke Spalte im Programmcodefenster) im Haltemodus in der betreffenden Programmzeile einen Haltepunkt bzw. hebt ihn wieder auf.

> Möchten Sie den nächsten Befehl festlegen, so ziehen Sie das gelbe Pfeilsymbol innerhalb der aktuellen Prozedur einfach auf die gewünschte Zeile.

Dies sind Abkürzungen, die man nach kurzem Beschäftigen mit dem Debugger von alleine lernt.

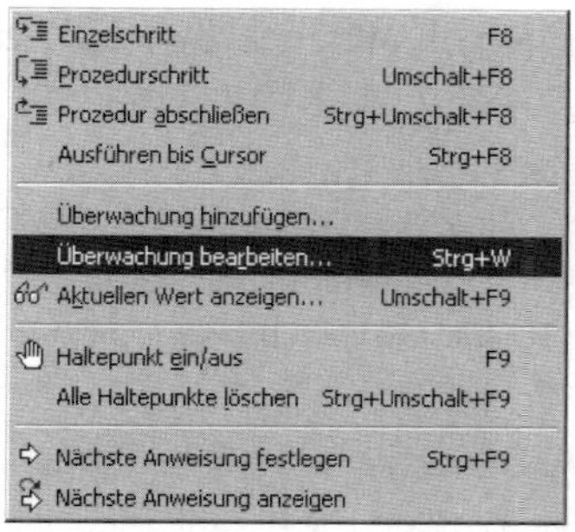

Bild 8.1: Das Testen-Menü enthält die Befehle des Visual-Basic-Debuggers

Die wichtigsten Debug-Kommandos stehen auch in der Symbolleiste »Testen« zur Verfügung, die gegebenenfalls über das Menükommando ANSICHT | SYMBOLLEISTEN erst sichtbar gemacht werden muss.

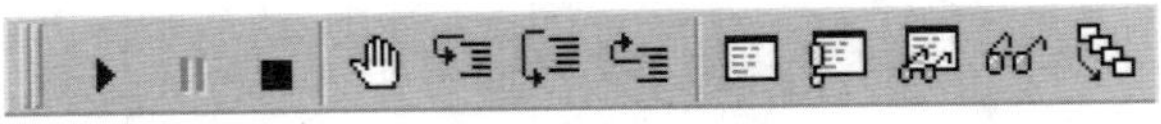

Bild 8.2: Alle wichtigen Debug-Kommandos gibt es auch in der Symbolleiste

8.9.1 Unterbrechen eines Programms über [Strg][Pause]

Dies ist die einfachste »Technik« zum Aufspüren von Programmfehlern. Sollte sich das Programm nicht nach Ihren Wünschen verhalten, unterbrechen Sie es einfach mit der Tastenkombination [Strg][Pause]. Die zurzeit abgearbeitete Befehlszeile wird mit einem gelben Hintergrund angezeigt. Das Unterbrechen ist auch dann erforderlich, wenn sich das Programm in einer Endlosschleife befindet oder es aus anderen Gründen nicht mehr auf Benutzereingaben reagiert.

Dieser Umstand dürfte gerade Einsteiger irritieren. Wenn Sie ein Visual-Basic-Programm mittels [Strg][Pause] unterbrechen, muss es nicht in einer bestimmten Befehlszeile landen. Wurde zum Beispiel der *End Sub*-Befehl einer Ereignisprozedur ausgeführt und wird das Programm anschließend unterbrochen, gibt es keine aktuelle Befehlszeile, weil sich das Programm in der internen Warteschleife befindet. Sie haben es daher zu einem Zeitpunkt unterbrochen, zu dem kein Visual-Basic-Befehl ausgeführt wurde. Folglich wird auch keine Befehlszeile mit einem gelben Hintergrund angezeigt. In diesem Fall haben Sie keine andere Wahl, als das Programm fortzusetzen. Wenn Sie möchten, dass es nach dem Start in jedem Fall in einer Befehlszeile anhält, müssen Sie in diese Befehlszeile einen Haltepunkt setzen.

Hier noch ein kleiner Tipp: Um bei Aktionen, die über eine Schaltfläche gestartet werden, erkennen zu können, wann die Aktion beendet wurde, ist es üblich, die Schaltfläche unmittelbar nach dem Anklicken über ihre *Enabled*-Eigenschaft zu deaktivieren und sie erst vor dem Verlassen der *Click*-Ereignisprozedur wieder zu aktivieren:

```
Sub cmdTest_Click ()
    cmdTest.Enabled = False
    ' Irgendwelche Befehle
    cmdTest.Enabled = True
End Sub
```

An einer nicht aktiven Schaltfläche (die Inschrift wird hellgrau angezeigt und sie reagiert nicht auf Mausklicks) erkennen Sie, dass die Ereignisprozedur noch abgearbeitet wird.

8.9.2 Anhalten eines Programms über einen Stop-Befehl

Dies ist ebenfalls eine sehr einfache Debug-Methode, die immer dann praktisch ist, wenn es darum geht, mehr über die Funktionsweise eines Programms zu erfahren. Möchte man, dass das Programm an einer Stelle anhält, fügt man einfach einen *Stop*-Befehl ein. Dies bewirkt, dass die IDE in den Haltemodus übergeht.

8.9.3 Die Programmausführung im Einzelschrittmodus über [F8]

Die naheliegendste Debug-Technik ist, ein Programm über die [F8]-Taste im Einzelschrittmodus auszuführen und das Verhalten des Programms aufmerksam zu beobachten. Dabei gilt es, folgende Besonderheiten zu beachten:

- Um ein Programm im Einzelschrittmodus ausführen zu können, müssen Sie es entweder über die [F8]-Taste starten oder an einer bestimmten Stelle einen Haltepunkt setzen und das Programm von dort an mit der [F8]-Taste fortführen.
- Die Programmausführung innerhalb einer Ereignisprozedur kann nur bis zum nächsten *End Sub*-Befehl fortgeführt werden. Der weitere Programmverlauf hängt davon ab, welches Ereignis als Nächstes eintritt. Achten Sie dabei auf die Titelzeile der Entwicklungsumgebung. Der Zusatz »Unterbrechen« zeigt an, dass sich das Programm im Haltemodus befindet und im Einzelschrittmodus ausgeführt werden kann. Der Zusatz »Ausführen« bedeutet dagegen, dass das Programm läuft und auf weitere Ereignisse wartet. Die [F8]-Taste hat in diesem Fall keine Wirkung.
- Soll ein Prozedur- oder Funktionsaufruf in einem Schritt ausgeführt und nicht schrittweise durchlaufen werden, muss anstelle der [F8]-Taste die Tastenkombination [⇧][F8] verwendet werden.

8.9.4 Die aktuelle Prozedur abschließen [Strg][Umschalt][F8]

Diese Tastenkombination führt alle Befehle bis zum Ende der Prozedur aus.

8.9.5 Ausführen bis Cursorposition

Führt alle Befehle bis zu jener Programmzeile auf, in der sich die Textmarke (Cursor) zurzeit befindet. Dies ist sehr praktisch, denn auf diese Weise können Sie bestimmte Passagen in einer Prozedur schnell überspringen.

8.9.6 Ausführen bis zum Ende einer Schleife

Bei größeren Schleifen möchte man in der Regel nicht jeden Befehl im Einzelschrittmodus wiederholen, sondern die Programmausführung erst nach dem *Next*- oder *Loop*-Befehl fortsetzen. Zwar bietet der Debugger dafür kein entsprechendes Kommando, doch lässt sich durch Setzen eines Haltepunkts beim ersten Befehl nach dem Schleifenende, dem Drücken der [F5]-Taste und dem Zurücksetzen des Haltepunkts der gleiche Effekt erzielen.

8.9.7 Die Programmausführung an einer anderen Stelle fortsetzen über [Strg][F9]

Eine sehr leistungsfähige Technik steht über die Tastenkombination [Strg][F9] zur Verfügung, über die sich die Programmausführung innerhalb einer Prozedur mit einem anderen Befehl als dem folgenden fortsetzen lässt. Auf diese Weise kann ein Befehl wiederholt werden. Dabei muss aber beachtet werden, dass lediglich die Programmausführung beeinflusst wird, Variablenwerte aber nicht zurückgesetzt werden. Sie ändern lediglich die Reihenfolge der Befehle, versetzen das Programm aber nicht in einen bestimmten Zustand.

8.9.8 Den letzten Befehl wiederholen

Auch wenn ein solches Kommando recht praktisch wäre – es gibt es leider nicht. Möchten Sie die Auswirkung eines bestimmten Befehls noch einmal sehen, müssen Sie wie im letzten Abschnitt beschrieben die Textmarke auf die Zeile setzen und [Strg][F9] betätigen. Beachten Sie, dass Visual Basic aber lediglich den internen Programmzeiger zurücksetzt, nicht aber die Umgebung, d.h. die Werte der einzelnen Variablen und Eigenschaften, wiederherstellt. Diese Technik hat daher nur einen begrenzten Wert.

8.9.9 Setzen von Haltepunkten über [F9]

Über die [F9]-Taste kann jede ausführbare Programmzeile mit einem *Haltepunkt* belegt werden. Ein Haltepunkt ist eine Programmzeile, an der das Programm anhält und in den Haltemodus übergeht. Sie können nun, entweder im Direktfenster oder über die Tastenkombination [⇧][F9], sich die Werte von Variablen oder Eigenschaften anschauen und diese natürlich auch ändern.

> Prinzipiell sind im Unterbrechungsmodus auch Änderungen am Programm möglich, sofern sie keine Neuübersetzung notwendig machen. So ist es im Allgemeinen kein Problem, Programmzeilen zu löschen oder hinzuzufügen. Nicht möglich ist es dagegen im Allgemeinen (es gibt auch Ausnahmen), Deklarationen hinzuzufügen oder den Datentyp von Variablen zu ändern.

8.9.10 Setzen von Überwachungspunkten

Ein *Überwachungspunkt* ist ein beliebiger Ausdruck, der während der Programmausführung überwacht wird. Führt die Überwachung dazu, dass das Programm anhält, spricht man auch von einem *bedingten Haltepunkt*, da der Haltepunkt von einer Bedingung abhängt. Folgende Situationen lassen sich mit Überwachungspunkten überwachen:

- Der Wert eines beliebigen Ausdrucks
- Ob ein Ausdruck wahr wird
- Ob ein Ausdruck seinen Wert ändert

Eingefügt werden Überwachungspunkte über das Menükommando TESTEN | ÜBERWACHUNG HINZUFÜGEN. Soll das Programm zum Beispiel immer dann anhalten, wenn die Variable *m* einen negativen Wert erhält, muss der Ausdruck *m<0* in das »Ausdruck«-Eingabefeld eingetragen werden. Der zu überwachende Ausdruck muss sich nicht auf einfache Vergleiche von Variablen oder Eigenschaften beschränken. Um z.B. feststellen zu können, wann die Variable *m* einen Nachkommaanteil erhält, muss der Ausdruck *Int(m) – m <>0* überwacht werden. Alle Überwachungspunkte werden während der Programmausführung mit ihren aktuellen Werten im Überwachungsfenster angezeigt, sofern dieses nicht durch das Programmfenster verdeckt wird.

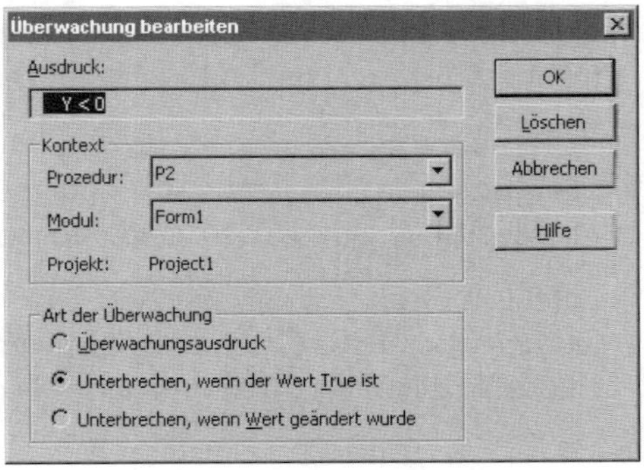

Bild 8.3: In diesem Dialogfeld werden Überwachungspunkte bearbeitet

8.9.11 Den Wert eines Ausdrucks anzeigen

Während einer Programmunterbrechung können Sie sich in der aktuellen Prozedur die Werte nahezu aller Ausdrücke anschauen, indem Sie den Mauszeiger kurz über den Ausdruck bewegen. Sollte dies aus irgendeinem Grund nicht funktionieren, können Sie den gleichen Effekt über die Tastenkombination [⇧][F9] erreichen.

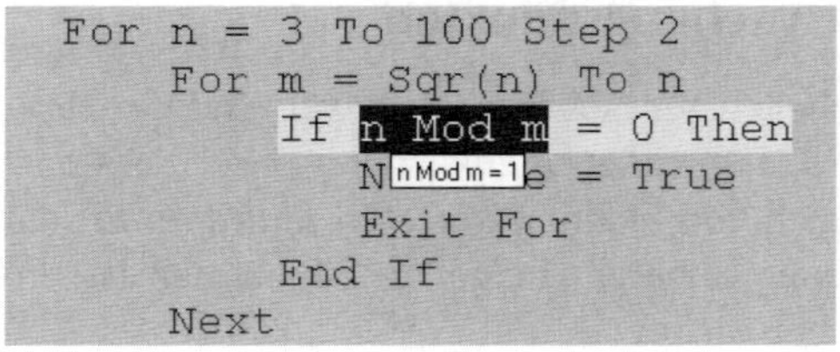

Bild 8.4: Während der Programmunterbrechung kann der Wert eines (gültigen) Ausdrucks als Tooltip angezeigt werden

8.9.12 Der Umgang mit dem Direktfenster

Zu den wichtigsten Debug-Techniken gehört nach wie vor das Direktfenster. Während einer Programmunterbrechnung können im Direktfenster VB-Befehle ausgeführt werden, um z.B. Variablenwerte anzuzeigen oder Eigenschaftswerte zu ändern. Das Direktfenster ist eine Art »interaktives Visual Basic«, in dem Sie nahezu alle VB-Befehle ausprobieren und z.B. auch API-Funktionen aufrufen können (sofern sich die Deklaration im aktuellen Gültigkeitsbereich befindet).

Das Direktfenster besitzt eine Reihe von Besonderheiten, die man kennen muss:

- Eine Variablendeklaration ist im Direktfenster nicht möglich. Sie können aber alle Variablen frei verwenden, sofern sie zum Zeitpunkt der Programmunterbrechung gültig sind.
- Über die üblichen Kommandos für das Kopieren und Einfügen (oder die rechte Maustaste) können Befehle im Direktfenster einfacher eingegeben werden.
- Ein Löschen des Direktfensters ist nur möglich (allerdings nicht im Ausführen-Modus), indem Sie den zu löschenden Text markieren und löschen.
- Befehle müssen sich auf eine Zeile beschränken oder über den Zeilenfortführungsoperator auf mehrere Zeilen verteilt werden. In diesem Fall muss eine Zeile durch den Trennoperator : beendet werden.

Die folgenden Befehle geben im Direktfenster die Zahlen 1 bis 10 aus:

```
For n = 1 To 10 : _
 Print n : _
Next n
```

Eine wichtige Funktion des Direktfensters ist es, über die *Print*-Methode des *Debug*-Objekts Kontrollmitteilungen auszugeben. Über diese Kontrollmitteilungen lassen sich die Werte von Ausdrücken überwachen (manchmal einfacher als über das Überwachungsfenster) oder einfach nur signalisieren, wann das Programm eine bestimmte Stelle bei der Ausführung erreicht hat. Diese Debug-Technik sollte man gegenüber den Mitteilungsboxen über die *MsgBox*-Funktion vorziehen, da Letztere die Eigenschaft haben, in einigen Situationen Nachrichten zu »verschlucken« und somit den Programmverlauf zu verfälschen.

HINWEIS: Ausgaben im Direktfenster über den Befehl *Debug.Print* werden nicht in die EXE-Datei übertragen und müssen daher nicht entfernt werden.

Tabelle 8.4: Wichtige Tastenkombinationen für die Ausführung eines Programms im Einzelschrittmodus

Tasten-kombination	**Bedeutung**
F5	Startet das Programm oder setzt die Programmausführung nach einer Unterbrechung fort.
⇧ F5	Startet ein Programm neu.
F8	Führt den nächsten Befehl aus.
F9	Setzt oder löscht einen Haltepunkt.
Strg A	Zeigt die Aufrufliste an, die zum Aufruf der aktuellen Prozedur bzw. Funktion geführt hat.
Strg B	Öffnet das Dialogfeld zum Bearbeiten von bedingten Haltepunkten.
Strg F5	Kompiliert das gesamte Programm.
Strg F8	Führt das Programm bis zu der Programmzeile aus, auf der sich die Textmarke zurzeit befindet.
Strg F9	Legt als den als Nächstes auszuführenden Befehl innerhalb der aktuellen Prozedur jenen Befehl fest, auf dem sich die Textmarke zurzeit befindet.
Strg T	Schaltet während einer Programmunterbrechung auf das Direktfenster um.
Strg Pause	Programm unterbrechen und in den Haltemodus wechseln.
Strg ⇧ F9	Löscht alle Haltepunkte auf einmal.
⇧ F2	Zeigt die Definition jener Prozedur/Funktion an, über deren Namen sich die Textmarke zurzeit befindet.
⇧ F8	Führt den nächsten Befehl aus, wobei Prozeduren und Funktionen in einem Schritt ausgeführt werden.
⇧ F9	Zeigt den Wert des Ausdrucks an, auf dem sich die Textmarke befindet oder der markiert wurde.
Strg F8	Führt alle Befehle bis zur Position der Textmarke aus.
⇧ Strg F8	Führt alle Befehle bis zum Ende der aktuellen Prozedur aus.

8.9.13 Das Lokalfenster

Zu den mit Abstand stärksten Eigenschaften des integrierten Debuggers gehört, neben dem Direktfenster, das Lokalfenster. Allerdings ist es sehr unscheinbar und erwartet, dass man sich mit seinen Möglichkeiten zunächst einmal intensiv beschäftigt. Das Lokalfenster ist deswegen so praktisch, weil Sie hier während einer Programmunterbrechung nicht nur alle Variablenwerte, sondern auch sämtliche Eigenschaften einsehen können. Das Besondere am Lokalfenster ist seine hierarchische Struktur. Möchten Sie die Eigenschaften eines Steuerelements sehen, müssen Sie zuerst das Formular öffnen, auf dem sich das Steuerelement befindet, und dann die Ebene des Steuerelements mit seinen Eigenschaften öffnen. Verweisen einzelne Eigenschaften auf andere Objekte, wie es z.B. bei der *Parent*- oder der *Container*-Eigenschaft der Fall ist, gelangen Sie durch Öffnen dieser Ebene bezogen auf das Programm eine Ebene höher, bezogen auf die angezeigte Hierarchie eine Ebene tiefer (das kann am Anfang ein wenig verwirren). Und noch eine tolle Sache gibt es über das Lokalfenster zu berichten. Enthält das Programm Feldvariablen, können Sie sich das komplette Feld auf einmal anschauen und müssen sich nicht umständlich einzelne Werte im Direkfenster ausgeben lassen. Wer tiefer in die Visual-Basic-Programmierung einsteigen will, sollte sich wirklich intensiv mit dem Lokalfenster beschäftigen.

8.9.14 Den Prozeduraufruf verfolgen

Die Ausführung eines Visual-Basic-Programms besteht bekanntlich aus dem Aufruf von Prozeduren und Funktionen. Die einzelnen Ebenen, die zum Aufruf einer bestimmten Prozedur oder Funktion geführt haben, werden als *Aufrufbaum* bezeichnet und können über die Tastenkombination [Strg][L] angezeigt werden. Sie können so nachvollziehen, welcher Programmpfad zum Aufruf der aktuellen und unter Umständen fehlerhaften Routine geführt hat. Klicken Sie auf eine der vorhergehenden Prozeduren, ruft die IDE die entsprechende Programmstelle auf und markiert die Aufrufzeile mit einem hellgrünen Pfeilsymbol.

8.9.15 Vollständig kompilieren

Visual Basic bietet die Möglichkeit, ein Programm nur teilweise zu übersetzen. Dadurch wird die Zeit, bis das Programm ausführbereit ist, deutlich verkürzt. Dieser Komfort hat aber seinen Preis. Da das Programm nur teilweise übersetzt wird, werden nicht alle Fehler angezeigt. Um eine vollständige Übersetzung zu erreichen, muss entweder die Option »Kompilieren bei Bedarf« im Dialogfeld »Weiteres« der IDE-Optionen deaktiviert oder das Programm grundsätzlich über [Strg][F5] gestartet werden.

8.10 Zusammenfassung

Das Vermeiden von Programmfehlern sollte bei der Software-Entwicklung die höchste Priorität haben. Das klingt zwar wie eine Platitüde, doch wer sich autodidaktisch in die Programmierung einarbeitet, läuft Gefahr, diese Erfahrung auf dem schmerzvollen Weg zu machen, indem er oder sie alle bekannten Fallen der Reihe nach durchläuft. Programmfehler können verschiedene Ursachen haben. Die häufigsten sind simple Tippfehler, die dank Eingabehilfe und Syntaxüberprüfung sehr wirkungsvoll abgefangen werden und sich daher gar nicht erst auswirken können. Die Fehler, mit denen Programmierer die meiste Arbeit haben, sind die Laufzeitfehler. Dies sind Fehler, die erst während der Programmausführung, z.B. durch einen ungültigen Wert oder eine Division durch Null (das klassische Beispiel) verursacht werden. Programmierer sind gegen Laufzeitfehler keinesfalls machtlos. Die überwiegende Mehrheit dieser Fehler kann über einen *On Error*-Befehl abgefangen werden. Auf diese Weise wird erreicht, dass ein Laufzeitfehler nicht zum Programmabbruch führt, sondern zum Aufruf einer speziellen Fehlerbehandlungsroutine, in der der Fehler verarbeitet wird.

Die Fehler, die den Programmierern den meisten Kummer bereiten, sind die logischen Fehler. Das klassische Beispiel ist das »Jahr 2000«-Problem. Steht bei einem Datum nur die Jahreszahl zur Verfügung, geht das Programm einfach vom falschen Jahrtausend aus mit allen damit verbundenden Folgen. Diese Fehler lassen sich nur durch intensiven Einsatz von »Gehirnschmalz« in Form von logischem Verständnis, Programmiererfahrung und einen »Riecher« für faule Konstruktionen aufspüren.

Visual Basic stellt in der IDE einen komfortablen und relativ leistungsfähigen Debugger zur Verfügung, mit dessen Hilfe ein Visual-Basic-Programm im Einzelschrittmodus durchlaufen werden kann, wobei der komplette Zustand des Programms, d.h. die aktuellen Werte der gültigen Variablen und Eigenschaften, im Lokal-Fenster dokumentiert wird. Der Debugger ist aber nur ein Werkzeug zur Fehlersuche; den Fehler beheben kann nur der Programmierer, indem er die Logik des Programms so formuliert und implementiert, dass sie möglichst überschaubar ist und im Idealfall logische Fehler gar nicht erst auftreten.

8.11 Fragen

Frage 1 Was ist ein Laufzeitfehler und welche Aufgabe hat eine Fehlerbehandlungsroutine?

Frage 2 Wie erfährt man in einer Fehlerbehandlungsroutine, welcher Fehler aufgetreten ist?

Frage 3 Wo erfahren Sie, welche Ursache Laufzeitfehler Nr. 11 hat?

Frage 4 Was passiert, wenn in einer Fehlerbehandlungsroutine ein Laufzeitfehler auftritt?

Frage 5 Welche Wirkung hat der Befehl

```
On Error Resume Next
```

wenn dieser zu Beginn einer Prozedur aufgeführt wird?

Frage 6 Welchen Wert gibt im folgenden Programmbeispiel die *Msgbox*-Funktion für die Variable X aus?

```
Sub P1()
    On Error GoTo errP1
    Dim X
    X = 77
    P2 X
    MsgBox "Der Wert von X ist: " & X
   Exit Sub
errP1:
    If Err.Number = 6 Then Resume Next   ' Überlauf
                                         ' abfangen
    MsgBox Prompt:=Err.Description, _
     Buttons:=vbExclamation, _
     Title:="Fehlernummer: " & Err.Number
    Stop
End Sub
Sub P2(tmpWert As Variant)
    Dim Y, Z As Integer
    Y = Y / Z
    tmpWert = 88
End Sub
```

Was passiert, wenn vor der Division in der Prozedur *P2* der Befehl

```
Y = 1
```

eingefügt wird?

Frage 7 Was ist ein Haltepunkt und was ist ein bedingter Haltepunkt? Woran erkennen Sie, dass in einer Zeile ein Haltepunkt gesetzt ist, und woran erkennen Sie, dass ein bedingter Haltepunkt gesetzt ist?

Frage 8 Sie haben den Verdacht, dass die Variable *Einkommen* in Ihrem Programm negative Werte annimmt. Wie verschaffen Sie sich Gewissheit, ohne das Programm über die [F8]-Taste im Einzelschrittmodus ausführen zu müssen?

Die Antworten zu den Fragen finden Sie in Anhang C.

8.12 Aufgaben

Aufgabe 1 Schreiben Sie einen Mini-Rechner, der aus zwei Textfeldern für die Eingabe und vier Schaltflächen für die vier Grundrechenarten besteht. Sorgen Sie durch das Abfangen von Laufzeitfehlern dafür, dass ungültige Operanden oder ein Überlauf nicht zu einem Programmabbruch führen können.

Aufgabe 2 Es gibt keinen direkten Weg, um die Anzahl der Elemente in einem Steuerelementefeld zu ermitteln, da dieses auch Lücken enthalten kann. Eine Möglichkeit ist es, ein Element anzusprechen und bei einem nicht existierenden Steuerelement den Laufzeitfehler abzufangen. Schreiben Sie eine Funktion, der ein Steuerelementefeld übergeben wird und die die tatsächliche Anzahl an Elementen zurückgibt.

Aufgabe 3 Ordnen Sie auf einem Formular ein Textfeld und eine Anzeige an. Nach Eingabe eines Dateinamens und Betätigen der [↵]-Taste soll die über den Dateinamen angegebene Bilddatei in die Anzeige geladen werden. Sorgen Sie dafür, dass die Eingabe eines ungültigen Dateinamens nicht zu einem Programmabbruch führen kann.

Lösungsvorschläge zu den Aufgaben finden Sie auf der Webseite zum Buch (nähere Angaben auf Seite 27).

Kapitel 9

jetzt lerne ich

Abspeichern von Daten in Dateien

Alle Variablen behalten ihre Werte nur so lange, wie das Programm aktiv und die Variable innerhalb des Programms gültig ist. Wird das Programm beendet, geht der Inhalt sämtlicher Variablen zwangsläufig verloren. Damit die Werte beim nächsten Start des Programms wieder zur Verfügung stehen, müssen sie »irgendwo« gespeichert werden. Dieses Irgendwo kann bei Windows entweder die Konfigurationsdatenbank (Registry), eine INI-Datei (Textdatei) oder eine vom Programm unabhängige »normale« Datei sein. Letztere Alternative bietet sich immer dann an, wenn entweder relativ viele Daten gespeichert werden müssen (auch wenn es theoretisch möglich ist, sollte man die Konfigurationsdatenbank nicht mit Daten überladen) oder wenn die Daten als eigenständige Einheit weitergegeben werden sollen.

Sie lernen in diesem Kapitel etwas über:

- Den Begriff Datei
- Das Prinzip des Dateizugriffs
- Abspeichern und Einlesen von Texten
- Abspeichern und Einlesen von Zahlen

Das Abspeichern von Datensätzen (Random-Zugriff) wird in diesem Buch nicht behandelt, da auch die damit verbundenen benutzerdefinierten Datentypen nicht vorgestellt wurden. Entsprechende Erläuterungen finden Sie sowohl auf der »Jetzt lerne ich Visual Basic«-Webseite als auch natürlich in der Visual-Basic-Hilfe. Bedingt durch den Umstand, dass Visual Basic in der Profi- und Enterprise-Edition mit der Jet-Engine über ein eigenes Datenbanksystem verfügt, ist die Notwendigkeit für die Abspeicherung von Datensätzen in Random-Dateien relativ begrenzt.

9.1 Das Prinzip des Dateizugriffs

Was ist eigentlich eine Datei? Ganz einfach, ein Behälter für Daten, der über einen Namen angesprochen wird. Diese Definition ist etwas vage. Hier die technischere Variante. Ein Betriebssystem wie Windows verteilt die Daten auf der Festplatte (sowie auf Diskette und allen anderen beschreibbaren Medien) in gleichgroße Portionen, die als Zuordnungseinheiten (engl. »cluster«) bezeichnet werden. Jede Zuordnungseinheit besitzt eine Größe (bei Windows 98 zum Beispiel 4096 Byte bei Partitionen von bis zu 8 Gbyte). Speichern Sie daher einen Brief mit 10000 Zeichen, so belegt dieser mindestens fünf solcher Zuordnungseinheiten. Allerdings, diese Zuordnungseinheiten können über die ganze Festplatte (genauer gesagt, die Partition einer Festplatte) verteilt sein. Das Betriebssystem muss sich also merken, wo die einzelnen Zuordnungseinheiten lokalisiert sind. Dafür benutzt es eine interne »Merktabelle«, die als *File Allocation Table* (FAT) bezeichnet wird. Die FAT (oder FAT32 bei Windows 98) wird sozusagen als Inhaltsverzeichnis eines Laufwerks auf diesem gespeichert und ist etwas, das in den Tiefen des Betriebssystems verborgen ist und mit dem weder Anwender noch Programmierer jemals konfrontiert werden. Oder haben Sie beim Abspeichern eines Dokuments oder eines Visual-Basic-Programms jemals die Nummern von Zuordnungseinheiten angeben müssen? Natürlich nicht, denn dafür gibt es die Dateinamen.

MERKSATZ

Ein Dateiname ist nichts anderes als der Name für eine Gruppe von Zuordnungseinheiten, die das beinhalten, was als Datei bezeichnet wird.

Sie kopieren nicht die Zuordnungseinheiten 10, 17 und 321 auf Laufwerk A:, Sie kopieren die Datei *ROCKME.TXT* auf Laufwerk A:. Intern werden aber diese Zuordnungseinheiten kopiert und die FAT des Laufwerks A: so aktualisiert, dass sich eine Datei *ROCKME.TXT* auf diesem Laufwerk befindet und das Laden der Datei die damit verbundenen Zuordnungseinheiten lädt. Hätte man das nicht einfacher erklären können? Klar, eine Datei ist ein »Behälter« für Daten auf einem Laufwerk.

Intern besteht eine Datei aus einer Aneinanderreihung von Bytes. Wenn Sie sich – was mit einigen Hilfsprogrammen, wie einem DiskDoctor oder dem MS-DOS-Hilfsprogramm Debug, möglich ist – den Inhalt einer beliebigen Datei anschauen, sehen Sie nichts anderes als aneinander gereihte Hexadezimalzahlen, die für die einzelnen Bytes der Datei stehen. Welche Bedeutung diese Bytes besitzen, ist dem Betriebssystem, salopp gesprochen, egal. Sie erhalten erst dann eine Bedeutung, wenn die Datei von einem Programm »eingelesen« und interpretiert wird. Erst dann stellt es sich heraus, ob es sich um Maschinenbefehle oder um sankrillische Schriftzeichen handelt.

9.2 Dateizugriffe in Visual Basic

In Visual Basic können Sie Dateien anlegen und auf bereits vorhandene Dateien zugreifen. Der Zugriff auf eine Datei bedeutet, dass Sie den Inhalt der Datei in eine Variable des Programms einlesen. Dabei können Sie den Inhalt der Datei entweder völlig »wertneutral« Byte für Byte einlesen oder eine bestimmte »Struktur« voraussetzen und dadurch zum Beispiel vier Byte automatisch zu einer *Long*-Variablen (die aus 4 Byte besteht) machen.

Der Zugriff auf eine Datei verläuft stets nach dem gleichen Schema:

1. Holen einer freien Dateinummer über die *FreeFile*-Funktion.
2. Öffnen der Datei über den *Open*-Befehl, wobei über den Zugriffsmodus (entweder *Input*, *Output*, *Append*, *Random* oder *Binary*) gleichzeitig die Art des Zugriffs festgelegt wird.
3. Schreiben und/oder Lesen der Daten über einen Befehl, wie zum Beispiel *Input*, *Write*, *Get* oder *Put*.
4. Schließen der Datei über den *Close*-Befehl.

9.2.1 Sequentiell oder binär?

Visual Basic unterscheidet zwischen drei verschiedenen Zugriffsmodi:

- Sequentieller Zugriff
- Random-Zugriff
- Binärer Zugriff

Lassen Sie sich durch diese Namen nicht verwirren, dahinter stecken ganz einfache Mechanismen. In allen drei Fällen werden Daten in einer »normalen« Datei gespeichert. Die Unterscheidung, die noch auf die Tage des »Uralt-Basic« zurückgeht und bei einer »Neuerfindung« von Visual Basic sicherlich nicht mehr berücksichtigt werden würde, hat nur mit dem Format der gespeicherten Daten zu tun. So wird die Zahl 1234 beim sequentiellen Zugriff als Ziffernfolge »1234« (4 Byte plus Trennzeichen), beim binären Zugriff dagegen als Zahl 1234 (2 Byte) gespeichert. Beim Random-Zugriff werden dagegen »Datensätze«, das heißt Variablen gleicher Größe mit einem benutzerdefinierten Datentyp, gespeichert. Der Terminus »Random« (den man mit »wahlweise« übersetzen muss) bezieht sich auf den Umstand, dass man über eine Datensatznummer direkt auf jeden Datensatz zugreifen kann und nicht erst die ersten neun Datensätze einlesen muss, um auf den zehnten Datensatz zugreifen zu können, wie es beim sequentiellen Zugriff der Fall wäre. Mehr steckt nicht dahinter.

MERKSATZ

Der sequentielle Zugriff wird beim Speichern von Texten benutzt, der binäre Zugriff beim Speichern von Zahlen und anderen Daten.

9.2.2 Der Open-Befehl

Der *Open*-Befehl »öffnet« eine beliebige Datei. Dieser Schritt ist unter Windows notwendig, um auf eine Datei zugreifen zu können. Beim *Open*-Befehl geben Sie neben dem Namen der Datei auch eine Zugriffsnummer und einen optionalen Zugriffsmodus an.

BEISPIEL

```
Open Dateiname For Input As 1
```

Dieser Befehl öffnet die Datei *Dateiname* mit der Dateinummer 1 für einen Lesezugriff. Sollte die Datei nicht existieren, ist ein Laufzeitfehler Nr. 53 die Folge.

Um eine Datei für den Schreibzugriff zu öffnen, muss als Zugriffsmodus *Output* oder *Append* aufgeführt werden. Bei Verwendung von *Append* werden die zu schreibenden Daten an die Datei angehängt, falls diese bereits existiert.

BEISPIEL

```
Open Dateiname For Output As 1
```

Sollte die Datei noch nicht existieren, wird sie diesmal automatisch angelegt.

Tabelle 9.1: Die VB-Dateizugriffsmethoden in der Übersicht

Zugriffsmodi	Bedeutung
Input	Datei wird für Lesezugriffe geöffnet. Die weiteren Zugriffe erfolgen mit den Befehlen *Input* bzw. *Line Input* oder der *Input*-Funktion.
Output	Datei wird für Schreibzugriffe geöffnet. Die weiteren Zugriffe erfolgen mit den Befehlen *Print* oder *Write*.
Append	Wie im *Output*-Modus, nur dass die zu schreibenden Daten an eine bereits vorhandene Datei angehängt werden.
Binary	Die Datei wird sowohl für Lese- als auch Schreibzugriffe geöffnet. Die weiteren Zugriffe erfolgen über die Befehle *Get* (Lesen) und *Put* (Schreiben).
Random	Die Datei wird sowohl für Lese- als auch Schreibzugriffe geöffnet. Die weiteren Zugriffe erfolgen über die Befehle *Get* (Lesen) und *Put* (Schreiben), wobei stets eine Datensatznummer angegeben werden muss.

Welche Bedeutung hat eigentlich die Zugriffsnummer? Über sie wird ein »Datenkanal« für den Transport der Daten zwischen dem Programm und dem

Zwischenspeicher des Betriebssystems ausgewählt. Um sich nicht um den genauen Wert der Zugriffsnummer kümmern zu müssen, holt man sich die nächste freie Zugriffsnummer stets über die *FreeFile*-Funktion.

```
Dim DateiNr As Integer
DateiNr = FreeFile
Open DateiName For Input As DateiNr
```

9.2.3 Der Close-Befehl

Jede Datei, die über einen *Open*-Befehl geöffnet wurde, sollte über einen *Close*-Befehl wieder geschlossen werden. Zum einen wird dadurch die Zugriffsnummer wieder freigegeben (sodass nachfolgende *Open*-Befehle diese benutzen können), zum anderen werden dadurch alle Daten, die sich noch im internen Zwischenspeicher des Betriebssystems befinden können, auf das Speichermedium (in der Regel die Festplatte) geschrieben. Zwingend notwendig ist der *Close-Befehl* jedoch nicht, da Visual Basic mit dem ordnungsgemäßen Beenden des Programms alle Dateien automatisch schließt.

```
Close DateiNr
```

Wird keine Zugriffsnummer aufgeführt, werden einfach alle offenen Dateien geschlossen.

9.3 Dateizugriffsbefehle

Das Öffnen und Schließen von Dateien ist nicht mehr als ein erforderlicher Formalismus. Der eigentliche Dateizugriff, das heißt das Lesen und Schreiben von Daten (Bytes) wird über die in Tabelle 9.2 aufgeführten Befehle und Funktionen durchgeführt.

Tabelle 9.2: Die VB-Befehle für den Dateizugriff in der Übersicht

Befehl	Beispiel	Bedeutung
Print	*Print #DateiNr, txtEingabe.text*	Schreibt eine Zeichenfolge in die Datei, wobei die Daten auf die gleiche Weise »formatiert« werden wie bei der *Print*-Methode.
Write	*Write #DateiNr, txtEingabe.Text*	Schreibt eine Zeichenfolge in eine Datei. Im Gegensatz zum *Print*-Befehl werden die einzelnen Elemente automatisch mit Kommata getrennt und in Anführungsstriche gesetzt.

Befehl	Beispiel	Bedeutung
Input	*Input #DateiNr, Temp*	Liest eine Zeichenkette aus einer Datei, die über einen *Print*- oder *Write*-Befehl dort abgelegt wurde.
Line Input	*Line Input #DateNr, Temp*	Wie *Input*-Befehl, nur werden hier alle Zeichen bis zum Zeilenendezeichen gelesen. Dieser Befehl sollte nicht auf Dateien angewendet werden, die mit dem *Write*-Befehl geschrieben wurden.
Input-Funktion	*txtEingabe.Text = Input(DateiNr, 10)*	Liest eine bestimmte Anzahl Bytes aus einer Datei.

9.4 Speichern und Lesen von Text

Am häufigsten dürften Dateien in einem Visual-Basic-Programm für das Abspeichern und Einlesen von Textdateien benötigt werden. Eine Textdatei ist eine Datei, bei der alle Bytes als Textzeichen interpretiert werden. Besteht eine Textdatei aus den Bytes 65 66 67, so werden diese beim Einlesen als die Buchstaben ABC interpretiert. Für das Abspeichern einer Textdatei muss diese im *Output*-Modus, für das Einlesen entsprechend im *Input*-Modus geöffnet werden.

9.4.1 Sequentielles Abspeichern von Text

Für das sequentielle (also zeichenweise) Abspeichern von Text stellt Visual Basic den *Print*- und den *Write*-Befehl zur Verfügung. Letzterer zeichnet sich durch den Umstand aus, dass alle gespeicherten Werte in Anführungsstriche gesetzt werden, die beim Einlesen über den *Input*-Befehl (nicht aber über den *Line Input*-Befehl) ignoriert werden. Im folgenden Beispiel soll der Inhalt des (mehrzeiligen) Textfeldes *txtEingabe* in die Datei *UEBUNG.DAT* geschrieben werden.

```
Dim DateiNr As Integer
DateiNr = FreeFile
Open "Uebung.dat" For Output As DateiNr
    Print #DateiNr, txtEingabe.Text
Close
```

Das ist alles, ein *Print*-Befehl genügt, um den kompletten Inhalt des Textfeldes in die Datei *UEBUNG.DAT* zu übertragen. Da kein Pfad angegeben wurde, finden Sie die Datei im aktuellen Verzeichnis. Jedes Zeichen des Textfeldes wird einzeln gespeichert, wobei pro Zeilenumbruch (bei einem mehrzeiligen Textfeld) zwei zusätzliche Bytes (13 und 10) für den Zeilenumbruch gespeichert werden. Enthält das Textfeld zum Beispiel den Wert »12345«, umfasst die Datei *UEBUNG.DAT* sieben Bytes, fünf Bytes für die Zeichen und zwei Bytes für den obligatorischen Zeilenumbruch.

9.4.2 Sequentielles Einlesen von Text

Auch das Einlesen einer Datei ist nicht viel aufwendiger. Sie müssen lediglich berücksichtigen, dass der eingelesene Text nicht direkt einer Eigenschaft zugewiesen werden kann, sondern die Zuweisung über den »Umweg« einer Variablen geschehen muss. Die folgenden Befehle übertragen den Inhalt der Datei *UEBUNG.DAT* wieder in das Textfeld *txtEingabe*:

```
Dim DateiNr As Integer
Dim Temp  As String
DateiNr = FreeFile
Open "Uebung.dat" For Input As DateiNr
    Input #DateiNr, Temp
    txtEingabe.Text = Temp
Close
```

Als Erstes wird die Datei über eine freie Zugriffsnummer im *Input*-Modus geöffnet. Anschließend wird der Inhalt der Datei der *String*-Variablen *Temp* über den *Input*-Befehl zugewiesen. Dieser Befehl liest alle Zeichen bis zum nächsten Trennzeichen (zum Beispiel Kommata) ein.

9.4.3 »Portionsweises« Einlesen von Text

Bislang wurde der komplette Inhalt einer Datei gelesen und einer Variablen zugewiesen. Sie haben jedoch auch die Möglichkeit, Teile einer Datei einzulesen. Zur Auswahl stehen:

- Die *Input*-Funktion, die eine bestimmte Anzahl an Zeichen liest.
- Der *Line Input*-Befehl, der eine einzelne Zeile liest.

Die *Input*-Funktion ist immer dann praktisch, wenn Sie in einer Datei eine eigene Aufteilung getroffen haben und nun eine ganz bestimmte Anzahl an Zeichen einlesen möchten.

```
txtTextfeld.Text = Input(Lof(DateiNr), DateiNr)
```

Der *Input*-Funktion müssen zwei Werte übergeben werden: eine Zugriffsnummer und die Anzahl der zu lesenden Zeichen. Über die *Lof*-Funktion wird die Größe einer geöffneten Datei in Bytes bestimmt.

Tabelle 9.3: VB-Funktionen für den Dateizugriff

Funktion	Beispiel	Bedeutung
Lof	*Lof(DateiNr)*	Gibt die Größe einer geöffneten Datei zurück.
FileLen	*FileLen(Dateiname)*	Gibt die Größe einer beliebigen Datei zurück.
Eof	*Eof(DateiNr)*	Gibt *True* zurück, nachdem ein Lesebefehl das Ende der Datei erreicht hat.
Loc	*Loc(DateiNr)*	Gibt die Position des internen Dateizeigers an. Hat nur im Binär- und im Random-Zugriff eine Bedeutung.

Soll der Inhalt einer Textdatei zeilenweise gelesen werden, muss der *Line Input*-Befehl zum Einsatz kommen, der alle Zeichen bis zum nächsten Zeilenumbruch ungeachtet möglicher Trennzeichen (also Kommata) einliest.

```
Private Sub cmdLesen_Click()
    Dim Dateiname As String, DateiNr As Integer
    Dim Temp As String
    Dateiname = "Uebung.dat"
    DateiNr = FreeFile
    Open Dateiname For Input As DateiNr
       Do While Not EOF(DateiNr)
            Line Input #DateiNr, Temp
            txtTextfeld.Text = txtTextfeld.Text & Temp
       Loop
    Close DateiNr
End Sub
```

Lassen Sie sich bitte nicht vom Umfang der Prozedur abschrecken. Sie wurde absichtlich etwas »aufgebläht«. Als Erstes fällt auf, dass eine *Do Loop*-Schleife verwendet wird, um den Inhalt der Datei über den *Line Input#-Befehl* zeilenweise (d.h. bis zum nächsten Zeilenumbruch) zu lesen. Die Schleifenabbruchbedingung wird über die *Eof*-Funktion geprüft, die *True* zurückgibt, sobald ein Lesebefehl das Ende der Datei erreicht hat.

Diese wurde bereits schon indirekt erwähnt. Verwenden Sie den *Print#*-Befehl nur im Zusammenspiel mit dem *Line Input#*-Befehl, da dieser stets eine komplette Zeile bis zum nächsten Zeilenumbruch (oder Dateiende) einliest. Lesen Sie über *Line Input* Zeichen ein, die über *Write* geschrieben wurden, werden zum Beispiel auch die Anführungsstriche eingelesen.

Möchten Sie dagegen auf einzelne Datenelemente, zum Beispiel Zahlen, zugreifen, sollten Sie stattdessen den *Write#*-Befehl zum Schreiben verwenden, da dieser zwischen den verschiedenen Datentypen unterscheiden kann und zum Beispiel Zeichenketten in Anführungsstriche setzt und Zahlenwerte durch Kommata trennt.

9.5 Abspeichern und Einlesen von Zahlen

Auch wenn sowohl Texte als auch Zahlen, wie alle übrigen Datentypen auch, in einer Datei durch eine Aneinanderreihung von Bytes dargestellt werden, wird bei Visual Basic zwischen Textzugriff und »anderen« Zugriffen, hierzu zählen auch Zahlen, unterschieden. Diese Zugriffe werden als *binäre Zugriffe* bezeichnet, da die Daten hier in Abhängigkeit ihres Typs als Bytes abgespeichert werden. Übrigens können nicht nur Zahlen, sondern auch Texte binär gespeichert werden. Speichern Sie die Zahl »12345« sequentiell, werden in der Datei fünf Bytes (die Zeichencodes der einzelnen Ziffern) abgelegt, gefolgt von zwei weiteren Bytes für Wagenrücklauf (13) und Zeilenumbruch (10). Speichern Sie die Variable *Zahl* mit dem Wert 12345 dagegen binär, speichern Sie eine Zahl vom Typ *Long*, die folglich nur vier Bytes belegt. Trennzeichen oder Zeilenumbrüche gibt es beim binären Zugriff nicht. Würden Sie eine als Text gespeicherte Zahl binär einlesen, würde Visual Basic nur die ersten vier Bytes einlesen (die »5« bliebe bezogen auf das letzte Beispiel also unberücksichtigt) und diese vier Bytes einer *Long*-Variablen zuweisen, was zu einer ganz anderen Darstellung des eingelesenen Wertes führen würde. Lesen Sie die Datei dagegen als Text ein, und weisen Sie den eingelesenen Wert, etwa über die *Clng*-Funktion, einer *Long*-Variablen ein, stimmt wieder alles. Mehr steckt also nicht hinter der Unterscheidung zwischen Textzugriffen und binären Dateizugriffen.

MERKSATZ

Bei einem binären Zugriff werden genauso viele Bytes gelesen oder geschrieben, wie es dem Datentyp der zu lesenden oder zu schreibenden Daten entspricht.

9.5.1 Die Befehle Get und Put

Der Lesezugriff auf eine Datei im Binärmodus erfolgt über den *Get*-Befehl, der Schreibzugriff über den *Put*-Befehl. Beide Befehle werden auch für den Random-Zugriff benutzt. Da es beim binären Zugriff keine Datensatznummer gibt, wird diese einfach weggelassen.

In dem folgenden Beispiel werden drei Zahlen mit unterschiedlichen Datentypen in eine Datei mit dem Namen *ZAHLEN.DAT* geschrieben.

```
DateiNr = FreeFile
Dim Wert1 As Double, Wert2 As Single, Wert3 As Integer
Wert1 = 123456.789
Wert2 = 22.3
Wert3 = 7
Open "Zahlen.dat" For Binary As DateiNr
    Put DateiNr, ,Wert1
    Put DateiNr, ,Wert2
    Put DateiNr, ,Wert3
Close DateiNr
```

So weit, so gut. Doch wie werden diese Zahlen wieder eingelesen. Da der *Put*-Befehl für jede Variable so viele Bytes schreibt, wie diese Variable im Arbeitsspeicher belegt (den Platzbedarf der einzelnen Datentypen können Sie Tabelle 7.1 entnehmen), kommt es natürlich auf die Reihenfolge an, in der die einzelnen Werte gelesen werden. Die folgende Befehlsfolge liest die Werte wieder richtig ein:

```
DateiNr = FreeFile
Open "Zahlen.dat" For Binary As DateiNr
    Get DateiNr, ,Wert1
    Get DateiNr, ,Wert2
    Get DateiNr, ,Wert3
Close DateiNr
```

Würden Sie aber die Reihenfolge vertauschen, würden daraus völlig falsche Werte resultieren, da die Datei *ZAHLEN.DAT* lediglich aus einer Aneinanderreihung von Bytes besteht, nicht aber Informationen, wie zum Beispiel bei einer Datenbank, über den Datentyp der gespeicherten Elemente enthält.

Eine kleine Verständnisfrage zum Schluss. Wie groß ist die Datei *ZAHLEN.DAT* aus dem letzten Beispiel genau?

Labor 9-1: Einfache Dateizugriffe

Höchste Zeit für ein Labor, in dem Sie in aller Ruhe das Prinzip der Dateizugriffe kennen lernen können. Starten Sie die Datei *EINFACHEDATEIZUGRIFFE.EXE* oder laden Sie das Projekt *EINFACHEDATEIZUGRIFFE.VBP* in die IDE und führen Sie es aus. Es besteht aus einem mehrzeiligen Textfeld, in das Sie Texte oder Zahlen eingeben und diese auf verschiedene Weisen abspeichern können. Achten Sie darauf, wie viele Zeichen gespeichert und welche Bytes abgespeichert werden. (Sie können dies im Textfeld am unteren Rand sehen – hier wird der Inhalt der gespeicherten Datei Byte für Byte aufgeführt.)

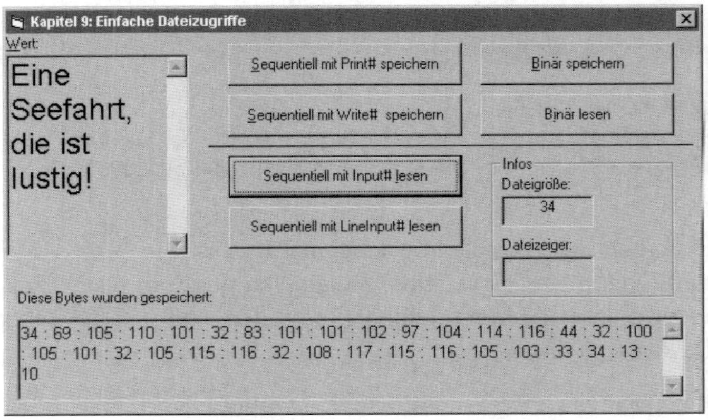

Bild 9.1: In diesem Labor können Sie die verschiedenen Arten des Dateizugriffs kennen lernen

9.6 Der Umgang mit Dateien

Was ist zu tun, wenn Sie Dateien in einem VB-Programm löschen, umbenennen oder kopieren möchten? Kein Problem, dafür gibt es Befehle, die diese Aufgabe schnell und unspektakulär lösen. Eine Übersicht über diese Befehle gibt Tabelle 9.4.

Tabelle 9.4: VB-Befehle für Dateioperationen

Anweisung	Bedeutung
MkDir	Legt ein neues Verzeichnis (Ordner) an.
ChDir	Setzt das aktuelle Verzeichnis auf ein anderes Verzeichnis.
Kill	Löscht eine Datei. Die Datei muss allerdings geschlossen sein.
FileCopy	Kopiert eine Datei.
Name	Benennt eine Datei oder ein Verzeichnis (Ordner) um.
RmDir	Entfernt ein leeres Verzeichnis (Ordner).

Und wie sieht es mit dem Formatieren von Disketten aus? Einen passenden Befehl bietet Visual Basic leider (oder zum Glück) nicht (es gibt einen sehr interessanten API-Aufruf in *SHELL32.DLL* mit dem Namen *SHFormatDrive*), der die Formatierung eines Datenträgers erledigt. Wer von einem Visual-Basic-Programm aus Disketten formatieren möchte, kann dies (ein wenig umständlich) über einen Aufruf des FORMAT-Kommandos des Betriebssystems erreichen.

Das folgende Beispiel zeigt, wie sich das FORMAT-Kommando des Betriebssystems über die *Shell*-Funktion starten lässt. Dieser Funktion wird neben dem Namen des auszuführenden Programms (Sie können hier ein beliebiges Programm angeben) auch der Ausführungsmodus (zum Beispiel als Vollbild oder Symbol) übergeben.

```
Dim ProzessID As Long
Kommandostring = "Command.com /C Format /Q /Autotest A:"
ProzessID = Shell(Kommandostrin, vbMinimizedNoFocus)
```

Beachten Sie, dass die Formatierung der Diskette dank der (undokumentierten) Option */Autotest* ohne Bestätigung gestartet wird. Dies setzt natürlich voraus, dass alle Vorbereitungen getroffen sind und die richtige Diskette im Laufwerk A: liegt.

Ein Nachteil dieses Verfahrens ist, dass die *Shell*-Funktion bereits wieder zurückkehrt, bevor das gestartete Programm beendet ist. Mit anderen Worten, Sie können nicht genau wissen, wann die Formatierung fertig ist. Entweder lassen Sie dies vom Benutzer bestätigen oder aber Sie bauen mit Hilfe diverser API-Funktionen eine entsprechende Abfrage ein.

9.7 Das FilesystemObject-Objekt

Ist Ihnen aufgefallen, dass beim Thema Dateizugriff bislang ausnahmsweise einmal nicht von Objekten, Eigenschaften und Methoden die Rede war? Kein Wunder, denn diese Methode des Dateizugriffs stammt noch aus einer Zeit, als es weder Windows noch Visual Basic gab und Programmierer beim Gedanken an 64 Kbyte Arbeitsspeicher im 7. Himmel waren. Aber, alles geht einmal zu Ende. So wahrscheinlich auch die Ära der altmodischen Dateizugriffsbefehle. Mit dem *FilesystemObject*-Objekt, das im Zusammenhang mit dem Windows Script Host (WSH) zur Verfügung gestellt wird, gibt es eine Alternative für den Zugriff auf Textdateien. Um das *FilesystemObject*-Objekt benutzen zu können, müssen Sie zunächst über den Menübefehl PROJEKT | VERWEISE eine Referenz auf die Objektbibliothek »Microsoft Scripting Runtime« in das Projekt einbinden. Anschließend können Sie auf die zahlreichen Eigenschaften und Methoden des Objekts zugreifen und z.B. folgende Befehle ausführen, die den Inhalt der Datei *Msdos.sys* in ein Textfeld einlesen:

```
Dim F As FilesystemObject
Dim S As TextStream
Set F = New FilesystemObject
Set S = F.OpenTextFile("C:\Msdos.sys")
txtTextfeld.Text = S.ReadAll
S.Close
```

Das *FilesystemObject*-Objekt kann noch sehr viel mehr, z.B. den Inhalt eines Ordners auflisten, Dateien kopieren und vieles mehr. Werfen Sie am besten einen Blick in den Objektkatalog, da dort alle Objekte mit ihren Eigenschaften und Methoden aufgeführt werden. Eine Beschreibung der Objekte erhalten Sie zum einen in der MSDN-Hilfe oder im Web unter *http://msdn.microsoft.com/scripting/default.htm?/scripting/vbscript/beta/doc/sgfsosample.htm* (aber auch an vielen anderen Stellen unter *http://msdn.microsoft.com/scripting*). Hier können Sie zum einen in der MSDN-Hilfe oder im Web unter *www.microsoft.com/germany/scripting*.

9.8 Dialogfelder für die Dateiauswahl

Windows meint es schon gut mit seinen Programmierern. Anstatt alle Programmierer ihre eigenen Dialogfelder für die Auswahl von Dateien basteln zu lassen, stellt es die wichtigsten Dialogfelder fix und fertig zur Verfügung. Alles, was Sie noch tun müssen, ist, das Standarddialogsteuerelement auf einem Formular anzuordnen, das einen Zugriff auf die in den »Tiefen« von Windows verborgenen Dialogfelder bietet. Die zur Auswahl stehenden Dialogfelder sind in Tabelle 9.5 zusammengefasst.

Tabelle 9.5: Die Dialogfelder des Standarddialogsteuerelements und die Methoden, über die sie aufgerufen werden

Dialogfeld für die Auswahl ...	Methode
eines Dateinamens zum Öffnen einer Datei	*ShowOpen*
eines Dateinamens zum Abspeichern einer Datei	*ShowSave*
einer Farbe	*ShowColor*
von Schriftattributen	*ShowFont*
eines Druckers	*ShowPrinter*

Die Anzeige dieser Dialogfelder läuft immer nach dem gleichen Schema:

1. Sie fügen über das Menükommando PROJEKT | KOMPONENTEN das Zusatzsteuerelement »Microsoft Common Dialog Control 6.0 (bzw. 5.0)« zur Werkzeugsammlung hinzu.
2. Sie ordnen das Steuerelement auf dem Formular an. Da es während der Programmausführung unsichtbar ist, spielt die Position keine Rolle.
3. Sie geben dem Standarddialogsteuerelement einen passenden Namen (zum Beispiel »cdlDateiÖffnen« – das Präfix lautet »cdl«).
4. Sie klicken auf den Eintrag »Benutzerdefiniert« im Eigenschaftsfenster, um spezielle Eigenschaften einzustellen. Dies kann aber auch während der Programmausführung geschehen.

5. Sie rufen während der Programmausführung eine der in Tabelle 9.5 aufgeführten Methoden auf.
6. Der Benutzer trifft seine Auswahl, die Sie anschließend über eine der Eigenschaften des Standarddialogsteuerelements abfragen.

HINWEIS

Über die *Flags*-Eigenschaft des Standarddialogsteuerelements wird das Verhalten des Dialogfeldes beeinflusst. Diese Eigenschaft ist in der Visual-Basic-Hilfe ausführlich beschrieben.

BEISPIEL

Im Folgenden soll lediglich ein Beispiel für die Auswahl einer Datei zum Öffnen vorgestellt werden.

```
Private Sub cmdStart_Click()
    Dim Dateiname As String
    cdlDateiÖffnen.InitDir = "\Programme\VB\Graphics"
    cdlDateiÖffnen.Filter = "*.BMP
            (Bitmaps)|*.BMP|*.ICO(Icons)|*.ICO|*.WMF
            (Metafiles)|*.WMF|*.* (Alle Dateien)|*.*"
    cdlDateiÖffnen.DialogTitle = "Öffnen einer Grafikdatei"
    cdlDateiÖffnen.ShowOpen
    Dateiname = cdlDateiÖffnen.Filename
    If Dateiname = "" Then Exit Sub ' Es wurde kein ↵
                                Dateiname ausgewählt
    imgBild.Picture = LoadPicture(Dateiname)
End Sub
```

Dieser Befehl öffnet das Standarddialogfeld zum Öffnen einer Datei, wobei ein Verzeichnis und die zur Verfügung stehenden Erweiterungen für Bilddateien über die *Filter*-Eigenschaft bereits voreingestellt werden.

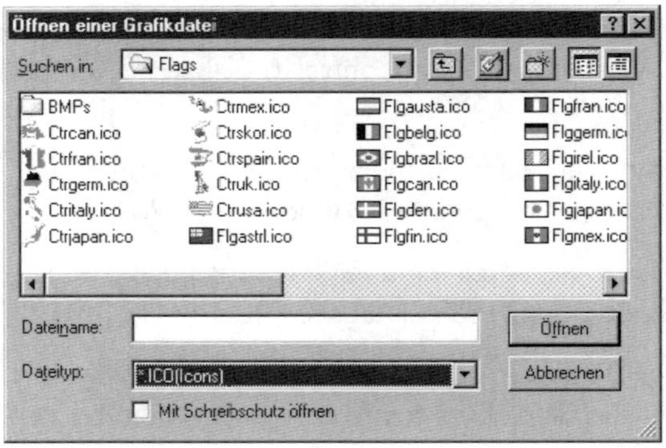

Bild 9.2: Dieses hübsche Dialogfeld wird durch die ShowOpen-Methode auf den Bildschirm gezaubert

HINWEIS

Um zu erreichen, dass das Dialogfeld zum Öffnen oder Speichern einer Datei stets das zuletzt eingestellte Verzeichnis voreinstellt, muss lediglich der *InitDir*-Eigenschaft vor dem Öffnen der aktuelle Wert der *CurDir*-Funktion (sie gibt den Namen des aktuellen Verzeichnisses zurück) zugewiesen werden:

```
cdlStandard.InitDir = CurDir
```

Das Flag *cdlOFNNoChangeDir* erfüllt diesen Zweck nicht. Im Gegenteil, es sorgt dafür, dass nach dem Schließen des Dialogfeldes das aktuelle Verzeichnis wieder jenes Verzeichnis ist, das vor dem Öffnen des Dialogfeldes gültig war.

Die Dialogfelder zum Abspeichern von Dateien, zur Farbauswahl (die gewählte Farbe steht über die *Color*-Eigenschaft zur Verfügung – durch Setzen der *Flags*-Eigenschaft auf *cdlCCRGBInit* wird die zuletzt gewählte Farbe voreingestellt) und zur Druckerauswahl sind ebenfalls sehr einfach in der Anwendung. Etwas aufwendiger ist das Dialogfeld zur Schriftauswahl, da Sie hier zunächst alle aktuellen Schriftattribute dem Standarddialogsteuerelement zuweisen müssen, denn diese sollten im Dialogfeld angezeigt werden. Anschließend müssen alle Attribute wieder dem jeweiligen Objekt zugewiesen werden. Außerdem muss die *Flags*-Eigenschaft einen der Werte *cdlCFScreenFonts*, *cdlCFPrinterFonts* oder *cdlCFBoth* erhalten, da sonst die etwas geheimnisvolle Fehlermeldung »Es sind keine Schriftarten installiert« erscheint.

9.9 Zusammenfassung

Sollen Daten in einem Visual-Basic-Programm dauerhaft gespeichert werden, müssen sie in einer Datei abgelegt werden. Visual Basic bietet dafür drei Modi an: sequentiell, binär und Random. Im sequentiellen Modus werden die Daten Zeichen für Zeichen gespeichert, wobei zusätzlich Trennzeichen und Zeilenumbruchzeichen gespeichert werden. Hier müssen Sie beim Dateizugriff festlegen, ob Sie Daten lesen (*Input*-Modus) oder schreiben (*Output*- oder *Append*-Modus) möchten. Anschließend werden die Daten über den *Input*- oder *Line Input*-Befehl oder die *Input*-Funktion gelesen oder über den *Print*- oder *Write*-Befehl geschrieben. Beim binären Zugriff werden Daten über einen *Get*-Befehl (lesen) bzw. *Put*-Befehl (schreiben) in Abhängigkeit ihres Datentyps gespeichert. Schließlich gibt es noch den Random-Zugriff, bei dem ein einzelner Datensatz gespeichert wird, der über eine Variable mit einem benutzerdefinierten Datentyp angelegt wird.

Damit die Auswahl eines Dateinamens während der Programmausführung möglichst konform zu den unter Windows geltenden Richtlinien erfolgen kann, stellt Visual Basic über das Standarddialogsteuerelement fünf Standarddialogfelder zur Verfügung, zu denen auch jeweils ein Dialogfeld für die Auswahl eines Dateinamens zum Öffnen einer Datei und eines zum Abspeichern einer Datei gehören.

9.10 Fragen

Frage 1 Welche Rolle spielt die Dateizugriffsnummer? Kann man sich die Nummer ausdenken oder diese frei wählen?

Frage 2 Was ist der Unterschied zwischen einem Textzugriff (sequentiellen Zugriff) und einem binären Zugriff? Wie viele Bytes belegt die Zahl 3,14 beim sequentiellen Speichern, wie viele Bytes beim binären Speichern?

Frage 3 Was passiert beim sequentiellen Zugriff im *Output*-Modus auf eine nicht existierende Datei?

Frage 4 Wie lässt sich in einem VB-Programm feststellen, ob eine bestimmte Datei bereits existiert?

Frage 5 Was ist, wenn eine Datei, die über einen *Open*-Befehl geöffnet werden soll, bereits von einem anderen Programm (oder einem anderen Benutzer) geöffnet wurde?

Frage 6 Was unterscheidet die Funktionen *Lof* und *FileLen*?

Frage 7 Wie muss der VB-Befehl aussehen, der das Programm *ZINSRECHNER.EXE* in normaler Fenstergröße startet?

Frage 8 Welche Bedeutung hat die Eigenschaft *CancelError* bei einem Standarddialog-Steuerelement?

Die Antworten zu den Fragen finden Sie in Anhang C.

9.11 Aufgaben

Aufgabe 1 Schreiben Sie einen Mini-Editor, mit dem Sie beliebige Textdateien einlesen, bearbeiten und wieder abspeichern können. Das Bearbeiten des Textes soll in einem Textfeld erfolgen, die Auswahl der Kommandos zum Öffnen und Speichern einer Datei über Menüs (Shortcuts nicht vergessen) und Standarddialogfelder. Fügen Sie eine Statusleiste hinzu, die die Anzahl der geladenen oder gespeicherten Bytes anzeigt.

Aufgabe 2 Erweitern Sie den Texteditor aus Aufgabe 1 um eine Suchfunktion.

Aufgabe 3

Erweitern Sie den Texteditor um eine Laufzeitfehlerbehandlung, sodass nicht existierende Dateinamen oder nicht eingelegte Disketten nicht zu einem Programmabbruch führen können.

Aufgabe 4

Bei einem wissenschaftlichen Experiment fallen jede Stunde zwei Messwerte an. Simulieren Sie mit Hilfe der *Rnd*-Funktion eine Tagesmessreihe und speichern Sie die angefallenen Werte in einer Datei ab, wobei zu Beginn der Datei die Nummer der Messreihe und das Datum gespeichert werden sollen, sodass Sie später Messreihen wieder gezielt abrufen können.

Aufgabe 5

Erstellen Sie mit dem Windows-Editor eine Textdatei, in der Sie die Mannschaftsnamen aller 18 Vereine der 1. Fußballbundesliga (oder irgendeiner anderen Tabelle) eintragen. Speichern Sie die Datei unter dem Namen *MANNSCHAFT.TXT*. Schreiben Sie ein kleines Programm, mit dem Sie die Mannschaftsnamen in ein Listenfeld einlesen können. Erweitern Sie die Textdatei, indem Sie, getrennt durch ein Komma, eine (willkürliche) Platzierung anhängen. Erweitern Sie das Programm, sodass die Plazierung beim Einlesen in das Listenfeld berücksichtigt wird.

Aufgabe 6

Zum Schluss wieder eine echte Herausforderung. Schreiben Sie ein Programm, das alle Dateien, die sich zurzeit auf dem Windows-Desktop befinden, in ein Verzeichnis mit dem Namen *DESKTOPBACKUP* verschiebt (alle auf dem Windows-Desktop abgelegten Dateien befinden sich in einem Windows-Unterverzeichnis mit dem Namen *DESKTOP*). Diese »Aufräum-Aktion« soll sich auch wieder rückgängig machen lassen. Sichern Sie bitte alle wichtigen Dateien auf dem Desktop, bevor Sie mit der Umsetzung beginnen.

Lösungsvorschläge zu den Aufgaben finden Sie auf der Webseite zum Buch (siehe Seite 27).

Kapitel 10

jetzt lerne ich

Die bunte Welt der Grafik

Zu dem Bereich, der auf Programmierer nach wie vor die größte Faszination ausübt, gehört die Computergrafik. Wer träumt nicht bei den Star Trek Next Generation-Kinofilmen oder bei PC-Games wie Rebel Assault oder Age Of Empires, davon, diese Effekte selber einmal programmieren zu können? Leider wird dies für viele Programmierer auf absehbare Zeit ein Traum bleiben, denn bei kaum einem anderen Bereich wird die Kluft zwischen »Amateuren« und »Profis« so deutlich wie bei Animationen, 3D-Grafik und rasanten Action-Spielen. Auch ein supermoderner GHz-Pentium kann bezüglich seiner Rechenleistung und der Leistungsfähigkeit der Grafikausgabe (vermutlich) noch nicht mit jenen Workstations mithalten, auf denen die Spezialisten bei Industrial Lights and Magic (ILM), Digital Domain oder Lucas Film ihre kleinen Wunder produzieren[1]. Die Software, die diese Wunder vollbringt, kostet allerdings oft auch sechsstellige Beträge. Visual Basic trägt nicht viel dazu bei, die Lücke zu schließen. Wer sich zum ersten Mal mit den »Grafikfähigkeiten« von Visual Basic beschäftigt, dürfte relativ ernüchtert feststellen, dass außer einfachen Zeichenoperationen nicht viel geboten wird. Dennoch kann man auch mit Visual Basic einiges anfangen. Man darf lediglich am Anfang die Erwartungen nicht zu hoch schrauben, muss sich mit den vorhandenen Werkzeugen vertraut machen und herausbekommen, wie man die Lücken durch API-Funktionen, die Einbeziehung der DirectX-Multimedia-Erweiterungen und anderer Toolboxen füllt. Dann lassen sich auch in Visual Basic tolle Sachen machen, die einen Hauch vom »Special Effects Studio« durch den Compi wehen lassen. In diesem Kapitel geht es jedoch ausschließ-

1. In der ersten Ausgabe des Buches stand hier noch als Taktfrequenz 233 MHz.

lich um das ABC der Grafikprogrammierung, mit dem sich auch spannende Dinge realisieren lassen.

Sie lernen in diesem Kapitel etwas über:

- Die elementaren Grafikmethoden *Circle*, *Cls*, *Line* und *Pset*
- Innere und äußere Koordinatensysteme
- Das »Plotten« mathematischer Funktionen
- Die Anzeige von Bildern
- Das *Picture*-Objekt
- Die *PaintPicture*-Methode zum Kopieren von Bitmaps
- Den Umgang mit Farben
- Die Bedeutung der Z-Achse
- Die Ausgabe auf dem Drucker

10.1 Übersicht über die Grafikmethoden

Das Zeichnen von Linien und anderen geometrischen Figuren wird entweder über die Figurenelemente, mit Hilfe von Grafikmethoden oder über den direkten Aufruf der Windows-API-Funktionen des GDI durchgeführt. Allen Grafikmethoden ist gemeinsam, dass sie in exakt der gleichen Syntax wahlweise auf die Objekte *Formular, Bildfeld* und *Printer* angewendet werden können. In den übrigen Steuerelementen sind keine direkten Grafikausgaben möglich (sondern nur über den Umweg der *Picture*-Eigenschaft).

Tabelle 10.1: Die Grafikmethoden können gleichermaßen auf ein Formular, ein Bildfeld oder ein Printer-Objekt angewendet werden

Methode	Syntax	Bedeutung
Circle	*(x, y), Radius, Farbe, Start, Ende, Aspekt*	Zeichnet eine Ellipse oder einen Kreisbogen. Wenn einer der Parameter *Start* oder *Ende* negativ ist, wird eine Verbindung zum Kreismittelpunkt gezeichnet. Das Argument *Aspekt* legt den »Rundungsfaktor« der Ellipse fest.
Line	*[Step] (x1, y1) – [Step] (x2, y2), Farbe, BF*	Zeichnet eine Linie oder ein Rechteck, wenn der Zusatz »B« angegeben wird. Der Zusatz »F« füllt das Rechteck mit der über das Argument *Farbe* festgelegten Farbe. Ohne den Zusatz »F« gibt dieser nur die Rahmenfarbe an.
Pset	*[Step] (x, y), [Farbe]*	Setzt einen einzelnen Punkt. Entfällt das Argument *Farbe*, wird der Punkt in der über die *FillColor*-Eigenschaft der Ausgabefläche festgelegten Farbe gezeichnet.

Methode	Syntax	Bedeutung
Point	*(x, y)*	Ermittelt die RGB-Farbe eines Punkts. Diese Methode ist wichtig, um die Farbe eines Punkts in Abhängigkeit von der aktuellen Farbe zu setzen.

10.2 Allgemeines zur Ausgabe

Bevor die einzelnen Grafikmethoden mit Beispielen vorgestellt werden, müssen Sie etwas über die Ausgabefläche wissen, auf denen diese Methoden zeichnen. Das ist das Schöne an dem Umstand, dass Visual Basic auf Objekten basiert. Egal, ob Sie eine Ausgabe in einem Bildfeld, in der Innenfläche eines Formulars oder über das *Printer*-Objekt auf dem Drucker ausgeben, die Ausgabebefehle sind identisch. Aus diesem Grund soll im Folgenden nicht zwischen diesen Ausgabemedien unterschieden werden. Zwei Dinge sind bei den Zeichenmethoden von Interesse:

1. Wo findet die Ausgabe statt?
2. In welcher Form findet die Ausgabe statt?

10.2.1 Wo findet die Ausgabe statt?

Die Frage des Wo ist schnell geklärt. Die Ausgabefläche besteht aus einer bestimmten Anzahl untereinander angeordneter Zeilen mit einer festen Anzahl an Punkten. Wie viele Zeilen mit wie vielen Bildpunkten in der Ausgabefläche zur Verfügung stehen, hängt natürlich von der aktuellen Größe der Ausgabefläche ab. Die Ausgabefläche besitzt ein eigenes Koordinatensystem, das als *inneres Koordinatensystem* bezeichnet wird. Das bedeutet lediglich, dass Sie über die *Scale*-Methode eine eigene Unterteilung in der X- und Y-Achse einführen können, um Koordinaten ohne Umrechnungen angeben zu können. In den folgenden Beispielen dieses Abschnitts wird für die Ausgabe stets ein Bildfeld verwendet. Damit das Rechnen mit den Koordinaten etwas einfacher wird, erhält das innere Koordinatensystem des Bildfeldes jedes Mal eine eigene Unterteilung. Der Befehl

```
picAusgabe.Scale (0,0) - (100, 100)
```

bewirkt, dass der Ursprung des inneren Koordinatensystems (also die linke obere Ecke) die Koordinaten 0/0 erhält und sowohl die X- als auch die Y-Achse aus 100 Einheiten bestehen. Es ist wichtig zu verstehen, dass das innere Koordinatensystem eine rein logische Aufteilung darstellt. Die tatsächliche Größe wird durch diese Aufteilung nicht beeinflusst. Ändert man die Größe der Ausgabefläche, zum Beispiel durch Vergrößern des Bildfeldes, ändert sich auch die Anzahl der Unterteilungen. Dieses ist also nicht konstant. Möchte man eine Diagonale in dem Bildfeld zeichnen, kann man folgenden Befehl verwenden:

```
picAusgabe.Line (0,0)-(100,100)
```

Auch wenn das Bildfeld vielleicht 3200 Twips breit und 1892 Twips hoch ist, zeichnet diese Methode eine Diagonale, da sich alle Koordinatenangaben grundsätzlich auf das innere Koordinatensystem beziehen.

MERKSATZ

Alle Koordinatenangaben beziehen sich immer auf das innere Koordinatensystem der Ausgabefläche.

Möchte man Grafikmethoden nicht von festen Koordinatenpunkten abhängig machen, verwendet man die Eigenschaften *ScaleHeight*, *ScaleLeft*, *ScaleTop* und *ScaleWidth*. Während *ScaleHeight* und *ScaleWidth* die Länge der Y- und X-Achse (in der über die *ScaleMode*-Eigenschaft eingestellten Einheit) angeben, legen *ScaleLeft* und *ScaleTop* die Koordinaten des Ursprungs fest. Während sich die Eigenschaften *Height* und *Width* auf die Gesamtabmessungen der Ausgabefläche (inklusive Rahmen) beziehen, beschränken sich *ScaleHeight* und *ScaleWidth* auf die Abmessungen der inneren Fläche (bei Formularen kann dies bereits etwas ausmachen, bei Bildfeldern nicht).

HINWEIS

Über die API-Funktion *GetSystemMetrics* erhält man u.a. die Höhe der Titelleiste und die Breite der Umrandung eines Fensters.

Streng genommen müsste die Diagonale in dem Bildfeld durch folgenden Befehl gezeichnet werden:

```
picAusgabe.Line (ScaleLeft, ScaleTop)-(ScaleWidth, ScaleLeft
```

Moment, wurde da nicht etwas vergessen? Richtig, es fehlt der Objektname. Da keiner angegeben wurde, beziehen sich alle Eigenschaften auf das Formular und nicht auf das Bildfeld. Die richtige Fassung lautet also:

```
picAusgabe.Line (picAusgabe.ScaleLeft, _
 picAusgabe.ScaleTop)-(picAusgabe.ScaleWidth, _
 picAusgabe.ScaleHeight)
```

Ganz schön lang. Kann man diesen Befehl nicht mit dem *With*-Befehl abkürzen, sodass das Objekt *picAusgabe* nur einmal aufgeführt werden muss? Leider nicht, zumindest nicht mit dem *With*-Befehl.

Abkürzen lässt sich dagegen das separate Zuweisen an die Eigenschaften *ScaleHeight*, *ScaleLeft*, *ScaleTop* und *ScaleWidth*. Und zwar über die *Scale*-Methode, die dies in einem Aufwasch erledigt:

```
picAusgabe.Scale (0, 0) - (100, 100)
```

Diesen Befehl kennen Sie bereits. Der Aufruf der *Scale*-Methode hat die gleiche Wirkung, wie wenn die Eigenschaften *ScaleTop*, *ScaleLeft*, *ScaleHeight* und *ScaleWidth* einzeln einen Wert erhalten. Wird die *Scale*-Methode ohne Argumente aufgerufen, wird die ursprüngliche Aufteilung wiederhergestellt.

Das Vorhandensein eines inneren Koordinatensystems bestimmt nicht nur die Koordinatenangaben für die Grafikmethoden und die *Print*-Methode, sondern auch die Mauskoordinaten, die zum Beispiel der *MouseMove*-Ereignisprozedur übergeben werden. Und es betrifft die über die *ScaleMode*-Eigenschaft eingestellte Maßeinheit. Wurde für ein Bildfeld z.B. »Zentimeter« eingestellt, werden die Mauskoordinaten immer dann in Zentimeter angegeben, wenn sich der Mauszeiger in der Innenfläche des Bildfeldes befindet. Dies muss bei der Abfrage der Mauskoordinaten stets berücksichtigt werden.

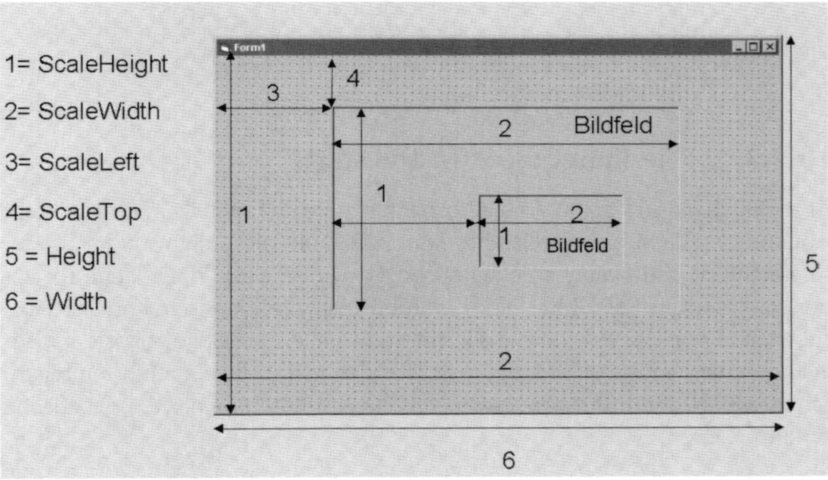

Bild 10.1: Die Bedeutung der Eigenschaften ScaleHeight, ScaleWidth, ScaleLeft und ScaleTop

10.2.2 An welcher Position findet die Ausgabe statt?

Eine Frage wurde bislang noch nicht geklärt. An welcher Position in einem Bildfeld oder Formular findet denn die Ausgabe statt? Beim Aufruf der Grafikmethoden wird dies meistens absolut angegeben. Über den Zusatz »Step« können Sie jedoch auch relative Koordinaten angeben, also vom Typ »Beginne bei der aktuellen Position und zeichne 10 Einheiten«. Doch wo liegt die aktuelle Position? Ganz einfach, die aktuelle Position des Zeichenstiftes wird immer über die Eigenschaften *CurrentX* und *CurrentY* bestimmt. Der Wert dieser beiden Eigenschaften bezieht sich immer auf das innere Koordinatensystem des Ausgabeelements.

MERKSATZ

Die aktuelle Position des Stiftes einer Ausgabefläche wird über die Eigenschaften CurrentX und CurrentY bestimmt.

Das gilt übrigens auch für die »Textausgabe« mit der *Print*-Methode. Mit jeder Ausgabe werden die Werte für *CurrentX* und *CurrentY* aktualisiert, sodass sie stets auf jene Position zeigen, bei der die nächste Textausgabe erfolgt. Über eine *Cls*-Methode werden beide Eigenschaften auf den Wert 0 zurückgesetzt.

Tabelle 10.2: Die Auswirkung von Ausgabemethoden auf die Eigenschaften CurrentX und CurrentY

Aktion	Setzt ***CurrentX*** und ***CurrentY*** auf ...
Cls	0
Print	Den Beginn der nächsten Textausgabe.
Line	Den Endpunkt der Linie, sodass die nächste *Line*-Methode mit dem Zusatz *Step* bei diesem Punkt fortfahren kann.
Circle	Den Mittelpunkt des Kreises.
Pset	Die angegebenen Koordinaten.

10.2.3 Wie findet die Ausgabe statt?

Bliebe noch die zu Beginn dieses Abschnitts gestellte Frage des Wie zu klären. Konkret, wie lässt sich erreichen, dass eine Linie nicht dünn und schwarz, sondern dick und blau gestrichelt ausgegeben oder eine Innenfläche rot kariert angezeigt wird? Diese Dinge werden über die Eigenschaften der Ausgabefläche vor der Ausgabe eingestellt und gelten so lange, bis sie wieder geändert werden. Es ist über die in der folgenden Tabelle aufgeführten Eigenschaften daher kein Problem, verschiedene Attribute in einer Ausgabefläche zu kombinieren.

Tabelle 10.3: Eigenschaften von Ausgabeflächen

Eigenschaft	Bedeutung
DrawMode	Legt fest, wie die zu zeichnende Linie mit dem Hintergrundmuster kombiniert wird. Zur Auswahl stehen insgesamt 16 verschiedene Modi.
DrawStyle	Legt fest, ob die Linie durchgezogen oder gestrichelt ausgegeben wird. Zur Auswahl stehen insgesamt sieben verschiedene Zeichenmodi (im Original auch »pens« für Zeichenstifte genannt).
DrawWidth	Legt die Stärke der Linie im Bereich 1 bis 32767 Pixel fest. Die Standardeinstellung ist 1. Bei Stärken größer 1 wird eine über die *DrawStyle*-Eigenschaft eingestellte gestrichelte Linie durchgezogen dargestellt.
FillColor	Legt die Füllfarbe fest, mit der Innenflächen von *Circle*- oder *Line*-Methoden ausgefüllt werden.

Eigenschaft	Bedeutung
FillStyle	Legt fest, mit welchem Hintergrundmuster (engl. »brush«) eine Fläche ausgefüllt wird, die mit einer *Circle*- oder *Line*-Methode gezeichnet wurde. Zur Auswahl stehen acht verschiedene Muster, die Standardeinstellung ist »1-Transparent«. Soll die Innenfläche mit einer Farbe ausgefüllt werden, muss für *FillStyle* »0-Solid« eingestellt werden.

Wenn Sie die *FillStyle*-Eigenschaft eines Bildfeldes einstellen, erreichen Sie damit nicht, dass das Bildfeld sofort mit diesem Muster ausgefüllt wird. Diese Einstellung bezieht sich lediglich auf alle Innenflächen, die danach über die *Circle*- oder die *Line*-Methode (mit B-Parameter) in dem Bildfeld gezeichnet werden.

BEISPIEL

Im folgenden Beispiel wird innerhalb von *Form_Load* ein Rahmen in einem Bildfeld gezeichnet:

```
Sub Form_Load ()
    Show
    picBild.Line (0, 0)-(picBild.ScaleWidth, _
     picBild.ScaleHeight), picBild.BackColor, B
End Sub
```

Die *Line*-Methode sorgt dafür, dass das Bildfeld mit dem über die Eigenschaften *FillColor* und *FillStyle* des Bildfeldes festgelegten Wert vollständig ausgefüllt wird. Die *Show*-Methode ist notwendig, damit das Füllmuster unmittelbar nach dem Laden des Formulars sichtbar wird. Ansonsten müsste die *AutoRedraw*-Eigenschaft des Bildfeldes den Wert *True* besitzen.

10.2.4 Zeichnen von Linien

Wie Linien gezeichnet werden, wissen Sie bereits: über die *Line*-Methode. Dieser Methode werden im Allgemeinen vier Argumente übergeben: die X/Y-Koordinate des Startpunkts und die X/Y-Koordinate des Endpunkts. Zwischen diesen beiden Punkten zieht die *Line*-Methode eine Linie (der Linienalgorithmus ist relativ gut, allerdings nicht perfekt) in dem über die *DrawStyle*-Eigenschaft festgelegten *Muster* und mit der über die *DrawWidth*-Eigenschaft festgelegten Stärke.

BEISPIEL

```
Line (100,100)-(400,400)
```

Zusätzlich können der Line-Methode weitere Argumente übergeben werden: ein Farbwert, der die Farbe der Umrandung festlegt, sowie die etwas kryptischen Buchstaben »F« (für Ausfüllen) und »B« (für Box) zum Zeichnen eines Rechtecks.

Was aus der Syntaxbeschreibung nur indirekt hervorgeht (durch die Formulierung »im Allgemeinen« im vorletzten Absatz aber bereits angedeutet wurde), ist der Zusatz *Step*, der bewirkt, dass die Argumente nicht mehr als absolute Koordinaten, sondern als relative Entfernungen von der aktuellen Ausgabeposition aus betrachtet werden.

```
Dim x, y, Länge
picAusgabe.Line (x, y)-(x + Länge, y)
picAusgabe.Line -Step(x - Länge / 2, y + Länge)
picAusgabe.Line -(x, y)
```

Diese Befehle zeichnen ein (einigermaßen) gleichschenkliges Dreieck (dafür gibt es in Visual Basic leider keine Methode). Die erste *Line*-Methode zeichnet eine normale Linie. Die zweite *Line*-Methode setzt am Endpunkt dieser Linie (also an den aktuellen Koordinaten des Zeichenstifts) an und zeichnet eine weitere Linie. Die dritte *Line*-Methode verbindet den Endpunkt der zweiten Linie mit dem Startpunkt der ersten Linie, sodass ein Dreieck entsteht (sicherlich gibt es bessere Verfahren).

10.2.5 Zeichnen von Rechtecken

Auch für das Zeichnen von Rechtecken ist die *Line*-Methode zuständig. Man muss lediglich das unscheinbare Argument »B« anhängen und schon wird aus der Linie ein Rechteck, in dem die Linie nun nicht mehr die beiden Punkte direkt verbindet, sondern die Eckpunkte entlang »fährt«. Soll das Rechteck ausgefüllt werden, muss an den Buchstaben »B« der Buchstabe »F« gehängt werden, sodass das Argument »BF« lautet.

```
picAusgabe.Line (x1, y1)-(x2, y2), , B
```

Dieser Befehl zeichnet ein Rechteck, dessen linke obere Ecke durch die Kordianten x1/y1 und dessen rechte untere Ecke durch die Koordinaten x2/y2 bestimmt wird. Das folgende Argument bleibt leer, da die Linie keine eigene Farbe besitzen soll. Aus unverständlichen Gründen unterstützt die *Line*-Methode keine benannten Argumente, sodass man an diese etwas ungewöhnliche Reihenfolge gebunden ist. Beachten Sie, dass die Füllfarbe des Rechtecks nicht nur durch den Farbwert, sondern durch den Wert der *FillColor*-Eigenschaft bestimmt wird (die *FillStyle*-Eigenschaft dabei nicht vergessen).

10.2.6 Zeichnen von Ellipsen

Das Zeichnen von Ellipsen (und Kreisen) übernimmt die *Circle*-Methode. Ihr werden drei Argumente übergeben: die X/Y-Koordinaten des Mittelpunkts und ein Radius.

```
picAusgabe.Circle (x, y), Radius
```

Beachten Sie, dass, wenn *x/y* den Mittelpunkt der Ausgabefläche ansprechen und *Radius* der Hälfte der Ausgabefläche entspricht, der Kreis im Allgemeinen viel größer als die Ausgabefläche wird. Dies liegt an dem Umstand, dass aufgrund des ungleichen Verhältnisses von vertikaler zu horizontaler Auflösung eine Länge von zum Beispiel 50 Twips in der Höhe nicht einer Länge von 50 Twips in der Breite entspricht. Über den »Aspect Ratio«, dem siebten Argument der *Circle*-Methode kann dieses »Missverhältnis« korrigiert werden.

Labor 10-1: Einfache Grafikmethoden

Welche Möglichkeiten die einfachen Grafikmethoden bieten, haben Sie jetzt an einfachen Beispielen kennen gelernt. Das folgende Labor fasst diese Möglichkeiten zusammen und erlaubt es, alle möglichen Einstellungen in der Ausgabefläche vorzunehmen. Starten Sie die Datei *GRAFIKMETHODEN.EXE* oder laden Sie die Projektdatei *GRAFIKMETHODEN.VBP* und führen Sie das Programm aus.

10.2.7 Zeichnen von Kuchendiagrammen

Die *Circle*-Methode kann noch etwas mehr, als simple Ellipsen zu zeichnen. Dank der Argumente vier und fünf, die relativ selten eingesetzt werden, lassen sich anstelle einer vollen Ellipse lediglich Kreisbogenstücke zeichnen. Diese besitzen eine Besonderheit, denn ist ihr Wert negativ, wird automatisch eine Verbindung zum Kreismittelpunkt gezeichnet. Damit kann die *Circle*-Methode auch einfache Kuchendiagramme zeichnen.

Das folgende Beispiel zeigt eine Prozedur, die aus den Inhalten mehrerer Textfelder, die im Steuerelementefeld *txtWerte()* zusammengefasst sind, ein Kuchendiagramm im Bildfeld *picAusgabe* zeichnet, dessen inneres Koordinatensystem über den Befehl

```
picAusgabe.Scale (0,0)-(100,100)
```

zuvor eingestellt wurde.

Voraussetzung ist in diesem Fall, dass die Summe der Werte 100 nicht übersteigt, denn sonst kann *die* Circle-Methode nicht funktionieren:

```
Private Sub cmdZeichnen_Click()
    Dim Start, Ende, n, Radius
    Start = 0.001
    Ende = 0
    picAusgabe.FillStyle = vbSolid
    For n = 0 To txtWert.UBound
        Radius = 20
        Ende = Ende + txtWert(n).Text / 100 * 6.28
        picAusgabe.FillColor = QBColor(n)
        picAusgabe.Circle (50, 50), Radius, , -Start, -Ende
        Start = Ende
    Next
End Sub
```

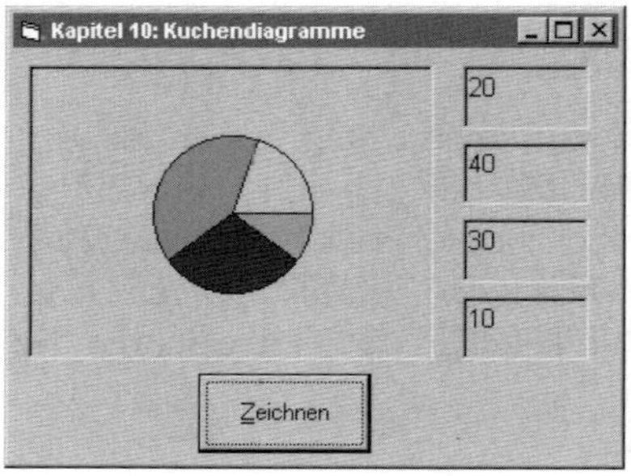

Bild 10.2: Die Circle-Methode kann auch Kuchendiagramme zeichnen

HINWEIS

Für »richtige« 3D-Kuchendiagramme (und viele andere Diagrammtypen) stellen die Profi- und die Enterprise-Edition von Visual Basic mit dem Microsoft Chart-Steuerelement (*MSCHART.OCX*, es wird über den Menübefehl PROJEKT | KOMPONENTEN eingebunden, sofern es auf dem PC installiert wurde) ein sehr leistungsfähiges Zusatzsteuerelement zur Verfügung, mit dem sich Diagramme fast wie in Microsoft Excel zeichnen lassen.

10.2.8 Die Figuren- und Liniensteuerelemente

Es müssen nicht unbedingt Grafikmethoden sein. Für einfache geometrische Figuren, wie Linien, Kreise oder Rechtecke (auch mit abgerundeten Ecken), sind unter Umständen das Figuren- und das Liniensteuerelement besser geeignet. Beide Steuerelemente, die zum Standardrepertoire der Werkzeugsammlung gehören, »zeichnen« bereits zur Entwurfszeit auf dem Formular. Damit lassen sich Formulare mit Trennlinien oder Kreisen versehen. Der große Vorteil ist, dass Sie kein Bildfeld benötigen. Ein Nachteil ist, dass weder das

Figuren- noch das Liniensteuerelement auf Ereignisse reagieren können (es handelt sich um keine echten Steuerelemente, sondern um Pseudo-Steuerelemente, so genannte »leight weight controls«). Dafür können sowohl das Aussehen als auch die Abmessungen der Steuerelemente während der Programmausführung angesprochen werden, sodass diese sowohl ihre Größe als auch (beim Figurensteuerelement) ihre Form ändern können.

Übung 10-1: Ein kleiner »Funktionsplotter«

Als kleiner »Höhepunkt« dieses Abschnitts wird ein Mini-Funktionsplotter vorgestellt, der einfache mathematische Funktionen in einem Bildfeld ausgibt. An diesem Beispiel lernen Sie auch endlich die *Pset*-Methode kennen, die einen einzelnen Punkt setzt. Damit kennen Sie alle Grafikmethoden bis auf die *Point*-Methode. Letztere ist lediglich dazu da, den Farbwert eines Punkts abzufragen. Ganz nebenbei wiederholen Sie mit dieser Übung, sozusagen als Quintessenz der zurückliegenden Kapitel, eine Reihe elementarer Programmiertechniken.

Schritt 1 Starten Sie Visual Basic und legen Sie ein Standard-EXE-Projekt an.

Schritt 2 Setzen Sie das Formular so um, wie es in Bild 10.3 zu sehen ist. Die Namen der Objekte, die Sie im Eigenschaftsfenster einstellen müssen, lauten wie folgt:

Objekt	**Name im Programm**
Formular	*frmHaupt*
Bildfeld	*picAusgabe*
Textfeld im Bildfeld	*txtSkalierungsfaktor*
Bezeichnungsfeld im Bildfeld	*lblTitel*
linkes Textfeld im Rahmen	*txtDehnfaktor*
rechtes Textfeld im Rahmen	*txtGenauigkeit*
linke Schaltfläche	*cmdZeichnen*
rechte Schaltfläche	*cmdLöschen*

Schritt 3 Haben Sie daran gedacht, das Textfeld im Bildfeld anzuordnen, das heißt, es im selektierten Bildfeld aufzuspannen? Wenn nicht, wird es nämlich während der Programmausführung stets in der linken oberen Ecke hängen bleiben und nicht dort erscheinen, wo das Bildfeld mit der Maus angeklickt wurde.

Schritt 4 Geben Sie im Deklarationsteil folgenden Befehl ein:

```
Option Explicit
Const Pi As Double = 3.14
```

Sie sehen, die Kreiszahl Pi ist nicht vordefiniert.

Schritt 5 Geben Sie in der Ereignisprozedur *cmdLöschen_Click* folgenden Befehl ein:

```
picAusgabe.Cls
```

Die *Cls*-Methode »löscht« die Ausgabefläche, indem sie das Hintergrundmuster in die Ausgabefläche kopiert.

Schritt 6 Geben Sie in die Ereignisprozedur *cmdZeichnen_Click()* folgende Befehle ein:

```
Dim n, X, Y
Dim Skal As Single, Dehn As Single, Genau As Single
cmdZeichnen.Enabled = False
Genau = txtGenauigkeit.Text
Skal = txtSkalierungsfaktor.Text
Dehn = txtDehnfaktor.Text
For n = 0 To 18 * Pi Step Genau
    X = n * 6.28
    Y = Skal * Sin(n * Dehn) + 180
    picAusgabe.PSet (X, Y), vbRed
    DoEvents
Next
picAusgabe.Line (0, 180)-(360, 180)
cmdZeichnen.Enabled = True
```

Hier wird die Kurve also gezeichnet. Dass die Prozedur so umfangreich ist, liegt lediglich daran, dass die »Kurvenparameter« über Textfelder eingestellt werden können. Die Genauigkeit lässt sich natürlich nicht beliebig steigern, denn die Grenze ist die Auflösung des Bildschirms.

Schritt 7 Geben Sie in die Ereignisprozedur *Form_Load* folgende Befehle ein:

```
txtSkalierungsfaktor.Text = 48
txtSkalierungsfaktor.Visible = False
txtDehnfaktor.Text = 0.75
txtGenauigkeit.Text = 0.05
picAusgabe.Scale (0, 360)-(360, 0)
```

Hier werden lediglich die Textfelder vorbereitet. Außerdem wird der Ausgabefläche ein inneres Koordinatensystem mit einer Unterteilung verpasst, die für die Ausgabe etwas günstiger ist. Lassen Sie die *Scale*-Methode weg, können Sie die Kurve kaum erkennen, da die Koordinaten viel zu klein sind.

Schritt 8 Geben Sie in die Ereignisprozedur *Form_Unload* folgenden Befehl ein:

```
End
```

Der *End*-Befehl ist Ihnen bislang noch nicht offiziell vorgestellt worden (und das nach zehn Kapiteln), da er bei der Programmausführung in der IDE nicht zwingend notwendig ist. Wenn Sie das Formular schließen (und damit ein *Unload*-Ereignis auslösen), werden Sie feststellen, dass das Formular zwar verschwunden ist, das Programm aber noch läuft. Um diesen unschönen Zwischenzustand gar nicht erst aufkommen zu lassen, wird das Programm mit dem *End*-Befehl terminiert.

Schritt 9

Geben Sie in die Ereignisprozedur *picAusgabe_MouseDown* folgende Befehle ein:

```
txtSkalierungsfaktor.Left = X
txtSkalierungsfaktor.Top = Y
txtSkalierungsfaktor.Visible = True
txtSkalierungsfaktor.SelLength = Len(txtSkalierungsfaktor.Text)
txtSkalierungsfaktor.SelStart = 0
txtSkalierungsfaktor.SetFocus
```

Wann immer der Benutzer das Bildfeld anklickt, erscheint an den Mauskoordinaten ein Bildfeld.

Schritt 10

Geben Sie in der Ereignisprozedur *txtDehnfaktor_KeyPress* folgenden Befehl ein:

```
If EingabeOk(KeyAscii, txtDehnfaktor) = False Then KeyAscii = 0
```

Dieser Befehl sorgt dafür, dass in das Textfeld nur Zahlen und ein Punkt eingegeben werden können. Da die Abfragelogik mehrfach benötigt wird, wurde sie in eine Funktion ausgelagert.

Schritt 11

Geben Sie in der Ereignisprozedur *txtGenauigkeit_KeyPress* folgenden Befehl ein:

```
If EingabeOk(KeyAscii, txtGenauigkeit) = False Then KeyAscii = 0
```

Dito.

Schritt 12

Geben Sie in der Ereignisprozedur *txtSkalierungsfaktor_KeyPress* folgenden Befehl ein:

```
If EingabeOk(KeyAscii, txtSkalierungsfaktor) = False Then KeyAscii = 0
```

Dito.

Schritt 13

Geben Sie in der Ereignisprozedur *txtSkalierungsfaktor_LostFocus* folgenden Befehl ein:

```
txtSkalierungsfaktor.Visible = False
```

Schritt 14

Definieren Sie die Funktion *EingabeOK* wie folgt:

```
Function EingabeOk(Zeichencode As Integer, Optional Textfeld As Text-
Box) As Boolean
     EingabeOk = True
     Select Case Chr(Zeichencode)
     Case "0" To "9"
```

```
        Case "."
          If Not Textfeld Is Nothing Then
           If InStr(Textfeld.Text, ".") <> 0 Then ↵
              EingabeOk = False
          End If
        Case Chr(vbKeyBack)
        Case Else
          EingabeOk = False
       End Select
End Function
```

Diese Funktion nimmt eine Eingabeüberprüfung für ein Textfeld vor. Doch für welches Textfeld? Na für jenes, das über das Argument *Textfeld* übergeben wurde. Wird es weggelassen (es handelt sich um ein optionales Argument), fällt lediglich die Überprüfung auf einen doppelten Punkt weg (nur dafür muss das Textfeld übergeben werden). Alternativ hätte man auch den aktuellen Wert der *Text*-Eigenschaft des zu prüfenden Textfeldes übergeben können, doch so kommt wenigstens die Abfrage auf *Nothing* noch zu späten Ehren. Der Befehl

```
If Not Textfeld Is Nothing Then
```

prüft nämlich, ob die Objektvariable *Textfeld* (sie ist vom Typ *Textbox*) überhaupt einen Wert enthält. Ansonsten, das heißt, wenn kein Textfeld als Argument übergeben wurde, ist sie *Nothing*.

Der Formelplotter ist natürlich noch viel zu simpel. Lassen Sie Ihrer Phantasie freien Lauf und bauen Sie Erweiterungen ein, mit denen sich zum Beispiel andere Funktionen oder mehrere Funktionen auf einmal zeichnen lassen. Dringend erforderlich ist natürlich eine Skala (mehr dazu gleich).

Bild 10.3: Die Pset-Methode zeichnet eine Sinuskurve

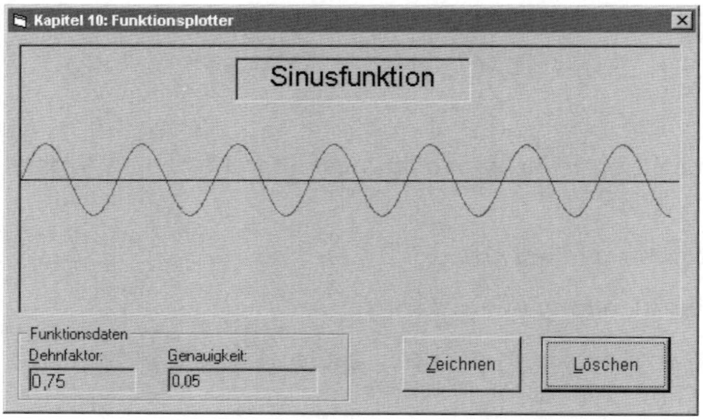

Labor 10-2: Orbitalmodelle

Dass Visual Basic mit dem Zeichnen einfacher Sinuskurven noch längst nicht ausgelastet ist, macht dieses Labor hoffentlich eindrucksvoll deutlich, welches ein dreidimensionales Orbitalmodell zeichnet (das wirklich nette Programm stammt übrigens von Jürgen Riedel – vielen Dank noch einmal an dieser Stelle, auch wenn Jürgen inzwischen auf den Bahamas weilt, dort geheiratet und den Kontakt zu mir abgebrochen hat[1]). Starten Sie das Programm *ORBITAL.EXE* oder laden Sie die Projektdatei *ORBITAL.VBP* in die IDE und führen Sie sie aus.

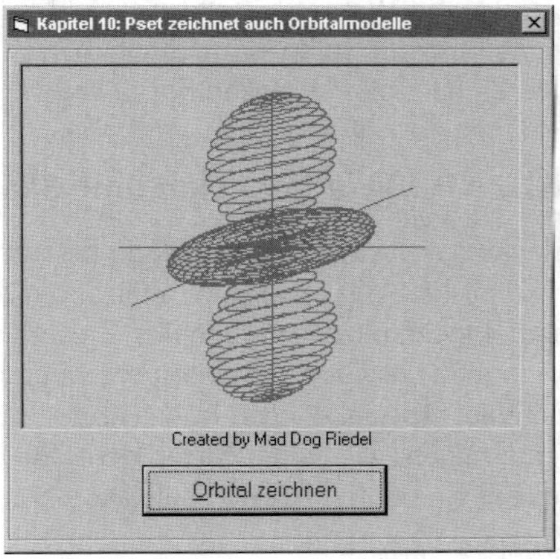

Bild 10.4: Die Pset-Methode kann auch komplexere Funktionen zeichnen

10.2.9 Wie werden mathematische Formeln umgesetzt?

Natürlich wäre es echt g..., ähem interessant, wenn man eine Formel in ein Textfeld eingeben könnte und der Funktionsplotter die Funktion dann zeichnen würde. Leider ist dies nicht so einfach möglich. Gebe ich in ein Textfeld etwa die Formel:

```
Sin(45) ^ 2
```

ein, so ist dies für das Programm eine normale Zeichenkette ohne spezielle Bedeutung. Was bei Visual Basic fehlt, ist eine »Eval«-Funktion, die einen Formelausdruck »evaluiert« (das heißt ausrechnet) und ein Ergebnis zurückgibt. Nun, dass Visual Basic diese Funktion nicht bietet, heißt nicht, dass man darauf verzichten muss. Zwei Alternativen bieten sich an:

1. Man programmiert die Funktion einfach in Visual Basic (oder C oder Delphi – in diesem Fall wird die Funktion als DLL-Funktion aufgerufen).

1. Daran ist allerdings nicht dieses Beispielprogramm schuld.

2. Man besorgt sich ein Zusatzsteuerelement oder eine fertige DLL, in der diese Funktion enthalten ist.

Alternative 1 ist eine echte Herausforderung, selbst für erfahrene Programmierer. Ein Formelauswerter ist eine Funktion, die einen Textstring Zeichen für Zeichen zerlegt, Zahlen und Operatoren erkennen und diese verknüpfen muss. Da dabei die Operatorprioritäten berücksichtigt werden müssen, verwendet man meistens einen rekursiven Algorithmus, also eine Funktion, die sich selber so lange aufruft, bis der Ausdruck vollständig abgearbeitet ist. Wer einen solchen Formelauswerter hinbekommt, darf sich mit Recht als guter Programmierer bezeichnen. Allerdings stellt sich die Frage, ob sich der Aufwand lohnt. Wer unter Zeitdruck steht, noch nicht so versiert ist oder einfach keine Lust hat, sollte sich einmal im Web umschauen (das ist immer Alternative 2). Hier gibt es etliche Formelauswerter bereits fix und fertig.

10.2.10 Wie lässt sich eine Skala einfügen?

Macht das nicht die *ScaleMode*-Eigenschaft? Scherz beiseite, Sie müssen eine solche Skala leider Strich für Strich zeichnen und die Nummerierung mit dem Fingerspitzengefühl eines Tresorknackers daneben setzen. Natürlich kann man das Ganze in einer Prozedur zusammenfassen, doch selbst bei Verzicht auf »special effects« ist das alles noch recht mühsam. Die folgenden Befehle zeigen, wie es im Prinzip geht. Sie geben in der Innenfläche eines Formulars eine nummerierte Skala aus:

```
Dim i As Integer
Me.Scale (0, 110)-(130, 0)


For i = 100 To 10 Step -10
    Me.Line (0, i)-(2, i)
    Me.CurrentY = Me.CurrentY + 1.5
    Me.Print i ' Auf die linke Seite die Numerierung
                 setzen
    Me.Line (Me.ScaleWidth - 2, i)-(Me.ScaleWidth, i)
    Me.CurrentY = Me.CurrentY + 1.5
    Me.CurrentX = Me.ScaleWidth - 9
    Me.Print i
Next
```

Die Schleife gibt auf der linken und rechten Seite eines Formulars eine Y-Achsenunterteilung in Zehnerschritten aus. Über die *Scale*-Methode erhält das Formular eine Unterteilung in einen Ursprung mit den Koordinaten 0/110 und eine rechte untere Ecke mit den Koordinaten 130/0. Dadurch verfügt die X-Achse über 130 Einheiten, während es bei der Y-Achse 110 sind.

10.2.11 Wie lassen sich Figuren »aufspannen«?

Selbst das einfachste Zeichenprogramm bietet die Möglichkeit, die zu zeichnende Figur mit der Maus in der gewünschten Größe »aufzuspannen«. Wie lässt sich dieser Effekt in Visual Basic realisieren? Nun, wie auch die Beschriftung einer Skala leider nur zu Fuß, indem man das Rechteck mit jeder Mausbewegung neu zeichnet.

HINWEIS

Je intensiver man in Visual Basic programmiert, desto öfter wünscht man sich, nicht jede Funktion jedes Mal neu programmieren zu müssen. Grundsätzlich ist das auch machbar. Eine sehr interessante Möglichkeit ist es, Steuerelemente selbst zu programmieren, wobei diese auf bereits vorhandenen Steuerelementen aufbauen können (diese neuen Steuerelemente werden auch als ActiveX-Steuerelemente bezeichnet). Damit können Sie zum Beispiel ein Bildfeld mit einer »Skala«-Eigenschaft versehen, durch die die Innenfläche eine Skala erhält. Sie sehen, es lohnt sich durchaus, sich intensiver mit Visual Basic zu beschäftigen.

Übung 10-2: Aufspannen eines gestrichelten Recktecks

In der folgenden Übung wird gezeigt, wie sich mit der Maus ein gestricheltes Rechteck in einem Formular aufspannen lässt. Ein solches Rechteck wird z.B. bei Malprogrammen für die Auswahl eines auszuschneidenden Bereichs verwendet. Als kleine Zugabe, die richtige Kombination von *DrawMode*- und *DrawStyle*-Eigenschaft des Formulars und ein Zeitgeber machen es möglich, wird das Band beim Loslassen der Maustaste in Bewegung gesetzt (so wie Sie es z.B. von Excel her beim Markieren einer Zelle kennen).

Ordnen Sie auf einem leeren Formular (*frmHaupt*) einen Zeitgeber (*tmrZeit*) an und setzen Sie die *Interval*-Eigenschaft auf 100 (oder einen anderen Wert).

Fügen Sie im Deklarationsteil des Formulars *frmHaupt* folgende Deklarationen ein: *Schritt 2*

```
Option Explicit


Dim OldX As Single, OldY As Single, StartX As Single, _
 StartY As Single
```

Fügen Sie in die Ereignisprozedur *Form_Load* folgenden Befehl ein: *Schritt 3*

```
Me.DrawStyle = vbDot
```

Fügen Sie in die Ereignisprozedur *Form_MouseDown* folgende Befehle ein: *Schritt 4*

```
tmrZeit.Enabled = False
StartX = X: StartY = Y
OldX = StartX
OldY = StartY
Me.Cls
```

Schritt 5 Fügen Sie in die Ereignisprozedur *Form_MouseMove* folgende Befehle ein:

```
Dim SavedModus As Integer
If Button = vbLeftButton Then
    SavedModus = Me.DrawMode
    Me.DrawMode = vbInvert
    Me.Line (StartX, StartY)-(OldX, OldY), , B
    Me.Line (StartX, StartY)-(X, Y), , B
    OldX = X
    OldY = Y
    Me.DrawMode = SavedModus
End If
```

Schritt 6 Fügen Sie in die Ereignisprozedur *Form_MouseUp* folgenden Befehl ein:

```
tmrZeit.Enabled = True
```

Schritt 7 Fügen Sie in die Ereignisprozedur *tmrZeit_Timer* folgenden Befehl ein:

```
Dim SavedDrawStyle As Integer, SavedModus As Integer
SavedDrawStyle = Me.DrawStyle
SavedModus = Me.DrawMode
Me.DrawStyle = vbSolid
Me.DrawMode = vbInvert
Me.Line (StartX, StartY)-(OldX, OldY), , B
Me.DrawMode = SavedModus
Me.DrawStyle = SavedDrawStyle
```

Das Prinzip des »rubber bands« ist recht simpel. Sobald die Maustaste (*MouseDown*-Ereignis) gedrückt wird, löscht das Programm die Ausgabefläche und merkt sich die aktuellen Mauskoordinaten. Wird der Mauszeiger bei gedrückter Maustaste bewegt (*MouseMove*-Ereignis), spannt sich ein gestricheltes Rechteck auf. Dass dabei nicht ein eventuell vorhandenes Hintergrundmuster ebenfalls gelöscht wird, dafür sorgt der Zeichenmodus *vbInvert* (invertierte Darstellung), der die zu zeichnende Linie mit dem bereits vorhandenen Bitmuster so verknüpft, dass bei erneutem Zeichnen das ursprüngliche Bitmuster wiederhergestellt wird. Eingestellt wird der Zeichenmodus wie immer über die *DrawMode*-Eigenschaft, die festlegt, auf welche Weise die Farbe des Zeichenstifts (*Forecolor*-Eigenschaft) mit der Farbe eines Pixels des Hintergrundmusters verknüpft wird. Beachten Sie dabei, dass durch die Verknüpfung die Farbe des gezeichneten Pixels verfälscht wird. Wenn Sie z.B. Schwarz als Zeichenfarbe wählen, wird eine graue Linie gezeichnet, wenn der Hintergrund ebenfalls grau ist. Das Loslassen der Maustaste (*MouseUp*-Ereignis) friert das aktuelle Rechteck ein und startet den Zeitgeber, der nun alle 100 Millisekunden das Rechteck invertiert zeichnet. Dadurch entsteht der Eindruck, die Linie des Rechtecks würde sich bewegen, in Wirklichkeit werden die einzelnen Punkte bei jedem Aufruf lediglich invertiert. Das Zwischenspeichern des aktuellen Zeichenmodus ist eine reine Vorsichtsmaßnahme, die bei diesem kleinen Beispiel auch hätte entfallen können.

10.3 Der Umgang mit Farben

Jede auf dem Bildschirm dargestellte Farbe setzt sich aus den drei Grundfarben Rot, Grün und Blau zusammen. Man spricht daher auch vom RGB-Modell. Das RGB-Modell ist zwar nicht das einzige Farbmodell auf der Welt, es ist aber jenes, das in der Windows-Welt standardmäßig verwendet wird. Dieses Modell beschreibt, wie viele Anteile einer der drei Grundfarben genommen werden müssen, um eine beliebige Mischfarbe zu erhalten. Das Ergebnis ist ein 24-Bit-Farbwert, bei dem die drei Grundfarben durch einen 8-Bit-Wert vertreten sind. Da ein 8-Bit-Wert 256 verschiedene Werte (Bitkombinationen) speichern kann, kann der Anteil einer Grundfarbe im Bereich 0 bis 255 liegen. Zählt man alle Kombinationen, die sich mit einem 24-Bit-Wert bilden lassen (2^{24}) zusammen, ergibt sich der Wert von etwas mehr als 16,7 Millionen. Dies ist die maximale Anzahl an Farben, die unter Windows auf dem Bildschirm dargestellt werden können. Ein solcher Modus wird auch als *TrueColor-Modus* bezeichnet, da sich für das menschliche Auge die Zusammensetzung der Mischfarbe nicht mehr von »echten Farben« unterscheiden lässt.

MERKSATZ

Eine Farbe wird in Windows durch einen 24-Bit-Wert (RGB-Wert) dargestellt, wobei jede der drei Grundfarben Rot, Grün und Blau einen Anteil von 8 Bit besitzt.

Jede Eigenschaft eines Steuerelements, das eine Farbe darstellt, wie zum Beispiel die Eigenschaften *BackColor* und *ForeColor*, erwartet einen solchen 24-Bit-Farbwert. Da es in Visual Basic aber keine 24-Bit-Datentypen gibt, wird dieser in einem 32-Bit-Wert vom Typ *Long* (Typenkennzeichen &) gespeichert.

BEISPIEL

Das folgende Beispiel zeigt, wie ein Farbwert aus einer Variablen einer Eigenschaft zugewiesen wird:

```
Dim Lieblingsfarbe As Long
Lieblingsfarbe = &HFF24A0
picBild.ForeColor = Lieblingsfarbe
```

In der Variablen *Lieblingsfarbe* wird ein Farbwert gespeichert, der anschließend der *ForeColor*-Eigenschaft eines Bildfeldes zugewiesen wird. In der Regel werden Farbwerte nicht als Dezimalzahl, sondern als Hexadezimal geschrieben (Sie erkennen diese an einem vorangestellten &H). Dies hat rein praktische Gründe, denn in einer Hexadezimalzahl stehen jeweils zwei Ziffern für ein Byte. Dem Farbwert &HFF00FF sieht man bereits an, dass sowohl der Rot- als auch der Blauanteil den Wert 255 (&HFF) besitzen. Bei einer Dezimalzahl ist das nicht so einfach.

10.3.1 Zugriff auf die Systemfarben

Windows definiert eine Vielzahl von Systemfarben, die für die Darstellung von Menüs oder den Rahmen eines Fenster verwendet werden. Diese Systemfarben, die über die Systemsteuerung eingestellt werden können, stehen bei Visual Basic über vordefinierte Konstanten, wie z.B. *vbActiveBorder* oder *vbDesktop*, zur Verfügung. Eine Auflistung aller Konstanten finden Sie im Objektkatalog (F2-Taste). Alle Steuerelemente besitzen standardmäßig Systemfarben (Sie erkennen sie daran, dass der Farbwert im Eigenschaftsfenster mit »&H80« beginnt).

10.3.2 Die RGB-Funktion und die QBColor-Funktion

Da es auf Dauer etwas umständlich ist, den 24-Bit-Farbwert durch Zusammensetzen der einzelnen Grundfarbenanteile zu bilden, gibt es die *RGB*-Funktion. Ihr werden die Anteile für den Rot-, Grün- und Blauwert übergeben und sie macht daraus den benötigten 24-Bit-Farbwert.

Der folgende Befehl weist einer Eigenschaft einen Farbwert über die *RGB*-Funktion zu:

```
picBild.BackColor = RGB(255, 127, 230)
```

Nicht immer möchte man den Farbwert so genau einstellen. Oft tut es auch eine der sechzehn Grundfarben, die jeder PC beherrscht. Für diesen Zweck gibt es die *QBColor*-Funktion (QBasic-Farbe), der einfach ein Wert zwischen 0 und 15 übergeben wird und die den dazugehörigen Farbwert zurückgibt.

Der folgende Befehl weist einer Eigenschaft einen Farbwert über die *QBColor*-Funktion zu:

```
picBild.BackColor = QBColor(4)
```

Dieser Befehl setzt die Hintergrundfarbe des Bildfeldes auf Rot, denn die *QBColor*-Funktion wandelt die Farbnummer 4 in einen passenden 24-Bit-Farbwert um.

Sie müssen sich die Werte der QBColor-Farben nicht merken, denn auch dafür gibt es Konstanten (zum Beispiel *vbRed*). Die müssen Sie sich aber merken.

10.4 Die Anzeige von Bildern

Wie Bilder in einem Bildfeld und in einer Anzeige dargestellt werden, haben Sie bereits in Kapitel 3.10 erfahren. In diesem Abschnitt erfahren Sie das »Geheimnis« beider Steuerelemente. Hinter der unscheinbaren *Picture*-Eigenschaft steht nämlich ein eigenes Objekt mit Eigenschaften und Methoden, das *Picture*-Objekt.

```
Dim MeinBild As Picture
Const Dateiname = "C:\Programme\VB\Graphics\Icons\Misc\Face01.ico"
Set MeinBild = LoadPicture(Dateiname)
```

Zunächst wird eine Variable vom Typ *Picture* definiert. Anschließend erhält diese Variable über die *LoadPicture*-Methode einen Wert, eine Referenz auf ein *Picture*-Objekt.

Allerdings kann man eine in einem *Picture*-Objekt gespeicherte Bitmap noch nicht sehen. Sie benötigen dazu eine Ausgabefläche, die über eine Eigenschaft verfügt, der man ein *Picture*-Objekt zuweisen kann. In diesem Punkt hat Visual Basic eine reichhaltige Auswahl zu bieten: Bilderfelder, Anzeigen (hier gibt es ja die *Stretch*-Eigenschaft, mit der Sie die Bitmap an die Größe des Rahmens anpassen können), Formulare, aber auch Schaltflächen, Optionsfelder oder Kontrollkästchen kommen dafür in Frage. Gehen Sie die Liste der verfügbaren Steuerelemente einfach einmal durch, und schauen Sie, wo es eine *Picture*-Eigenschaft (oder eine ähnlich klingende Eigenschaft) gibt. Allen diesen Eigenschaften kann ein *Picture*-Objekt entweder direkt:

```
picBild.Picture = LoadPicture(Dateiname)
```

oder indirekt

```
picBild.Picture = MeinBild
```

zugewiesen werden. Über den *SavePicture*-Befehl können Sie den Inhalt eines *Picture*-Objekts in einer Datei speichern. Das einfachste Malprogramm der Welt besteht daher aus einem Formular, in dem das *MouseMove*-Ereignis über die *Pset*-Methode Pixel dort zeichnet, wo sich der Mauszeiger aufhält (probieren Sie es einmal aus). Möchten Sie Ihr Kunstwerk verewigen, genügt ein Aufruf des *SavePicture*-Befehls.

BEISPIEL

```
SavePicture Me.Image, "pmtest.bmp"
```

HINWEIS

Das Abspeichern über den *SavePicture*-Befehl ist nur mit der *Image*-Eigenschaft, nicht aber mit der *Picture*-Eigenschaft eines Bildfeldes möglich. Die *Image*-Eigenschaft steht für die dauerhafte Bitmap, d.h. den »eigentlichen« Inhalt eines Bildfeldes, der im Arbeitsspeicher abgelegt ist. Wurde das Bild durch eine Zuweisung an die *Picture*-Eigenschaft (sowohl während der Entwurfszeit als auch während der Programmausführung) geladen, wird es in dem gleichen Dateiformat wieder gespeichert. Der Inhalt eines Anzeigenfelds wird stets im BMP-Format gespeichert.

Tabelle 10.4: Diese Grafikformate werden durch das Picture-Objekt unterstützt

Grafikformat	Bedeutung
Ico	In diesem Format werden die kleinen »Windows-Bildchen« dargestellt. Ihre Größe beträgt meistens 32x32 Pixel. Visual Basic bietet in seinem *ICONS*-Verzeichnis Hunderte dieser Bildchen.
Bmp	Standardgrafikformat bei Windows.
Dib	Entspricht dem BMP-Format.
Rle	Entspricht dem BMP-Format, nur dass hier die Bitmap-Informationen nach dem »Run Length Encoding«-Schema komprimiert werden.
Gif	Im Internet gebräuchliches Format. Kommt aber langsam aus der Mode.
Jpeg	Im Internet gebräuchliches Format (Erweiterung *.JPG*).
Wmf	*Windows Metafile Format*. Enthält anstelle von Bitmaps Zeichenbefehle. Die ClipArt-Symbole liegen in diesem Format vor.
Emf	Enhanced Metafile Format, verbessertes WMF-Format.

10.4.1 Die PaintPicture-Methode

Die *PaintPicture*-Methode weist einer Ausgabefläche den über die *Picture*-Eigenschaft eines anderen Objekts festgelegten Inhalt zu. Als Quelle für die Bitmap kann natürlich auch ein *Picture*-Objekt angegeben werden. Der besondere Reiz liegt bei der *PaintPicture*-Methode in der Möglichkeit, die zugewiesene Bitmap in ihrer Größe zu ändern oder sie zu spiegeln. Allerdings, für absolute Einsteiger ist diese Methode nicht gerade gedacht, denn die allgemeine Syntaxbeschreibung ist zunächst eher etwas abschreckend:

```
Objekt.PaintPicture Picture, X1, Y1, Breite1, Höhe1, X2, Y2, Breite2,
Höhe2, Ropcode
```

Zum Glück sind die meisten Argumente optional. Lediglich die Herkunft der Bitmap und die Zielkoordinaten *X1* und *Y1* müssen angegeben werden. Bis auf das Argument *RopCode* (Datentyp *Long*) handelt es sich bei allen Größen- und Koordinatenangaben um *Single*-Werte. Eine Auflistung aller Argumente finden Sie in Tabelle 10.5.

Tabelle 10.5: Die Argumente der PaintPicture-Methode

Argument	Bedeutung
Picture	Legt über die *Picture*-Eigenschaft eines anderen Objekts oder über ein *Picture*-Objekt das anzuzeigende Bild fest.
X1, *Y1*	Legen die Koordinaten der linken oberen Ecke im Ausgabeobjekt fest. Normalerweise 0/0.
Breite1, *Höhe1*	Legt die Breite und Höhe des auszugebenden Bildes fest. Ist die Zielbreite (*Breite2*) bzw. Zielhöhe (*Höhe2*) kleiner oder größer, wird das Bild entsprechend gestaucht oder gedehnt. Wird der Wert weggelassen, wird die Breite bzw. Höhe der Quelle eingesetzt.
X2, *Y2*	Optional. Legen die Koordinaten der linken oberen Ecke im Bereich der Quelle fest. Damit kann bestimmt werden, dass nicht das komplette Quellbild ausgegeben wird. Wird einer oder werden beide Werte weggelassen, wird 0 eingesetzt.
Breite2, *Höhe2*	Optional. Breite und Höhe des Bereichs im Quellbild, der an *X2/Y2* in der Breite *Breite1* und der Höhe *Höhe1* ausgegeben werden soll. Wird der Wert weggelassen, wird die Breite bzw. Höhe der Quelle eingesetzt.
Ropcode	Optional. Operationscode vom Typ *Long*, der festlegt, wie die Quelle mit einer bereits vorhandenen Bitmap im Ziel kombiniert werden soll. Der Standardwert beträgt *&HCC0020* (*vbSrcCopy*).

Die Einheit der Koordinaten orientiert sich an der Maßeinheit, die über die *ScaleMode*-Eigenschaft im Ausgabeobjekt eingestellt wurde.

Der folgende Befehl überträgt den Inhalt des Bildfeldes *picBild* in das Bildfeld *picVorschau*:

```
picVorschau.PaintPicture picBild.Picture, 0, 0, _
 picVorschau.ScaleWidth, picVorschau.ScaleHeight
```

Die Angabe von Breite (*ScaleWidth*) und Höhe (*ScaleHeight*) des Bildfeldes sorgt dafür, dass die Bitmap auf die aktuelle Größe von *picVorschau* reduziert wird.

HINWEIS

Experimentieren Sie ein wenig mit der *PaintPicture*-Methode. Es lassen sich tolle Sachen damit anstellen. Falls Sie allerdings vorhaben, Figuren über den Bildschirm zu bewegen, werden Sie feststellen, dass stets ein rechteckiger Bereich bewegt wird. Das ist natürlich nicht besonders prickelnd. Möchten Sie ereichen, dass lediglich die Figur bewegt wird, müssen Sie eine Maske anlegen und damit erreichen, dass die restlichen Bildpunkte der Rechteckfläche außerhalb der Figur mit dem Hintergrund so maskiert werden, dass sie unsichtbar bleiben. Das ist nicht weiter schwierig, erfordert aber schon ein etwas tiefergehendes Verständnis über die Darstellung von Bildpunkten und logische Verknüpfungen.

10.4.2 Wie groß kann eine Bitmap werden?

Diese Frage stellen sich vor allem Einsteiger, die mit den Gepflogenheiten von Windows noch nicht so vertraut sind. Da die Ausmaße einer Bitmap (im BMP-Format) intern durch zwei 32-Bit-Werte festgelegt wird, ergibt sich daraus auch ihre maximale Größe. Auf der anderen Seite bietet selbst ein hochauflösender Monitor maximal eine Auflösung von knapp 2000 x 2000 Bildpunkten, sodass dies in etwa die »Schallmauer« für Bitmaps darstellt. Das heißt aber nicht, dass etwa ein Bildfeld keine größeren Bitmaps darstellen kann. Man muss lediglich ein Bildfeld in einem anderen Bildfeld anordnen und dem inneren Bildfeld negative Koordinaten für die linke obere Ecke geben. Versieht man das äußere Bildfeld mit Bildlaufleisten, kann man den Inhalt des inneren Bildfeldes in dem äußeren Bildfeld scrollen.

10.4.3 Das »Geheimnis« der FRX-Dateien

Vielleicht sind Ihnen schon einmal die geheimnisvoll aussehenden Dateien mit der Erweiterung *.FRX* untergekommen. In diesen Dateien (Stash-Dateien genannt) werden u.a. die Bitmaps von *Picture*-Objekten bei der Ausführung des Programms in der IDE gespeichert. Läuft das Programm als EXE oder DLL, werden diese Dateien nicht benötigt, denn dann ist die Bitmap Teil der Datei. Diese Stash-Dateien gibt es auch für ActiveX-Steuerelemente und Benutzerdokumente.

10.5 Die Ausgabe auf dem Drucker

Zur Ausgabe auf dem Drucker gibt es nur zwei Dinge zu sagen, eine gute und eine schlechte Nachricht:

1. Alle Grafikmethoden werden in der exakt gleichen Weise auf dem *Printer*-Objekt ausgegeben wie in einem Bildfeld oder Formular (das ist die gute Nachricht).

2. Die Möglichkeit, eine Ausgabefläche (also den Inhalt eines Bildfeldes zum Beispiel) auf dem Drucker direkt ausgeben zu können, ist in Visual Basic nicht vorgesehen (das ist die etwas schlechtere Nachricht).

Nun müssen Sie eigentlich nur noch erfahren, welche Besonderheiten mit dem *Printer*-Objekt einhergehen. Aus Platzgründen muss dies in aller Kürze abgehandelt werden. Das *Printer*-Objekt ist Mitglied der Auflistung Printers. Hier ist für jeden installierten Drucker ein *Printer*-Objekt enthalten. Der folgende Befehl gibt die Anzahl der installierten Drucker aus:

```
?Printers.Count
4
```

Wie es in einer Auflistung üblich ist (das Thema »Auflistungen« wurde in diesem Buch nicht behandelt), kann jedes einzelne Objekt über einen Index angesprochen werden, der in diesem Fall bei 0 beginnt:

```
?Printers(0).DeviceName
HP LaserJet 4P
```

Welcher der zur Verfügung stehenden Drucker der Standarddrucker ist, bestimmt das *Printer*-Objekt, das für diesen Drucker steht. Die folgende kleine Programmroutine (sie stammt übrigens aus der Visual-Basic-Hilfe) macht den ersten Drucker in der Liste der verfügbaren Drucker zum Standarddrucker, der den Portraitmodus unterstützt:

```
Dim P As Printer
For Each P In Printers
    If P.Orientation = vbPRORPortrait Then
        ' Mach den Drucker zum Standarddrucker
        Set Printer = P
        ' Drucker gefunden, fertig!
        Exit For
    End If
Next
```

Die *For Each In*-Schleife geht alle verfügbaren Drucker der Reihe nach durch und setzt sie nacheinander in die (Objekt-)Variable *P*. Besitzt einer der Drucker das Attribut *vbPRORPortrait* (dies ist eine vordefinierte Konstante), wird dieser Drucker über den *Set*-Befehl durch Zuweisen an *P* zum Standarddrucker und die Schleife verlassen.

Soll der Benutzer während der Programmausführung einen Drucker auswählen können, geschieht dies am einfachsten über das Standarddialogsteuerelement und dessen *ShowPrinter*-Methode.

HINWEIS

10.6 Mehr über die Grafikausgabe

In diesem Abschnitt erfahren Sie ein paar zusätzliche Dinge über die Ausgaben in einer Ausgabefläche, die für den Einstieg zwar nicht erforderlich, für die Praxis aber durchaus von Bedeutung sind.

10.6.1 Die Rolle der Z-Achse

Sobald sich zwei Formulare auf dem Bildschirm (innerhalb einer MDI-Anwendung) oder zwei Steuerelemente auf einem Formular überlagern, kommt eine (imaginäre) Z-Achse ins Spiel, denn neben der X- und Y-Koordinate gibt es nun auch eine Überlagerungsreihenfolge, in der die einzelnen Steuerelemente übereinander liegen. Anders als es der Name Z-Achse vermuten lässt, gibt es aber nur zwei Ebenen. Ein Steuerelement kann sich entweder im Vordergrund befinden und damit von keinem anderen Steuerelement überlagert werden. Oder es kann sich im Hintergrund befinden, wobei es von einem oder mehreren Steuerelementen überlagert wird. Diese Reihenfolge, die auch als Z-Order bezeichnet wird, kann über die *Zorder*-Methode für ein Steuerelement oder ein Formular eingestellt werden.

Syntax

```
Objekt.Zorder [Position]
```

Der optionale Parameter *Position* gibt die relative Position des Objekts zu anderen Instanzen des gleichen Objekts an. Er kann die Werte 0 oder 1 annehmen. Ist der Wert 0 (oder gar nicht aufgeführt), wird das Objekt an die oberste Stelle der Z-Order positioniert und damit von keinem anderen Steuerelement überlagert. Ist der Wert 1, wird es an die untere Stelle positioniert.

Der gleiche Effekt kann bereits während der Entwurfszeit in der Entwicklungsumgebung über die Menükommandos FORMAT | REIHENFOLGE | IN DEN VORDERGRUND und FORMAT | REIHENFOLGE | IN DEN HINTERGRUND erreicht werden.

10.6.2 Feststellen der Bildschirmauflösung

Die aktuelle Bildschirmauflösung wird am einfachsten über die Eigenschaften *TwipsPerPixelX* und *TwipsPerPixelY* des *Screen*-Objekts ermittelt, die die Anzahl an Twips pro Pixel auf der X-Achse bzw. der Y-Achse zurückgeben.

Die folgenden Befehle ermitteln die Auflösung in Pixel:

```
Xpixel = Screen.Width / Screen.TwipsPerPixelX
Ypixel = Screen.Height / Screen.TwipsPerPixelY
```

Da die *Width*-Eigenschaft stets die (für die aktuelle Auflösung konstante) Anzahl an Twips in der X-Richtung und die *Height*-Eigenschaft entsprechend die

Anzahl an Twips in der Y-Richtung zurückgeben, ergibt eine Division durch die Anzahl an Twips der Pixel die aktuelle Auflösung in Pixel.

Das Twip ist eine sehr viel kleinere Einheit als das Pixel. Bei einer typischen Auflösung von 800x600 Bildpunkten beträgt die Breite des Bildschirms (*Screen*-Objekt) ca. 12000 Twips und die Höhe ca. 9000 Twips. Auf ein Pixel kommen in der Länge und in der Breite daher 15 Twips.

10.6.3 Das »Geheimnis« der AutoRedraw-Eigenschaft

Da in diesem Abschnitt bereits einige »Geheimnisse« gelüftet wurden, soll auch dieses nicht ausgelassen werden. Vielleicht ist Ihnen am Funktionsplotter aufgefallen, dass die Grafik gelöscht wird, wenn das Formular durch ein Fenster überdeckt und anschließend wieder freigegeben wird. Schuld daran ist der Umstand, dass die *AutoRedraw*-Eigenschaft standardmäßig den Wert *False* besitzt. In diesem Fall werden alle Ausgaben in der Ausgabefläche lediglich angezeigt, aber nicht intern gespeichert. Die Konsequenz: Wird die Ausgabefläche »zerstört«, ist Windows nicht in der Lage, die Ausgabefläche von alleine neu zu zeichnen. Das ist natürlich kein Fehler in Windows, sondern hat eine tiefere Bedeutung. Es wäre eine enorme Speicherplatzverschwendung, wenn jede Ausgabe automatisch auch im Arbeitsspeicher abgelegt würde. Eine einfache Rechnung ergibt, dass bereits eine kleine 200x100-Pixel-Bitmap bei einer 24-Bit-Farbtiefe 60000 Byte (unkomprimiert) umfasst. Stattdessen löst Visual Basic bei *AutoRedraw=False* ein *Paint*-Ereignis aus. In dieser *Paint*-Ereignisprozedur erhalten Sie daher die Gelegenheit, die Ausgabefläche neu zu zeichnen. Möchten Sie dies Windows übertragen, müssen Sie *AutoRedraw* auf *True* setzen. In diesem Fall gibt es kein *Paint*-Ereignis, stattdessen wird der Inhalt der Ausgabefläche gesichert und im Fall eines Neuzeichnens aus dem Arbeitsspeicher in die Ausgabefläche kopiert.

MERKSATZ

Besitzt die AutoRedraw-Eigenschaft einer Ausgabefläche den Wert True, wird ihr Inhalt im Arbeitsspeicher gesichtet. Bei AutoRedraw=False ist ein Paint-Ereignis die Folge.

10.7 Zusammenfassung

Visual Basic bietet über seine Grafikmethoden einfache, aber keineswegs ausgefallene Methoden zur Grafikausgabe in einer Ausgabefläche (Formular, Bildfeld oder *Printer*-Objekt) an. Allen Ausgabeflächen ist gemeinsam, dass sie über einen so genannten *Gerätekontext* verfügen, über dessen Eigenschaften die »Optik« der Ausgabe eingestellt werden. Bei Visual Basic werden die Attribute des Gerätekontextes über Eigenschaften, wie z.B. *ForeColor* oder *FillStyle*, eingestellt. Es ist daher üblich, zuerst die Eigenschaften der

Ausgabefläche (in der Fachsprache des *Gerätekontextes*) zu setzen und dann die Ausgabe durchzuführen. Für die Darstellung von Bitmaps gibt es das *Picture*-Objekt, das im Zusammenhang mit einer Vielzahl von Steuerelementen eingesetzt werden kann. Es unterstützt die Mehrzahl der wichtigsten Windows-Grafikformate.

10.8 Fragen

Frage 1 Welche Ausgabeflächen stehen unter Visual Basic zur Verfügung? Wie kann man zum Beispiel in einer Schaltfläche eine individuelle Grafik anzeigen?

Frage 2 Wie wird festgelegt, dass der Inhalt eines über die *Line*-Methode gezeichneten Rechtecks mit einem roten Karomuster gefüllt wird?

Frage 3 Wie lässt sich die Gesamtdicke der Umrandung eines Formulars errechnen? Wann kann dieses Verfahren aber nur funktionieren?

Frage 4 Wenn Sie die *AutoRedraw*-Eigenschaft des Bildfeldes im Funktionsplotter auf *True* setzen, stellen Sie fest, dass das Bezeichnungsfeld während der Ausgabe »wie verrückt« flackert. Woran liegt das?

Frage 5 Bei der Umsetzung des Funktionsplotters stellen Sie fest, dass sich das Textfeld zur Eingabe der Skalierungskonstanten hartnäckig in der linken oberen Ecke aufhält, obwohl seiner *Left*- und *Top*-Eigenschaft die aktuellen Mauskoordinaten zugewiesen werden. Woran könnte das liegen?

Frage 6 Welche Bedeutung hat die *Container*-Eigenschaft eines Textfeldes (oder eines beliebigen Steuerelements) für die Mauskoordinaten, die etwa beim *MausMove*-Ereignis übergeben werden? (Dies wurde im Text nicht angesprochen – die Antwort finden Sie daher in der Visual-Basic-Hilfe oder durch Ausprobieren.)

Frage 7 Für ein geniales Zeichenprogramm benötigen Sie eine »Vorschaufunktion«, die den Inhalt des Zeichenfeldes in einem Miniaturbildfeld anzeigt. Wie kann Ihnen die *PaintPicture*-Methode dabei helfen?

Frage 8 Wie lässt sich erreichen, dass die Mauskoordinaten für ein Bildfeld nicht in Twips, sondern in Zentimetern übergeben werden? In welcher Einheit werden die Mauskoordinaten des Containers (also des Formulars) angezeigt?

Frage 9 Die *Cls*-Methode löscht die Ausgabefläche. Dies ist die einfache Definition. Was passiert, wenn zum Beispiel in einem Bildfeld bei *AutoRedraw=False* Grafikmethoden ausgeführt werden, die *AutoRedraw*-Eigenschaft im Programm den Wert *True* erhält, weitere Grafikmethoden ausgeführt werden und anschließend die *Cls*-Methode zur Ausführung kommt? (Mit Labor 10.1 können Sie diesen Effekt nachvollziehen.)

Wie muss eine *Line*-Methode lauten, die in der Mitte einer Ausgabefläche ein Rechteck zeichnet? Schreiben Sie den Befehl so, dass er sowohl für ein Bildfeld als auch für den Drucker funktioniert, ohne dass der Befehl geändert werden muss. *Frage 10*

Die Lösungen zu den Fragen finden Sie in Anhang C.

10.9 Aufgaben

In Kapitel 10 war von dem »einfachsten Malprogramm« der Welt die Rede. Setzen Sie dieses Malprogramm um, das aus einem Bildfeld als Ausgabefläche bestehen soll. Bauen Sie auch die Möglichkeit ein, Farbe, Linienstärke und Linienmuster auswählen zu können. Schließlich soll es noch möglich sein, das »Meisterwerk« abspeichern zu können. *Aufgabe 1*

Schreiben Sie ein kleines Visual-Basic-Programm, mit dem Sie beliebige BMP- und GIF-Dateien in ein Bildfeld laden können. Fügen Sie ein weiteres kleines Bildfeld hinzu, das eine Miniaturansicht des geladenen Bildfeldes anzeigt. *Aufgabe 2*

Führen Sie in einem Bildfeld eine »sinusförmige« Ausgabe eines beliebigen Textes, das heißt die Ausgabe jedes einzelnen Buchstabens entlang einer unsichtbaren Sinuskurve, durch. Wählen Sie die Schriftgröße so, dass sie sich automatisch an die zur Verfügung stehende Breite und die Anzahl der auszugebenden Zeichen anpasst. (Tipp: Über die *TextWidth*-Methode erhalten Sie die Breite einer Zeichenkette bezogen auf eine Ausgabefläche.) Außerdem soll jedes Zeichen in einer eigenen Farbe dargestellt werden. *Aufgabe 3*

Über die RGB-Funktion können Sie eine feine Abstimmung der angezeigten Farben erreichen. Schreiben Sie ein kleines Visual-Basic-Programm zum Kennenlernen der Farben, in dem Sie den Rot-, Blau- und Grünanteil der Hintergrundfarbe eines Bildfeldes über drei Bildlaufleisten einstellen können. Welche Rolle spielt die Farbpalette? (Über die *Palette*-Eigenschaft des Formulars können Sie vordefinierte Paletten einstellen – probieren Sie verschiedene BMP- bzw. DIB-Dateien aus, indem Sie die in den Grafikdateien enthaltenen Paletten übernehmen.) *Aufgabe 4*

Kein Programmierbuch ohne ein Beispiel zur Berechnung der Mandelbrotmengen (auch Apfelmännchen genannt). Da sich das dahinterstehende mathematische Verfahren, das mit komplexen Zahlen rechnet, nicht in ein paar Worten beschreiben lässt (eine gute Erklärung finden Sie zum Beispiel unter *www.olympus.net/personal/dewey/mandelbrot.htm)*, erhalten Sie im Folgenden ein ausführlich kommentiertes Programmlisting, das Sie Schritt für Schritt umsetzen müssen: *Aufgabe 5*

```
Option Explicit

' Hier werden die Konstanten festgelegt, die
' den Ausschnitt auf der komplexen Ebene abgrenzen
Const ReStart = -2.267
Const ReEnde = 1#
Const ImStart = -1.25
Const ImEnde = 1.25
' Maximale Iterationstiefe
Const Grenze = 48
' Größe der Form in Pixel
Const XMax = 100
Const YMax = 100
' Anzahl der Farben ist wegen QBColor auf 16
' beschränkt
Const fMax = 16

Sub Form_Load()
' Die Maßeinheit der Form wird auf Pixel gesetzt
    picAusgabe.ScaleMode = vbPixels
' Die AutoRedraw-Eigenschaft der Ausgabe wird auf True
' gesetzt.
    picAusgabe.AutoRedraw = True
' Die Größe der Form wird auf die durch XMax und YMax
' angegebene Größe gebracht.
    picAusgabe.Width = Screen.TwipsPerPixelX * XMax
    picAusgabe.Height = Screen.TwipsPerPixelY * YMax
' Die Form wird angezeigt.
    Me.Show
' Die Berechnung des Apfelmännchens startet.
    Apfel
End Sub
' Hier geht es ab - Kernberechnung des Fraktals.
Sub Apfel()
' Koordinaten des zu behandelnden Pixels
    Dim x As Long, y As Long
' Zu ermittelnde Iterationstiefe, sie entspricht codiert
' der Farbe des
' anzuzeigenden Pixels.
    Dim Farbe As Long
' Schrittweite in ReTeil-Richtung
    Dim ReStep As Double
' Schrittweite in ImTeil-Richtung
    Dim ImStep As Double
' Aktueller ReTeil
    Dim RePart As Double
' Aktueller ImTeil
    Dim ImPart As Double
```

```
' Berechnung der Schrittweite in ReTeil-Richtung
    ReStep = (ReEnde - ReStart) / XMax
' Berechnung der Schrittweite in ImTeil-Richtung
    ImStep = (ImEnde - ImStart) / YMax
' Startwert für ImTeil
    ImPart = ImStart
' Äußere Schleife für Y-Richtung (gleich ImTeil-
' Richtung)
    For y = 0 To YMax
' Startwert für ReTeil
        RePart = ReStart
' Innere Schleife für X-Richtung (gleich ReTeil-
' Richtung)
        For x = 0 To XMax
' Unterbrechung möglich
            DoEvents
' Farbe wird ermittelt, gleichbedeutend mit
' Iterationstiefe
            Farbe = iter(RePart, ImPart)
' Randbedingung für Farbe
            If Farbe = Grenze Then
                Farbe = 0
            Else
' Farbe wird in fMax(=16) Farbwerte aufgeteilt
            Farbe = Farbe Mod fMax
            End If
' Der aktuelle Pixel wird mit ermitteltem Farbwert
' gezeichnet.
            picAusgabe.PSet (x, y), QBColor(Farbe)
' Der ReTeil wird um die ReTeil-Schrittweite erhöht.
            RePart = RePart + ReStep
        Next x
' Die neugezeichnete Zeile wird angezeigt.
        picAusgabe.Refresh
' Der ImTeil wird um die ReTeil-Schrittweite erhöht.
        ImPart = ImPart + ImStep
    Next y
End Sub
Function iter(RePart As Double, ImPart As Double) As Long
' Der Kern der Dinge
' Laufindex
    Dim i As Long
' Betrag der komplexen Zahl wird deklariert
    Dim Betrag As Double
' Variablen für die Berechnung der komplexen Zahlen
    Dim x As Double, y As Double
    Dim NumRe As Double, NumIm As Double
```

```
' Initialisierung der komplexen Zahl über die
' NumRe- und NumIm-Eigenschaft.
    NumRe = 0
    NumIm = 0

' Start der Iteration
    Do
' Quadriere die komplexe Zahl mit der Quadriere-Methode
' der Klasse Komplex.

    x = NumRe * NumRe - NumIm * NumIm
    y = 2 * NumRe * NumIm
' Erhöhe die komplexe Zahl um konstanten Betrag.
        NumRe = x + RePart
        NumIm = y + ImPart
' Der Betrag der komplexen Zahl wird über die Betrag-
' Methode berechnet.
        Betrag = NumRe * NumRe + NumIm * NumIm
' Der Laufindex wird um 1 erhöht.
        i = i + 1
' Abbruchbedingung für Schleife
    Loop While (i < Grenze) And (Betrag <= 4)
' Ermittelte Iterationstiefe wird zurückgegeben.
    iter = i
End Function
```

Aufgabe 6 Zum Schluss wieder eine echte Herausforderung für angehende Visual-Basic-Programmierer. Erweitern Sie das Beispielprogramm aus Aufgabe 2 so, dass Sie in dem geladenen Bild mit der Maus einen rechteckigen Bereich markieren können, der nach Loslassen der Maus als Miniatur in dem zweiten Bildfeld angezeigt wird. (Dazu ein Tipp: Wie man ein gestricheltes Reckteck aufspannt, wird in Übung 10-2 gezeigt.)

Lösungsvorschläge zu diesen Aufgaben finden Sie auf der Buch-CD im Verzeichnis \Buch. Die jeweils aktuellsten Versionen werden auf der Webseite angeboten (die Adresse finden Sie auf Seite 27).

Kapitel 11

Spaß mit Visual Basic

Programmieren bedeutet nicht nur das Umsetzen von Formeln, die Auswertung nüchterner Daten oder den Aufruf von Betriebssystemfunktionen, es kann auch eine Menge Spaß bedeuten. Zum einen, weil das Umsetzen von Algorithmen oder das Ausprobieren neuer Befehlsfolgen überaus spannend und unterhaltsam sein kann, zum anderen, weil sich gerade in Visual Basic besonders gut Spiele (ausgenommen vielleicht Action Games) oder Programme für die Schule oder Uni programmieren lassen.

Sie lernen in diesem Kapitel etwas über:

- Das Abspielen von Sounddateien
- Die Ansteuerung des CD-Spielers
- Das Abspielen von Videoclips
- »Tricks« mit Spielkarten

11.1 Allgemeines zu den Multimedia-Fähigkeiten

Computer können nicht nur komplizierteste Berechnungen durchführen, Texte bearbeiten, Tabellen sortieren oder Kurven plotten, sie können auch Musik machen oder Videoclips abspielen. Wer musikalisch veranlagt ist, dürfte sich schon längst nach MIDI-Synthesizern oder Sampling-Studios umgeschaut oder sogar schon erste Erfahrungen mit Harddisk-Recording gemacht haben. Es ist keine Platitüde, wenn man feststellt, dass der Computer in der Musikszene einen festen Platz erobert hat. Allerdings, Sie ahnen schon, was jetzt kommt: Wer programmieren lernt, muss zunächst ganz klein anfangen. Wer mit Visual Basic richtige Soundeffekte erzeugen will, muss soviel programmieren, dass sich sofort die Frage stellt, ob die Anschaffung eines dafür vorgesehenen Programms nicht die bessere Alternative ist. Doch oft geht es gar nicht um solche großen Dinge. Oft möchte man lediglich als Reaktion auf ein Ereignis eine Sounddatei abspielen oder ein eigenes Spielprogramm um Soundeffekte erweitern. Das alles ist in Visual Basic grundsätzlich kein Problem. Grundsätzlich heißt, dass Visual Basic von Haus aus keinerlei Unterstützung für Soundeffekte bietet (von dem mickrigen *Beep*-Befehl, den man schon aus Prinzip ignorieren sollte, einmal abgesehen). Das verwundert umso mehr, da es einen recht passablen *Play*-Befehl in vielen Uralt-Versionen von Microsoft Basic (zum Beispiel Qbasic) gab. Über die Gründe kann man nur spekulieren. Tatsache ist: Wer dem Compi unter Visual Basic Klänge entlocken will, hat drei Alternativen:

1. Den Einsatz des MCI-Steuerelements – das leider im Ablaufmodell von Visual Basic 6 (auch auf der Buch-CD) fehlt (mehr dazu auf der Webseite zum Buch).
2. Über den Aufruf der »Multimedia«-Funktionen der Windows-API, wie zum Beispiel *MciSendString*. Diese API-Funktion steuert die MCI-Schnittstelle auf einer tieferen Ebene, was gegenüber dem MCI-Steuerelement kleinere Vor- und Nachteile bedeutet.
3. Über Toolboxen, die diese Effekte in einem Steuerelement verpacken.

Keine der drei Alternativen dürfte auf Anhieb überzeugen, doch für eine dieser Möglichkeiten müssen Sie sich entscheiden (unter anderen Entwicklungssystemen sieht es auch nicht viel besser aus). In diesem Kapitel wird Variante 1 vorgestellt, die allerdings voraussetzt, dass Sie das MCI-Steuerelement besitzen (sorry). Variante 2 ist nicht sehr viel schwieriger und kommt ohne besagtes Steuerelement aus, setzt aber voraus, dass Sie sich ein wenig mit API-Funktionen auskennen. Eine kurze Anleitung zu diesem Thema finden Sie auf der Webseite zum Buch (siehe Seite 27).

Bevor es losgeht, soll noch kurz auf die dahinter stehende Philosophie hingewiesen werden. Visual Basic bietet nur einen minimalen Funktionsumfang. Wer mehr will, muss auf Komponenten (in Form von Zusatzsteuerelementen) zurückgreifen. In diesem Sinne ist Visual Basic beliebig erweiterbar. Diese Komponenten müssen nicht von Profiprogrammierern stammen, sondern können auch in Visual Basic programmiert werden.

11.2 Das MCI-Steuerelement

Das *MCI-Steuerelement* macht etwas mehr, als nur die MCI-Kommandos zusammenzufassen. Da es anders als die *MCISendString*-API-Funktion in der Lage ist, eine »Rückmeldung« von der Multimedia-DLL zu empfangen, wird eine echte »Parallelverarbeitung« möglich. Da dem ausführenden Programm nämlich über das *Done*- oder das *ButtonCompleted*-Ereignis mitgeteilt wird, wann eine MCI-Operation beendet wurde, kann es weder passieren, dass ein MCI-Kommando ein noch nicht vollständig abgearbeitetes MCI-Kommando »abwürgt«, noch, dass ein MCI-Kommando mit gesetzter *Wait*-Option die weitere Programmausführung blockiert (dadurch lassen sich Sounddateien zum Beispiel im Hintergrund abspielen). Das folgende Beispiel macht den grundsätzlichen Umgang mit dem MCI-Steuerelement deutlich.

Wird das MCI-Steuerelement auf einem Formular angeordnet, stellt es neun Funktionsflächen zur Verfügung, die bereits über ein ihnen zugeordnetes MCI-Kommando verfügen, das beim Anklicken der Funktionsfläche automatisch zur Ausführung gelangt (und nach seiner Abarbeitung ein Ereignis auslöst). Es ist jedoch kein Problem, diese Standardfunktionalität aufzuheben.

Tabelle 11.1: Die Funktionstastenbelegung beim MCI-Steuerelement

Funktionsfläche	**Bedeutung**
Prev	Zurückspulen an den Anfang
Next	Zurückspulen an das Ende
Play	Abspielen
Pause	Anhalten
Back	Einen Track zurück
Step	Einen Track nach vorne
Stop	Abbrechen
Record	Aufnehmen
Eject	Auswurf (wird nicht von jedem CD-ROM-Laufwerk unterstützt)

Die Übersicht macht deutlich, dass nicht jede der Funktionsflächen für jedes MCI-Gerät in Frage kommt. So werden beim Abspielen einer WAV-Datei die Funktionsflächen *Back*, *Step* und *Eject* nicht benötigt, während eine *Record*-Funktionsfläche beim Abspielen einer Audio-CD keinen Sinn ergibt. Über die Eigenschaft *ButtonVisible*, wobei *Button* für den Namen einer der neun Funktionsflächen steht, kann eine einzelne Funktionsschaltfläche jederzeit ein- und ausgeblendet werden. Besitzt die Eigenschaft *AutoEnable* den Wert *True*, werden nach dem Öffnen eines Geräts nur jene Funktionsflächen aktiv, die bei dem betreffenden Gerät eine Funktion besitzen. Sie sehen bereits an dieser ersten Übersicht, dass sich das MCI-Steuerelement sehr flexibel einsetzen lässt.

```
mciControl.Wait = True
mciControl.DeviceType = "WaveAudio"
mciControl.FileName = "C:\WINDOWS\INTERCOM.WAV"
mciControl.Command = "Open"
```

Das war bereits alles. Das Anklicken der *Play*-Funktionsfläche bewirkt nun, dass der Inhalt der Wav-Datei *INTERCOM.WAV* abgespielt wird. Das Setzen der *Wait*-Eigenschaft auf *True* ist nur dann erforderlich, wenn das nächste Kommando erst dann ausgeführt werden soll, wenn das Abspielen der WAV-Datei beendet wurde. Genauso optional ist das Zuweisen eines Wertes an die *DeviceType*-Eigenschaft, denn das MCI-Steuerelement kann den jeweiligen Gerätetyp bereits an der Dateierweiterung erkennen. Das Abspielen einer WAV-Datei reduziert sich damit auf zwei simple Zuweisungen:

```
mciControl.FileName = "C:\WINDOWS\INTERCOM.WAV"
mciControl.Command = "Open"
```

11.2.1 Die wichtigsten Eigenschaften des MCI-Steuerelements

Das MCI-Steuerelement wird nahezu ausschließlich über das Setzen und Abfragen von Eigenschaftswerten während der Programmausführung programmiert. Methoden spielen keine und Ereignisse nur eine untergeordnete Rolle. Tabelle 11.2 enthält die allerwichtigsten Eigenschaften des MCI-Steuerelements. Wie Sie beim Durcharbeiten feststellen werden, sind diese relativ selbsterklärend. Das MCI-Steuerelement lässt sich am besten durch »learning by doing« in den Griff kriegen. Das Schöne daran ist, dass Sie alle Eigenschaften auch während einer Programmunterbrechnung ausprobieren können.

Tabelle 11.2: Die wichtigsten Eigenschaften des MCI-Steuerelements

Eigenschaft	Bedeutung
AutoEnable	Besitzt diese Eigenschaft den Wert *True* (Voreinstellung), werden nach dem Öffnen eines Geräts automatisch jene Funktionsflächen aktiviert, die für das Gerät zur Verfügung stehen. Außerdem werden automatisch jene Funktionsflächen deaktiviert, die im aktuellen Arbeitsmodus nicht gewählt werden können. So schließt zum Beispiel eine aktivierte *Record*-Taste die *Play*-Taste aus.
ButtonEnabled	Besitzt diese Eigenschaft den Wert *True*, wird die betreffende Funktionsfläche aktiviert. Der Platzhalter »Button« steht dabei für die Werte *Back*, *Eject*, *Next*, *Pause*, *Play*, *Prev*, *Record*, *Step* oder *Stop*. Beispiel: *EjectEnabled=False*.
ButtonVisible	Besitzt diese Eigenschaft den Wert *True*, wird die betreffende Funktionsfläche unsichtbar gemacht. Der Platzhalter »Button« steht dabei für die Werte *Back*, *Eject*, *Next*, *Pause*, *Play*, *Prev*, *Record*, *Step* oder *Stop*. Beispiel: *EjectVisible=False*.

Eigenschaft	Bedeutung
Command	Über diese Eigenschaft wird ein MCI-Kommando, wie zum Beispiel open, close, play oder seek abgesetzt. Die benötigten Argumente werden durch das Setzen der entsprechenden Eigenschaften übergeben.
DeviceType	Liefert einen String, der das aktuell geöffnete Gerät kennzeichnet. In Frage kommen unter anderem die Werte: *AVIVideo*, *CDAudio*, *DAT*, *DigitalVideo*, *MMMovie*, *Other*, *Overlay*, *Scanner*, *Sequencer*, *VCR*, *Videodisk* und *WaveAudio*.
ErrorMessage	Enthält den Fehlertext zu dem Fehler des zuletzt ausgeführten MCI-Kommandos.
FileName	Legt den Dateinamen fest, der bei der Ausführung des *open*- oder *close*-Kommandos verwendet wird.
Notify	Besitzt diese Eigenschaft den Wert *True*, führt das Beenden eines MCI-Kommandos zum Aufruf der *Done*-Ereignisprozedur. Ansonsten unterbleibt dieser Aufruf.
Position	Liefert die aktuelle Position beim Abspielen eines MCI-Geräts. Diese Eigenschaft kann nur gelesen werden. Das Setzen der Position erfolgt über die *From*-Eigenschaft vor der Ausführung eines *play*-Kommandos.
Tracks	Liefert die Anzahl der Tracks auf dem geöffneten MCI-Gerät.
Wait	Besitzt diese Eigenschaft den Wert *True*, wird mit der Ausführung eines MCI-Kommandos gewartet, bis das vorhergehende MCI-Kommando abgeschlossen wurde.

11.2.2 Die Ereignisse »ButtonCompleted« und »Done«

Beide Ereignisse sind dazu da, das Programm von der Beendung einer Aktion zu unterrichten. Das Ereignis *»ButtonCompleted«* wird ausgelöst, wenn ein über eine Funktionsfläche gestartetes MCI-Kommando beendet wird. Die Vorsilbe »Button« steht dabei für einen der neun Funktionsflächennamen. So wird das *PlayCompleted*-Ereignis ausgelöst, wenn das über den Play-Button abgesetzte *play*-Kommando zum Abspielen einer WAV-Datei ausgeführt wurde. Das Ereignis *Done* wird aufgerufen, wenn ein MCI-Kommando durch eine Zuweisung an die *Command*-Eigenschaft des MCI-Steuerelements abgearbeitet wurde, bei dem zuvor die *Notify*-Eigenschaft den Wert *True* erhielt.

```
Sub mciControl_ButtonCompleted (ErrorCode AS Long)
```

und

```
Sub mciControl_Done (NotifyCode AS Long)
```

Unter Mitwirkung dieser Ereignisprozeduren ist es zum Beispiel überhaupt kein Problem, mehrere WAV-Dateien durch mehrere hintereinander geschaltete *play*-Kommandos abzuspielen, indem das folgende *play*-Kommando in der *PlayCompleted*- oder *Done*-Prozedur ausgeführt wird. Voraussetzung für den Aufruf der *Done*-Ereignisprozedur ist allerdings, dass die Eigenschaft *Notify* des MCI-Steuerelements den Wert *True* besitzt, denn ansonsten wird kein *Done*-Ereignis ausgelöst.

Das Argument *NotifyCode* gibt dabei darüber Auskunft, auf welche Weise das letzte MCI-Kommando beendet wurde. Folgende Werte kommen für dieses Argument in Frage:

Wert	Bedeutung
1	Befehl wurde erfolgreich ausgeführt.
2	Befehl wurde durch einen folgenden Befehl abgelöst.
4	Befehl wurde durch den Benutzer abgebrochen.
8	Befehl konnte nicht zu Ende gebracht werden.

Bei einem *ButtonCompleted*-Ereignis wird dagegen nur ein einfacher Fehlercode übergeben, der den Wert 0 besitzt, wenn das MCI-Kommando erfolgreich ausgeführt wurde, und ansonsten einen Fehlercode darstellt.

Möchten Sie wissen, was das MCI-Steuerelement gerade macht, müssen Sie die *Mode*-Eigenschaft abfragen. Sie kann folgende Werte besitzen:

Wert	Bedeutung
mciModeNotopen	Gerät ist nicht geöffnet
mciModeStop	Gerät wurde angehalten
mciModePlay	Gerät wird abgespielt
mciModeRecord	Gerät nimmt auf
mciModeSeek	Gerät sucht
mciModePause	Abspielen wurde unterbrochen
mciModeRead	Gerät ist bereit

Die Abfrage der *Mode*-Eigenschaft kann zum Beispiel im *StatusUpdate*-Ereignis erfolgen, das in dem über die *UpdateInterval*-Eigenschaft festgelegten Intervall (normalerweise 1 Sekunde) aufgerufen wird.

11.3 Abspielen von Sounddateien

Sounddateien liegen unter Windows hauptsächlich als WAV-Dateien vor, wenngleich es auch andere Formate gibt. WAV-Dateien werden von den meisten Soundprogrammen unterstützt, auch vom kleinen Audiorecorder von

Windows 95/98. Für das Abspielen einer WAV-Datei benötigen Sie das MCI-Steuerelement (siehe letzter Abschnitt), das über das Menükommando PROJEKT | KOMPONENTEN und Auswahl des Eintrags »Microsoft Multimedia Control 6.0« (bzw. 5.0 wenn Sie noch mit Visual Basic 5.0 arbeiten) in die Werkzeugsammlung übernommen wird. Wenn Sie es auf dem Formular anordnen, nimmt es die Form einer »CD-Player-Tastatur« an. Und das ist auch genau die Absicht dieses Steuerelements. Mit seiner Hilfe können Sie während der Programmausführung alle jene Multimedia-Geräte bedienen, für die ein MCI-Treiber existiert (MCI steht ja für »Multimedia Control Interface«). Neben den WAV-Dateien fallen in diese Kategorie auch Video-Dateien im AVI-Format und der CD-Spieler-Treiber für das CD-ROM-Laufwerk, sodass das MCI-Steuerelement auch Audio-CDs abspielen kann.

Übung 11-1: Abspielen einer WAV-Datei

In der folgenden Übung erstellen Sie ein einfaches Visual-Basic-Programm, mit dem Sie eine WAV-Datei auswählen, laden und abspielen können.

Schritt 1

Starten Sie Visual Basic und legen Sie ein Standard-EXE-Projekt an. Geben Sie dem Formular den Namen »frmHaupt« und setzen Sie die *Caption*-Eigenschaft auf den Wert »Kapitel 11: Abspielen von WAV-Dateien«.

Schritt 2

Fügen Sie über das Menükommando PROJEKT | KOMPONENTEN und Auswahl des Eintrags »Microsoft Multimedia Control 6.0 bzw. 5.0« das MCI-Steuerelement in die Werkzeugsammlung ein.

Schritt 3

Ordnen Sie das MCI-Steuerelement auf dem Formular an und geben Sie ihm den Namen »mciMusik«.

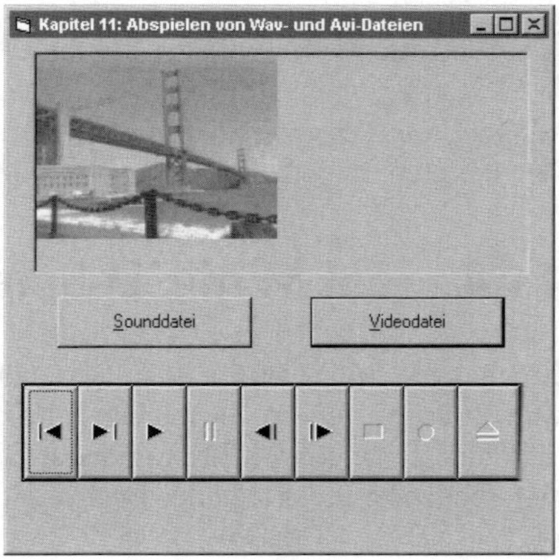

Bild 11.1: Das MCI-Steuerelement erlaubt das Abspielen sowohl von WAV- als auch von AVI-Dateien

Schritt 4

Fügen Sie über das Menükommando PROJEKT | KOMPONENTEN und Auswahl des Eintrags »Microsoft Common Dialog Control 6.0 bzw. 5.0« das Standarddialogsteuerelement in die Werkzeugsammlung ein. Es wird für die Auswahl einer WAV-Datei benötigt.

Schritt 5 Ordnen Sie das Standarddialogsteuerelement auf dem Formular an und geben Sie ihm den Namen »cdlWav«.

Schritt 6 Ordnen Sie auf dem Formular ein Steuerelement (*cmdDateiAuswählen*) an, setzen Sie die *Caption*-Eigenschaft auf den Wert »&Datei auswählen« und fügen Sie in die *Click*-Ereignisprozedur folgende Befehle ein:

```
Dim Dateiname As String
cdlMusik.Filter = "Wave-Dateien|*.wav|Midi-Dateien|*.mid|Alle
Dateien|*.*"
cdlMusik.ShowOpen
Dateiname = cdlMusik.filename
mciMusik.filename = Dateiname
mciMusik.Command = "Open"
mciMusik.Command = "Play"
```

Diese Befehle ermöglich es Ihnen, eine Sounddatei (in Frage kommen neben WAV- auch MIDI-Dateien – allgemein alle Formate, die von der MCI-Schnittstelle unterstützt werden) auszuwählen und abzuspielen. Die MCI-Schnittstelle ist kommandoorientiert, dass heißt, durch Zuweisen der gängigen MCI-Kommandos an die *Command*-Eigenschaft wird das MCI-Kommando ausgeführt. Durch das *open*-Kommando erwacht die MCI-Steuerleiste »zum Leben«. Sie können die Datei nun wahlweise über die Funktionstasten oder über das *play*-Kommando abspielen. Möchten Sie die Multimedia-Geräte ausschließlich über das Programm steuern, machen Sie das MCI-Steuerelement über seine *Visible*-Eigenschaft einfach unsichtbar.

ACHTUNG

Das Abspielen von Tonfolgen mit einer bestimmten Frequenz ist über das MCI-Steuerelement nicht möglich (kurioserweise ging dies unter früheren Visual-Basic-Versionen, da diese auf die 16-Bit-API von Windows 3.x zugreifen konnten, in der entsprechende Funktionen enthalten waren[1]).

11.4 Ein Mini-CD-Spieler

Können Sie WAV-Dateien abspielen, können Sie auch das CD-ROM-Laufwerk Ihres PC steuern. Sie müssen lediglich ein anderes Gerät auswählen und die entsprechenden MCI-Kommandos verwenden. Anstelle langatmiger Erläuterungen zeigt das folgende Beispiel einen Mini-CD-Spieler. Voraussetzung ist, dass sich im CD-ROM-Laufwerk Ihres PC eine Audio-CD befindet und der CD-Treiber über die Systemsteuerung installiert wurde (was durch Installation

1. Auf diesen Umstand hat mich vor einiger Zeit ein Leserbrief hingewiesen, was mich wiederum veranlasst hat, ein wenig kritischer über die Richtung der Entwicklung nachzudenken.

der CD-Wiedergabe automatisch geschieht). Wenn Sie möchten, können Sie das kleine Beispiel zu einem richtigen CD-Spieler mit Komfort, der zum Beispiel eine Titelauswahl präsentiert, ausbauen. Vergessen Sie dabei aber nicht, dass ein CD-Spieler bereits bei Windows 95/98 dabei ist (in einer besonderen Luxusausführung bei Microsoft Plus! für Windows 98, der auf Wunsch auch die Titelleiste einer unbekannten CD aus dem Internet herunterlädt).

Bild 11.2: Das MCI-Steuerelement im Mittelpunkt eines kleinen CD-Players

Schritt 1 Starten Sie Visual Basic und legen Sie ein Standard-EXE-Projekt an. Ordnen Sie die einzelnen Steuerelemente auf dem Formular (*frmHaupt*) so an, wie es in Bild 11.2 zu sehen ist (bei dem roten Kreis handelt es sich um das Figurensteuerelement *shpStatus*).

Schritt 2 Der Deklarationsteil besteht nur aus einer Deklaration:

```
Private TrackNr As Byte
```

Schritt 3 Innerhalb von *Form_Load* wird das MCI-Steuerelement initialisiert:

```
mciCDPlayer.DeviceType = "CDAudio"
mciCDPlayer.Notify = True
mciCDPlayer.Wait = True
mciCDPlayer.Command = "open"
mciCDPlayer.Track = 1
mciCDPlayer.TimeFormat = mciFormatMilliseconds
StatusAnzeigen
```

Schritt 4 Beim Entladen des Formulars, also im *Unload*-Ereignis, soll der CD-Player angehalten werden (sonst dudelt er »ewig« weiter):

```
mciCDPlayer.Command = "stop"
End
```

Schritt 5 Damit von dem Anklicken der Vor- und Zurück-Knöpfe die Variable *TrackNr* indirekt betroffen ist, sollte sie in den Ereignissen *BackCompleted* und *NextCompleted* aktualisiert werden:

```
TrackNr = mciCDPlayer.Track
```

Schritt 6 Hat das MCI-Steuerelement eine Operation beendet, sollte ebenfalls der Status aktualisiert werden. Dazu ist das *Done*-Ereignis zuständig:

```
Private Sub mciCDPlayer_Done(NotifyCode As Integer)
    StatusAnzeigen
End Sub
```

Schritt 7 Die Ausgabe des Status erfolgt in der Prozedur *StatusAnzeigen*. Hier kommt es vor allem darauf an, die vom MCI-Steuerelement zurückgemeldeten Informationen, wie Tracklänge und Gesamtlänge, von Millisekunden in ein Stunden:Minuten:Sekunden-Format umzurechnen:

```
Dim Temp, Minuten, Sekunden, Stunden
lblTrackNr.Caption = mciCDPlayer.Track
lblAnzahlTracks.Caption = mciCDPlayer.Tracks
Temp = mciCDPlayer.TrackLength
Sekunden = Temp \ 1000
Minuten = Sekunden \ 60
Sekunden = Sekunden - (Minuten * 60)
lblLängeTrack.Caption = Minuten & ":" & Sekunden
Temp = mciCDPlayer.Length
Sekunden = Temp \ 1000
Minuten = Temp Mod 65536 \ 256
Minuten = Sekunden \ 60
Sekunden = Sekunden - (Minuten * 60)
If Minuten > 60 Then
    Stunden = Minuten \ 60
     Minuten = Minuten - (Stunden * 60)
Else
    Stunden = 0
End If
lblGesamtlänge.Caption = Stunden & ":" & Minuten & ":" & Format(Sekunden, ",0")
```

Schritt 8 Damit der CD-Spieler auch etwas fürs Auge bietet, wird beim Abspielen einer CD im Ereignis *StatusUpdate* ein kleiner roter Kreis (dargestellt von dem Figurensteuerelement *shpStatus*) zum Blinken gebracht:

```
Private Sub mciCDPlayer_StatusUpdate()
    Static Status As Boolean
    If mciCDPlayer.Mode <> mciModePlay Then
       shpStatus.Visible = False
       Exit Sub
    End If
    Status = Not Status
    shpStatus.Visible = Status
End Sub
```

11.5 Abspielen von Videodateien

Das Abspielen einer Videodatei entspricht im Wesentlichen dem Abspielen einer Sounddatei, nur dass Sie hier eine Ausgabefläche zuordnen können, in der der Clip angezeigt wird. Lagen bis vor einiger Zeit die überwiegende Mehrheit aller Videoclips im AVI-Format (»Audio Video Interlaced«, also versetzt angeordnete Audio- und Videoinformationen) vor, kommen bedingt durch das Internet so genannte »Streaming-Formate« immer mehr in Mode. Hier werden die Bild- und Tondaten synchron in einem Datenstrom so übertragen, dass das Wiedergabeprogramm nicht warten muss, bis die Daten vollständig geladen wurden. Dies ist natürlich vor allem bei Modemleitungen wichtig. Man kann auf diese Weise bereits während der Übertragung mit dem Abspielen beginnen. Für das Abspielen dieser Streaming-Formate gibt es mit dem ActiveMovie-Steuerelement, das Teil des Internet Explorer ist, auch ein eigenes Steuerelement, das auch von einem Visual-Basic-Programm angesprochen werden kann. In diesem Buch beschränken wir uns jedoch auf die Wiedergabe von AVI-Dateien (auf der Windows-CD finden Sie eine Reihe von AVI-Dateien zum Ausprobieren).

Übung 11-2 : Abspielen einer Videodatei

Das Abspielen von AVI-Dateien per MCI-Steuerelement ist mit dem Abspielen von Audiodateien nahezu identisch, sodass die einzelnen Schritte nur im »Telegrammstil« beschrieben werden.

Laden Sie das MCI-Steuerelement in die Werkzeugsammlung und ordnen Sie *Schritt 1*
es auf dem Formular an.

Um eine beliebige AVI-Datei auswählen zu können, wird das Standarddialog- *Schritt 2*
steuerelement benötigt. Laden Sie es in die Werkzeugsammlung und ordnen Sie es ebenfalls auf dem Formular an. Ferner wird eine Schaltfläche oder ein Menü benötigt, das zum Aufruf der *ShowOpen*-Methode führt.

Der in dem Dateidialogfeld ausgewählte Dateiname wird dem MCI-Steuerele- *Schritt 4*
ment übergeben:

```
mciVideo.Filename = cdlDatei.Filename
```

Nachdem das MCI-Steuerelement den Namen der AVI-Datei kennt, steht dem *Schritt 5*
Abspielen des Videos nichts mehr im Weg:

```
mciVideo.Command = "open"
```

In dieser Variante erscheint das Videofenster »irgendwo« auf dem Bildschirm. Möchte man es zum Beispiel einem Formular oder einem Bildfeld zuordnen, muss dessen *hWnd*-Eigenschaft zuvor der *hwndDisplay*-Eigenschaft des MCI-Steuerelements zugewiesen werden:

```
mciVideo.hwnDisplay = picAusgabe.hWnd
```

Jetzt wird das Video zwar in dem Bildfeld abgespielt, allerdings muss sich das Bildfeld an die Größe des Videos anpassen, was (meines Wissens) mit dem MCI-Steuerelement nicht möglich ist, sondern über die bereits angesprochene *MCISendString*-API-Funktion und das Kommando »set ElementName destination« bewerkstelligt werden muss. Der Rückgabewert ist ein String, der unter anderem die aktuelle Position des Bildes enthält.

Die hier beschriebenen Dinge lassen sich mit dem ActiveMovie-Steuerelement, das Sie über den Menübefehl *Projekt/Komponenten* einfügen, etwas besser erledigen – mehr dazu auf der Web-Seite.

11.6 Kartenspielereien

Spätestens seit Windows 3.1 sind Kartenspiele à la Solitaire zu den beliebtesten »Büro-Anwendungen« avanciert. Wäre es nicht nett, wenn man Kartenspiele wie Poker oder 17+4 auch in Visual Basic programmieren könnte? Nun, man kann und das sogar relativ einfach. Windows enthält nämlich eine Funktionsbibliothek (DLL für »Dynamic Link Library«) mit dem Namen *CARDS.DLL*, in der die Bilder aller 52 Spielkarten (ohne Joker) enthalten sind. Ein Videopoker lässt sich somit spielend einfach programmieren. Leider gibt es (wie immer) einen kleinen Haken, bezogen auf dieses Buch sind es sogar zwei:

1. Die Nutzung der DLL setzt den Aufruf von API-Funktionen voraus, was für Anfänger eine zusätzliche Schwierigkeit bedeutet. Dieses Thema wird in Kapitel 12 behandelt. Der Aufruf der Funktionen ist jedoch sehr einfach. Schreiben Sie die Befehlszeilen einfach ab, dann sollte nichts schief gehen.

2. Aus welchen Gründen auch immer enthält Windows 95/98 nur eine 16-Bit-Version von *CARDS.DLL*. Diese kann unter Visual Basic 6.0 nicht genutzt werden. Die 32-Bit-Version von *CARDS.DLL* gibt es nur unter Windows NT. Die DLL selber kann problemlos unter Windows 95/98 eingesetzt werden. Sie benötigen also einen PC, auf dem Windows NT installiert ist, um an die Datei heranzukommen. Fragen Sie mich bitte nicht, wo diese Datei ansonsten zu finden ist. Aus lizenzrechtlichen Gründen ist es leider nicht möglich, diese DLL auf der Webseite anzubieten. Ohne die 32-Bit-Version von *CARDS.DLL* können Sie das folgende Beispiel unter Windows 95/98 daher nicht ausführen.

Um eine Spielkarte auf den Bildschirm zaubern zu können, benötigen Sie ein Bildfeld, in dem die Karte angezeigt wird. Die Nutzung von *CARDS.DLL* verläuft immer in drei Schritten:

1. Initialisieren der DLL über die API-Funktion *cdtInit*. Diese Funktion legt die Größe einer Spielkarte in Pixel in zwei Variablen ab, die beim Aufruf der Funktion als Argumente übergeben werden.

2. Anzeigen einer Karte über die API-Funktion *cdtDraw*. Diese Funktion erhält als Argument die Nummer der Karte (von 0 bis 51) sowie den Gerätekontext des Bildfeldes (*hdc*-Eigenschaft).

3. Schließen der DLL über die API-Funktion *cdtTerm*.

Damit wurde alles Wesentliche gesagt. Das folgende Beispiel zeigt eine einfache Anwendung für die Nutzung von *CARDS.DLL* in einem Visual-Basic-Programm.

Übung 11-3: Kartenziehung

Diese Übung soll demonstrieren, wie einfach es ist, eine Spielkarte in einem Bildfeld anzuzeigen. Sie können diese kleine Übung problemlos zu einem richtigen Kartenspiel, etwa einem »Videopoker« ausbauen. Voraussetzung ist aber, dass Sie im Besitz der 32-Bit-Version der Datei *CARDS.DLL* sind, die sich im Windows-Verzeichnis befinden sollte (ansonsten muss der Pfad im *Declare*-Befehl angegeben werden).

Schritt 1 Starten Sie Visual Basic und legen Sie ein Standard-EXE-Projekt an. Ordnen Sie auf dem Formular (*frmHaupt*) ein Bildfeld (*picKarte*) und eine Schaltfläche (*cmdKarteZiehen*) an.

Schritt 2 Fügen Sie in den Deklarationsteil des Formulars folgende Befehle ein:

```
Private Declare Function cdtInit Lib "Cards32.dll" _
 (dy As Long, dy As Long) As Boolean
Private Declare Function cdtDraw Lib "Cards32.dll" _
 (ByVal hdc As Long, ByVal x As Long, ByVal y As Long, ByVal _
 ordCard As Long, ByVal ordDraw As Long, ByVal clr As Long) _
 As Boolean
Private Declare Function cdtTerm Lib "Cards32.dll" () As Long
' Über diese Konstanten werden die zu ziehenden Kartentypen festgelegt
Const ordFaces = 0
Const ordInvert = 2
Const ordBacks = 1
Const ordRobot = 56
' Größe einer anzuzeigenden Karte
Private dxCard As Long, dyCard As Long
```

Über die drei *Declare*-Befehle werden die drei Funktionen der DLL *CARDS.DLL* dem Programm »bekanntgemacht«. Sie können sie anschließend wie jede andere VB-Funktion aufrufen. Die Konstanten werden in diesem Beispiel zwar nicht alle benötigt, doch ist es gut, ihre Werte und Bedeutungen zu kennen.

Schritt 3 Fügen Sie in das *Load*-Ereignis des Formulars folgende Befehle ein:

```
Dim RetVal As Boolean
' Der Kartenstapel wird initialisiert
RetVal = cdtInit(dxCard, dyCard)
' Als Maßeinheit wird Pixel eingestellt
Me.ScaleMode = vbPixels
picKarte.Width = dxCard
picKarte.Height = dyCard
picKarte.AutoRedraw = True
```

Schritt 4 Bei der Initialisierung der Karten-DLL legt die Funktion *cdtInit* die Größe einer Spielkarte in den Variablen *dxCard* und *dyCard* ab. Diese Variablen legen anschließend die Größe des Bildfeldes fest. Da alle Angaben in Pixel gemacht werden, muss die Ausgabefläche des Formulars über die *ScaleMode*-Eigenschaft auf Pixel eingestellt werden.

Fügen Sie in das *Click*-Ereignis der Schaltfläche folgende Befehle ein:

```
Dim RetVal As Boolean
Dim KartenNr As Long
KartenNr = Int(Rnd * 52)
RetVal = cdtDraw(picKarte.hdc, 0, 0, KartenNr, ordFaces, 0&)
picKarte.Refresh
```

Die *cdtDraw*-Funktion überträgt eine Karte in jenes Bildfeld, dessen *hdC*-Eigenschaft übergeben wird. Über das Argument *KartenNr* wird die Karte ausgewählt. Die Nummerierung beginnt bei 0, wobei die Reihenfolge 0- Kreuz As, 1- Karo As, 2- Herz As, 3- Pik As, 4- Kreuz Zwei usw. gilt.

Schritt 5 Fügen Sie in das *UnLoad*-Ereignis des Formulars folgende Befehle ein:

```
Dim RetVal As Boolean
RetVal = cdtTerm()
```

Der Aufruf von *cdtTerm* soll wahrscheinlich den von der DLL belegten internen Arbeitsspeicher wieder freigeben.

Bild 11.3: Cards.dll in Aktion

11.7 Zusammenfassung

Visual Basic bietet von Haus aus keinerlei Unterstützung für Multimedia, selbst ein einfacher Befehl zum Erzeugen von Tönen mit einer bestimmten Frequenz wurde nicht implementiert. Visual Basic wäre jedoch nicht so beliebt, wenn es keine Mittel und Wege geben würde, diese Einschränkungen zu umgehen. Wie immer, wenn etwas in Visual Basic fehlt, kann man es über Komponenten hinzufügen. Eine dieser Komponenten ist das MCI-Steuerelement, das leider aber nur in der Profi- und Enterprise-Edition enthalten ist. Es bietet einen einfachen Zugriff auf die MCI-Kommandoschnittstelle von Windows, mit der Sie dank einfacher Kommandos, wie open, play, seek usw., alle Multimedia-Geräte einheitlich ansprechen können, für die ein MCI-Treiber existiert. Es sei aber erwähnt, dass für eine richtig flexible Programmierung die MCI-Schnittstelle direkt über die *MCISendString*-API angesprochen werden sollte.

11.8 Der »große« Abschlusstest

Zum Ende der ersten Runde gibt es einen »großen« Abschlusstest, der noch einmal die wichtigsten Fakten zur Visual-Basic-Programmierung zusammenfasst. Wenn Sie diesen Test »bestehen«, das heißt mindestens sieben bis acht der zehn Fragen richtig beantwortet haben, können Sie sich als »angehende(n) Visual-Basic-Expert(en)in« bezeichnen. Wenn nicht, ist das natürlich auch nicht tragisch, Sie sollten dann aber noch einmal in Ruhe die Fragen der einzelnen Kapitel durchgehen.

Frage 1 Was ist die wichtigste Merkregel der Visual-Basic-Programmierung?

Frage 2 Wie erreichen Sie, dass beim Anklicken der Schaltfläche *cmdTest* eine Mitteilung ausgegeben wird? Wie können Sie erreichen, dass diese Aktion auch durch Betätigen der [Esc]-Taste ausgelöst wird?

Frage 3 Ein Formular enthält 17 Textfelder. Sie möchten erreichen, dass das Drücken der [F12]-Taste in jedem der Textfelder dazu führt, dass die Eingabe überprüft wird. Wie lässt sich dies erreichen, ohne die Abfrage 17 Mal wiederholen zu müssen?

Frage 4 Definieren Sie eine Funktion *Min*, die den kleinsten Wert zweier übergebener Argumente zurückgibt. Erweitern Sie die Funktion so, dass sie mit einer beliebigen Anzahl an Argumenten arbeitet.

Frage 5 Was genau prüft der Vergleich *Is Nothing*?

Frage 6 Eine Variable wird im Deklarationsteil eines Formulars wie folgt definiert:

```
Private MeineZahl
```

Welchen Wert besitzt die Variable, wenn sie über die *VarType*-Funktion abgefragt wird? Welchen Datentyp besitzt sie nach einer Wertzuweisung? Kann die Variable auch außerhalb des Formulars angesprochen werden?

Frage 7 Ein Formular enthält eine Prozedur mit dem Namen *MeinTest*. Wie kann die Prozedur von einem allgemeinen Modul aus aufgerufen werden und wird dadurch ein *Load*-Ereignis ausgelöst?

Frage 8 Ein genialer Mathematiker gibt diophantische Gleichungen nach der Fermatschen Vermutung aus dem Jahre 1637 (die übrigens erst im Juni '93 gelöst wurde – die Autoren der Star Trek-Folge konnten das natürlich nicht wissen) aus. Leider stellt er fest, dass, sobald die Ausgabefläche durch ein anderes Fenster überdeckt wird, die Kurve verschwindet. Können Sie dem Mathematiker helfen?

Frage 9 Eine Prozedur *P1*, die eine Laufzeitfehlerroutine enthält, ruft eine Prozedur *P2* ohne Laufzeitfehlerbehandlung auf, in der natürlich ein Laufzeitfehler auftritt. Wie wird die Programmausführung fortgesetzt und welche Chancen bestehen, die Prozedur *P2* erneut aufzurufen?

Frage 10 Welchen Datentyp besitzt die *Controls*-Eigenschaft eines Formulars?

Die Antworten zu diesen Fragen finden Sie in Anhang C.

Visual Basic und die Windows-API

Wir kommen jetzt zu einem überaus spannenden Kapitel der Visual-Basic-Programmierung, dem Zugriff auf die Windows-API. Die Windows-API ist der Sammelname für weit über 1000 Funktionen, die Windows für die Programmierer bereitstellt. Nicht alle diese Funktionen sind wichtig oder für Visual-Basic-Programmierer interessant, doch es sind etliche dabei, mit denen sich »Programmiertricks« realisieren lassen, die ohne API-Zugriff in Visual Basic nicht möglich sind. Doch Moment, in der Einleitung wurde doch erklärt, dass Visual Basic gerade deswegen so beliebt ist, weil es, anders als in C oder C+–, keine Zugriffe auf die Windows-API erfordert. Habe ich da etwas durcheinander gebracht? Nein, es ist alles in bester Ordnung, denn zwischen dem Aufruf einzelner API-Funktionen und dem Aufbau eines kompletten Windows-Programms basierend auf den API-Funktionen gibt es einen erheblichen Unterschied. Visual Basic erfordert keine API-Funktionen, aber es gibt viele Situationen, in die jeder, der das Stadium des ersten Ausprobierens hinter sich gelassen hat, bereits einmal geraten sein dürfte, in denen die Befehle, Funktionen und Objekte von Visual Basic keine Lösung bieten und sich ein kleines Problem nur durch den Aufruf einer API-Funktion lösen lässt. Ein typisches Beispiel ist das Feststellen des freien Arbeitsspeichers, das sich mit Visual Basic-Hausmitteln alleine nicht durchführen lässt. Sehen Sie die Windows-API daher als eine natürliche Erweiterung der in Visual Basic »fest eingebauten« Funktionen, Eigenschaften und Methoden an.

Dieses Kapitel, das bereits in die Kategorie »fortgeschrittenere Programmierung« fällt (das Anfängerstadium haben Sie jetzt hinter sich), soll drei Fragen beantworten:

- Was ist die Windows-API?
- Wie wird eine API-Funktion aufgerufen?
- Was bringt der Aufruf von API-Funktionen?

Abgerundet wird das Kapitel durch ein paar kleine Beispiele, die Sie von der Nützlichkeit (und Notwendigkeit) von API-Funktionen überzeugen werden. Achten Sie dabei vor allem auf die API-Funktionen für den Zugriff auf die Registry, denn diese werden im nächsten Kapitel in eine bezüglich des Aufrufs sehr viel komfortablere Klasse eingebaut.

12.1 Was ist die Windows-API?

Die *Windows-API* ist der Name der *Aufrufschnittstelle*, die Windows allen Programmierern zur Verfügung stellt. Der Begriff API, der vielleicht ein wenig nichtssagend klingen mag, ist lediglich der amerikanische Originalbegriff *Application Programming Interface* für den Begriff Aufrufschnittstelle. Schön und gut, doch wozu gibt es diese API? Nun, jedes Betriebssystem bietet bestimmte Dienste an, die ein Programm nicht erledigen kann. Wenn ein Programm unter Windows arbeiten soll, muss es z.B. in der Lage sein, ein Fenster zu öffnen, auf die Auswahl eines Menüs zu reagieren oder das Aussehen des Mauszeigers zu verändern. Alle diese Dinge, und noch vieles, vieles mehr, werden über API-Funktionen durchgeführt. Stellen Sie sich vor, Windows wäre ein Klavier. Dann wären die API-Funktionen die Tasten, durch die der Programmierer dem Klavier Töne entlockt.

Eine API-Funktion ist also eine Funktion, die in einer jener zahlreichen Systemdateien von Windows enthalten ist. Da alle API-Funktionen in DLLs (*Dynamic Link Library*, die Grundbausteine von Windows) enthalten sind, ist der Begriff API-Funktion eine Untermenge des Begriffs DLL-Funktion. Wenn im Folgenden nur von API-Funktionen die Rede ist, sind damit selbstverständlich auch die DLL-Funktionen gemeint.

Leider gibt es wie immer nicht nur eitel Sonnenschein. Ja, die API-Funktionen lassen sich problemlos von Visual Basic aufrufen und stellen in vielen Fällen eine sinnvolle Erweiterung dar. Doch leider gibt es Ausnahmen. Einige wenige API-Funktionen erwarten Argumente, für die es in Visual Basic keinen passenden Datentyp gibt. Es gibt Funktionen, die gibt es nur unter Windows NT/2000/XP, und es gibt einige Funktionen, von denen man am Anfang besser die Finger lassen sollte (etwa die Funktionen für das Multithreading).

Und da wir gerade bei den weniger erfreulichen Umständen sind. Sie erhalten zur Windows-API leider keine Hilfe. Ihr einziger Ratgeber ist die Datei *Win32api.TXT*, die über den API-Viewer zur Verfügung gestellt wird und in der Sie die fertigen *Declare*-Befehle der meisten API-Funktionen finden, mehr dazu gleich). Damit ist es zumindest kein Problem, fertige Listings abzutippen, wie Sie sie in Zeitschriften und auch in diesem Buch finden. Wer allerdings wissen möchte, was eine API-Funktion bewirkt und welche Bedeutung die einzelnen Argumente haben, benötigt zusätzliche Literatur. Leider gibt es offenbar kein deutschprachiges Werk, das sich speziell mit der Windows-API und Visual Basic beschäftigt. Das Standardwerk zu diesem Thema ist daher der *Visual Basic Programmer's Guide to the Win32 API* von Altmeister Dan Applemann (ZD Press). In diesem Buch ist praktisch das gesamte API-Wissen (es gibt auch ein paar Lücken) so erklärt, dass es für Visual-Basic-Programmierer sofort einsetzbar ist. Wer das Buch zunächst einmal nicht anschaffen möchte, muss sich die Beschreibung der API-Funktionen entweder in der MSDN-Hilfe (die auch in Visual Basic 6.0 enthalten ist – leider nicht im Working-Modell der Buch-CD) durchlesen (allerdings bezieht sich diese Hilfe auf den Einsatz unter C/C++, was zur Folge hat, dass sich auch die Datentypen auf C/C++ beziehen) oder sich eine eigene API-Referenz durch die verschiedenen Beschreibungen in Zeitschriften, auf Webseiten und natürlich in diesem Kapitel zusammenstellen. Von den weit über 1000 API-Funktionen werden Sie am Anfang höchstens ein Dutzend benötigen.

12.2 Der Aufruf einer API-Funktion

Damit ein Visual-Basic-Programm eine API-Funktion aufrufen kann, muss diese dem Programm über einen *Declare*-Befehl bekannt gemacht werden. Aus dem *Declare*-Befehl erfährt Visual Basic vier wichtige Dinge:

1. Den Namen der Funktion/Prozedur.
2. Den Namen der DLL, in der sie sich befindet.
3. Die Anzahl der Argumente und ihre Datentypen.
4. Den Datentyp des Rückgabewertes, sofern es sich um eine Funktion handelt.

Syntax

```
[Public | Private ] Declare Sub Name Lib "Libname" _
[Alias "Aliasname" ][([Argumentenliste])]
```

oder für eine Funktion

```
[Public | Private ] Declare Function Name Lib "Libname" _
[Alias "Aliasname" ] [([Argumentenliste])][As Datentyp]
```

HINWEIS

In einem Formular muss einem *Declare*-Befehl das Schlüsselwort *Private* vorausgehen. Eine Deklaration in einem Modul darf dagegen öffentlich sein. Falls Sie *Declare*-Befehle aus dem API-Viewer übernehmen, können Sie zwischen *Private* und *Public* wählen oder den Befehl nachträglich ändern.

12.2.1 Die Rolle des Alias

Wie Sie noch erfahren werden, müssen Sie, dem API-Viewer sei es gedankt, die *Declare*-Befehle für API-Funktionen nur in Ausnahmefällen eintippen. Allerdings enthalten fast alle *Declare*-Befehle das Schlüsselwort *Alias*, auf das in vielen Fällen der scheinbar identische Funktionsname folgt. Was hat das zu bedeuten? Nun, der Alias einer Funktion ist nichts anderes als der »wahre« Name einer Funktion. Enthält der *Declare*-Befehl das Schlüsselwort *Alias*, ist der Name vor dem Schlüsselwort der neue Namen für den Aufruf innerhalb des Programms, der Name nach dem Schlüsselwort *Alias* dagegen der wahre Name der Funktion. Welchen Vorteil soll dies bringen? Nun, darauf gibt es mehrere Antworten:

- Für den Zweitnamen gilt keine Unterscheidung bei der Groß-/Kleinschreibung, beim wahren API-Namen schon.
- Oft sind API-Namen sehr lang (z.B. *GetPrivateProfileString*), über den Alias können Sie einen kurzen Namen zuordnen (z.B. »IniWertLesen«).
- Die Windows-API unterscheidet bei vielen Funktionen zwischen einer ANSI- und einer Unicode-Variante (das sind verschiedene Standards für die Darstellung von Zeichen). Über den Alias verwenden Sie stets einen Namen und können später die Unicode-Variante im *Declare*-Befehl vereinbaren, ohne dass Ihr Programm geändert werden muss.
- Falls der API-Name mit dem Namen einer Eigenschaft, Methode oder Variablen übereinstimmt, vermeiden Sie mit dem Alias einen Namenskonflikt.

Und es gibt noch einen Grund. Einige API-Funktionen besitzen Argumente, denen je nach Anforderung verschiedene Datentypen übergeben werden können. Ein Beispiel ist die Funktion *GetPrivateProfileString*, der für den Sektionsnamen zum einen ein Sektionsname (String), zum anderen ein Nullzeiger (dargestellt durch die Konstante *vbNullString*) übergeben werden kann. Falls man »as any« nicht aufheben möchte, definiert man die Funktion zweimal, wobei eine der beiden Funktionen (oder beide) einen Aliasnamen erhalten muss.

```
Declare Function AlleEintragsNamenLesen Lib "kernel32" Alias _
"GetPrivateProfileStringA" (ByVal lpApplicationName As _
String, ByVal lpKeyName As Any, ...) As Long
```

und

```
Declare Function GetPrivateProfileString Lib "kernel32" _
Alias "GetPrivateProfileStringA" (ByVal lpApplicationName _
As String, ByVal lpKeyName As String, ...) As Long
```

Nun kann die Funktion unter dem Namen *AlleEintragsNamenLesen* mit einem Nullzeiger und unter dem Namen *GetPrivateProfileString* mit einem String aufgerufen werden. Aufgerufen wird natürlich in beiden Fällen ein und dieselbe API-Funktion, doch dürfen ihr in beiden Fällen für das Argument *lpKeyName* verschiedene Datentypen übergeben werden. Natürlich hätte man auch für dieses Argument in der Originaldeklaration *As Any* schreiben können (so wie es auch in *Win32api.txt* gehandhabt wird), doch stellt diese Variante sicher, dass der Funktion *GetPrivateProfileString* in jedem Fall ein String übergeben wird.

12.3 Der API-Viewer

API-Funktionen wären bei weitem nicht so beliebt, wenn man sich die Deklarationen aus verschiedenen Quellen zusammensuchen und womöglich noch per Hand eintippen müsste. Visual Basic bietet zwar keine API-Hilfe, dafür aber einen API-Viewer, der die *Declare*-Befehle der allermeisten API-Funktionen, sowie die erforderlichen Datentypen (in Form von UDTs) und Konstanten enthält. Der API-Viewer (der in Form der Datei *Apiload.exe* vorliegt) ist allerdings kein »API-Expertensystem«, sondern lediglich ein Betrachter, der den Inhalt der Datei *Win32api.txt* darstellt und jede andere Textdatei mit einem passenden Aufbau genauso anzeigen würde.

HINWEIS

Besorgen Sie sich unbedingt den API-Guide, den zwei Programmierer aus Belgien, Kris und Pieter Philippaerts, zusammengestellt haben, da er sehr viel mehr Komfort bietet und auch viele Beispiele umfasst. Zusammen mit dem API-Viewer, der das gleichnamige Add-In ersetzt, das beim Ablaufmodell von Visual Basic 6.0 leider nicht mit von der Partie ist, wird die API-Programmierung sehr viel einfacher. Sie finden beide Tools entweder unter www.allapi.net oder auf der generell sehr empfehlenswerten Visual-Basic-Seite *www.activevb.de*, wo sehr viel Know-how rund um Visual Basic geboten wird.

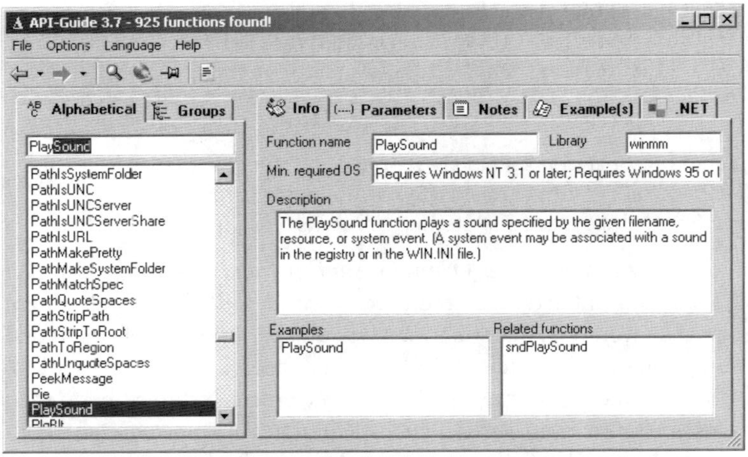

Bild 12.1: Der API-Guide ist ein fast unentbehrlicher Helfer, wenn es um die Erforschung der Windows-API geht.

12.4 Ein einfaches Beispiel

Bei den API-Funktionen geht nichts über ein einfaches Beispiel. Es wird allerdings vorausgesetzt, dass Sie mit dem allgemeinen Aufruf von Funktionen, so wie es in Kapitel 5 erklärt wurde, bereits vertraut sind. Eine wichtige Merkregel bereits vorweg: Die meisten API-Funktionen erwarten bei ihrem Aufruf bestimmte Argumente (bei einigen Funktionen sind es sogar relativ viele). Darin liegt im Allgemeinen keine zusätzliche Schwierigkeit, denn der Aufruf unterscheidet sich auch hier nicht von dem einer herkömmlichen Funktion. Ein wenig kompliziert kann es allerdings werden, wenn die API-Funktion Zeiger erwartet und Sie entscheiden müssen, ob das Argument als Wert (also mit dem Zusatz *ByVal* im *Declare*-Befehl) oder als Referenz (also mit/ohne *ByVal* bzw. mit *ByRef*, wenn man es genau machen möchte) übergeben werden soll. Hier gibt es eine einfache Regel. Im Zweifelsfall immer mit *ByVal* (also als Wert). Es kann zwar passieren, dass eine API-Funktion keine Wirkung zeigt, Sie vermeiden aber Programmabstürze, die bei einer unbedachten Übergabe als Referenz passieren können.

Und da wir gerade dabei sind: Wenn Sie API-Funktionen aufrufen, verlassen Sie die »behütete« Welt von Visual Basic und rufen Programme auf, die nicht von Visual Basic überwacht werden. Speichern Sie Ihre Visual-Basic-Programme vor der Ausführung bitte ab, denn gerade am Anfang ist der eine oder andere Programmabsturz nicht zu vermeiden. Damit Ihr eingegebenes Programm dadurch nicht verloren geht, sollten Sie es vorher abspeichern.

Doch nun zu dem angekündigten Beispiel. Eine API-Funktion, die gerade bei Autoren von Einführungsbüchern sehr beliebt ist, ist *FlashWindow*. Sie ist vollkommen problemlos anzuwenden und hat einen hübschen visuellen Effekt. Hier zunächst die allgemeine Syntax der Funktion:

```
Declare Function FlashWindow Lib "user32" (ByVal hwnd As Long, ByVal
bInvert As Long) As Long
```

Betrachten Sie jetzt den hinteren Teil der Funktionsdeklaration. Anstelle eines leeren Klammernpaares besitzt die Funktion eine Argumenteliste mit zwei Argumenten, die beide vom Typ *Long* sind. Wenn Sie Kapitel 5 aufmerksam durchgearbeitet haben, dürfte Ihnen diese bestens bekannt sein:

```
ByVal hwnd As Long, ByVal bInvert As Long
```

Die Argumenteliste umfasst zwei Argumente. Es ist ganz wichtig zu verstehen, dass es nicht auf die Namen der Argumente, sondern auf deren Datentyp ankommt. Die Namen sind bloße Platzhalter, die einzig und allein dazu da sind, Ihnen die Bedeutung des Arguments zu verraten und dem Umstand Rechnung tragen, dass aus Syntaxgründen irgendein Name aufgeführt werden muss. Der Datentyp legt dagegen fest, wie viele Bytes auf dem sog. Call-stack (dem internen »Übergabebahnhof für die Argumente«) abgelegt werden. Sind es zu wenig oder zu viele, wird entweder ein falscher Wert übergeben oder das Programm stürzt im schlimmsten Fall sogar ab.

Nun kann auch die *FlashWindow*-Funktion eingesetzt werden. Dazu müssen Sie aber noch die Bedeutung der beiden Funktionsargumente kennen:

Argument	Bedeutung
hWnd	Dies ist ganz einfach die »Adresse« (Bezugsnummer) des Fensters, dessen Titelzeile »flashen« soll.
bInvert	Dieser Wert legt fest, ob die Titelzeile in den gegenteiligen Zustand umspringt (*bInvert<>0*) oder ihren Ursprungszustand wieder annimmt (*bInvert=0*). Wird die *FlashWindow*-Funktion mit einem Wert ungleich Null für *bInvert* aufgerufen, schaltet sie zwischen dem aktiven und inaktiven Zustand der Titelleiste um.

Als Rückgabewert gibt die Funktion den Zustand der Titelleiste vor dem Aufruf von *FlashWindow* zurück.

Da die *FlashWindow*-Funktion den Zustand der Titelleiste lediglich umschaltet, sie aber nicht von alleine blinken lässt, muss sie von einem Zeitgeber gesteuert werden, um ein regelmäßiges Blinken der Titelleiste zu erreichen. Damit kann man den Benutzer sehr schön auf einen bestimmten Zustand aufmerksam machen, da gleichzeitig auch der Fenstereintrag in der Taskleiste zu blinken beginnt.

Ordnen Sie für die Umsetzung des Beispiels auf einem leeren Formular eine Schaltfläche (*cmdStart*) und einen Zeitgeber (*tmrZeit*) an. Fügen Sie in das Formular als Erstes den *Declare*-Befehl ein, den Sie am besten aus dem API-Viewer kopieren:

```
Private Declare Function FlashWindow Lib "user32" _
(ByVal hwnd As Long, ByVal bInvert As Long) As Long
```

Nun erhält die *Click*-Prozedur der Schaltfläche *cmdStart* ihre Befehle:

```
Private Sub cmdStart_Click()
    Static Modus As Boolean
    Dim RetVal As Long
    If Modus = True Then
        Modus = False
        cmdStart.Caption = "&Start"
        tmrZeit.Interval = 0
        RetVal = FlashWindow(hwnd, 1)
    Else
        Modus = True
        cmdStart.Caption = "&Stop"
        tmrZeit.Interval = 200
    End If
End Sub
```

Auch innerhalb der *Timer*-Ereignisprozedur des Zeitgebers muss etwas passieren:

```
Private Sub tmrZeit_Timer()
    Static bInvert As Long
    bInvert = FlashWindow(Me.hwnd, bInvert)
End Sub
```

Übrigens kann die *FlashWindow*-Funktion beliebige Fenster zum Blinken bringen, indem Sie die Bezugsnummer (*hWnd*-Eigenschaft) des Fensters übergeben. Eine Möglichkeit, diese Bezugsnummer für ein beliebiges Fenster zu erhalten, bietet die *FindWindow*-API-Funktion, womit Sie gleich die nächste API-Funktion mit Argumenten kennen lernen.

Syntax *FindWindow* sucht die Bezugsnummer eines Fensters, dessen Klassenname oder Fenstertitel angegeben wurde.

```
Declare Function FindWindow Lib "user32" Alias "FindWindowA" (ByVal
lpClassName As String, ByVal lpWindowName As String) As Long
```

Als erstes Argument wird der so genannte Klassenname des Fensters übergeben. Dies ist ein interner Name, der in der Regel nicht bekannt ist. Stattdessen wird die Konstante vbNullString übergeben, sodass alle Klassennamen berücksichtigt werden. Das zweite Argument ist der vollständige Fenstertitel, also so, wie er in der Titelleiste des Fensters angezeigt wird. Als Rückgabewert gibt die Funktion die Bezugsnummer des Fensters zurück, sofern dieses gefunden wurde.

Das folgende Beispiel ermittelt die Bezugsnummer eines bestimmten Fensters:

```
Private FensterBezug As Long
FensterBezug = FindWindow(vbNullString, "Microsoft Word - Kapitel 12
- Visual Basic und die API.doc")
FlashWindow FensterBezug, 1
```

Dieses kleine Beispiel schaltet die Titelleiste des Fensters mit dem angegebenen Titel (die Groß-/Kleinschreibung spielt keine Rolle) um. Voraussetzung ist allerdings, dass der Titel des Fensters auch exakt so lautet. Wurde innerhalb von Word ein anderes Dokument geladen, muss dessen Name, getrennt von einem Bindestrich (mit Leerzeichen vorher und nachher), an den Namen »Microsoft Word« gehängt werden – achten Sie auf den Fenstertitel, der genau übereinstimmen muss.

12.4.1 Der Unterschied zwischen *ByVal* und *ByRef*

Da es so wichtig ist, hier noch einmal eine kurze Wiederholung. Fast jedem Argument, das einer API-Funktion übergeben wird, geht das Schlüsselwort *ByVal* (Abkürzung für »By Value«, zu Deutsch »Übergabe als Wert«) voraus. Damit hat es eine einfache Bewandtnis. Standardmäßig übergibt Visual Basic ein Argument als Referenz, sowohl bei API-Funktionen als auch bei herkömmlichen Funktionen und Prozeduren. Die aufgerufene Funktion (oder Prozedur) erhält eine Adresse von dem übergebenen Wert, sodass sie diesen gegebenenfalls verändern kann. Die meisten API-Funktionen erwarten allerdings direkte Werte. Anstelle der Adresse eines *Integer*-Wertes möchte die Funktion den Wert direkt haben. Damit Visual Basic einen Wert und keine Referenz übergibt, muss der Variablen in der Funktionsdeklaration *ByVal* vorausgehen.

Wo es eine Regel gibt, muss es auch eine Ausnahme geben. Diese liegt bei der Übergabe einer Zeichenkette (String) vor. Auch wenn Strings als Referenz übergeben werden, geht ihnen bei der Übergabe stets *ByVal* voraus. Das liegt daran, dass die API-Funktionen Zeichenketten als eine Folge von Zeichen erwarten, die mit einer 0 beendet werden (in der Windows-API-Referenz wird dieser Datentyp auch als *LPSTR* bezeichnet, ein Zeiger mit einen mit 0 abgeschlossenen String). Visual Basic arbeitet intern dagegen bei Strings mit einem *BSTR*-Datentyp. Dafür, dass dieser Datentyp beim Aufruf einer API-Funktion in einen *LPSTR*-Datentyp umgewandelt wird, sorgt (diesmal zweckentfremdet) der Zusatz *ByVal*.

HINWEIS

Wahrscheinlich aus Gründen der Vollständigkeit verfügt Visual Basic auch über das Schlüsselwort *ByRef* (Abkürzung für »By Reference«, zu Deutsch »als Referenz«). Dieses ist jedoch beim Aufruf von API-Funktionen nicht erforderlich, da Visual Basic einen Wert standardmäßig als Referenz übergibt.

12.5 Was bringt der Aufruf von API-Funktionen?

Eine ganze Menge, denn mit API-Funktionen lassen sich Dinge bewerkstelligen, die offiziell in Visual Basic gar nicht möglich sind. Allerdings müssen zwei Dinge beachtet werden:

- API-Funktionen sollte man nur dann in Betracht ziehen, wenn man sie wirklich benötigt (oft hat es seinen Grund, dass es keine entsprechende Funktionalität in Visual Basic gibt).
- Die API-Funktionen sind keine geheime »Tuning-Maßnahme«, sie stellen vielmehr die Gesamtfunktionalität von Windows dar, von der (aus den verschiedenen Gründen) nicht alles bei Visual Basic über Funktionen und Eigenschaften zur Verfügung gestellt wird.

12.5.1 Abfragen von Systeminformationen

In diesem Abschnitt lernen Sie ein paar nützliche API-Funktionen kennen, mit denen Sie z.B. den freien Arbeitsspeicher, die Betriebssystemversion (Sie ahnen vermutlich noch nicht, wie viele verschiedene Windows-Versionen es gibt) und den Namen des Computers sowie des angemeldeten Benutzers abfragen können.

12.5.2 Abfragen von Computer- und Benutzernamen

Fangen wir ganz einfach an. Die ersten beiden API-Funktionen lauten *GetComputerName* und *GetUserName*. Sie ermitteln, der Name legt es irgendwie nahe, den Namen des Computers bzw. des angemeldeten Benutzers.

Syntax

```
GetComputerName (ByVal lpBuffer As String, nSize As Long)
GetUserName (ByVal lpBuffer As String, nSize As Long)
```

Schauen Sie sich die Funktionsdeklaration in Ruhe an, denn an ihr lernen Sie, auf welche Weise eine API-Funktion einen Wert zurückgibt. Praktisch jede API-Funktion besitzt einen Rückgabewert, bei dem es sich in der Regel lediglich um einen Fehlerwert handelt. Unsere API-Funktion soll aber einen Namen zurückgeben – wie ist das möglich? Ganz einfach, indem ihr beim Aufruf der Name einer Variable übergeben wird, in welcher der Name abgelegt wird. Da die Windows-API sich bezüglich der Variablenkonventionen sehr stark an die Programmiersprache C anlehnt und dort Zeichenkettenvariablen keine Information über die Anzahl der in ihr gespeicherten Zeichen enthalten, wird als zweites Argument die Länge der als erstes Argument übergebenen Stringvariablen übergeben. Bevor Sie die API-Funktion aufrufen, müssen Sie noch einen weiteren wichtigen Merksatz kennen lernen:

Wenn Sie eine Stringvariable übergeben, sorgen Sie zuvor dafür, dass diese ausreichend groß ist (und übergeben Sie Stringvariablen immer mit *ByVal*). Schauen Sie sich einmal den folgenden Aufruf an:

```
Dim PCName As String
RetVal = GetComputerName (PCName, Len(PCName))
```

Was ist an diesem Aufruf faul? Das ist erst auf den zweiten Blick zu erkennen. Was Sie noch nicht wissen können, ist, dass Visual Basic für die Variable *PCName* noch keinen Speicherplatz reserviert hat. Davon weiß die API-Funktion aber nichts, sie geht davon aus, dass für das Ablegen des Computernamens genügend Platz vorhanden ist. Die Folge ist, dass die Zeichenkette in einen Bereich geschrieben wird, der dafür nicht vorgesehen ist. Es dreht sich zwar nur um wenige Bytes, doch kann diese Diskrepanz bereits genügen, um unter Windows 95/98 einen Absturz des Programms zu provozieren. Sorgen Sie daher vor dem Aufruf einer API-Funktion, die eine Stringvariable als Argument erhält, in die die API-Funktion einen Wert eintragen soll, dafür, dass in der Stringvariablen ausreichend Platz vorhanden ist. Das lässt sich z.B. durch die *Space*-Funktion erreichen, die eine Stringvariable mit Leerzeichen füllt:

```
PCName = Space(128)
```

Damit ist auch klar, wie der Aufruf der API-Funktion *GetUserName* aussehen muss, die den Namen des aktuell anmeldeten Benutzers zurückgibt:

```
Dim RetVal As Long, UserName As String
UserName = Space(128)
RetVal = GetUserName (UserName, Len(UserName))
Msgbox Prompt:="Der Benutzer heißt: " & UserName
```

Der Funktion werden wieder der Name einer String-Variablen und deren Länge übergeben. Der in der Variablen *RetVal* zurückgegebene Wert gibt über Erfolg bzw. Misserfolg der Funktion Auskunft und wird lediglich aus formellen Gründen aufgeführt. In manchen Listings wird er sogar ganz weggelassen, was den Aufruf ein wenig vereinfacht:

```
GetUserName UserName, Len(UserName)
```

In diesem Fall kann *GetUserName* über den *Declare*-Befehl auch als *Sub* (also als Prozedur) deklariert werden.

12.5.3 Abfragen des freien Arbeitsspeichers

Die nächste API-Funktion ist etwas komplizierter. Es ist die API-Funktion *GlobalMemoryStatus*, die eine Reihe von Angaben über die aktuelle Größe und Belegung des Arbeitsspeichers liefert. Diese Werte gibt sie über eine Variable zurück, die ihr beim Aufruf übergeben wird. Das Besondere an dieser Variablen ist, dass es sich um eine Variable mit einem benutzerdefinierten Typ (UDT für »User defined Data Type«) handelt. Der Typ heißt *MEMORYSTATUS* und besitzt folgenden Aufbau:

```
Private Type MEMORYSTATUS
    dwLength As Long          ' Gesamtlänge der Struktur
    dwMemoryLoad As Long      ' Prozent des belegten Speichers
    dwTotalPhys As Long       ' Gesamtarbeitsspeicher
    dwAvailPhys As Long       ' Verfügbarer Arbeitsspeicher
    dwTotalPageFile As Long   ' Größe der Auslagerungsdatei
    dwAvailPageFile As Long   ' Verfügbarer Arbeitsspeicher
    dwTotalVirtual As Long    ' Größe d. virtuellen Speichers
    dwAvailVirtual As Long    ' Verfügbarer virtueller Speicher
End Type
```

Beim Aufruf der API-Funktion *GlobalMemoryStatus* wird eine Variable dieses Typs als einziges Argument übergeben:

```
Private Declare Sub GlobalMemoryStatus Lib "kernel32" _
(lpBuffer As MEMORYSTATUS)
```

Das folgende Beispiel überträgt einige Informationen über die aktuelle Arbeitsspeicherauslastung in die Variable *lpInfoBereich*.

```
Private lpInfoBereich As MEMORYSTATUS
```

Über die verschiedenen Untervariablen von *lpInfoBereich* lassen sich die gewünschten Werte anzeigen:

```
lpInfoBereich.dwLength = Len(lpInfoBereich)
GlobalMemoryStatus lpInfoBereich
Debug.Print "Prozent des belegten Speichers: " & _
lpInfoBereich.dwMemoryLoad & "%"
Debug.Print "Gesamtarbeitsspeicher: " & _
Format(lpInfoBereich.dwTotalPhys, "###.####.###")
Debug.Print "Verfügbarer Arbeitsspeicher: " & _
Format(lpInfoBereich.dwAvailPhys, "###.####.###")
```

usw.

12.5.4 Abfragen von Laufwerksinformationen

Für das Abfragen von Informationen über ein Laufwerk gibt es die API-Funktionen *GetVolumeInformation* und *GetDiskFreeSpace*.

Syntax

```
Private Declare Function GetDiskFreeSpace Lib "kernel32" Alias
"GetDiskFreeSpaceA" (ByVal lpRootPathName As String,
lpSectorsPerCluster As Long, lpBytesPerSector As Long,
lpNumberOfFreeClusters As Long, lpTotalNumberOfClusters As Long) As
Long
```

```
Private Declare Function GetVolumeInformation Lib "kernel32" Alias
"GetVolumeInformationA" (ByVal lpRootPathName As String, ByVal
lpVolumeNameBuffer As String, ByVal nVolumeNameSize As Long,
lpVolumeSerialNumber As Long, lpMaximumComponentLength As Long,
lpFileSystemFlags As Long, ByVal lpFileSystemNameBuffer As String,
ByVal nFileSystemNameSize As Long) As Long
```

Lassen Sie sich bitte nicht von dem Umfang der Funktionsdeklaration abschrecken. Beide Funktionen sind wirklich einfach anzuwenden (als Anschauungsmaterial soll das Projekt *SysInfo*.vbp auf der Buch-CD dienen – mehr dazu später).

Im folgenden Beispiel werden Laufwerksname und der Name des Dateisystems (FAT, FAT32 oder NTFS) mit Hilfe der API-Funktion *GetVolumeInformation* in zwei Bezeichnungsfeldern ausgegeben:

```
Dim LaufwerksName As String
Dim SystemName As String
Dim SerienNummer As Long
Dim KomponentLänge As Long
Dim SysFlags As Long
LaufwerksName = Space(256)
SystemName = Space(256)
RetVal = GetVolumeInformation("C:\", LaufwerksName, _
Len(LaufwerksName), SerienNummer, KomponentLänge, _
SysFlags, SystemName, Len(SystemName))
lblLaufwerksname.Caption = LaufwerksName
lblDateisystem.Caption = SystemName
```

Um den auf einem Laufwerk mit Hilfe der API-Funktion *GetDiskFreeSpace* zur Verfügung stehenden Arbeitsspeicher ausrechnen zu können, müssen Sie wissen, dass sich dieser aus der Anzahl an Sektoren pro Zuordnungseinheit multipliziert mit der Anzahl an Bytes pro Sektor (= Größe einer Zuordnungeinheit) und multipliziert mit der Anzahl an freien oder insgesamt vorhandenen Zuordnungseinheiten ergibt:

```
Dim AnzahlSektoren As Long
Dim BytesProSektor As Long
Dim AnzahlFreieCluster As Long
Dim GesamtzahlCluster As Long
Dim GesamtSpeicher As Long
Dim FreierSpeicher As Long
RetVal = GetDiskFreeSpace("C:\", SektorenProCluster, ↩
BytesProSektor, AnzahlFreieCluster, GesamtzahlCluster)
FreierSpeicher = AnzahlSektoren * BytesProSektor * ↩
AnzahlFreieCluster
lblFreierPlatz.Caption = Format(FreierSpeicher, "0,000")
GesamtSpeicher = AnzahlSektoren * BytesProSektor * ↩
GesamtzahlCluster
lblGesamtgröße.Caption = Format(GesamtSpeicher, "0,000")
```

HINWEIS

Ab Windows 98 bzw. Windows NT 5.0 sollten Sie die API-Funktion *GetDiskFreeSpaceEx* verwenden, die auch mit Partitionen größer 2 Gbyte klar kommt.

12.5.5 Feststellen der Windows-Version

Zum Schluss dieses Abschnitts lernen Sie die API-Funktion *GetVersionEx* kennen, die das Betriebssystem angibt, unter dem das Visual-Basic-Programm läuft. Allerdings gibt *GetVersionEx* das Betriebssystem nicht als Namen, sondern als Zahl zurück. Sie müssen dann wissen, dass 1 für Windows 95/98 und 2 für Windows NT steht (auch diese Informationen finden Sie nur im Rahmen der MSDN-Hilfe oder in einem API-Buch).

Syntax

```
Private Declare Function GetVersionEx Lib "kernel32" Alias
"GetVersionExA" (lpVersionInformation As OSVERSIONINFO) As Long
```

Auch diese API-Funktion erwartet eine Variable mit benutzerdefiniertem Datentyp als Argument. Der Aufbau von *OSVERSIONINFO* lautet wie folgt:

```
Private Type OSVERSIONINFO
    dwOSVersionInfoSize As Long
    dwMajorVersion As Long
    dwMinorVersion As Long
    dwBuildNumber As Long
    dwPlatformId As Long
    szCSDVersion As String * 128
End Typ
```

Vergessen Sie nicht, dass vor dem Aufruf der API-Funktion die Länge der mit *OSVERSION* als Datentyp deklarierten Variablen der Untervariablen *dwOSVersionInfoSize* zugewiesen werden muss:

```
Dim lpOSVersion As OSVERSIONINFO
lpOSVersion.dwOSVersionInfoSize = Len(lpOSVersion)
RetVal = GetVersionEx(lpOSVersion)
   Select Case lpOSVersion.dwPlatformId
        Case 1
          MsgBox Prompt:="Windows 95/98"
        Case 2
          MsgBox Prompt:="Windows NT"
        Case Else
          MsgBox Prompt:="Unbekanntes Betriebssystem"
    End Select
```

In diesem Zusammenhang soll Ihnen das Lokalfenster wärmstens empfohlen werden, das man als Anfänger vermutlich schnell übersieht. Mit seiner Hilfe können Sie u.a. jedes Element der Strukturvariablen *lpOSVersion* einsehen und müssen sich die Untervariablen nicht im Direktfenster ausgeben lassen.

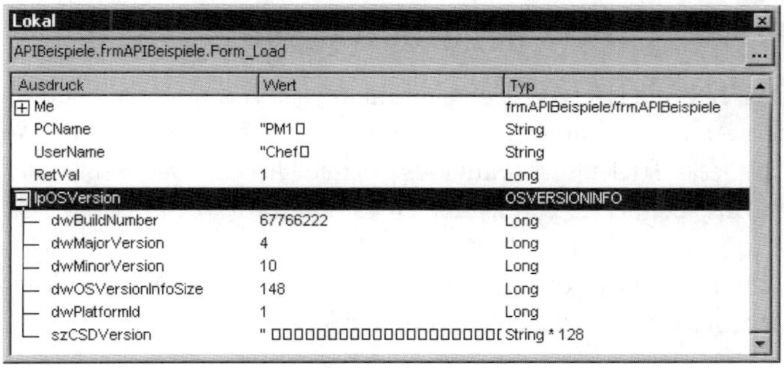

Bild 12.2: Das Lokalfenster zeigt den Inhalt der Variablen lpOSVersion komplett an

12.5.6 Ein abschließendes Beispiel

Zum Schluss sollen alle in den letzten Abschnitten vorgestellten Abfragefunktionen in einem kleinen Programm zusammengefasst werden (Sie finden es unter dem Namen SYSINFO.VBP auf der Buch-CD).

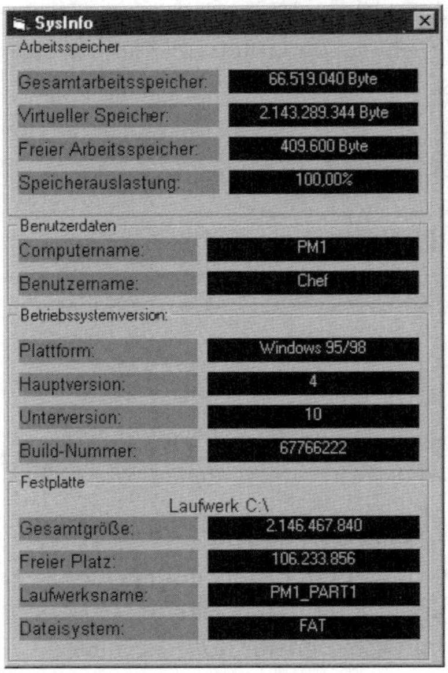

Bild 12.3: Mit den API-Funktionen lassen sich viele Systeminformationen abfragen

12.5.7 Tricks mit dem Textfeld

Das Textfeld der Werkzeugsammlung kann mehr, als es auf den ersten Blick den Anschein haben mag. Das Problem ist lediglich, dass Visual Basic uns nicht alle Tricks des Textfeldes verrät. Um die »verborgenen« Fähigkeiten zu nutzen, bedarf es schon der API-Funktion *SendMessage*. *SendMessage* ist eine universelle Funktion, die Nachrichten an Fenster (und damit auch an Steuerelemente, die auf einem Fenster basieren) verschickt und damit bestimmte interne Mechanismen aktiviert.

Syntax

```
Private Declare Function SendMessage Lib "user32" Alias "SendMessageA"
(ByVal hwnd As Long, ByVal wMsg As Long, ByVal wParam As Long, lParam
As Any) As Long
```

Der *SendMessage*-API-Funktion werden vier Argumente übergeben:

Argument	Bedeutung
hWnd	Die Bezugsnummer des Fensters (Steuerelements), die die Nachricht erhalten soll (bei einem Formular z.B. *Me.hWnd*).
wMsg	Die Nummer der Nachricht (Nachrichten werden über Konstanten angegeben, die Wichtigsten erhalten Sie über den API-Viewer).
wParam	Der erste Teil der Nachricht.
lParam	Der zweite Teil der Nachricht.

Natürlich kann die *SendMessage*-Funktion keine Wunder vollbringen. Sie nutzt nur jene Fähigkeiten eines Steuerelements aus, die (aus welchem Grund auch immer) nicht über Eigenschaften und Methoden zur Verfügung gestellt werden. Die interessantesten Nachrichten bezogen auf ein Textfeld sind in Tabelle 12.1 zusammengefasst.

Bei allen folgenden Beispielen wird die Deklaration der *SendMessage*-Funktion nicht extra aufgeführt.

Tabelle 12.1: Interessante Nachrichten, die über die SendMessage-API-Funktion an ein Textfeld geschickt werden können.

Nachricht	**Bedeutung**
EM_GETFIRSTVISIBLELINE	Ermittelt die Nummer der ersten sichtbaren Zeile.
EM_GETLINE	Lädt eine bestimmte Zeile in einen Stringpuffer.
EM_GETLINECOUNT	Ermittelt die Gesamtzahl der Zeilen.
EM_LINEFROMCHAR	Bestimmt die Zeilennummer eines Zeichens, dessen Offset innerhalb der Text-Eigenschaft angegeben wird.
EM_LINEINDEX	Bestimmt den Offset innerhalb der *Text*-Eigenschaft des ersten Zeichens innerhalb einer angegebenen Zeile.
EM_LINELENGTH	Ermittelt die Länge einer Textzeile.

Zugriff auf eine einzelne Zeile

Um auf eine bestimmte Zeile in einem Textfeld zugreifen zu können, ist normalerweise eine aufwendige Stringverarbeitung notwendig. Sehr viel einfacher geht es durch das Senden einer *EM_GETLINE*-Nachricht an das Textfeld.

Argument	**Bedeutung**
wParam	Zeilennummer
lParam	Variable, die die Textzeile erhalten soll (muss vorher initialisiert werden). Die ersten beiden Byte erhalten die Länge der Zeichenkette – 1.
Rückgabewert	Anzahl der zurückgegebenen Zeichen (oder 0, wenn die Zahl größer als die reservierte Variable ist).

```
Dim AnzahlZeichen As Long
Dim ZeilenPuffer As String
Dim Länge As Long
ZeilenPuffer = Space(1024)
Länge = Len(ZeilenPuffer) - 1
Mid(ZeilenPuffer, 2, 1) = Chr(Länge \ 100)
AnzahlZeichen = SendMessageString(txtTextfeld.hwnd, EM_GETLINE, 0,
ZeilenPuffer)
MsgBox Prompt:=Left(ZeilenPuffer, AnzahlZeichen)
```

Wenn man jetzt noch weiß, dass die Zeilennummerierung stets bei Null beginnt, ist ein Zugriff auf einzelne Zeilen und einzelne Teile einer Zeile problemlos möglich. Auf einen sehr subtilen Nebeneffekt sollen Sie an dieser Stelle unbedingt hingewiesen werden. Das obige Beispiel verwendet die API-Funktion *SendMessage* unter dem Alias *SendMessageString* in einer geringfügig modifizierten Fassung:

```
Private Declare Function SendMessageString Lib "user32" Alias "Send-
MessageA" (ByVal hwnd As Long, ByVal wMsg As Long, ByVal wParam As
Long, ByVal lParam As String) As Long
```

Fällt Ihnen ein Unterschied auf? Richtig, das letzte Argument besitzt diesmal den Datentyp *String*, anstelle von *As Any*. Diese Maßnahme ist immer dann erforderlich, wenn für *lParam* ein String übergeben werden muss, denn in diesem Fall muss die Übergabe per *ByVal* erfolgen.

Anzahl der Zeilen in einem Textfeld feststellen

Die folgende *SendMessage*-Funktion ermittelt mit Hilfe der Nachricht *EM_GETLINECOUNT die* Anzahl der Zeilen in dem Textfeld *txtEingabe*. Dies wäre in Visual Basic nur durch Zählen der Zeilenumbrüche (*vbCr*-Zeichen) halbwegs zuverlässig zu lösen.

Argument	Bedeutung
wParam	0
lParam	0
Rückgabewert	Anzahl der Zeilen im Textfeld.

```
Option Explicit

 Const EM_GETLINECOUNT = &HBA

Private Sub cmdAnzahlZeilen_Click()
    Dim AnzahlZeilen As Integer
    AnzahlZeilen = SendMessage(txtEingabe.hwnd, _
    EM_GETLINECOUNT, 0, 0&)
    MsgBox Prompt:="Anzahl Zeilen: " & AnzahlZeilen
End Sub
```

Die aktuelle Zeile in einem mehrzeiligen Textfeld ermitteln

Die folgende *SendMessage*-Funktion ermittelt mit Hilfe der Nachricht *EM_LINEFROMCHAR* die Zeilennummer, in der sich die Textmarke momentan befindet. Auch diese Funktion wäre in Visual Basic nicht ganz einfach zu lösen.

Argument	Bedeutung
wParam	Abstand des Zeichens relativ zum Beginn der *Text*-Eigenschaft.
lParam	0
Rückgabewert	Zeilennummer, die das angegebene Zeichen enthält.

```
Private Sub cmdAktuelleZeile_Click()
    Dim Zeilennummer As Integer
    Zeilennummer = SendMessage(txtEingabe.hwnd, _
    EM_LINEFROMCHAR, -1, 0&)
    MsgBox Prompt:="Zeilennummer: " & Zeilennummer + 1
End Sub
```

Rückgängig machen der letzten Änderung in einem Textfeld

Die folgende *SendMessage*-Funktion macht mit Hilfe einer *EM_UNDO*-Nachricht die letzte Änderung in dem Textfeld wieder rückgängig. Dies ist eine besonders leistungsfähige Eigenschaft, die jedes Textfeld besitzt. In Visual Basic wäre dazu eine komplizierte Stringverwaltung notwendig und Sie müssten sich zudem mit sich gegenseitig in die Quere kommenden *Change*-Ereignissen herumschlagen. Dank der *SendMessage*-Funktion genügt ein einziger Aufruf, um den Inhalt des Textfeldes vor der letzten Änderung wiederherzustellen.

Über Senden der Nachricht *EM_CANUNDO* kann festgestellt werden, ob die letzte Änderung überhaupt rückgängig gemacht werden kann, d.h. der interne »Undo-Puffer« den alten Zustand des Textfeldes enthält. Die Funktion gibt *True* zurück, wenn es möglich ist. Ansonsten wird *False* zurückgegeben.

Argument	Bedeutung
wParam	0
lParam	0
Rückgabewert	*True*, wenn bei einem mehrzeiligen Textfeld die Operation rückgängig gemacht werden konnte, ansonsten *False*. Bei einem einzeiligen Textfeld immer *True*.

```
Private Sub cmdUndo_Click()
    Dim RetVal As Long
    RetVal = SendMessage(txtEingabe.hWnd,
    EM_UNDO, 0, 0&)
End Sub
```

Die in den letzten Beispielen gezeigten Nachrichten können nicht nur dem Textfeld des eigenen Programms, sondern im Prinzip auch jedem Textfeld anderer Anwendungen, z.B. dem des Notepad-Editor, geschickt werden. Es muss beim Aufruf von *SendMessage* lediglich die entsprechende Fensterbezugsnummer (*hWnd*-Eigenschaft) übergeben werden. Und wo erfahre ich diese Nummer? Zum Beispiel über die *FindWindow*-Funktion, der als Argument der genaue Text der Titelzeile des Fensters übergeben werden muss.

12.5.8 Kleine Tricks mit dem Listenfeld

Genau wie mit einem Textfeld lassen sich auch mit einem Listenfeld oder Kombinationsfeld einige Dinge anstellen. Wie bei einem Textfeld beruhen diese darauf, dass man über die *SendMessage*-Funktion Nachrichten mit einer bestimmten Aufforderung (diese erkennen Sie an den Präfixen *LB_* bzw. *CB_*) an das Steuerelement schickt. Stellvertretend für einige interessante, aber nicht dringend erforderliche Erweiterungen wird im Folgenden eine wirklich nützliche Abkürzung vorgestellt. Haben Sie schon einmal versucht, in einem Listenfeld einen Eintrag zu finden? Anstatt jedes Mal umständlich alle Elemente der *List*-Eigenschaft der Reihe nach durchzugehen, können Sie das Listenfeld (bzw. Kombinationsfeld) über die Nachrichten *LB_FINDSTRING* und *LB_FINDSTRINGEXACT* (*CB_FINDSTRING* und *CB_FINDSTRINGEXACT* bei einem Kombinationsfeld) direkt abfragen, ob es einen bestimmten Eintrag enthält. Während die erste Nachricht lediglich prüft, ob ein Eintrag in dem Listenfeld mit dem Suchbegriff beginnt, prüft die zweite Nachricht auf exakte Übereinstimmung.

Argument	**Bedeutung**
wParam	Legt den Listeneintrag fest, bei dem die Suche beginnt. Wird kein übereinstimmender Eintrag gefunden, wird die Suche mit dem ersten Eintrag fortgesetzt, bis der Starteintrag wieder erreicht wird. Soll die Suche die gesamte Liste umfassen, wird hier –1 festgelegt.
lParam	Enthält die Adresse des nullterminierten Such-String. Vergessen Sie *ByVal* nicht, falls dies im *Declare*-Statement nicht vorangestellt wird.
Rückgabewert	Index des gefundenen Eintrags. Falls die Suche erfolglos war, wird *CB_ERR* bzw. *LB_ERR* zurückgegeben.

Das folgende Beispiel zeigt eine Anwendung zum Durchsuchen eines Kombinationsfeldes mit Hilfe der *CB_FINDSTRINGEXACT*-Nachricht (*CB_FINDSTRING* funktioniert in diesem Fall auch). Innerhalb von *Form_Load* wird das Listenfeld *lstListe* zunächst mit allen vorhandenen Schriftarten geladen. Anschließend sorgt die *SendMessage*-Funktion dafür, dass in dem Listenfeld jene Schriftart voreingestellt wird, deren Name in dem Textfeld *txtSuchbegriff* eingegeben wurde.

```
Private Sub Form_Load()
    Dim n As Long
    For n = 0 To Screen.FontCount – 1
        lstSuche.AddItem Item:=Screen.Fonts(n)
    Next
End Sub

Private Sub cmdSuche_Click()
    Dim Tmp As String, RetVal As Long
    Tmp = txtSuchbegriff.Text
    RetVal = SendMessage(lstListe.hWnd, LB_FINDSTRING, -1, _
    ByVal Tmp)
    If RetVal = -1 Then
       MsgBox Prompt:="Kein Eintrag gefunden"
    Else
       lstListe.ListIndex = RetVal
    End If
End Sub
```

12.5.9 Der Zugriff auf die Registry

Die Registry ist der Nachfolger der INI-Dateien, die unter älteren Windows-Versionen (vor allem Windows 3.1) eine wichtige Rolle spielten. Unter Windows 95/98 und Windows NT werden die Konfigurationsdaten in zwei hierarchisch aufgebauten Dateien (*System.Dat* und *User.Dat*) gespeichert. Ihr Inhalt liegt binär vor, sodass der Zugriff nicht mit einem Texteditor möglich ist. Stattdessen muss sich jedes Programm, das auf die Registry zugreifen will, bestimmter API-Funktionen bedienen. Die Registry besitzt folgende Besonderheiten:

- Die Registry ist hierarchisch aufgebaut. Jeder Eintrag, der als Schlüssel bezeichnet wird, besitzt einen Pfad, der aus allen Schlüsseln besteht, die »durchlaufen« werden müssen, um an den betreffenden Schlüssel zu gelangen. Ein Schlüssel ist aber nur ein Name. Jeder Schlüssel besitzt einen oder mehrere (!) Einträge. Jeder Eintrag besitzt genau einen (beliebigen) Wert.
- Die Registry kann relativ einfach gesichert und nach einer Beschädigung wiederhergestellt werden.
- Aufgrund der hierarchischen Struktur ist es für die Registry kein Problem, mehrere Benutzer oder mehrere Versionen ein und derselben Anwendung zu unterstützen.
- Die Registry ist von jedem Arbeitsplatz des Netzwerks aus sowie über eine DFÜ-Netzwerkverbindung zugänglich.
- Anders als bei den INI-Dateien gibt es kein 64 Kbyte-Limit.

Bild 12.4: Der Zusammenhang zwischen Hauptschlüssel, Schlüssel, Einträgen und Werten in der Registry

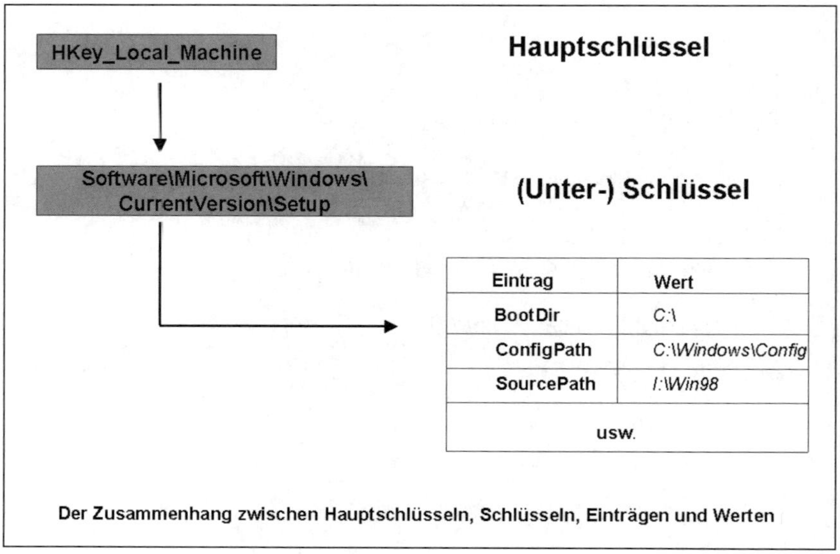

Für den Zugriff auf die Registry stellt Windows über die Systemdatei *Advapi32.dll* eine Reihe von API-Funktionen zur Verfügung. Warum soll man überhaupt auf die Registry zugreifen? Dafür gibt es (mindestens) drei Gründe:

1. Um Programmdaten zu speichern, etwa Einstellungen, die vom Anwender getroffen wurden, damit diese beim nächsten Start zur Verfügung stehen.
2. Um gezielt Informationen, etwa den Pfad, in dem sich die Installationsdateien von Windows befinden, abzufragen.
3. Um das Verhalten von Windows zu beeinflussen (z.B., um durch Eintrag in den *Run*-Schlüssel zu erreichen, dass ein Programm automatisch mit dem Windows-Start gestartet wird).

Es sei erwähnt, dass, wenn es nur darum geht, programmspezifische Daten zu speichern, Visual Basic über die Funktion *GetSetting* und die Anweisung *SaveSetting* einen einfacheren Zugriff auf die Registry bietet. Allerdings erfolgt der Zugriff hier nur auf einen bestimmten Teil der Registry, genauer auf den Zweig *HKEY_CURRENT_USER\Software\VB and VBA Program Settings*. Über *SaveSetting* wird ein neuer Unterzweig angelegt, der dem übergebenen Programmnamen entspricht. Dieser besitzt einen weiteren Unterzweig, der dem ebenfalls übergebenen Kategorienamen entspricht. Dieser Schlüssel erhält einen neuen Eintrag (auch dieser Name wird übergeben) mit dem ebenfalls übergebenen Wert. Klingt kompliziert, ist aber ganz einfach.

BEISPIEL

Der folgende Befehl speichert einen Wert in der Registry:

```
AnzahlTreffer = 123
SaveSetting "JumboGame", "Bilanz", "AnzahlTreffer", CStr(AnzahlTreffer)
```

Der folgende Befehl liest den zuvor gespeicherten Wert (etwa nach dem erneuten Aufruf des Programms) wieder aus:

```
MsgBox GetSetting("JumboGame", "Bilanz", "AnzahlTreffer")
```

Bevor es losgeht, ein kurzer Hinweis. Die Registry-API-Funktionen sind zwar nicht kompliziert, doch vermutlich werden Sie beim ersten Mal noch nicht allzu viel verstehen. Lassen Sie sich davon aber nicht abschrecken, haben Sie erst einmal das Prinzip verstanden, ist alles wieder einmal recht einfach.

12.5.10 Das Prinzip des Zugriffs

Um auf einen Schlüssel der Registry zugreifen zu können, müssen Sie diesen über die *Reg-OpenKeyEx*-Funktion öffnen. Er wird dadurch für andere Benutzer gesperrt. Nach Beendigung des Zugriffs muss er über *die RegCloseKey*-Funktion wieder freigegeben werden. Sowohl die *Declare*-Anweisungen der API-Funktionen als auch die Konstantendefinitionen, wie z.B. die Konstante für den Hauptzweig *HKey_Local_Machine*, finden Sie in der Datei *Win32api.TXT* und werden daher über den API-Viewer eingefügt. Bei einigen Funktionen werden Sie feststellen, dass es sie scheinbar in zwei Ausführungen gibt (z.B. *RegOpenKey* und *RegOpenKeyEx*). Verwenden Sie immer die »Ex«-Variante, da die übrigen Funktionen noch aus der 16-Bit-Ära stammen.

Beim Zugriff auf einen Schlüssel, z.B. über die Funktion *RegOpenKeyEx*, wird nicht der komplette Schlüsselname übergeben, sondern nur der Unterschlüssel in einem der bei Windows 95/98 stets vorhandenen Hauptschlüssel *HKey_Local_Machine*, *HKey_Classes_Root*, *HKey_Users* und *HKey_Current_User*. Wenn Sie also den Schlüssel *HKey_Local_Machine\Software\Microsoft\Windows\CurrentVersion\Setup* ansprechen möchten (Schlüsselnamen sind leider immer sehr lang), lassen Sie bei der Angabe des Schlüsselnamens »HKey_Local_Machine« weg, da der Hauptschlüssel über ein eigenes Argument festgelegt wird.

HINWEIS

Die Hinweise in diesem Kapitel beziehen sich auf Windows 95/98. Windows NT arbeitet zwar ebenfalls mit einer der Registry, diese besitzt was die Namen und Rolle der einzelnen Schlüssel angeht aber einen etwas anderen Aufbau. Damit Sie für eigene Experimente nicht immer im API-Viewer und in der (hoffentlich vorhandenen) MSDN-Hilfe suchen müssen, enthält Tabelle 12.2 eine Zusammenstellung der einzelnen Registry-API-Funktionen.

Tabelle 12.2: Die wichtigsten API-Funktionen für den Zugriff auf die Registry in der Übersicht.

Funktion	Bedeutung
RegCloseKey	Schließt den Zugriff auf einen Schlüssel wieder.
RegCreateKeyEx	Erstellt und/oder öffnet einen Schlüssel.
RegDeleteKey	Löscht einen Schlüssel.
RegEnumKeyEx	Gibt (enumeriert) alle Unterschlüssel eines Schlüssels zurück. Bei jedem Aufruf der Funktion wird der Name eines Schlüssels in einer Variablen abgelegt, dessen Index (beginnend bei 0) beim Funktionsaufruf übergeben wurde.

Funktion	Bedeutung
RegEnumValue	Gibt (enumeriert) die einzelnen Werte eines Schlüssels zurück. Bei jedem Aufruf der Funktion werden der Name eines Eintrags und sein Wert in zwei Variablen abgelegt, dessen Index (beginnend bei 0) beim Funktionsaufruf übergeben wurde.
RegOpenKeyEx	Öffnet den Zugriff auf einen Schlüssel.
RegQueryValueEx	Liest den Wert eines Eintrags.
RegSaveKey	Speichert einen Schlüssel und dessen Unterschlüssel in der angegebenen Datei.
RegSetValueEx	Ändert den Namen und/oder den Wert eines Schlüssels. Diese Funktion wird benutzt, um den Wert eines Eintrags in der Registry zu ändern.

Das allgemeine Prinzip des Zugriffs auf die Registry soll am Beispiel der Funktionen *RegOpenKeyEx* und *RegQueryValueEx*, die den Wert eines Schlüssels zurückgibt, erläutert werden. Damit diese Funktion erfolgreich ausgeführt werden kann, muss der Schlüssel zuvor über die *RegOpenKeyEx*-Funktion mit dem Argument *KEY_QUERY_VALUE* (es soll ja ein Wert gelesen werden) geöffnet werden.

Syntax

```
Declare Function RegOpenKeyEx Lib "advapi32.dll" Alias _
RegOpenKeyExA" (ByVal hKey As Long, ByVal lpszSubKey As _
String, ByVal dwReserved As Long, ByVal samDesired As Long, _
phkResult As Long) As Long
```

Die einzelnen Argumente und ihre Bedeutung

Argument	Bedeutung
hKey	Name eines zur Zeit offenen Schlüssels oder, was in der Regel der Fall ist, eines der Hauptschlüssel *HKEY_CLASSES_ROOT*, *HKEY_CURRENT_USER*, *HKEY_LOCAL_MACHINE* oder *HKEY_USERS*.
lpszSubKey	Name des Unterschlüssels als Stringvariable.
dwReserved	Reserviert, hier wird 0 (als Nullzeiger 0&) übergeben.
SamDesired	Maske, die die Form der Zugriffserlaubnis festlegt. In der Regel *KEY_QUERY_VALUE*, d.h. Erlaubnis zur Abfrage des Subschlüssels.
phkResult	Name einer Variable, in die die Bezugsnummer des geöffneten Schlüssels eingetragen wird.

Syntax

```
Declare Function RegQueryValueEx Lib "advapi32.dll" Alias "RegQuery-
ValueExA" (ByVal hKey As Long, ByVal lpszValueName As String, ByVal
lpdwReserved As Long, lpdwType As Long, lpdData As Any, lPCbData As
Long) As Long
```

Die einzelnen Argumente und ihre Bedeutung

Argument	Bedeutung
hKey	Name eines zurzeit offenen Schlüssels, was in der Regel der Fall ist, oder eines der Hauptschlüssel *HKEY_CLASSES_ROOT*, *HKEY_CURRENT_USER*, *HKEY_LOCAL_MACHINE* oder *HKEY_USERS*.
lpszValue-Name	Name des Eintrags, dessen Wert abgefragt werden soll. Der Name wird als Stringvariable übergeben (d.h. Übergabe mit *ByVal*).
lpdwReserved	Reserviert, hier wird 0 (vbNullString) übergeben.
lpdwType	Datentyp des Eintrags, dessen Wert gelesen werden soll. In Frage kommen bei Windows 95/98 *REG_BINARY* (binärer Wert), *REG_DWORD* (32-Bit-Zahl) oder *REG_SZ* (nullterminierter String).
LpdData	Name einer Variablen, in die der zu lesende Wert eingetragen wird. Handelt es sich um eine Stringvariable, muss *ByVal* vorausgehen.
lPCdData	Länge der Variablen, in die der Rückgabewert in Byte eingetragen wird.

Der Rückgabewert der Funktion lautet *ERROR_SUCCESS* (diese Konstante – ihr Wert beträgt 0 – ist in der Datei *Win32api.TXT* vordefiniert), wenn ein Wert gelesen werden konnte, ansonsten enthält dieser einen Fehlercode.

Das folgende Beispiel zeigt, wie sich aus der Registry der Verzeichnispfad der Windows-Installationsdateien auslesen lässt. Sie können dieses Beispiel für jeden in Ihrer Registry enthaltenen Schlüssel abwandeln und dessen Wert auslesen. Für die Umsetzung des Beispiels benötigen Sie ein leeres Formular (*frmHaupt*), auf dem eine Schaltfläche (*cmdStart*) angeordnet wird:

```
Option Explicit

' Hier Funktionsdeklarationen eintragen
Const REG_SZ = 1
Const HKEY_LOCAL_MACHINE = &H80000002
Const KEY_QUERY_VALUE = &H1
```

```
Private Sub cmdStart_Click()
    Dim hKey As Long, RetVal As Long
    Dim Wert As String
    Wert = Space(256)
' Schlüssel öffnen
    RetVal = RegOpenKeyEx(HKEY_LOCAL_MACHINE, _
    "SOFTWARE\Microsoft\Windows\CurrentVersion\Setup", _
    0, KEY_QUERY_VALUE, hKey)
' Wert abfragen
    RetVal = RegQueryValueEx(hKey, "SourcePath", 0, REG_SZ, _
    ByVal Wert, Len(Wert))
' Ergebnis ausgeben
    MsgBox Prompt:="Ihre Installationsdateien kommen von: " & Wert, _
    vbInformation, " Registry"
' Schlüssel nun wieder schließen
    RetVal = RegCloseKey(hKey)
End Sub
```

Möchten Sie die Namen aller Einträge erhalten, muss dazu die API-Funktion *RenEnumValue*-Funktion einspringen. Diese Funktion gibt bei jedem Aufruf den Namen eines Eintrags und seinen aktuellen Wert zurück. Beide Werte werden in Variablen abgelegt. Das folgende kleine Beispiel überträgt alle Einträge des Schlüssels *HKey_Local_Machine\Software\Microsoft\Windows\CurrentVersion\Setup* in ein Listenfeld. Für die Umsetzung des Beispiels benötigen Sie ein leeres Formular, auf dem eine Schaltfläche (*cmdEinträgeLesen*) und ein Listenfeld (*lstSchlüssel*) angeordnet werden:

```
Option Explicit

' Hier Funktionsdeklarationen eintragen

' Achtung: Bei RegEnumValue muss das Argument lpData anstelle von
' As Byte As Any erhalten
Const REG_SZ = 1
Const HKEY_LOCAL_MACHINE = &H80000002
Const KEY_QUERY_VALUE = &H1
Const ERROR_NO_MORE_ITEMS = 259&

Private Sub cmdEinträgeLesen_Click()
    Dim hKey As Long, RetVal As Long
    Dim Wert As String, EintragsName As String
    Dim iZähler As Long
    Wert = Space(256)
    EintragsName = Space(256)
```

```
' Schlüssel öffnen und Bezugsnummer in hKey speichern
    RetVal = RegOpenKeyEx(HKEY_LOCAL_MACHINE, _
    "SOFTWARE\Microsoft\Windows\CurrentVersion\Setup", 0, _
    KEY_QUERY_VALUE, hKey)
' Nun die Namen aller Einträge des Schlüssels Setup auflisten
    lstEinträge.Clear
    Do
        Wert = Space(256)
        EintragsName = Space(256)
         RetVal = RegEnumValue(hKey, iZähler, EintragsName, _
        Len(EintragsName), 0, REG_SZ, ByVal Wert, Len(Wert))
' Wenn keine Werte mehr da, dann Schleife verlassen
        If RetVal = ERROR_NO_MORE_ITEMS Then Exit Do
' Name des Eintrags in Listenfeld eintragen
        EintragsName = Left(EintragsName, InStr(EintragsName, ↵
                                        vbNullChar) - 1)
        If Len(Trim(Wert)) = 1 Then
           Wert = ""
        Else
          Wert = Left(Wert, InStr(Wert, vbNullChar) - 1)
        End If
        lstEinträge.AddItem Item:=EintragsName & " >> " & Wert
' Zähler für Index um 1 erhöhen
        iZähler = iZähler + 1
    Loop
' Schlüssel nun wieder schließen
    RetVal = RegCloseKey(hKey)
End Sub
```

Nach dem Anklicken der Schaltfläche werden die Namen aller Einträge des Schlüssels, samt ihres aktuellen Werts in das Listenfeld übertragen. Die *Do*-Schleife wird dabei so lange durchlaufen, bis die Funktion den Wert *ERROR_NO_MORE_ITEMS* (diese Konstante ist in der Datei *Win32api.txt* vordefiniert) zurückgibt. Eine Kleinigkeit gilt es aber noch zu beachten: Da die API-Funktion an die zurückgegebenen Zeichen ein Null-Byte hängt (dies ist unter Windows so üblich), muss dieses, z.B. über die *Instr*-Funktion, entfernt werden, damit Sie an die Stringvariable problemlos weitere Strings hängen können. Und noch einen Hinweis zum Schluss: Achten Sie darauf, dass der Datentyp des Arguments *lpData* in der API-Funktion *RegEnumValue* den Datentyp *As Any* besitzt (in der *Win32api.txt*-Datei besitzt dieser den Datentyp *As Byte*, was in diesem Fall zu einer Fehlermeldung führt).

12.6 Abspielen einer Wav-Datei

Mit der Multimedia-Erweiterung DirectX lassen sich tolle Sachen machen, leider ist die Programmierung nicht ganz einfach und setzt gute Programmierkenntnisse sowohl in Visual Basic als auch über das Component Object Model (COM) voraus. Häufig soll sich ein Programm aber lediglich auf einfachste Weise akustisch bemerkbar machen, was über das Abspielen einer Wav-Datei problemlos zu bewerkstelligen ist. Dafür enthält die Datei Winmm.dll die API-Funktion sndPlaySound.

Syntax

```
Private Declare Function sndPlaySound Lib "winmm.dll" Alias "sndPlay-
SoundA" (ByVal lpszSoundName As String, ByVal uFlags As Long) As Long
```

```
Private Const SND_ASYNC = &H1 ' Programm kehrt sofort zurück
Private Const SND_NODEFAULT = &H2 ' Der Default-Sound wird nicht bestimmt
Private Const SND_LOOP = &H8 ' Ausführen bis zum nächsten sndPlaySound

Private Const WavDateiname = "C:\WINDOWS\MEDIA\Office97\LASER.WAV"

Private Sub cmdPlay_Click()
Dim RetVal As Long
Dim hInst As Long
Dim lFlags As Long
hInst = App.hInstance
lFlags = SND_ASYNC Or SND_NODEFAULT
RetVal = sndPlaySound(WavDateiname, lFlags)
End Sub
```

Bitte passen Sie den Pfad der Datei Laser.wav entsprechend an oder setzen Sie hier den Namen einer beliebigen Wav-Datei ein.

Für das Abspielen von Systemklängen, also jenen Wav-Dateien, die definierten Systemereignissen zugeordnet sind, gibt es die PlaySound-API-Funktion (API-Viewer), der anstelle des Dateinamens der Name eines Systemereignisses übergeben werden muss:

```
Private Const SND_ALIAS = &H10000

PlaySound "SystemAsterisk", 0, SND_ASYNC Or SND_ALIAS
```

Midi-Dateien lassen sich auf diese Weise leider nicht abspielen. Hier ist man auf den Windows-Mediaplayer angewiesen, der über PROJEKT | KOMPONENTEN und Auswahl des Eintrags »Windows Media Player« zur Werkzeugsammlung hinzugefügt wird und der eine große Auswahl an Mediendateien abspielen kann.

12.7 Ein Wort zum Schluss

Natürlich fragt man sich als angehender Visual-Basic-Programmierer, der gerade erst halbwegs mit den Eigenschaften, der *Text*-Eigenschaft oder dem Umgang mit Listenfeldern klarkommt, zu Recht, wie man um alles in der Welt darauf kommen soll, dass etwa die *SendMessage*-Funktion einem Textfeld ungeahnte Fähigkeiten entlockt und dass man für einen simplen Zugriff auf die Registry mindestens drei API-Funktionen aufrufen muss. Die Antwort hat etwas mit der Philosophie von Visual Basic zu tun. Visual Basic soll den Entwickler bewusst von der Komplexität der Windows-API abschirmen. Der Aufruf von API-Funktionen ist daher nicht erforderlich, aus diesem Grund dauert es auch bis Kapitel 12, bevor dieses Thema in einem Einführungsbuch an die Reihe kommt. Dennoch basiert jede Windows-Anwendung, auch Visual Basic, auf der Windows-API und vielen, vielen technischen Details. Was sich am Anfang als echter Vorteil auswirkt, wird irgendwann zu einem gewissen Nachteil. Visual-Basic-Programmierer wissen nur sehr wenig über die Windows-API. Erschwerend kommt hinzu, dass das Handbuch zu diesem Thema praktisch keine Informationen enthält. Die MSDN-Hilfe listet zwar alle API-Funktionen auf, doch leider in der C-Syntax, was bedeutet, dass sich ein Visual-Basic-Programmierer sehr gut mit den Datentypen der Programmiersprache C auskennen muss, um den für den Aufruf stets notwendigen *Declare*-Befehl umsetzen zu können (dafür gibt es zum Glück den API-Viewer). Eine offizielle Hilfe zu den API-Funktionen gibt es leider nicht, wenngleich der bereits erwähnte API-Guide mit seinen vielen Beispielen einen sehr guten Ersatz darstellt. Außerdem gibt es noch viele tolle Webseiten, wie z.B. *www.activevb.de*, auf denen Sie viele Beispiele zum Ausprobieren finden. Damit macht auch der Umgang mit den API-Funktinen trotz fehlender Dokumentation richtig Spaß. Und ein wenig »Abenteuer« gehört zur Programmierung einfach dazu. Bleibt als vorläufiges Fazit festzuhalten: Ab einer gewissen Stufe ist es auch bei Visual Basic unumgänglich, sich mit der Windows-API zu beschäftigen. Ganz leicht ist es allerdings nicht, da man sich die benötigten Informationen aus verschiedenen Quellen zusammensuchen muss.

12.8 Aufgaben

Frage 1 Wie unterscheidet sich eine API-Funktion von einer in Visual Basic »fest eingebauten« Funktion?

Frage 2 Auf einem vergilbten Pergament finden Sie die Fragmente einer streng geheimen API-Funktion, deren Aufruf dazu führen soll, dass alle Ihre Programme doppelt so schnell laufen und nie wieder abstürzen. Leider ist der Aufruf in der Syntax der Programmiersprache Fgnox verfasst, die im Alpha-Quadranten nur selten benutzt wird. Können Sie damit etwas anfangen:

```
Eralced FlashWindow Bill "user2" Parafrix: (Ötzel abi Long, Pux abi
Long) abi Long ?
```

Frage 3 Im API-Viewer sind einige API-Funktionen als »Sub« deklariert, dennoch handelt es sich um Funktionen, die einen Rückgabewert zurückgeben. Warum erfolgte die Deklaration als Sub?

Frage 4 Was bedeutet es, wenn einem Argument in einer API-Funktion *ByVal* vorausgeht? Warum sollte man etwas vorsichtiger sein, wenn in einigen Fällen kein *ByVal* vorausgeht?

Frage 5 Einige Argumente im API-Viewer besitzen keinen Datentyp, sondern stattdessen den Zusatz »as Any«. Was hat dieser Zusatz zu bedeuten? Dies wurde in diesem Kapitel nicht direkt erklärt, informieren Sie sich daher bitte in der Visual-Basic-Hilfe (oder lesen Sie die Auflösung in Anhang C, falls Ihnen die Hilfe nicht zur Verfügung steht).

Frage 6 Die unscheinbare API-Funktion *SendMessage* ist von zentraler Bedeutung für Windows, in Visual Basic kommt sie dagegen offiziell nicht vor. Können Sie sich erklären, in welchem Zusammenhang sie mit den Ereignissen von Formularen und Steuerelementen stehen könnte?

Die Auflösungen zu den Fragen finden Sie im Anhang C.

Kapitel 13

jetzt lerne ich

Klassen

Die Programmierung mit Klassen ist in Visual Basic ein sehr wichtiges, aber auch ein wenig »brisantes« Thema. Es geht dabei nämlich um objektorientierte Programmierung. Ein Thema, über das wohl jeder schon einmal etwas gehört oder gelesen haben dürfte. In diesem Zusammenhang fiel bestimmt auch schon einmal der Hinweis, dass objektorientierte Programmierung mit Visual Basic nicht oder nur eingeschränkt möglich sei. Nun, wie so oft wird dabei ein wahrer Kern etwas verzerrt dargestellt. Auch Visual Basic 6.0 ist nicht vollständig objektorientiert, das fehlende Merkmal ist Vererbung. Allerdings müsste man in diesem Zusammenhang zuerst ausführlich klären, was objektorientierte Programmierung eigentlich genau ist und in welchen Situationen die fehlende (und für die nächste Visual-Basic-Version in Aussicht gestellte) Vererbung Vorteile bringt und in welchen Situationen sie keine Rolle spielt. Alles das sind Fragen, die in diesem Kapitel keine Rolle spielen sollen, da sie stets im Zuammenhang mit großen Software-Projekten gestellt werden, nicht aber bei kleinen Übungsprogrammen. In diesem Kapitel geht es ausschließlich um den Umgang mit Klassen als eine Möglichkeit, Objekte in einem Visual-Basic-Programm definieren zu können. Wenn Sie wissen, was Klassen sind und was es bringt, Objekte zu definieren, können Sie die Diskussionen um objektorientierte Programmierung nicht nur besser verfolgen, Sie werden sie auch sehr viel gelassener sehen. Nicht behandelt wird (aus Platzgründen und weil Sie das Wissen beim Lernen von Visual Basic noch nicht benötigen) in diesem Buch das Thema »Code-Komponenten«, also Visual-Basic-Programme, die anderen Programmen über öffentliche Klassen Objekte zur Verfügung stellen.

13.1 Was ist ein Objekt?

Zunächst eine einfache, aber wichtige Frage zur Einstimmung und Wiederholung: Was ist ein Objekt? Diese Frage sollten Sie inzwischen mit Leichtigkeit beantworten können: Ein Objekt ist ein Visual-Basic-Programmelement, das über Eigenschaften und Methoden angesprochen wird und auf Ereignisse reagieren kann (aber nicht muss). Mit Objekten arbeiten Sie bereits seit Kapitel 2, denn Formulare, Steuerelemente, *Me*, *Debug*, *Printer*, *Screen* oder *App* sind alles Beispiele für Objekte. Es sind Programmelemente, die einen Namen und in der Regel Eigenschaften und Methoden und (bei Steuerelementen und Formularen) auch Ereignisse besitzen. Aus dieser Perspektive betrachtet sind Objekte ein alter Hut. Neu ist, und das ist eine überaus interessante Neuerung, dass Sie selbst Objekte definieren, also ein Programm um neue Objekte erweitern können. Da Sie in neue Objekte bereits vorhandene Objekte einschließen können (allerdings nicht nach dem Prinzip der Vererbung), ergeben sich enorm vielfältige und vor allem interessante Möglichkeiten für die Programmierung.

13.2 Und was ist eine Klasse?

Klassen sind dazu da, Objekte zu definieren. Eine Klasse legt die Eigenschaften, Methoden und wenn Sie möchten auch Ereignisse des Objekts fest. Visual Basic kennt allerdings keinen »Class-Befehl« wie in anderen Programmiersprachen. Stattdessen wird eine Klasse durch Hinzufügen eines Klassenmoduls zum aktuellen Projekt definiert. Sobald Sie über den Menübefehl PROJEKT | KLASSENMODUL HINZUFÜGEN ein neues Klassenmodul hinzugefügt haben, besitzt Ihr Programm eine weitere Klasse. Ein Klassenmodul ist ein Modul in einem Visual-Basic-Projekt, in dem die Eigenschaften, Methoden und Ereignisse eines neuen Objekts festgelegt werden. Nach dem Hinzufügen ist es (im Allgemeinen, d.h. wenn kein Add-In beteiligt war) noch leer und enthält lediglich die Prozedurrahmen der verschiedenen Ereignisse des *Class*-Objekts. Es ist Ihre Aufgabe, Prozeduren (Methoden) einzufügen und Variablen (Eigenschaften) zu deklarieren und so die Klasse mit Leben zu füllen.

13.2.1 Objekte als Modelle der Wirklichkeit

Programmierer lieben Objekte, weil sie ein besseres Nachbilden der Wirklichkeit ermöglichen. Mit Klassen lassen sich komplexe Zusammenhänge sehr viel einfacher nachbilden, als es mit einfachen Datentypen möglich ist. Doch es müssen nicht immer Beispiele aus der Geschäftswelt oder der Wissenschaft sein, in denen Klassen und Objekte ihre Tauglichkeit unter Beweis stellen müssen. Stellen Sie sich im Folgenden einfach eine kleine Kiste vor (wie sie vielleicht früher in Ihrem Kinderzimmer stand oder immer noch steht), in der Bälle mit verschiedenen Farben enthalten sind. In die Kiste kann man Bälle hineintun oder aus ihr wieder welche herausnehmen. Natürlich geht das Herausnehmen nur so lange, wie Bälle in der Kiste sind. Auch beim Hineinlegen sollte es eine Grenze geben, denn irgendwann ist die Kiste voll (Modelle sollten wenn möglich der Realität entsprechen). Ihre Aufgabe als Visual-Basic-Programmierer ist es, ein Modell der Kiste per Visual Programm mit Klasse(n) nachzubauen.

Bei solchen Gedankenexperimenten werden Sie feststellen, dass die Programmierung mit Klassen ein sehr natürlicher Vorgang ist und vor allem sehr leicht anzuwenden ist. Fangen wir daher einfach einmal an. Für die Kiste wird eine Klasse benötigt. Da die Kiste Bälle enthalten soll, wäre es zunächst naheliegend, der Klasse verschiedene Eigenschaften zu geben:

```
AnzahlRoteBälle
AnzahlBlaueBälle
AnzahlVioletteBälle
```

usw.

Bei diesem Ansatz werden Sie aber feststellen, dass Sie für jede neue Farbe die Klasse um eine weitere Eigenschaft erweitern müssen. Außerdem kann die Kiste nach diesem Modell nur Bälle mit vordefinierten Farben aufnehmen, was nicht sehr realistisch ist. Hier ist ein besseres Modell. Geben Sie der Klasse einfach die Eigenschaft *Bälle*. Und für was soll die Eigenschaft *Bälle* stehen? Natürlich für *Ball*-Objekte. Jedes *Ball*-Objekt steht für eine Klasse, die unter anderem die Eigenschaft *Farbe* besitzt. Das Hineinlegen in die Kiste könnte programmtechnisch wie folgt aussehen:

```
Kiste.Hinzufügen Ball
```

Bei *Ball* handelt es sich um ein Objekt, das zuvor eine Farbwert erhalten hat:

```
Ball.Farbe = "Dunkelblau"
```

Folglich handelt es sich bei *Hinzufügen* um eine Methode der Klasse *Kiste*, die als Argument ein Objekt vom Typ *Ball* erwartet:

```
Sub Hinzufügen (tmpObjekt As Ball)
    mBälle.Add Item:=tmpObjekt, Key:=tmpObjekt.Farbe
End Sub
```

Bei *mBälle* handelt es sich übrigens um eine Auflistung (also ein Objekt vom Typ *Collection*), zu dem Sie über die *Add*-Methode beliebige Objekte hinzufügen (oder über die *Remove*-Methode wieder entfernen). Auflistungen wurden in diesem Kapitel noch nicht eingeführt und mussten für dieses Beispiel vorweggenommen werden, weil sich die Methode *Hinzufügen* und die Eigenschaft *Bälle* ansonsten nicht realisieren lassen. Diese macht nun nichts anderes, als die Auflistung *mBälle* zurückzugeben:

```
Property Get Bälle ()
    Set Bälle = mBälle
End Property
```

Damit ist es grundsätzlich kein Problem mehr, z.B. die Anzahl der marineblauen Bälle abzufragen:

```
Anzahl = Kiste.AnzahlBälle("Marineblau")
```

Allerdings wurde die Eigenschaft *AnzahlBälle*, ihr wird als Argument eine x-beliebige Farbe als String übergeben, noch nicht definiert. Holen wir das gleich einmal über einen *Property Let*-Befehl nach:

```
Property Let AnzahlBälle(tmpFarbe As String) As Long
    Dim tmpBall As Ball, tmpAnzahl As Long
    For Each tmpBall in mBälle
        If tmpBall.Farbe = tmpFarbe Then
              tmpAnzahl = tmpAnzahl + 1
        End If
    Next
    AnzahlBälle = tmpAnzahl
End Property
```

Nach diesem Schema bauen Sie nach und nach ein Modell zusammen, das dem Verhalten einer realen Kiste sehr nahe kommt. Mit dieser Kiste können Sie nun spielen wie früher im Kinderzimmer, nur aufräumen müssen Sie nicht mehr.

Natürlich ließe sich eine Kiste auch ohne Klassen nachbauen (etwa mit Feldvariablen und einfachen Zählvariablen). Allerdings bei weitem nicht so elegant und vor allem nicht so erweiterungsfähig. Wenn die Kiste auch Würfel, Matchbox-Autos oder andere Dinge aufnehmen soll, fügen Sie lediglich weitere Klassen hinzu. Im Moment ist die *Hinzufügen*-Methode auf Objekte vom Typ *Ball* beschränkt, doch auch das lässt sich ändern, indem Sie hier entweder den allgemeinen Typ *Object* angeben oder eine allgemeine Klasse vom Typ *Gegenstand* einführen, zu dem die Klassen Ball, Klötzchen, Autos, Teddy, Pferde usw. polymorph sind, d.h. trotz verschiedener Abstammung als typengleich erkannt werden (dazu wird der *Implements*-Befehl benötigt, der in diesem Buch aber nicht vorgestellt wird).

Bitte sehen Sie diesen kleinen Ausflug in die Welt der Objekte lediglich als eine Vorwegnahme von dem, was Sie am Ende des Kapitels umsetzen können. Machen Sie sich also keine Gedanken, wenn Sie von *Property*-Befehlen, *Collection*-Objekten und anderen Dingen noch nichts gehört haben. Diese werden im Laufe des Kapitels vorgestellt.

13.2.2 Wie wird aus einer Klasse ein Objekt?

Bislang ist alles noch ganz einfach (das ist natürlich immer relativ). Für jedes Objekt, das innerhalb des Programms zur Verfügung stehen soll, wird ein Klassenmodul zum Projekt hinzugefügt. Nun ist eine Klasse aber nichts, das man direkt in einem Programm ansprechen kann. Heißt ein Klassenmodul in einem Projekt zum Beispiel *CKiste* und enthält dieses Modul eine Prozedur mit dem Namen *Hineintun*, so ist der Aufruf der Prozedur in der Form

```
CKiste.Hineintun RoterBall
```

anders als bei einem allgemeinen Modul nicht zulässig. Die Klasse definiert lediglich einen Objekttyp, ähnlich wie der *Type*-Befehl in Visual Basic nur den Strukturtyp und keine Variable definiert. Damit dieser aktiv und in einem Programm benutzt werden kann, muss als Erstes eine Variable definiert werden, die als »Datentyp« (in diesem Fall spricht man von einem Objekttyp) den Namen der Klasse erhält:

```
Private Kiste1 As CKiste
```

Das Ergebnis ist eine Objektvariable mit dem Namen *Kiste1*, die für ein Objekt der Klasse *CKiste* stehen kann. Im Moment ist die Variable *Kiste1* aber noch nicht belegt. Kurz nach der Deklaration besitzt das Objekt den Wert *Nothing*, was in Objektsprache soviel bedeutet wie nichts. Mit anderen Worten, die Variable *Kiste1* besitzt zwar einen Datentyp, aber noch keinen Wert. Das wird sich jedoch sofort ändern. Allerdings ist es nicht so, wie Sie es vielleicht zunächst vermuten würden, denn die Anweisung

```
Kiste1 = CKiste
```

ist ebenfalls nicht erlaubt. Objektvariablen erhalten ihre Werte immer über den *Set*-Befehl. Und da noch kein Objekt existiert, sondern erst angelegt werden soll, muss zusätzlich das Schlüsselwort *New* aufgeführt werden:

```
Set Kiste1 = New CKiste
```

Dieser Befehl weist der Variablen *Kiste1* einen Wert zu. In der Fachsprache sagt man: Die Variable erhält eine Referenz auf ein Objekt im Arbeitsspeicher. Ein Vorgang, der als *Instanzierung* bezeichnet wird.

HINWEIS

Bei der Instanzierung wird in der Klasse das *Initialize*-Ereignis ausgelöst. Das Gegenstück zu diesem Ereignis ist das *Terminate*-Ereignis, das dann ausgelöst wird, wenn keine Objektvariable mehr eine Referenz auf das Objekt enthält (der interne – und von Visual Basic aus nicht zugängliche Referenzzähler, der mit jeder neuen Instanz um eins erhöht wird – wieder den Wert 0 besitzt).

Das war alles. Jetzt existiert eine Objektvariable *Kiste1*, die für alle Eigenschaften und Methoden des (gleichnamigen) Objekts steht. Dem Aufruf der Methode steht nichts mehr im Weg:

```
Kiste1.Hineintun RoterBall
```

wobei es sich bei RoterBall entweder um eine Variable, eine Konstante oder ein anderes Objekt handelt. Halten wir fest, ein Klassenmodul definiert einen Objekttyp, der, z.B. über einen *Private*- oder *Dim*-Befehl, zur Deklaration von Objektvariablen und über den *Set*-Befehl zum Erzeugen einer Instanz verwendet werden kann. Ein Klassenmodul definiert eine Klasse, das heißt, die Eigenschaften und Methoden eines Visual-Basic-Objekts. Die Begriffe Klasse und Objekttyp sind bei Visual Basic identisch.

Klassenmodule besitzen keine Benutzeroberfläche, sie sind vielmehr fensterlos (sie können allerdings ein Formular sowohl modal als auch nicht modal laden und anzeigen oder innerhalb einer Prozedur die *Msgbox*-Funktion aufrufen). Möchten Sie ein Objekt mit einer eigenen Oberfläche, das auf einem Formular angeordnet werden kann, müssen Sie, wie es in Kapitel 14 gezeigt wird, ein ActiveX-Steuerelement erstellen.

13.3 Ein einfaches Beispiel

Klassen sind ein Thema, bei dem man zunächst einmal eine Menge Theorie über sich ergehen lassen muss. Den Theorieteil haben Sie geschafft (wenngleich einige wichtige Dinge nicht angesprochen wurden), nun geht es zur Praxis. Das folgende kleine Beispiel kann noch nicht den Beweis antreten, dass die Verwendung von Klassen wichtige Vorteile für die Programmierung bringt. Es soll lediglich zeigen, wie eine Klasse in ein Programm eingebunden und wie aus einer Klasse ein Objekt wird. Los geht's.

Im Folgenden wird ein kleines Visual-Basic-Programm vorgestellt, das ein beliebtes Preisrätsel lösen soll. Stellen Sie sich vor, Sie haben zwei verschieden große Eimer. Der erste Eimer kann 5 Liter fassen, der zweite nur 3 Liter. Ihre Aufgabe ist es nun, mit Hilfe beider Eimer genau 4 Liter abzumessen. Diese Aufgabe lässt sich wahlweise durch Nachdenken oder durch Ausprobieren lösen. Wenn Sie sich für die zweite Variante entscheiden, soll Ihnen das Beispiel der folgenden Übung behilflich sein.

Schritt 1 Legen Sie ein neues Standard-EXE-Projekt an. Geben Sie dem Formular den Namen »frmEimer« und dem Projekt den Namen »EimerRätsel«.

Schritt 2 Ordnen Sie auf dem Formular die Steuerelemente in etwa so an, wie es in Bild 13.1 zu sehen ist. Die Namen der einzelnen Steuerelemente entnehmen Sie der folgenden Tabelle:

Steuerelement	**Name-Eigenschaft**
Bildfeld linke Hälfte	*picEimer1*
Bildfeld rechte Hälfte	*picEimer2*
Bezeichungsfeld links von Bildfeld 1	*lblEimer1*
Bezeichungsfeld links von Bildfeld 2	*lblEimer2*
Schaltfläche »Auffüllen« links	*cmdAuffüllen1*
Schaltfläche »Auffüllen« rechts	*cmdAuffüllen2*
Schaltfläche »Leeren« links	*cmdLeeren1*
Schaltfläche »Leeren« rechts	*cmdLeeren2*
Schaltfläche »Umfüllen« links	*cmdUmfüllen1*
Schaltfläche »Umfüllen« rechts	*cmdUmfüllen2*

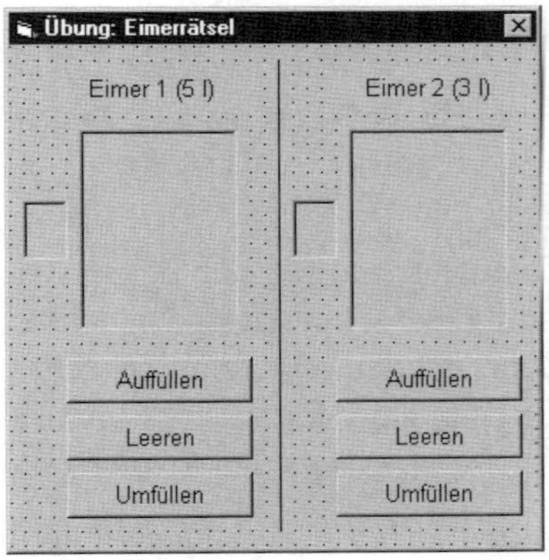

Bild 13.1: Die Benutzeroberfläche des Eimerprogramms

Anhand der Benutzeroberfläche wird auch der Sinn und Zweck des Programms klarer. Über die Schaltflächen können Sie beide Eimer füllen, umfüllen und leeren. So wie es die Spielregeln vorsehen, denn z.B. das Einfügen einer bestimmten Menge ist nicht erlaubt.

Schritt 3

Jetzt wird das Klassenmodul hinzugefügt. Öffnen Sie das PROJEKT-Menü, wählen Sie den Eintrag KLASSENMODUL HINZUFÜGEN und wählen Sie im gegebenenfalls erscheinenden Auswahlfenster den Eintrag »Klassenmodul«. Das Ergebnis ist ein neues Modul, dem Sie gleich den Namen »clsEimer« geben sollten.

Schritt 4

Als Erstes werden im Klassenmodul drei private Variablen benötigt:

```
Private mMaxFüllMenge As Integer
Private mFüllMenge As Integer
Private mEimerName As String
```

Die Programmierung in einem Klassenmodul ist »normale« Visual-Basic-Programmierung, d.h., es gibt keine Befehle, die es nur in Klassenmodulen geben kann. Das wird alleine schon durch den Umstand deutlich, dass es sich auch bei Formularen um Klassen handelt (sie werden allerdings automatisch instanziert).

Schritt 5 Nun wird es zum ersten Mal interessant. Da ein *Eimer*-Objekt später auch ein Ereignis auslösen soll, muss dieses über den *Event*-Befehl definiert werden:

```
Event Überlauf(RestLiter As Integer, EimerInstanz As clsEimer)
```

Der Ereignisprozedur *Überlauf* wird der Restinhalt des Eimers und das *Eimer*-Objekt übergeben, das von dem Ereignis betroffen war.

Schritt 6 Es bleibt spannend, denn jetzt erhält das *Eimer*-Objekt seine erste Eigenschaft. Sie heißt *EimerName* und stellt den Namen des Eimers dar:

```
Property Let EimerName(tmpWert As String)
    mEimerName = tmpWert
End Property

Property Get EimerName() As String
    EimerName = mEimerName
End Property
```

Damit lernen Sie einen neuen Befehl kennen. Es ist der *Property*-Befehl, der eine Eigenschaftsprozedur definiert. Eine Eigenschaftsprozedur wird immer dann aufgerufen, wenn eine Eigenschaft eines Objekts angesprochen wird. Da man einer Eigenschaft sowohl etwas zuweisen als auch ihren Wert abfragen kann, gibt es den *Property*-Befehl in zwei Varianten:

Property Let Wird aufgerufen, wenn die Eigenschaft einen Wert erhält.

und

Property Get Wird aufgerufen, wenn der Wert der Eigenschaft abgefragt wird.

Es gibt noch eine dritte Variante, *Property Set*, die immer dann verwendet wird, wenn eine Objekteigenschaft, also eine Eigenschaft, die als Wert eine Objektreferenz besitzt, einen Wert erhalten soll.

Abgesehen von diesen Unterschieden gelten für die *Property*-Prozeduren die gleichen Regeln wie für allgemeine Funktionen und Prozeduren.

Schritt 7 Im nächsten Schritt wird die Eigenschaft *MaxFüllMenge* definiert, sie gibt die maximale Füllmenge des Eimers an:

```
Property Let MaxFüllMenge(tmpWert As Integer)
    mMaxFüllMenge = tmpWert
End Property
```

```
Property Get MaxFüllMenge() As Integer
    MaxFüllMenge = mMaxFüllMenge
End Property
```

Das Eimerobjekt besitzt noch eine dritte Eigenschaft. Sie heißt *FüllMenge* und wird wie folgt definiert: *Schritt 8*

```
Property Let FüllMenge(tmpWert As Integer)
    mFüllMenge = tmpWert
End Property

Property Get FüllMenge() As Integer
    FüllMenge = mFüllMenge
End Property
```

Damit wird hoffentlich auch deutlich, wozu die eingangs definierten privaten Variablen benötigt werden. Sie müssen die den Eigenschaften zugewiesenen Werte aufnehmen, denn eine *Property*-Prozedur ist nur eine Prozedur und kann keinen Wert speichern. Dazu werden weitere Variablen benötigt.

Jetzt kommt die eigentliche »Intelligenz« der Klasse an die Reihe. Ein Eimer muss auch gefüllt werden können. Diese Aufgabe übernimmt keine Eigenschaft, sondern eine Methode. Sprich, eine gewöhnliche Funktion: *Schritt 9*

```
Function Füllen(tmpWert As Integer) As Integer
    Dim n As Integer, RestMenge As Integer
    For n = 1 To tmpWert
        mFüllMenge = mFüllMenge + 1
        If mFüllMenge > mMaxFüllMenge Then
           mFüllMenge = MaxFüllMenge
           RestMenge = tmpWert - n + 1
           RaiseEvent Überlauf(RestMenge, Me)
           Füllen = RestMenge
           Exit Function
        End If
    Next
    Füllen = 0
End Function
```

Der Methode *Füllen* wird später die Füllmenge übergeben. Anschließend wird der betroffene Eimer Liter für Liter gefüllt. Ist der Eimer voll, was durch einen Vergleich der Variablen *mFüllmenge* und *MaxFüllmenge* festgestellt wird, wird über den *RaiseEvent*-Befehl ein Ereignis ausgelöst. Dieses Ereignis tritt in dem Formular auf, in dem die Klasse instanziert wurde. Ging alles gut, gibt die Methode die aktuelle Füllmenge zurück. Trat ein Überlauf auf, wird dagegen der Wert 0 zurückgegeben.

Schritt 10 Jetzt ist die Klasse fast fertig. Es fehlt lediglich noch eine Methode, mit der sich der Eimer leeren lässt:

```
Sub Leeren()
    mFüllMenge = 0
End Sub
```

Das ist einfach. Hier wird lediglich die interne Variable *mFüllmenge* auf 0 gesetzt, sodass die Eigenschaft *FüllMenge* beim nächsten Abfragen den Wert 0 zurückgibt.

Schritt 11 Die Klasse ist jetzt fertig, wenden wir uns wieder dem Formular zu. Zu Beginn ist ein kleiner Formalismus erforderlich. Da das Formular auf das Ereignis *Überlauf* in beiden Eimerobjekten reagieren soll, muss dies dem Formular gleich zu Beginn über den *WithEvents*-Befehl mitgeteilt werden:

```
Private WithEvents Eimer1 As clsEimer
Private WithEvents Eimer2 As clsEimer
```

Wenn Sie anschließend die Objektauswahlliste im Codefenster öffnen, werden Sie zwei neue Einträge entdecken: *Eimer1* und *Eimer2*. Wählen Sie einen der beiden Einträge, können Sie in der Ereignisliste alle Ereignisse einstellen, auf die das selektierte Objekt reagieren kann. Und welche Ereignisse sollen das sein? Ganz klar, das zuvor definierte *Überlauf*-Ereignis.

Schritt 12 Die wichtigste Ereignisprozedur ist *Form_Load*, denn hier werden u.a. die beiden Eimerobjekte initialisiert:

```
Private Sub Form_Load()
    Set Eimer1 = New clsEimer
    Set Eimer2 = New clsEimer
    picEimer1.AutoRedraw = True
    picEimer2.AutoRedraw = True
    picEimer1.Scale (10, 10)-(0, 0)
    picEimer2.Scale (10, 10)-(0, 0)
    picEimer1.FillStyle = vbFSSolid
    picEimer2.FillStyle = vbFSSolid
    picEimer2.DrawWidth = 2
    picEimer2.Line (0, Eimer2.MaxFüllMenge)-(10, Eimer2.MaxFüllMenge)
    picEimer1.DrawWidth = 2
    picEimer1.Line (0, Eimer1.MaxFüllMenge)-(10, Eimer1.MaxFüllMenge)

    Eimer1.MaxFüllMenge = 5
    Eimer1.EimerName = "Eimer1"
    Eimer2.MaxFüllMenge = 3
    Eimer2.EimerName = "Eimer2"
End Sub
```

Lassen Sie sich nicht von den einleitenden Formalismen ablenken, der wichtigste Befehl ist der *Set*-Befehl, denn er legt eine neue Instanz eines Eimerobjekts an:

```
Set Eimer1 = New clsEimer
...
Eimer1.MaxFüllMenge = 5
```

Hier wird die Objektvariable *Eimer1* definiert, deren *MaxFüllMenge*-Eigenschaft gleich danach den Wert 5 erhält. Das Gleiche geschieht mit *Eimer2*, nur dass dieser die Füllmenge 3 erhält:

```
Set Eimer2 = New clsEimer
...
Eimer2.MaxFüllMenge = 3
```

Die hinter den sechs Schaltflächen stehenden Aktionen sollen in einem Schritt vorgestellt werden, denn sie sind relativ selbsterklärend: *Schritt 13*

```
Private Sub cmdAuffüllen1_Click()
    Dim tmpWert As Integer
    tmpWert = Eimer1.Füllen(Eimer1.MaxFüllMenge)
    EimerZeichnen Eimer1
End Sub

Private Sub cmdAuffüllen2_Click()
    Dim tmpWert As Integer
    tmpWert = Eimer2.Füllen(Eimer2.MaxFüllMenge)
    EimerZeichnen Eimer2
End Sub

Private Sub cmdLeeren1_Click()
    Eimer1.Leeren
    EimerZeichnen Eimer1
End Sub

Private Sub cmdLeeren2_Click()
    Eimer2.Leeren
    EimerZeichnen Eimer2
End Sub

Private Sub cmdUmfüllen1_Click()
    Eimer1.FüllMenge = Eimer2.Füllen(Eimer1.FüllMenge)
    EimerZeichnen Eimer1
    EimerZeichnen Eimer2
End Sub
```

```
Private Sub cmdUmfüllen2_Click()
    Eimer2.FüllMenge = Eimer1.Füllen(Eimer2.FüllMenge)
    EimerZeichnen Eimer1
    EimerZeichnen Eimer2
End Sub
```

Schritt 14 Damit der Füllstand eines Eimers auch optisch sichtbar wird, gibt es die Prozedur *EimerZeichen*, der, Sie werden es sich schon gedacht haben, das zu zeichnende *Eimer*-Objekt übergeben wird:

```
Sub EimerZeichnen(tmpEimer As clsEimer)
    Dim tmpFarbe As Long
    Dim tmpBild As PictureBox, tmpLabel As Label
    If tmpEimer Is Eimer1 Then
       tmpFarbe = vbRed
       Set tmpBild = picEimer1
       Set tmpLabel = lblEimer1
    Else

       tmpFarbe = vbBlue
       Set tmpBild = picEimer2
       Set tmpLabel = lblEimer2
    End If
    tmpBild.Cls
    tmpBild.Line (0, 0)-(10, tmpEimer.FüllMenge), tmpFarbe, BF
    tmpLabel.Caption = tmpEimer.FüllMenge
    tmpBild.Line (0, tmpEimer.MaxFüllMenge)-(10, tmpEimer.MaxFüllMenge)
End Sub
```

Schritt 15 Wir sind fast durch. Jetzt müssen noch die beiden Ereignisprozeduren gefüllt werden. Geben Sie auch hier, wie bei allen Ereignisprozeduren, den Prozedurrahmen nicht ein, sondern wählen Sie ihn aus, indem Sie in der Objektliste zuerst das Objekt, z.B. *Eimer1*, und in der Ereignisliste das Ereignis *Überlauf* auswählen:

```
Private Sub Eimer1_Überlauf(RestLiter As Integer, ↵
                            EimerInstanz As clsEimer)
    MsgBox Prompt:="Noch " & RestLiter & "l in Eimer2"
End Sub

Private Sub Eimer2_Überlauf(RestLiter As Integer, ↵
                            EimerInstanz As clsEimer)
    MsgBox Prompt:="Noch " & RestLiter & "l in Eimer1"'
End Sub
```

Bei einem Überlauf passiert nicht viel, es wird lediglich die noch verbleibende Restmenge angezeigt. Diese wird als Argument der Ereignisprozedur übergeben. Zwingend notwendig ist das Ereignis daher nicht, es ist in erster Linie aus didaktischen Gründen mit von der Partie.

Fertig. Wenn Sie alles richtig gemacht haben, sollten nach dem Start beide Eimer noch leer sein. Über die sechs Schaltflächen können Sie die Eimer nun so lange umfüllen, bis das Rätsel gelöst ist. Welches Rätsel denn? Nun, die eingangs gestellte Aufgabe, nach der sich im linken Eimer genau 4 Liter befinden sollen. Viel Spaß! *Schritt 16*

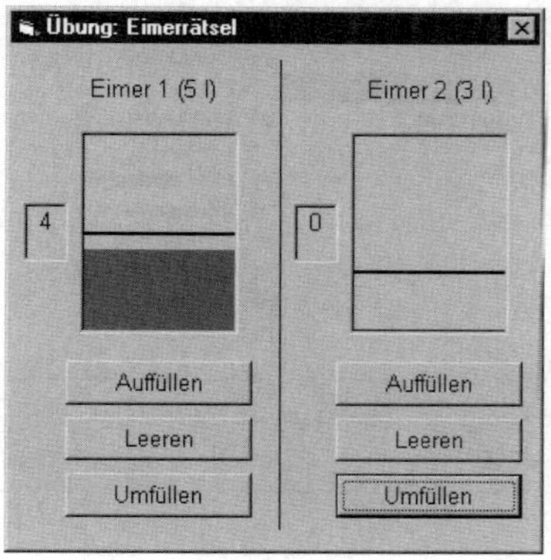

Bild 13.2: Das Eimerprogramm in Aktion

Ein paar abschließende Worte

In diesem Abschnitt haben Sie im »Super-Schnelldurchlauf« die elementaren Grundlagen objektorientierter Programmierung mit Visual Basic kennen gelernt. Dabei sollte vor allem der Spaß im Vordergrund stehen. Es sei angemerkt, dass sich das gleiche Programm natürlich auch ohne Klassen, Eigenschaften, Methoden und Ereignisse entwickeln lässt. Aber es ist doch etwas anderes. Klassen sind zu einem sehr wichtigen Bestandteil moderner Software-Entwicklung geworden. Wer heute so genannte Client/Server-Anwendungen, also Programme, die mit verschiedenen anderen Programmen und Datenbanken im Netzwerk zusammenarbeiten, programmiert, kommt um Klassen nicht herum. Ein typisches Beispiel wäre die Software für eine Autovermietung, wo mehrere Filialen mit Hilfe eines Visual-Basic-Programms, das die Benutzeroberfläche darstellt, auf die gleiche Datenbank zugreifen und jede Menge Spezialfälle, wie Sonderrabatte, Auslastungsberechnungen und andere Dinge zu berücksichtigen sind. Eine solche Client/Server-Anwendung muss, damit sie flexibel bleibt, auf Klassen basieren. Es ist also gut, sich rechtzeitig mit diesen Dingen zu beschäftigen. Das Eimer-Beispiel soll Ihnen dazu einen ersten Anreiz geben. Wenn Sie wissen möchten, was während der Programmausführung passiert, durchlaufen Sie das Programm mit der [F8]-Taste im Einzelschrittmodus und achten Sie vor allem darauf, wann die verschiedenen *Property*-Prozeduren aufgerufen werden.

Übrigens, dass Sie »echte« Objekte definiert haben, verrät ein Blick in den Objektkatalog. Rufen Sie ihn über die [F2]-Taste auf und wählen Sie aus der Bibliotheksauswahlliste den Eintrag »EimerRätsel« aus. Sie sehen nun (einen kleinen Tusch bitte) das neue Objekt *clsEimer* mit seinen Eigenschaften, Methoden und Ereignissen.

Bild 13.3: Der Objektkatalog zeigt die neu definierten Objekte an

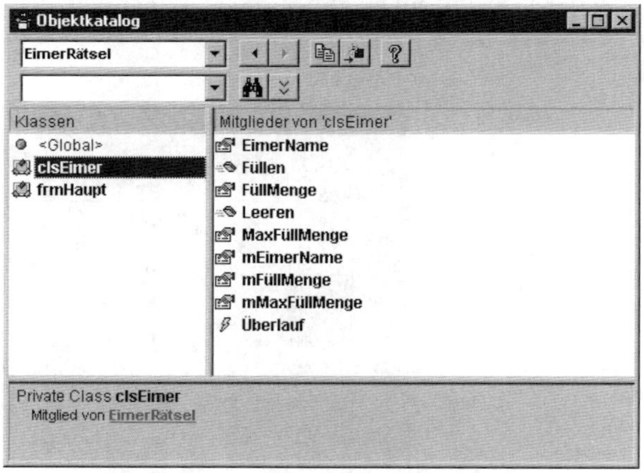

13.4 Eine Klasse für den Zugriff auf die Registry

Während das Beispiel aus dem letzten Abschnitt als typisches Lehrbuchbeispiel lediglich die Grundzusammenhänge veranschaulichen sollte, lernen Sie in diesem Kapitel eine wirklich nützliche Klasse kennen. Fanden Sie nicht auch, dass die Registry-API-Funktionen, die in Kapitel 12 vorgestellt wurden, ziemlich umständlich sind? Für jeden Zugriff muss man zuerst einen Schlüssel öffnen, ihn anschließend lesen und dann wieder schließen, ohne dabei irgendwelche Abkürzungen und Konstanten zu kennen und stets mit wahren »Monstern« an Schlüsselnamen hantieren zu müssen, die sich ebenfalls kein Mensch merken kann. Nun, das geht ein wenig einfacher. Wäre es nicht praktisch, wenn etwa die Abfrage des registrierten Benutzernamens so aussehen könnte:

```
R.Kategorie = "Windows"
R.Eintrag = "RegisterOwner"
Benutzername = R.Wert
```

Grundsätzlich ist das kein Problem, Sie müssen lediglich die einzelnen API-Funktionen in einer Klasse »verpacken«. Die folgende Klasse mit dem Namen »clsRegistry« erlaubt einen einfachen Zugriff auf alle Unterschlüssel und Einträge im Schlüssel *HKey_Local_Machine\Software\Microsoft\Windows\CurrentVersion*. Damit es im Listing nicht zu unübersichtlich wird, beschränkt sich die Klasse auf das Abfragen von Werten aus diesem einen

Schlüssel. Es ist jedoch kein Problem, die Klasse beliebig zu erweitern, damit Sie z.B. neue Schlüssel oder Einträge anlegen oder Schlüssel löschen können (dabei bitte größte Vorsicht walten lassen, denn durch das Löschen wichtiger Schlüssel können Sie ruckzuck Ihre Windows-Installation lahmlegen; da Ihnen Windows 98 automatisch eine Sicherungskopie anfertigt – alternativ können Sie auf die Sicherungskopie *System.da0* zurückgreifen – lässt sich aber auch dieses Problem in den Griff kriegen). Hier erst einmal das Programmlisting der Klasse *clsRegistry*:

```
Option Explicit

' Einfache Registry-Klasse für das Abfragen von Werten
' aus dem Schlüssel HKey_Local_Machine\Software\Microsoft\Windows\
CurrentVersion

' API-Deklarationen
Private Declare Function RegOpenKeyEx Lib "advapi32.dll" Alias
"RegOpenKeyExA" (ByVal hKey As Long, ByVal lpSubKey As String, ByVal
ulOptions As Long, ByVal samDesired As Long, phkResult As Long) As
Long

Private Declare Function RegQueryValueEx Lib "advapi32.dll" Alias
"RegQueryValueExA" (ByVal hKey As Long, ByVal lpValueName As String,
ByVal lpReserved As Long, lpType As Long, lpData As Any, lpcbData As
Long) As Long        ' Note that if you declare the lpData parameter
as String, you must pass it By Value.

Private Declare Function RegCloseKey Lib "advapi32.dll" (ByVal hKey As
Long) As Long

' Konstanten für die API-Funktionen
Private Const REG_SZ = 1
Private Const HKEY_LOCAL_MACHINE = &H80000002
Private Const KEY_QUERY_VALUE = &H1

' Private Variablen für die Klasse
Private mDefaultSchlüssel As String
Private mSchlüssel As String
Private mEintrag As String

' Beim Initialisieren den Schlüssel festlegen
Private Sub Class_Initialize()
    mDefaultSchlüssel = "Software\Microsoft\Windows\↵
                         CurrentVersion\"
End Sub
```

```
' Der Unterschlüssel erhält einen Wert
Property Let Schlüssel(tmpWert As String)
    mSchlüssel = tmpWert
End Property

' Der Eintrag erhält einen Wert
Property Let Eintrag(tmpWert As String)
    mEintrag = tmpWert
End Property

' Der Wert des Eintrags wird abgefragt
Property Get Wert() As String
    Dim RetVal As Long, hKey As Long
    Dim mErgebnis As String
' Kein Wert für Schlüssel übergeben - Laufzeitfehler im ⏎
  Formular auslösen
    If mSchlüssel = "" Then
       Err.Raise Number:=vbError + 1, ⏎
                 Description:="Schlüssel hat keinen Wert"
       Exit Property
    End If

' Kein Wert für Eintrag übergeben - Laufzeitfehler im ⏎
  Formular auslösen
    If mEintrag = "" Then
       Err.Raise Number:=vbError + 2, ⏎
                 Description:="Eintrag hat keinen Wert"
       Exit Property
    End If
    mErgebnis = Space(1024)
    RetVal = RegOpenKeyEx(HKEY_LOCAL_MACHINE, ⏎
             mDefaultSchlüssel & mSchlüssel, 0&, ⏎
             KEY_QUERY_VALUE, hKey)
    RetVal = RegQueryValueEx(hKey, mEintrag, 0, REG_SZ, ⏎
             ByVal mErgebnis, Len(mErgebnis))
    RetVal = RegCloseKey(hKey)
    If Len(Trim(mErgebnis)) = 0 Then
       Wert = ""
    Else
       Wert = Left(mErgebnis, InStr(mErgebnis, ⏎
              vbNullChar) - 1)
    End If
End Property

' Ende der Klasse clsRegistry
```

Die Klasse ist zunächst nur passiv. Damit sie aktiv werden kann, muss eine Objektvariable vom Typ der Klasse angelegt werden. Das kann z.B. in einem Formular geschehen:

```
Private Sub cmdTestAbfrage_Click()
    Dim R As clsRegistry
    Set R = New clsRegistry
    R.Schlüssel = "Setup"
    R.Eintrag = "SourcePath"
    MsgBox Prompt:=R.Wert
End Sub
```

Führen Sie diese Prozedur aus, erhalten Sie den Wert des Eintrags *SourcePath* im Unterschlüssel Setup zurück.

Um zu verhindern, dass ein nicht übergebener Schlüssel- oder Eintragsname zu einem unkontrollierten Zustand führt, enthält die Klasse auch eine Laufzeitfehlerbehandlung:

```
If mSchlüssel = "" Then
    Err.Raise Number:=vbObjectError + 1, Description:="Schlüssel hat
keinen Wert"
    Exit Property

End If
```

Stellt die *Property Get*-Prozedur *Wert* fest, dass *mSchlüssel* keinen Wert besitzt, löst sie über die *Raise*-Methode des *Err*-Objekts einen Laufzeitfehler im Formular aus. Die Fehlernummer kann frei gewählt werden. Es ist jedoch üblich, einen Wert auf die Konstante *vbObjectError* zu addieren. Damit wird verhindert, dass sich eine Fehlernummer mit einer bereits vergebenen Nummer überschneidet (dadurch erscheinen die typischen »merkwürdigen« Fehlernummern, wie z.B. –2147221502).

13.4.1 Ausblick

Aus Platzgründen und weil Sie sich zunächst einmal in Ruhe mit den Grundlagen beschäftigen sollten, können in diesem Kapitel bei weitem nicht alle Themen angesprochen werden, die für die »Objektprogrammierung« mit Visual Basic eine Rolle spielen. Im Folgenden sollen weitere Themen zumindestens angesprochen werden, die für fortgeschrittenere VB-Programmierer interessant sind und die z.B. in der Visual-Basic-Hilfe ausführlich beschrieben werden:

- Klassen können Ereignisse auslösen. Dazu muss die Klasse einen *Event*-Befehl erhalten, der das Ereignis mit Namen und Argumenten definiert. Ausgelöst wird das Ereignis über die *RaiseEvent*-Anweisung. Im Nutzer der Klasse, also dort, wo ein Objekt der Klasse instanziert wurde, muss über den *WithEvents*-Befehl eine so genannte *Ereignissenke* angelegt werden. Dann verhält sich ein über eine Klasse angelegtes Objekt wie ein Steuerelement. Ereignisse haben allerdings einen Nachteil: Sie werden an sämtliche Objekte verschickt, die die Klasse instanziert haben.

- Objekte können zu Auflistungen (engl. »collections«) zusammengefasst werden. Das vereinfacht den Umgang mit mehreren Objekten. Sie können eine Auflistung bequem mit der *For Each*-Schleife durchlaufen, wobei die Objekte einer Auflistung unterschiedliche Typen besitzen können.
- Eigenschaften müssen nicht nur einfache Datentypen, wie Integer oder String, sie können auch eine Objektreferenz zurückgeben. Das bedeutet konkret, dass das Objekt vom Typ *Kiste* eine Eigenschaft *Bälle* besitzt, die als Auflistung *Ball*-Objekte zurückgibt. Auf diesem einfachen Prinzip basierend werden alle Objektmodelle aufgebaut.

13.5 Fragen

Frage 1 Sie dürfen sich inzwischen als angehender »Visual-Basic-Experte« bezeichnen. Wie würden Sie jemand, der mit Visual Basic gerade erst anfängt, ein Objekt erklären?

Frage 2 Was ist der Unterschied zwischen einer Klasse und einem Objekt?

Frage 3 Was ist der Unterschied zwischen einer Eigenschaft und einer Methode?

Frage 4 Eine Klasse mit dem Namen *CBuch* enthält eine private Variable *mBuchNr* und wird zweimal instanziert. Gibt es dadurch auch zwei Versionen der Variablen *mBuchNr*?

Frage 5 Wie lässt sich eine Nur-Lese-Eigenschaft implementieren, also eine Eigenschaft, deren Wert nur gelesen, nicht aber beschrieben werden kann?

Frage 6 Im Folgenden sehen Sie drei Befehle, die die Variable *CRegistry* instanzieren und auf eine Eigenschaft zugreifen:

```
Dim R As CRegistry
Set R = New CRegistry
R.Schlüssel = "Setup"
```

Wann genau wird das *Initialize*-Ereignis im Klassenmodul ausgelöst? Welchen Wert besitzt eigentlich die Variable *R*?

Die Auflösungen zu den Fragen finden Sie im Anhang C.

Kapitel 14

jetzt lerne ich

ActiveX-Steuerelemente selbst programmiert

In diesem Kapitel lernen Sie Objekte kennen, die Sie direkt in die Werkzeugsammlung einfügen können. Kommt Ihnen das bekannt vor? Klar, es handelt sich um jene Steuerelemente, die Sie bereits seit Kapitel 2 benutzt haben. Um diese jederzeit hinzufügbaren Steuerelemente von den in die Werkzeugsammlung »fest eingebauten« Steuerelementen sprachlich zu unterscheiden, werden sie auch als *ActiveX-Steuerelemente* bezeichnet. ActiveX-Steuerelemente lassen sich übrigens nicht nur auf Visual-Basic-Formularen, sondern auch auf Benutzersteuerelementen aus Microsoft Office, direkt in Office-Dokumenten oder auf HTML-Seiten einsetzen.

HINWEIS

Dieses Kapitel lässt sich nicht mit dem Ablaufmodell von Visual Basic 6.0 umsetzen, das Sie auf der Buch-CD finden. Sie benötigen dazu entweder Visual Basic 6.0 ab der Einsteiger-Edition oder die englischsprachige Version Visual Basic 5.0 CCE, die Sie auf der Buch-CD finden (im Verzeichnis \VB5CCE – führen Sie dazu die Datei Vb5ccein.exe aus – damit wird die Installation gestartet). Allerdings beziehen sich alle Erklärungen und Abbildungen in diesem Kapitel auf das deutschsprachige Visual Basic 6.0 ab der Einsteiger-Edition.

14.1 Anatomie eines ActiveX-Steuerelements

Ein ActiveX-Steuerelement basiert auf einem *Benutzersteuerelement* (engl. »user control«), bei dem es sich sozusagen um das Gegenstück zu einem »normalen« Formular handelt. Der erste Schritt beim Anlegen eines ActiveX-Steuerelements ist es stets, dass Sie nach dem Start von Visual Basic (oder beim Neuanlegen eines Projekts) den Projektyp »ActicveX-Steuerelement« (und nicht »Standard-EXE«) wählen. Damit legen Sie ein Projekt an, das bereits ein Benutzersteuerelement enthält. Auch wenn Sie zu diesem Projekt, wie bei jedem Projekt, weitere Benutzersteuerelemente, Module, Klassen und auch Formulare hinzufügen können, soll auf diesen Aspekt nicht weiter eingegangen werden. Halten wir lediglich fest, dass jedes ActiveX-Steuerelement auf (mindestens) einem Benutzersteuerelement basiert.

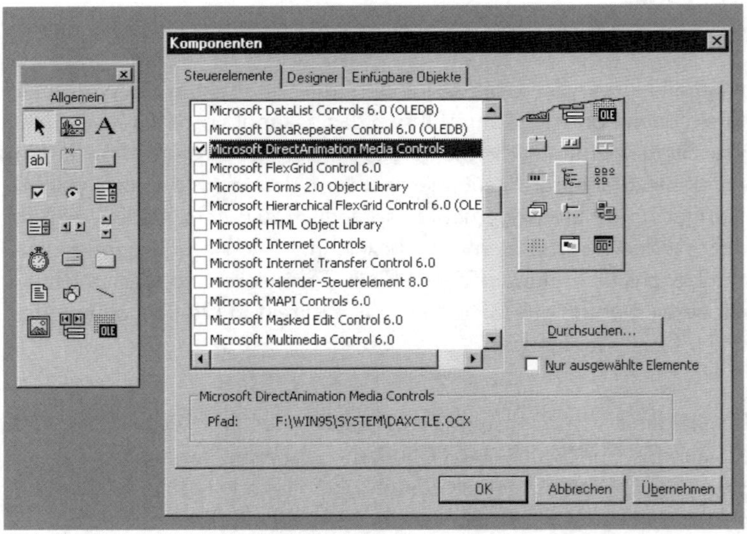

Bild 14.1: Die Werkzeugsammlung von Visual Basic kann um ActiveX-Steuerelemente erweitert werden

Wie ein Formular befindet sich auch ein Benutzersteuerelement unmittelbar nach dem Anlegen bzw. nach dem Hinzufügen zu einem Projekt in einem Rohzustand: Es enthält keine Steuerelemente; die Eigenschaften, die es auch bei einem Benutzersteuerelement gibt (und die sich geringfügig von denen eines Formulars unterscheiden), befinden sich noch im Grundzustand. Wie bei einem Formular sollten Sie dem Benutzersteuerelement erst einmal einen »vernünftigen« Namen (also gemäß den Namenskonvention – der Präfix lautet »usr«) geben. Anschließend ordnen Sie die Steuerelemente so auf dem Benutzersteuerelement an, wie sie später, wenn das ActiveX-Steuerelement auf dem Formular angeordnet wurde, erscheinen sollen.

Auch wenn sich ein Benutzersteuerelement auf den ersten Blick nicht von einem Formular unterscheidet, gibt es ein paar fundamentale Unterschiede:

- Ein Benutzersteuerelement besitzt (naturgemäß) eine Reihe von Eigenschaften, Methoden und Ereignissen, die es bei einem Formular nicht gibt. Die größten Unterschiede gibt es bei den Ereignissen.
- Anders als ein Formular ist ein Benutzersteuerelement im Allgemeinen nicht dazu da, ein komplettes Fenster darzustellen, sondern nur einen Bereich, der auf einem anderen Formular (oder einem anderen Container) angeordnet wird. Aus diesem Grund besitzt ein Benutzersteuerelement im Allgemeinen auch keine Menüleisten, Symbolleisten und andere Dinge, die bei Formularen anzutreffen sind. Vor allem wird es in der Regel nicht in einer festen Größe dargestellt. Diese kann vielmehr vom Benutzer (also einem anderen Programmierer) variiert werden. Stellen Sie sich vor, wie es ist, wenn Sie ein Bildfeld (das in diesem Fall die Rolle des Benutzersteuerelements spielt) auf einem Formular anordnen. Genauso muss sich ein Benutzersteuerelement in den meisten Fällen auch verhalten.
- Jetzt kommt ein ganz wichtiger Unterschied: Ein ActiveX-Steuerelement-Projekt wird in der Regel nicht gestartet, sondern mit dem Anordnen des ActiveX-Steuerelements auf einem Formular (bzw. allgemein einem Container) in den Ausführenmodus versetzt. Es läuft also bereits, während sich das Formular noch im Entwurfsmodus befindet. Wenn Sie es dennoch direkt starten, legt Visual Basic (ab Version 6.0) eine HTML-Seite an, in der das ActiveX-Steuerelement eingebunden und angezeigt wird.

Genauso wichtig wie die Eigenheiten von Benutzersteuerelementen zu kennen, ist es, die Bedeutung von ActiveX-Steuerelementen zu kennen. ActiveX-Steuerelemente sind Programme, die nicht eigenständig aufrufbar sind, sondern stets in einem Container, in der Regel einem Formular oder einer HTML-Seite, ausführen. Das bedeutet, dass sie nicht von normalen Anwendern, sondern von Programmierern benutzt werden, die in diesem Fall die Rolle des Anwenders spielen. Das hat mindestens zwei Konsequenzen:

- Da ActiveX-Steuerelemente Bausteine sind, auf die ein Programm zurückgreift, sollten sie fehlerfrei sein. Dies gilt besonders dann, wenn sie nicht für den »Hausgebrauch« programmiert wurden, sondern, z.B. über das Internet, anderen Programmierern in aller Welt angeboten werden sollen (das gilt auch dann, wenn Sie sie kostenlos anbieten).
- Da ActiveX-Steuerelemente Ihnen oder anderen Programmierern beim Programmieren helfen sollen, sollten sie im Allgemeinen eine sinnvolle Funktion übernehmen. Sonst lohnt sich der Aufwand nicht. Mit anderen Worten, wenn Ihnen nicht spontan mindestens ein halbes Dutzend Beispiele für ActiveX-Steuerelemente einfallen, die unbedingt jemand programmieren müsste (dieser Jemand können Sie sein), sind Sie noch nicht

»reif« für ActiveX-Steuerelemente. Je erfahrener ein Visual-Basic-Programmierer ist, desto besser kennt er/sie die vielen kleinen Lücken und weiß, wie er/sie dies und jenes mit einem eigenen ActiveX-Steuerelement besser machen würde.

Gerade der letzte Abschnitt soll Sie natürlich nicht entmutigen. Auch wenn die Programmierung von ActiveX-Steuerementen mehr etwas für fortgeschrittenere Programmierer ist, ist die dahinterstehende Technik nicht weiter kompliziert. Die beiden kleinen Beispiele in diesem Kapitel sollten als Anschauungsmaterial für den Einstieg ausreichen. Sie müssen sich vor dem Start aber darüber im Klaren sein, was das ActiveX-Steuerelement leisten soll und stets daran denken, dass Sie ein Programm erstellen, dass sich bereits im Ausführungsmodus befindet, während das Formular, auf dem es angeordnet wurde, noch im Entwurfsmodus ist. Wie soll denn das gehen? Ich kann in der Visual-Basic-IDE doch nicht ein Programm starten und gleichzeitig ein anderes Programm bearbeiten? Doch, es geht. Was in diesem Buch bislang nur am Rande erwähnt wurde, ist der Umstand, dass Sie über den Menübefehl DATEI | PROJEKT HINZUFÜGEN in die Visual-Basic-IDE beliebig viele Projekte laden können. Handelt es sich bei einem Projekt um ein ActiveX-Steuerelement (oder eine ActiveX-DLL), können Sie dieses Projekt durch Schließen des Hauptformulars in den Ausführenmodus versetzen, während die übrigen Projekte im Entwurfsmodus verbleiben.

14.2 Ein erstes Beispiel

Anstelle weiterer Erläuterungen soll Sie ein kleines Beispiel mit den wichtigsten Schritten bei der Umsetzung eines ActiveX-Steuerelements vertraut machen. Hat es Sie nicht schon immer gestört, dass das ordinäre Textfeld gleichmütig alle Eingaben entgegennimmt und nicht zwischen Zahlen und sonstigen Zeichen unterscheidet (bitte jetzt zustimmend nicken). Wäre es nicht toll, wenn das Textfeld über eine »NurZahlen«-Eigenschaft verfügen würde, durch deren Setzen auf *True* nur numerische Eingaben erlaubt wären (bitte kräftig zustimmend nicken). Wenn Sie beide Fragen durch zustimmendes Nicken beantwortet haben, erhalten Sie im Folgenden ein kleines Präsent in Form eines Textfeldes, das genau diese Eigenschaft besitzt. Keine Angst, Sie müssen ein Textfeld nicht komplett neu programmieren (das ginge auch, ist aber sehr viel mehr Arbeit). Wir nehmen einfach das normale Textfeld, ordnen es auf einem Benutzersteuerelement an und programmieren eine *NurZahlen*-Eigenschaft hinzu. Das ist einfach und führt zu einem verbesserten Textfeld, das Sie künftig anstelle des normalen Textfeldes einsetzen können (nun nicht ganz, aber davon nachher mehr).

Legen Sie ein neues Projekt an, wählen Sie als Projekttyp aber »ActiveX-Steuerelement«. Das Ergebnis ist ein Projekt, das aus einem Benutzersteuerelement besteht. *Schritt 1*

Geben Sie dem Benutzersteuerelement den Namen »usrTextfeldExtra«. *Schritt 2*

Geben Sie dem Projekt auch einen Namen, er soll »TextfeldExtra« lauten (auch ActiveX-Steuerelementprojekte werden mit der Erweiterung .VBP gespeichert, Benutzersteuerelemente dagegen mit der Erweiterung .CTL). *Schritt 3*

Ordnen Sie auf dem Benutzersteuerelement ein Textfeld an und geben Sie diesem den Namen »txtEingabe«. Position und Größe spielen keine Rolle. *Schritt 4*

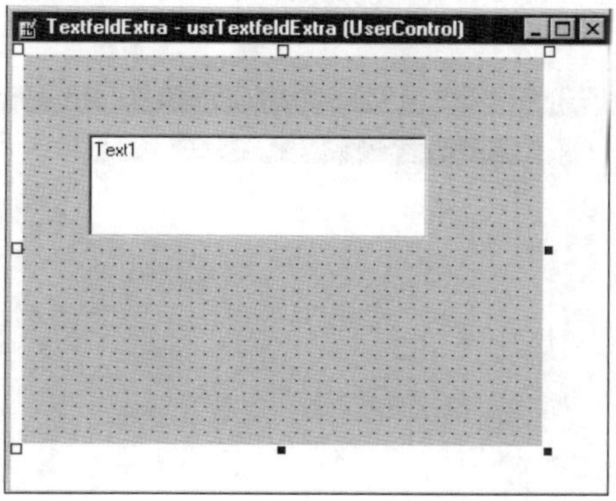

Bild 14.2: Auf dem leeren Benutzersteuerelement wurde ein Textfeld angeordnet

Schalten Sie über [F7] auf das Programmcodefenster um und geben Sie in die *Initalize*-Ereignisprozedur folgende Befehle ein: *Schritt 5*

```
txtEingabe.Left = 0
txtEingabe.Top = 0
```

Beide Befehle sorgen dafür, dass unmittelbar nach dem Anordnen des ActiveX-Steuerelements auf einem Container das Textfeld in der linken oberen Ecke angeordnet wird. Ein *Load*-Ereignis gibt es bei einem Benutzersteuerelement übrigens nicht. Wie bei einem Klassenmodul übernimmt diese Aufgabe das *Initalize*-Ereignis. Beim Beenden des Benutzersteuerelements wird ein *Terminate*-Ereignis ausgelöst.

Geben Sie in die *Resize*-Ereignisprozedur folgende Befehle ein: *Schritt 6*

```
txtEingabe.With = UserControl.ScaleWidth
txtEingabe.Height = UserControl.ScaleHeight
```

Beide Befehle sorgen dafür, dass sich das Textfeld stets an die aktuelle Größe des Benutzersteuerelements anpasst. Auch hier gibt es einen kleinen Unterschied zum normalen Formular, anstelle von *Me* heißt es *UserControl*.

Schritt 7 Bereits jetzt sollten Sie das angehende ActiveX-Steuerelement einmal in Aktion erleben. Fügen Sie dazu zunächst über den Menübefehl DATEI | PROJEKT HINZUFÜGEN ein neues Projekt hinzu, wählen Sie als Projekttyp aber »Standard-EXE«.

Schritt 8 Schließen Sie das Benutzersteuerelement. In der Werkzeugleiste sollte nun ein neues Symbol erscheinen und den Namen »usrTextfeld« tragen (bewegen Sie den Mauszeiger auf das Symbol, ohne zu klicken). Voilá, das ist unser neues ActiveX-Steuerelement.

Schritt 9 Ordnen Sie das neue Steuerelement auf dem Formular an. Sie werden das Textfeld wieder erkennen, dass sich in seiner Größe an die Größe des umgebenden Benutzersteuerelements anpasst.

Bild 14.3: Auf dem Formular wurde das neue usr-Textfeld-Steuerelement angeordnet

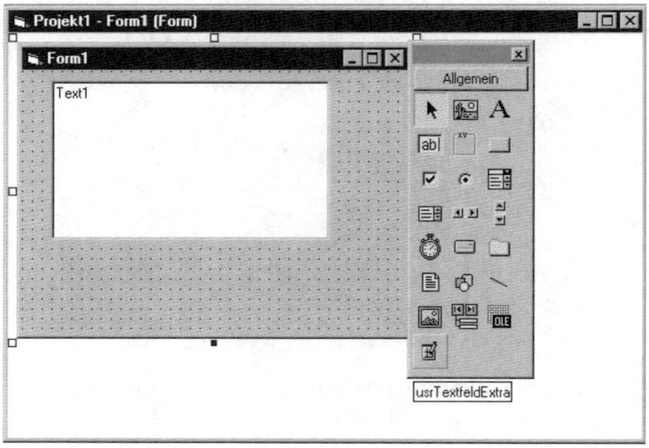

Schritt 10 Testen Sie das neue Steuerelement, indem Sie der *Text*-Eigenschaft einen Wert geben. Wie bitte, es gibt keine *Text*-Eigenschaft im Eigenschaftsfenster? Nun, das ist auch kein Wunder, denn eine solche Eigenschaft wurde im Benutzersteuerelement noch nicht definiert. Das Textfeld ist zwar (als so genanntes konstituierendes Steuerelement) Bestandteil des Benutzersteuerelements, seine Eigenschaften wirken aber nur intern und werden nicht nach außen »freigeschaltet«. Was Sie im Eigenschaftsfenster sehen, sind lediglich die Grundeigenschaften, über die ein Benutzersteuerelement automatisch verfügt (es handelt sich um die Eigenschaften des *Extender*-Objekts, das in diesem Kapitel aber nicht besprochen wird). Möchten Sie eine *Text*-Eigenschaft im Eigenschaftsfenster einstellen können, was bei einem Textfeld im Allgemeinen wünschenswert ist, muss diese erst einmal dem Benutzersteuerelement hinzugefügt werden. Das Gleiche gilt für alle übrigen Eigenschaften, wie *Backcolor* oder *Multiline*. Dass Sie dagegen die Eigenschaften *Height* oder *Left* sehen, liegt wie bereits erwähnt am versteckten *Extender*-Objekt.

Schalten Sie wieder auf das Programmcodefenster um und geben Sie die folgenden Befehle ein: *Schritt 11*

```
Property Let Text(tmpWert As String)
    txtEingabe.Text = tmpWert
End Property

Property Get Text() As String
    Text = txtEingabe.Text
End Property
```

Diese Befehle sollten Ihnen aus Kapitel 13 bekannt vorkommen. Sie definieren eine Lese-/Schreib-Eigenschaft in einer Klasse. Die Ähnlichkeit ist alles andere als zufällig, denn auch bei einem Benutzersteuerelement handelt es sich, wie bei einem Formular, um eine Klasse.

Bringen Sie das ActiveX-Steuerelement durch Schließen des Benutzersteuerelements wieder in den Ausführenmodus und siehe da – auf einmal enthält das Eigenschaftsfenster auch eine *Text*-Eigenschaft. Geben Sie hier einen Wert ein, wird dieser (allerdings nicht beim Tippen – mehr dazu später) im Textfeld angezeigt. So sollte es auch sein. *Schritt 12*

Neben einer *Text*-Eigenschaft soll das neue (alte) Textfeld natürlich auch eine *NurZahlen*-Eigenschaft erhalten. Sie wissen schon so ungefähr, wie es gehen muss. Auch dazu werden ein paar *Property*-Prozeduren benötigt: *Schritt 13*

```
Property Let NurZahlen(tmpWert As Boolean)
    mNurZahlen = tmpWert
End Property

Property Get NurZahlen() As Boolean
    NurZahlen = mNurZahlen
End Property
```

Beim Zuweisen an die *NurZahlen*-Eigenschaft wird der zugewiesene Wert an die private Variable *mNurZahlen* weitergereicht, die aber im Benutzersteuerelement auch deklariert werden muss:

```
Private mNurZahlen As Boolean
```

Wird später im Programm die *NurZahlen*-Eigenschaft abgefragt, wird die *Property Get*-Prozedur aufgerufen und der Wert von *mNurZahlen* wieder zurückgegeben.

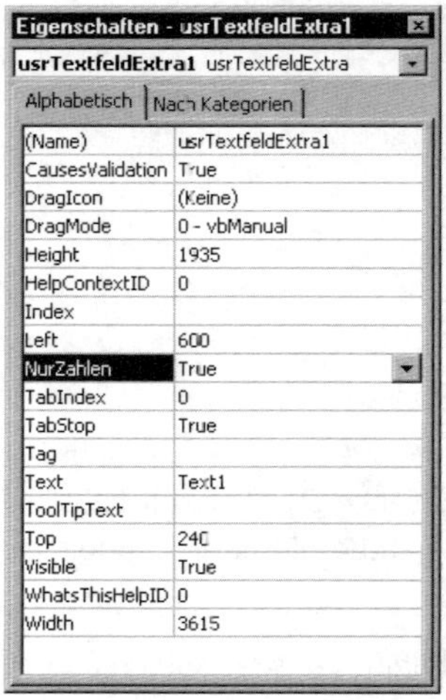

Bild 14.4: Neben einer Text-Eigenschaft besitzt das Benutzersteuerelement auch eine NurZahlen-Eigenschaft

Schritt 14 Es dürfte bereits klar sein, wie es im Programm weitergeht. Um die Eingabe nicht numerischer Eingaben bei *NurZahlen=True* wirkungsvoll zu unterbinden, muss die *KeyPress*-Ereignisprozedur des Textfeldes die passenden Befehle enthalten. Wählen Sie die Ereignisprozedur im Codefenster aus und geben Sie die folgenden Befehle ein:

```
If mNurZahlen = True Then
   Select Case KeyAscii
    Case 48 To 57
    Case vbKeyBack
    Case Asc(","), Asc(".")
        If InStr(txtEingabe.Text, ",") > 0 Then
           KeyAscii = 0
        Else
           KeyAscii = Asc(",")
        End If
    Case Else
       KeyAscii = 0
    End Select
End If
```

Diese Befehle sorgen dafür, dass bei gesetzter *NurZahlen*-Eigenschaft nicht numerische Eingaben durchgelassen werden.

Schritt 15 Vermutlich sind Sie bereits gespannt, ob das so auch funktioniert. Bringen Sie dazu das Benutzersteuerelement in den Ausführenmodus, setzen Sie die *NurZahlen*-Eigenschaft im Eigenschaftsfenster auf *True*, führen Sie das Programm aus und geben Sie in das Textfenster ein paar Buchstaben ein. Diese sollten nun nicht mehr erscheinen. Doch leider ist dem nicht so, irgendetwas wurde also übersehen. Visual Basic wäre allerdings nicht so beliebt, wenn sich dieser Fehler nicht schnell aufspüren ließe.

Öffnen Sie das Programmcodefenster des Benutzersteuerelements und setzen Sie auf die folgende Befehlszeile mit der F9-Taste einen Haltepunkt: *Schritt 16*

```
If mNurZahlen = True Then
```

Mittels dieser Maßnahme wird festgestellt, welchen Wert die Variable *mNurZahlen* besitzt. Schließen Sie das Benutzersteuerelement, stellen Sie im Eigenschaftsfenster für *NurZahlen* den Wert *True* ein, starten Sie das Programm und geben Sie in das Textfeld einen Buchstaben ein. Das Programm hält unmittelbar nach der Eingabe an und geht in den Haltemodus über. Das ist extrem praktisch, denn so können Sie auch ActiveX-Steuerelemente bequem debuggen. Doch welchen Wert besitzt die Variable *mNurZahlen*? Es sollte *True* sein, doch wie Sie feststellen werden, ist der Wert *False*. Was ist hier los? Was Sie noch nicht wissen können, jedes Mal wenn Sie ein Benutzersteuerelement in den Ausführenmodus bringen, wird dadurch die so genannte Entwurfszeitinstanz zerstört und eine Laufzeitinstanz angelegt. Dabei gehen aber die aktuellen Werte der Eigenschaften verloren. Während die *Extender*-Eigenschaften ihre Werte zurückerhalten, ist dies bei den nachträglich hinzugefügten Eigenschaften nicht der Fall.

Um zu erreichen, dass auch benutzerdefinierte Eigenschaften ihren Wert beibehalten, müssen die Ereignisse *WriteProperties* und *ReadProperties* sowie das *Propertybag*-Objekt bemüht werden, das im Rahmen dieser Ereignisprozeduren übergeben wird.

Jetzt kommt ein wenig Arbeit auf Sie zu. Als Erstes müssen Sie nämlich das ActiveX-Steuerelement von dem Formular entfernen und es anschließend wieder auf dem Formular anordnen, denn ansonsten wird die Ereignisreihenfolge *Schritt 17*

- InitProperties
- WriteProperties
- ReadProperties

nicht durchlaufen und es kommt zu einer Fehlermeldung. Vergessen Sie aber nicht, das Benutzersteuerelement und sein Projekt vorher abzuspeichern.

Fügen Sie das Benutzersteuerelement erneut in das Projekt ein, ordnen Sie es aber noch nicht auf dem Formular an. Öffnen Sie stattdessen das Programmcodefenster und fügen Sie folgende Befehle ein: *Schritt 18*

```
Private Sub UserControl_InitProperties()
    NurZahlen = True
End Sub
```

```
Private Sub UserControl_ReadProperties(PropBag As PropertyBag)
    mNurZahlen = PropBag.ReadProperty("NurZahlen", True)
End Sub

Private Sub UserControl_WriteProperties(PropBag As PropertyBag)
    PropBag.WriteProperty "NurZahlen", mNurZahlen, True
End Sub
```

Das *InitProperties*-Ereignis wird unmittelbar nach dem Platzieren des ActiveX-Steuerelements auf dem Formular aufgerufen. Hier erhält die *NurZahlen*-Eigenschaft den Wert *True*. Das ist nicht zwingend notwendig und ehrlich gesagt nur ein Vorwand, um *InitProperties* ins Spiel bringen zu können. Notwendig ist dagegen das *WriteProperties*-Ereignis, das unmittelbar nachdem das ActiveX-Steuerelement in den Ausführenmodus gebracht wurde, ausgeführt wird. Hier wird der Wert der Eigenschaft *NurZahlen* im *PropertyBag*-Objekt über dessen *WriteProperties*-Methode gespeichert. In beiden Fällen wird ein Default-Wert übergeben. Bei *ReadProperty*, damit beim ersten Mal überhaupt ein Wert vorhanden ist. Bei *WriteProperty*, damit nur ein Wert geschrieben werden muss, wenn sich dieser gegenüber der Voreinstellung geändert hat. Das *PropertyBag*-Objekt ist eine containerspezifische Implementation eines Aufbewahrungsbehälters für Eigenschaftswerte. Bei einem Formular, das innerhalb der Visual-Basic-IDE ausgeführt wird, ist es übrigens die Frx-Datei, bei einem Benutzersteuerelement entsprechend die Ctx-Datei. Noch einmal zur Wiederholung: Das Umschalten eines Benutzersteuerelements in den Ausführenmodus zerstört die aktuelle Instanz des Benutzersteuerelements und löst der Reihe nach folgende Ereignisse aus:

- WriteProperties-Ereignis
- Terminate-Ereignis

Dennoch ist danach nicht Feierabend, denn die zerstörte Entwurfszeitinstanz wird gleich danach durch die Laufzeitinstanz ersetzt, was zum Aufruf der folgenden Ereignisse führt:

- Initialize-Ereignis
- Resize-Ereignis
- ReadProperties-Ereignis
- Show-Ereignis
- Paint-Ereignis

Jetzt dürfte auch klar sein, warum in der *ReadProperties*-Ereignisprozedur der Wert der *NurZahlen*-Eigenschaft wiederhergestellt wird. Sonst stünde der Wert nicht zur Laufzeit zur Verfügung.

Schritt 19

Setzen Sie die *NurZahlen*-Eigenschaft im Eigenschaftsfenster auf *True* und starten Sie das Programm. Im Textfeld sollten nur Zahleneingaben, ein Komma und die Backspace-Taste erlaubt sein.

Bild 14.5: Das neue Textfeld erlaubt auf Wunsch nur noch numerische Eingaben

Schritt 20

Zum Abschluss soll noch ein kleiner Schönheitsfehler korrigiert werden. Sicher ist Ihnen beim Eingeben der *Text*-Eigenschaft aufgefallen, dass der eingetippte Text nicht sofort angezeigt wird. Das lässt sich abstellen, allerdings ist die Vorgehensweise ein wenig merkwürdig. Wählen Sie als Erstes im Programmcodefenster die Prozedur *Property Let Test* aus. Führen Sie nun den Menübefehl EXTRAS | PROZEDURATTRIBUTE aus, klicken Sie auf *Erweitert*, wählen Sie aus der Auswahlliste *Prozedur-ID* den Eintrag »Text« aus und bestätigen Sie mit *OK*. Wenn Sie jetzt das Benutzersteuerelement in den Ausführenmodus bringen, werden die im Eigenschaftsfenster eingetippten Zeichen sofort angezeigt.

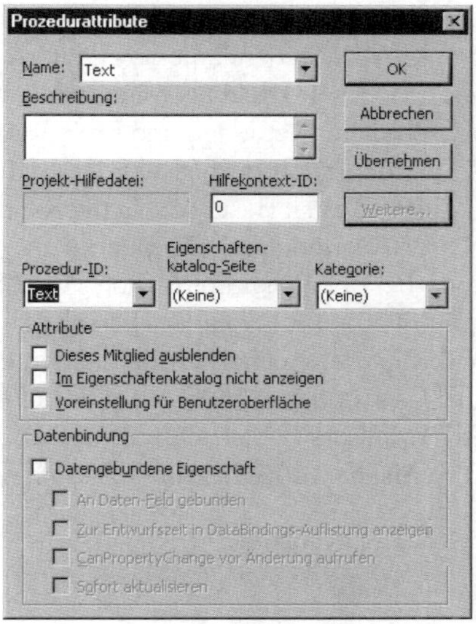

Bild 14.6: Im Dialogfeld Prozedurattribute erhält die neue Text-Eigenschaft den letzten Schliff

Schritt 21 Schreiten wir zum großen Finale. Selektieren Sie im Projekt-Explorer das ActiveX-Steuerelement-Projekt, öffnen Sie das Datei-Menü und führen Sie den dort (hoffentlich) angebotenen Befehl *TextfeldExtra.OCX erstellen* aus. Enthält das Benutzersteuerelement keine Fehler, macht Visual Basic aus dem ActiveX-Steuerelement-Projekt eine OCX-Datei. Das bedeutet, Sie verfügen nun über ein richtiges ActiveX-Steuerelement, das Sie nicht nur in künftigen Visual-Basic-Projekten über das Menü PROJEKT | KOMPONENTEN, sondern z.B. auch in allen Office-Anwendungen einsetzen können.

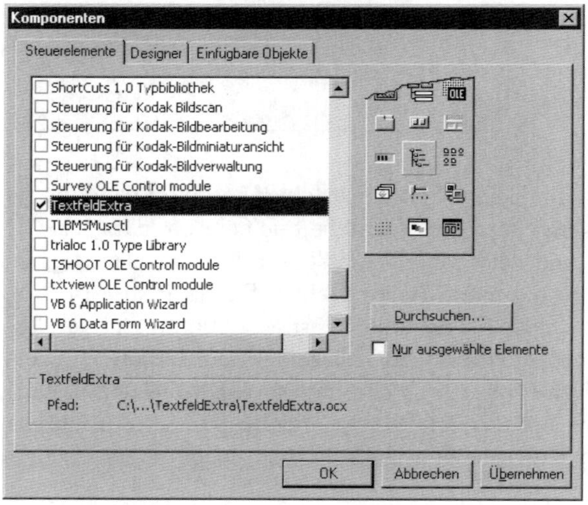

Bild 14.7: Das neue ActiveX-Steuerelement TextfeldExtra.OCX steht wie alle Zusatzsteuerelemente auf Abruf bereit

Dieses einfache Beispiel sollte die wichtigsten Schritte bei der Umsetzung eines ActiveX-Steuerelements erläutern. Als echten Ersatz für ein Textfeld taugt unser neues Textfeld allerdings noch nicht, denn dazu müssten sämtliche Eigenschaften, Methoden und Ereignisse des Textfeldes, wie es am Beispiel der *Text*-Eigenschaft gezeigt wurde, einfügt werden. Da das eine Menge Arbeit ist, bietet Visual Basic den ActiveX-Schnittstellenassistenten, der diese Routinearbeit vereinfacht. Dennoch sehen Sie an diesem kleinen Beispiel, dass auch bei der Programmierung von ActiveX-Steuerelementen reine VB-Programmierung im Spiel ist. Es soll aber nicht verschwiegen werden, dass die Mehrheit der ActiveX-Steuerelemente nicht in Viusal Basic, sondern mit Visual C++ und der *Active Template Library* (ATL) programmiert ist. Der große Vorteil hierbei ist, dass diese ActiveX-Steuerelemente nicht die Laufzeit-DLL *Msvbvm60.DLL* zur Ausführung benötigen.

14.3 Ein weiteres Beispiel

Sind Sie bereit für ein weiteres Beispiel? Wenn ja, dann lernen Sie im Folgenden ein hoffentlich recht nützliches Zusatzsteuerelement kennen. Es handelt sich um ein Steuerelement, dem Sie beliebige Texte zuweisen können, die nach dem Start in einer Art »Abspann-Effekt« über die Ausgabefläche scrollen. Da Sie die theoretischen Grundlagen nun kennen, wird im Folgenden lediglich die Umsetzung des Benutzersteuerelements in einer Schritt für Schritt-Folge beschrieben.

Schritt 1 Legen Sie ein neues Active-X-Steuerelement an und geben Sie dem Benutzersteuerelement den Namen »usrMovingText«.

Schritt 2 Ordnen Sie auf dem Benutzersteuerelement zwei Bildfelder an (*picAusgabe* und *picUnsichtbar*). Position und Größe spielen keine Rolle.

Schritt 3 Ordnen Sie auf dem Formular einen Zeitgeber an (*tmrZeit*).

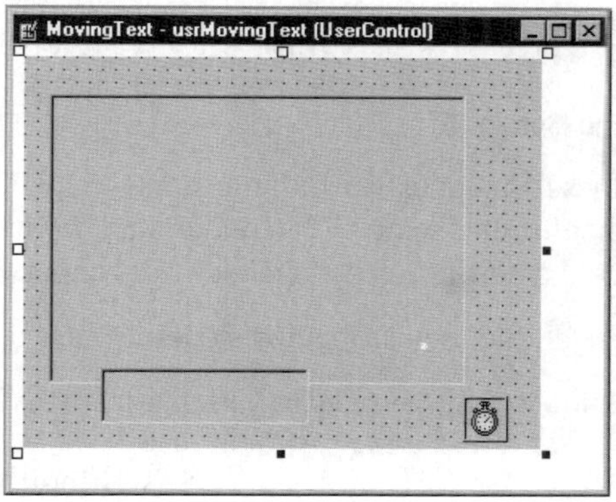

Bild 14.8: So soll das Benutzersteuerelement in der Entwurfsphase aussehen.

Schritt 4 Fügen Sie im Deklarationsteil des Benutzersteuerelements folgende Anweisungen ein:

```
Private mTexte As New Collection
Private mGeschwindigkeit As Integer
Private YPos As Single
```

Dadurch werden eine Reihe von privaten Variablen definiert. Besonders erwähnenswert ist die Auflistung *mTexte* (*Collection*-Objekt), denn zu ihr werden später die auszugebenden Texte hinzufügt.

Schritt 5 Fügen Sie in das Benutzersteuerelement die folgende Ereignisprozedur ein:

```
Private Sub UserControl_Initialize()
    picAusgabe.Left = 0
    picAusgabe.Top = 0
    picUnsichtbar.Visible = False
    picUnsichtbar.Left = 0
    picUnsichtbar.Top = 0
    picAusgabe.AutoRedraw = True
    picUnsichtbar.AutoRedraw = True
    mGeschwindigkeit = 200
End Sub
```

Diese Prozedur wird beim ersten Laden des Benutzersteuerelements ausgeführt und belegt eine Reihe von Eigenschaften mit Voreinstellungen.

Schritt 6 Fügen Sie in das Benutzersteuerelement die folgende Ereignisprozedur ein:

```
Private Sub UserControl_Resize()
    picAusgabe.Width = UserControl.ScaleWidth
    picAusgabe.Height = UserControl.Height
    picUnsichtbar.Width = UserControl.ScaleWidth
    picUnsichtbar.Height = UserControl.Height
End Sub
```

Diese Prozedur wird immer dann ausgeführt, wenn das ActiveX-Steuerelement später seine Größe ändert und bewirkt, dass sich beide Bildfelder an die Größe des Benutzersteuerelements anpassen.

Schritt 7 Fügen Sie in das Benutzersteuerelement die folgende Ereignisprozedur ein:

```
Private Sub UserControl_ReadProperties(PropBag As PropertyBag)
    If UserControl.Ambient.UserMode = True Then
       tmrZeit.Interval = mGeschwindigkeit
    End If
End Sub
```

Diese Prozedur wird ausgeführt, wenn die Laufzeitinstanz des ActiveX-Steuerelements angelegt wird. Über die *UserMode*-Eigenschaft des *Ambient*-Objekts wird geprüft, ob sich der Container im Ausführenmodus befindet. Nur, wenn das der Fall ist, soll der Zeitgeber gestartet werden. Ansonsten würde der Scrolleffekt bereits starten, wenn das Formular noch im Entwurfsmodus ist. Die Aufgabe des *Ambient*-Objekts ist es, Eigenschaften des Containers, in diesem Fall des Formulars, für das Benutzersteuerelement zur Verfügung zu stellen.

Fügen Sie in das Benutzersteuerelement die folgende Ereignisprozedur ein: *Schritt 8*

```
Private Sub tmrZeit_Timer()
    Dim AnzeigeHöhe As Single
    AnzeigeHöhe = picUnsichtbar.ScaleHeight
    YPos = YPos + 20
    If YPos > picAusgabe.ScaleHeight Then
       YPos = 0
    Else
     picAusgabe.PaintPicture picUnsichtbar.Image, 0, 0, _
      picUnsichtbar.ScaleWidth, picUnsichtbar.ScaleHeight, _
      0, YPos, picUnsichtbar.ScaleWidth, AnzeigeHöhe
    End If
End Sub
```

Dies ist die Ereignisprozedur des Zeitgebers, der über die *PaintPicture*-Methode des Bildfeldes *picAusgabe* dafür sorgt, dass der zuvor eingefügte Ausgabetext im unsichtbaren Bildfeld *picUnsichtbar* bei jedem Aufruf in das Bildfeld *picAusgabe* kopiert wird. Aber jedes Mal um einen bestimmten Wert verschoben wird, sodass der Scrolleffekt entsteht.

Fügen Sie in das Benutzersteuerelement die folgende Ereignisprozedur ein: *Schritt 9*

```
Property Let Schriftgröße(tmpGröße As Integer)
    picUnsichtbar.Font.Size = tmpGröße
End Property
```

Diese *Property*-Prozedur definiert die Eigenschaft *Schriftgröße*. Da nur *Property Let* aufgeführt ist, handelt es sich um eine Nur-Schreib-Eigenschaft, d.h. ein Abfragen der Schriftgröße ist im Moment nicht möglich (dazu fehlt das *Property Get*-Pendant).

Fügen Sie in das Benutzersteuerelement die folgende Ereignisprozedur ein: *Schritt 10*

```
Property Get AnzahlTexte() As Long
    AnzahlTexte = mTexte.Count
End Property
```

Hier wird die Eigenschaft *AnzahlTexte* definiert, bei der es sich diesmal um eine Nur-Lese-Eigenschaft handelt (es fehlt das *Property Let*-Pendant).

Fügen Sie in das Benutzersteuerelement die folgende Ereignisprozedur ein: *Schritt 11*

```
Sub Clear()
    Dim n As Long
    For n = 1 To mTexte.Count
        mTexte.Remove Index:=1
    Next
    picUnsichtbar.Picture = LoadPicture()
End Sub
```

Hier wird die *Clear*-Methode definiert, deren Aufgabe es ist, die zugewiesenen Texte aus der Auflistung und anschließend das Bildfeld zu löschen.

Schritt 12 Fügen Sie in das Benutzersteuerelement die folgende Ereignisprozedur ein:

```
Sub Hinzufügen(tmpWert As String)
    mTexte.Add Item:=tmpWert
    AusgabeDerTexte
End Sub
```

Die *Hinzufügen*-Methode fügt den übergebenen String der *mTexte*-Auflistung zu. Der anschließende Aufruf der Prozedur *AusgabeDerTexte* sorgt dafür, dass der Text in das Bildfeld *picUnsichtbar* übertragen wird.

Schritt 13 Fügen Sie in das Benutzersteuerelement die folgende Prozedur ein:

```
Private Sub AusgabeDerTexte()
    Dim n As Long
    Dim Zeilenabstand As Single, tmpHöhe As Single
    If mTexte.Count = 0 Then Exit Sub
        Zeilenabstand = picUnsichtbar.TextHeight(mTexte.Item(1))
    tmrZeit.Enabled = False
    picAusgabe.Cls
    For n = 1 To mTexte.Count
        tmpHöhe = tmpHöhe + picUnsichtbar.TextHeight(mTexte.Item(n))
        tmpHöhe = tmpHöhe + Zeilenabstand
    Next
picUnsichtbar.Height = tmpHöhe ' picUnsichtbar.ScaleX(tmpHöhe, vbTwips, ⇙
                                                         vbPixels)
    For n = 1 To mTexte.Count
        picUnsichtbar.CurrentX = picUnsichtbar.CurrentX + Zeilenabstand
        picUnsichtbar.Print mTexte.Item(n)
    Next
    tmrZeit.Enabled = True
End Sub
```

Diesmal geht es nicht um eine Methode, sondern um eine normale Prozedur. Ihre Aufgabe ist es, den Inhalt der Auflistung *mTexte* in das Bildfeld *picUnsichtbar* zu übertragen und dabei auch die Höhe der Textzeilen zu ermitteln.

Schritt 14 Fügen Sie in das Benutzersteuerelement die folgenden beiden *Property*- Prozeduren ein:

```
Property Get AktivModus() As Boolean
    AktivModus = tmrZeit.Enabled
End Property

Property Let AktivModus(tmpWert As Boolean)
    tmrZeit.Enabled = tmpWert
End Property
```

Über die Eigenschaft *AktivModus*, bei der es sich diesmal um eine Lese-/ Schreibeigenschaft handelt, wird die Ausgabe angehalten bzw. fortgesetzt.

Schritt 15

Jetzt ist das Benutzersteuerelement fertig und soll ausgetestet werden. Fügen Sie zur Projektgruppe ein neues Standard-EXE-Projekt hinzu.

Schritt 16

Schließen Sie das Benutzersteuerelement und ordnen Sie das resultierende ActiveX-Steuerelement auf dem Formular an.

Schritt 17

Fügen Sie in die *Form_Load*-Ereignisprozedur des Formulars folgende Befehle ein:

```
usrMovingText1.Schriftgröße = 20
usrMovingText1.Hinzufügen "Zeile 1"
usrMovingText1.Hinzufügen "Zeile 2"
usrMovingText1.Hinzufügen "Zeile 3"
```

Diese Befehle legen eine Schriftgröße fest und fügen drei Textzeilen zur Ausgabe hinzu.

Schritt 18

Klicken Sie das Standard-EXE-Projekt im Projekt-Explorer mit der rechten Maustaste an und wählen Sie *Als Standardeinstellung*.

Schritt 19

Starten Sie das Standard-EXE-Projekt. Nach dem Start sollte der zugewiesene Text über die Ausgabefläche scrollen.

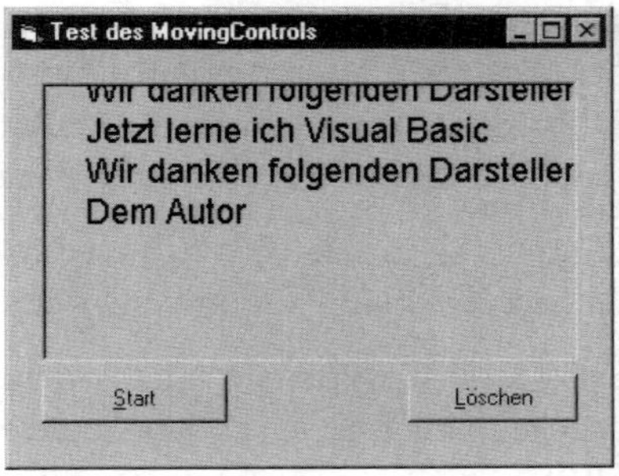

Bild 14.9: Das Moving-Text-ActiveX-Steuerelement in Aktion.

> Nach der Installation von Visual Basic 6.0 CCE finden Sie im Verzeichnis *\Samples* drei sehr interessante ActiveX-Steuerelemente. Besonders ans Herz legen möchten ich Ihnen das Projekt *AxMarquee.ctl*. Es handelt sich nicht nur um ein sehr gutes Anschauungsbeispiel, sondern um ein tolles ActiveX-Steuerelement im Stile eines Börsentickers.

14.4 Fragen

Frage 1 Was ist der wichtigste Unterschied zwischen einem ActiveX-Steuerelement- und einem Standard-EXE-Projekt?

Frage 2 Wie wird ein Benutzersteuerelement in den Ausführenmodus gebracht?

Frage 3 Wie wird aus einem ActiveX-Steuerelement-Projekt eine OCX-Datei?

Frage 4 Wie wird ein Benutzersteuerelement um Eigenschaften und Methoden erweitert?

Frage 5 Wie kommt es, dass ein Benutzersteuerelement von Anfang an Eigenschaften, wie *Left*, *TabStop* oder *Width,* besitzt, obwohl diese nicht definiert wurden?

Frage 6 Wie kann erreicht werden, dass z.B. ein Zeitgeber auf einem Benutzersteuerelement nur dann gestartet wird, wenn sich der Container (also etwa das Formular) im Ausführenmodus befindet?

Die Auflösungen zu den Fragen finden Sie im Anhang C.

14.5 Aufgaben

Aufgabe 1 Erweitern Sie das ExtraText-ActiveX-Steuerelement so, dass sich sowohl Vorder- als auch Hintergrundfarbe einstellen lassen (Tipp: Sie müssen dazu lediglich eine weitere Eigenschaft einführen – das Farbauswahldialogfeld spendiert Ihnen Visual Basic in Form einer vordefinierten Eigenschaftseite.)

Aufgabe 2 Führen Sie in das MovingText-ActicveX-Steuerelement eine *Geschwindigkeit*-Eigenschaft ein, durch die sich die Scrollgeschwindigkeit einstellen lässt.

Aufgabe 3 Die *GetDriveType*-API-Funktion liefert zu einer übergebenen Laufwerksbezeichnung (z.B. C:\) den Laufwerkstyp als Konstante zurück (z.B. 0 für *DRIVE_FIXED*, also Festplatte). Programmieren Sie ein ActiveX-Steuerelement, das nach dem Anordnen auf einem Formular alle vorhandenen Laufwerke in Form von Schaltflächen anzeigt. (Sie müssen dazu mit einem Steuerelementefeld arbeiten, da die Anzahl der Laufwerke variieren kann.) Als Überschrift einer Schaltfläche soll der Laufwerksbuchstabe angezeigt werden, das Anklicken einer Schaltfläche soll die Laufwerksbezeichnung oder andere Informationen zurückgeben. Eine echte Herausforderung also, wobei Sie sich zuerst über die Syntax und den Aufruf der *GetDriveType*-API-Funktion informieren müssen.

Kapitel 15

Der Zugriff auf Datenbanken

Fragt man professionelle Programmierer in der Software-Industrie nach dem für ihre tägliche Arbeit wichtigsten Thema, so lautet die Antwort nicht etwa Integration von Multimedia, schnelle Grafiken, die Anbindung an das Internet oder andere Trendthemen, sondern schlicht und ergreifend der Zugriff auf Datenbanken. Daran dürfte sich in den letzten 30 Jahren nichts geändert haben. Praktisch alle Daten, die weltweit eine Rolle spielen, werden in Datenbanken gesammelt. Von der Finanzbuchhaltung bei der Kneipe um die Ecke, über die Daten des Einwohnermeldeamtes in Ihrer Stadt bis zu den riesigen Datenströmen, die täglich von Raumsonden und Satelliten an die Erde geschickt werden, spielt sich alles in, mit und um Datenbanken herum ab. Klar, dass auch Visual Basic in diesem Bereich etwas bieten muss.

In diesem Kapitel erfahren Sie, wie Sie mit Visual Basic und dem ADO-Datensteuerelement auf bereits vorhandene Datenbanken zugreifen. Das Anlegen einer neuen Datenbank wird in diesem Buch nicht besprochen, sondern nur am Ende des Kapitels kurz erwähnt.

15.1 Allgemeines zum Thema Datenbanken

Der Begriff Datenbank ist ein sehr allgemeiner Begriff. Alles, wo sich Daten speichern lassen, kann weitläufig als Datenbank gespeichert werden. In diesem Sinne fällt auch der Karteikasten auf dem Schreibtisch in diese Kategorie. Auch er enthält eine Fülle von Daten. Doch, was sind eigentlich Daten? Auch hier gibt es keine präzise Definition. Alles, was von einer Datenverarbeitungsanlage (also einem PC) verarbeitet werden kann, kann als Daten bezeichnet werden. Beliebige Zahlen, Namen, Bilder, Klänge, die Anzahl der Tage bis zu den nächsten Sommerferien, der aktuelle Ozonwert oder die Konstruktionspläne eines Formel-1-Wagens sind Beispiele für Daten. Werden diese Daten von einer Software verarbeitet, also z.B. erfasst, gespeichert oder sortiert, spricht man von *Datenverarbeitung* (DV), wenngleich dieser Begriff inzwischen etwas angestaubt ist und durch den zeitgemäßeren Begriff *Informationsverarbeitung* (IT) ersetzt wurde. Auch Information basiert auf Daten, allerdings wird mit Information in der Regel auch ein Bedeutungshintergrund mitgeliefert. Während der Begriff »Heiß« als reines Datum für einen Namen, einen Geheimcode oder den Befehl einer exotischen Programmiersprache stehen kann, steht der gleiche Begriff als Information im Zusammenhang mit dem Wetter als ein Stellvertreter für einen umfangssprachlichen Ausdruck, der einen bestimmten thermodynamisch exakt definierbaren Zustand umschreibt. Bevor wir uns allerdings in höchst interessante, aber wenig konkrete philosophische Diskussionen über kausales Denken, Logik und berühmte Denker von Emmanuel Kant über Kurt Goedel bis zu Villém Flusser einlassen, zurück zu den Datenbanken.

Bislang wurde deutlich, dass eine Datenbank ein Behälter für Daten ist. Anders als bei einem Wäschekorb, in den man Socken, Unterhosen, Handtücher und andere Dinge je nach Temperament einfach hineinwirft, müssen Daten in einer Datenbank streng strukturiert sein. Nehmen wir einmal als Beispiel folgende Ansammlung von Daten:

```
Peter Monadjemi    37    Buchautor    Nein
```

Für einen menschlichen Betrachter ergibt diese zunächst zusammenhangslose Datenansammlung einen Sinn, vermutlich können sich die meisten sogar denken, in welchem Zusammenhang diese Daten stehen. Damit die Daten allerdings in einer Datenbank abgelegt werden können, muss eine Unterteilung vorgenommen werden. Jedes einzelne Datenelement muss einer Kategorie zugeordnet werden. Das sähe dann in etwa so aus:

```
Vorname    Name         Alter    Beruf        Stuntman-Ausbildung
Peter      Monadjemi    37       Buchautor    Nein
```

Durch das Hinzufügen einer Kategorie für jedes Datenelement erhält das Ganze auf einmal eine feste Struktur. Bei Vorname, Name, Alter usw. spricht man von Feldern. Jedes Feld besitzt einen Namen und (wie eine Variable) auch einen Typ. Die Gesamtheit der Felder wird als Datensatz (engl. »recordset«) bezeichnet. Folglich enthält unsere Datenbank erst einen einzigen Datensatz, der aus sechs Feldern besteht. Es ist wichtig zu verstehen, dass alle weiteren Datensätze genau diesen Aufbau besitzen müssen:

```
Franz     Beckenbauer    53    Fußballexperte       Nein
Helmut    Kohl           69    Ex-Bundeskanzler     Nein
```

usw.

Der Inhalt kann dagegen beliebig sein (das ist das Schöne an einer Datenbank). Je mehr Datensätze wir aneinander hängen, desto größer wird die Datenbank. Allerdings sind Datenbanken meistens nicht so einfach strukturiert. Damit die Möglichkeit besteht, verschiedene Daten möglichst unabhängig voneinander verwalten zu können, werden Datensätze des gleichen Typs zu so genannten Tabellen zusammengefasst. Die obige Tabelle könnte den Namen »Berufe« tragen und erhält die Namen von Personen, zusammen mit ihrem Beruf, ihrem Alter und einer Antwort auf die Frage, ob diese Person eine Ausbildung zum Stuntman absolviert hat. Möchte man auch die Adressen der Personen speichern, ist es sinnvoll, diese Daten in einer eigenen Tabelle unterzubringen. Das erleichtert nicht nur die Verwaltung, sondern sorgt auch dafür, dass die Geschwindigkeit bei einer Datenbankabfrage nicht unter einer schlechten Struktur leiden muss. Hier ist es wie im richtigen Leben. Hält man auf seinem Schreibtisch oder in einer Ablage keine Ordnung, sind die Daten zwar vorhanden, man findet sie meistens aber nicht. Genauso verhält es sich mit der Datenbank. Je besser sie durchdacht ist, desto effektiver gestaltet sich der Zugriff.

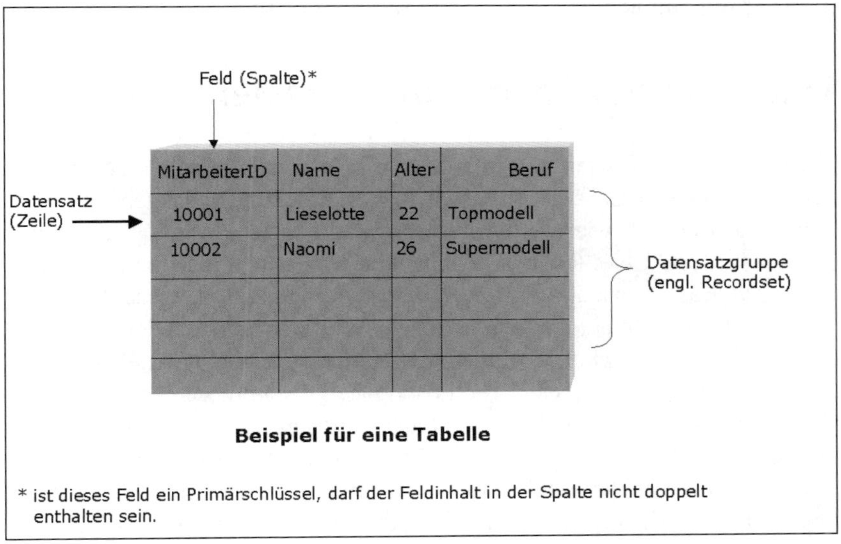

Bild 15.1: Eine Datenbank besteht aus Tabellen, Datensätzen und Feldern

Nun ist eine Datenbank aber weit mehr als nur eine Ablage für Tabellen und deren Felder. Der weitaus wichtigere Aspekt sind jene Dinge, die die Anwender im Allgemeinen mit der Datenbank machen möchten. Dazu zählt unter anderem:

- das Abfragen von Daten,
- das Hinzufügen oder Löschen von Daten,

- das Ändern der Datenbankstruktur,
- das Erstellen von Reports

und vieles mehr. Für alle diese Dinge gibt es in der Datenbankwelt bereits eine Art »Universalprogrammiersprache«. Diese spezielle Datenbanksprache heißt *SQL* (die Abkürzung steht für *Structured Query Language*) und wird praktisch von jeder Datenbank verstanden. Möchten Sie aus der »Demodatenbank« *Biblio.MDB*, die Bestandteil von Visual Basic ist, etwa die Namen aller Autoren aus der Tabelle *Authors*, deren Name, also der Inhalt des *Name*-Feldes, mit dem Buchstaben »S« anfängt, herausbekommen, muss die SQL-Abfrage wie folgt lauten:

```
Select * From Authors Where Name Like 'S*'
```

Das ist SQL. Mit SQL werden nicht nur Abfragen durchgeführt, sondern auch neue Tabellen hinzugefügt, Datensätze gelöscht oder komplette Datenbanken aufgebaut. Klar, dass Visual Basic, genauer gesagt die Jet-Engine (mehr dazu gleich), SQL versteht. Genauso klar, dass Sie in diesem Kapitel auch ein wenig SQL kennen lernen werden. Zunächst müssen Sie aber erfahren, wie Datenbankprogrammierung und Visual Basic zusammenpassen.

15.2 Visual Basic und die Datenbanken

Es wird Sie sicher überraschen zu erfahren, dass Visual Basic über keinen einzigen Datenbankbefehl verfügt. Wie ist das ist möglich? Im letzten Abschnitt wurde doch betont, wie wichtig Datenbanken für die Programmierer sind. Nun, dass Visual Basic keinen Datenbankbefehl besitzt, bedeutet nicht, dass von Visual Basic aus keine Datenbankzugriffe möglich sind. Visual Basic besitzt auch keinen Befehl für das Abspielen von Videoclips und dennoch können Sie, wie es in Kapitel 11 gezeigt wurde, mit wenig Aufwand AVI-Dateien auf einem Formular abspielen. Die Lösung liegt wie immer in den Objekten. Genau wie Sie für das Ansteuern von Multimediageräten ein spezielles Zusatzsteuerelement benötigen, benötigen Sie für den Datenbankzugriff spezielle Datenbankobjekte. Diese stehen nicht von Anfang an zur Verfügung, sondern müssen erst als Verweis in ein Projekt eingebunden werden. Gehen Sie dazu immer wie folgt vor:

- Legen Sie ein neues Projekt an.
- Öffnen Sie das PROJEKT-Menü und wählen Sie den Eintrag VERWEISE. Es öffnet sich ein Auswahlfenster mit allen auf Ihrem PC zur Verfügung stehenden Objektbibliotheken (die meisten Namen werden Ihnen nicht viel sagen, mir übrigens auch nicht).
- Wählen Sie nun jene Objektbibliothek aus, über die Sie Ihre Datenbankzugriffe durchführen möchten (mehr dazu gleich).

- Klicken Sie auf *OK*. Sie haben damit Ihr Projekt um eine Objektbibliothek erweitert, deren Objekte Sie so benutzen können, als wären sie schon immer Teil von Visual Basic gewesen (möchten Sie die Namen der Objekte sehen, öffnen Sie den Objektkatalog über F2 und wählen Sie den Namen der Objektbibliothek aus). Sie haben damit Ihr Visual-Basic-Projekt um die Fähigkeit des Datenbankzugriffs erweitert, den es vorher nicht besaß.

Nun kommen wir zu einem Punkt, der häufig etwas Verwirrung stiftet. Es gibt nämlich zwei Objektbibliotheken für den Datenbankzugriff:

- Die *Data Access Objekts* (DAO). Der Eintrag lautet »Microsoft DAO 3.6 Object Library«.
- Die *ActiveX Data Objects* (ADO). Der Eintrag lautet »Microsoft ActiveX Data Objects 2.6 Library«.

Welche Variante die bessere ist, ist eine Entscheidung, die selbst erfahrenen Programmierern nicht gerade leicht fällt. Die DAOs gibt es bereits seit Visual Basic 3.0. Sie sind speziell für den Zugriff auf die Jet-Engine, die hauseigene Datenbank von Visual Basic und Microsoft Access '97, gemacht worden, erlauben aber auch den Zugriff auf andere Datenbanken (etwa den großen SQL-Server von Microsoft). Die ADOs sind relativ neu. Sie wurden bei Visual Basic erst mit Version 6.0 eingeführt. Bei ihnen steht die Datenbankunabhängigkeit im Vordergrund. Sie können sie gleichermaßen für alle Datenbanken verwenden, für die ein so genannter *OLE DB-Treiber* angeboten wird. Das ist neben dem SQL-Server von Microsoft, dem SQL-Server von Oracle auch die Jet-Engine. Die ADOs sind zudem ein wenig einfacher zu programmieren als die DAOs, bieten aber, da ihre Stärke die Universalität ist, nicht alle Eigenschaften der Jet-Engine über Eigenschaften und Methoden an. In diesem Buch wird Ihnen die Entscheidung leicht gemacht. Anstelle der Datenbankobjekte DAO oder ADO verwenden wir das ADO-Datensteuerelement. Es basiert zwar auf den ADOs, doch da seine Handhabung sehr einfach ist, spielt dieser Umstand keine Rolle. Außerdem stehen Sie erst ganz am Anfang und können die Entscheidung DAO oder ADO auf Ihr erstes richtiges Datenbankprojekt verschieben. Eigentlich könnten wir damit mit dem ersten Beispiel beginnen. Wenn da nicht noch eine kleine Frage offen wäre. Was ist eigentlich die Jet-Engine?

15.3 Die Rolle der Jet-Engine

Eine Datenbank ist, das wissen Sie bereits, ein »Behälter« für Daten, die streng geordnet in Tabellen, Datensätzen und Feldern vorliegen. Eine Datenbank ist aber völlig passiv. Damit man mit einer Datenbank arbeiten kann, wird ein Datenbankprogramm benötigt. Ist es etwas teurer, wird es auch als Datenbankmanagementsystem (DBMS) bezeichnet. Datenbankprogramme gibt es viele, sehr viele sogar. Bekannte Datenbankprogramme für den PC sind dBase (der Klassiker aus den achtziger Jahren), Clipper (ebenfalls sehr populär in den achtziger Jahren), DataEase, FoxPro (es stammt von Microsoft) oder Paradox (es stammt von Borland, jener Firma, von der auch Turbo Pascal und Delphi stammen und die jetzt Inprise heißt). Naturgemäß sind PC-Datenbankprogramme bezüglich ihrer Möglichkeiten ein wenig begrenzt. Wer sehr große Datenmengen verarbeiten muss, auf die vor allem viele Benutzer gleichzeitig zugreifen sollen (klassische Beispiele sind die Auftragsverarbeitung eines großen Versandhauses oder die Reservierungsannahme einer großen Fluggesellschaft – hier werden extrem hohe Anforderungen an die Geschwindigkeit und die Zuverlässigkeit der Datenbank gestellt), benötigt ein großes Datenbanksystem, das entweder unter Windows NT, den Betriebssystemen Unix oder OS/400 oder einem Großrechnerbetriebssystem läuft. Bekannte Namen sind hier DB/2, Informix, Oracle SQL-Server, Sybase und der SQL-Server von Microsoft.

Ein Datenbankprogramm, das vermutlich jeder kennt, ist Microsoft Access, das es einzeln zu kaufen gibt, das aber auch Bestandteil von Microsoft Office ist. Microsoft Access ist sehr populär, weil es relativ einfach zu bedienen ist und mit einem Reportgenerator, Formularen und Visual Basic als Programmiersprache über interessante Leistungsmerkmale verfügt. Allerdings, Microsoft Access ist zunächst nur eine Anwendung. Das Datenbanksystem von Microsoft Access ist ein eigenes Modul mit dem Namen Jet-Engine. Jetzt kommt der springende Punkt: Die gleiche Jet-Engine, die die Grundlage von Microsoft Access darstellt, ist auch ein Teil von Visual Basic. Doch während sie bei Microsoft Access im Mittelpunkt steht und alle Programmelemente direkt auf die Jet-Engine aufbauen, ist sie bei Visual Basic nur eine Option. Wenn Sie in Visual Basic ein neues Formular anlegen, hat dies nichts mit einer Datenbank zu tun. Wenn Sie dagegen in Microsoft Access ein neues Formular anlegen, basiert dies direkt auf einer Datenbank (genauer gesagt, auf einer Tabelle oder einer Abfrage), was bedeutet, dass alle Felder der Tabelle automatisch in Form von Steuerelementen auf dem Formular angeordnet werden. Während Microsoft Access eine Anwendung ist, die direkt auf der Jet-Engine als Datenbanksystem aufbaut, ist Visual Basic ein Vielzweckprogrammiersystem, das die Jet-Engine als Datenbanksystem anbietet.

Da es so wichtig ist, hier noch einmal eine Wiederholung. Sowohl Visual Basic als auch Microsoft Access (als auch einige andere Anwendungen) arbeiten mit der Jet-Engine als Datenbanksystem. Die Jet-Engine ist allerdings kein eigenständiges Programm, das man aufrufen kann, sondern nur ein Satz von Systemdateien. Es gibt daher im Startmenü keinen Eintrag mit dem Namen »Jet-Engine«. Möchten Sie auf die Jet-Engine zugreifen, etwa um eine Datenbank zu öffnen, benötigen Sie dazu entweder Microsoft Access, Visual Basic (hier erfolgt der Zugriff wahlweise über das Datensteuerelement, die Datenzugriffsobjekte DAO oder ADO oder den Visual Basic-Datenmanager) oder eine andere Anwendung (z.B. Excel oder Word).

Doch was habe ich davon, dass Visual Basic mit der Jet-Engine ausgeliefert wird? Eine ganze Menge, denn dank der Jet-Engine können Sie

- auf Datenbanken zugreifen, die mit Microsoft Access angelegt wurden.
- Datenbanken erstellen, die auch mit Microsoft Access bearbeitet werden können.

Kurzum, dank der Jet-Engine wird Visual Basic zu einem Datenbankentwicklungssystem, das zwar nicht ganz den Komfort von Microsoft Access bietet, dafür aber praktisch die gleichen Möglichkeiten bezüglich des Datenbankzugriffs. Lediglich das Anlegen von Benutzerkonten in der Jet-Engine und ein paar andere administrative Dinge sind nicht mit Visual Basic alleine möglich.

HINWEIS

Auch wenn es sich bei der Jet-Engine nicht um ein eigenständiges Programm handelt, gibt es sie in unterschiedlichen Versionen. Visual Basic 5.0 und Access '97 arbeiten mit der Jet-Engine 3.51, Visual Basic 6.0 mit der Version 3.6 (die um Unicode-Unterstützung erweitert wurde), Access 2000 dagegen schon mit der Version 4.0. (Hier wurde endlich die Möglichkeit eingeführt, einzelne Datensätze vor einem Mehrfachzugriff sperren zu können. Bis dahin wurde immer ein ganzer Bereich gesperrt, auch wenn nur ein Datensatz betroffen war, was sich auf die Performance ungünstig auswirkte.) Es sind aber auch noch ältere Versionen der Jet-Engine im Umlauf, vor allem unter Windows 3.1. Die Version der Jet-Engine spielt (seit der Version 3.0, der Umstellung auf 32 Bit) keine allzu große Rolle mehr. Sie können mit Visual Basic 6.0 auf verschiedene Versionen der Jet-Engine zugreifen, in dem Sie eine Referenz auf die entsprechende Objektbibliothek einbinden. Eine sehr schöne Übersicht über die verschiedenen Versionen der Jet-Engine gibt *Hans Brender* auf seiner Webseite *http://www.hbsoft.de/net/tipps(jet.aspx*.

Die Jet-Engine ist eine sehr vielseitige Datenbankengine. Sie erlaubt nicht nur den Zugriff auf Jet-Datenbanken (also die »Access-Datenbanken«, zu erkennen an der Erweiterung .MDB), sondern auf eine Vielzahl unterschiedlicher Datenbanken:

- Auf dBase-, FoxPro-, Paradox-Datenbanken über so genannte ISAM-Treiber.
- Auf Excel-Tabellen, E-Mail-Nachrichtenablagen in Outlook und einfache Textdateien mit Tabellenstruktur ebenfalls über ISAM-Treiber.
- Auf SQL-Serverdatenbanken über ODBC- und neuerdings über OLE DB-Treiber.

Es gibt inzwischen kaum noch eine Datenbank, die sich nicht über ODBC oder OLE DB über die Jet-Engine ansprechen lässt.

AUFSTEIGER

ODBC (die »Open Database Connectivity«) und OLE-DB sind zwei Begriffe aus der großen Welt der Datenbanken. Sie stehen für zwei unterschiedliche Technologien, die aber beide von Microsoft stammen und dafür sorgen sollen, dass Sie mit einem Programm (etwa einem Visual-Basic-Programm) unterschiedliche Datenbanken einheitlich ansprechen können. Anstatt für jede Datenbank das Zugriffsschema kennen zu müssen, sprechen Sie die Datenbank einfach über die Datenzugriffsobjekte oder das Datensteuerelement und SQL als Abfragesprache an. Das moderne OLE DB erweitert dieses Konzept auf beliebige Datenquellen, wie z.B. der Inhalt eines Indexservers im Internet, einer E-Mail-Ablage im Netzwerk oder einem Verzeichnis, der in einem Netzwerk arbeitenden Personen im Rahmen der *Active Directory Services* (ADS) von Windows 2000 (das frühere Windows NT 5.0).

Die Möglichkeiten von Visual Basic beim Datenbankzugriff beschränken sich nicht auf die Jet-Engine als »Datenbankmotor«. Die Enterprise Edition von Visual Basic enthält als alternatives Datenbanksystem den SQL Server 6.5, der allerdings nur unter Windows NT läuft, dafür aber auch sehr viel leistungsfähiger ist als die Jet-Engine. Die Microsoft Desktop Engine (MDSE), die Variante des Microsoft SQL Servers 7.0 für Windows 95/98/ME, ist für registrierte Visual Basic-Anwender als kostenloses Update erhältlich.

15.4 Das ADO-Datensteuerelement

Bislang war alles noch ein wenig vage. Sie wissen zwar jetzt, was eine Datenbank ist, dass Visual Basic als Datenbanksystem die Jet-Engine bietet und diese wahlweise über die Data Access Objects (DAOs) oder die ActiveX Data Objects (ADOs) angesprochen wird, doch wie darf man sich das in der Praxis vorstellen? Bevor Sie ein kleines Beispiel kennen lernen, ist eine weitere Vorbemerkung notwendig. Neben den verschiedenen Datenzugriffsobjekten bietet Visual Basic noch eine weitere Möglichkeit für den Zugriff: das Datensteuerelement. Das Datensteuerelement hat zwei wichtige Aufgaben:

- Es erlaubt den Zugriff auf eine Datenbank (bzw. allgemein eine Datenquelle), das Durchführen von Abfragen, um eine Datensatzgruppe zurückzuerhalten, und das Vor- und Zurückblättern in dieser Datensatzgruppe.
- Es bindet einzelne Felder einer Datensatzgruppe an Steuerelemente, die auf dem Formular angeordnet wurden. Jedes Steuerelement besitzt dazu die Eigenschaften *DataSource*, hier wird der Name des Datensteuerelements angegeben, und *DataField*. Diese Eigenschaft enthält den Namen des Feldes, dessen Inhalt in dem Steuerelement angezeigt und bearbeitet werden soll.

Das Datensteuerelement vereinfacht den Zugriff auf eine Datenquelle ein wenig, da Sie es hier nicht direkt mit den Datenzugriffsobjekten zu tun haben (diese werden aber über Eigenschaften zur Verfügung gestellt). Wenn Sie das Datensteuerelement auf einem Formular anordnen, sehen Sie vier Schaltflächen, mit deren Hilfe Sie sich in einer Datensatzgruppe vor und zurück bewegen. Damit es nicht zu übersichtlich wird, enthält Visual Basic nicht ein, sondern gleich zwei Datensteuerelemente:

- Das Datensteuerelement
- Das ADO-Datensteuerelement

Das herkömmliche Datensteuerelement gibt es schon seit Visual Basic 3.0. Es ist primär für den Zugriff auf die Jet-Engine da und basiert auf den Data Access Objects (DAO). Seit Visual Basic 6.0 gibt es zusätzlich das ADO-Datensteuerelement. Es basiert auf den neuen ActiveX Data Objects (ADOs) und kann sowohl für den Zugriff auf die Jet-Engine, als auch für den Zugriff auf andere Datenquellen benutzt werden. In diesem Buch soll lediglich das ADO-Datensteuerelement vorgestellt werden, das allerdings kein festes Mitglied der Werkzeugsammlung ist, sondern, wie jedes Zusatzsteuerelement, hinzugefügt werden muss:

- Öffnen Sie das PROJEKT-Menü und wählen Sie den Befehl KOMPONENTEN. Es erscheint eine Auswahlliste mit allen auf dem PC registrierten Komponenten.
- Wählen Sie den Eintrag »Microsoft ADO Data Control 6.0 (OLEDB)« und klicken Sie auf *OK*.

Das ADO-Datensteuerelement ist nun ebenfalls Teil der Werkzeugsammlung.

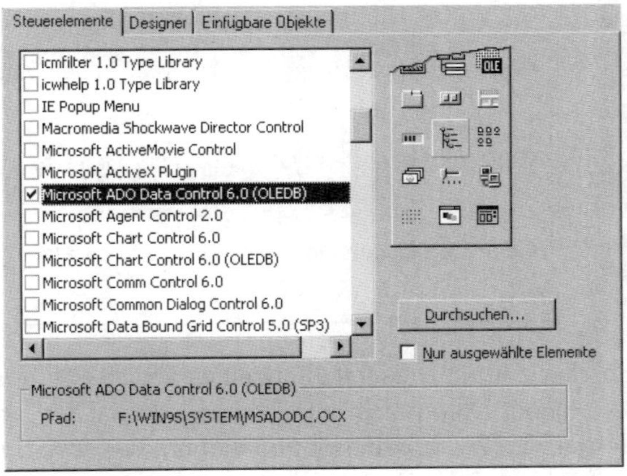

Bild 15.2: Bevor das ADO-Datensteuerelement auf einem Formular angeordnet werden kann, muss es in die Werkzeugsammlung eingefügt werden

15.5 Ein kleines Beispiel

In diesem Abschnitt sollen Sie mit dem ADO-Datensteuerelement auf eine kleine Datenbank zugreifen und deren Inhalt sichtbar machen. Bei der Datenbank handelt es sich um die Access-Datenbank *AutosI.MDB*, die Sie auf der Buch-CD finden.

Schritt 1 Legen Sie ein neues Standard-EXE-Projekt an, fügen Sie über PROJEKT | KOMPONENTEN ein ADO-Steuerelement hinzu und ordnen Sie es auf dem Formular an. Dies ist die Voraussetzung dafür, um über die gebundenen Steuerelemente auf die Felder einer Tabelle zugreifen zu können. Geben Sie dem ADO-Datensteuerelement den Namen »adoAutos«.

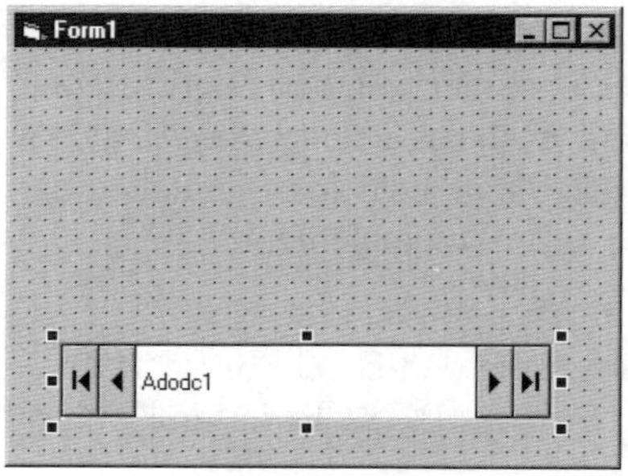

Bild 15.3: Ein ADO-Datensteuerelement wurde auf einem leeren Formular angeordnet

Das ADO-Datensteuerelement besitzt vier Schaltflächen, die folgende Funktionen besitzen:

	Gehe zum ersten Datensatz in der Datensatzgruppe.
	Gehe zum zurückliegenden Datensatz in der Datensatzgruppe.
	Gehe zum nächsten Datensatz in der Datensatzgruppe.
	Gehe zum letzten Datensatz in der Datensatzgruppe.

Bei den vier Schaltflächen handelt es sich also lediglich um »Navigationsknöpfe« in jener Datensatzgruppe, mit der das ADO-Datensteuerelement verbunden wurde. Weitergehende Funktionen, wie etwa Suchen oder Löschen, werden auf diese Weise nicht angeboten.

Schritt 2

Verbinden Sie das ADO-Datensteuerelement mit einer Datenquelle. Dies soll für die folgende Übung die Demodatenbank *AutosI.MDB* sein, die sich auf der Buch-CD befindet.

Allerdings besitzt das ADO-Datensteuerelement, anders als das herkömmliche Datensteuerelement, keine *DatabaseName*-Eigenschaft, die man einfach auf den Namen der Datenbank setzen könnte. Es ist gerade die Idee von ADO, sich nicht auf bestimmte Datenbanktypen (etwa Access-Datenbanken) zu beschränken, sondern alle Datenquellen gleich zu behandeln. Anstatt den Namen einer Datenbank direkt anzugeben, wird über die *ConnectionString*-Eigenschaft eine Verbindung zu einer Datenquelle (bei der es sich ruhig um eine Access-Datenbank handeln kann) hergestellt. Keine Sorge, das ist sehr viel einfacher, als es sich zunächst anhören mag.

Selektieren Sie das ADO-Datensteuerelement und wählen Sie als Erstes die *ConnectString*-Eigenschaft aus und klicken Sie auf die Schaltfläche mit den drei Punkten.

Schritt 3

Es öffnet sich ein Dialogfeld, in dem Sie die Option *Verbindungszeichenfolge verwenden* wählen und auf die Schaltfläche *Erstellen* klicken.

Schritt 4

Sie befinden sich jetzt in der Registerkarte *Provider*, in der Sie den so genannten OLE-DB-Provider auswählen müssen. Dies ist der allgemeine Name für den »Dolmetscher«, der dafür sorgt, dass sich unser Visual-Basic-Programm via OLE DB und ADO mit der Datenquelle bestens versteht. Wählen Sie den Eintrag »Microsoft Jet 3.4 OLE DB Provider« und klicken Sie auf *Weiter*.

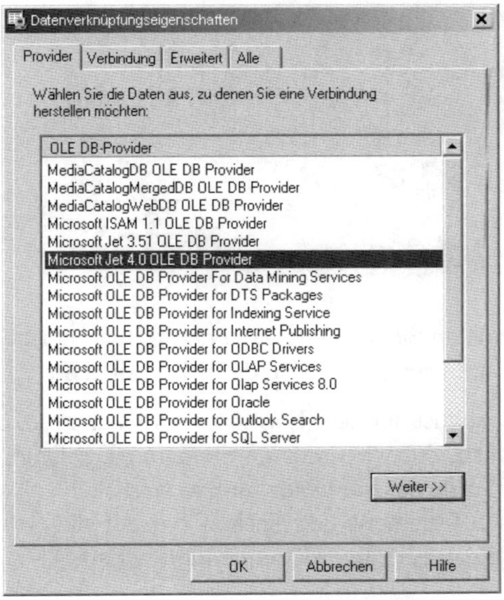

Bild 15.4: In der Registerkarte »Provider« wird der OLE DB-Provider ausgewählt

> Für den Fall, dass Sie später einmal eine Verbindung im Programmcode herstellen möchten: Der Verbindungsstring lautet z.B. für den Zugriff auf die Demodatenbank *Biblio.mdb* *»PROVIDER=Microsoft.Jet.OLEDB.4.0; Data Source=C:\Programme\Microsoft Visual Studio\VB98\Biblio.mdb;«*, wobei der Pfad gegebenenfalls angepasst werden muss.

Schritt 5 Sie befinden sich jetzt in der Registerkarte *Verbindung*. Hier müssen Sie den Verzeichnispfad der Datenquelle *AutosI.MDB* auswählen (falls Sie die Datei noch nicht von der Buch-CD kopiert haben, holen Sie das jetzt bitte nach, und geben Sie im Dialogfeld den Verzeichnispfad auf der Festplatte an).

Schritt 6 Klicken Sie auf *OK*, um das Dialogfeld wieder zu schließen. Sie haben damit das ADO-Datensteuerelement mit der Datenbank *AutosI.MDB* über einen OLE DB-Provider verbunden.

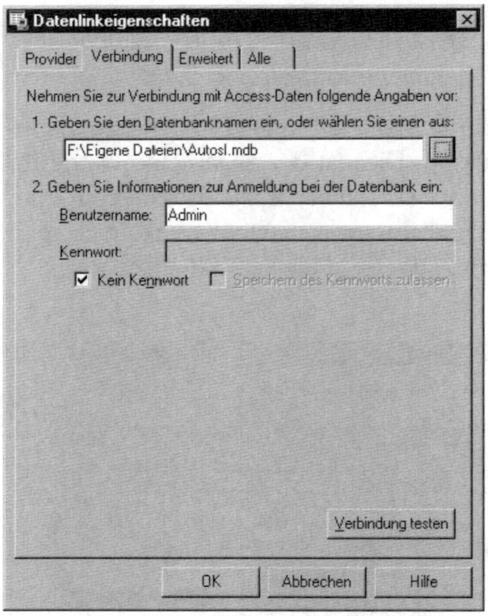

Bild 15.5: In der Registerkarte »Verbindung« wird eine Datenbank ausgewählt

Sollten Sie während einer der letzten Schritte vom rechten Weg abgekommen sein, wiederholen Sie die Schrittfolge ab Schritt 2.

Schritt 7 Noch ist auf dem Formular nicht viel zu sehen. Das wird sich aber gleich ändern. Zunächst müssen Sie dem ADO-Datensteuerelement mitteilen, welche Tabelle aus der Datenbank es verwalten soll. Selektieren Sie das ADO-Datensteuerelement und klicken Sie auf die Schaltfläche mit den drei Punkten neben der *RecordSource*-Eigenschaft.

Schritt 8

Es öffnet sich ein kleines Dialogfeld, in dem Sie festlegen sollen, woher die Datensatzgruppe kommen soll. Sie können entweder eine Tabelle auswählen oder ein SQL-Kommando eingeben. Wählen Sie in der oberen Auswahlliste den Eintrag »2 – adCmdTable«. Daraufhin sollte die darunter liegende Auswahlliste aktiv werden, aus der Sie den Eintrag »Autodaten« wählen (es gibt nur einen Eintrag, da die Datenbank nur eine Tabelle enthält). Bestätigen Sie das Dialogfeld mit *OK*.

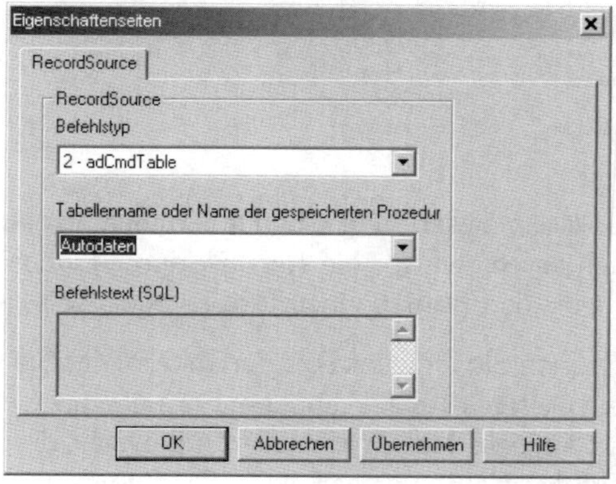

Bild 15.6: In der Registerkarte »Recordsource« wird eine Tabelle der Datenbank ausgewählt

Schritt 9

Jetzt haben Sie das ADO-Datensteuerelement mit dem Inhalt der Tabelle *Autodaten* in der Datenbank *AutosI.MDB* verbunden. Damit Sie den Inhalt der Tabelle, genauer, die Inhalte der einzelnen Felder, auf dem Formular sehen können, müssen Sie für jedes Feld ein Steuerelement anordnen und dieses mit dem Datenbankfeld verbinden. Wie das geht, soll in diesem Schritt am Beispiel eines Steuerelements gezeigt werden.

Ordnen Sie auf dem Formular ein Textfeld an und geben Sie diesem den Namen »txtHersteller« (der genaue Name spielt keine Rolle). Setzen Sie die *DataSource*-Eigenschaft auf den Namen des ADO-Datensteuerelements, in diesem Fall »adoAutos«, um es mit dem ADO-Datensteuerelement zu verbinden.

Schritt 10

Beim Anklicken der *DataField*-Eigenschaft des Textfeldes werden Sie feststellen, dass eine Listenauswahl mit allen zur Verfügung stehenden Feldnamen erscheint. Wählen Sie das Feld *Hersteller* aus.

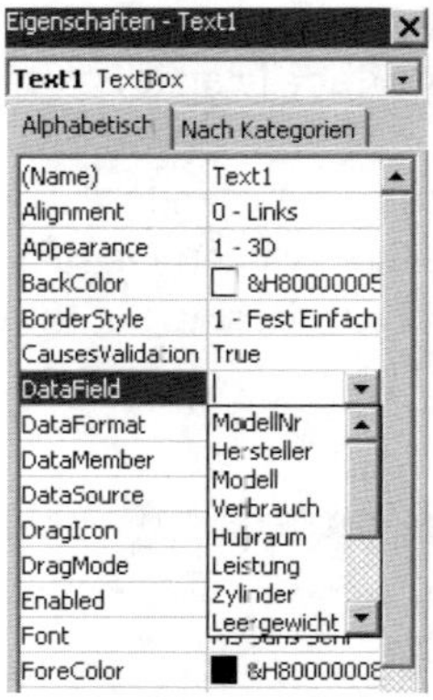

Bild 15.7: Die »DataField«-Eigenschaft des Textfeldes listet alle in Frage kommenden Felder auf

Sollte an dieser Stelle eine Fehlermeldung erscheinen, haben Sie wahrscheinlich vergessen, für die *RecordSource*-Eigenschaft des ADO-Datensteuerelements den Namen einer Tabelle (oder Abfrage) auszuwählen.

Ordnen Sie für jedes Feld der Tabelle, das Sie sehen und bearbeiten möchten, ein weiteres Textfeld auf dem Formular an. Setzen Sie die *DataSource*-Eigenschaft jedes Mal auf den Wert »adoData«, die *DataField*-Eigenschaft dagegen auf den Namen eines Feldes. Die Zuordnung der Steuerelemente zu den einzelnen Datenbankfeldern ist in der Tabelle aufgeführt.

Steuerelement	**Typ**	**Datenbankfeld**
txtHersteller	Textfeld	Hersteller
txtModell	Textfeld	Modell
txtLeistung	Textfeld	Leistung
txtGeschwindigkeit	Textfeld	Höchstgeschwindigkeit
txtPreis	Textfeld	Preis
chkKopfstützen	Kontrollkästchen	KopfstützenHinten
imgBild	Anzeige	Bild

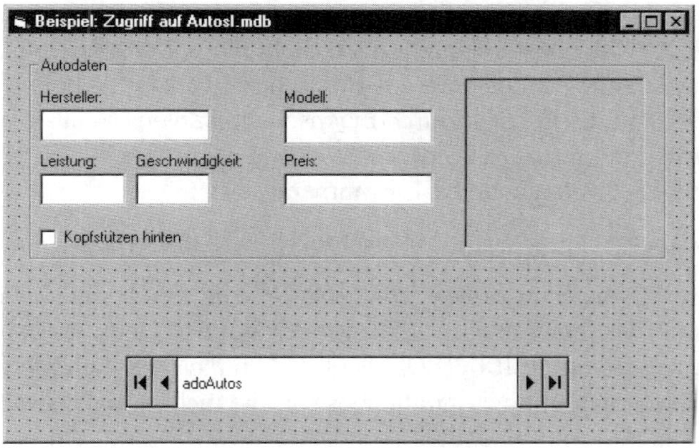

Bild 15.8: So soll das komplette Formular aussehen

Fertig. Mit ein paar Mausklicks und ohne Programmierung haben Sie ein »Programm« zum Bearbeiten einer beliebigen Datenbanktabelle erstellt. Anstatt *Autosl.mdb* hätte es auch eine Microsoft SQL-Serverdatenbank oder eine Excel-Tabelle sein können. Der Aufwand wäre der gleiche, lediglich die *ConnectionString*-Eigenschaft hätte einen anderen Wert erhalten müssen.

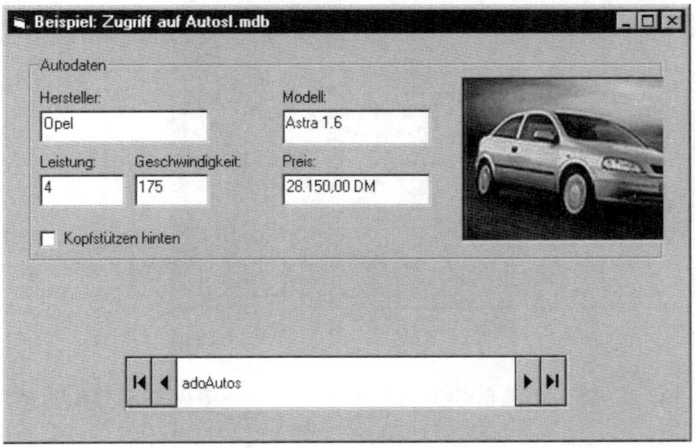

Bild 15.9: Das Datenbankzugriffsprogramm in Aktion – es zeigt den Inhalt der Tabelle »Autodaten« an

Natürlich ist dieses Programm für die Praxis noch nicht einsatzfähig. Mit diesem Programm können Sie im Inhalt einer Datenbank lediglich »blättern« (und Änderungen vornehmen). Es fehlen wichtige Grundfunktionen, die z.B. eine Suche erlauben würden. Diese Dinge lassen sich zwar mit wenig Programmieraufwand implementieren, sie zeigen aber die grundsätzlichen Begrenzungen des ADO-Datensteuerelements auf.

Schritt 11 Einen haben wir noch. Der nächste Schritt der Übung soll zeigen, dass das ADO-Datensteuerelement auch SQL (die universelle Datenbankabfragesprache) kann. Beenden Sie das Programm, wählen Sie beim ADO-Datensteuerelement die *RecordSource*-Eigenschaft, wählen Sie aus der oberen Auswahlliste den Eintrag »1 – adCmdText« und geben Sie in das Textfeld »Befehlstext (SQL)« das folgende SQL-Kommando ein:

```
Select * From Autodaten Where Preis < 40000
```

Bestätigen Sie das Dialogfeld mit *OK* und führen Sie das Programm erneut aus. Fällt Ihnen etwas auf? Es werden nur noch jene Autotypen angezeigt, deren Preis unter 40000 DM liegt. Durch die SQL-Abfrage wurde eine andere Datensatzgruppe zusammengestellt, die nicht immer alle Datensätze der Tabelle *Autodaten* enthält, sondern nur noch jene, die der SQL-Anweisung entsprechen. Mit SQL und der *RecordSource*-Eigenschaft des ADO-Datensteuerelements erhalten Sie den goldenen Schlüssel zur richtigen Datenbankprogrammierung.

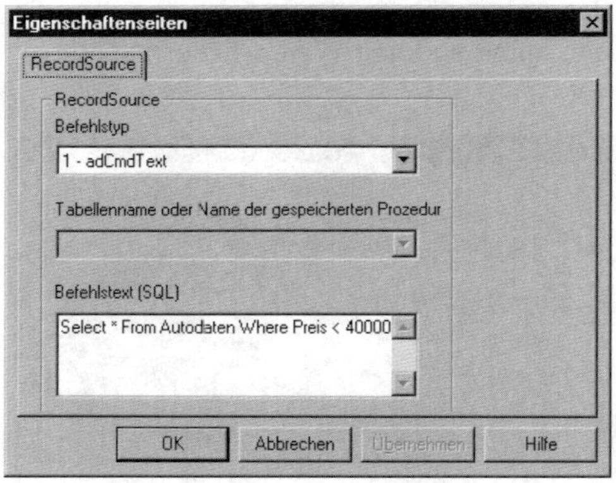

Bild 15.10: Die Record-Source-Eigenschaft enthält diesmal eine SQL-Abfrage

HINWEIS

Das ADO-Datensteuerelement ist hervorragend dafür geeignet, den Inhalt einer Tabelle in gebundenen Steuerelementen wie Textfeldern, Bildfeldern oder Gitternetzen darzustellen, um über die Steuerungsknöpfe ein Blättern in der Datensatzgruppe zu ermöglichen. Weitergehende Funktionen müssen allerdings programmiertechnisch gelöst werden.

Erweiterungsvorschläge

Das in der letzten Übung erstellte Beispielprogramm ist vielseitig erweiterbar. Zum einen dürfte Ihnen aufgefallen sein, dass nicht alle Felder berücksichtigt werden. Möchten Sie z.B. auch den Hubraum oder den Tankinhalt sehen, müssen Sie die entsprechenden Steuerelemente (es können auch Bezeichnungsfelder sein) auf dem Formular anordnen und mit dem ADO-Datensteuerelement (*DataSource*-Eigenschaft) und dem entsprechenden Feld (*DataField*-Eigenschaft) verbinden. Übrigens ist die Qualität der Bilder nicht besonders gut, da ich die Bilder aus verschiedenen Webseiten im Internet zusammengesucht habe und sie auf ein einheitliches Format und 256 Farben (wegen des Anzeigenelements) verkleinern musste. Natürlich können Sie die Datenbank *AutosI.MDB* auch erweitern, in dem Sie neue Felder oder gar Tabellen einfügen. Dazu gibt es mindestens drei Möglichkeiten:

- Mit Hilfe von Microsoft Access.
- Mit Hilfe des Visual Data Managers, einem kleinen Add In, das über das ADD-INS-Menü und das Kommando ADD-IN Manager ausgewählt und geladen wird.
- Über entsprechende SQL-Anweisungen.

Bei der Datenbank *AutosI.MDB* ist zu beachten, dass diese für einen Praxiseinsatz eigentlich nicht tauglich ist. Stellen Sie sich vor, Sie wären ein Gebrauchtwagenhändler. Zwar enthält die Tabelle *Autodaten* die Daten vieler Autos, doch möchten Sie kein Autolexikon verwalten, sondern die im Verkaufsraum auf potentielle Käufer wartenden Autos. Die Datenbank benötigt daher eine weitere Tabelle, in der die für den Verkauf zur Verfügung stehenden Autos enthalten sind. Als Datenfelder werden hier zusätzlich Dinge, wie der Verkaufspreis, die Anzahl der Vorbesitzer, die gefahrenen Kilometer oder die Farbe, benötigt. Nun wäre es aber unsinnig, die Autodaten zu duplizieren. Stattdessen enthält die Tabelle *Verkaufsautos* lediglich ein Feld mit dem Namen *ModellNr*, das auf das gleichnamige Feld in der Tabelle Autodaten verweist. Diese Beziehung zwischen zwei Feldern zweier Tabellen wird auch als Relation bezeichnet und ist ein ganz wichtiger Aspekt beim Entwurf von Datenbanken. Da es in der Tabelle *Autodaten* eine bestimmte Modellnummer nur einmal gibt, kann die Modellnummer in der Tabelle *Verkaufsautos* beliebig oft vorkommen (ein und dasselbe Modell kann ja mehrfach vorkommen). Aus diesem Grund spricht man von einer 1:n-Beziehung, da ein Eintrag auf n (also unbestimmt viele) verweist.

Alles das sind wichtige Themen, auf die das vorliegende Buch leider nicht eingehen kann. Als kleinen Trost finden Sie auf der Buch-CD die Datenbank *AutosII.MDB*, die für einen Gebrauchtwagenhandel schon etwas besser geeignet ist, da sie aus mehreren Tabellen besteht. Wenn Sie über das Add-In Visual Data Manager oder Microsoft Access verfügen, können Sie sich die Struktur der Datenbank schnell anschauen.

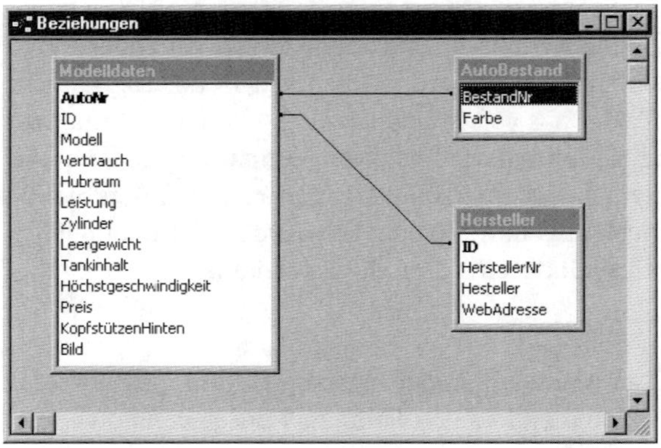

Bild 15.11: Die Beziehungen zwischen den drei Tabellen in der Datenbank »AutosII.MDB« werden von Microsoft Access sichtbar gemacht

15.6 Gebundene Steuerelemente

Der wichtigste Grund, das ADO-Datensteuerelement (bzw. allgemein Datensteuerelemente) für den Zugriff auf eine Datenbank zu verwenden, sind die gebundenen Steuerelemente. Wie die letzte Übung deutlich gemacht hat, zeigt das ADO-Datensteuerelement alleine noch keine Datensätze an, es stellt lediglich die Verbindung zwischen einer Datensatzgruppe und den einzelnen Steuerelementen her. Jedes dieser Steuerelemente ist in der Lage, den Inhalt eines Feldes anzuzeigen. Welches Steuerelement mit welchem Feld verbunden wird, muss beim Erstellen eines Formulars festgelegt werden. In der Regel richtet sich die Auswahl nach dem Datentyp des Felds. So wird man Felder vom Typ »Text« mit einem Textfeld verbinden. Auch numerische Felder (*Integer*, *Long*, *Single*, *Double*, *Currency* und *Byte*) werden mit Textfeldern verbunden. Soll der Feldinhalt nur angezeigt, nicht aber bearbeitet werden, wird anstelle eines Textfelds ein Bezeichnungsfeld eingesetzt, das ebenfalls gebunden arbeiten kann. Mit welchem Steuerelement würde man ein Feld vom Typ *Boolean* wohl verbinden? Mit einem Kontrollkästchen natürlich, denn dieses Steuerelement kann die beiden möglichen Werte *True* und *False* bestens darstellen.

Fast alle Steuerelemente zur Eingabe und Ausgabe können an ein ADO-Datensteuerelement gebunden werden. Das bedeutet, dass der Inhalt eines Felds automatisch in dem Steuerelement angezeigt und bearbeitet werden kann. Ein solches Steuerelement wird daher als gebunden (engl. »bound control«) bezeichnet. Jedes gebundene Steuerelement besitzt u.a. die Eigenschaften *DataSource*, *DataField*, *DataFormat* und *DataChanged*. Wenn Sie einmal die Steuerelemente der Werkzeugsammlung und die einzelnen Zusatzsteuerelemente durchgehen, werden Sie feststellen, dass all jene Steuerelemente gebunden sind, bei denen die Anbindung an eine Datenbank sinnvoll ist. Nicht dabei sind daher der Zeitgeber, das Rahmenfeld, die Bildlaufleisten und das Optionsfeld. Letzteres mag vielleicht überraschen, ergibt aber einen Sinn, wenn man bedenkt, dass es nur im Zusammenspiel mit anderen Optionsfeldern eingesetzt wird.

Tabelle 15.1: Die für den Datenbankzugriff wichtigen Eigenschaften eines gebundenen Steuerelements.

Eigenschaft	**Bedeutung**
DataSource	Enthält den Namen des (ADO-)Datensteuerelements, mit dem das Steuerelement verbunden werden soll. Kann (anders als beim herkömmlichen Datensteuerelement) auch zur Laufzeit über eine *Set*-Anweisung gesetzt werden.
DataField	Enthält den Namen eines Datensatzfeldes, der in dem Steuerelement angezeigt werden soll.
DataChanged	Ist diese Eigenschaft *True*, wurde der Inhalt des Steuerelements geändert und stimmt nun nicht mehr mit dem Feldinhalt des Datensatzes überein.
DataFormat	Weist dem Steuerelement ein *DataFormat*-Objekt zu, dessen *Value*-Eigenschaft eine spezielle Formatierung festlegt.

Ein bezüglich seiner Möglichkeiten sehr leistungsfähiges gebundenes Steuerelement ist das Datenbankgitternetz *DbGrid*. Mit seiner Hilfe lässt sich in nur vier Minischritten ein kompletter Datenbank-Browser erstellen:

1. Ordnen Sie ein ADO-Datensteuerelement auf einem Formular an.
2. Setzen Sie die Eigenschaften *ConnectString* und *RecordSource* des ADO-Datensteuerelements (wie im letzten Beispiel gezeigt) auf den Namen einer Datenquelle bzw. den einer Tabelle (oder eines SQL-Kommandos).
3. Ordnen Sie das DBGrid auf dem Formular an, indem Sie es über PROJEKT | KOMPONENTEN und Auswahl des Eintrags »Microsoft DataGrid Control 6.0 (OLEDB)« zur Werkzeugsammlung hinzufügen.
4. Setzen Sie die *DataSource*-Eigenschaft des Datenbankgitternetzes auf den Namen des ADO-Datensteuerelements. Fertig!
5. Wenn Sie das Programm starten, wird diesmal der komplette Inhalt der ausgewählten Tabelle angezeigt.

15.6.1 Änderungen in der Datenbank verhindern

Bisher wurde ein wichtiger Aspekt »übersehen«. Wenn Sie Änderungen in einem der Textfelder auf dem Formular vornehmen, werden diese automatisch in die Datenbank *AutosI.MDB* übernommen. Das ist jedoch nicht immer wünschenswert. Um zu verstehen, wie sich das automatische Aktualisieren der Felder in der Datenbank beim ADO-Datensteuerelement verhindern lässt, müssen Sie zwei Dinge kennen:

1. Die *DataChanged*-Eigenschaft eines (gebundenen) Steuerelements, die immer dann automatisch auf *True* gesetzt wird, wenn sich der Inhalt des Steuerelements geändert hat.
2. Die verschiedenen Ereignisse und vor allem ihre Reihenfolge, die beim Wechsel vom aktuellen Datensatz auf den nächsten Datensatz stattfinden.

Beschäftigen wir uns zunächst mit jenen Ereignissen, die eintreten, wenn der Benutzer auf den »Gehe zum nächsten Datensatz«-Knopf des Datensteuerelements klickt. Dabei treten folgende Ereignisse auf:

- *WillMove*
- *MoveComplete*

Während das *WillMove*-Ereignis auftritt, nachdem das Datensteuerelement die Aufforderung erhalten hat, auf einen anderen Datensatz zu wechseln, tritt das *MoveComplete*-Ereignis auf, nach dem der Wechsel vollzogen wurde. Beiden Ereignissen werden eine Reihe von Argumenten übergeben:

Argument	**Bedeutung**
adReason	Gibt an, aus welchem Grund ein Wechsel stattfinden soll (z.B. *Move*-Methode, *adRsnMove=10*).
adStatus	Gibt an, ob die Operation erfolgreich durchgeführt wurde. Durch Setzen von *adStatus* auf *adStatusCancel* kann die Operation abgebrochen werden.

Ein Abbrechen der *Move*-Methode ist aber nicht notwendig. Dies soll nur geschehen, wenn eine Änderung vorgenommen wurde. In diesem Fall treten folgende Ereignisse auf:

- *WillChangeRecord*
- *WillChangeField*
- *FieldChangeComplete*
- *RecordChangeComplete*
- *WillMove*
- *MoveComplete*

Eine Menge Ereignisse, doch sollte die Reihenfolge eigentlich logisch sein (außerdem kennen Sie bereits zwei der Ereignisse). Das Ereignis *WillChangeField* tritt auf, wenn eine Änderung eines Datenbankfeldes ansteht, das Ereignis *FieldChangeComplete*, wenn die Änderung vollzogen wurde. Sie können in jedem der Ereignisse eingreifen und durch Setzen von *adStatus* auf *adStatusUnwantendEvent* erreichen, dass das Ereignis ignoriert wird oder durch Setzen von *adStaus* auf *adStatusCancel* bewirken, dass die Änderung nicht vollzogen wird. Wichtig ist, dass Sie in der richtigen Ereignisprozedur das Argument *adStatus* auf den Wert *adCancel* setzen. Das dafür zuständige Ereignis heißt *WillChangeField*, ihr Inhalt muss daher wie folgt aussehen:

```
Private Sub adoTest_WillChangeField (ByVal cFields As Long, Fields As
Variant, adStatus As ADODB.EventStatusEnum, ByVal pRecordset As
ADODB.Recordset)
    If chkÄnderungen.Value = 0 Then
       adStatus = adStatusCancel
       txtHersteller.DataChanged = False
    End If
End Sub
```

Damit die Änderung nicht grundsätzlich unterdrückt wird, enthält das Formular ein Kontrollkästchen *chkÄnderungen*. Nur wenn es gesetzt ist, werden Änderungen in die Datenbank übernommen. Wichtig ist, dass durch Setzen der *DataChanged*-Eigenschaft auf *False* das »Wurde geändert«-Kennzeichen des Textfeldes geändert wird. Dieses Zurücksetzen muss für jedes Steuerelement erfolgen, das mit einem Datenbankfeld verbunden ist.

15.7 Es gibt viel zu tun

In diesem Kapitel konnten bedingt durch den Charakter des Buches, das sich als eine elementare Einführung in Visual Basic versteht, nur die Grundlagen der Datenbankprogrammierung umrissen werden. Niemand lernt in einem Schritt Visual Basic und wird im nächsten Schritt zum Datenbankprofi. Das dauert eine gewisse Zeit. Wichtiger als genaue Kenntnisse über die Datenbankobjekte (ADOs) und die übrigen Datenzugriffswerkzeuge ist es, über den allgemeinen Aufbau von Datenbanken Bescheid zu wissen. Dazu gehört vor allem die Frage, wie organisiere ich den Inhalt einer Datenbank, d.h. wie verteile ich z.B. die einzelnen Datenfelder auf verschiedene Tabellen? Die sinnvolle Organisation (Stichwort: Normalisierung) einer Datenbank ist ein ganz wichtiger Aspekt, der auch auf die Performance beim Datenbankzugriff einen großen Einfluss haben kann. Bereits bei kleinen Beispielen mit der Autodatenbank wurde deutlich, welche Rolle die Normalisierung spielt. Anstatt alle Daten in eine Tabelle zu packen, werden die Daten in der zweiten (und »richtigen«) Version nach Gruppen (Hersteller, Autofabrikate, Liste der vorhandenen Autos usw.) aufgeteilt. Allerdings zieht diese Aufteilung auch mehr Programmieraufwand nach sich. Möchten Sie nämlich gleichzeitig die im Verkaufsraum vorhandenen Autos und deren technische Daten sehen, müssen Sie über eine SQL-Abfrage beide Tabellen verknüpfen. Diese Dinge erledigt man in der Praxis direkt mit den ADO-Objekten, da das ADO-Datensteuerelement dafür zu umständlich ist.

Visual Basic 6.0 besitzt (je nachdem, welche Edition Sie besitzen) noch eine Reihe weiterer wichtiger Datenbankwerkzeuge, die das Erstellen von Abfragen und das Herstellen von Verbindungen zu einer Datenbank erleichtern sollen. Auch das Erstellen von Datenbanken ist möglich, wenngleich diese Dinge in der Praxis mit dem Datenbanksystem, etwa Microsoft Access, erledigt werden. Zu den Datenbankwerkzeugen gehören u.a.:

- Der Datenumgebungsdesigner, mit dem Sie den Verbindungsaufbau zu einer Datenquelle (*Connection*-ADO-Objekte) und die benötigten Abfragen (*Command*-ADO-Objekte) unter einem Namen zusammenfassen und abspeichern können, sodass Sie diese Dinge nicht bei jedem Projekt neu erstellen müssen, sondern stattdessen einfach die vom Designer erstellte Datei laden.
- Ein Datenbankreportgenerator, mit dem Sie Datenbankreports erstellen können. Ein Datenbankreport ist eine Datenbankabfrage »in Schönschrift«. Möchten Sie z.B. bezogen auf das Autobeispiel sehen, wie viele Autos eines bestimmten Typs in einem Monat verkauft wurden, können Sie sich eine SQL-Abfrage erstellen und auf der Grundlage dieser Abfrage einen schönen Report anfertigen und ausdrucken lassen.

15.8 Ein Ausblick

Die meisten Datenbanken, mit denen man sich beim Erlernen von Visual Basic oder auch in der täglichen Praxis beschäftigt, sind relativ klein. Natürlich ist die Größe stets relativ, doch in der Praxis geht es selten um mehr als 1000 oder 10000 Datensätze. Dass sich mit PC-Datenbanken auch richtig große Datenbestände verwalten lassen, möchte Microsoft mit dem Terraserver-Projekt demonstrieren. Beim TerraServer handelt es sich um eine Datenbank, in der (offenbar) sämtliche Orte dieser Welt in Form von Satellitenaufnahmen abgerufen werden können. Der Umfang der Datenbank beträgt sagenhafte 1,01 Terabyte, wobei die in der Datenbank enthaltenen Bilder unkomprimiert 3,7 Terabyte groß sind. Der TerraServer, der damit eine der größten Datenbanken der Welt ist, wird vom Microsoft SQL-Server betrieben. Damit Sie sich selber einen Eindruck von der Datenbank verschaffen können, gibt es eine spezielle Webseite mit der Adresse *http://www.terraserver.com* (dort können Sie sich auch über das Projekt und die verwendete Hardware informieren). Das ist das Schöne am Internet, Sie können sich mit jedem (angeschlossenen) Computer auf der Welt verbinden. Und das in wenigen Sekunden.

Bild 15.12: Der Terraserver ist eine der größten Datenbanken der Welt – über das Internet steht er jedem zur Verfügung

15.9 Fragen

Wie viele Datenbankzugriffsbefehle enthält Visual Basic? *Frage 1*

Ist Visual Basic an einen bestimmten Datenbanktyp gebunden? *Frage 2*

Beschreiben Sie den Aufbau einer Datenbank in einem allgemeinen Satz. *Frage 3*

Welchen wesentlichen Unterschied gibt es zwischen den DAOs und den ADOs? *Frage 4*

Ein Entwickler hat vor vielen, vielen Jahren eine Datenbank unter dBase (einer damals sehr populären Datenbank) entwickelt. Nun soll diese Datenbank von einem Visual-Basic-Programm gesteuert werden. Wie groß sind die Chancen, dass die Datenbank nicht komplett neu aufgebaut werden muss? *Frage 5*

Was ist die Jet-Engine? Was ist der Unterschied zwischen Microsoft Access und der Jet-Engine? Welche Rolle spielt die Jet-Engine für Visual Basic? *Frage 6*

Die Auflösungen zu den Fragen finden Sie im Anhang C.

Anhang A

ANSI-Codes

Code	Zeichen
32	
33	!
34	"
35	#
36	$
37	%
38	&
39	'
40	(
41	)
42	*
43	+
44	,
45	-
46	.
47	/
48	0
49	1
50	2
51	3
52	4
53	5
54	6
55	7
56	8
57	9
58	:

Code	Zeichen
59	;
60	<
61	=
62	>
63	?
64	@
65	A
66	B
67	C
68	D
69	E
70	F
71	G
72	H
73	I
74	J
75	K
76	L
77	M
78	N
79	O
80	P
81	Q
82	R
83	S
84	T
85	U

Code	Zeichen
86	V
87	W
88	X
89	Y
90	Z
91	[
92	\
93	]
94	^
95	_
96	`
97	a
98	b
99	c
100	d
101	e
102	f
103	g
104	h
105	i
106	j
107	k
108	l
109	m
110	n
111	o
112	p

Code	Zeichen
113	q
114	r
115	s
116	t
117	u
118	v
119	w
120	x
121	y
122	z
123	{
124	|
125	}
126	~
127	-
128	?
129	_
130	,
131	*f*
132	"
133	...
134	†
135	‡
136	ˆ
137	‰
138	Š
139	‹
140	Œ
141	_
142	Z
143	_
144	_
145	‘
146	’
147	”
148	”
149	•
150	–
151	
152	˜
153	™
154	š
155	›
156	œ
157	_
158	z
159	Ÿ
160	

Code	Zeichen
161	¡
162	¢
163	£
164	¤
165	¥
166	¦
167	§
168	¨
169	©
170	ª
171	«
172	¬
173	-
174	®
175	¯
176	°
177	±
178	²
179	³
180	´
181	µ
182	¶
183	·
184	¸
185	¹
186	º
187	»
188	¼
189	½
190	¾
191	¿
192	À
193	Á
194	Â
195	Ã
196	Ä
197	Å
198	Æ
199	Ç
200	È
201	É
202	Ê
203	Ë
204	Ì
205	Í
206	Î
207	Ï
208	Ð

Code	Zeichen
209	Ñ
210	Ò
211	Ó
212	Ô
213	Õ
214	Ö
215	×
216	Ø
217	Ù
218	Ú
219	Û
220	Ü
221	Ý
222	Þ
223	ß
224	à
225	á
226	â
227	ã
228	ä
229	å
230	æ
231	ç
232	è
233	é
234	ê
235	ë
236	ì
237	í
238	î
239	ï
240	ð
241	ñ
242	ò
243	ó
244	ô
245	õ
246	ö
247	÷
248	ø
249	ù
250	ú
251	û
252	ü
253	ý
254	þ
255	ÿ

ANHANG B

jetzt lerne ich

Die wichtigsten Visual-Basic-Funktionen

Dieser Anhang listet die wichtigsten VB-Funktionen auf (ganz vollständig ist die Auflistung nicht, da zum Beispiel die sehr selten benötigten finanzmathematischen Funktionen fehlen). Sie finden die VB-Funktionen natürlich auch in der Visual-Basic-Hilfe, doch in der Fülle des angebotenen Materials gehen sie zwangsläufig ein wenig unter. Da sie für das Lernen von Visual Basic aber sehr wichtig sind, werden sie an dieser Stelle noch einmal übersichtlich zusammengefasst.

Rechenfunktionen

Funktion	Berechnet ...
Abs	Den Absolutwert einer Zahl, d.h. den Zahlenwert ohne Vorzeichen.
Atn	Den Arcustangens eines Längenverhältnisses. Das Argument muss im Bogenmaß angegeben werden. Das Ergebnis ist ein Winkel und liegt im Bereich –Pi/2 bis Pi/2.
Cos	Den Cosinus. Das Argument muss im Bogenmaß angegeben werden. Der Bogenmaßwert berechnet sich nach der Formel Grad * Pi / 180.
Exp	Den Exponenten zur Basis e (2,718282). Das Ergebnis kann maximal 709782712893 betragen, sonst ist ein Überlauf die Folge.
Fix	Den ganzzahligen Anteil. Die Funktion schneidet den Nachkommaanteil einer Zahl ab. Der Unterschied zur *Int*-Funktion liegt in der Behandlung negativer Zahlen. Während die *Int*-Funktion den nächstkleineren ganzzahligen Wert zurückgibt (aus –4,6 wird –5), ist es bei der *Fix*-Funktion der nächstgrößere ganzzahlige Wert (aus –4,6 wird –4).
Int	Den ganzzahligen Anteil einer Zahl.
Log	Den natürlichen Logarithmus einer Zahl bezogen auf die Basis e.
Rnd	Eine Zufallszahl zwischen 0 und 1.
Sgn	Den Typ des Vorzeichens. Das Ergebnis ist –1 bei negativen, 1 bei positiven Zahlen und 0, wenn das Argument ebenfalls Null ist.
Sin	Den Sinus. Das Argument muss im Bogenmaß angegeben werden. Der Bogenmaßwert berechnet sich nach der Formel Grad * Pi / 180.
Sqr	Die Quadratwurzel. Negative Werte sind nicht erlaubt, denn mit komplexen Zahlen kann Visual Basic von Haus aus nicht umgehen.
Tan	Den Tangens. Das Argument muss im Bogenmaß angegeben werden. Der Bogenmaßwert berechnet sich nach der Formel Grad * Pi / 180.

Datumsfunktionen

Funktion	Bedeutung
CVDate	Wandelt einen beliebigen (gültigen) Datumsstring in einen Datumstyp (Datentyp *Date*) um.
Date	Diese Funktion liefert das aktuelle Systemdatum in Form eines Datumstyps. Über den *Date*-Befehl kann das Datum gesetzt werden (es muss unter DOS zwischen dem 1. Januar 1980 und dem 31. Dezember 2099 liegen).
DateSerial	Wandelt ein Datum in einen Datumstyp um. Das Datum wird in Form von drei Werten übergeben, die das Jahr, den Monat und den Tag angeben.
DateValue	Wandelt ein Datum in einen Datumstyp um. Das Datum wird in Form einer Zeichenkette übergeben, die ein gültiges Datum darstellt.
Date	Dieser Befehl stellt das Systemdatum ein. Der zugewiesene Wert muss ein Stringausdruck oder ein Datumstyp sein.
DateAdd	Berechnet ein Datum ausgehend von einem anderen Datum und einer Zeitdifferenz.
DateDiff	Berechnet die Zeitdifferenz zwischen Daten in Tagen.
DatePart	Berechnet aus einem Datumstyp einen bestimmten Teil, wie z.B. die Nummer der Woche oder des Quartals.
Day	Extrahiert aus einem Datum die Tageszahl.
Hour	Extrahiert aus einem Datum die Stundenzahl.
Minute	Extrahiert aus einem Datum die Minutenzahl.
Month	Extrahiert aus einem Datum die Monatszahl.
Now	Liefert das aktuelle Systemdatum und die aktuelle Systemzeit in Form eines Datumstyps.
Second	Extrahiert aus einem Datum die Sekundenzahl.
Time	Diese Funktion liefert die aktuelle Systemzeit in Form eines Datumstyps.
Time	Dieser Befehl stellt die Systemzeit ein.
Timer	Liefert die Anzahl der seit Mitternacht vergangenen Sekunden.
Weekday	Extrahiert aus einem Datumstyp eine Zahl für den Wochentag (1-Sonntag ... 7-Samstag).
Year	Extrahiert aus einem Datumstyp die Jahreszahl.

Zeichenkettenfunktionen

Funktion	Syntax	Bedeutung
Chr	*Chr(b)*	Wandelt den Zeichencode b (0-255) in einen 1-Zeichen-String um.
Instr	*Instr([Start], GesamtString, TeilString, [Vergleich])*	Gibt die Position eines Teilstrings in einem größeren String zurück, wobei zusätzlich die Startposition und die Art des Vergleichs (0-Binäre Suche, 1-Groß-/Kleinschreibung) festgelegt werden kann.
Left	*Left(String, n)*	Trennt n Zeichen von links beginnend ab und gibt sie als String zurück.
Len	*Len(String)*	Ermittelt die Länge eines Strings.
Ltrim	*Ltrim(String)*	Schneidet von einem String alle führenden Leerzeichen ab.
Mid	*Mid(String, n, Anzahl)*	Trennt ab der Position *n Anzahl* Zeichen aus dem String heraus und gibt sie als String zurück.
Right	*Right(String, n)*	Trennt *n* Zeichen von rechts beginnend ab und gibt sie als String zurück.
Rtrim	*Rtrim(String)*	Schneidet von einem String alle angehängten Leerzeichen ab.
Str	*Str(Ausdruck)*	Wandelt den Ausdruck in einen String um. Besser ist im Allgemeinen die *Format*-Funktion, da man hier festlegen kann, wie der String gebildet wird.
StrComp	*StrComp (String1, String2[, Vergleich])*	Vergleicht zwei Strings miteinander und gibt einen *True/False*-Wert zurück.
StrConv	*StrConv (String,Umwandlungstyp)*	Leistungsfähige Konvertierungsfunktion, die einen String z.B. von ANSI- in Unicode oder von Klein- in Großbuchstaben umwandelt.
String	*String(Anzahl, Zeichen)*	Erstellt einen String, der aus *Anzahl* Zeichen mit dem Ansi-Code *Zeichen* besteht.
Trim	*Trim(String)*	Schneidet von einem String sowohl alle führenden als auch alle angehängten Leerzeichen ab.

Abfragefunktionen

Funktion	Bedeutung
IsArray	Stellt fest, ob ein Ausdruck den Unterdatentyp *Array* (Feld) besitzt.
IsDate	Stellt fest, ob ein Ausdruck den Unterdatentyp *Date* (Datum) besitzt.
IsVariant	Stellt fest, ob ein Ausdruck den Typ *Variant* besitzt.
IsEmpty	Stellt fest, ob eine Variable initialisiert wurde oder den Zustand *Empty* besitzt. Dies setzt aber voraus, dass die Variable den Typ *Variant* besitzt.
IsObject	Stellt fest, ob es sich bei einem Ausdruck um eine Referenz auf ein Objekt (Objektvariable) handelt.
IsError	Stellt fest, ob ein Ausdruck den Typ *Error* besitzt, d.h., ob es sich um ein Fehlerobjekt handelt.
IsMissing	Stellt fest, ob einem optionalen Prozedurargument vom Typ *Variant* ein Wert übergeben wurde.
IsNull	Stellt fest, ob ein Ausdruck den Spezialwert *Null* (nicht 0) besitzt. Dieser wird z.B. zurückgegeben, wenn ein Datenbankfeld keinen Inhalt besitzt.
IsNumeric	Stellt fest, ob ein Ausdruck numerisch ist.
TypeName	Gibt den Daten- bzw. Objekttyp eines Ausdrucks als Zeichenkette zurück.
VarType	Gibt den Datentyp eines Ausdrucks als Zahl zurück.

Umwandlungsfunktionen

Funktion	Bedeutung
Asc	Ermittelt den ANSI-Code eines Stringzeichens. Besteht der String aus mehr als einem Zeichen, wird nur das erste Zeichen verwendet.
CBool	Wandelt einen numerischen Ausdruck in eine Zahl vom Typ *Boolean* um. Ein boolscher Wert kann nur die Werte 0 (*False*) und –1 (*True*) annehmen.
CByte	Wandelt einen numerischen Ausdruck in eine Zahl vom Typ *Byte* um.
CCur	Wandelt einen numerischen Ausdruck in eine Zahl vom Typ *Currency* um und kürzt damit die Anzahl der Nachkommastellen auf 4.
Cdate	Wandelt einen numerischen Ausdruck in eine Zahl vom Typ *Date* um.
Cdec	*Wandelt einen numerischen Ausdruck in eine Zahl vom Typ Decimal um.*
CDbl	Wandelt einen numerischen Ausdruck in eine Zahl vom Typ *Double* um.
CErr	Wandelt einen numerischen Ausdruck in eine Zahl vom Typ *Error* um.
CInt	Wandelt einen numerischen Ausdruck in eine Zahl vom Typ *Integer* um, wobei ein Fließkommawert zur nächsten geradzahligen Integerzahl gerundet wird.
CLng	Wandelt einen numerischen Ausdruck in eine Zahl vom Typ *Long* um, wobei ein Fließkommawert zur nächsten geradzahligen Integerzahl gerundet wird.
CSng	Wandelt einen numerischen Ausdruck in eine Zahl vom Typ *Single* um.
CStr	Wandelt einen numerischen Ausdruck in eine Zahl vom Typ *String* um.
CVar	Wandelt einen numerischen Ausdruck in eine Zahl vom Typ *Variant* um.
Hex	Wandelt einen numerischen, ganzzahligen Ausdruck in die entsprechende Hexadezimalzahl um.
Oct	Wandelt einen numerischen, ganzzahligen Ausdruck in die entsprechende Oktalzahl (zur Basis 8) um.
Val	Berechnet den numerischen Wert eines Strings. Da die Umwandlung beim ersten nicht numerischen Zeichen durchgeführt wird, muss der String nicht nur aus Ziffern bestehen. Es ist zu beachten, dass die *Val*-Funktion als »Ur-amerikanische Funktion« keine länderspezifischen Einstellungen berücksichtigt. Sie sollten anstelle von *Val* grundsätzlich die verschiedenen *Cx*-Funktionen verwenden.

Allgemeine Funktionen

Funktion	Bedeutung
Environ	Gibt den Wert einer im Betriebssystem angelegten »Umgebungsvariablen« zurück, deren Name übergeben wurde. Alternativ kann auch eine Zahl übergeben werden, die für die Position der Variablen in dem Pool der Umgebungsvariablen steht.
Dir	Gibt den Namen einer Datei im aktuellen Verzeichnis zurück, deren Name mit dem übergebenen Muster (z.B. *.TXT) übereinstimmt. Um weitere Dateinamen zu erhalten, die mit dem Muster übereinstimmen, muss die *Dir*-Funktion mit leeren Klammern aufgerufen werden.
FileAttr	Gibt den Zugriffsmodus einer in Visual Basic geöffneten Datei (z.B. *Binary* oder *Random*) als Zahl zurück.
FileDateTime	Gibt das Datum der letzten Änderung einer Datei als Datumstyp zurück.
FileLen	Gibt die Länge einer Datei in Bytes zurück, deren Dateiname übergeben wurde.
FreeFile	Gibt die nächste freie Dateibezugsnummer (engl. »file handle«) zurück, die für einen *Open*-Befehl verwendet werden kann.
LOC	Gibt die aktuelle Position des Dateizeigers, der die Schreib-/Leseposition beim nächsten Zugriff festlegt, für eine geöffnete Datei zurück.
LOF	Gibt die Länge einer bereits geöffneten Datei in Bytes zurück.
Partition	Diese Funktion gibt die Nummer eines Bereichs als String zurück, in dem sich ein übergebener Wert befindet, wobei der Bereich in feste Intervalle (z.B. 1000er Schritte) unterteilt wird.

Mit Visual Basic 6.0 eingeführte Funktionen

Visual Basic 6.0 wurde gegenüber seinem Vorgänger Visual Basic 5.0 nur geringfügig verbessert:

- Mit *Filter*, *InstrRev*, *Join*, *Replace*, *Split* und *StrReverse* gibt es sechs neue Stringfunktionen für die Stringverarbeitung und mit *Weekdayname* und *MonthName* zwei neue Stringfunktionen für die Datumausgabe.
- Endlich gibt es eine *Round*-Funktion, mit der eine Fließkommazahl auf eine gewünschte Anzahl an Stellen gerundet wird.
- Funktionen können ein Feld mit einem beliebigen Datentyp zurückgeben.
- In Klassen können öffentliche Methoden einen UDT als Rückgabewert besitzen.

- Über die CallByName-Methode des globalen VB-Objekts können Methoden indirekt über ihren Namen, der als Stringvariable übergeben wird, aufgerufen werden.
- Es gibt vier neue Fomat-Varianten, die die allgemeine Format-Methode in bestimmten Situationen ersetzen: *FormatCurrency*, *FormatDateTime*, *FormatNumber* und *FormatPercent*.
- Die Weekdayname-Funktion gibt den Namen eines Wochentages zurück, dessen Ziffer (0 bis 6) übergeben wurde. Der Ausdruck für den heutigen Wochentag lautet daher: sTag = WeekdayName(Weekday(Date)).

Die neuen Stringfunktionen bei Visual Basic 6.0

Funktion	**Bedeutung**	**Beispiel**
Filter	Durchsucht ein Feld von Strings nach einem Teilstring und gibt ein Feld mit Strings zurück, in denen der Teilstring vorkommt bzw. nicht vorkommt.	TestFeld2 = Filter(Testfeld1, "tag")
InstrRev	Das Gegenstück zur Instr-Funktion. Durchsucht einen String nach einem Teilstring, wobei die Suche am Ende der Zeichenkette beginnt.	Pos = InstrRev(Gesamtstring, vbNullChar)
Join	Setzt einen String aus Teilstrings zusammen, die in Form eines Feldes übergeben werden. Als zweites Argument kann ein Trennzeichen übergeben werden, das die einzelnen Teilstrings im zusammengesetzten String trennt.	GesamtName = Join(MannschaftsnamenFeld, ":")
Replace	Ersetzt einzelne Teilstrings, die in Form eines Feldes übergeben werden.	TestString = "The blue moon shines over the blue gras" Ergebnis = Replace(TestString, "Blue", "Yellow", Count:=2)
Split	Teilt einen String anhand eines Trennzeichens in Teilstrings auf und gibt diese in einem Feld zurück.	Ergebnisfeld= Split("Rot,Gelb,Grün", ",")
StrReverse	Kehrt die Reihenfolge der Zeichen in einem String um und gibt das Ergebnis als String zurück.	Ergebnis = StrReverse("OttoX")

Besonders interessant sind die Funktionen Filter und Replace, mit denen sich Zeichenketten durchsuchen und in Abhängigkeit ihres Inhaltes neu zusammensetzen lassen. Die Filter-Funktion durchsucht ein Zeichenkettenfeld nach einer Zeichenkette und gibt ein Feld zurück, in dem alle Zeichenketten enthalten sind, die, in Abhängigkeit des Include-Arguments, die gesuchte Zeichenkette enthalten oder nicht enthalten.

```
Private TestFeld1 As Variant, TestFeld2 As Variant
TestFeld1 = Array("Montag", "Dienstag", "Mittwoch", "Donnerstag",
"Freitag", "Samstag", "Sonntag")
TestFeld2 = Filter(Testfeld1, "tag")
```

Die Variable Testfeld2 erhält alle Zeichenketten, in denen die Silbe »tag« vorkommt.

Die Replace-Funktion ist in der Lage, eine Zeichenkette in einer Zeichenkette durch eine andere Zeichenkette auszutauschen. Wird die Anzahl der Austauschungen über das Count-Argument nicht angegeben, werden alle gefundenen Teilzeichenketten ausgetauscht.

```
MeineZeichenkette = "Eine lustige Seefahrt, die ist lustig"
TeilZeichenkette = "lustig"
MeineZeichenkette = Replace(MeineZeichenkette, TeilZeichenkette,
"schaurig")
```

Anhang C

jetzt lerne ich

Antworten zu den Fragen

In diesem Anhang finden Sie die Antworten zu den Fragen der einzelnen Kapitel.

Kapitel 1

Antwort 1

Im Prinzip ja, allerdings ist der Aufwand dafür so groß, dass kaum ein Programmierer heutzutage noch direkt in Maschinencode programmiert. Dies gilt besonders für Windows-Programme, da hier ein sehr großer »Programmrahmen« erforderlich ist, der in Maschinencode nur sehr aufwendig erstellt werden kann. Für die Maschinensprache spricht die Geschwindigkeit, doch bieten moderne Compiler, wie Delphi, Visual C++ und natürlich auch Visual Basic eine solch gute Performance, dass auch dieses Argument keinen Ausschlag mehr geben kann.

Antwort 2

Leichte Erlernbarkeit, Erweiterungsfähigkeit und moderne Sprachelemente (zum Beispiel Klassen) sprechen für Visual Basic. Dagegen sprechen die fehlende Hardware-Nähe, die Performance, die trotz Compiler nicht an die von Delphi und Visual C++ heranreicht und der Umstand, dass Visual Basic nur unter Windows läuft und Visual-Basic-Programme zur Ausführung eine Laufzeitbibliothek (ca. 1,3 Mbyte Größe) benötigen, die mit dem Programm weitergegeben werden muss.

Antwort 3

Eine Variable ist dazu da, beliebige Werte in einem Programm zu speichern, sodass sie zu einem späteren Zeitpunkt der Programmausführung wieder benutzt werden können. Konstanten sind Variablen, die aber ihren Wert nicht ändern können. Sie werden über einen *Const*-Befehl deklariert, für Variablen sind die Befehle *Private*, *Public* und *Dim* zuständig.

Antwort 4 Nein, durch die Deklaration wird nur der Name und der Typ bekannt gegeben. Die Initialisierung muss später während der Programmausführung, zum Beispiel im *Initialize*- oder *Load*-Ereignis des Formulars, durch eine Zuweisung geschehen.

Antwort 5 Erlaubt sind die Ausdrücke a), b), c), d) e) und g). f) ist nicht erlaubt, weil die Variable ein Leerzeichen enthält, h) nicht, weil man eine Zeichenkette nicht multiplizieren kann.

Antwort 6
```
Antwort = Msgbox (Prompt:="Möchten Sie das Programm beenden?", Buttons
:= vbExclamation + vbYesNoCancel)
```

Antwort 7 Eigenschaften, Methoden, Ereignisse, der Name und die Klasse.

Antwort 8 Ein Objekt wird von seinen Eigenschaften oder Methoden durch einen Punkt getrennt. Oder anders herum, auf einen Objektnamen kann nur eine Eigenschaft oder eine Methode folgen, die durch einen Punkt getrennt werden. Es kommt eben auf den Punkt an. Ein Objektausdruck kann mehrere Punkte enthalten.

Kapitel 2

Antwort 1 Den Projekttyp »Standard-EXE«. Die übrigen Projekttypen werden Sie am Anfang nur selten benötigen.

Antwort 2 Damit Schreibfehler bei einem Variablennamen nicht dazu führen, dass Visual Basic eine neue Variable einführt.

Antwort 3 Im Direktfenster können Sie nahezu jeden VB-Befehl ausführen und auf Eigenschaften und Methoden der einzelnen Objekte zugreifen. Es steht allerdings nicht während der Programmausführung für Eingaben zur Verfügung.

Antwort 4 Ja, allerdings nur begrenzt. So können zwar Programmzeilen hinzugefügt oder gelöscht werden, Variablendeklarationen lassen sich im Allgemeinen nicht ändern.

Antwort 5 Nein, alle Befehle befinden sich stets in einer Prozedur, Ereignisprozedur oder Funktion. Die einzigen Ausnahmen sind der *Option Explicit*-Befehl sowie die Befehle zur bedingten Kompilierung. Dies sind aber keine »richtigen« Befehle.

Antwort 6 Die Projektdatei enthält lediglich die Namen aller an dem Visual-Basic-Programm beteiligten Module sowie eine Reihe von Einstellungen, die für das Projekt getroffen wurden. Sie enthält keine ausführbaren Programmbefehle.

Antwort 7 Formulare, allgemeine Module und Klassenmodule.

Der Compiler macht aus einer Projektdatei und deren Modulen eine ausführbare EXE-Datei. P-Code ist ein Zwischencode, der von der Laufzeitbibliothek interpretiert werden muss, Maschinencode besteht aus reinen CPU-Befehlen, die etwas schneller ausgeführt werden. Bei Visual Basic 6 bzw. 5 wird aber auch für Maschinencode noch die Laufzeitbibliothek als »virtuelle Maschine« (sie heißt *MSVBVM60.DLL* bzw. *MSVBVM50.DLL*) benötigt. *Antwort 8*

Kapitel 3

Die Ereignisse, die ein Steuerelement besitzen, hängen natürlich vom Typ des Steuerelements ab. So können Steuerelemente, die während der Programmausführung nicht sichtbar sind, auch nicht auf *Click*- oder *MouseMove*-Ereignisse reagieren. Auf welche Ereignisse ein Steuerelement reagieren kann, legt der Programmierer des Steuerelements fest. *Antwort 1*

Ein Limit gibt es offiziell nicht. Allerdings sollte man ein Formular aus Gründen der Übersichtlichkeit nicht überfrachten. Außerdem belegt jedes Steuerelement Speicherressourcen, sodass ein Formular mit sehr vielen Steuerelementen etwas langsamer geladen wird. *Antwort 2*

Die Reihenfolge lautet: *KeyDown*, *KeyPress*, *KeyUp*. Ein *KeyPress*-Ereignis gibt es nicht bei Tasten, die nicht angezeigt werden und daher keinen Zeichencode besitzen. *Antwort 3*

Es treten die Ereignisse *KeyDown*, *KeyPress* und *KeyUp* auf. *KeyDown* und *KeyUp* übergeben den Wert 65, da dies der Tastaturcode der Taste ist. Das *KeyPress*-Ereignis übergibt dagegen den Wert 97, da dies der Zeichencode des Zeichens »a« ist (es wird davon ausgegangen, dass die [⇧]-Taste nicht gedrückt wurde). *Antwort 4*

Ob ein zweimaliges Anklicken als *Click*- oder als *DblClick*-Ereignis interpretiert wird, hängt von der über die Systemsteuerung eingestellten »Doppelklickgeschwindigkeit« ab. *Antwort 5*

Auch wenn es technisch kein Problem wäre, wurde dieses Ereignis nicht eingebaut. Kein Mensch würde wahrscheinlich auf die Idee kommen, eine Schaltfläche doppelt anzuklicken, oder? *Antwort 6*

Ja, jede weitere Eingabe führt zu den üblichen Tastaturereignissen, das Zeichen wird aber nicht angezeigt und wird nicht Teil der *Text*-Eigenschaft des Textfeldes. *Antwort 7*

Befindet sich ein Bild erst einmal in einem Bildfeld, ist es Teil der Ausgabefläche des Bildfeldes und damit ein Teil des Programms. Über seine *Picture*-Eigenschaft kann es an andere Bildfelder oder auch an Anzeigen »weitergereicht« werden. Es muss also nicht erneut über eine *LoadPicture*-Methode geladen werden. Wird ein Bild während der Programmausführung über die *LoadPicture*-Methode geladen, wird dadurch die Ausführung geringfügig ver- *Antwort 8* zögert. Außerdem muss sichergestellt werden, dass es unter dem angegebenen Pfadnamen zu finden ist. Sonst ist ein Laufzeitfehler die Folge.

Kapitel 4

Antwort 1 Der Befehl ist syntaktisch korrekt. Da »123« ein Ausdruck ist, der immer wahr ist, wird auch der folgende Befehl immer ausgeführt. Bei »X456« muss es sich um einen Prozedurnamen handeln, da es einen VB-Befehl mit diesem Namen nicht gibt.

Antwort 2 Das ist eine Möglichkeit:

```
If Date = "31.12.99" Then RocketLaunch
```

Wichtig ist lediglich, dass das Datum in einem Format angezeigt wird, das Visual Basic versteht.

Antwort 3 Das liegt an der internen Darstellung von Fließkommazahlen bei Visual Basic, durch die eine exakte Annäherung an bestimmte Werte nicht möglich ist, und internen Besonderheiten der Zahlendarstellung. Verhindern lässt sich dies, indem zum Beispiel der Datentyp *Currency* verwendet wird, da hier stets mit vier festen Stellen nach dem Komma gerechnet wird. In der Praxis bedeutet diese Rechenungenauigkeit aber nur sehr selten ein Problem.

Antwort 4

```
Do
    ' Irgendwelche Befehle
Loop Until FooManChu = True
```

Diese Form der *Do*-Schleife wird mindestens einmal durchlaufen. Soll die Schleife dagegen unter Umständen gar nicht durchlaufen werden, muss der Ausdruck zu Beginn der Schleife geprüft werden:

```
Do Until FooManChu = True
    ' Irgendwelche Befehle
Loop
```

Antwort 5 Die *Value*-Eigenschaft eines Kontrollkästchens kann die Werte 0, 1 und 2 annehmen, die *Value*-Eigenschaft eines Optionsfeldes dagegen nur die Werte 0 und –1 (*True*).

Antwort 6 Mindestens eine Gruppe von Optionsfeldern muss in einem Rahmenfeld oder einem Bildfeld (also einem Container) gruppiert werden.

Antwort 7

```
If lstListenfeld.ListIndex > -1 Then
```

Ist kein Eintrag selektiert, besitzt die *ListIndex*-Eigenschaft des Listenfeldes den Wert –1. Unmittelbar nach dem Start besitzt die Eigenschaft den Wert –1. Ist *MultiSelect=True*, kann *ListIndex* nicht den Wert –1 annehmen, ist kein Element selektiert, besitzt es den Wert 0. Ansonsten enthält es die Nummer des zuletzt selektierten Eintrags in der Liste.

Die Listenauswahl löst kein *Change*-Ereignis, sondern ein *Click*-Ereignis (und außerdem ein *DropDown*-Ereignis beim Öffnen der Liste) aus. *Antwort 8*

Kapitel 5

Funktionen können einen Wert zurückgeben und daher wie eine Variable in einem Ausdruck eingesetzt werden. Prozeduren nicht. *Antwort 1*

Dem formellen Argument muss lediglich das Schlüsselwort *Optional* vorausgehen. *Antwort 2*

Das ist die typische Übungsaufgabe, die prüfen soll, ob der Leser den Unterschied zwischen Übergabe als Wert und Übergabe als Referenz verstanden hat. Die Variable *SchwammDrüber* wird als Referenz übergeben. Folglich ändert die Zuweisung an *Zahl* in *P2* ihren Wert. Sie wird danach in *P1* den Wert 35,1283361405006 besitzen. *Antwort 3*

Antwort 4

```
Function Log10 (tmpArgument As Double) As Double
    Log10 = Log(tmpArgument) / Log 10
End Function
```

Der Funktion wird ein beliebiger Wert übergeben, der beim Aufruf der Funktion im formellen Argument *tmpArgument* abgelegt wird. In der Funktion steht nur ein einziger Befehl. Er weist dem Funktionsnamen den errechneten Wert zu. Was Sie noch nicht kennen, ist der Umstand, dass sowohl das Argument als auch die Funktion selber einen Datentyp besitzen (*Double* – also doppelt genau), der ihnen über das Schlüsselwort *As* zugewiesen wird. Es würde auch ohne Datentypangabe funktionieren (in diesem Fall arbeitet Visual Basic mit *Variant*, der sich an den Inhalt der Variablen anpasst – es kommt auch *Double* heraus), doch ist diese Methode formell korrekt.

Antwort 5

```
Function WurzelN (tmpArgument As Double, Potenz As Integer) As Double
    If tmpArgument < 0 Then tmpArgument = 0
    WurzelN = tmpArgument ^ (1 / Potenz)
End Function
```

Diesmal werden der Funktion zwei Argumente übergeben: ein Radikand, das heißt der Wert, aus dem die Wurzel gezogen werden soll, und die Potenz *n* (dies ist ein ganzzahliger Wert, also Datentyp *Integer*). Um zu verhindern, dass ein negatives Argument zu falschen Ergebnissen führt, wird eine entsprechende Abfrage eingebaut. Ist das erste Argument negativ, wird es auf 0 gesetzt. Das ist jedoch nur eine Alternative. Beachten Sie, dass die Klammern unbedingt erforderlich sind, da der Potenzoperator eine höhere Priorität besitzt als der Divisionsoperator.

Wenn die *AutoRedraw*-Eigenschaft den Wert *True* besitzt. *Antwort 6*

Kapitel 6

Antwort 1 Dies wird in den Eigenschaften des Projekts eingestellt.

Antwort 2 Die *Index*-Eigenschaft.

Antwort 3 Beim Laden und Entladen eines Steuerelements werden gar keine Ereignisse ausgelöst. Beim dynamischen Hinzuladen einer weiteren Instanz eines bereits vorhandenen Formulars nach der Methode

```
Dim objF As frmHaupt
Set objF = New frmHaupt
```

ist zunächst das übliche *Initalize*-Ereignis die Folge. Allerdings besitzt ein Formular keine *Index*-Eigenschaft. Möchte man mehrere Formulare zu einem Formularfeld zusammenfassen, muss dies über eine Variable geschehen:

```
Private FormularFeld(0 To 10) As Form
' Etwas später...
Set FormularFeld(0) = frmHaupt
Set FormularFeld(1) = frmGanzWasAnderes
```

Jede dieser Zuweisungen fügt ein Formular in das Feld *FormularFeld* ein. Mehr über Felder lernen Sie in Kapitel 7. Dann werden auch diese Befehle klarer.

Antwort 4 Offiziell nur jene, die eine *Align*-Eigenschaft besitzen und daher in der Lage sind, sich selbständig an einem der vier Ränder anzuordnen. Dazu gehört das Bildfeld, dazu gehören auch die Zusatzsteuerelemente Symbolleiste und Statusleiste.

Antwort 5 Das *Forms*-Objekt steht grundsätzlich für eine Auflistung aller geladenen Dokumentfenster. In einer MDI-Anwendung kann man über *Forms(n)* bequem auf alle Kindformulare und deren Eigenschaften und Steuerelemente zugreifen. Allerdings ist auch das MDI-Formular Teil der *Forms*-Auflistung.

Antwort 6 Durch das *QueryUnload* fragt Visual Basic an, ob das Formular entladen werden soll, zum Beispiel weil jemand das Formular schließen möchte. Hier erfährt man auch, warum es geschlossen werden soll. Beim *Unload*-Ereignis ist es bereits im Begriff, das Formular zu schließen. In beiden Ereignisprozeduren ist es über das *Cancel*-Argument möglich, das Entladen abzubrechen.

Antwort 7

```
symSymbolleiste.Buttons(2).Caption = "Irgendein Text"
```

Dieser Befehl ist mit Ihrem jetzigen »Wissenstand« in Visual Basic noch nicht hundertprozentig zu verstehen. Es gilt aber stets die Objektregel (Grundregel Nr. 1). Demnach ist *symSymbolleiste* ein Objekt. *Buttons(2)* ist eine Eigenschaft. Sie gibt ein *Button*-Objekt zurück, dessen *Caption*-Eigenschaft Sie benutzen, um die Inschrift zu ändern.

Beide Steuerelemente befinden sich in einer Datei mit dem Namen *COMCTL32.OCX*. Diese Datei müsste im Prinzip zusammen mit der EXE-Datei ausgeliefert werden. Im Prinzip, weil diese Datei auf allen Windows-95- und Windows-NT-PCs vorhanden ist. *Antwort 8*

Kapitel 7

Antwort 1

Um den Compiler zu »beauftragen«, auf die Einhaltung der Datentypen zu achten. Soll eine Variable nur ganzzahlige Werte zwischen 0 und 255 annehmen, gibt man ihr den Datentyp *Byte*. Der Compiler meldet nun jeden Fall, wenn die Variable einen größeren oder negativen Wert erhalten soll. Das macht ein Programm weniger fehleranfällig. Außerdem belegen *Variant*-Datentypen grundätzlich mindestens 16 Byte und machen die Programmausführung teilweise deutlich langsamer. Die Bequemlichkeit hat also einen Preis.

Antwort 2

TotalEgal besitzt den Datentyp *Variant*, da kein Datentyp explizit angegeben wurde. Der Gültigkeitsbereich geht aus der Deklaration nicht hervor. Er kann aber nur privat auf Modulebene oder privat auf Prozedurebene sein, da öffentliche Variablen nur über den *Public*-Befehl deklariert werden.

Antwort 3

Tja, da die Variablen *Zahl1* und *Zahl2* vom Typ Byte sind, dürfen sie nicht größer als 255 werden. Dies passiert jedoch in der dritten Zuweisung. Oder? Nein, da *Zahl3* vom Typ *Variant* ist, geht alles gut. Es passiert also gar nichts Besonderes. Oder etwa doch? Nun, Visual Basic ist die Sprache der kleinen Überraschungen. Bereits die Addition von *Zahl1* und *Zahl2* führt zu einem Überlauf, obwohl keine Wertzuweisung stattfindet. Es ist also doch ein Laufzeitfehler (Überlauf) die Folge.

Antwort 4

Beide Befehle machen das Gleiche, allerdings wird beim *Private*-Befehl der Gültigkeitsbereich der Variablen explizit angegeben. Beim *Dim*-Befehl hängt es davon ab, ob er in einer Prozedur oder außerhalb einer Prozedur steht. Man sollte daher im Deklarationsteil des Formulars immer *Private* nehmen. In der Prozedur ist aber nur *Dim* erlaubt (eine der kleinen Ungereimtheiten von Visual Basic).

Antwort 5

Die Variable *AnzahlSpieler* muss (sollte) in einem allgemeinen Modul mit *Public* deklariert werden. Alternativ könnte man sie mit *Public* auch im Deklarationsteil eines Formulars deklarieren, dann muss aber beim Zugriff von einem anderen Modul aus immer der Formularname vorangestellt werden.

Antwort 6

```
Dim LottoZahlen (1 To 7) As Byte
```

Dieser Befehl deklariert ein Feld mit sieben Einträgen vom Typ *Byte* für Zahlen zwischen 0 und 255. Damit lässt sich eine Ziehung abspeichern. Sollen aber 52 Ziehungen gespeichert werden, führt man einfach eine zweite Dimension ein:

```
Dim LottoZahlen(1 To 52, 1 To 7) As Byte
```

Der Befehl

```
LottoZahlen(1, 2) = 44
```

weist der zweiten Zahl in der ersten Ziehung die Zahl 44 zu. Trotz mehrerer Dimensionen werden in dem Feld nur *Byte*-Werte gespeichert.

Antwort 7 Durch diese etwas ungewöhnliche Aufaddierung werden von der *Val*-Funktion nur die Zahlen berücksichtigt. Die Variable *AkteX* besitzt am Ende den Wert 125.

Antwort 8 Das ist eine etwas knifflige Frage. Nicht wegen des Hintergrunds, sondern wegen der Form der logischen Verknüpfung. Die Abfrage kann wie folgt lauten:

```
For Each X in Db.TableDefs
    If Not ((X.Attributes And dbSystemObject) <> 0 ) Then
        lstTabellen.AddItem X.Name
    End If
Next
```

Diese Abfrage sorgt dafür, dass nur jene Tabellen in das Listenfeld *lstTabellen* aufgenommen werden, bei denen das besagte Bit nicht gesetzt ist. Die AND-Verknüpfung mit *dbSystemObject* maskiert alle übrigen Bits aus (egal, welche dies sind). Ist es eine Systemtabelle, bleibt ein Wert ungleich 0 übrig. Nur, wenn die Verknüpfung 0 ergibt, ist es keine Systemtabelle.

Kann man das nicht etwas vereinfachen? Na klar, verknüpfte logische Verknüpfungen laden gerade dazu ein. Im obigen Fall geht es auch so:

```
If (X.Attributes And dbSystemObject) = 0 Then
```

Kapitel 8

Antwort 1 Ein Laufzeitfehler ist ein Fehler, der während der Programmausführung durch die Ausführung eines Befehls auftritt, der aus irgendeinem Grund intern nicht erfolgreich ausgeführt werden kann. Eine Fehlerbehandlungsroutine ist jener Teil einer Prozedur, der in diesem Fall aufgerufen wird. Voraussetzung ist aber ein *On Error Goto*-Befehl.

Antwort 2 Über die Eigenschaften *Number* und *Description* des *Err*-Objekts.

Antwort 3 Zum Beispiel aus der Visual-Basic-Hilfe, indem Sie nach dem Stichwort »Auffangbare Fehler« (engl. »trappable errors«) suchen.

Antwort 4 Nichts, in diesem Fall wird nicht erneut die Fehlerbehandlungsroutine aufgerufen.

Antwort 5 Dieser Befehl aktiviert zwar die Laufzeitfehlerbehandlung, aber sie wird verzögert aktiviert. Das bedeutet, dass der Programmierer im Prinzip nach jedem

Befehl, der einen Laufzeitfehler verursachen kann, die *Number*-Eigenschaft des *Err*-Objekts abfragen muss. In der Regel prüft man dies aber nur nach jenen Befehlen, bei denen die Wahrscheinlichkeit relativ groß ist (zum Beispiel einem *Open*-Befehl).

Antwort 6

Da die Prozedur *P2* keine eigene Fehlerbehandlung besitzt, durch die Division aber ein Laufzeitfehler auftritt, wird die Programmausführung bei der Ausführung der Division in der Prozedur *P1* bei der Sprungmarke *errP1* fortgesetzt. Durch den *Resume Next*-Befehl wird die Programmausführung mit dem Befehl nach dem Aufruf von *P2* fortgesetzt, der angezeigte Wert ist also 77.

Durch das Einfügen von

```
Y = 1
```

entsteht auf einmal kein Überlauf mehr, sondern eine Division durch 0, was den Laufzeitfehler 11 zur Folge hat. Da die Fehlerbehandlung in *P1* nur bei Fehler Nr. 6 ein *Resume* durchführt, bricht das Programm diesmal mit einer Fehlermeldung ab.

Antwort 7

Ein Haltepunkt ist eine Befehlszeile, bei der die Programmausführung anhält und das Programm in den Haltemodus übergeht. Bei einem bedingten Haltepunkt hängt das Anhalten von einer Bedingung ab. Während ein Haltepunkt optisch angezeigt wird (im Allgemeinen durch einen roten Hintergrund), werden bedingte Haltepunkte, die auch Überwachungspunkte heißen, im Überwachungsfenster aufgelistet.

Antwort 8

Indem Sie einen Überwachungspunkt einrichten, der die Bedingung *Einkommen<0* überwacht und das Programm anhält, sobald dieser Ausdruck wahr wird.

Kapitel 9

Antwort 1

Die Dateizugriffsnummer ist ein notwendiger Formalismus für den Zugriff auf Dateien über den *Open*-Befehl (Stichwort: Historische Altlast). Obwohl man sich den Wert ausdenken kann (er muss aber zwischen 1 und 255 liegen), sollte man dies nicht tun, sondern dafür die *FreeFile*-Funktion verwenden, die stets die nächste freie Zugriffsnummer retourniert.

Antwort 2

Bei einem sequentiellen Zugriff wird der Inhalt der Datei als eine Aneinanderreihung von Textzeichen interpretiert und Zeichen für Zeichen gelesen. Bei einem binären Zugriff hängt die »Interpretationsweise« vom Datentyp der Variablen ab, in die der gelesene Wert gespeichert wird. Die Zahl 3,14 belegt beim sequentiellen Speichern 6 Bytes (4 Zeichen plus 2 Zeichen für das Zeilenende). Beim binären Speichern hängt es davon ab, ob der Wert als *Single* (4 Byte), als *Double* (8 Byte), als *Decimal* (10 Byte) oder als *Variant* (16 Byte) gespeichert wird.

Antwort 3 Die Datei wird angelegt.

Antwort 4 Am einfachsten über die *Dir*-Funktion, der man den Dateinamen übergibt. Sie gibt einen Leerstring zurück, wenn die Datei nicht existiert.

Antwort 5 In diesem Fall ist ein Laufzeitfehler die Folge, wenn die Datei von dem Benutzer, der sie zuerst geöffnet hat, nicht für den Mehrfachzugriff geöffnet wurde. Unter Windows NT können auch die Benutzerrechte eine Rolle spielen.

Antwort 6 Die *Lof*-Funktion arbeitet mit bereits geöffneten Dateien, die *FileLen*-Funktion mit beliebigen Dateinamen.

Antwort 7

```
Dim ProgrammId As Long
ProgrammId = Shell("Zinsrechner", vbNormalFocus)
```

Antwort 8 Diese Antwort müssten Sie in der Visual-Basic-Hilfe nachschlagen. Ist die Eigenschaft *CancelError True*, löst das Anklicken der ABBRECHEN-Schaltfläche in einem Standarddialogfeld einen Laufzeitfehler aus.

Kapitel 10

Antwort 1 Als Ausgabeflächen stehen das Formular, das Bildfeld und das *Printer*-Objekt zur Verfügung. Um ein Bild in einer Schaltfläche anzeigen zu können, muss die *Picture*-Eigenschaft einer der Ausgabeflächen der verschiedenen »Picture«-Eigenschaften der Schaltfläche zugewiesen werden.

Antwort 2 Dies wird nicht beim Aufruf der *Line*-Methode übergeben, sondern über die Eigenschaften *FillColor* und *FillStyle* der Ausgabefläche eingestellt.

Antwort 3 Aus der Differenz der Eigenschaften *Width* und *ScaleWidth*. Es kann aber nur funktionieren, wenn die *ScaleMode*-Eigenschaft des Formulars auf »Twip« eingestellt ist.

Antwort 4 In diesem Fall wird bei jeder Ausführung der *Pset*-Methode die Ausgabefläche aktualisiert und das Bezeichnungsfeld neu gezeichnet.

Antwort 5 Dies liegt daran, dass das Textfeld nicht das Bildfeld, sondern das Formular als Container besitzt und daher seine *Left*- und *Top*-Eigenschaften sich auf das innere Koordinatensystem des Formulars und nicht des Bildfeldes beziehen.

Antwort 6 Die *Container*-Eigenschaft ordnet ein Steuerelement einem Container, wie zum Beispiel einem Bildfeld, einem Rahmen oder einem Formular zu. Sie legt damit auch fest, auf welches innere Koordinatensystem sich die Abmessungen und die Mauskoordinaten des Steuerelements beziehen. Durch Setzen der *Container*-Eigenschaft über einen *Set*-Befehl kann das Steuerelement während der Programmausführung einem anderen Container zugewiesen werden.

Antwort 7

Die *PaintPicture*-Methode ist in der Lage, den Inhalt einer Ausgabefläche in eine andere zu kopieren und diesen Inhalt dabei zu verkleinern. Ein Aufruf könnte wie folgt lauten:

```
picVorschau.PaintPicture picAusgabe.Image, 0, 0, _
 picVorschau.ScaleWidth, picVorschau.ScaleHeight
```

Wichtig ist, dass der *PaintPicture*-Methode die *Image*-Eigenschaft des Bildfeldes übergeben wird, da diese für den im Arbeitsspeicher enthaltenen Inhalt des Bildfeldes *picAusgabe* steht. Das setzt aber voraus, dass die *AutoRedraw*-Eigenschaft von *picAusgabe True* ist, denn sonst gibt es keinen Arbeitsspeicherinhalt, und die *Image*-Eigenschaft steht für einen leeren Bereich.

Antwort 8

Dies wird über die *ScaleMode*-Eigenschaft eingestellt. Die Mauskoordinaten des Containers sind davon nicht betroffen, sie richten sich nach der Einheit des Containers, in diesem Fall des Formulars.

Antwort 9

Durch die *Cls*-Methode wird die Ausgabefläche nicht im herkömmlichen Sinne gelöscht, vielmehr wird das Hintergrundmuster in die Ausgabefläche kopiert, was im Allgemeinen den gleichen Effekt hat. Wird aber bei *AutoRedraw=False* in ein Bildfeld gezeichnet und wird die *AutoRedraw*-Eigenschaft auf *True* gesetzt, wird der aktuelle Inhalt zum Hintergrundmuster. Folgende Aufrufe der *Cls*-Methode haben scheinbar keine Wirkung, was aber nicht stimmt, da nach wie vor das Hintergrundmuster in die Ausgabefläche kopiert wird.

Antwort 10

Hier zunächst einmal die *Line*-Methode für die Ausgabe in dem Bildfeld *picAusgabe*:

```
picAusgabe.Line (picAusgabe.ScaleLeft + picAusgabe.ScaleHeight \ 4, _
 picAusgabe.ScaleLeft + picAusgabe.ScaleWidth \ 4)- _
 Step(picAusgabe.ScaleWidth \ 2, picAusgabe.ScaleHeight \ 2)
```

Damit sie allgemein gültig ist, wird *picAusgabe* zunächst gegen eine allgemeine Objektvariable *X* ausgetauscht:

```
X.Line (X.ScaleLeft + X.ScaleHeight \ 4, _
 X.ScaleLeft + X.ScaleWidth \ 4)- _
 Step(X.ScaleWidth \ 2, X.ScaleHeight \ 2)
```

Jetzt muss *X* noch einen Wert erhalten, was vor der Ausgabe zum Beispiel durch den Befehl

```
Set X = picAusgabe
```

oder

```
Set X = Printer
```

geschehen kann. Dadurch wird der eigentliche Ausgabebefehl unabhängig von der Ausgabefläche. Übrigens, welchen Typ muss *X* besitzen? Entweder *Variant* oder *Object*:

```
Dim X As Object
```

Abschlusstest

Antwort 1 Diese Regel ist wirklich wichtig: Auf einen Objektnamen folgt immer eine Eigenschaft oder eine Methode. Beide werden durch einen Punkt voneinander getrennt.

Antwort 2 Dazu müssen in der Ereignisprozedur *cmdTest_Click* die Befehle aufgeführt werden, die die Meldung ausgeben. Den zweiten Teil können Sie nicht unbedingt wissen. Durch Setzen der *Cancel*-Eigenschaft der Schaltfläche auf *True* wird erreicht, dass das *Click*-Ereignis auch durch Betätigen der [Esc]-Taste ausgelöst wird.

Antwort 3 Setzen Sie die *KeyPreview*-Eigenschaft des Formulars auf *True*, erhält dieses zuerst die Tastaturereignisse, und Sie müssen die Abfrage auf die [F12]-Taste nur einmal machen. Sie können aber auch alle Textfelder zu einem Steuerelementefeld zusammenfassen. Auch in diesem Fall gibt es nur eine Ereignisprozedur, in der die Abfrage erfolgen muss.

Antwort 4 Hier ist ein Vorschlag für eine *Min*-Funktion, die es in Visual Basic kurioserweise nicht gibt:

a) für zwei Argumente

```
Function Min(tmpWert1, tmpWert2) As Variant
    Min = tmpWert1
    If tmpWert2 < tmpWert1 Then Min = tmpWert2
End Function
```

b) für beliebig viele Argumente

```
Function Min(ParamArray WerteFeld()) As Variant
    Dim n, MinWert
    MinWert = WerteFeld(LBound(WerteFeld))
    For n = LBound(WerteFeld) + 1 To
        UBound(WerteFeld)
        If WerteFeld(n) < MinWert Then MinWert = ↵
                                         WerteFeld(n)
    Next
    Min = MinWert
End Function
```

Antwort 5 Ob eine Objektvariable eine Referenz auf ein Objekt enthält. Wenn nicht, besitzt sie den Wert *Nothing*.

Antwort 6

Da die Variable *MeineZahl* den Datentyp *Variant* besitzt, erhält sie durch die Deklaration den Wert *Emtpy*. Dieser wird über die *VarType*-Funktion zurückgegeben. Nach einer Wertzuweisung besitzt sie den Datentyp des ihr zugewiesenen Wertes. Außerhalb des Formulars kann sie nicht angesprochen werden, da ihr Gültigkeitsbereich privat auf Modulebene ist.

Antwort 7

Wird *MeinTest* als Prozedur in einem Formular definiert und geht der Prozedurdefinition nicht der Gültigkeitsbereichsmodifizierer *Private* voraus, wird die Prozedur wie eine Methode des Formulars, das heißt mit vorangestelltem Formularnamen, angesprochen. Ist das Formular nicht geladen, wird durch den Aufruf der Prozedur kein *Load*-Ereignis ausgelöst.

Antwort 8

Dazu muss der geniale Mathematiker nur die *AutoRedraw*-Eigenschaft der Ausgabefläche auf den Wert *True* setzen.

Antwort 9

Durch den Laufzeitfehler in *P2* wird die Programmausführung in der Prozedur *P1* fortgesetzt. Ein *Resume*-Befehl führt zwar zum erneuten Aufruf von *P2*, doch wenn *P2* zum Beispiel Argumente übergeben werden, die noch vor dem Aufruf von *P2* belegt werden, muss der *Resume*-Befehl zu jener Sprungmarke in der Prozedur springen, in der die Argumente ihre Werte erhalten. Ein wiederholter Aufruf von *P2* nach einem Laufzeitfehler ist daher nur bedingt möglich. Er ist umso einfacher, je weniger Abhängigkeiten zwischen den beiden Prozeduren bestehen.

Antwort 10

Die *Controls*-Eigenschaft eines Formulars steht für eine Auflistung aller Steuerelemente des Formulars. Die *Controls*-Eigenschaft selber besitzt den allgemeinen Datentyp *Object*. Die einzelnen Mitglieder der Auflistung besitzen jedoch den Datentyp des jeweiligen Steuerelements. Ist das erste Element der Auflistung etwa ein Listenfeld, besitzt der Ausdruck *Controls(0)* den Typ *Listbox*.

Kapitel 12

Antwort 1

Zwischen einer API-Funktion und einer in Visual Basic »fest eingebauten« Funktion gibt es drei wichtige Unterschiede:

1. Eine API-Funktion muss zunächst im Programm über einen *Declare*-Befehl bekannt gemacht werden.
2. Während der Ausführung einer API-Funktion hat das Visual-Basic-Programm keine Kontrolle über die Programmausführung und muss warten, bis die API-Funktion fertig ist.
3. In einigen Fällen erwarten API-Funktionen Argumente, für die es in Visual Basic keine Entsprechungen gibt (z.B. vorzeichenlose Datentypen).

Antwort 2 Keine Sorge, die wichtigsten Angaben sind auf dem Pergament zu finden:

- Der Funktionsname.
- Die DLL, in der die Funktion enthalten ist.
- Die Datentypen der Argumente und des Rückgabewertes.

Antwort 3 Wenn eine API-Funktion einen Wert zurückgibt, der im Programm nicht weiter verarbeitet wird, kann sie ruhig als »Sub« deklariert werden.

Antwort 4 Durch den Vorsatz »ByVal« wird das Argument als Wert übergeben. Das bedeutet, dass die API-Funktion, wenn das Argument eine Variable ist, nur den Wert der Variablen erhält, den Wert der Variablen im Programm aber nicht ändern kann. Fehlt ByVal, greift die API-Funktion u.U. auf die Variable im Programm zu. In diesem Fall müssen Sie dafür sorgen, dass die Variable ausreichend Platz bietet.

Antwort 5 Besitzt ein Argument den »Datentyp« *As Any*, bedeutet dies, dass das Argument einen beliebigen Datentyp besitzen kann und beim Aufruf keine Datentypüberprüfung vorgenommen wird. Aus diesem Grund sollte *As Any* nur in Ausnahmefällen (am besten gar nicht) eingesetzt werden. Eine bessere Lösung ist es, für jede »Aufrufvariante« einer API-Funktion über einen Alias einen neuen Funktionstyp zu deklarieren, sodass die Typenüberwachung bei jeder Variante erhalten bleibt.

Antwort 6 Die API-Funktion *SendMessage* sowie der Kollege *PostMessage* sind der »Motor« des Nachrichtenmodells von Windows. Wann immer ein Ereignis eintritt, werden die resultierenden Nachrichten über SendMessage&Co an die betroffenen Fenster verschickt. Bei Visual Basic spielen *SendMessage* und Nachrichten offiziell keine Rolle, da Visual Basic intern dafür sorgt, dass eine eingetroffene Nachricht in Form eines Ereignisses weitergeleitet wird. Soll ein Visual-Basic-Programm eine Nachricht direkt empfangen, muss dies durch ein sog. Subclassing der Fensterfunktion des Formulars erreicht werden.

Kapitel 13

Antwort 1 Ganz einfach, ein Objekt ist ein Programmelement, das über einen Namen angesprochen wird, einen Typ besitzt und über Eigenschaften, Methoden und Ereignisse verfügen kann.

Antwort 2 Eine Klasse ist die Grundlage für ein Objekt. Damit aus einer Klasse ein Objekt wird, muss die Klasse instanziert werden. Das kann z.B. über eine *Private*-Anweisung geschehen.

Antwort 3 Um es vorwegzunehmen, der Unterschied ist rein formeller Natur. Eigenschaften kann man einen Wert zuweisen, Methoden nicht. Bei Eigenschaften erfolgt die Zuweisung über ein Gleichheitszeichen, bei Methoden darf kein

Gleichheitszeichen verwendet werden. Bezüglich ihrer Bedeutung ist der Übergang dagegen fließend. Eigenschaften sind eher passiv (wie Variablen), Methoden eher aktiv (wie Funktionen). Da aber auch beim Zuweisen an eine Eigenschaft eine *Property*-Prozedur aufgerufen wird, ist eine klare Trennung nicht möglich. Auf der Ebene des Component Object Modell (COM), auf der alles basiert, wird nicht zwischen Eigenschaften und Methoden unterschieden. Hier gibt es nur Funktionen. Mit anderen Worten, sowohl das Zuweisen an eine Eigenschaft als auch der Aufruf einer Methode führen auf der darunter liegenden COM-Ebene zum Aufruf einer Funktion.

Antwort 4

Jede neu instanzierte Klasse besitzt ihren eigenen Datenbereich, sodass sich sowohl die privaten Variablen als auch die Eigenschaften nicht in die Quere kommen. Es gibt also verschiedene »Versionen« von Eigenschaften und privaten Variablen.

Antwort 5

Ganz einfach, indem Sie in das Klassenmodul keine *Property Let*-Prozedur einfügen. Auf diese Weise gibt es keine Möglichkeit, der Eigenschaft einen Wert zuzuweisen.

Antwort 6

Es ist der zweite Befehl, der zum Aufruf des *Initialize*-Ereignisses führt:

```
Set R = New CRegistry
```

Es gibt allerdings auch andere Varianten:

```
Dim R As New CRegistry
```

Dies ist eine implizite Initialisierung, ein *Set*-Befehl wird nicht benötigt. Der Aufruf von *Initialize* findet erst beim ersten Zugriff auf die Objektvariable statt:

```
R.Schlüssel = "Setup"
```

Eine implizite Initialisierung sollte man nicht wählen, da es nicht so deutlich zu erkennen ist, wann die Instanzierung stattfindet. Vergessen Sie das Schlüsselwort *New*, erhalten Sie beim ersten Zugriff auf die Objektvariable den Laufzeitfehler 91: *Objektvariable oder With-Blockvariable nicht festgelegt*.

Nach der Instanzierung besitzt die Variable R einen Wert. Sie enthält die Adresse der Objektvariablen im Arbeitsspeicher:

```
?Objptr(R)
6380768
```

Die *ObjPtr*-Funktion gibt die Adresse einer Variablen aus.

Kapitel 14

Antwort 1 Ein ActiveX-Steuerelement-Projekt ist alleine nicht ausführbar, sondern wird immer in einem Container ausgeführt, z.B. auf einem Visual-Basic-Formular. Beim Kompilieren entsteht eine OCX-Datei und keine EXE-Datei. Ansonsten gibt es nur wenige Unterschiede.

Antwort 2 Ganz einfach durch Schließen des Benutzersteuerelementdesigners, also des Fensters, in dem die Oberfläche des Benutzersteuerelements erstellt wird. Haben Sie auf einem Formular ein Benutzersteuerelement angeordnet und befindet sich dieses nicht im Ausführenmodus, wird die Fläche auf dem Formular schraffiert angezeigt.

Antwort 3 Indem Sie im DATEI-Menü den ERSTELLEN-Befehl ausführen. Dadurch wird das ActiveX-Steuerelement-Projekt, sofern es keine Fehler enthält, in eine OCX-Datei kompiliert. Da dadurch die OCX-Datei gleichzeitig registriert wird, steht sie anschließend allen Anwendungen zur Verfügung. Soll die OCX-Datei auf einem anderen PC ausführen, muss sie dort ebenfalls registriert werden. Das geschieht entweder einzeln über das Hilfsprogramm *Regsvr32.exe*:

```
Regsvr32 NameDerOcxDatei.ocx
```

oder für den Anwender etwas komfortabler über den Verpackungs- und Weitergabeassistenten.

Antwort 4 Ein Benutzersteuerelement ist ebenfalls eine Klasse. Folglich werden Eigenschaften über *Property*-Prozeduren, Methoden dagegen über normale Funktionen/Prozeduren erweitert. Für Ereignisse sind die Befehle *Event* (Ereignis definieren) und *RaiseEvent* (Ereignis auslösen) zuständig.

Antwort 5 Eigenschaften, wie *Left*, *TabStop* oder *Width*, werden nicht im Benutzersteuerelement implementiert, sondern vom *Extender*-Objekt des Benutzersteuerelements zur Verfügung gestellt.

Antwort 6 Wie kann erreicht werden, dass z.B. ein Zeitgeber auf einem Benutzersteuerelement nur dann gestartet wird, wenn sich der Container (also etwa das Formular) im Ausführenmodus befindet?

Kapitel 15

Antwort 1 Keinen einzigen. Sämtliche Datenbankzugriffe werden in Visual Basic über Objekte und deren Eigenschaften, Methoden und Ereignisse (bei ADO) abgewickelt. Damit diese Objekte in einem VB-Programm zur Verfügung stehen, muss zuerst über den Menübefehl PROJEKT | VERWEISE eine Referenz auf eine Objekttypenbibliothek eingebunden werden.

Nein, Visual Basic ist offen für alle Datenbanken. Voraussetzung ist lediglich, dass ein OLE DB- oder ein ODBC-Treiber für die Datenbank existiert oder dass die Jet-Engine über einen passenden ISAM-Treiber verfügt. Ist das der Fall, kann Visual Basic auf die Datenbank zugreifen und z.B. SQL-Abfragen ausführen (womit aber nicht gewährleistet ist, dass alle Leistungsmerkmale der Datenbank unterstützt werden). *Antwort 2*

Eine Datenbank besteht im einfachsten Fall aus Tabellen. Jede Tabelle enthält wiederum Datensätze. Ein Datensatz besteht aus einer bestimmten Anzahl an Feldern. Darüber hinaus können Datenbanken noch andere Dinge enthalten, z.B. gespeicherte Abfragen, Reports, Formulare usw. *Antwort 3*

Dies ist eine Frage, die Visual-Basic-Anfänger noch nicht unbedingt beantworten können müssen. Wie es in Antwort 1 bereits erwähnt wurde, finden Datenbankzugriffe bei Visual Basic über eine Objektschnittstelle statt. Seit Version 6.0 stehen mit DAO, RDO (nur in der Enterprise-Edition) und ADO gleich drei solcher Schnittstellen zur Verfügung. DAO ist speziell für die Jet-Engine gemacht. Über den ODBCDirect-Modus lassen sich aber auch ODBC-Datenbanken direkt ansprechen. ADO ist dagegen vollkommen unabhängig von der Jet-Engine (oder einer bestimmten Datenbank). Es basiert auf OLE DB, dem neuen Standard für Zugriffe auf allgemeine Datenquellen (also nicht nur Datenbanken). Auch bezüglich der Programmierung gibt es Unterschiede. Das DAO-Objektmodell ist relativ umfangreich, bei ADO gibt es nur sieben Objekte. Außerdem arbeitet ADO mit Ereignissen, sodass die Programmierung etwas flexibler wird. *Antwort 4*

Über einen so genannten ISAM-Treiber ist die Jet-Engine in der Lage, auf DBF-Dateien (dBase-Format) zuzugreifen und auch die dazugehörigen Indexdateien auszuwerten. Ein direkte Übernahme der Daten aus der dBase-Datenbank in eine Access-Datenbank unter Visual Basic sollte daher kein Problem sein. *Antwort 5*

Die Jet-Engine ist lediglich ein Datenbanksystem, das sich allerdings nicht alleine aufrufen lässt (es ist keine Anwendung). Um mit der Jet-Engine arbeiten zu können, wird eine Anwendung benötigt. Das kann Microsoft Access (hier steht die Jet-Engine im Mittelpunkt, wenngleich es ab Access 2000 mit der Microsoft Data Engine (MSDE), einer SQL-Server kompatiblen Datenbank, eine Alternative zur Jet-Engine gibt. *Antwort 6*

Anhang D

Die Buch-CD

Auf der Buch-CD finden Sie neben dem Ablaufmodell von Visual Basic 6.0 und der Visual Basic 5.0 Control Creation Edition (englisch) auch die Laboratorien der einzelnen Kapitel sowie Lösungsvorschläge zu den Übungsaufgaben am Ende des Kapitels.

Laboratorien, Übungsaufgaben und die Beispielprogramme des Buches

Die einzelnen Laboratorien und Übungsaufgaben liegen als einzelne Zip-Dateien (also »gepackt«) im Unterverzeichnis *Source* der Buch-CD vor. Sie sollten diese Dateien auf die Festplatte kopieren, da sie sich von der CD nicht so gut starten lassen. Legen Sie auf Ihrer Festplatte am besten ein leeres Verzeichnis an (nennen Sie es z.B. »VBÜbungen«), kopieren Sie die Datei in dieses Verzeichnis und packen Sie sie dort aus. Sie benötigen dazu das Shareware-Programm WinZip, das Sie praktisch »überall« (z.B. auf vielen Shareware-Sammlungen, aber auch im Internet unter *www.winzip.de*) erhalten. Anhand des Dateinamens erkennen Sie, zu welchem Kapitel ein Labor bzw. eine Aufgabe gehört. In den Zip-Dateien finden Sie auch Exe-Dateien. Damit Sie diese Programmdateien ausführen können, muss das Visual-Basic-Laufzeitmodul im *System*-Verzeichnis von Windows enthalten sein (der Dateiname lautet *Msvbvm50.dll* oder *Msvbvm60.dll*), das automatisch mit Visual Basic (egal, welche Version) installiert wird.

Die in dem Buch vorgestellten Beispielprogramme sind **nicht** auf der Buch-CD enthalten, da sich der größte Lerneffekt beim Abtippen der Programmlistings ergibt (auch wenn dadurch natürlich Fehler entstehen und sich in hoffentlich sehr seltenen Fällen Druckfehler negativ auswirken können). Falls ein Beispiel partout nicht laufen sollte, können Sie vom Autor selbstverständlich per E-Mail ein funktionsfähiges Programm anfordern (die E-Mail-Adresse finden Sie in der Einleitung).

Das »Ablaufmodell« von Visual Basic 6.0

Auf der Buch-CD sowie an vielen anderen Stellen finden Sie das so genannte Ablaufmodell von Visual Basic 6.0 (auch als »Working-Modell« bezeichnet). Beim Ablaufmodell handelt es sich um eine kostenlose Version von Visual Basic 6.0, die in erster Linie dem Kennenlernen von Visual Basic dienen soll. Trotz gewisser Einschränkungen ist sie für das Lernen der Grundlagen ideal geeignet. Ablaufmodelle haben bei Visual Basic eine lange Tradition, es gab sie bereits für die Version 1.0 (damals passten sie noch auf eine 5,25"-Diskette). Eine gewisse Ausnahme stellte die Version 5.0 dar. Hier gab es kein Ablaufmodell, sondern stattdessen die Visual Basic 5.0 Control Creation Edition (CCE), die (leider nur in Englisch) ebenfalls kostenlos abgegeben wird.

Was bringt das Ablaufmodell nun wirklich? Natürlich ist sie kein Ersatz für eine richtige Visual Basic 6.0-Edition, denn sie weist zwei wichtige Einschränkungen auf:

- Sie können keine Exe-Dateien (und leider auch keine ActiveX-Steuerelemente) erstellen, d.h., die erstellten Visual Basic-Programme lassen sich nur innerhalb der IDE ausführen. Für die meisten Beispielprogramme dieses Buches ist das aber kein Nachteil.
- Es gibt keine Hilfe. Das ist ein dicker Nachteil, denn ohne Hilfe lassen sich die Bedeutung vieler Befehle, Objekte und deren Eigenschaften und Methoden nur erahnen.

Darüber hinaus gibt es noch weitere Einschränkungen, wie fehlende Beispielprogramme und die fehlenden Objektbibliotheken für den DAO-Datenbankzugriff (ein OLE DB-Treiber für die Jet-Engine ist allerdings dabei, sodass man per ADO-Objekte auf die Jet-Engine zugreifen kann). Dennoch kann auch das Ablaufmodell mit diesen Komponenten arbeiten. Sind etwa die DAO-Objektbibliotheken von einer anderen Anwendung (etwa Microsoft Office '97) installiert worden, können Sie sie selbstverständlich auch mit dem Ablaufmodell benutzen. Es gibt aber auch ein paar interessante Merkmale, die man bei einer kostenlosen Version zunächst nicht vermuten würde:

- Das ADO-Datensteuerelement.
- Die ActiveX Data Access Objects (ADOs), sodass Sie ADO-Objekte direkt im Programm benutzen können.

- Eine Reihe von Zusatzsteuerelementen, wie z.B. MsFlexGrid, das hierarchische FlexGrid, das DataGrid sowie die Standarddialogsteuerelemente von Windows 95/98 (dazu gehört z.B. die sehr praktische Monatsansicht zur Auswahl eines Datums oder das Bildlistenfeld).
- Der Ressourceneditor zum Erstellen von Ressourendateien, in denen Bitmaps oder Zeichenketten verpackt werden können.
- Der Visual Datenmanager, mit dem Sie nicht nur den Inhalt und die Struktur vorhandener Datenbanken anzeigen, sondern auch neue Datenbanken erstellen können.
- Ein Vorlagen-Manager-Add-In, durch das Sie fertige Steuerelementkombinationen, Menüs oder Codemodule in ein Projekt einfügen können.

Sehen Sie das Ablaufmodell als das, was es ist: eine kostenlose und unverbindliche Gelegenheit, Visual Basic 6.0 kennen zu lernen. Für dieses Buch ist es der Garant, dass Sie Visual Basic 6.0 an kleinen Beispielen Schritt für Schritt lernen und die meisten Beispielprogramme umsetzen können (in einigen seltenen Fällen benötigen Sie Zusatzsteuerelemente, die es im Ablaufmodell nicht gibt – ein Beispiel ist das MCI-Steuerelement für das Abspielen von Sound- und Videodateien), ohne Visual Basic anschaffen zu müssen. Und das ist bereits eine Menge wert. Wollen Sie dagegen richtig in die Programmierung einsteigen oder gar im Auftrag oder als selbständiger Software-Anbieter richtige Software entwickeln, benötigen Sie dafür mindestens die Profi- oder die Enterprise-Edition von Visual Basic. Für diese Dinge ist das Ablaufmodell nicht geeignet.

Die Installation

Die Installation des Ablaufmodells ist völlig problemlos. Öffnen Sie auf der CD das Verzeichnis *\VB6* und führen Sie das Programm *Setup.exe* aus. Der Rest geht von alleine. Es kann lediglich sein, dass der PC aufgrund der DCOM98-Installation einmal neu starten muss und die Installation im Anschluss daran fortgesetzt wird. Sie benötigen allerdings weit über 50 Mbyte freien Festplattenspeicher (sollte der nicht ausreichen, lassen Sie den Verpackungs- und Weitergabeassistenten weg, Sie sparen so ca. 13 Mbyte).

Stichwortverzeichnis